Le procès équitable au Mali

Collection « Études africaines »

dirigée par Denis Pryen et son équipe

Forte de plus de mille titres publiés à ce jour, la collection « Études africaines » fait peau neuve. Elle présentera toujours les essais généraux qui ont fait son succès, mais se déclinera désormais également par séries thématiques : droit, économie, politique, sociologie, etc.

Dernières parutions

Eddy MWANZO idin' AMINYE, *Que dit le Code de la famille de la République Démocratique du Congo ?, Commentaire article par article,* 2019.

Mamadou Diarafa DIALLO, *L'hygiène en milieu de soins au Mali, Entre représentations, normes et pratiques,* 2019.

Galedi NZEY, *La formation des professeurs du second degré au Gabon (1971-2010)*, 2019.

Olivier FANDJIP, *Le temps dans le contentieux administratif. Essai d'analyse comparative des droits français et des États d'Afrique francophone*, 2019.

Olivier FANDJIP, *Les mutations récentes de la justice administrative en Afrique francophone. Étude critique à partir du modèle camerounais*, 2019.

Placide MALUNG'MPER AKPANABI, *L'éducation aux valeurs chez les Ding orientaux en RDC, De 1885 à nos jours, tome 1, 2 et 3, 2019.*

Jérôme TOUNG-NZUE, *Réalités du pouvoir au Gabon et fondements du blocage sociopolitique*, 2019.

NIAMKEY-KOFFI, *Révolution et liberté*, 2019.

Maurel Sosthène ONOMO ETABA, *Coopération internationale et terrorisme en Afrique, L'expérience africaine du droit de poursuite terrestre,* 2019.

Jean OTEMIKONGO MANDEFU YAHISULE, *La gouvernance universitaire au Congo-Kinshasa*, 2019.

Emmanuel KASONGO MUNGONGO, *La gouvernance des entités territoriales décentralisées, Défis et enjeux de la gestion des finances publiques communales à Kinshasa,* 2019.

Paul AKOGNI, Arthur VIDO et Didier Marcel HOUÉNOUDÉ (dir.), *Le patrimoine historique au service du développement du Bénin,* 2019.

Marie Rose BANGOURA, *Gestion des déchets solides ménagers et ségrégation socio-spatiale dans la ville de Conakry,* 2019.

Ayrton AUBRY, *Le G5 Sahel, Le Nouveau Régionalisme Sécuritaire en Afrique du Nord-Ouest,* 2019.

Jules Maps BAGALWA MAPATANO (dir.), *La décentralisation en Afrique au début du XXIe siècle, Réflexions à partir de l'expérience congolaise récente,* 2019.

Pascasie MINANI PASSY, *Burundi : Les relations interethniques et intra-ethniques. Et la réconciliation ?*, 2019.

Yaovi AKAKPO, *Le technocolonialisme, Agir sous une tension essentielle,* 2019.

Célestin TAGOU, *Démocratie rotative et élections présidentielles en Afrique, Transcendance et transformation politique des conflits ethnopolitiques dans les sociétés plurielles*, 2018.

Mamadou Bakaye DEMBELE

Le procès équitable au Mali

Préface de Daniel Amagoin TESSOUGUE

L'Harmattan

5-7, rue de l'Ecole-Polytechnique, 75005 Paris

www.editions-harmattan.fr

ISBN : 978-2-343-16922-4
EAN : 9782343169224

SOMMAIRE

PRÉFACE 17

INTRODUCTION 21

PARTIE I
LE DÉFICIT SUBSTANTIEL DE L'APPLICATION DES RÈGLES DU PROCÈS ÉQUITABLE 45

TITRE I
LES CONTRAINTES INSTITUTIONNELLES 47

CHAPITRE 1
LE DIFFICILE ACCÈS AU SERVICE PUBLIC DE LA JUSTICE 49

CHAPITRE 2
LA FAIBLESSE DU DROIT A UN BON JUGE 83

CONCLUSION DU TITRE I 117

TITRE II
LES CONSÉQUENCES DES CONTRAINTES INSTITUTIONNELLES 119

CHAPITRE 1
L'EFFECTIVITÉ LIMITÉE DES GARANTIES PROCÉDURALES 121

CHAPITRE 2
L'EXÉCUTION SÉLECTIVE DES DÉCISIONS DE JUSTICE 163

CONCLUSION DU TITRE II 197

CONCLUSION DE LA 1re PARTIE 199

PARTIE II
L'EFFECTIVE DES RÈGLES DU PROCES EQUITABLE
A CONSTRUIRE 201

TITRE I
LES REFORMES INSTITUTIONNELLES 203

CHAPITRE 1
LA REFORME DE LA JUSTICE 205

CHAPITRE 2
LES MESURES D'ACCOMPAGNEMENT DE LA REFORME 237

CONCLUSION DU TITRE I 267

TITRE II
LES ACTIONS VISANT LES MAGISTRATS 269

CHAPITRE 1
LE RESPECT DES RÈGLES D'ÉTHIQUE ET DE DÉONTOLOGIE,
UNE VOIE D'EFFECTIVITÉ 271

CHAPITRE 2
LE RECOURS AUX TRAITES, UNE VALEUR AJOUTÉE 313

CONCLUSION DU TITRE II 353

CONCLUSION DE LA 2e PARTIE 355

CONCLUSION GÉNÉRALE 357

ANNEXES 363

BIBLIOGRAPHIE 373

INDEX ALPHABETIQUE 407

TABLE DES MATIÈRES 413

LISTE DES SIGLES ET ABRÉVIATIONS

Adm : administrative

Al : Alinéa

AMDH : Association Malienne des Droits de l'Homme

AN-RM : Assemblée Nationale – République du Mali

Art : Article

CADHP : Charte Africaine des Droits de l'Homme et des Peuples

CEDAO : Communauté Economique des États de l'Afrique de l'Ouest

CEDH : Cour Européenne des Droits de l'Homme

CESDHLF : Convention Européenne de Sauvegarde des Droits de l'Homme et Libertés Fondamentales

C.G : Commissaire du Gouvernement

Ch. réun : Chambres réunies

Chron : Chronique

CIJ : Cour Internationale de Justice

Civ : Civile

Clrs : Conseillers

CMLN : Comité Militaire de Libération Nationale

CNDR : Comité National de Défense de le Révolution

Coll : Collection

CPCCS : Code de Procédure Civile Commerciale et Sociale

CPP : Code de Procédure Pénale

CP : Code Pénale

Crim : Criminelle

CSM : Conseil Supérieur de la Magistrature

CTSP : Comité de transition pour le salut du peuple

Dr. : Docteur

Dir. : Sous la direction

DUDH : Déclaration Universelle des Droits de l'Homme

Edit : édition

EID : Espace d'Interpellation Démocratique

J. À : Juge Administratif

J.I : Juge d'Instruction

JO : Journal Officiel
J. S : Juge au Siège
km^2 : kilomètre carré
LITEC : Librairie Technique
M : Monsieur
N° : Numéro
Nbre : Nombre
OHADA : Organisation pour l'Harmonisation en Afrique du Droit des Affaires
OIT : Organisation Internationale de Travail
ONU : Organisation des Nations Unies
Op. cit. : *Opus citatum*
P : Page
PIDCP : Pacte International relatif aux Droits Civils et Politiques
Pr : Procureur
P-RM : Président, République du Mali
PRODEJ : Programme décennal de développement de la justice
PUF : Presse Universitaire de France
PV : Procès verbal
RTDA : Revue trimestrielle de droit africain
RTD civ. : Revue Trimestrielle de Droit Civil
S.A.M : Syndicat Autonome de la Magistrature
Sec. Réun : Sections réunies
Svts : suivant (es)
SYLIMA : Syndicat Libre de la Magistrature
TPI : Tribunal de Première Instance
UDPM : Union Démocratique du Peuple Malien
UGB : Université Gaston Berger
V° : Voir

DÉDICACE

À la mémoire de Monsieur Seydou DIANE, ex-chef du personnel à la Direction Nationale du Trésor et de la Comptabilité Publique, qui m'a tant encouragé et soutenu dans mes études.

Que son âme repose en paix et que la terre lui soit légère !

Amen !

REMERCIEMENTS

Nous rendons grâce à ALLAH, le Tout Puissant, le Miséricordieux, qui nous a permis de réaliser cette Thèse et nous prions sur son Prophète Mohamed (PSL).

Mes remerciements vont, particulièrement, à mon Directeur de thèse, le Professeur Samba TRAORE. Ses précieux conseils, son attention particulière, aussi et surtout sa disponibilité, m'ont permis de mener ce travail à son terme et dans un délai raisonnable. Je lui dois plus que je ne pourrais l'exprimer.

Ma famille a été toujours présente. Je souhaite remercier, plus particulièrement, mon père, Bakaye DEMBELE qui ne m'a jamais montré un chemin autre que celui du travail, ma mère Madjénéba TIAMA qui m'a toujours porté une attention particulière. Aussi, tous ceux qui, de près ou de loin, ont apporté une contribution minime soit-elle à la réalisation de ce travail, qu'ils reçoivent ici, l'expression de ma profonde gratitude.

*

MOTS CLÉS

Justice-procès-équité-contradictoire-juge-indépendance-impartialité-accès-délai raisonnable-exécution-ordre judiciaire-ordre administratif-recours-avocat-assistance-laïcité-traités.

RÉSUMÉ

Les conflits sont consubstantiels de toute organisation sociale. Ils sont aux relations humaines, comme la maladie est au corps. Des traitements doux tels que la conciliation ou la négociation sont possibles et souhaitables, mais souvent limités. La nécessité de recourir, alors, à des traitements chirurgicaux s'impose, impliquant l'intervention d'un tiers. Celui-ci, autant qu'il dispose des prérogatives à ces fins, est assujetti aussi à des obligations. Prérogatives et obligations de ce tiers sont mises à profit pour permettre à sa décision de reconstituer les liens de droit endommagés, au moins. Aujourd'hui, deux méthodes essentielles de résolution de litiges existent au Mali, à l'instar des États de droit. L'une relève de la justice, l'autre est pratiquée en dehors de celle-ci. La justice, institution de stabilité sociale, doit être soumise aux exigences du procès équitable pour atteindre cet objectif. En effet, la proclamation juridique du procès équitable est une chose, mais le respect de ses règles en est une autre. L'organisation et le fonctionnement de la justice doivent permettre le respect effectif des garanties du procès équitable. Les citoyens doivent avoir un accès concret et effectif à la justice qui doit être indépendante, impartiale et respectueuse des exigences de l'instance (célérité, équité et publicité). Aussi, la décision du juge doit être effectivement exécutée. La pauvreté qui affecte l'écrasante majorité des justiciables et les différents dysfonctionnements de la justice empêchent la réalisation certaine des garanties du procès équitable au Mali. Pourtant, le Mali a adhéré à tous les instruments juridiques proclamant le procès équitable. Malheureusement les moyens (humains et matériels) adéquats de leur réalisation font défaut. L'organisation et le fonctionnement de certaines juridictions ne répondent pas aux exigences du procès équitable. Les autorités maliennes ont procédé à une réforme de la justice dans un souci d'amélioration, mais cette réforme, semble-t-il, n'est que de façade. Elle laisse indifférents les réels problèmes de la justice malienne. Une justice qui s'éloigne des justiciables par sa distance, mais aussi par ses méthodes. La restauration de la confiance nécessite le respect effectif des garanties du procès équitable. Le juge doit se conformer sans condition aux règles d'éthique et de déontologie de sa profession. Néanmoins, on ne doit pas compter sur sa seule bonne volonté pour le respect de ses obligations, un contrôle efficace doit aboutir à cette fin. Pour ce faire, une réelle volonté politique est nécessaire. Le juge doit être mis dans des conditions idoines de travail, mais aussi ses mauvais comportements doivent être sanctionnés. L'État, condamné pour des faits imputables aux magistrats, doit exercer l'action récursoire.

PRÉFACE

Le procès équitable au Mali, tel est l'intitulé de la thèse pour l'obtention du doctorat d'Etat de M. Mamadou Bakaye Dembélé. J'ai eu l'honneur de participer au jury de sa soutenance, jury présidé par David Hiez, professeur à l'université du Luxembourg.

Mamadou Bakaye Dembélé, fait partie de cette génération de cadres formés dans l'école malienne, et qui a décidé de dédier ses compétences au service de sa nation.

Tel un diamant dans la gangue boueuse, attendant son écrin après polissage, cette génération, dont Dembélé, avec patience évolue, en espérant que l'Etat prenne conscience réellement que l'avenir de toute nation, se construit à partir de l'école, et qu'aucun sacrifice n'est de trop, pour faire de l'excellence, le label de l'éducation au Mali.

M. Mamadou Bakaye Dembélé, je l'ai connu dans le cadre de l'université. J'ai vu en lui un enseignant modèle, rigoureux, curieux, d'une intelligence vive, toutes ces qualités enrobées dans un manteau de modestie, qui caractérise les personnes d'exception.

Le sujet qu'il traite, est au cœur de la vie publique du Mali, tant le besoin d'une Justice véritable, est une des préoccupations majeures du citoyen.

De toute part, des voix s'élèvent afin que la Justice soit à hauteur de l'espoir que le Peuple Souverain a droit d'attendre de la Justice rendue en son nom.

Le Mali, après la période difficile du début des indépendances, est tombé le 19 novembre 1968, sous la botte d'une junte militaire, aux méthodes barbares. Durant vingt-trois ans, cette féroce dictature n'avait pour premier ennemi que les intellectuels, dont plusieurs pour sauver leur vie, durent s'exiler.

L'accession à la démocratie, après l'insurrection populaire des 22 au 26 mars 1991, qui avait soulevé tant d'espoir, s'étiolera rapidement, devant la pratique des « démocrates », tant leur gestion de l'appareil d'Etat est des plus contestables. La séparation des pouvoirs, au lieu d'être entretenue et consolidée, a vite été vidée très tôt de toute sa substance, faisant du pouvoir judiciaire, un appendice sans réel intérêt.

Et cependant, le texte Constitutionnel dispose :

« ARTICLE 81/ - Le pouvoir judiciaire est indépendant des pouvoirs exécutif et législatif. Il s'exerce par la Cour Suprême et les autres Cours et Tribunaux. Le pouvoir judiciaire est gardien des libertés définies par la présente Constitution. Il veille au respect des droits et libertés définis par la présente constitution. Il est chargé d'appliquer dans le domaine qui lui est propre les lois de la République.

ARTICLE 82/ - Les Magistrats ne sont soumis dans l'exercice de leur fonction qu'à l'autorité de la loi… »

C'est dire que toutes les conditions d'une indépendance véritable du pouvoir judiciaire sont là, sauf que de la théorie à la réalité, le gouffre est abyssal.

Dès lors, l'évidence d'un procès équitable devient hypothétique, ce qui conduira Mamadou B. Dembélé dans ce livre, à une analyse objective et approfondie des tenants et aboutissants du principe du procès équitable au Mali.

Le code de procédure pénale du Mali, en son article premier dispose :

« La procédure pénale doit être équitable, contradictoire et préserver l'équilibre des droits des parties.

Elle doit garantir la séparation des autorités chargées de l'action publique et des autorités de jugement.

Les personnes se trouvant dans des conditions semblables et poursuivies pour les mêmes infractions doivent être jugées selon les mêmes règles. »

Dans les faits, que ce soit dans le procès pénal ou civil, le service public de la Justice reste très souvent loin des préoccupations du citoyen, par son coût, son langage ésotérique et difficilement appréhendable par les non-initiés.

A cela s'ajoutent des pesanteurs d'ordre procédural, au mépris du nébuleux principe du délai raisonnable.

La célérité n'étant que parcimonieusement présente dans la procédure judiciaire, là ou un coup d'accélérateur est donné, c'est que soit le dossier est politiquement marqué, où la fortune d'une des parties est source de motivation, toutes choses donnant l'impression d'une justice à deux vitesses. Les vingt-trois ans de dictatures semblent avoir marqué la justice malienne. Malgré les proclamations nombreuses de la loi fondamentale, de la loi organique sur le conseil supérieur de la magistrature, l'autocensure est encore une réalité, d'où la sensation d'avoir trois sortes de magistratures : celle debout, celle assise et celle couchée. »

Le Juge couché constitue un drame pour une nation, car il est facteur d'instabilité sociale et menace la paix publique.

Le procès équitable, reste tributaire de la qualité du Juge, de sa compétence, de son indépendance vis-à-vis de toute pression, vivant une vraie indépendance, ne se soumettant qu'à l'autorité de la loi et à son intime conviction.

Ce livre évoque ces grands principes, dans un style plaisant, facile à lire, avec des références qui seront autant de boussoles pour les étudiants et les chercheurs.

Cet ouvrage viendra s'ajouter à toutes ces œuvres dédiées à la Justice au Mali, afin que le pouvoir judiciaire, soit la véritable gardienne des droits et libertés du citoyen.

Le Président Modibo Kéita, dans un de ses discours, parlait ainsi aux magistrats du Mali nouvellement indépendant :

«L'indépendance du juge n'est pas dans les textes. Mais dans la valeur morale du magistrat lui-même, dans sa probité, dans sa compétence, dans sa conscience professionnelle (…) il cesse vraiment d'être libre et indépendant, le jour où il prend l'argent de la corruption.

Nous avons un peuple admirable, capable d'accepter tous les sacrifices pourvu que ceux-ci soient équitablement répartis. Ce qui peut le décourager, le démobiliser, le révolter, c'est l'injustice. Faites donc en sorte que tous ceux qui sortiront de nos Palais de justice, après une sentence, disent : justice a été rendue».

Je souhaite que ce livre soit au service des praticiens du droit, des étudiants et des citoyens afin que l'idéal de justice qui est commun à tous les êtres humains, soit une réalité dans notre pays et partout dans le monde.

Daniel Amagoin TESSOUGUE
Docteur en droit
Magistrat
Ancien Procureur Général près la Cour d'Appel de Bamako
Juge à la Cour de justice de l'UEMOA

INTRODUCTION

Une société qui veut protéger ses citoyens doit garantir[1] à ceux-ci la jouissance des droits fondamentaux[2]. Il n'y a de garantie véritable que si l'individu, victime d'une atteinte à l'un de ses droits reconnus, dispose d'un droit d'action lui permettant d'obtenir une décision de l'autorité compétente en vue de réparer le préjudice subi. Ce droit de recours est mis en œuvre dans le cadre de la procédure juridictionnelle ou quasi-juridictionnelle[3]. Dès

---

[1] La garantie des droits fondamentaux renvoie à leur reconnaissance et à leur protection par le droit positif. Elle s'entend aussi comme « l'ensemble des dispositions et procédés, quelquefois dans une rubrique spéciale de la constitution écrite, qui tendent à empêcher par des interdictions ou d'une manière générale par un système quelconque de limitation du pouvoir la violation des droits de l'homme par les gouvernants. » CORNU (G.), *Vocabulaire juridique*, Paris, PUF, 1988, p. 392.

[2] Cette assertion est d'autant plus vraie que depuis 1789 en France, la Déclaration des Droits de l'Homme et du Citoyen avait proclamé superbement que : « Toute société dans laquelle la garantie des droits n'est pas assurée ni la séparation des pouvoirs déterminée, n'a point de constitution. » Son préambule prescrivait que « l'ignorance, l'oubli, le mépris des droits de l'homme sont les seules causes des malheurs publics. » Les droits fondamentaux sont constitués de l'ensemble de règles qui assure à l'être humain le respect de sa dignité. Il s'agit de « l'ensemble des facultés et prérogatives considérées comme appartenant naturellement à tout être humain dont le droit public, notamment constitutionnel s'attache à imposer à l'Etat le respect et la protection en conformité avec certains textes de portée universelle. » V° CORNU (G.), *Vocabulaire juridique*, op. cit., p. 304. « Les droits fondamentaux très variés, regroupent aussi bien les pouvoirs d'autodétermination de la personne humaine, qui expriment sa liberté – autonomie (libertés publiques) et sa liberté – participation (libertés politiques), que les principaux droits – créances, exercés par l'individu sur la société ainsi que le principe d'égalité. » LEBRETON (G.), *Libertés publiques et droits de l'homme*, Paris, Sirey, 8ème édit., 2008, p.14. Si toutes les libertés publiques sont des droits fondamentaux, l'inverse n'est pas possible. Ce même auteur précise que « les libertés publiques sont des pouvoirs d'autodétermination qui visent à assurer l'autonomie de la personne humaine, et sont reconnus par des normes à valeur au moins législative, et bénéficient d'un régime juridique de protection renforcée à l'égard des pouvoirs publics. »

[3] Toute société démocratique repose inéluctablement, au moins, sur ces deux modèles complémentaires de garantie des droits des personnes. Le mécanisme juridictionnel se caractérise par l'intervention d'un juge. Par contre la procédure quasi – juridictionnelle concerne l'intervention de toute autorité, autre que le juge. Le Décret n° 99 – 254 P/RM du 15 septembre 1999 définit la mission du juge en son article 12, en ces termes : « le juge tranche le litige conformément aux règles de droit qui lui sont applicables. Il doit donner ou restituer

l'instant que la société a interdit la vengeance privée, et que l'État est seul dépositaire légitime de la force, le recours au juge devient indispensable. C'est la contrepartie du principe qui veut que nul ne puisse se rendre justice à soi-même[4]. La justice, institution de stabilité sociale, incarne l'État de droit. La réalisation de cet objectif ne peut résulter que de sa soumission aux exigences du « procès équitable ».

Du latin « processus », le procès est le litige soumis par les parties à une juridiction[5]. Cette acception confond le procès à la procédure, prise dans son sens technique. La procédure, issue du mot « procedere », signifie étymologiquement avancer. Elle évoque l'accomplissement d'une série de formalités permettant d'aboutir à un résultat : une décision de justice, et, plus techniquement, un ensemble de règles organisant le recours au juge[6] ; ou encore « l'ensemble des règles qui gouvernent le déroulement du procès »[7]. Cette définition fait de la procédure un contenu du procès, le contenant. Si le procès engendre la procédure, en revanche, celle-ci n'implique pas systématiquement le premier. En effet, le litige, objet du procès, exige l'accomplissement des formalités pour être soumis au juge. « Il (procès) n'est qu'un accident de la vie juridique »[8], et évoque l'idée d'un combat[9]. Point de vue partagé par CORNU qui considère que le procès est « une suite d'actes (coups et ripostes, actes d'arbitrage, proclamation des résultats) exécutés par divers protagonistes (adversaires, juge) relativement à la matière du litige »[10]. Sous la plume du doyen CADIET, le procès est décrit comme « la suite des actes qui réalisés dans certains délais et selon certaines formes déterminées devant la juridiction saisie d'un litige, conduisent à la solution de ce dernier au moyen d'un jugement »[11].

---

leur exacte qualification aux faits et actes litigieux sans s'arrêter à la dénomination que les parties en auraient proposée. »

[4] PERROT (R.), *Institutions judiciaires*, Paris, Montchrestien, coll. Domat, 13ème édit., 2008, p. 426.

[5] NICOLEAU (P.), *Lexique de droit privé*, Paris, édit., ellipses, 1996, p. 280.

[6] FRICERO (N), JULIEN (P.), *Droit judiciaire privé*, Paris, LGDJ, 2ème édit., 2003, p. 1. V° aussi VINCENT (J.), GUINCHARD (S.), MONTAGNIER (G.), VARINARD (A.), *Institutions judiciaires – Organisations – Juridictions – Gens de justice*, Paris, Dalloz, 7ème édit., 2003, p. 2.

[7] GUINCHARD (S.), CHAINAIS (C.), DELICOSTOPOULOS (C. S.) et autres, *Droit processuel - Droit commun et droit comparé du procès équitable*, Paris, Précis Dalloz, 5ème édit., 2009, p. 3.

[8] PERROT (R.), *Institutions judiciaires*, op. cit., p. 3.

[9] Cette idée de combat ne doit pas être confondue au mode vindicatoire de résolution de litige notamment la guerre. Le procès est un mode pacifique de résolution de litige. VERGES (E.), *Les principes directeurs du procès judiciaire, étude d'une catégorie juridique*, Thèse, sous la direction de Mme le Professeur Sylvie CIMAMONTI, D'AIX Marseille, 2000, version électronique p. 25. Cette thèse est consultable en ligne : www.facdroit-grenoble.org/crj/images/documents/these-verges.pdf Consultée le 21 juillet 2011.

[10] CORNU (G.), FOYER (J.), *Procédure civile*, PUF, Paris, 3ème édit., 1996, p. 426.

[11] CADIET (L.), *Droit judiciaire privé*, Paris, LITEC, 2ème édit., 1998, p. 329.

Les différentes conceptions du procès font ressortir l'existence d'une contestation[12]. « Une contestation initiale entre au moins deux personnes, deux familles, deux clans, deux groupes, deux pays, etc. (élément d'altérité). Il s'ensuit le besoin d'une solution admise par les deux camps en opposition, dont l'intervention d'un tiers de vider la dispute et auquel on reconnaît légitimité (élément d'autorité). Enfin, à défaut d'exécution spontanée de la sentence, il faut prévoir l'existence d'un recours forcé à la puissance publique pour qu'il y ait effectivité (élément de pouvoir) »[13]. Il peut aussi s'analyser comme la branche de la science du droit ayant pour objet de déterminer les règles d'organisation judiciaire, de compétence, d'instruction des procès et d'exécution des décisions de justice et englobant la procédure administrative, civile et pénale[14]. Ces matières forment le droit processuel.

Historiquement, le droit processuel avait pour objet la synthèse des grands types de procédures que sont les procédures administrative, civile et pénale. Sa paternité pourrait être attribuée à VISIOZ[15], son érection en tant que discipline juridique revient à MOTULSKY[16]. Les doctrines processualistes contemporaines s'accordent sur une conception du droit processuel dépassant la simple comparaison entre les trois grandes procédures ci-dessus. Elles ajoutent les procédures contentieuses internationale et constitutionnelle, mais également les modes alternatifs de règlement des conflits, l'arbitrage, ainsi que les procédures régissant le fonctionnement des autorités administratives indépendantes[17]. Les modes alternatifs de règlement du litige seront exclus du champ de l'étude, de même que la procédure arbitrale qui, si elle revêt un aspect juridictionnel, ne

---

[12] Le procès suppose une contestation entre deux parties. La procédure n'implique pas systématiquement cette contestation. Par exemple la procédure gracieuse ou la procédure d'obtention d'un permis de conduire. Le litige est un différend présentant un caractère d'ordre juridique porté devant un tribunal et devenu matière du procès, une fois saisie la justice. V° CORNU (G.), *Vocabulaire juridique*, op. cit., p. 501.

[13] GUINCHARD (S.), CHAINAIS (C.), DELICOSTOPOULOS et autres, *Droit processuel - Droit commun et droit comparé du procès équitable,* op. cit., p. 64.

[14] CORNU (G.), *Vocabulaire juridique*, op. cit., p 657.

[15] Jean Foyer, préface au Droit processuel d'Henri MOTULSKY, les cours de droit, 1973, in GUINCHARD (S.), CHAINAIS (C.), DELICOSTOPOULOS (C. S) et autres, *Droit processuel - Droit commun et droit comparé du procès équitable,* op. cit., p. 2.

[16] CIAUDO (A.), *« La maîtrise du temps en droit processuel »*, Jurisdoctoria, n° 3, 2009, p. 1. Consultable en ligne : http://www.jurisdoctoria.net/pdf/numero3/aut3_CIAUDO.pdf, le 22 janvier 2013, date de la dernière consultation.

[17] « Le concept processuel se rapporte au procès sous toutes ses espèces (civil, pénal, administratif, arbitral…) ; se dit surtout d'une discipline de recherches qui, plus qu'une branche du droit, est une science comparative fondée sur le rapprochement des procédures en droit privé, pénal, administratif… et l'étude des thèmes communs à tous les procès. » V° CORNU (G.), *Vocabulaire juridique*, op. cit., p 657. V° aussi ROUHETTE (G.), *« L'ordre juridique processuel. Réflexion sur le droit du procès »*, in Mélanges Pierre RAYNAUD, Paris, Dalloz-Sirey, 1985, p. 689.

relève pas de la justice étatique[18]. La présente thèse ne s'intéresse qu'aux trois branches de la procédure : civile, pénale et administrative[19]. La comparaison des systèmes de procédure permet de relever des liens étroits parmi lesquels les garanties d'une bonne justice, objet du procès équitable.

Du latin aequitas, égalité[20], qualité de ce qui est conforme aux règles de l'équité[21]. Elle désigne souvent la manière de résoudre les litiges en dehors des règles de droit, selon les critères tels que l'amour de la paix, la morale, etc. C'est la justice naturelle, exercée avec modération, indépendamment du droit positif. Cette possibilité reconnue au juge de trancher le différend en s'appuyant plus sur la justice naturelle que sur la lettre de la loi ne saurait être la mesure du procès équitable. L'équité entendue comme une sensibilité généreuse n'a pas de place dans la notion de procès équitable[22], mais plutôt la recherche de l'équilibre permettant d'assurer une égalité de chance, de succès ou de perte, à chacune des parties au procès. Cette thèse corrobore avec la conception anglo-saxonne du mot « fair »[23], qui signifie équilibre. Telle est l'idée fondamentale du procès équitable. Les instruments juridiques ne font qu'énumérer les règles qui le configurent plutôt que de le définir. Il regroupe les composantes d'une bonne justice. Celles-ci ne résultent pas que seulement des textes juridiques, mais aussi, elles engendrent les aspects philosophiques, sociologiques, moraux, etc.

Toute tentative de définition peut alors s'avérer difficile. Pour certains, le procès équitable est la norme processuelle de référence pour tout contentieux[24]. Pour d'autres, il est la garantie formelle de la régularité de la procédure[25]. Cette dernière définition est séduisante, mais pas satisfaisante. Elle est séduisante, parce qu'elle renvoie à des dispositions juridiques qui assurent le respect des droits des personnes au cours d'un procès. En revanche, elle n'est point satisfaisante, car la notion du procès équitable ne saurait se résumer à la régularité formelle de l'instance. Cette classification, si elle n'est pas satisfaisante[26], permet néanmoins d'isoler la catégorie des droits dont le contenu ne renvoie pas à une liberté matérielle, mais aux

---

[18] AMRANI-MEKKI (S.), *Le temps et le procès civil*, Paris, Dalloz, Nouvelle Bibliothèque de Thèses, t. 11, 2002, p. 8.

[19] V° la délimitation du sujet, infra p. 21.

[20] Pradel, (J.), *Procédure Pénale*, Paris, CUJAS, 12ème édit., 2004, p. 336.

[21] Dictionnaire de la langue française, Petit Robert 2007, p. 2029.

[22] GAMANDA (M. N.), *Le droit à un procès équitable*, Paris, édit. Droit et idées nouvelles, p. 18. V° aussi NICOLEAU (P.), *Lexique de droit privé*, Paris, édit., ellipses, 1996, p. 148.

[23] Lorsque les anglo-saxons parlent du procès équitable, ils n'utilisent pas le terme « equity » qui présente la connotation de l'équité, mais le « fair » qui fait appel à la notion de l'équilibre.

[24] SUDRE (F.), et PICHERAL (C.), (Dir), *La diffusion du modèle européen du procès équitable*, Paris, édit., la documentation française, coll. Droit et justice, 2003, p. 5.

[25] GUINCHARD (S.), *« Le procès équitable : garantie formelle ou droit substantiel ? »*, in Mélanges Farjat, 1999, p. 139.

[26] Fréderic SUDRE estime que toute classification des droits emporte une part d'arbitraire, et aucune classification n'est en soi pleinement satisfaisante. SUDRE (F.), *Droit européen et international des droits de l'homme*, PUF, 8ème édit, 2006, p. 258.

« garanties dont un individu dispose dans un État de droit pour faire valoir ses droits et libertés »[27]. Les justiciables bénéficient des droits procéduraux pour faire valoir leurs droits matériels[28]. Les droits de procédure et les droits matériels constituent des droits fondamentaux[29]. Les droits de procédures sont composés des éléments structurels du procès équitable. Ils permettent d'assurer aux droits matériels l'effectivité et l'efficacité. Le caractère équitable du procès s'apprécie à travers le respect des garanties générales (le droit d'accès au juge, le droit à un bon juge[30] et le droit à l'exécution de la décision) et, des règles spécifiques adaptées à la nature particulière de chaque procès. La revue de la littérature relative au procès équitable converge dans le même sens[31].

Le droit d'accès au juge, première garantie générale du procès équitable, est désormais ancré dans la sphère des droits fondamentaux[32]. Il présente des notions voisines telles que le « droit au recours », « l'action en justice » et la « demande en justice ». Le droit d'accès au juge en abrégé « droit au juge », selon l'expression de RENOUX « droit au juge naturel »[33], est issu du postulat général de l'égalité de tous les citoyens devant la loi. Il signifie que tous les justiciables ont droit à être jugés de manière égale, devant les mêmes juridictions, statuant selon les mêmes règles de procédure, appliquant les mêmes règles de droit. C'est un pouvoir reconnu à toute personne de saisir le service public de la justice pour faire valoir ses droits et libertés[34]. Le Pacte

---

[27] Idem. p. 332.

[28] Les droits matériels se définissent comme l'ensemble des règles qui assurent le respect de la dignité et l'existence matériel de l'individu. Le droit à un procès équitable est un droit fondamental dans la catégorie des droits de procédure. Le procès équitable lui-même est constitué d'un certain nombre de garanties qui sont également des droits fondamentaux de nature procédurale, tels que le droit d'accès à un tribunal, le droit d'être jugé dans un délai raisonnable par un juge indépendant et impartial, le droit au contradictoire, le droit à la présomption d'innocence, le droit à l'exécution de la décision, etc.

[29] V° définition « droits fondamentaux », supra p. 1. « Un premier emploi de l'expression droits fondamentaux peut être trouvé dans la constitution allemande de mars 1849. » FAVOREU (L.), GAÏA (P.), GHEVONTIAN (R.) et autres, *Droits des libertés fondamentales*, Paris, Dalloz, 5ème édit., 2009, p. 74.

[30] L'expression « droit à un bon juge » est empruntée de GUINCHARD (S.), CHAINAIS (C.) et autres, dans leur ouvrage collectif, *Droit processuel. Droit commun et droit comparé du procès équitable*, op. cit. p. 740 et svtes.

[31] GUINCHARD (S.), CHAINAIS (C.), DELICOSTOPOULOS (C. S) et autres, *Droit processuel. Droit commun et droit comparé du procès équitable,* op. Cit., p 730. V° aussi SUDRE (F.), et PICHERAL (C.), (Dir), *La diffusion du modèle européen du procès équitable,* op. cit. p. 36 et svtes. Dans le même sens GAMANDA (M. N.), *Le droit à un procès équitable,* op. cit. p 27 et svtes. BERGER (V.), *Jurisprudence de la Cour Européenne des Droits de l'Homme*, Paris, Sirey, 8ème édit., pp. 149 à 355. GUINCHARD (S.) (Dir.), *Droit et pratique de la procédure civile*, Paris, Dalloz, 2001/2002, pp. 471 à 576. Ce sont là quelques auteurs qui ont commentés certains instruments juridiques relatifs au procès équitable.

[32] GUINCHARD (S.), *« Vers une démocratie procédurale »,* Justices, 1999, n°1 p. 92.

[33] RENOUX (Th. S.), *« Droit au juge naturel, droit fondamental »* RTDC, 1993, p. 33.

[34] BANDAC (V. M.), *« l'action en justice, droit fondamental »*, in Mélanges Roger PERROT, Paris, Dalloz, 1995, p. 1. V° FAVOREU (L.) et RENOUX (TH.), *« Le contentieux*

International relatif aux Droits Civils et Politiques (PIDCP) distingue le droit d'accès au juge[35] du droit à un recours[36]. Le premier est un élément du second. « Le recours est la possibilité pour toute personne de pouvoir contester une mesure prise à son encontre, devant une instance investie d'un pouvoir de réformation de cette mesure et/ou de réparation de ses conséquences dommageables »[37]. Alors que, « l'action en justice est le droit pour l'auteur d'une prétention, d'être entendu sur le fond de celle-ci afin que le juge la dise bien ou mal fondée. Pour l'adversaire, l'action est le droit de discuter le bien-fondé de cette prétention »[38]. La demande ou la requête est l'acte de procédure sur lequel s'exerce l'action en justice.

Si distinctes soient-elles, les notions : droit d'accès au juge, droit au recours, action et demande en justice, ne sont pas sans rapport. Elles se recoupent au niveau de leur objectif final, la protection des droits fondamentaux. L'action et la demande en justice ne sont que les conséquences et le prolongement du droit d'accès au juge. Pour éviter que ce droit ne soit pas un vœu pieux, les instruments juridiques exigent un accès concret et effectif. En conséquence, les États ont l'obligation de garantir aux citoyens les moyens nécessaires pour la jouissance du droit au juge sans entrave[39], quel que soit l'adversaire. L'effectivité du recours juridictionnel comporte trois conséquences : la nécessité de prévoir une aide judiciaire pour les justiciables de ressources insuffisantes, la nécessité de respecter les droits de la défense et d'exécuter la décision. Certaines de ces exigences relèvent du droit à un bon juge.

Le droit à un bon juge, deuxième volet général du procès équitable, est constitué des garanties institutionnelles et procédurales. Les premières renvoient à l'indépendance et à l'impartialité de l'organe saisi, tandis que les secondes concernent : le délai raisonnable, l'équité et la publicité.

---

constitutionnel des actes administratifs », Répertoire Dalloz du contentieux administratif, Sirey, 1992, pp. 90 et svtes.

[35] Art. 14, § 1, al. 2 du PIDCP.

[36] L'article 2 § 3 du PIDCP dispose que : « Les Etats parties au présent Pacte s'engagent à : a) Garantir que toute personne dont les droits et libertés reconnus dans le présent Pacte auront été violés disposera d'un recours utile, alors même que la violation aurait été commise par des personnes agissant dans l'exercice de leurs fonctions officielles ; b) Garantir que l'autorité compétente, judiciaire, administrative ou législative, ou toute autre autorité compétente selon la législation de l'Etat, statuera sur les droits de la personne qui forme le recours et développer les possibilités de recours juridictionnel. » La disposition in fine de l'article 2 § 3 ci-dessus dénote clairement la position des rédacteurs du pacte en faveur des recours juridictionnels qui semblent être leur priorité.

[37] ZOLLER (E.), *Droit constitutionnel*, Paris, PUF, 2ème édit., 1999, n° 299.

[38] Art. 53-1 du décret 09-220 / P-RM du 11 mai 2009 modifiant le décret 99-254 P-RM du 15 septembre 1999 portant CPCCS du Mali.

[39] Le droit d'accès au juge peut faire l'objet de limitations, car n'étant pas absolu. Ces limitations doivent être distinguées des obstacles. Au Mali, plusieurs entraves minent le chemin du prétoire. V° infra p. 28.

L'indépendance et l'impartialité sont deux notions quasi-interdépendantes, mais elles se distinguent sur le plan conceptuel[40]. L'impartialité est « l'absence de préjugé ou de parti pris »[41], elle exige au préalable la garantie d'indépendance. « Le juge dont l'indépendance fait défaut est objectivement suspecté de partialité »[42]. L'indépendance conditionne l'impartialité[43], bien qu'elle ne suffise pas à la décrire[44]. À l'évidence, on ne peut pas être impartial, si l'on n'est pas indépendant. À l'inverse, un juge indépendant de tout pouvoir peut devenir partial dans un dossier particulier. L'indépendance présente des synonymes tels que liberté, autonomie, individualisme, souveraineté[45].

Quant à l'impartialité, elle évoque l'idée d'équité, d'objectivité, de neutralité. L'indépendance de la justice s'exprime par rapport à des pouvoirs de droit (législatif, exécutif) et de fait (médias, les parties, l'expert). L'impartialité est liée à l'organisation et au fonctionnement interne des juridictions, aux qualités personnelles du juge. L'indépendance relève d'un statut, l'impartialité d'une vertu. L'opposition statut et vertu est délicate[46]. En effet, celui qui n'est pas partial est impartial. La partialité, c'est « juger avant jugement »[47]. En revanche, l'indépendance est la situation d'un organe public auquel son statut assure la possibilité de prendre ses décisions en toute liberté et à l'abri de toutes instructions et pressions[48]. En d'autres termes, elle est « l'absence de toute soumission des juges dans l'exercice de leur fonction juridictionnelle à des pouvoirs extérieurs »[49]. C'est la

---

[40] V° Déc. 98 – 408 du 22 janvier 1999, relative à la Cour Pénale Internationale qui a distingué l'indépendance de l'impartialité à propos des procédures de récusation et de décharge des juges de cette cour. Selon la CEDH, 11 juin 2009, *Dubus c. France,* Gaz. Pal. 2009. Les notions d'indépendance et d'impartialité objective sont étroitement liées. Pour la distinction entre indépendance et impartialité V° aussi GUINCHARD (S.), CHAINAIS (C.) et autres, *Droit processuel. Droit commun et droit comparé du procès équitable,* op. cit., p. 743 et svtes.

[41] CEDH, 1er oct. 1982, PIERSACK c./ Belgique, in BERGER (V.), *Jurisprudence de la Cour Européenne des Droits de l'Homme*, op. cit., p. 195 et svtes.

[42] RŒTS (D.), *Impartialité et justice pénale, « Travaux de l'institut de science criminelle de Poitiers »*, Paris, Cujas, 1997, p. 21.

[43] FRICHON – ROCHE (M.A), *« L'impartialité du juge »,* Rec. Dalloz, 1999 n° 06, Chron. p. 53.

[44] GUINCHARD (S.), BUISSON (J.), *Procédure pénale*, Paris, LITEC, 2000, p. 234.

[45] Dictionnaire de la langue française, Petit Robert 2007, p. 1311.

[46] La CEDH ne manque pas de souligner qu' « étant donné qu'il est difficile de dissocier la question de l'indépendance et celle de l'impartialité, il y a lieu de les étudier ensemble. » La loi portant code de déontologie de la magistrature au Mali précise que : « l'indépendance de la magistrature est indispensable à l'exercice d'une justice impartiale. » Art. 3 de la loi du 16 décembre 2002 portant code de déontologie du juge au Mali.

[47] SOLER (S.), *L'indépendance et l'impartialité*, in SUDRE, (F.), PICHERAL (C), (Dir), *La diffusion du modèle européen du procès équitable*, op. cit. p 271.

[48] CORNU (G.), *Vocabulaire juridique*, édit., op. cit., p. 58.

[49] DEBBASCH (Ch.), *« L'indépendance de la justice »*, in Mélanges Dubois, Paris, Dalloz, 2000, p. 27-33.

traduction institutionnelle du principe de la séparation des pouvoirs, mais elle recouvre également l'idée selon laquelle le juge ne doit pas être dans une relation de proximité avec l'une des parties au procès. Elle constitue en même temps le droit majeur du juge et le premier de ses devoirs[50]. La proximité de ces deux notions exige leur examen conjoint. Les différents instruments juridiques[51] font des qualités d'indépendance et d'impartialité du tribunal, une garantie essentielle du procès équitable. Ainsi, l'accès au prétoire, par le rapprochement de la justice des justiciables ou l'exonération des frais de justice n'a d'utilité que si le juge saisi est indépendant et impartial. Ces qualités sont indispensablespourle respect des garanties procédurales.

Les garanties procédurales sont composées des principes d'équité, de publicité et de célérité. La formule est désormais péremptoire en droit processuel, le législateur exige le respect du principe d'équité[52]. Ceci ne signifie pas la possibilité pour le juge de se prononcer en dehors des règles juridiques, mais plutôt la recherche de l'équilibre des droits dans la procédure[53]. L'équité[54] est une garantie autonome du procès équitable. Il regroupe en son sein quatre (04) éléments essentiels : l'égalité des armes, la contradiction, la motivation des décisions et la loyauté des preuves. L'égalité des armes est assurée toutes les fois que l'une des parties ne se trouve pas dans une position qui ne la désavantage pas par rapport à son adversaire. Chacune des parties doit avoir la possibilité raisonnable d'exposer sa cause dans les conditions qui ne la désavantagent pas d'une manière appréciable à la partie adverse[55]. D'ailleurs, l'une des caractéristiques du tribunal est de permettre au demandeur aussi bien qu'au défendeur de présenter son point

---

[50] COMMARET, (D. N.), *« Une juste distance ou réflexion sur l'impartialité du magistrat »*, Rec. Dalloz, 1998, n°27, chron., p. 262. Certains auteurs affirment que : « L'indépendance ne constitue d'ailleurs pas un privilège octroyé au corps judiciaire dans son propre intérêt, mais au contraire une façon de garantir la prééminence de l'Etat de droit au bénéfice des citoyens et des justiciables. BRACONNAY, (N.), DELAMARRE, (M.), *Institutions juridictionnelles*, Paris, VUIBERT, 1ère édit., 2007, p. 41.

[51] V° infra p. 18.

[52] Art. 1er de la loi n° 01 – 080 AN – RM du 20 août 2001 portant code de procédure pénale au Mali.

[53] BELLET (P.) *« Le juge et l'équité »*, in Etudes offertes à René ROUDIERE, Paris, Dalloz, 1981, p. 9 à 15.

[54] La cour européenne estime qu'un procès ne serait pas équitable s'il se déroulerait « dans les conditions de nature à placer injustement une partie dans une situation désavantageuse par rapport à l'autre partie. » CEDH, 30 octobre 1991, BORGERS C/ Belgique, in BERGER (V.), *Jurisprudence de la Cour Européenne des Droits de l'Homme*, op. cit., p. 244 et svtes.

[55] CEDH, 27 oct. 1993, Dombo BEHEER c/ Pays-Bas, in BERGER (V.), *Jurisprudence de la Cour Européenne des Droits de l'Homme*, op. cit., p. 227 et svtes ; CEDH, 22 sept. 1994, Hentrich c/ France JCP, 1995, n°22374, note J-P Le Gall et L. Gerard ; CEDH, 23 oct. 1996, Ankerl c/ Suisse, note F. Sudre JCP, 1997 n° 6-7, p 74.

de vue avant de rendre sa décision : c'est le principe du contradictoire[56] qui s'est propagé dans la quasi-totalité des disciplines juridiques[57]. En tant que composant de l'égalité des armes, le principe du contradictoire est une opération judiciaire ou extrajudiciaire, par laquelle tous les intéressés doivent être régulièrement mis à même de participer, de discuter les prétentions adverses, en acquiesçant ou en contestant. La procédure contradictoire « implique, pour une partie, la faculté de prendre connaissance des observations et pièces produites par l'autre, ainsi d'en discuter »[58]. Si le juge doit veiller au respect scrupuleux de la contradiction, il ne doit, aussi, fonder sa décision que sur des preuves légalement obtenues. Aucun mode de preuve n'est admissible lorsqu'il est prohibé par la loi ou un principe général du droit. Le recours à des moyens frauduleux ou contraires à l'ordre public pour démontrer les faits propres à fonder ses prétentions est interdit.

La loyauté des preuves permet d'éviter des erreurs judiciaires, tandis que la motivation de la décision « constitue le rempart contre l'arbitraire en forçant le juge à prendre conscience de son opinion, de sa portée »[59]. Bien qu'elle ne soit pas synonyme d'une largeur épique, la motivation doit permettre au destinataire de la décision et au public en général de suivre le raisonnement qui a conduit le juge à prendre sa décision. Elle est l'explication par le juge des raisons de fait et de droit qui l'ont conduit à rendre son verdict. Le justiciable, en cas de désaccord avec les motifs de la décision, peut s'appuyer dessus pour la contester et exercer le cas échéant un recours. Le procès équitable, outre l'obligation de motivation, exige la publicité.

La publicité de l'audience, indispensable pour toute justice démocratique, admet des dérogations légitimes. Exigence démocratique essentielle[60], elle met l'accent sur le caractère transparent de la justice. « Il existe une exigence qui est essentielle à la vie de la démocratie par l'existence d'une justice transparente, c'est le caractère public des débats, des audiences »[61]. La justice traditionnelle africaine est l'illustration type de cette justice

---

[56] L'article 14 du CPCCS dispose que : « Aucune partie ne peut être jugée sans avoir été au préalable dûment entendue ou appelée. »

[57] On rencontre le principe du contradictoire en droit des sociétés commerciales sur le volet protection des actionnaires minoritaires, par exemple. Il faut préciser cependant qu'en matière gracieuse, il n'existe pas du principe du contradictoire, le justiciable peut exhiber son droit à être entendu.

[58] CEDH, 23 juin 1993, Ruiz Matéos C : Espagne, in BERGER (V.), *Jurisprudence de la Cour Européenne des Droits de l'Homme*, op. cit., p. 220 et svtes.

[59] ANDRIANTSIMBAZOVINA (J.), GAUDIN (H.), MARGUENAUD (J-P.), et autres (Dir.), *Dictionnaire des droits de l'homme*, Paris, PUF, 1ère édit., 2008, p.809.

[60] GUINCHARD (S.), CHAINAIS (C.) et autres, *Droit processuel. Droit commun et droit comparé du procès équitable,* op. cit., p. 884.

[61] KAYSER (P.), *« Le principe de la publicité de la justice dans la procédure civile »*, in Mélanges HEBRAUD, Paris, Dalloz, 1981, p. 501.

transparente, car elle est rendue sous l'arbre à palabre[62]. La justice doit être transparente autant qu'elle doit être rendue dans un délai raisonnable.

La célérité du jugement ne doit pas être confondue avec la justice expéditive. Bien qu'aucun délai n'est imposé au juge pour rendre sa décision, sauf « des cas dans lesquels il n'y a pas de temps à perdre ou lorsqu'il est inutile de perdre son temps »[63]. Dans les autres hypothèses, la jurisprudence européenne a fixé des critères d'appréciation de la célérité. Selon elle « la durée raisonnable d'une procédure s'apprécie suivant les circonstances de la cause (…) en particulier la complexité de l'affaire, le comportement du requérant et celui des autorités compétentes »[64]. L'application des garanties institutionnelles et procédurales ci-dessus décrites n'a d'utilité que si la décision issue est exécutée. L'exécution du verdict dans un délai raisonnable constitue le troisième volet des garanties générales du procès équitable.

L'exécution forcée de la décision du juge n'est que la conséquence du droit à un juge[65]. Indicateur de l'État de droit[66], elle est l'ensemble des moyens de contrainte exercés contre la personne du débiteur ou contre ses biens pour imposer, l'exécution de ses obligations, dans le respect des formalités prescrites par la loi[67]. Elle parachève les garanties générales. Pour la physionomie du procès équitable, celles-ci doivent être combinées aux règles spécifiques et adaptées à la matière pénale et civile.

---

[62] « Les traditions africaines conçoivent mal un procès se déroulant en catimini et un jugement se déroulant dans les mêmes conditions. La règle de la publicité dans les traditions judiciaires, était même plus prononcée qu'aujourd'hui : les procès se déroulent généralement en plein air, sous un arbre prestigieux… l'arbre africain à palabre. » GAMANDA (M. N), *Le droit à un procès équitable,* op. cit., p. 14.

[63] Jacques Normand, citant un avocat général parisien, in : « Dommage imminent et trouble manifestement illicite », *La justice civile au vingt et unième siècle*, Mélanges Pierre Julien, Paris, 2003, n° 67, p. 324. Il s'agit des règles particulières commandant la célérité du procès. Ce sont entre autres, le référé, la reddition des comptes, l'injonction de payer, etc.

[64] V° infra p. 104.

[65] La Cour Européenne des Droits de l'Homme, dans un de ses célèbres arrêts, affirme que : « le droit d'accès à un tribunal serait illusoire si l'ordre juridique interne d'un Etat contractant permettait qu'une décision judiciaire définitive et obligatoire reste inopérante au détriment d'une partie. En effet, on ne comprendrait pas que l'article 6 §1, décrive en détail des garanties de procédure (équité, publicité et célérité) accordées aux parties et qu'il ne protège pas la mise en œuvre des décisions judiciaires ; si cet article devait passer pour concerner exclusivement l'accès au juge et le déroulement de l'instance, cela risquerait de créer des situations incompatibles avec le principe de la prééminence du droit que les Etats contractants se sont engagés à respecter en ratifiant la convention… L'exécution d'un jugement ou arrêt, de quelque nature que ce soit, doit donc être considérée comme faisant partie intégrante du procès au sens de l'article 6 de la Convention européenne de sauvegarde des droits de l'homme et des libertés fondamentales. » CEDH, 19 mars 1997, Hornsby c/ Grèce, AJDA, 1997. 986, obs Flaus. V° aussi GAMANDA (M. N.), *Le droit à un procès équitable,* op. cit., p. 97.

[66] MONTESQUIEU, *De l'esprit des lois I*, Folio, essais, Paris, édit., Gallimard, 1995, p. 185.

[67] CABRILLAC (R.), (Dir.), *Dictionnaire du vocabulaire juridique*, Paris, LITEC, 2008, p. 187.

Les garanties particulières accordées à une personne en matière pénale sont la présomption d'innocence et les droits de la défense. La première exigence est un principe propre à la procédure pénale[68], selon lequel toute personne poursuivie est considérée comme innocente des faits qui lui sont reprochés aussi longtemps qu'elle n'a pas été déclarée coupable par décision définitive[69]. Elle bénéficie des prérogatives lui permettant de se défendre contre les accusations portées contre lui[70]. La protection des droits de la défense revêt une importance particulière du procès pénal, car leur inobservation initiale risque de compromettre son caractère équitable. Les différents droits de la défense sont : le droit d'être informé de la nature et de la cause de l'accusation ; le droit de disposer du temps et de facilités nécessaires à sa défense ; le droit de se défendre efficacement ; le droit aux témoins ; le droit à un interprète et le droit de ne pas s'auto-accuser. Les droits de la défense ne sont pas propres au procès pénal, on les retrouve aussi en matière civile.

Les procédures commerciale et sociale, soumises au tronc commun de la procédure civile, n'en sont pas moins marquées d'une spécificité certaine[71]. Il s'agit du principe dispositif associé aux droits de la défense et du rôle des parties et du juge[72]. Le procès administratif entre dans le cadre de la matière civile, dans la mesure où l'un des critères d'applicabilité des garanties du procès équitable est subordonné à l'existence d'une contestation portant sur les droits et obligations de nature civile[73].

De ce qui précède, il est aisé d'énumérer les éléments qui configurent le procès équitable plutôt que de le définir. Le législateur malien n'a jamais tenté une définition, pas plus que le juge et la doctrine. La Cour Européenne

---

[68] LOPEZ (G.), et TZITZIS (S.) (Dir.), *Dictionnaire des sciences criminelles*, Paris, Dalloz, 2004, p. 734.

[69] L'article 9 de la constitution du 25 février 1992 et l'article 2 du code de procédure pénale du Mali. La présomption d'innocence est décrite sous la plume de Jean PRADEL comme le principe cardinal de la procédure pénale dans un Etat de droit, autour duquel tout gravite puisque les autres principes directeurs qui gouvernent la procédure pénale sont la conséquence du principe de la présomption d'innocence. Pradel (J.), « *les personnes suspectes ou poursuivies après la loi du 15 juin 2000; une évolution ou une révolution* ? » Rec. Dalloz, 2001, n° 13, p. 1039.

[70] PRADEL (J.), *Procédure pénale*, op. cit., p. 340.

[71] Les articles 1 à 16 du CPCCS prévoient les mêmes principes directeurs applicables au niveau des juridictions civiles, commerciales et sociales en ces termes : « Les dispositions du présent livre s'appliquent devant toutes les juridictions de l'ordre judiciaire statuant en matière civile, commerciale et sociale. »

[72] CABRILLAC (R), FRISON-ROCHE (A-M) et REVET (TH), *Libertés et Droits Fondamentaux : notions, l'être, le citoyen, le justiciable, l'auteur économique et social,* Paris, Dalloz, 12ème édit., 2006, p. 537.

[73] La Cour Européenne des Droits de l'Homme exige, l'application des garanties du procès équitable, à toute procédure dont l'issue est déterminante pour les droits et obligations de caractère privé. CEDH, 16 juillet 1971 RINGENSEIN c/Autriche, in BERGER (V.), *Jurisprudence de la Cour Européenne des Droits de l'Homme*, op. cit., p. 283 et svtes.

des Droits de l'Homme qui a mieux cerné ses éléments, n'a pas pris la responsabilité de le faire. Les instances internationales[74] qui ont produit les règles essentielles du procès équitable, ne l'ont pas aussi défini. Cette attitude peut s'expliquer, d'une part, par le caractère évolutif de la notion, et d'autre part, par le risque d'interprétation restrictive qui pourrait réduire les droits des justiciables ; parce que la garantie du procès équitable est la condition sine qua non de la pérennisation de toute société. Toute proposition de définition ne serait alors valable qu'en fonction du moment et ne fera jamais l'unanimité.

Néanmoins, en tenant compte de son idéologie, le procès équitable apparaît comme étant des garanties [75]qui assurent aux justiciables l'égalité de chance de succès ou de perte du procès. Cette définition risque d'être taxée de manque de clarté à cause de l'utilisation du concept flou qui est l'égalité de chance. L'égalité, contenue dans la loi fondamentale[76], est un « concept évolutif et malléable »[77]. Elle ne saurait recevoir, elle aussi, une unanimité sur le plan conceptuel. Elle peut être conçue comme le fait d'être investi des mêmes droits et des mêmes obligations que l'ensemble des autres. La chance est l'espérance ou le signe de réussite. L'égalité de chance est alors l'ensemble des mesures qui permettent de reconstituer ou de renouveler les liens de droit.

En effet, les parties au procès bénéficient des mêmes droits, elles sont aussi assujetties aux mêmes devoirs. Pourtant cela ne permet pas au procès d'être équitable, car la situation financière difficile d'une partie peut jouer en faveur de l'autre : d'où l'institution du droit à l'assistance judiciaire. Celui-ci, bien qu'il ait vocation d'atténuer l'écart financier entre les parties au procès, ne permet pas d'assurer une égalité entre elles sur le plan matériel. S'il paraît alors difficile, voire impossible d'assurer une égalité matérielle, au moins, entre les justiciables pour la défense de leurs intérêts, la chance en tant que l'espoir de réussite s'éclipse pour la partie économiquement faible. C'est la raison pour laquelle, semble-t-il, un auteur souligne le caractère illusionniste de l'équitabilité du procès[78]. Loin d'être une illusion, le procès

---

[74] Ces instances sont entre autres : les organes de l'Organisation des Nations Unies, la Commission Africaine des Droits de l'Homme, l'Organisation pour l'Harmonisation en Afrique du Droit des Affaires, etc.

[75] Il s'agit des garanties énumérées ci-dessus allant du droit d'accès au juge, à l'exécution de la décision en passant les garanties institutionnelle et procédurale, combinées aux exigences spécifiques de certains procès.

[76] L'article 2 de la constitution du 25 février 1992 dispose que : « tous les maliens naissent et demeurent libres et égaux en droits et en devoirs. Toute discrimination fondée sur l'origine sociale, la couleur, la langue, la race, le sexe, la religion et l'opinion politique est prohibée. » L'égalité devant la justice est issue du postulat général de l'égalité entre les citoyens.

[77] ANDRIANTSIMBAZOVINA (J.), GAUDIN (H.), MARGUENAUD (J-P.) et autres (Dir.), *Dictionnaire des droits de l'homme*, op. cit., p.357.

[78] « De même que l'image n'est qu'une illusion d'optique, la notion de procès équitable n'est qu'une illusion de l'esprit, ce que nous, juristes, nous traduisons par cette formule de « fiction

équitable est une réalité, il est prévu par les textes juridiques, et s'est émergé lentement au cours de l'histoire.

Le procès équitable doit ses prémices à l'ordre interne, mais ce sont les instances internationales et régionales qui ont produit ses règles essentielles. L'histoire de la justice coïncide avec celle de l'humanité, semble-t-il ? Elle connaît depuis de nombreux siècles des principes qui perdurent aujourd'hui encore dans notre procédure[79]. Ces principes sont les garanties d'une bonne justice, dont l'origine pourra être attribuée à la religion. Celle-ci a ensuite influencé le droit positif des États.

Les éléments structurels qui configurent le service public de la justice ont été puisés de part et d'autre. Les religions ont été d'un apport considérable à la garantie de la bonne justice. Cette situation s'explique par le fait que la notion de justice relève d'une certaine divinité. Plusieurs passages d'écrits religieux révèlent la notion de justice équitable. Un jugement tout particulier rendu, il y a 3000 ans par Salomon l'en témoigne. En l'espèce, deux prostituées[80] viennent d'accoucher. L'enfant de l'une est mort étouffé par sa mère. Elle remplaça aussitôt le cadavre du nouveau-né par l'enfant vivant de sa co-prostituée. Le roi est saisi par cette dernière en revendication de l'enfant vivant. Devant l'absence de témoin et de preuve de la scène, le roi Salomon opta une solution radicale pour résoudre le litige. Il décida alors de couper l'enfant en deux morceaux, chaque prostituée emportera une partie. L'une des femmes[81] déclara au roi : « je t'en supplie, seigneur, donne-lui l'enfant vivant, ne lui massacre pas »[82]. Ce récit mérite quelques observations.

Le roi Salomon en tant que religieux accepte de trancher un litige entre des individus, d'après certains, des prostituées. L'accès à la justice du roi n'est soumis à aucune condition de richesse ou de moralité. La décision de Salomon de couper l'enfant en deux morceaux commande t- elle l'idéal de justice ? On estime qu'une telle décision n'est ni une cruauté abominable, ni un appel à une mythique voix du sang. C'est un appel au cœur, à l'amour[83].

---

juridique ». Il n'y a pas de définition universellement acceptée de la notion de procès équitable, et il faut garder à l'esprit : - D'une part qu'un procès conforme à la loi, n'est pas nécessairement un procès équitable - D'autre part, que la nature et la fonction de l'équitable est certainement d'être le correctif de la loi ». FRANCK (E.), *Le procès équitable en droit pénal : un principe fictif ou effectif ? (objet d'un colloque sur le procès équitable à l'Université Toulouse 1),* 24 novembre 2010. http://www.catala-martin.com/blog/2010/11/24/consulté le 29 janvier 2013.

[79] GUINCHARD, (S.), BRANDRAC, (M.), LAGARDE, (X.), DOUCHY, (M.), *Droit processuel*, Paris, Dalloz, 2001, p. 41.

[80] D'après le texte original, il s'agit des femmes de mauvaise vie qui, selon les interprétations contemporaines, sont des prostituées.

[81] Selon certains, l'enfant vivant est pour cette femme.

[82] Le texte est extrait de l'article de BORELLA (F.) *« La justice de Salomon, Réflexions sur le juste »*, in Mélanges Gustave PEISER, Presses Universitaires de Grenoble, 1995, p. 51.

[83] Idem.

La justice de Salomon, même s'il s'en distingue de la justice contemporaine à bien des égards, a le mérite d'être fondée sur le principe de la non-discrimination et de la laïcité, car ne faisant pas référence à la loi divine pour rendre sa décision, après avoir entendu les parties et interprété les cris de la femme « ne le massacre pas ».

En plus, nombreuses dispositions de la Bible imposent l'équité de la justice. Ces concepts apparaissent plusieurs fois[84]. Dans le coran, on retrouve aussi des passages qui ont trait à la justice équitable. Lorsque Dieu s'adresse à l'être humain en ces termes : « Ô les croyants ! Soyez strict dans vos devoirs envers Allah et soyez des témoins équitables. Et que la haine pour un peuple ne vous incite pas à être injuste. Pratiquez l'équité, cela est plus proche de la pitié. Et craignez Allah,[85] car Allah est certes parfaitement connaisseur de ce que vous faites »[86]. Les religions ont ensuite influencé le droit positif des États dans l'instauration des garanties du procès équitable.

Les notions clefs du procès équitable ont été proclamées dans l'ordre interne. Quatre textes fondamentaux du monde occidentalsont significatifs. Ce sont : « l'habeas corpus »[87] ; le « bill of right »[88] ; les dix amendements de 1791 de la constitution américaine [89] ; la Déclaration des Droits de l'Homme et du Citoyen en France. « L'habeas corpus »[90] est une loi votée par le parlement Britannique en 1676 qui prévoit que toute personne arrêtée par un puissant doit être présentée dans les trois jours devant un juge qui peut décider de sa libération. En interdisant toute arrestation arbitraire, cette loi protège la liberté des citoyens surtout en matière de répression[91]. « L'habeas corpus » constitue une révolution importante du moment où le reste de l'Europe était encore soumis au régime de monarchie absolue, à la

[84] On peut citer à titre d'illustratif le Deutéronome 1-17 qui impose la qualité d'impartialité au juge.

[85] « Allah » signifie dans la langue arabe Dieu.

[86] Sourate Table servie – Verset 8.

[87] Angleterre 1676. Ce texte est consultable sur le site : http://www.aidh.org/Biblio/Text_fondat/GB_03.htm

[88] Titre complet « Acte déclarant des droits et libertés et réglant la succession de la couronne », Angleterre, 13 février 1689.

[89] Etats Unis, Philadelphie, mai 1787.

[90] L'habeas corpus est une locution latine qui signifie que tu aies ton corps pour le produire devant la justice.

[91] Les garanties issues de l'habeas corpus sont les suivantes : le droit pour toute personne arrêtée de demander « l'habeas corpus » ; l'obligation pour la justice d'envoyer un « writ» au service de la prison. (Le writ est un acte délivré par la juridiction compétente pour enjoindre à celui qui détient un prévenu de la faire comparaître devant la cour, afin qu'il soit statuée sur la validité de son arrestation.) ; le principe de l'interdiction de l'internement de la même personne pour le même motif ; l'obligation pour le service en vertu de l'acte à présenter dans les trois jours le prévenu devant le Tribunal, sous peine de sanctions ; le principe de l'interdiction de transférer le détenu de prison en prison ; la possibilité de la mise en liberté provisoire ; l'obligation de vérification par le tribunal des charges qui pèse contre le prisonnier qui peut être libéré sous caution, acquitté ou même maintenu en prison.

lettre de cachet[92], à toutes sortes d'arbitraire des rois. Révolutionnaire soit-il, l'habeas corpus est l'un des premiers textes sur lequel la théorie des droits de l'homme fut pensée et élaborée au fil des ans. « L'habeas corpus » et le « bill of right » contiennent de manière explicite des garanties dues au citoyen dans le cadre de l'exercice de la justice pénale. Ils constituent la première conceptualisation de ce qui deviendra plus tard la notion plus générale d'État de droit. Le « bill of right » pose le principe de la primauté de la loi sur l'autorité royale. Par conséquent des garanties judiciaires sont prescrites par les articles 10, 11 et 12. L'article 10 concerne la prohibition des cautions, amendes excessives et les peines cruelles et inusitées. L'article 11précise en ces termes : « la liste des jurés choisis doit être dressée en bonne et due forme et être notifiée, que les jurés qui, dans les procédures de trahison se prononcent sur le sort des personnes, doivent être des francs tenanciers. » Enfin, l'article 12 prévoit l'illégalité et la nullité des remises ou promesses d'amende et confiscation faites à des personnes particulières avant que conviction du délit soit acquise[93].

Les dix amendements apportés à la constitution en 1791 aux États-Unis établissent de manière claire des garanties de la procédure judiciaire dans ses volets 4, 5, 6, 7 et 8. Ainsi, pour s'assurer de la régularité des perquisitions et des saisies, des exigences strictes ont été élaborées[94] notamment le caractère sérieux de la mesure. Le cinquième amendement impose dans le cas de poursuites pour certaines infractions une mise en accusation devant un jury. La règle de « non bis in idem[95] » fut affirmée de même que la prohibition de témoigner contre soi-même. L'interdiction de porter atteinte à la vie, à la liberté ou aux biens de la personne poursuivie, sans procédure légale et régulière viennent se greffer aux premières garanties. Le sixième amendement[96] sera repris quasi intégralement dans la détermination du procès équitable par la Déclaration universelle des droits de l'homme du 10 décembre 1948, le Pacte international relatif aux droits civils et politiques du 16 décembre 1966 et la Convention européenne de sauvegarde des droits de

---

[92] « La lettre de cachet est une lettre servant à la transmission d'un ordre du roi permettant le plus souvent l'incarcération sans jugement, l'exil ou encore l'internement de personnes jugées indésirables par le pouvoir. »
http://fr.wikipedia.org/wiki/Lettre_de_cachet consulté le 29 janvier 2013.

[93] L'art. 12 de la Déclaration de « bill of right » dispose que : «les remises ou promesses d'amende et confiscation faites à des personnes particulières avant que conviction du délit soit acquise sont illégales et nulles.»

[94] Quatrième amendement « les perquisitions et saisies concernant la personne, le domicile, les documents ou les biens appartenant au citoyen, édicte la nécessité de ne délivrer de mandat de perquisition que sur la base de motifs plausibles, constitués par des déclarations ou des affirmations sous serment et de mentionner de manière détaillée les lieux qui doivent faire l'objet de la perquisition et les personnes ou objets dont il faut s'assurer. »

[95] Il s'agit de la règle suivant laquelle l'on ne peut pas être jugé deux fois pour le même délit.

[96] Le sixième amendement concerne l'impartialité, les droits de la défense, la loyauté des preuves, etc.

l'homme et des libertés fondamentales. En France, l'Assemblée Constituante vota la Déclaration des Droits de l'Homme et du Citoyen, le 26 août 1789. Cette déclaration, précédée par d'autres,[97] trouve son originalité du fait que le constituant français a proclamé des droits inaliénables et sacrés valables pour tous les temps et tous les lieux[98]. Les différents droits proclamés de part et d'autre vont servir de base à la conceptualisation du procès équitable. Celle-ci sera l'œuvre de plusieurs États.

Le procès équitable s'est inscrit en tant que principe général du droit international, il y a une soixantaine d'années environ[99]. Il a été consacré pour la première fois par le droit pénal international, le lendemain de la Seconde Guerre mondiale et à l'occasion du jugement des responsables des crimes de guerre. La juridiction devant assurer cette mission est instituée le 8 août 1945[100]. En dépit de la particularité de l'atrocité des crimes commis, les rédacteurs du statut du Tribunal de Nuremberg n'ont pas omis d'insérer une disposition permettant aux accusés de bénéficier d'un procès équitable. Le chapitre IV de ce texte s'intitule « Procès équitable des accusés »[101], il prévoit des garanties procédurales qui en assurent son respect. Trois (03) ans après l'accord de Londres, la Déclaration universelle des droits de l'homme (DUDH) a été élaborée sous l'égide de l'Organisation des Nations Unies (ONU), le 10 décembre 1948. Le droit à un procès équitable inscrit à son article 10, fut réaffirmé une année plus tard, par les conventions de Genève, le 19 août 1949. Elles sont chargées de la mise en œuvre du droit à un procès équitable en période de guerre. Le chapitre III de la troisième convention intitulé « poursuites judiciaires » édicte des garanties que doivent bénéficier les prisonniers de guerre lorsqu'ils sont poursuivis. Les exigences se

---

[97] La Charte de KOUROUKAN FOUGA, Charte du Mandé, l'habeas corpus, le bill of right.

[98] La Déclaration française du 26 août 1789 ne s'est pas contentée de garantir les droits de l'homme dans la répression pénale mais, elle a aussi proclamé les principes fondamentaux qui garantissent l'Etat de droit.

[99] V° à ce propos GAMANDA (M. N), *Le droit à un procès équitable*, op. cit., p. 7.

[100] L'accord de Londres du 8 août 1945 portant statut du Tribunal de Nuremberg. Celui-ci a été créé par l'accord quadripartite de Londres (Royaume-Uni, URSS, Etats-Unis et la France). Le statut du Tribunal de Nuremberg est consultable sur le site : http://www.icrc.org/dih, le 23 avril 2011, date de la dernière consultation.

[101] L'article 16 du statut du tribunal de Nuremberg prévoit qu' « afin d'assurer que les accusés soient jugés avec équité, la procédure suivante sera adoptée : a) L'acte d'accusation comportera les éléments complets spécifiant en détail les charges révélées à l'encontre des accusés. Une copie de l'acte d'accusation et de tous les documents annexes traduits dans une langue qu'il comprend sera remise à l'accusé dans un délai raisonnable avant le jugement. Au cours de cet interrogatoire préliminaire au procès d'un accusé, celui-ci aura le droit de donner toutes explications se rapportant aux charges relevées contre lui ; b) Les interrogatoires préliminaires et le procès des accusés devront être conduits dans une langue que l'accusé comprend ou traduits dans cette langue ; c) Les accusés auront le droit d'assurer eux-mêmes leur défense devant le tribunal ou de se faire assister d'un avocat ; d) Les accusés auront le droit d'apporter au cours du procès, soit personnellement soit par l'intermédiaire de leur avocat, toute preuve à l'appui de leur défense et de poser des questions à tous les témoins produits par l'accusation. »

ramènent à la légalité de la poursuite[102], aux droits à la défense, au droit à un juge indépendant et impartial[103], à un jugement dans un délai raisonnable[104]… La quatrième convention protège les personnes civiles en temps de guerre. Un certain nombre de mesures sont prévues en cas d'occupation de territoire, dont les ressortissants peuvent faire l'objet de sanction.

À la liste ci-dessus, doit être mentionné, le protocole additionnel II du 8 juin 1977 relatif à la protection des victimes des conflits armés non internationaux, il parachève les normes applicables en temps de guerre ou de conflit armé non international. Les règles du procès équitable se sont construites lentement au fil des ans pour devenir un principe sur lequel repose tout État de droit. Son existence ne fait aucun doute. Sa consécration par le droit positif[105], l'abondance des écrits (doctrinaux et jurisprudentiels)[106], ainsi que son invocation par les parties et les médias ne font que confirmer son existence.

Le fondement juridique du procès équitable au Mali résulte des textes nationaux et des conventions internationales ratifiées. La constitution du 25 février 1992, la loi n° 01 – 080 AN – RM du 20 août 2001 portant CPP[107], le décret n° 99 – 254 P – RM du 15 septembre 1999 portant CPCCS[108], la loi n° 94 – 006/AN – RM du 18 mars 1994 portant organisation et

---

[102] L'article 99 de la troisième convention dispose qu' : « aucun prisonnier de guerre ne pourra être poursuivi ou condamné pour un acte qui n'est pas expressément réprimé par la législation de la puissance détentrice ou par le droit international qui sont en vigueur au jour où cet acte a été commis. »

[103] L'article 102 de la convention ci-dessus : « un jugement ne pourra être valablement rendu contre un prisonnier de guerre que s'il a été prononcé par les mêmes tribunaux et suivant la même procédure qu'à l'égard des personnes appartenant aux forces armées de la puissance détentrice et si, en outre, les dispositions du présent chapitre ont été observées. »

[104] L'article 103 de la même : « toute instruction judiciaire contre un prisonnier de guerre sera conduite aussi rapidement que le permettront les circonstances et de telle façon que le procès ait lieu le plus tôt possible. Aucun prisonnier ne sera maintenu en détention préventive à moins que la même mesure ne soit applicable aux membres des forces armées de la puissance détentrice pour des infractions analogues ou que l'intérêt de la sécurité nationale l'exige. Cette détention préventive ne durera en aucun cas plus de trois mois ».

[105] V° infra, p. 18, fondement juridique du procès équitable au Mali.

[106] Surtout en Europe, la CEDH ne cesse de condamner certains Etats européens pour violation des règles du procès équitable. V° CEDH, 28 juin 1978, KONIG c./ Allemagne ; CEDH, 06 décembre 1988, BARBERA, MESSEGUE et JABARDO c./ Espagne ; CEDH, 19 décembre 1989, BROZICEK c./ Italie, in BERGER (V.), *Jurisprudence de la Cour Européenne des Droits de l'Homme*, op. cit., respectivement p. 265, 238, 304 et svtes.

[107] Les articles 1 et 2 du CPP du Mali citent les principes directeurs du procès pénal de façon désordonnée ainsi qu'ils suivent : « la procédure pénale doit être équitable, contradictoire et préserver l'équilibre des droits des parties… » ; le second article prévoit certaines garanties afférentes au procès équitable que sont : la présomption d'innocence, le droit d'être assistée d'un conseil, le droit d'être jugé dans un délai raisonnable, le droit de faire examiner sa condamnation par une autre juridiction, etc.

[108] Le CPCCS issu du Décret du 15 septembre 1999 a été modifié par le Décret 220 P-RM du 11 mai 2009.

fonctionnement des tribunaux administratifs et la loi n° 11 – 038 AN – RM du 15 juillet 2011 portant création des juridictions sont suffisants pour conclure la reconnaissance des garanties du procès équitable au Mali. Par ailleurs, les conventions ratifiées qui viennent renforcer les textes nationaux proviennent de divers horizons. Il y a d'abord : les textes de l'ONU dont les plus essentiels sont la DUDH du 10 décembre 1948 et le PIDCP du 16 décembre 1966[109], mais aussi les conventions de Genève ci-dessus mentionnées ; ensuite, ceux élaborés en l'Afrique se résument à la CADHP du 27 juin 1981 et les Directives et principes sur le droit à un procès équitable et à l'assistance judiciaire en Afrique de la commission africaine des droits de l'homme et des peuples[110] ; enfin, il y a lieu de tenir compte de l'Acte uniforme portant organisation des procédures simplifiées de recouvrement et les voies d'exécution, issu du droit communautaire OHADA. Certains de ces instruments juridiques méritent quelques précisions.

La constitution du 25 février 1992, premier support du procès équitable au Mali[111], ne porte pas cette mention dans ses articles, mais plutôt certaines de ses garanties. Ce sont notamment, la non-discrimination en général, la présomption d'innocence, les droits de la défense[112], l'indépendance de la magistrature[113], etc.En revanche, les deux textes[114] inscrits dans son préambule [115]mentionnent de façon expresse le droit pour toute personne de

[109] L'article 14 de ce Pacte dispose que : « Toute personne a droit à ce que sa cause soit entendue équitablement et publiquement par un tribunal compétent, indépendant et impartial, établi par la loi. »

[110] Directives et principes sur le droit à un procès équitable et à l'assistance judiciaire en Afrique de la commission africaine des droits de l'homme et des peuples adoptés, en sa 26ème session, tenue à Kigali en 1999.

[111] Le Mali a connu cinq constitutions que sont : la constitution de 1959 élaborée dans le cadre de la communauté française régissant entre autres la fédération du Mali, regrouant le Soudan français et le Sénégal ; la constitution du 22 septembre 1960 après l'éclatement de la fédération du Mali qui est la constitution du Mali indépendant ; la constitution du 2 juin 1974 adoptée par référendum et enfin la constitution du 25 février 1992 actuellement en vigueur (Publiée dans le J.O du 29 février 1992). A cette liste, il faut ajouter l'Ordonnance N°1 CMLN du 28 novembre 1968 qui a aussi organisé, à l'issue d'un coup d'Etat, les pouvoirs publics au Mali, aussi bien que l'Ordonnance n° 1 / CTSP du 26 mars 1991.

[112] L'article 9 al 4 de la constitution du 25 février 1992 dispose que : « le droit à la défense, y compris celui de se faire assister d'un avocat, est garanti depuis l'enquête préliminaire. »

[113] Art. 81 et svts de la constitution du 25 février, précitée.

[114] La DUDH est adoptée à Paris par l'Assemblée Générale des Nations Unies dans sa résolution 217 A (III) du 10 décembre 1948. Son article 10 dispose que : « Toute personne a droit, en pleine égalité, à ce que sa cause soit entendue équitablement et publiquement par un tribunal indépendant et impartial. » L'art 7 de la CADHP : « Toute personne a droit à ce que sa cause soit entendue. Ce droit comprend : le droit de saisir les juridictions nationales compétentes de tout acte violant les droits fondamentaux, etc. »

[115] « Les normes auxquelles le préambule de la constitution se réfère présentent un intérêt capital pour les citoyens car elles concernent directement les droits et libertés, et vont servir de support au contrôle exercé par le conseil constitutionnel. » PACTET (P.), *Institution*

bénéficier un procès équitable et les garanties y afférentes. Les deux instruments (DUDH et CADHP) inscrits dans le préambule de la constitution du 25 février 1992 permettent de restituer la valeur constitutionnelle du procès équitable au Mali.

Il est absurde de croire à l'effectivité du procès équitable en présence des règles superbement conçues à son sujet. Si sa reconnaissance juridique est une chose, le respect de ses règles en est une autre. Partant de ce constat, des préoccupations s'imposent : le procès est-il réellement équitable au Mali ? Les garanties processuelles accordées aux justiciables maliens sont-elles suffisantes, permettant la réalisation de leurs droits matériels fondamentaux ? Existent-ils des obstacles qui annihilent la mise en œuvre du procès équitable ? L'organisation et le fonctionnement des juridictions maliennes répondent-ils aux exigences du procès équitable ? La justice n'est-elle pas suffisamment éloignée des justiciables ? Les juges sont-ils réellement indépendants et impartiaux ? Sont-ils bien formés et bien rémunérés ? Disposent-ils des moyens adéquats de contraintes pour l'exécution de leurs sentences ? Quelles sont les pistes pour une meilleure prise en charge des exigences du procès équitable ?

En réalité, l'existence des garanties du procès équitable ne fait aucun doute au Mali, du fait de leur consécration juridique. La législation nationale est même renforcée par des instruments juridiques internationaux relatifs au procès équitable. En dépit de la panoplie d'instruments juridiques relatifs à cet effet, leur application reste difficile. Cette difficulté s'explique essentiellement par l'insuffisance ou le manque de moyens permettant le respect de ces textes. La justice, cadre privilégié d'application des règles du procès équitable, connaît depuis des dizaines d'années de dysfonctionnements. Aussi, la mauvaise posture (pauvreté et analphabétisme) de l'écrasante majorité de la population pour la défense effective de leur droit devant le juge, n'en constitue pas moins de difficile émergence du procès équitable. Les plus importantes causes de déséquilibre du procès se résument ainsi : le difficile accès des justiciables au service public de la justice, s'expliquant par des osbtacles socioculturels et des contraintes économiques ; la faiblesse du droit à un bon juge, c'est-à-dire l'indépendance et l'impartialité sont édulcorées ; l'exécution sélective des décisions de justice ; la faiblesse des ressources de la justice ; l'engorgement de certaines juridictions. Devant ces différents constats, les garanties du procès équitable ne sont-elles pas d'application déficitaire au Mali ?

Pour mieux appréhender cette problématique, il est opportun de faire le diagnostic de la mise en œuvre du procès équitable. Une telle tâche exige d'abord, l'examen des garanties du procès équitable ; ensuite, l'identification des contraintes liées à leur application ; et enfin, la proposition des mesures

---

politique et Droit constitutionnel, Paris, Dalloz, 21ème édit, Armand Colin, 2002, p. 558. Le Conseil Constitutionnel en France correspond à la Cour Constitutionnel au Mali.

pour leur effectivité. Les méthodes empirique et systémique sont utilisées pour parvenir à la réalisation des finalités de la présente thèse. Toute démarche qui se veut scientifique n'a de portée que si elle emploie une méthode empirique, au moins. Celle qui est fondée sur l'observation et l'expérience personnelle des choses et non sur une théorie établie, permet, dans le contexte de ce travail, de cerner l'effectivité des garanties du procès équitable. L'approche empirique permet d'appréhender les difficultés liées à l'application des règles du procès équitable. L'identification des différentes difficultés exige des solutions concrètes pour l'équilibre du procès. Quant à la méthode systémique, elle permet la comparaison du système juridictionnel malien à d'autres, dans le but d'en tirer de meilleures conclusions. Le procès équitable présente un domaine d'application.

L'application du procès équitable prévu par les articles 10 de la DUDH et 14 du PIDCP[116] est circonscrite à travers l'interprétation de la notion de « contestation en matière civile » ou d'« accusation en matière pénale »[117]. La première expression concerne tout litige portant sur l'existence, l'étendue ou même les conditions d'existence d'un droit. L'interprétation de la notion des droits et obligations de caractère civil a permis à la CEDH d'écarter la distinction entre Droit public et Droit privé. Elle n'hésite pas à affirmer le caractère civil des droits et obligations relatifs aux rapports entre particuliers. Il en va de même, notamment, pour les rapports entre personnes privées, qu'elles soient physiques ou morales, régies par le droit des contrats[118], le droit commercial[119], le droit de la responsabilité civile délictuelle[120], le droit de la famille[121], le droit du travail[122] et le droit de la propriété[123]. Par contre le rapport entre les particuliers et l'État est plus délicat. N'entre pas dans le critère des droits et obligations de caractère civil : les matières mettant en cause les droits de caractère politique parmi lesquels le droit d'élire et d'être élu et l'essentiel du contentieux fiscal à l'exception des sanctions fiscales qui

[116] L'art. 14 § 1 du PIDCP du 16 décembre 1966, entré en vigueur en 1976, ratifié le 16 juillet1974. L'art. 10 de la DUDH affirme les mêmes exigences de l'applicabilité des garanties équitables d'un procès, lorsque, dans les affaires pénales et civiles, il s'agit de se prononcer sur des droits civils ou des accusations pénales. L'art. 7 de la CADHP conditionne les garanties d'un procès juste et équilibré à la violation des droits fondamentaux reconnus. Cette Charte adoptée, le 21 juin 1981, fut ratifiée par le Mali, le 21 décembre 1981.

[117] A noter que l'interprétation de la CEDH sur cet aspect a été particulièrement extensive et flexible en développant des «*concepts autonomes*», indépendamment des normes nationales, afin de permettre une application assez large et possible des garanties prévues à l'article 6 de la CESDHLF. SUDRE (F.), op. cit., p. 233.

[118] CEDH, 16 juillet 1971, *RINGEISEN c./ Autriche*, précité.

[119] CEDH, 19 février 1998, *Edificaciones March Gallego S.A. c./ Espagne*.

[120] CEDH, 8 décembre 1983, AXEN c./ République fédérale d'Allemagne, in BERGER (V.), *Jurisprudence de la Cour Européenne des Droits de l'Homme*, op. cit., p. 256.

[121] CEDH, 28 novembre 1984, RASMUSSEN c./ Danemark.

[122] CEDH, 6 mai 1981, BUCHHOLZ c./ République fédérale d'Allemagne.

[123] CEDH, 8 décembre 1983, PRETTO c./ Italie, in BERGER (V.), *Jurisprudence de la Cour Européenne des Droits de l'Homme*, op. cit., p. 254 et svtes.

sont rattachées à la matière pénale. En revanche, l'accusation peut se définir comme « la notification officielle, émanant de l'autorité compétente, du reproche d'avoir commis une infraction pénale »[124]. Tout individu se trouvant dans cette situation bénéficie des garanties du procès équitable. Lequel dispose un champ d'application en pleine expansion, d'où la nécessité de délimitation de cette recherche.

Le procès équitable transcende les procédures juridictionnelles pour s'étendre aux autorités administratives indépendantes (AAI)[125]. Les AAI sont de deux catégories distinctes : les unes n'ont qu'un pouvoir d'influence, les autres jouissent d'un véritable pouvoir de décision. Si importantes soient-elles[126], les AAI seront exclues de notre champ de réflexion. Cette exclusion s'explique parce que, quelle que soit la décision d'une autorité administrative, elle pourra faire l'objet d'un recours juridictionnel[127]. Il sera alors question d'envisager le sujet sous l'angle juridictionnel : le procès équitable dans la justice. Entendu par là comme « l'ensemble des institutions permettant de rendre la justice, c'est-à-dire de juger les procès »[128]. La justice peut aussi revêtir d'autres significations, dont deux sont essentielles. Elle peut être distributive, celle qui vise à répartir entre les personnes, les biens, les droits et les devoirs, les honneurs, en fonction de la valeur, des aptitudes, de chacun et de son rôle dans la société ; ou commutative, celle qui prétend veiller à une égalité arithmétique, et veille à l'égalité dans les échanges[129]. Les trois sens de la justice tissent des liens étroits[130].

---

[124] CEDH, 31 mars 1998, Reinhardt et autre, in Gaz. Pal. 1998 p. 188/189.

[125] « Le droit à un procès équitable se positionne nécessairement au carrefour des droits. Ignorant la dualité de nos ordres de juridictions, transcendant les clivages disciplinaires, le droit à un procès équitable rompt avec les schémas et catégories traditionnels de notre champ juridique, brouillant aussi bien la division entre droit public et droit privé que la distinction des procédures administratives et juridictionnelles. » SUDRE (F.) et PICHERAL (C.), (Dir.), *La diffusion du modèle européen du procès équitable*, op. cit., p. 5.

[126] « Les autorités administratives indépendantes qui, sauf de rare exception, n'ont pas de personnalité morale, mais qui sont placées hors hiérarchie, échappant à tout pouvoir d'instruction et de réformation et disposant d'une liberté d'action juridiquement garantie. En d'autres termes, ce sont des arbitres impartiaux de l'exercice des libertés, dont les décisions éventuelles s'imposent, sous le contrôle du juge, tant à la hiérarchie administrative qu'aux administrés. » LEBRETON (G.), *Libertés publiques et droits de l'homme*, op. cit., p. 205.

[127] « Même si les garanties non juridictionnelles tendent à prendre de plus en plus d'importance, les garanties juridictionnelles demeurent le rempart des libertés le plus efficace. Elles préservent en effet de l'arbitraire de la loi que celui de l'administration. » LEBRETON (G.), *Libertés publiques et droits de l'homme*, op. cit., p. 214.

[128] VINCENT (J.), GUINCHARD (S.), MONTAGNIER (G), et VARINARD (A.), *La justice et ses institutions*, Paris, Dalloz, 4ème édit., 1996, p. 1. V° aussi N. BRACONNAY et M. DELAMARRE, op. cit., p 5. « L'ensemble des organes à qui la souveraineté nationale a officiellement délégué le pouvoir d'interpréter la loi et d'en assurer l'application par l'exercice de la faculté de trancher entre justice et l'injustice. »

[129] GUILLIEN (R.) et VINCENT, (J.), *Lexique des termes juridiques*, Paris, Dalloz, 2010, p. 344. V° aussi ARNAUD (A-J.) (Dir.), *Dictionnaire encyclopédique de théorie et de sociologie du droit*, Paris, LGDJ, 2ème édit. 1993, pp. 327 – 331.

La justice est rendue au Mali par des cours et des tribunaux. Ce sont : les tribunaux de première instance (civil, commercial, social, administratif et les justices de paix à compétence étendue) ; les tribunaux militaires ; les cours d'Appel (judiciaires et administratives[131]) ; la cour constitutionnelle, la haute cour de justice[132] et la cour suprême. Cependant, l'organisation des juridictions maliennes obéit à un système dualiste : d'une part, l'ordre judiciaire, incluant les juridictions civiles et pénales, règle les litiges opposant les citoyens entre eux et sanctionnent les auteurs d'infractions aux lois pénales ; d'autre part, l'ordre administratif tranche les litiges qui opposent un citoyen à l'État, à une collectivité territoriale ou à un organisme chargé d'une mission de service public. Les juridictions quelles qu'elles soient sont soumises à certaines garanties du procès équitable qui leur constituent une sorte de principes directeurs, parmi lesquels, l'indépendance et l'impartialité. La présente thèse se limite à examiner l'application des règles du procès équitable par les juridictions de l'ordre judiciaire et de l'ordre administratif au Mali. Cette limitation s'explique par les raisons essentielles qui suivent :

- D'une part, les deux ordres de juridictionssont les gardiennes des droits et libertés définis par la constitution, lesquels droits et libertés sont indispensables pour la sécurité juridique des personnes et de leurs biens qui s'y trouvent au Mali. Les justices judiciaire et administrative permettent aux personnes de faire valoir leurs droits, et sanctionnent leurs comportements répréhensibles. En conséquence, s'occupant de l'essentiel des contentieux, ces différentes juridictions veillent au respect de l'essentiel des règles juridiques élaborées et ratifiées par l'État malien.
- D'autre part, l'ordre judiciaire et l'ordre administratif sont assujettis à toutes les exigences du procès équitable[133]. Les magistrats qui y siègent relèvent d'un même statut[134]. Aussi, les deux ordres de juridictions se recoupent à travers des problèmes quasi-communs. C'est pour ces raisons qu'il importe d'examiner ensemble

---

[130] En dépit de cette différence sur le plan conceptuel, il existe un lien entre la justice entendue comme institution et la justice entendue comme valeur. La première étant en réalité au service de la seconde puisqu'en disant le droit, elle permet, dans une certaine mesure, de corriger les injustices commises et de réparer les dommages subis. V°. CLEMENT (E.), *La justice, Notions philosophiques*, collection dirigée par Laurence Hansen love, 1995, http://www.ac-grenoble.fr/Philosophie/file/justice_clement.pdf consulté le 22 janvier 2010.

[131] Les cours administratives d'appel ne sont pas pour le moment fonctionnelles.

[132] La haute cour de justice n'est pas une juridiction permanente, elle intervient très rarement.

[133] Les juridictions de l'ordre judiciaire et de l'ordre administratif statuent sur les droits et obligations à caractère privé et les accusations pénales, deux matières qui exigent l'application des règles du procès équitable.

[134] La loi n° 02 – 54 / AN – RM du 16 décembre 2002 portant statut de la magistrature dispose en son article 1er qu'« il est institué un corps unifié des magistrats de l'ordre judiciaire et de l'ordre administratif… »

l'application par lesdites juridictions des règles du procès équitable, une telle étude n'est pas dénuée d'intérêts.

Le juge et le procès constituent des aspects absolument indispensables à la mise en œuvre du droit dans un État de droit. Enjeu fondamental pour toute société démocratique, le procès équitable s'inscrit, d'une part, dans la nécessité du respect des droits de la personne, et d'autre part, dans la saine distribution de la justice. En effet, l'application juridictionnelle des garanties du procès équitable est une condition d'effectivité et d'efficacité des droits fondamentaux. Toute justice qui ne répond pas alors aux exigences y afférentes est vide de sens[135]. La protection des droits de l'homme, axe central du procès équitable, connaît depuis plusieurs décennies un développement significatif. La plupart des discours officiels[136] sont axés, pour l'heure, sur la reconnaissance et le respect des droits fondamentaux constitutionnellement consacrés au Mali et ailleurs. Le procès équitable est justement constitué des droits (droits procéduraux) qui permettent la réalisation des autres droits (droits matériels), tous fondamentaux. La nécessité de promouvoir les règles du procès équitable a suscité les différentes réformes, des deux dernières décennies, du droit processuel et de la justice[137].

Symbolisant l'État de droit, la justice est et demeure l'instrument fondamental et le socle de la démocratie. Elle veille à la défense de la société contre le désordre et l'insécurité pour faire régner la paix sans laquelle aucune nation ne peut prospérer. En dépit de la reconnaissance du procès

---

[135] « Dès l'instant où les jugements deviennent des chefs-d'œuvre de servilité à quelque pouvoir que ce soit, l'ordre républicain s'effondre. » Propos d'Alpha Oumar KONARE, ancien Président de la République du Mali de 1992 à 2002, lors de la rentrée judiciaire de 1993, juste une année après son accession au pouvoir, prouve à quel point l'avenir de toute une nation est tributaire d'un procès équilibré. Une fois le premier Ministre Anglais, Churchill demanda de lui faire l'état des lieux de la nation. Un conseiller lui fit savoir qu'en Angleterre tout est à terre à part la justice. Churchill s'exclama : si la justice n'est pas à terre, tout devient possible et l'Angleterre se relèvera. La justice doit être une étoile. Ainsi, à la manière de l'étoile qui ne brille que lorsqu'il fait nuit, la justice est plus visible lorsque les ténèbres l'ont emportée. Propos cité par Docteur Malick COULIBALY, Garde des Sceaux, lors de la rentrée judiciaire de 2012. La justice doit, dans ce contexte, être soumise à toute une série d'exigences pour ne pas porter atteinte aux droits de l'Homme et libertés fondamentales, lesquelles exigences ne sont autres que celles du procès équitable. Elle est un pouvoir immense et redoutable permettant au juge, un simple mortel, de disposer des biens, de l'honneur, de la liberté et de la vie de ses semblables.

[136] La quasi-totalité des thèmes des rentrées judiciaires au Mali touchent ou concernent les droits de l'homme. On peut citer : la rentrée de 2012 – 2013 qui avait pour thème « L'ordre et la liberté dans un Etat démocratique » ; la rentrée 2011 – 2012 portait sur le thème « Le juge dans la réussite du processus électoral », le 21 novembre 2011 ; V° aussi le Discours du Président de la République, Dioncounda TRAORE, le 21 septembre 2012. V° Discours de Abdou DIOUF, le 05 décembre 2012 sur le thème « Mondialisation et identité. »

[137] La réforme du CPP et du CPCCS ou encore celle de la justice illustrent parfaitement la prise en charge des exigences du procès équitable.

équitable au Mali et de son importance, on s'attendait à une production doctrinale abondante relativement à ce sujet. Cependant, il est curieux de constater que la revue de la littérature fait état d'une doctrine quasi-inexistante. Cette situation nous impose d'élucider nos propos avec la doctrine sous d'autres cieux, aussi bien que leur jurisprudence, surtout celle de la Cour européenne des droits de l'homme[138].

Le Mali s'est doté d'instruments juridiques tous azimuts relatifs au procès équitable sans pour autant se donner les ressources nécessaires permettant leur réalisation. Cette situation a entraîné un déficit substantiel de l'application des garanties équitables du procès. Les maux de la justice ainsi connus, les solutions devraient l'être autant pour l'effectivité du procès équitable. Le déficit substantiel se traduit par les contraintes institutionnelles entravant la mise en œuvre des garanties du procès équitable (Partie I). Le respect des règles relatives à l'éthique et à la déontologie du juge, aussi quelques réformes de la justice sont entre autres mesures qui permettront la prise en charge certaine des exigences du procès équitable, d'où la dynamisation de la justice (Partie II).

[138] Le choix porté principalement sur la CEDH s'explique par le fait qu'elle est la juridiction régionale qui s'est montrée particulièrement rigoureuse en termes d'application des garanties du procès équitable.

PARTIE I

LE DÉFICIT SUBSTANTIEL DE L'APPLICATION DES RÈGLES DU PROCÈS ÉQUITABLE

Si le procès, moyen pacifique de résolution du litige[139] est souvent qualifié « d'aspect pathologique du droit », c'est parce qu'il permet la réalisation des droits et libertés. Le souci majeur de tout justiciable en se rendant à la justice est d'obtenir du juge une solution à son problème. Il ne lui suffit donc pas de rendre simplement une décision, mais encore faudrait-il que celle-ci soit conforme aux exigences du procès équitable, condition de crédibilité du juge. L'organisation et le fonctionnement du service public de la justice[140] doivent offrir aux justiciables les garanties indispensables d'un procès équilibré, principe inhérent et consubstantiel à la fonction de juger. Pour cela, les citoyens doivent avoir les facilités nécessaires d'accès au juge[141] et à un bon juge[142], au moins. Le respect des garanties du procès équitable par la justice malienne se trouve sérieusement mis en cause, d'où le déficit substantiel. En effet, le difficile accès des citoyens au service public de la justice, l'inopportunité de certaines dispositions juridiques et les

---

[139] VERGES (E.), *Les principes directeurs du procès judiciaire, étude d'une catégorie juridique*, op. cit., p. 25.

[140] La justice est-elle réellement un service public ? V° VATIER (B.), *« La justice est-elle un service public ? »*, in Mélanges offerts à Pierre DRAI – Le juge entre deux millénaires, Paris, Dalloz, 2000, p. 141 et svtes.

[141] Exigence des Directives et principes du droit à un procès équitable et à l'assistance judiciaire en Afrique, texte élaboré par la commission africaine des droits de l'homme et des peuples, précité. Pour le cas européen V° CEDH, 21 février 1975, GOLDER c/ Royaume-Uni, in BERGER (V.), *Jurisprudence de la Cour Européenne des Droits de l'Homme*, op. cit., p. 149.

[142] L'expression « droit à un bon juge » est empruntée des auteurs GUINCHARD et autres dans leur ouvrage collectif. V° GUINCHARD, (S) ; CHAINAIS, (C) ; DELICOSTOPOULOS (S. C.) et autres, *Droit processuel - Droit commun et droit comparé du procès équitable,* op. cit., p. 730 et svtes. Pour ces auteurs le droit à un bon juge est constitué des garanties institutionnelles (indépendance et impartialité au premier plan) et procédurales qui doivent être complétées par le régime de la responsabilité de l'Etat pour dysfonctionnement du service public de la justice.

pratiques peu orthodoxes contribuent à aggraver le déséquilibre de la balance de la justice au détriment des citoyens, parfois les plus démunis. Ces situations entraînent une défaillance de l'application des garanties mises en place pour assurer l'équilibre du procès.

Le déficit s'explique par des contraintes institutionnelles (Titre I) entraînant des conséquences négatives sur le respect des garanties procédurales et l'exécution effective des titres exécutoires (Titre II).

TITRE I

LES CONTRAINTES INSTITUTIONNELLES

Le souci d'un État de droit est la réalisation des droits fondamentaux[143]. Les droits matériels fondamentaux de la personne seront ineffectifs en l'absence des droits procéduraux permettant leur réalisation. Ainsi, l'institution de la justice doit offrir des garanties nécessaires d'un procès équitable, une condition du respect des droits matériels[144]. Les problèmes auxquels les justices maliennes (judiciaire et administrative) sont confrontées ne traduisent pas assez l'expression « d'une justice au service du citoyen », bien qu'elle soit le slogan du politique. Les contraintes institutionnelles renvoient aux obstacles qui empêchent la réalisation des garanties du droit d'accès à un juge et surtout à un juge indépendant et impartial. L'éloignement de la justice des justiciables, la faiblesse de l'indépendance du juge et son impartialité, constituent un réel problème à la réalisation des garanties institutionnelles.

---

143 « Le recours au juge est la condition, le critère même, du juridique, sans lequel le conseil constitutionnel affirme qu'il n'y a pas de constitution. » FISON – ROCHE (M – A), *« L'impartialité du juge »*, préc., p. 53. Il suffit aussi de lire le titre premier de la constitution du 25 février 1992 intitulé « droits et devoirs de la personne humaine », pour s'en rendre compte de l'importance des droits fondamentaux au Mali. Ainsi, cette constitution marque la volonté du législateur malien d'œuvrer pour la promotion et la protection des droits fondamentaux de la personne humaine.

144 La justice ne constitue pas l'unique recours des citoyens mais l'ultime recours pour se faire entendre. A côté des méthodes endogènes de règlement de conflits et le mécanisme administratif, d'autres se sont émergées parmi lesquelles, « l'espace d'interpellation démocratique », appelée EID. Instituée en commémoration de l'adoption de la Déclaration universelle des droits de l'homme du 10 décembre 1948, elle consiste à recueillir par une commission, les griefs de la population contre les autorités administratives. Toute personne considérant que ces autorités n'ont pas fait diligence à son égard, vient exposer publiquement son cas en présence du Gouvernement et devant un Jury d'honneur. Le tout retransmis en direct à la télévision. La plupart des cas, une solution immédiate est prise. L'EID se veut être le complément du mécanisme juridictionnel de la garantie des droits humains. Le Mali enrichit, par cette occasion, son expression démocratique de manière originale. Le Décret n° 96 - 159/P-RM du 31 mai 1996 règlemente l'espace d'interpellation démocratique au Mali.

Les contraintes institutionnelles sont constituées du difficile accès des citoyens au service public de la justice (Chapitre 1) et de la faiblesse de la garantie du droit à un bon juge (Chapitre 2).

CHAPITRE 1

LE DIFFICILE ACCÈS AU SERVICE PUBLIC DE LA JUSTICE

L'accès à la justice s'exprime à travers un besoin, notamment celui d'assurer le respect des droits fondamentaux. Que valent ceux-ci lorsque l'on ne peut pas les faire valoir ? Faire valoir ses droits et libertés suppose l'existence d'un mécanisme approprié à cette fin : le droit au recours qui peut être administratif ou juridictionnel. Le recours juridictionnel est un pouvoir reconnu à toute personne de saisir le service public de la justice pour défendre ses intérêts[145].

Le droit d'accès au juge, droit fondamental, est matérialisé par l'action en justice. L'État est assujetti à l'obligation de garantir ce droit au recours[146], mais aussi de ne pas entraver son exercice. En dépit de la reconnaissance du droit d'accès au juge, on constate un resserrement[147] et des entraves à

---

[145] BANDAC (V. M.), *« l'action en justice, droit fondamental »*, préc., p. 1. V°. FAVOREU (L.), et RENOUX (Th.), *« Le contentieux constitutionnel des actes administratifs »*, préc., p. 90 et svtes.

[146] L'article 53-1 du Décret n° 09 – 220 / P – RM du 11 mai 2009, les articles 1 et 2 de la loi 01 – 080 AN – RM du 20 août 2001 portant code de procédure pénale et les conventions internationales ratifiées (Cf. p. 16 et svtes) par le Mali consacrant le droit à un procès équitable garantissent le droit à un recours.

[147] Le resserrement s'explique par le domaine d'application des règles du procès équitable. Selon l'article 10 de la Déclaration universelle des droits de l'homme de 1948 « Toute personne a droit, (…) à ce que sa cause soit entendue équitablement (…) par un tribunal (…), qui décidera, soit de ses droits et obligations, soit du bien-fondé de toute accusation en matière pénale dirigée contre elle. » On admet la possibilité pour tout citoyen de saisir le juge pour ses droits et obligations ou lorsque l'accusation dirigée contre elle concerne la matière pénale qui entraîne l'application des garanties spécifiques. Dans ce contexte l'accès au juge judiciaire et administratif est reconnu à tout citoyen. Mais s'agissant de la saisine du juge constitutionnel, il semble qu'un simple citoyen ne dispose pas cette possibilité. Cela s'explique parce que la justice constitutionnelle est « créée pour connaître spécialement et exclusivement du contentieux constitutionnel, située hors de l'appareil juridictionnel ordinaire et indépendant de celui-ci comme les pouvoirs publics. » V° FAVOREU, (L.), *Les Cours constitutionnelles*, Paris, PUF, Que sais-je ? 1996. La saisine du juge constitutionnel au Mali selon la loi n° 97 – 10 AN / RM du 11 février 1997 portant loi organique déterminant les

l'exercice de ce droit. Le droit d'accès au juge, comme tout droit fondamental, n'est pas absolu. Il fait l'objet de limitations. « Le droit à un tribunal, dont le droit d'accès constitue un aspect, n'est pas absolu : il peut donner lieu à des limitations implicites, notamment en ce qui concerne les conditions de recevabilité d'un recours. Néanmoins ces limitations ne sauraient restreindre l'accès ouvert à l'individu d'une manière ou à un point tel que le droit s'en trouve atteint dans sa substance même »[148]. C'est ainsi que la loi exige des conditions pour intenter une action en justice[149]. Ces restrictions[150] doivent être distinguées des obstacles. Si les premières limitent l'accès au juge évitant des recours inutiles, les seconds, rendant difficile cet accès, compromettent la réalisation du droit à un procès équitable qui exige, avant tout, un accès concret et effectif au juge[151].

Au Mali, l'accès au prétoire se caractérise par des obstacles socioculturels (Section 1), mais aussi et surtout par des contraintes économiques (Section 2).

SECTION 1. LES OBSTACLES SOCIOCULTURELS DU DROIT D'ACCÈS À LA JUSTICE

La société malienne a subi plusieurs mutations à telle enseigne que les structures d'organisation élémentaires ont été profondément modifiées sous l'influence des cultures arabo-musulmanes et occidentales. La justice est l'une de ses premières victimes. Instituée pendant des siècles, la justice traditionnelle fut remplacée par celle qui était considérée comme meilleure,

---

règles d'organisation et de fonctionnement de la cour constitutionnelle ainsi que la procédure suivie devant elle, est réservée en matière de référendum à toute personne inscrite sur la liste électorale, à tout parti politique ou représentant de l'Etat (article 28). Idem pour l'élection du Président de la République et des députés à l'Assemblée Nationale. En matière de contrôle de la constitutionnalité des lois organiques, des lois ordinaires et des engagements internationaux, la saisine est réservée au Président de la République, au Premier Ministre, au Président de l'Assemblée Nationale, à un dixième des députés, au Président du haut conseil des collectivités ou un dixième des conseillers nationaux, au Président de la Cour suprême. Ces limitations ne signifient pas que la cour constitutionnelle ne soit pas assujettie à des garanties de bonne justice. D'ailleurs, les articles 2 et 8 prévoient l'indépendance et l'impartialité du juge constitutionnel.

148 CEDH, 21 mai 2002, Peltier c./ France. V° aussi dans le même CEDH, 21 novembre 2001,Fogarty c./Royaume-Uni, in Sudre et autres, Grands arrêts de la Cour Européenne des Droits de l'Homme n° 27.

149 Art. 53-2 du décret n° 09 – 220 / P – RM du 11 mai 2009 dispose que : « l'action est ouverte à tous ceux qui ont un intérêt légitime au succès ou au rejet d'une prétention, sous réserve des cas dans lesquels la loi attribue le droit d'agir aux seules personnes qu'elle qualifie pour élever ou combattre une prétention, ou pour défendre un intérêt déterminé. »

150 Les restrictions sont admises à condition qu'elles ne portent pas atteinte à la substance même du droit. Ce qui suppose aussi la règlementation claire des conditions d'accès du tribunal.

151 V° supra p. 7.

alors qu'elle était déjà ancrée dans les mœurs, de par ses principes d'organisation et de fonctionnement. La justice traditionnelle et l'actuelle justice dite moderne ont des principes conceptuels différents. Il s'agit là des facteurs contributifs qui entravent l'accès des justiciables au service public de la justice. Ce phénomène s'explique à travers l'éloignement psychologique renforcé par l'analphabétisme des citoyens.

Constituent des obstacles socioculturels, la pesanteur culturelle (Paragraphe 1) et les obstacles intellectuels (Paragraphe 2).

Paragraphe 1. La pesanteur culturelle

La justice est une notion à contenu variable selon les temps et les lieux. La différence de la conception africaine de la justice de celle de l'ex-colonisateur et même de l'islam fait qu'elle accepte aujourd'hui, malgré l'institution des juridictions étatiques, les méthodes endogènes de règlement de conflits[152]. La justice étatique s'accommode peu de certaines pratiques sociales africaines[153]. L'examen des principes conceptuels de la justice traditionnelle (I) permettra de comprendre mieux la difficile réception de la justice étatique (II).

I. Les principes conceptuels de la justice traditionnelle

La justice est, dans la conception occidentale, un principe philosophique, juridique et moral reposant sur le respect du droit et de l'équité comme fondement de la vie sociale et de la civilisation[154]. En Afrique, la notion de justice est profondément liée à la sacralité animiste. Pratiquer la justice,

---

[152] Les modes endogènes de règlement de litiges même s'ils sont moindres dans les grandes villes, il faut noter qu'ils subsistent encore dans les localités. Le recours à la justice étatique n'est que subsidiaire, c'est-à-dire, les litigants n'ont recours à la justice de l'Etat qu'à défaut de solution devant le patriarche, le chef traditionnel ou le chef du village. Traduire, dans ces localités, son concitoyen devant le juge ou le préfet est au prix du lien social. Aujourd'hui, un autre phénomène est à signaler dans les communes rurales, les parties préfèrent le règlement de leur contentieux par les élus locaux (maires et leurs adjoints) que d'intenter l'action devant le juge. Cette situation s'explique t- elle par la méfiance de la population à l'égard de la justice notamment son incrédibilité ? ou s'explique t- elle par la proximité des élus ? Une enquête fut menée dans les communes suivantes : Tièlè, Markala, Baye, Safo, Bancoumana, Bandiangara, Kita, Kolokani, Nioro du sahel, Sokoura et Bougouni. Sur deux cent (200) personnes interrogées cent vingt six (126) estiment que la raison est due à l'incrédibilité de la justice ; les soixante quatorze (74) pensent que le motif de porter les contentieux devant les élus locaux est due à la proximité de ceux-ci.

[153] « Ce sont les images, les perceptions et la culture qui ont du mal à s'accommoder des fondements du contenu ou des formes de justice importées ou empruntées. » BADIANE (A.) et VANDERSCHUEREM (F.), *« Pauvreté et justice sociale »,* in BADIANE (A.), VANDERSCHUEREN (F), DIAGNE (P.), BCACON (M) et autres, Pauvreté et accès à la justice en Afrique. Impasses et Alternatives, Paris, l'Harmattan, 1995. P. 17.

[154] Dictionnaires et encyclopédies sur « Academic » http://fr.academic.ru/dic.nsf/frwiki/838189 Consulté le 11 juin 2011.

c'était surtout respecter la tradition des ancêtres. Telle est la philosophie de la justice coutumière qui subira une profonde mutation sous l'influence de l'islam[155] et de la colonisation[156].

La tradition africaine est pluraliste en matière de droit. Elle laisse à chaque communauté de juger en son sein, selon ses us et coutumes, selon un droit connu et accepté[157]. L'organisation et le fonctionnement de la justice traditionnelle résultaient essentiellement de la coutume. Celle-ci se réalise lentement et sans aucun truchement scripturaire. Elle est l'ensemble de règles non écrites reconnues pour vraies et obligatoires par la majorité d'une population donnée, règles permettant de justifier l'exercice de l'autorité existante et de trancher des différends qui peuvent surgir et opposer entre eux les habitants de la région[158]. En effet, la résolution du litige en Afrique précoloniale faisait intervenir, avant tout, les instances parentales (lignage, village, clan ou tribu).

La justice coutumière était donc l'apanage des autorités dotées du pouvoir de commandement. Les chefs de village qui rendaient la justice étaient assistés des anciens et, à un niveau plus élevé, les chefs étaient entourés de notables ou d'un conseil formé par les chefs de famille[159] appliquant les préceptes coutumiers. La solution que l'on estime meilleure est prise pour préserver l'avenir du groupe. Par conséquent, « les règles, principes et coutumes qui fondent le droit coutumier se trouvent dans les supports de la morale sous forme de proverbes, de contes, de légendes, d'adages, de dictons, de maximes, de panégyriques familiaux, de paraboles, de chants, ou encore de récits de griots. Ceux-ci permettent d'organiser et de réguler la société selon les valeurs traditionnelles des différentes communautés »[160].

La physionomie de la justice coutumière est pratiquement identique dans toutes les communautés et cela à travers : ses modes d'organisation, de fonctionnement, l'autorité attachée à ses décisions ainsi que ses acteurs. C'est ce qui a conduit KEBA M'baye, ancien Président de la Cour Suprême du Sénégal, à déduire qu'« il existe, comme l'affirme GONIDEC, un droit

---

[155] La pénétration de l'islam en Afrique commence vers le 12e siècle. V° AROUALA (M.), *Mali, vitrine de la justice du XIIème au XVIIIème siècle*, Bamako, MSI Publications, 1[ière] édit., 2003, p. 14.

[156] La période coloniale commence à partir de 1885 jusqu'au 22septembre 1960, date de l'indépendance du Mali.

[157] BADIANE (A.) et VANDERSCHUEREM (F.), *« Pauvreté et justice sociale »,* in BADIANE (A.), VANDERSCHUEREN (F), DIAGNE (P.), BCACON (M). op. cit. p. 19.

[158] LAMY (E.), *Le carrefour de deux droits : leçon inaugurale faite à la séance de la rentrée le 16 octobre 1961 au Centre Universitaire Bujumbura (Burundi)*, in NAMBO (J. J), *« Quelques héritages de la justice coloniale en Afrique noire »,* in Revue Droit et Société 51/52 -2002, p. 328.

[159] Idem.

[160] MALEJACQ (R.), *« Entre tradition et modernité - La justice coutumière au Mali et au Benin »*, POLICY BRIEF n°12, octobre 2009, p.1.

coutumier africain et non des droits différents. » À l'instar des autres justices, la justice coutumière se fixe pour mission d'assurer la paix et la cohésion sociale, et surtout d'éviter à tout prix les déchirures sociales[161]. Telle est sa mission primordiale. Elle réussit pendant des siècles à atteindre cet objectif, et cela malgré son caractère oral qui ne remetta pas en cause son efficacité. Au 12e siècle, l'empire du Mandé avec le règne de Soundjata Keïta, une Charte orale fut élaborée par l'assemblée constituante de « Kurukanfuka » au moyen d'une convention impériale[162]. L'une des trois recommandations finales de cette convention porte sur l'observation rigoureuse de la loi (la justice). Toutefois, cette justice coutumière qui a réussi pendant des siècles à atteindre les objectifs qui étaient les siens subira une influence de l'islam et de la colonisation.

Pendant longtemps, l'Afrique a développé ses propres méthodes de résolutions de conflits à travers une justice mieux élaborée qui était essentiellement fondée sur les coutumes et les mœurs. L'organisation et le fonctionnement des grands empires étayent davantage cette affirmation. Les structures et les institutions chargées de rendre la justice ont été bouleversées par le mouvement d'islamisation entrepris sur le continent au premier millénaire après Jésus-Christ[163]. Néanmoins, l'islam n'a pas réussi à s'implanter dans toutes les localités du Mali. Dans les localités « islamisées », on assiste à l'application du Coran selon le rite malékite, principalement. Dans la conception islamique, la justice est liée au pouvoir et au culte. Elle trouvait sa source dans le Coran et était rendue par un

---

[161] La justice contemporaine se soucie peu des déchirures sociales. Elle doit rendre la justice conformément aux règles établies même au prix des liens sociaux. Par contre, éviter les déchirures sociales est l'objectif majeur et l'originalité de la justice coutumière. NAMBO (J. J), *« Quelques héritages de la justice coloniale en Afrique noire »*, préc. p. 326.

[162] Soundjata pleura, à en croire à certaines sources, après la bataille de Kirina. Alors, Il lui fut posé la question sur sa raison de pleurer après s'être sorti vainqueur de ladite bataille. Il répondit à ces termes : « c'est l'évocation de la justice qui me fait pleurer. Parce que c'est l'injustice qui a toujours détruit les royaumes et toutes les grandes entités humaines ; et je suis sûr et certain que cette injustice ne manquera pas de détruire la puissance de mon peuple après moi. Donc, j'ai de bonne raison de pleurer pour l'avenir du Mandé. Imaginez ce grand peuple détruit à cause de l'injustice. Mais, jusqu'à mon dernier souffle, je combattrai l'injustice avec toute la vigueur en commençant par ma propre personne, mes parents, mes amis pour finir avec le reste de la population. C'est en fermant les yeux sur les comportements de ses parents, de ses amis et de ses proches que l'on entache la justice ; si la justice est bien observée par toutes les composantes de la société, l'unité nationale se consolide. Dans le cas contraire, c'est la haine et l'incompréhension qui s'installent dans le pays. Le peuple doit s'unir et se donner la main pour vaincre les tares de la société dont la base est l'injustice, la gabegie, la discrimination pour renforcer le développement socioculturel, économique et social de la nation en vue d'assurer le bien être. » Récit apporté par KANTE (S.), *La Charte de Kurukanfuka - N'Ko, mouvement culturel pour le développement*, Bamako, juillet 2009, p. 44.

[163] AROUALA (M.), *Mali, vitrine de la justice du XIIème au XVIIIème siècle*, op. cit. p 22.

cadi[164]. D'où la naissance et l'intégration du droit musulman dans les coutumes maliennes.

Les deux derniers grands empires du Soudan occidental se caractérisaient par une islamisation très intense. C'est le cas de l'empire du Mali, sous le règne de Kankou Moussa[165], où la justice était rendue selon le droit musulman (pour la couche aristocratique) ou le droit coutumier (pour le peuple qui demeurait animiste). L'Empereur, lui-même musulman, était le juge suprême encadré par des cadis. Il en était de même dans l'Empire Songhoï sous Askia Mohamed[166]. Dans le même sens, Samory TOURE[167], dans son Royaume, rendait la justice devant la mosquée tous les vendredis selon les règles coraniques. Au début du XIXe siècle, un important Royaume musulman fut créé par Sékou Ahmadou Barri : le royaume Peul du Macina dont le gouvernement était non seulement démocratique, mais aussi et surtout basé sur le pouvoir musulman « dina ». Sékou Ahmadou soumettait les affaires du royaume à un grand conseil « BâtoMaoudo » composé de quarante dignitaires très instruits[168]. La justice coutumière privilégiait essentiellement la conciliation et évitait la rupture des liens sociaux. Une justice mieux élaborée par ses techniques et ses méthodes a rempli le rôle qui était le sien. Elle subira, malgré tout, sa deuxième mutation avec l'avènement de la colonisation.

La colonisation[169] se caractérise, d'une part, par une emprise territoriale sans précédent et, d'autre part, par la soumission des populations autochtones à la souveraineté française, donc aux juridictions mises en place par le colonisateur. Elle s'est traduite par une dénaturation et une destruction des structures politiques et sociales préexistantes en Afrique. Pour assurer la mainmise sur ses colonies, le colonisateur mit en place « la politique

---

164 Magistrat musulman qui remplit des fonctions civiles, judiciaires et religieuses. Dictionnaire de la langue française, Petit Robert 2007, de même le Larousse 2010, version électronique.

165 Empereur du Mali de 1324 à 1325, il fit un pèlerinage légendaire à la Mecque en 1324-1325. SANOGO, (M.), KONANDJI (Y.), KEITA (F.), *Histoire 6ème année,* op. cit., p. 19.

166 Empereur de l'empire Songhoï de 1493 à 1528, in SANOGO, (M.), KONANDJI (Y.), KEITA (F.), *Histoire 6ème année,* op. cit., p. 17.

167 Il forma un grand empire qui s'étendait du FoutaDjalon au royaume de Sikasso. Grand patriote africain, il lutta pendant dix-sept ans (1883-1900) contre la pénétration française en Afrique Occidentale. Il mourut en 1900. SANOGO, (M.), KONANDJI (Y.), KEITA (F.), *Histoire 6ème année,* op. cit., p. 15.

168 AROUALA, (M.), *Mali, vitrine de la justice du XIIème au XVIIIème siècle*, op. cit. p. 16.

169 La période coloniale débute à proprement parler avec le partage de l'Afrique à la conférence de Berlin en 1885. Elle va dépouiller l'Afrique de sa souveraineté et de son indépendance au profit de ces puissances occidentales. Assaillie donc de toute part et divisée en colonies de dimensions variables, l'Afrique offre alors un visage désolant, totalement remodelé et sans aucun rapport avec les entités politiques préexistantes. V° VANDERLINDER (J.), *« Les droits africains entre positivisme et pluralisme »,* article paru dans le Bulletin des séances de l'académie royale des sciences d'Outre-mer, 46 (2000) 279-292), p.3.

indigène »[170], une organisation administrative et judiciaire totalement en déphasage de la réalité locale. L'espace politique africain fut alors morcelé[171], les empires et royaumes anciens démantelés[172]. La politique indigène consista en l'institution d'une dyarchie judiciaire suivant laquelle les litiges entre indigènes étaient réglés selon les procédures précoloniales[173], alors que les affaires pénales et les litiges intéressant les non-indigènes étaient directement du ressort de la juridiction coloniale[174]. Les décrets de 1903, 1912, 1924 et 1931 règlementaient ces juridictions indigènes tout en prenant le soin de soumettre l'application des coutumes au contrôle colonial[175].

Le décret du 10 novembre 1903 créa les tribunaux indigènes (les premiers) qui furent baptisés tribunal de droit local en 1946[176]. En effet, « La justice indigène[177] appliquera en toute matière les coutumes locales, en tout ce qu'elles ne sont pas contraires aux principes de la civilisation française. Dans le cas où des châtiments corporels seraient prévus, il leur sera substitué l'emprisonnement. » En revanche, les juridictions de droit français avaient pour mission de juger les citoyens français ou les non-indigènes. L'ordre de

---

170 BOAHEN (A. A.) (Dir.), *Histoire générale de l'Afrique – L'Afrique sous domination coloniale*, vol VII, Paris, Présence africaine, 1989, p. 235.

171 Ce fut avec la création de l'Afrique Occidentale Française (A.O.F.) dont le Soudan français intégra en 1895. Cette fédération groupant, entre 1895 à1958, huit colonies françaises d'Afrique de l'Ouest (Mauritanie, Sénégal, Soudan français devenu Mali, la Guinée, la Côte d'Ivoire, le Niger, la Haute-Volta devenu Burkina Faso et le Dahomey devenu Benin. www.wikipedia.org Consulté le 24 juillet 2011.

172 EKANZA (S. P.), *« La colonisation un défi pour l'Afrique »* - Texte d'intervention prononcé à la conférence CERAP du 4 mars 2005, p. 2.

173 « A mesure que l'œuvre de colonisation se développait, les coloniaux s'apercevaient sur place que ces différences étaient plus profondes et plus résistantes qu'ils ne le pensaient ; que les institutions et les coutumes des groupements indigènes n'étaient nullement informelles, qu'ils y tenaient comme au plus précieux de leurs biens et qu'on risquait, en y apportant des changements trop brusques, de les désorganiser, de les démoraliser, en un mot d'aller à l'encontre du but qu'on visait, d'où essentiellement la création de la justice indigène » V° SALIS (J.), *Essaisur l'évolution de l'organisation judiciaire et de la législation applicable au Gabon-Congo,* Paris, p.249.

174 BOAHEN (A. A.) (Dir.), *Histoire générale de l'Afrique – L'Afrique sous domination coloniale*, vol VII, op. cit. p. 242.

175 SOLUS (H.), *Traité de la condition des indigènes en droit privé*, in NAMBO (J. J), *« Quelques héritages de la justice coloniale en Afrique noire »*, préc., p. 327.

176 Encyclopédie juridique de l'Afrique. Organisation judiciaire Tome IV, p. 26.

177 Les juridictions indigènes se composent : du tribunal coutumier qui siège au niveau du Canton ; du tribunal de 1er degré au niveau du chef lieu de subdivision ou à défaut au chef lieu de cercle ou dans chaque commune mixte ; le tribunal du 2e degré : composé d'un président européen et de deux assesseurs indigènes, il siège au chef lieu de chaque cercle et dans les communes de plein exercice ; le tribunal colonial d'appel, qui siège au chef lieu de chaque colonie, connaît en appel des affaires civiles ou commerciales jugées par le tribunal de 2e degré ; la chambre d'annulation qui joue le rôle de Cour de Cassation pour tous les jugements et arrêts rendus en matière indigène. Son siège est à Dakar avec une compétence sur toute l'AOF.

juridiction de droit français[178] était indiqué par le statut civique du justiciable. Par voie de suite, le décret du 22 mai 1924 (qui apporta des réformes) organisa une juridiction de deux degrés. Le deuxième degré est confié à l'administrateur local qui, de ce fait, n'a plus seulement à contrôler l'application de la coutume en ce qu'elle n'est pas contraire à l'ordre public, mais doit, en plus, la décrypter à partir des témoignages des parties, des affirmations des assesseurs et des traductions plus ou moins fidèles et intéressées des interprètes. Si la présidence du tribunal de premier degré est encore confiée à un « indigène »[179], faisant ainsi bénéficier à ceux-ci « les plus grandes garanties d'être jugés selon leurs coutumes », ces garanties disparaissent pourtant dans la période suivante, sauf pour ce qui concerne le pouvoir de concilier les parties reconnues au « chef de village, du quartier ou du groupe de tentes » par l'article 5 du décret du 3 décembre 1931[180].

À l'évidence, des mutations profondes ont été apportées par le colonisateur aux conditions juridiques et judiciaires des citoyens dits

---

[178]La justice française se compose de deux juridictions : les juridictions pénales qui ont acquis plus d'importance depuis que le décret du 30 avril 1946 supprimait toute compétence pénale à la justice indigène. On peut en citer, entre autres : les deux Cours d'Appel de Dakar et Abidjan ; la Cour d'assises créée par le décret du 22 juillet 1939 qui existe dans chaque territoire sauf en Mauritanie dont le ressort est rattaché à celui de Dakar ; les justices de paix à compétence étendue créées en 1928 (elles ont été réorganisées par un décret de 1954 et jugent en matière de simple police et en matière correctionnelle tous les délits commis ; le tribunal de première instance dont le ressort est fixé par arrêté du Gouverneur Général (il juge en matière de simple police avec la même compétence que les justices de paix à compétence étendue ainsi qu'en matière correctionnelle) et, des juridictions civiles et commerciales qui comprennent les justices de paix à compétence étendue, les tribunaux de première instance et la Cour d'Appel (elle juge en appel les jugements rendus en premier ressort par le tribunal de première instance, les justices de paix à compétence étendue ou les tribunaux musulmans dans ces cas la présence d'un cadi est nécessaire).

[179] Il importe de rappeler les trois principes qui ont guidé le législateur colonial dans l'institution de la justice indigène. Il s'agit : du respect des us et coutumes indigènes ; de l'association des autochtones à la distribution de la justice et du contrôle juridictionnel des décisions rendues. Le pouvoir colonial, en monopolisant ainsi l'appareil judiciaire, ne faisait que consacrer la contradiction totale entre deux univers aux logiques diamétralement opposées. Les adaptations successives observées dans ce processus ne sont en réalité que le reflet de l'embarras de l'autorité coloniale face à une résistance permanente des populations autochtones qui ne voulaient pas toujours adhérer à cette politique de « sabotage » de leurs coutumes locales. Une circulaire de 1917 du Gouverneur Général Van Vollenhoven confirme bien cette sinistre manipulation.Ils (les chefs) n'ont aucun pouvoir propre, d'aucune espèce car il n'y a pas deux autorités dans le cercle, l'autorité française et l'autorité indigène ; il n'y en a qu'une seule, le commandant de cercle. Le chef coutumier n'est qu'un instrument, un auxiliaire.Un rapport de l'inspecteur des colonies Maret écrit en 1930 : « le chef de canton, fut-il le descendant du roi avec lequel nous avons traité, ne détient aucun pouvoir propre. Nommé par nous après un choix en principe discrétionnaire, il est et il est seulement notre auxiliaire. » V° EKANZA (S. P.), *« La colonisation un défi pour l'Afrique »*, préc., p.3.

[180] Répertoire série M – Tribunaux judiciaires 1819 – 1956 du Fonds de l'A.O.F., Dakar 1996, in - NAMBO (J. J), *« Quelques héritages de la justice coloniale en Afrique noire »*,préc., p. 328.

« indigènes »[181]. Deux systèmes contraires dans le domaine juridique et judiciaire ont fonctionné sur un même territoire. Les monarchies locales subsistaient à côté du droit dit « moderne »[182] qui régissait les individus, considérés comme citoyens français. Ce système, discriminatoire soit-il, offrait peu de garanties contre l'arbitraire du colonisateur. Celui-ci dispose toujours d'un droit de regard sur la justice coutumière qui doit rendre la décision dans le sens voulu par lui. Malheureusement, les juridictions étatiques d'aujourd'hui se rapprochent beaucoup plus, même si elles n'en constituent pas sa photocopie, de la justice coloniale et celle de la France. Les réformes effectuées, afin d'améliorer et d'adapter cette justice au contexte social, sont restées insuffisantes. Lesquelles insuffisances peuvent être constatées au niveau de la première et deuxième République. Même si des améliorations sont apportées lors de la troisième République, elles demeurent toujours insuffisantes, car en deçà de l'attente des justiciables maliens[183]. La justice coutumière, justice conciliatrice renforçant le tissu social, fut remplacée par celle qui se souciait peu des liens sociaux. Cette situation qui s'accommode peu avec certaines réalités socioculturelles, crée la difficulté d'adaptation de la justice officielle.

II. L'adaptation difficile de la justice officielle

Le système juridictionnel malien s'inspire aujourd'hui du modèle occidental surtout celui de la France. Or, la justice qu'il avait connue, la justice coutumière s'y distingue par ses principes conceptuels et par son mode d'organisation. En effet, le droit traditionnel africain en l'occurrence celui du Mali, à défaut d'être écrit, régissait parfaitement la vie des citoyens. Son caractère oral n'a jamais remis en cause son efficacité. Ses règles connues de tous ont pour fonction d'assurer la survie du groupe, de protéger l'individu, de pourvoir à la sécurité de la communauté, ainsi que de promouvoir l'intégration sociale en assurant une implication sérieuse des différents acteurs sociaux dans le bon fonctionnement quotidien de la communauté. La population avait confiance en elle et la respectait à cause de sa rigueur, de sa crédibilité et de sa proximité. Cette justice coutumière convenait, en outre, parfaitement au peuple parce qu'elle était rendue en considération des facteurs sociaux essentiels, dans le strict respect des différentes traditions et communautés ethniques et surtout dans l'intérêt général. Ce droit coutumier verra pourtant sa légitimité et sa crédibilité mises en cause par le pouvoir colonial[184].

---

[181] La colonisation a duré environ trois siècles du XVIe au XIXe siècle.

[182] Nous utilisons le terme justice moderne par opposition à la justice traditionnelle pour désigner la justice officielle, celle qui fonctionne actuellement.

[183] V° infra p. 264 et svtes.

[184] NAMBO (J. J), *« Quelques héritages de la justice coloniale en Afrique noire »*, op. cit., p. 326 et svtes.

La justice occidentale essentiellement fondée sur les principes élaborés en Europe et pour l'Europe[185], ne pourrait qu'être rejetée par les Africains. Ce rejet se justifie parce qu'on ne peut pas correctement appréhender la notion de justice sans se référer à la philosophie du droit propre à chaque peuple[186]. Lors du colloque de Paris du 02 au 05 janvier 1980 sur le thème « sacralité, pouvoir et droit en Afrique », plusieurs scientifiques confirment qu'en Afrique, le droit est toujours uni au surnaturel : il est divin au nord du Sahara (révélé par Dieu, shari'a islamique) et lié au sacré au sud du Sahara[187]. La justice dans le cadre traditionnel africain était liée à l'organisation et à la mentalité des sociétés. C'était essentiellement une justice de chefs qui privilégiait la conciliation[188]. Le pouvoir est légitimé par le sacré. Ceci se concrétise non seulement en raison du fait que les sanctions surnaturelles menacent le citoyen qui refuse l'obéissance au chef, mais surtout parce que le chef bénéficie lui-même d'une aide surnaturelle étant donné qu'il est allié à des personnages divins, ou tout du moins non terriens, par les liens de différentes natures. Ceci lui permet de répandre sur la société des avantages d'origine surnaturelle de tous types et lui attribue des pouvoirs très larges, spécialement sur la nature, sur ses esprits et sur les autres hommes : il aura par exemple, le don de la divination et il communiquera avec les esprits des ancêtres[189].

La mise en place de toute institution juridictionnelle doit impérativement satisfaire les préoccupations ou volontés du peuple et sa mentalité sous peine d'être rejetée. L'affirmation des écrivains africains confirme davantage ce propos. Ils s'expriment en ces termes : « lorsqu'un droit ou un système de règlement de conflits ne rencontre pas les réalités sociologiques, il ne sera suivi et respecté par les populations »[190]. Cette opinion ne fait que traduire la profonde crise que traverse la justice officielle au Mali. Elle a des origines coloniales. « Pour le magistrat colonial, le droit coutumier est une pratique non écrite, incertaine, dépourvue de toute rationalité et qui ne peut donc pas s'adapter aux innovations souhaitées »[191]. Cette façon négative de voir les choses est contestable pour les raisons suivantes : d'une part, les coutumes, qu'elles soient disparates et non écrites, n'étaient pas ignorées des individus auxquels elles sont destinées ; et d'autre part, elles ont réussi à maintenir la

---

185 Idem.

186 Idem.

187 SACCO (R.), *Le droit africain – Anthropologie et droit positif*, Paris, Dalloz, 2009, p. 81.

188 NAMBO (J. J), *« Quelques héritages de la justice coloniale en Afrique noire »*, préc., p. 328 et svtes.

189 SACCO (R.), *Le droit africain – Anthropologie et droit positif*, op. cit., p 82

190 Les Ecrivains africains, dans l'union des écrivains du Zaïre, Authenticité et développement, cités par NKOU MVONDO (P.), *« La crise de la justice de l'Etat en Afrique noire francophone – Etudes des causes du divorce entre la justice et les justiciables »*, in Revue des droits des pays d'Afrique, n° 824 mai – août 1997, p. 208.

191 NAMBO (J. J), *« Quelques héritages de la justice coloniale en Afrique noire »*, préc., p. 331 et svtes

cohérence et la stabilité dans le continent pendant des siècles. Le Gouverneur Général PONTY écrivait ceci : « La coutume, produit naturel et immédiat de rapports sociaux, est l'expression de la volonté unanime des populations, de leur volonté vraie et profonde, celle qui se manifeste par des actes répétés. Elle est le suffrage universel des actes sociaux ; grâce à elle, les intéressés se font eux-mêmes leur droit »[192]. Certains auteurs pensent que si la justice était une institution de régulation sociale aisée à manipuler, perçue de manière positive et non répressive, considérée comme un exercice de parfaite équité, prévisible dans ses décisions, ses actions et ses conséquences, elle ferait encore moins de problèmes[193].

En Afrique, la fonction essentielle de la justice est d'empêcher à tout prix des déchirures sociales. En revanche, celle de l'occident, ne se soucie point d'un quelconque lien social, sa tâche est d'écraser tous ceux qui vont à l'encontre de l'intérêt général[194]. Ainsi, de la justice en tant que cadre de recherche de la paix sociale, on impose aux Africains une justice qui a tout d'une arène de combat ; une justice où chaque partie cherche à tout prix une victoire qui ne satisfera que ses intérêts propres, sans concession pour la partie adverse ; une justice qui conduit à la rupture des relations sociales entre les parties en litige, lorsque celles-ci ne deviennent pas tout simplement des ennemis jurés[195]. Ceci justifie son caractère autoritaire et inégalitaire. Cette différence de conception marque la différence d'organisation. Selon cette même conception occidentale, l'État est le premier responsable du respect des textes. En Afrique cette responsabilité repose sur chaque individu, membre de la société.

La transposition du modèle occidental[196] dans une localité qui avait développé le modèle opposé ne fait que générer des problèmes de réception

---

[192] Circulaire du Gouverneur Général de Dakar, William PONTY, sur la justice traditionnelle, 1913, cité par NAMBO (J. J), *« Quelques héritages de la justice coloniale en Afrique noire »*, préc., p. 336.

[193] BADIANE (A.) et VANDERSCHUEREM (F.), *« Pauvreté et justice sociale »*, op. cit., pp. 9 et 17.

[194] NAMBO (J. J), *« Quelques héritages de la justice coloniale en Afrique noire »*, préc., p. 330.

[195] NKOU MVONDO (P.), *« La crise de la justice de l'Etat en Afrique noire francophone – Etudes des causes du divorce entre la justice et les justiciables »*, préc., p. 213.

[196] « L'affirmation selon laquelle les Etats africains puisent le contenu de leurs institutions dans les modèles des pays développés d'occident, ne souffre d'aucun doute, d'aucune contestation, cela se traduit concrètement par une forme de transposition dans un mimétisme aveugle de l'organisation politique, administrative, économique, sociale, culturelle des structures institutionnelles de la France colonisatrice et néo-colonisatrice. » NKOU MVONDO (P.), *« La crise de la justice de l'Etat en Afrique noire francophone – Etudes des causes du divorce entre la justice et les justiciables »*, préc., p. 208. Le même auteur précise qu' : « en Afrique noire francophone, l'Etat, après avoir écarté la justice coutumière traditionnelle, a mis en place un cadre de règlement de litige d'inspiration française, assez mal adapté au contexte africain, ce qui ne peut qu'entraîner une mauvaise acceptation du système par les justiciables. »

et d'adaptation. Les conséquences directes de ce mimétisme ne sont pas invisibles : inadéquation des modèles importés aux réalités concrètes, fonctionnement plus théorique que pratique des institutions mises en place[197]. Ces quelques arguments prouvent à suffisance l'inadaptation de la justice actuelle au contexte socioculturel. En plus, la sacralité de l'espace judiciaire qui s'illustre à travers des rituels, de la toge noire, élargit les difficultés d'accès au prétoire. Cette réalité de la justice malienne est partagée par d'autres États notamment le Sénégal. « La sacralisation de l'espace judiciaire (...) véritable frein à l'accès au prétoire pour bon nombre de justiciables »[198]. L'origine de la sacralité doit être recherchée dans la théologie et la monarchie. En effet, s'agissant de la toge noire, c'est au Moyen-âge que les rois de France eurent l'idée d'habiller la haute magistrature de la robe du sacré royal en lui donnant l'ordre de rendre la justice au nom du roi. La robe s'appela la pourpre, on y ajouta la simarre. Puis les robes furent rouges ou noires selon les circonstances.

L'accoutrement des magistrats et des avocats inspire un certain sentiment de peur ou de crainte à l'égard du justiciable[199]. Une fois de plus, cette tradition est européenne. En toute évidence, les dysfonctionnements, la crise que traverse la justice malienne ne peut en aucune façon ignorer les aspects ci-dessus mentionnés. D'ailleurs, dans certaines localités du Mali, la justice étatique n'intervient à ce jour que dans le pire des cas, c'est-à-dire lorsque toutes les voies de recours (endogènes) ont été insusceptibles d'apporter une solution satisfaisante pour toutes les parties en présence.

Les difficultés d'adaptation de la justice officielle sont entretenues par les hommes qui l'incarnent. Lorsque les magistrats, chargés de rendre justice, ne la détournent en leur profit, ils apportent plus de problèmes qu'ils n'en résolvent : c'est l'enveniment du conflit par leur verdict[200]. L'avocat dont le rôle est de défendre le client par le verbe ne croit pas souvent à cette méthode, et s'en remet au caprice du juge. Le procès et la justice deviennent donc des biens à marchander, susceptibles d'être remportés par le plus offrant. Le citoyen démuni s'engouffre dans ce système, censé lui protéger.

---

197 NKOU MVONDO (P.), *« La crise de la justice de l'Etat en Afrique noire francophone – Etudes des causes du divorce entre la justice et les justiciables »*, préc., p. 209.

198 SY (P.), *Le droit d'accès à la justice au Sénégal,* Thèse Sous la direction de M. le Professeur Abdoullah CISSE, UGB, 2010. p. 214.

199 « Habillés de noir et quelquefois de rouge, les hommes de la justice représentent de mauvais symboles et sont de ce fait repoussants pour les justiciables : le noir, couleur de deuil ; le rouge, couleur de sang. Autant de choses qu'il n'est pas bon d'approcher. Au-delà des apparences, le malaise créé par les hommes de la justice est plus profond. » NKOU MVONDO (P.), *« La crise de la justice de l'Etat en Afrique noire francophone – Etudes des causes du divorce entre la justice et les justiciables »*, préc., p. 214.

200 « Au lieu d'apaiser le conflit, le juge par son verdict l'envenime. Parfois, le verdict est à l'origine d'un autre conflit encore plus violent. » NKOU MVONDO (P.), *« La crise de la justice de l'Etat en Afrique noire francophone – Etudes des causes du divorce entre la justice et les justiciables »*, préc., p. 213.

Pour ce dernier, les obstacles sont insurmontables, même ceux qui sont d'ordre intellectuel.

Paragraphe 2. Les obstacles intellectuels

Si le procès est considéré comme un instrument de l'effectivité des droits[201], c'est parce que, à cette occasion que le juge exerce sa mission principale consistant à trancher le litige en disant le droit. Compte tenu de cette importance, son caractère essentiel et son statut de droit fondamental, le droit pour toute personne de s'adresser aux tribunaux institués par l'État doit être facilement mis en œuvre. Malheureusement, ce droit au juge est entravé par des formalités procédurales imposées aux justiciables maliens[202]. Cependant, « l'accès à la justice, une fois réalisé, ne suffira pas à lui seul à atteindre l'objectif principal qui est le droit à la justice pour tous »[203]. Des garanties doivent être assurées au juge que sont l'indépendance et l'impartialité, notamment. Dans tous les cas, le contexte socioculturel dans lequel évolue l'écrasante majorité des justiciables n'est pas favorable à l'émergence d'un meilleur accès à la justice. Deux facteurs défavorables forment les obstacles intellectuels du droit d'accès à la justice. Ils se traduisent par l'ignorance des citoyens du droit applicable dans le procès dont ils sont censés connaître[204] : c'est l'analphabétisme des citoyens, mais aussi et surtout la complexité de la procédure. À cela s'ajoute une autre difficulté, celle relative au caractère d'extranéité du droit applicable et de la méthode de résolution du litige.

En réalité, les justiciables maliens sont confrontés, le plus souvent, à des difficultés de compréhension de la langue et du langage utilisés dans les palais de justice (I), mais aussi celles relatives à la complexité et au formalisme du droit processuel (II).

I. La langue et le langage dans les palais de justice

Pour une effectivité du droit au juge encore faudrait-il que le justiciable connaisse et comprenne les droits substantiels dont il est titulaire. Le constat révèle que les systèmes judiciaires africains, même quand ils ne sont pas coûteux pour les personnes de ressources insuffisantes, constituent des

---

[201] D'AMBRA (D.), BENOIT-ROHMER (F.), GREWE (C.), (Dir), *Procédures et effectivité des droits*, Bruxelles, Bruylant/ NEMESIS, 2003, p. 260.

[202] C'est ce qui caractérise un peu les systèmes juridictionnels en Afrique. V° l'exemple du Sénégal développé par Papa SY dans sa thèse de doctorat consacré au droit d'accès à la justice au Sénégal. SY (P.), *Le droit d'accès à la justice au Sénégal*, op. cit., p. 244.

[203] FALL (A. B.), *« Le statut du juge en Afrique »*, numéro spécial, revue électronique Afrilex n°3/2003. http://www.afrilex.u-bordeaux4.fr/ consulté le 28 juillet 2011.

[204] La présomption de connaissance de la loi s'exprime par l'adage « nul n'est censé ignorer la loi. » Il s'agit d'une fiction juridique dont la réalisation est impossible, mais nécessaire au fonctionnement de l'ordre juridique.

appareils inaccessibles du fait des procédures d'accès ou de saisine, du contenu du droit qui est en vigueur, de la perception qu'en ont les démunis qui s'effraient à tort ou à raison de ses mécanismes, de son apparat ou de ses personnels (juges, auxiliaires de justice, agents d'ordre et de sécurité)[205]. Le Mali n'échappe pas à cette critique parce que les moyens de diffusion des informations juridiques, mais aussi et surtout la langue dans laquelle ces informations sont portées à la connaissance des citoyens restent quasi-inaccessible pour la plupart des Maliens.

En effet, les procès se déroulant en français devant les juridictions maliennes, donnent aux populations le sentiment qu'ils ne sont ouverts qu'à ceux qui, instruits, ont la maîtrise de cette langue[206]. « Le langage juridique est jargon technique assez ésotérique dans le tribunal francophone forme plus ou moins écran pour les pauvres. Les procédures sont en général ignorées même quand elles protègent »[207]. La langue française reste un blocage sérieux pour le justiciable devant le prétoire malien à l'instar des autres États d'Afrique noire francophone. Selon MinkoaShe, « la situation du citoyen moyen est particulièrement inconfortable au cours du procès. Les débats se déroulent en français (…) et la plupart des justiciables se trouvent ainsi plus spectateurs qu'acteurs de leurs procès, et ce malgré la présence des traducteurs dont les magistrats reconnaissent eux-mêmes qu'ils ne font pas toujours un travail satisfaisant »[208]. La justice malienne est stigmatisée à cause de ce langage hermétique dont elle se sert. Celui-ci est, semble-t-il, réservé aux seuls initiés du droit. Un langage que Georges Ripert qualifie « d'archaïque »[209].

Le langage hermétique de la justice est pourtant défendu par certains[210] dont Garçon, qui se fait défenseur de la technicité de ce langage en ces termes : « le droit comporte une terminologie qui n'est peut-être pas

---

[205] BADIANE (A.) et VANDERSCHUEREM (F.), *« Pauvreté et justice sociale »*, op. cit., p.18.

[206] La langue officielle du Mali est le français, par conséquent, les textes sont publiés dans cette même langue. Or au Mali, il existe plus de cent (100) ethnies : les bambaras plus nombreux, les peulhs, les bozos, les dogons, les sonrhaïs, les senoufos, les miankas, les bwas, les mossis, les soninkés, les touaregs etc. ne comprennent pas tous, forcement, la langue française.

[207] BADIANE (A.) et VANDERSCHUEREM (F.), *« Pauvreté et justice sociale »,* op. cit. p.19.

[208] MinkoaShe cité par NKOU MVONDO (P.), *« La crise de la justice de l'Etat en Afrique noire francophone – Etudes des causes du divorce entre la justice et les justiciables »*, préc., p. 221.

[209] RIPERT (G.), *Les forces créatrices du droit*, LGJD, Paris, 2e édition, 1955, p.11

[210] « Les juristes ont leur langage, difficilement intelligible, mais qui correspond à une exigence de précision et qu'il n'est pas possible de banaliser ce langage. Une simplification poussée aboutirait nécessairement à des imprécisions et à des erreurs ». COUVRAT, (P.), *L'accès à la justice et ses obstacles*, in l'effectivité des droits fondamentaux dans les pays de la communauté francophone. Colloque international du 29 au 30 septembre, octobre 1993, Port-Louis, AUPELF-UREF, pp. 257 à 261.

accessible à tout le monde, mais dont l'abandon empêcherait de se comprendre si on voulait la modifier. Les médecins, les physiciens, tous les hommes de sciences, les ingénieurs et les industriels n'ont-ils pas leur langage technique qui n'a pas d'équivalent en langue vulgaire ? Pourquoi le droit échapperait à cette règle (…) ? Surtout dans la rédaction des jugements et des arrêts, une certaine forme traditionnelle est nécessaire parce qu'elle impose aux magistrats une discipline d'esprit sans laquelle la pensée perdrait sa précision »[211]. Cette opinion de Garçon ne saurait être décisive pour la raison que la justice s'adresse à des citoyens profanes dans le domaine juridique ; tandis que les autres hommes de sciences ne s'adressent qu'à leurs collègues et confrères, eux-mêmes spécialistes de la question, il ne sera pas une surprise que le langage soit de rigueur pour la compréhension mutuelle. Mais dès lors que l'on s'adresse aux justiciables, le langage devrait être tempéré dans sa technicité et sa rigidité, et dans son ésotérisme[212]. La langue dans laquelle le procès se déroule constitue un obstacle, autant qu'elle l'est en matière de compréhension et d'accessibilité au droit.

Le français, langue dans laquelle les textes juridiques sont rédigés, contribue à éloigner une grande partie de la population à majorité que l'on peut qualifier « d'analphabète ». Pour pallier ces difficultés liées à l'usage de la langue française, un service d'interprétariat est mis en place dans les juridictions. L'interprète a pour mission de traduire les différents documents ainsi que les débats en français. Quelle que puisse être sa capacité de traduction, il semble peu probable de traduire fidèlement la pensée des intéressés. « Traduire, n'est-il pas trahir » ? L'interprète doit remplir de manière impartiale sa mission, au moins. Le reproche que l'on puisse faire à ce niveau, c'est l'extranéité de la langue qui demeure difficilement accessible aucitoyen.

Le déroulement du procès n'est qu'une phase de complication pour le justiciable. La valorisation efficace et effective de ses droits exige l'information au préalable de leur consistance et de leur portée. Le législateur ne doit en aucune façon se cantonner derrière le principe fondamental et général du droit qui consiste à établir une présomption irréfragable de sa connaissance, selon lequel « nul n'est censé ignorer la loi. » Cette présomption est dotée de la force obligatoire maximale puisque nul ne peut plus invoquer son ignorance pour échapper à l'application de la loi. Le principe s'applique au seul vu de la publication de la loi[213]. Si la

[211] Garçon, *Lettre ouverte à la justice*, in NKOU MVONDO (P.), *« La crise de la justice de l'Etat en Afrique noire francophone – Etudes des causes du divorce entre la justice et les justiciables »*, préc., p. 222.

[212] V° NKOU MVONDO (P.), *« La crise de la justice de l'Etat en Afrique noire francophone – Etudes des causes du divorce entre la justice et les justiciables »*, préc., p. 222.

[213] Pourtant, à l'époque de son adoption, la publicité se fixait l'objectif de donner une date certaine à l'entrée en vigueur de la loi pour prévenir tout arbitraire. C'est ce qu'affirme Portalis en ces termes : « Les lois ne pouvant obliger sans être connues, nous nous sommes

connaissance présumée permet la protection de la loi et de l'intérêt de la loi, pourtant ses méthodes et moyens actuels ne permettent pas d'atteindre l'objectif souhaité[214].

Au Mali, il existe trois moyens essentiels de diffusion des instruments juridiques : le J.O (Journal Officiel)[215], l'internet et les médias (radio et télévision). Pour le J.O, il est constant qu'il n'atteigne pas toutes les circonscriptions (communes) du Mali, aussi bien que l'internet. En revanche, les médias sont accessibles dans lesdites localités. La combinaison de ces trois méthodes de diffusion permet d'atteindre le maximum de la population. Mais ne s'agit-il pas d'une accessibilité matérielle, car la langue dans laquelle ces instruments sont portés constitue un obstacle à leur compréhension. Quel intérêt y a-t-il de diffuser les ressources juridiques par ces différentes méthodes, si leur contenu ne peut être déchiffré par le destinataire ? « La seule pratique des moyens classiques de publication des normes juridiques (publication au Journal officiel, notification ou affichage) démontre de l'incapacité de ces formules à atteindre une couche significative des populations concernées »[216]. L'internet ne fait pas exception à cette règle. Les moyens ne sont pas anachroniques, mais ne permettent pas seulement de donner un sens à la présomption de connaissance en raison de

---

occupés de la forme de leur promulgation. Elles ne peuvent être notifiées à chaque individu. On est forcé de se contenter d'une publicité relative, qui, si elle ne peut produire à temps, dans chaque citoyen, la connaissance de la loi à laquelle il doit se conformer, suffit au moins pour prévenir tout arbitraire sur le moment où la loi doit être exécutée. » PORTALIS, *Discours préliminaire*, cité par DEUMIER (P.), *« La publication de la loi et le mythe de sa connaissance »*, in Petites Affiches, 6 mars 2000, n° 46, p. 6. Celui-ci précise qu' : « au fil des années l'objectif limité assigné à la publication fut supplanté par une fonction plus générale. La loi, par sa publication, devient accessible au public. À lui de faire l'effort de se renseigner sur son contenu. »

[214] Une des illustrations existe au niveau des délais de recours. L'article 15 de la loi 94-006 du 18 Mars 1994 modifiée par la Loi N°95-057 AN/RM DU 2 Août 1995 portant sur l'organisation et le fonctionnement des tribunaux administratifs dispose que : « sauf en matière de travaux publics, le tribunal administratif ne peut être saisi que par voie de recours formé contre une décision, et ce, dans les deux mois à partir de la notification ou de la publication de la décision attaquée. » La théorie de la connaissance acquise, admise par la jurisprudence administrative, complique davantage le délai du recours contentieux. En effet, c'est sur la base de la notification ou de la publication et ou de la connaissance acquise que le délai contre une décision administrative commence à courir. Ce délai est de deux mois, à l'expiration de ces deux mois, le requérant est forclos pour intenter son action devant les juridictions administratives. Etant essentiellement ignorante de la procédure administrative, la population malienne est victime de ce problème de délai. En réalité convaincu du bien fondé des prétentions du requérant, le juge se trouve (à cause de ce délai) dans l'obligation de déclarer son recours irrecevable, pour forclusion.

[215] Le Journal officiel est la voie de publication obligatoire pour toutes les lois et tous les décrets à caractère réglementaire.

[216] FOUDA (G.), « *L'accès au droit : richesse et fécondité d'un principe pour la socialisation juridique et l'Etat de droit en Afrique noire francophone* », in Revue électronique Afrilex 2001/01, P. 7. http://www.afrilex.u-bordeaux4.fr/ consulté le 28 juillet 2011.

la langue. Dès l'instant que le problème de l'analphabétisme[217] persiste, l'opportunité de publier les ressources juridiques (lois, décrets ou même jurisprudences) via les moyens ci-dessus sera toujours discutable. La connaissance absolue et générale de la loi est un idéal qui ne peut raisonnablement être atteint. Mais les règles de publication n'en méritent pas moins d'être perfectionnées, dans un souci de saine politique législative.

En conséquence, la présomption de connaissance doit être tempérée, et le meilleur moyen d'y parvenir sans l'ôter de son sens est la transcription et l'explication des textes juridiques en langues nationales, permettant à chaque citoyen de savoir à l'avance les différents instruments juridiques. Cela permettra de résoudre certaines difficultés d'accès au droit et à la justice, lesquels sont interdépendants. « Il n'y a pas accès à la justice, s'il n'y a pas accès au droit. » Une autre solution est possible, c'est de permettre la tenue du procès dans une langue nationale, si cette dernière est maîtrisée par les protagonistes en présence (juge, avocat, plaideurs). L'incompréhension par l'écrasante majorité de la population de la langue française est un obstacle d'accès à la justice au même titre que le formalisme et la complexité du droit processuel.

II. Le formalisme et la complexité du droit processuel

La formalité permet d'enrober les prétentions dans une « enveloppe » strictement déterminée par la loi. Elle renvoie à la forme, celle-ci n'est que l'apparence extérieure du fond[218], et peut s'entendre comme l'écrit nécessaire à la validité ou à la preuve d'une situation juridique « l'instrumentum ». Mais aussi une manifestation de volonté destinée à produire des effets de droit « le negotium »[219]. L'individu qui désire la réalisation juridictionnelle de ses droits est assujetti à l'accomplissement, d'une multitude de formalités, dans un certain ordre, d'une certaine façon et dans un certain délai. En raison de l'interrelation entre fond du droit et forme

---

[217] Au Mali, le taux d'alphabétisme est de 19%, source : ANNUAIRE ÉCONOMIQUE GÉOPOLITIQUE MONDIAL, L'état du monde 2005, Éditions La Découverte/Boréal, 2004, p. 593 in TAGODOE (A.), *« Diffusion du droit et Internet en Afrique de l'Ouest »,*LexElectronica, vol.11 n°1 (Printemps/Spring 2006). http://www.lex-electronica.org/articles/v11-1/tagodoe.pdf Consulté le 29 juillet 2011.

[218] BECQUE-ICKOWICZ (S.), *Le parallélisme des formes en droit privé*, in Nguyen Tien Dien, *le formalisme en matière contractuelle dans les droits français et Vietnamien*, Thèse de doctorat sous la direction du Professeur, Hervé Lécuyer, soutenue, le 30 novembre 2011, p 14. Thèse consultable en ligne :
https://docassas.u-paris2.fr/nuxeo/site/esupversions/1b5adfdd-6353-4617-9268-0325602fddf9

[219] GUINCHARD (S.), FERRANT (F.) et CHAINAIS (C.), *Procédure civile,* Paris Dalloz, 2ème édit., 2011, p. 253 V° CORNU (G) (Dir.), *Vocabulaire juridique*, op. cit. V° « Formalisme » et « Forme ». La forme est l'expression extérieure de la volonté, elle désigne « toute façon d'agir, toute matière de procéder qui préside à l'accomplissement d'un acte juridique (forme d'un contrat, d'un testament, d'un jugement) ou au déroulement d'une série d'actes (formes d'un procès).

de sa mise en œuvre, l'inobservation d'une formalité peut entraîner la déchéance du droit, d'où le caractère rébarbatif du droit processuel[220]. Les procédures juridictionnelles sont généralement faites d'un formalisme rigoureux de type de l'ancien droit romain, selon lequel toute inobservation de forme est sanctionnée par la nullité. Celles du Mali sont constituées d'un rigorisme contrôlé et d'un système de nullités comminatoires. Le premier signifie l'absence de nullités en dehors d'un texte, exprimé par l'expression « pas de nullités sans texte ». Dans le second cas, il appartient au juge d'apprécier cas par cas si le non-respect des formes est assez grave pour justifier une annulation. Le juge se réfère le plus souvent à la notion de préjudice pour prononcer la nullité en cas de violation de la formalité requise.

En effet, le formalisme de la procédure concerne à la fois les parties qui doivent accomplir des actes nécessaires à la marche du procès et le juge, tenu aussi d'obligation. Cette façon de répartition des rôles est inversée en matière de procès pénal, semble-t-il ? Ce formalisme rendant les choses longues, chères, compliquées, est parfois susceptible de favoriser l'esprit de chicane des plaideurs. Il ne garantit pas à tout prix une égalité de chance entre eux, car constitutif d'une contrainte pour certains[221]. Pourtant, en matière de procédure civile, des auteurs voyant autrement estiment que : « le formalisme ne constitue d'ailleurs pas une contrainte excessive pour les plaideurs, puisque le monde de la justice civile est d'abord celui des professionnels de la justice qui ont en charge l'accomplissement des formalités prévues par les codes pour le compte de ceux qu'ils représentent »[222]. Cette affirmation pourrait être sujette à caution, si chaque plaideur pouvait se faire représenter par un professionnel (avocat). Cette possibilité est quasi-impossible au Mali, pour deux raisons : d'une part, les avocats sont en nombre insuffisants[223], et d'autre part, la situation financière de l'écrasante majorité des justiciables constitue une faiblesse.

La réforme du code de procédure civile commerciale et sociale a permis au législateur de tenter une atténuation des formalités de saisine de la justice civile, en permettant à toute personne de porter sa cause devant elle par une

---

[220] Parlant de la procédure civile les auteurs suivant estime que : « la procédure est généralement considérée comme une matière rébarbative, aride et complexe. » GUINCHARD (S.), FERRANT (F.) et CHAINAIS (C.), *Procédure civile,* op. cit., p. 3.

[221] « Avec la justice officielle, il ne suffit pas d'avoir raison en droit, il faut encore être capable d'affronter l'adversaire. Malheureusement, ce dernier peut avoir le dessus tout simplement parce qu'il est plus aguerri en matière de techniques juridiques et de procédures, parce qu'il sait mieux utiliser les rouages techniques et des manœuvres dans le processus d'un règlement de litige. » NKOU MVONDO (P.), *« La crise de la justice de l'Etat en Afrique noire francophone – Etudes des causes du divorce entre la justice et les justiciables »*, in Revue des droits des pays d'Afrique, n° 824 mai – août 1997, p. 213.

[222] Idem.

[223] Au Mali, le nombre d'avocats présentement inscrits au tableau de l'ordre est d'environ deux cents (200) pour une population estimée à quatorze millions (14 000 000) d'habitants.

déclaration verbale[224]. Cependant, de façon curieuse, la signification des actes et jugements prévue par ce même code fait état d'un formalisme accentué[225]. La formalité entraîne une certaine complexité de la procédure, si des moyens ne sont pas mis en place permettant d'éclaircir les protagonistes. Elle décourage le profane qui, souvent, renonce à ses droits. Ce faisant, elle diminue la valeur des droits fondamentaux. Pourtant l'une des conventions ratifiées par le Mali l'impose de « veiller à ce que l'accès aux services judiciaires ne soit pas entravé, notamment par (...) l'absence d'informations au sujet du système judiciaire (...) et l'absence d'assistance pour comprendre les procédures et accomplir les formalités »[226]. La complexité n'affecte pas que les justiciables, elle est ressentie même au niveau des professionnels du droit (juges, avocats, huissiers, greffiers). C'est peut-être ce motif qui a animé le législateur d'exiger le niveau de la Maîtrise[227] pour l'accès à la profession d'huissier. Aussi, leurs clercs doivent avoir au moins le diplôme d'études universitaires générales (DEUG). Les huissiers de justice jouent un rôle important dans la conduite du procès. Ils accomplissent divers actes nécessaires au bon déroulement du procès[228]. Les huissiers empêchent dans certaines hypothèses la naissance du procès. Ce qui n'est pas négligeable dans la gestion des dossiers par le tribunal.

---

[224] L'article 2 du décret n° 09 – 220 P/RM du 11 mai 2009 portant code de procédure civile commerciale et sociale précise que le juge peut être saisi par déclaration verbal. Cette possibilité a pour effet d'atténuer la formalité écrite, nécessaire à la saisine du juge. Ce faisant, le législateur tient compte de la situation réelle des justiciables. Cette règlementation permet aussi l'allègement du coût de la justice pour certains justiciables qui ne savent ni lire ni écrire et qui s'adressent souvent à d'autres personnes pour la rédaction de l'acte d'introduction d'instance qui peut atteindre parfois six mille (6 000) francs CFA. Néanmoins, la déclaration verbale, mode de saisine du juge empêche aussi à l'Etat de percevoir les frais de timbre s'élevant à deux cents (200) francs CFA. Quoi qu'il en soit ce mode de saisine du juge offre une facilité incontestable aux justiciables d'exercer leur droit d'être entendu.

[225] L'article 782 du code de procédure civile commerciale et sociale illustre l'aggravation du formalisme en précisant que : « lorsque les parties sont représentées, le jugement doit être en outre préalablement notifié aux représentants dans la forme des notifications entre avocats, faute de quoi la notification est nulle. Mention de l'accomplissement de cette formalité doit être portée dans l'acte de notification destiné à la partie. » Pis encore les jugements contradictoires doivent être notifiés pour faire courir les délais des voies de recours.

[226] Directives et principes sur le droit à un procès équitable et à l'assistance judiciaire en Afrique de la Commission africaine des droits de l'homme et des peuples, texte précité.

[227] La Maîtrise est un niveau de formation universitaire correspondant à quatre (04) années d'études après le baccalauréat.

[228] La Cour Européenne des droits de l'homme considère que le principe de l'égalité des armes, élément du procès équitable, vise essentiellement l'ensemble du droit procédural et s'appliquent également au domaine particulier qu'est la signification et la notification des actes judiciaires. CEDH, 31 mai 2007, MILHOPA c. / Lettonie, Rec. Dalloz, 2420, obs. N. FRICERO. Elle souligne que les diligences que les Etats doivent déployer pour rendre effectifs les droits valent particulièrement dans le domaine des significations d'actes introductifs d'instance. CEDH, 14 janv. 2010, POPOVITSI c. / Grèce, Rec. Dalloz 2010, n°70, obs. N. FRICERO.

Au-delà des critiques que suscitent le rituel judiciaire, les formes de la procédure n'ont pas pour objet de préserver seulement la solennité et l'apparence prestigieuse de la justice, mais aussi la loyauté et la qualité du procès. « Le formalisme doit s'entendre de la protection contre l'arbitraire du juge, mais aussi contre d'éventuelles pratiques déloyales. » En toute évidence, le formalisme contribue à la sécurité judiciaire des justiciables[229]. C'est pour cette raison qu'un certain degré de formalisme en procédure juridictionnelle est indispensable. Se pose alors l'équation, formalisme et sécurité au prix d'une certaine lenteur et d'une certaine complexité, ou absence et insuffisance de garanties pour les plaideurs, mais rapidité et simplicité de la procédure. Certainement, la première option emporte sur la seconde. Aucune législation, pas plus que celle du Mali, ne peut admettre la suppression totale des formalités du droit processuel.

Néanmoins, l'impossibilité de suppression doit être compensée par des mesures permettant non seulement de les réduire, mais aussi d'être accessibles aux justiciables. En conséquence, le législateur doit en toute circonstance mesurer l'opportunité du « formalisme qui ne doit jamais exister que pour lui-même »[230] ; car la procédure ne peut plus être envisagée uniquement comme un corps de règles techniques permettant de conduire (ou de subir) un procès pour obtenir la consécration de ses droits par un jugement opposable à tous. Ce procès doit être conduit dans le respect des libertés et droits fondamentaux des parties et des tiers. Dès lors, chaque règle technique, même d'apparence insignifiante comme le sont par exemple les règles de forme, doit être rattachée à un principe fondamental de protection de nos libertés ; si ce principe ne peut être trouvé, on doit alors s'interroger sur la nécessité du maintien de la règle, car la procédure civile, comme toute procédure, n'est qu'une technique d'organisation du procès[231].

En somme, l'accomplissement de ces formalités exige une maîtrise de la discipline. Or au Mali, plus de la moitié de la population est non initiée. La difficulté pourra être palliée si le justiciable dispose les facilités financières d'accès à un avocat, ou s'il existe une réelle politique d'aide judiciaire. La pauvreté et l'extrême pauvreté compliquent donc l'accès à la justice, car le citoyen doit faire face aux différentes dépenses, nécessaires à la réalisation

---

[229] Le formalisme est perçu à la fois comme un moyen de défense contre l'adversaire, afin d'éviter des mesures obtenues par surprise et de garantir la possibilité pour chacun d'ajuster sa défense aux prétentions, aux moyens et aux preuves de son adversaire. Ainsi, les actes processuels ne produisent normalement leurs effets que s'ils ont été accomplis dans les formes prescrites. Le formalisme doit permettre à tout plaideur de conserver son droit dans les formes prescrites, d'être averti des actions et des prétentions dirigées contre lui, de connaître avec précision les moyens et les preuves qui lui sont opposés, et d'organiser en conséquence la défense de ses intérêts.

[230] GUINCHARD (S.), FERRANT (F.), CHAINAIS (C.), *Procédure civile*, op. cit., p. 5.

[231] *Idem*. P. 15.

juridictionnelle de ses droits fondamentaux. Il s'agit des contraintes économiques du droit d'accès à la justice.

SECTION 2. LES CONTRAINTES ÉCONOMIQUES DU DROIT D'ACCÈS À LA JUSTICE

Dans l'une de ses allocutions, l'ancien Secrétaire Général des Nations Unies affirme que : « Chaque fois que nous aidons une seule personne à échapper à une vie de pauvreté, nous défendons les droits de l'homme. Et chaque fois que nous échouons dans cette mission, nous bafouons les droits de l'homme »[232]. Le droit d'accès au juge, fondamental soit-il, est entravé par la pauvreté[233] qui gangrène la société malienne[234]. Plus qu'une entrave à l'accès au prétoire, la pauvreté est un obstacle à l'effectivité des droits de l'homme. « Elle compromet et crée des problèmes aux institutions au niveau social et judiciaire »[235]. Dans un souci de tempérer le problème de la cherté de la justice, des politiques sont mises en place. Celles-ci se résument entre autres : au système d'assistance judiciaire ; à la limitation de l'intervention des auxiliaires de justice au cours de l'instance dès lors qu'elle est inutile ; à l'aménagement des procédures sans représentation obligatoire, permettant notamment de faire l'économie des honoraires dus à l'avocat. Ces différentes règles ont vocation de tempérer le problème de cherté et non de rendre la justice gratuite. C'est pour cette raison que les justiciables doivent faire l'avance de nombreux frais qui demeureront dans une certaine mesure à leur charge. Ces frais, ainsi qu'ils seront analysés plus tard, ne sont pas à la

---

232 Kofi Annan, ancien Secrétaire Général des Nations Unies qui a assuré cette fonction de 1997 à 2006.

233 « Il y a une espèce d'articulation en cercle vicieux dans l'extrême pauvreté. Les personnes qui vivent dans l'extrême pauvreté n'ont pas de logement - s'ils n'ont pas de logement, ils n'ont pas de domicile, s'ils n'ont pas de domicile ils ne peuvent pas être inscrits dans les registres électoraux. Il y a des difficultés dans le domaine de la santé, dans le domaine de l'éducation, etc. Donc chaque précarité est accumulative et a une incidence sur l'autre précarité, ce qui crée une espèce de cercle vicieux horizontal de la misère » *M. DESPOUY (Argentine) est l'auteur d'un rapport à la Sous-commission des droits de l'homme sur les droits de l'homme et l'extrême pauvreté : E/CN.4Sub.2/1996/13. Il a par ailleurs présidé le bureau de la 57ème session de la Commission des droits de l'homme en 2001.* http://www.droits-fondamentaux.prd.fr/dudf site de la formation du « Diplôme inter – Universitaire les Droits Fondamentaux » de l'Université de Nantes. Consulté le 21 juin 2011.

234 Rapport périodique présenté par le Mali au Comité des droits de l'homme des Nations Unies en 2003, en application de l'article 40 du Pacte international relatif aux droits civils et politiques du 16 décembre 1966. Le Rapport de l'AMDH sur la *« situation des droits humains au Mali »* présenté en 2005 place le Mali au 174ème rang mondial en termes d'indices de développement, tandis que le rapport du PNUD présenté, en 2009, le classe au 178ème des 182 Etats.

235 BADIANE (A.) et VANDERSCHUEREM (F.), *« Pauvreté et justice sociale »*, op. cit, p. 15.

portée de la plupart des citoyens. En conséquence, la réalisation juridictionnelle des droits fondamentaux au Mali est affectée par le phénomène de la pauvreté. Cela à travers le coût de la justice (Paragraphe 1), compliqué par l'absence d'une politique appropriée d'assistance judiciaire (Paragraphe 2).

Paragraphe 1. Le coût de la justice

Un individu qui sollicite le règlement juridictionnel de son litige doit impérativement faire face aux frais de la procédure, car l'exercice du droit de se faire entendre par le juge a un coût[236]. Fondamental soit-il, le droit d'accès au juge est restreint par des contraintes économiques et financières pour la quasi-totalité des plaideurs maliens. Le coût élevé de la justice ne permet pas un accès égal pour tous devant le service public de la justice. L'évaluation du coût approximatif d'un procès (I) permettra de confirmer la cherté de la justice (II).

I. Le coût approximatif d'un procès

L'un des grands principes de la justice au Mali est sa gratuité. Les magistrats ne sont pas rémunérés par les justiciables, mais par l'État[237]. Sous l'ancien régime en France, les juges étaient directement payés par les justiciables que l'on appelait les épices. Ce système ne permettait pas d'assurer l'indépendance et l'impartialité du juge vis-à-vis du justiciable. C'est pourquoi, la nécessité du principe de la gratuité de la justice s'est posée avec acuité et réalisée à partir de la révolution de 1789 en France[238]. Ce principe de gratuité apparaît comme le corollaire de l'égalité des citoyens devant le service public de la justice. Si seuls ceux qui pouvaient assumer financièrement l'accès à la justice engageaient une procédure judiciaire, il y aurait bien évidemment une rupture d'égalité de traitement des citoyens vis-à-vis du service public de la justice. La garantie du traitement égalitaire des citoyens est un défi pour toute législation. L'égalité devant le service public de la justice est issue du postulat général de l'égalité de tous les citoyens.

[236] Même s'il faut convenir que le juge n'est pas payé par les justiciables, néanmoins, ils supportent des frais qui peuvent s'analyser comme une contribution des charges de la justice.

[237] La justice coutumière – traditionnelle au Mali a été toujours une justice gratuite, le requérant ne dépense rien pour se faire entendre. Cependant, il peut être condamné au paiement des amendes, lorsqu'il est reconnu coupable. L'institution de la justice officielle par l'Etat a eu pour corollaire l'exigence du paiement des frais de procédure par le justiciable.

[238] La révolution française est la période de l'histoire de la France qui marqua la fin de l'ancien régime et le remplacement de la monarchie absolue française pour une monarchie constitutionnelle, puis la première République. Elle a mis fin à la royauté, à la société d'ordres et de privilèges. Elle nous a légué la Déclaration des droits de l'homme et du citoyen qui proclame l'égalité des citoyens devant la loi, les libertés fondamentales et la souveraineté de la Nation, apte à se gouverner au travers de représentants élus.

Pourtant, le principe de la gratuité ne signifie pas que le justiciable n'aura rien à débourser dans le cadre d'un procès, qui peut entraîner des frais plus ou moins consistants, selon l'affaire à juger, sa nature et sa complexité. Les dépenses auxquelles le justiciable doit faire face sont celles liées à la saisine du juge (requête, timbre, citation ou assignation), à la constitution d'avocat, à l'expertise, à l'exécution de la décision. Le droit malien distingue deux catégories de frais générés en matière civile. D'un côté les dépens afférents aux instances qui sont intégralement récupérables sur la partie succombante par la partie qui les a avancés et qui constituent des frais répétibles et, de l'autre côté, les autres frais occasionnés par le procès et non compris dans les dépens qui, à ce titre, sont qualifiés d'irrépétibles. Cette opposition entre ces deux catégories de frais tient à leur différence de nature. Les frais compris dans les dépens sont considérés comme « juridiquement indispensables à la poursuite du procès » et font l'objet d'une tarification, tandis que les frais irrépétibles correspondent à des prestations non obligatoires et non tarifées, telles que les honoraires d'avocat dont le montant est librement fixé par lui et son client.

En effet, le remboursement des frais indispensables à la poursuite du procès obéit à une procédure de taxation moins longue : la procédure d'ordonnance sur requête. À ce niveau, le créancier du remboursement bénéficie les garanties du procès équitable. La Cour européenne des droits de l'homme a jugé que la procédure qui est relative aux frais de justice encourus à la suite d'une procédure principale relevant « ratione materiae » de l'article 6 de la Convention européenne des droits de l'homme, entre elle-même dans le champ d'application du droit à un procès équitable, car elle n'est que la continuation de la procédure suivie au principal[239]. Si la taxation obéit à une procédure rapide et simple, l'exécution de cette décision pose les mêmes difficultés que toutes les autres décisions de justice[240].

Le coût minimum de certains actes est fixé par le législateur[241], généralement ceux qui sont indispensables à la tenue du procès. Ces

---

[239] CEDH, 23 Septembre 1997, Robins c./ Royaume – Uni, § 28, JCP, 1998. I. 207 n° 15, obs. F. Sudre.

[240] V° infra p. 144 et svtes.

[241] Le Décret n° 95 – 211 P / RM du 30 novembre 1995 règlemente les frais de justice en matière pénale et le Décret n° 95 – 255 P – RM du 30 juin 1995 concerne les frais de justice en matière civile et commerciale. En effet, en matière pénale l'Etat prend en charge l'ensemble des frais exposés (convocation, expertise, indemnités des témoins). La Déclaration de Lilongwe sur l'accès à l'assistance judiciaire dans le système pénal en Afrique (2004), telle qu'adoptée par la Commission africaine, a souligné avec force que l'assistance judiciaire en matière pénale constituait un droit « reconnu et soutenu par tout gouvernement », en précisant qu'elle devait être disponible pendant toutes les étapes du processus pénal et devait être fournie par un éventail d'intervenants (et pas uniquement par les avocats). De surcroît, la Déclaration de Lilongwe propose que : « L'aide juridique doit être définie de façon aussi large que possible, de manière à inclure : conseil juridique, assistance, représentation, éducation et mécanismes de résolution alternative des litiges et comprenant un large éventail de détenteurs d'intérêts, telles les organisations non gouvernementales, organisations à base

dépenses dites « indispensables » à la marche du procès ne sont que la contribution du justiciable au fonctionnement de la justice, même si cet aspect est sous-jacent. De façon générale, les frais qui sont nécessaires pour le procès se décomposent ainsi qu'il suit : la consignation dix mille (10 000) ou sept mille cinq cents (7500) francs[242] ; la citation ou assignation trois mille huit cents (3800) francs ; la signification huit mille sept cent quarante (8740) francs ; le commandement huit mille six cent (8600) francs[243] ; le procès-verbal de saisie douze mille trois cent soixante (12 360) francs ; le procès verbal d'apposition des placards huit mille sept cent quarante (8740) francs, la sommation d'assister à la vente onze mille huit cent soixante-quinze (11 875) ; le procès verbal de vérification précédant la vente avec enlèvement douze mille trois cent soixante (12 360) francs, le constat d'huissier vingt un mille cinq cent soixante (21560) francs. Par contre les honoraires d'avocat en principe ne font partie des dépenses nécessaires au déroulement du procès que si la représentation est obligatoire.

Les frais d'huissier inscrits dans le tableau (Annexe I) ne sont qu'un minimum et varient suivant certaines circonstances. Pour la citation, la loi fixe un minimum de 3 800 FCFA qui varient en fonction de la distance, lorsqu'elle n'est pas servie au siège de la juridiction. La loi fixe un délai suivant lequel, la citation ou l'assignation doit être remise au défendeur. Il n'est pas rare de voir fréquemment des citations servies hors délai légal. Le juge décide légitimement[244] dans ce genre de circonstance le renvoi pour citation. Cette situation entraîne des frais supplémentaires, mais aussi influence négativement sur le délai raisonnable. En dépit de la faute professionnelle de l'huissier, le justiciable supporte toujours la conséquence de cette faute notamment le paiement des frais de la nouvelle citation. La victime qui supporte les conséquences, pas de sa faute, mais de son propre préjudice. Cette pratique paradoxale est une méconnaissance des principes élémentaires du droit de la responsabilité civile.

L'exécution des décisions de justice engendre des dépenses qui sont notamment indispensables. Elles se composent des coûts des actes, aussi ceux qui sont liés à l'exécution matérielle. Ces frais sont susceptibles d'être majorés en raison de certaines circonstances notamment la distance à parcourir ou même la consistance de l'exécution. Une procédure d'expulsion suivie d'une démolition peut engendrer des frais consistants. Cette exécution peut durer pendant des années à cause de l'insolvabilité du créancier au profit duquel, l'exécution doit être réalisée. Il y a lieu d'ajouter que

---

communautaires, organisations caritatives religieuses et laïques, associations et corps professionnels, et institutions académiques. »

[242] Les coûts sont donnés en francs CFA.

[243] En matière de saisie immobilière, les frais de commandement sont portés à vingt six mille cinq cent (26500) francs CFA.

[244] La décision de renvoi du juge est tout à fait légale dans la mesure où le défendeur doit bénéficier d'un délai raisonnable pour préparer efficacement sa défense.

l'exécution n'est en principe possible en l'absence des agents des forces de l'ordre. Ceux-ci ont pour mission d'empêcher tous ceux qui s'opposent par la force faisant obstacle à l'exécution[245]. L'huissier se fait accompagner au minimum par deux agents pour les exécutions de moyennes envergures, dans le cas contraire, le nombre peut atteindre une centaine, voire plus. Le créancier doit dans cette hypothèse supporter les frais de réquisitions qui sont compris dans les dépenses de l'exécution. Ils sont environ cinq mille (5000) francs CFA par agent. Il appartient au créancier de payer les différents frais dont leur remboursement pourra être exigé du débiteur.

Le principe de la gratuité de la justice n'interdit pas de faire supporter le perdant des frais ou dépens. Celui qui perd alors le procès doit supporter certains frais de justice qui ont été engagés par son adversaire. Cette obligation, pour le perdant, de supporter des dépens est d'origine ancienne. Elle existait en droit romain et dans l'ancien droit français[246]. Quoi qu'il en soit pour un procès, ne serait-ce qu'un référé, le justiciable doit au moins débourser environ cent mille (100 000) francs. Ce qui correspond environ au salaire d'un fonctionnaire de catégorie A de la fonction publique malienne. Une telle somme, semble-t-il, est au-dessus du pouvoir d'achat de la plupart des justiciables maliens. Cette situation constitue l'un des éléments de la cherté de la justice.

II. La cherté de la justice

La justice officielle, telle qu'elle est conçue, fait naître une justice de classe. Non seulement elle privilégie le mode de pensée de la culture occidentale, ce qui n'est que l'affaire d'une minorité de citoyens, mais encore elle écarte une grande majorité de citoyens dépourvus de moyens matériels[247]. Au Mali, l'introduction d'une requête aux fins de divorce exige, d'abord le paiement d'une somme de dix mille (10.000) francs CFA[248] au greffe du tribunal de première instance comme frais de consignation du dossier, sous peine d'irrecevabilité[249]. L'exemple de la consignation prouve d'ores et déjà que la justice est une institution qui n'est pas accessible par

---

[245] V° infra p. 165.

[246] VINCENT (J.) et GUINCHARD (S.), *Procédure civile*, Paris, Dalloz, 24 édit., 1996, p. 955.

[247] NKOU MVONDO (P.), *« La crise de la justice de l'Etat en Afrique noire francophone – Etudes des causes du divorce entre la justice et les justiciables »*, préc., p. 218.

[248] Paradoxal, soit-il, les frais de consignation varient suivant les tribunaux. Des frais sont perçus illégalement par les greffiers et les secrétaires à titre d'enlèvement de la citation ou de la grosse.

[249] Selon l'article 16 du décret 99 - 254 P-RM du 15 septembre 1999 portant code de procédure civile commerciale et sociale en République du Mali : « En toute matière, la partie civile qui n'a pas obtenu l'assistance judiciaire est tenue sous peine de non recevabilité de sa plainte de déposer au greffe la somme présumée nécessaire pour les frais de procédure.»

tous[250]. En matière de référés, il faut au minimum les frais de consignation, de citation, de signification et d'exécution de la décision. Des frais qui avoisinent 100.000 FCFA. Ces « dépenses sont difficiles à supporter par un Malien moyen à fortiori un Malien pauvre »[251]. Quand on sait que le SIMIG (salaire inter minimum garanti) rode autour de 40.000 FCFA. De surcroît, les salariés représentent un pourcentage très réduit de la population. Par conséquent, les frais de justice sont de nature à décourager le justiciable malien et du coup à exclure l'écrasante majorité des justiciables. Les justices des États francophones d'Afrique se caractérisent par cette cherté. Beaucoup de justiciables sont découragés lorsqu'ils pensent aux taxes à verser, aux timbres à apposer, aux cautions exigées. En Afrique, tout cela ne suffit parfois pas pour que la justice soit en fait saisie. Il faut compter avec les pourboires et autres « dessus de table » dont il faut s'acquitter pour que le dossier déposé suive son cours normal. Plus tard, il faudra s'attendre à faire face à des frais d'expertise, aux honoraires d'avocat[252]. La difficulté de faire face aux différentes dépenses prévues pour le procès est due essentiellement à la pauvreté.

Au Mali, la pauvreté touche environ les deux tiers soit 64 % de la population vivent en dessous du seuil de la pauvreté. « Elle pèse le plus sur le destin humain, ce qui l'empêche le plus d'authentique progrès, c'est bien lorsque l'homme n'est pas libéré… de la misère »[253]. Le rapport de l'ONU pour l'élimination de la pauvreté constate avec amertume que « la pauvreté affecte tous les droits de l'homme : s'ils ont des revenus faibles, cela leur barre l'accès à l'éducation (un droit économique et social), ce qui limite leur participation à la vie publique (un droit civil et politique) et la capacité à peser sur les politiques qui les concernent »[254]. La lutte contre la pauvreté et l'extrême pauvreté est « une question d'effectivité et donc d'intelligibilité et

---

[250] « En Afrique mieux qu'ailleurs, l'institution judiciaire montre que la fortune et la réussite sociale sont des atouts précieux, même devant la justice. En prenant le cas de la consignation que doivent verser tout demandeur avant la saisine du tribunal, on remarquera que seuls ceux qui ont satisfait à cette exigence financière voient leurs affaires appelées à l'audience, alors que ceux qui ne sont pas en règle, parce que n'ayant pas de moyen, s'entendent dire leur affaire a été renvoyée pour défaut de consignation. » V° NKOU MVONDO (P.), *« La crise de la justice de l'Etat en Afrique noire francophone – Etudes des causes du divorce entre la justice et les justiciables »*, préc., p. 218.

[251] Déclaration du Ministre de la justice garde des sceaux, Marafa TRAORE, lors de la rentrée judiciaire, le 8 décembre 2009.

[252] NKOU MVONDO (P.), *« La crise de la justice de l'Etat en Afrique noire francophone – Etudes des causes du divorce entre la justice et les justiciables »*, préc., p. 218.

[253] Paul BOUCHET, ancien président d'ATD Quart Monde, propos recueillis à Nantes (France) par Claire CELLEJON et Mesmer GUEUYOU, le 19 mai 2004, lors du Forum mondial des droits de l'homme.

[254] Rapport de la journée internationale pour l'élimination de la pauvreté. Sur le site : http://www.un.org/fr/events/humanrightsday/2006/about.shtm Consulté le 21 juin 2011.

d'accessibilité des règles et procédures »[255]. Cercle vicieux soit-elle, la pauvreté empêche de faire face aux services élémentaires, du coup des obligations liées aux recours à la justice et à ses conseils[256]. Les directives et principes du droit à un procès équitable exigent aux Etats de « veiller à ce que l'accès aux services judiciaires ne soit pas entravé, notamment par (...) l'imposition de frais de justice trop élevés ou excessifs et l'absence d'assistance pour comprendre les procédures et accomplir les formalités »[257].

Les conséquences du coût élevé de la justice ne sont plus à démontrer. Le législateur malien n'a quasiment pas tenu compte du revenu des citoyens pour établir les frais de justice. Ainsi, l'insuffisance de ressources contraint bon nombre de citoyens à renoncer au recours juridictionnel pour obtenir la réalisation de leurs droits et libertés. Dans la procédure contentieuse, lorsque l'une des parties au procès dispose plus de moyens financiers que l'autre partie, cela peut entraîner une rupture d'équilibre de chance de succès ou de perte du procès. Le justiciable qui dispose plus de moyens financiers peut s'entourer de plusieurs conseils ou a plus de facilités d'accès au juge. Dans les matières gracieuses, les conditions économiques peuvent être une cause d'impossibilité d'agir. Ces différentes situations peuvent inciter le plaideur à opter pour un autre mode de règlement du litige ou même de faire une lecture péjorative de la justice étatique. Beaucoup de citoyens sont convaincus que la justice est une affaire de riche. « Dans un monde où l'argent est devenu le nerf de toute guerre, seuls les nantis ont les moyens de demander justice, sans se laisser décourager par les lourds frais que cela entraîne »[258].

La nécessité d'assurer l'égalité de chance entre les justiciables, une politique d'aide d'accès au droit et au juge a été mise en place. La finalité outre sociale, l'assistance judiciaire répond à une nécessité de démocratisation de la justice, permettant à chaque citoyen sans considération raciale, religieuse surtout sociale de recourir au juge pour se faire entendre. Si la justice n'avait pas de coût, elle poserait moins de au pauvre qui en jouirait gratuitement[259]. Mais à défaut d'être gratuite, une politique cohérente d'assistance judiciaire permet de corriger les difficultés financières rencontrées par les justiciables de ressources insuffisantes. En somme, les frais de justice sont légalement institués par l'État afin que les citoyens

---

[255] TOURETTE (F.), *« Pauvreté, extrêmepauvreté et droits de l'homme »*, in UNESCO Poverty Project, « Ethical and Human Rights Dimensions of poverty : towards a new paradigm in the fight of poverty », jurist semminar-Sao Polo May 2003, http://www.portal.unesco.org/shs/fr/files, Consulté, le 03 mars 2012.

[256] BADIANE (A.) et VANDERSCHUEREM (F.), *« Pauvreté et justice sociale »*, p. 65.

[257] Directives et principes sur le droit à un procès équitable et à l'assistance judiciaire en Afrique, adoptés par la commission africaine des droits de l'homme et des peules, précités.

[258] NKOU MVONDO (P.), *« La crise de la justice de l'Etat en Afrique noire francophone – Etudes des causes du divorce entre la justice et les justiciables »*, préc., p. 218.

[259] BADIANE (A.) et VANDERSCHUEREM (F.), *« Pauvreté et justice sociale »*,op.,cit. p. 17.

contribuent aux charges de la justice. Malheureusement dans l'établissement des barèmes, il n'a pas été tenu compte du niveau de revenu des citoyens moyens. L'insuffisance de ressources contraint bon nombre de citoyens à renoncer à la saisine de la justice étatique pour faire valoir leurs droits. Cette situation devrait normalement être réglée par une politique d'assistance judiciaire, malheureusement ce qui n'a pas été le cas. Les textes existent en la matière, mais restent ineffectifs.

Paragraphe 2. L'inexistence d'une politique appropriée d'assistance judiciaire

La tradition de défendre gratuitement les indigents par les avocats remonte dans la Grèce antique. À Rome, la justice était ouverte à tous gratuitement[260], il est interdit aux avocats de percevoir des honoraires et il n'y avait pas de frais de justice ; le juge devait désigner un avocat aux femmes, pupilles, indigents ou incapables[261]. L'opportunité de l'institution de l'assistance judiciaire au Mali s'explique par le fait que la pauvreté qui gangrène la société laisse peu de chance aux citoyens de ressources insuffisantes, d'accéder au juge. Le mécanisme d'assistance judiciaire participe à la mise en œuvre de l'égalité[262] entre les citoyens devant la justice. La nécessité de fournir une assistance judiciaire est mise en lumière, entre autres, dans l'Ensemble des Règles Minima pour le traitement des détenus (1955), la Convention relative aux droits de l'enfant (1989) et les Principes de base relatifs au rôle du Barreau (1990). L'article 7 de la Charte africaine (1981) réaffirme le droit à la défense, tandis que la Commission africaine des droits de l'homme et des peuples a élaboré le droit à un procès équitable dans sa Déclaration de Dakar (1999) en soulignant qu'il incombe aux gouvernements et aux Barreaux de fournir une assistance judiciaire aux personnes indigentes. Elle reconnaît le rôle des para-juristes dans la fourniture d'une aide juridique dans la période précédant le procès. Les exigences de ces instruments juridiques ont eu pour corollaire la révision de

---

260 La justice coutumière incarne cette gratuité.

261 MEKOMBE (T.), *L'organisation de l'aide juridique et de l'assistance judiciaire en Belgique*, Séminaire sur l'aide juridique et l'assistance judiciaire au Tchad, le 12 au 14 octobre 2010.

262 Art. 2 de la loi fondamentale du Mali protège l'égalité entre tous les citoyens. Il y a aussi les conventions ratifiées telles que l'Art. 2 de la DUDH de 1948 : « Tous les êtres humains naissent libres et égaux en dignité et en droits » ; Art. 3 du PIDCP « Les Etats parties au présent Pacte s'engagent à assurer le droit égal des hommes et des femmes » ; Art. 14 : « Tous sont égaux devant les tribunaux et les cours de justice » ; Art. 24 : « Tout enfant, sans discrimination… a droit, de la part de sa famille, de la société et de l'Etat, aux mesures de protection qu'exige sa condition de mineur. » Art. 26 : « Toutes les personnes sont égales devant la loi et ont droit sans discrimination à une égale protection de la loi» La CADHP art. 2 : « Toute personne a droit à la jouissance des droits et libertés reconnus et garantis dans la présente Charte sans distinction aucune. »

la loi portant assistance judiciaire au Mali en 2001[263]. La nouvelle loi reste ineffective sur plusieurs points parmi lesquels l'inertie des bureaux d'assistance judiciaire (I). Elle présente, malgré des améliorations, des insuffisances (II).

I. L'inertie des bureaux d'assistance judiciaire

L'octroi de l'assistance judiciaire n'est pas de plein droit. Le candidat doit satisfaire des conditions de fond et en faire la demande. Celle-ci est adressée au bureau d'assistance judiciaire, établi au siège de chaque tribunal de première instance et de justice de paix à compétence étendue[264]. Cette structure vérifie l'opportunité de la demande des requérants dans le sens de faire droit à ceux qui satisferont les critères. En d'autres termes, le bureau constate l'existence ou non de l'état d'indigence dans le but d'accorder ou de refuser l'aide sollicitée. La décision rejetant la demande de l'aide est insusceptible de recours[265]. Le bureau est composé, selon l'article 2 du décret d'application ainsi qu'il suit :

- le représentant de l'État ou son délégué, président ;
- le maire ou son représentant ;
- le chef du service d'enregistrement et des domaines ou son représentant ;
- un représentant du barreau résidant au siège du bureau s'il y a lieu ;
- le chef de village, de quartier, de fraction du demandeur.

Selon le même article, les fonctions du secrétaire sont assurées par le greffier en chef de la juridiction de céans ou par tout autre greffier désigné à cet effet. L'article 3 du décret n° 06 – 426 /P-RM du 06 octobre 2006 fixant les modalités d'application de la loi 01 – 082 AN – RM du 24 août 2001 relative à l'assistance judiciaire dispose que : « la formation du bureau a lieu tous les trois ans au mois de janvier. Elle est constatée par l'ordonnance du président du tribunal ou du juge de paix à compétence étendue. »

Tenant les fonctions de secrétariat, le greffier en chef reçoit les demandes d'admission à l'assistance judiciaire[266]. Pour simplifier la procédure de saisine, l'article 12 al. 2 du Décret d'application de la loi de 2001 prévoit

---

[263] Il s'agit de la loi n° 61 – 103 AN – RM du 18 août 1961 révisée par la loi n° 01 – 082 AN – RM du 24 août 2001 portant assistance judiciaire. Le décret d'application de celle-ci fut pris en 2006 qui détermine les conditions d'application.

[264] Art. 2 du décret n° 06 – 426/ P – RM du 06 octobre 2006 fixant les modalités d'application de la loi de 2001 portant assistance judiciaire.

[265] Sous d'autres cieux, le droit français par exemple ouvre droit au requérant de contester la décision du bureau de l'aide juridictionnelle devant le président du tribunal de grande instance, au premier président de la cour d'Appel ou de la cour de cassation, au président du tribunal administratif ou de la cour administrative d'appel ou au président de la section du contentieux du conseil d'Etat.

[266] Art. 12 al. 1 de la loi relative à l'assistance judiciaire, précitée.

que la demande peut être, à l'instruction ou au jugement, adressée au juge ou au président de la juridiction de jugement pour transmission au bureau de l'assistance judiciaire dans les trois jours de sa réception. Dans l'hypothèse où il y a appel ou pourvoi, elle peut être adressée au Procureur Général près la cour d'appel ou près la cour suprême pour transmission dans les trois jours de la réception au bureau de l'assistance judiciaire. Malheureusement, les bureaux de l'assistance judiciaire ne fonctionnent pas présentement, en dépit de l'existence des textes en la matière.

Une inertie imputable aux présidents des juridictions ? L'inexistence des bureaux de l'assistance judiciaire constitue à priori une faute imputable au Président du tribunal et au juge de paix à compétence étendue. Dans la mesure où la formation de ce bureau a lieu sous l'égide du Président du tribunal ou du juge de paix à compétence étendue. Il ne s'agit pas d'un pouvoir discrétionnaire, mais d'une compétence liée. L'article 3 du décret d'application étant formel, après avoir limité la durée du bureau à trois (03) ans, précise que : « … la formation du bureau d'assistance judiciaire est constatée par ordonnance du Président ou du Juge de paix à compétence étendue. » Cette ordonnance est remise au greffier en chef qui doit à son tour la remettre au Procureur de la République qui la transmet sans délai au Procureur Général[267]. Le manquement à cette obligation de convoquer n'engage que la responsabilité du Président de la juridiction. Face à l'urgence et pour une meilleure coordination des bureaux d'assistance judiciaire, une commission nationale d'assistance judiciaire doit être créée. Cette commission se charge de veiller au fonctionnement régulier des bureaux. Le problème qui pourra se poser de l'institution de cette commission est l'épineuse question financière qui doit être avant tout résolue. Cette option sera purement et simplement écartée du fait que la justice malienne est confrontée à des difficultés financières. Une deuxième option est possible c'est d'exiger aux présidents des tribunaux de première instance et des juges de paix à compétence étendue de faire parvenir les ordonnances de mise en place des bureaux au Conseil supérieur de la magistrature (CSM) au plus tard la fin du mois de février de chaque trois ans. Le conseil doit veiller au respect strict de cette diligence. Une sanction doit être à cet effet prévue. Le dysfonctionnement au niveau de l'institution de l'assistance judiciaire est une réalité dans bon nombre des États francophones d'Afrique comme le rapport du séminaire sur l'aide juridique et l'assistance judiciaire au Tchad, tenu le 12 au 14 octobre 2010, le constate[268].

[267] Art. 4 du décret d'application de la loi de 2001 relative à l'assistance judiciaire au Mali.

[268] L'étude a relevé certains aspects communs à tous les régimes d'aide et d'assistance juridiques à travers l'Afrique, quel que soit le système en vigueur (droit civil, droit commun, système hybride, ou autre). Les conclusions tirées sont les suivantes : - la couverture par l'Etat du système d'assistance judiciaire est, au mieux, inégale ; - l'accès à l'assistance judiciaire « à chaque étape » de la procédure est généralement indisponible ; - l'allocation budgétaire pour

L'absence des bureaux de l'assistance judiciaire est une violation de la loi de 2001 et son Décret d'application de 2006 relatif à l'assistance judiciaire. Le non-respect des textes susdits traduit la rupture d'égalité de chance dans le procès, lorsque celui-ci est engagé entre deux individus dont l'un dispose plus de moyens financiers et matériels que l'autre. L'idéologie des textes relatifs à l'assistance est d'équilibrer les chances de succès et de perte des parties au procès, en accordant au plus faible économiquement une aide. Cette égalité de chance est la traduction du procès équitable. La commission africaine des droits de l'homme lors de sa 26e session tenue à Kigali en 1999 fait de l'assistance judiciaire un élément essentiel du droit à un procès équitable[269]. Elle impose cependant aux Etats de « veiller à ce que l'accès aux services judiciaires ne soit pas entravé, notamment par (...) l'absence d'assistance pour comprendre les procédures et accomplir les formalités »[270].

Si l'on peut convenir que la loi n° 61 – 103 AN/RM du 18 août 1961 portant assistance judiciaire était lacunaire, celle de 2001 et son décret d'application restent ineffectifs. Ces deux textes comportent d'autres obstacles relatifs à la mise en œuvre de l'assistance judiciaire, qu'il faudra élucider.

II. Les autres obstacles de la mise en œuvre de l'assistance judiciaire

La pauvreté, cause de difficulté d'accès à la justice[271] et de rupture d'égalité de chance de perte et de succès du procès, doit être corrigée par l'État en instituant une politique d'aide judiciaire. Il s'agit d'une solution palliative permettant de corriger l'inégalité financière entre les justiciables. L'assistance judiciaire[272] se conçoit comme un concours accordé par la loi en

---

l'assistance judiciaire est minime ; - Les personnes accusées de crime ne peuvent pas compter sur un conseil juridique pour établir une ligne de défense ni faire appel en cas de chef d'accusation grave ; ni s'appuyer sur une représentation quelconque dans des affaires impliquant une peine de prison ; - les avocats sont peu nombreux et généralement indisponibles dans chaque région du pays ; - les services juridiques de base ne sont pas disponibles dans chaque région, ni accessibles à toutes les personnes ayant besoin de tels services ; - la plupart des gouvernements ne disposent pas de stratégie d'ensemble concernant l'assistance judiciaire et l'aide juridique qui puisse exploiter au maximum les ressources disponibles. »

269 Directives et principes sur le droit à un procès équitable et à l'assistance judiciaire en Afrique, précités.

270 *Idem.*

271 En tant que service public, la justice est soumise aux principes directeurs qui régissent le fonctionnement de tout service public, parmi lesquels l'égalité des citoyens.

272 La question d'aide à l'accès au juge a subi diverses évolutions. L'assistance judiciaire avait été instituée en 1851 en France. Elle permet à une personne de ressources insuffisantes de bénéficier les services d'un avocat, désigné à titre bénévole. Ce système a été remplacé par l'aide judiciaire (Loi N° 72 – 11 du 3 janvier 1972). Celle-ci a été remplacée par l'aide juridique qui inclut l'accès au droit. Voir, pour plus de détail, VINCENT (J.), GUINCHARD (S.), MONTAGNIER (G.) et VARINARD (A.), *Institutions judiciaires – Organisations –*

vue de permettre à un plaideur démuni de faire valoir ses droits en justice[273]. Elle est « une institution qui assure aux personnes, dont les ressources sont insuffisantes, la gratuité provisoire ou définitive des frais de justice »[274]. L'assistance dispense donc les bénéficiaires de toutes les dépenses normales afin de faire prévaloir leurs intérêts[275]. C'est une discrimination positive[276] permettant au législateur de corriger certaines inégalités sociales. La finalité de l'assistance judiciaire, n'est pas de créer une différence entre les justiciables, mais de leur permettre d'obtenir une égalité dans la mise en œuvre juridictionnelle de leurs droits.

L'assistance judiciaire lorsqu'elle est accordée, exonère le bénéficiaire des frais que peut engendrer le procès. Ce sont entre autres : la consignation des dossiers, les droits fiscaux, les droits d'enregistrement et de greffe ainsi que de toute consignation d'amende. Elle concerne également les honoraires d'avocats, officiers ministériels, experts et témoins à charge pour droits, émoluments et honoraires. Outre la timidité des bureaux de l'assistance judiciaire, il existe d'autres difficultés empêchant les individus d'obtenir l'aide. L'imprécision de certains critères substantiels et la méconnaissance de l'existence de ce droit par bon nombre de justiciables constituent l'essentiel des obstacles. À cette liste, il y a lieu d'ajouter l'absence de recours contre la décision de rejet des bureaux de l'assistance judiciaire.

La première difficulté résulte de l'imprécision du critère substantiel de l'assistance judiciaire. Dans sa définition, la loi de 2001 vise une catégorie de personnes[277] dont les ressources sont insuffisantes. En somme, le candidat doit satisfaire une double exigence : d'une part, être indigent et d'autre part, effectuer une demande qui doit être fondée sur un intérêt personnel menacé. Aussitôt, la question se pose notamment sur le critère de ressources insuffisantes. Qu'elle est cette personne de ressources insuffisantes ? Ni la loi de 2001, ni son Décret d'application n'en dit mot. Est-ce à dire les non-salariés ? Ou les commerçants qui ne disposent pas un certain chiffre d'affaires ? Est-ce que la loi veut viser les cultivateurs et les éleveurs ? Dans un État où soixante-quatre pour cent 64 % de la population vivent au-

---

Juridictions – Gens de justice, *op. cit.*, p. 192. V° également CABRILLAC (R.), (Dir.) *Dictionnaire du vocabulaire juridique*, *op. cit.*, p. 23.

273 Art. 2 de la loi n° 01 – 082 AN – RM du 24 août 2001 relative assistance judiciaire au Mali.

274 M'BAYE (K.), « *Organisation judiciaire, procédures et voies d'exécution* », in Encyclopédie juridique de l'Afrique, Nouvelles éditions africaines 1982, tome 4, p227.

275 L'assistance judiciaire peut être accordée depuis l'action en justice jusqu'à la phase du jugement.

276 La notion de discrimination positive a pris naissance aux Etats Unis. Elle avait pour but de corriger certaines inégalités sociales à l'égard des noirs, mais aussi des femmes.

277 Néanmoins les étrangers résidant régulièrement au Mali peuvent en bénéficier sous réserve de réciprocité, c'est-à-dire si l'Etat de ces ressortissants accorde les mêmes droits aux maliens. De même les personnes morales à but non lucratif peuvent aussi solliciter l'assistance judiciaire (Article 3 de la loi du 24 août 2001 portant assistance judiciaire).

dessous du seuil de la pauvreté pourront être concernés par le critère d'assistance judiciaire. Le candidat doit en tout cas produire le certificat de non-imposition du percepteur. La règlementation est insuffisante en la matière, mais aussi ce droit est méconnu par l'écrasante majorité des justiciables, ce qui constitue un autre obstacle.

Le problème des droits fondamentaux concerne deux volets essentiels : celui de la consécration par l'Etat et de la défense par les individus eux-mêmes. Or, la défense d'un droit suppose la connaissance de son existence. Tel est le cas du droit à l'assistance judiciaire au Mali, qui reste un droit quasi méconnu des justiciables. Cette difficulté d'accès aux services de l'assistance judiciaire est essentiellement due au manque d'information des justiciables qui s'illustre de deux manières : d'une part, l'insuffisance de l'information ; d'autre part, la langue dans laquelle l'information est divulguée reste inaccessible aux citoyens. Cette difficulté fait partie du postulat général des difficultés intellectuelles du droit d'accès à la justice. Le tableau en annexe II[278] illustre le faible taux du recours à l'assistance judiciaire. Bref, les obstacles qui entravent l'acquisition de l'assistance judiciaire sont essentiellement dus à l'insuffisance de la définition du critère d'indigence à la méconnaissance du droit à l'assistance judiciaire due, à un manque d'information et de la sensibilisation des justiciables.

Ces raisons ci-dessus expliquent à quel point l'accès au juge pose d'énormes difficultés aux justiciables maliens. Pour une meilleure mise en œuvre de l'assistance judiciaire, une possibilité de recours contre les rejets de demandes doit être autorisée. Il n'est pas superfétatoire de rappeler que l'un des défis que doit relever le gouvernement malien est celui du bon fonctionnement et de la bonne distribution de la justice. Les conclusions tirées du programme décennal pour la justice permettent de comprendre les défis que doit relever la justice malienne. Sur le plan géographique, elle est répartie de façon inégalitaire. Si une répartition arithmétique des juridictions sur le territoire n'est pas possible, un mécanisme d'assistance judiciaire approprié permet de combler le déficit de répartition.

Le rôle des organisations non gouvernementales (ONG) n'est pas négligeable dans la mise en œuvre de la politique d'assistance judiciaire. Elles se sont émergées lentement depuis longtemps. C'est le cas de l'Association malienne des droits de l'homme, ou encore l'ONG « Démesso ». En effet, cette dernière s'est spécialisée dans l'assistance judiciaire des femmes et des enfants. Elle traite chaque année un nombre important de cas de demandes d'assistance judiciaire émanant des femmes. L'ONG a pu mettre en place un bureau d'orientation et d'assistance judiciaire au niveau du tribunal de la commune III du district de Bamako. Il est à préciser que c'est sur les recommandations de l'ONG « Démesso » que

---

[278] V° Annexe II, p. 342

le Code pénal a été révisé en 2005, insérant la peine de travail d'intérêt général[279].

En définitive, il y a lieu d'admettre que le chemin du prétoire est entravé par divers obstacles. Ceux-ci sont répartis en deux catégories : les obstacles socioculturels et les contraintes économiques. Les premiers sont dus en partie à la pesanteur culturelle. La justice étatique est une institution « imposée » qui reste mal connue des justiciables, créant ainsi une méfiance à leur égard. Une justice qui, également, s'éloigne d'eux par son coût, en dépit de l'affirmation du principe de gratuité. Cette situation, dans le contexte du procès équitable, est une violation. L'ensemble de ces obstacles doit être franchi par toute personne qui prétend une résolution juridictionnelle de son litige. Ces difficultés d'accès enfin surmontées, d'autres apparaissent aussitôt, cette fois-ci devant le juge, et sont de nature à remettre en cause ses qualités d'indépendance et d'impartialité. C'est la faiblesse de la garantie du droit à un bon juge (Chapitre 2).

---

[279] Art. 14 (nouveau) de la loi n° 05 – 045 / du 18 août 2005 portant modification du code pénal « la peine de travail d'intérêt général est une peine alternative à l'emprisonnement. Elle consiste à faire exécuter par le condamné qui y consent un travail non rémunéré au profit d'une collectivité publique, d'un service public ou d'une association reconnue d'utilité publique. Elle est prononcée à titre de peine principale et ne peut être cumulée avec une peine d'emprisonnement. Elle n'est applicable qu'aux délits pour lesquels le maximum de la peine encourue n'excède pas deux ans. Elle ne peut être inférieure à 40 heures ni supérieure à 480 heures pour le condamné majeur. Elle ne peut être inférieure à 20 heures ni supérieure à 180 heures pour le condamné mineur de 16 à 18 ans non révolus. La non-exécution, même partielle de la peine de travail d'intérêt général entraîne l'application de la peine d'emprisonnement au moment de la condamnation. Les modalités d'application du présent article sont déterminées par un décret pris en Conseil des Ministres. »

CHAPITRE 2

LA FAIBLESSE DU DROIT A UN BON JUGE

L'objectivité du juge à travers son indépendance du pouvoir politique et son impartialité vis-à-vis des plaideurs constitue un élément de la procédure juridictionnelle et participe à la conduite d'un procès équitable[280]. Elles constituent des éléments fondamentaux sans lesquels, il ne peut y avoir de bonne justice. L'accès matériel au prétoire, par le rapprochement de la justice des justiciables ou l'exonération des frais de justice, n'a de sens que si le juge saisi est indépendant et impartial. Ces qualités permettent d'offrir aux plaideurs une égalité quant à l'exercice de leurs droits de la défense. La sécurité juridique des citoyens doit être construite à travers une justice indépendante et impartiale. La première s'exprime par rapport à d'autres pouvoirs, pouvoirs de droit (législatif et exécutif)[281] et de fait (les médias, les parties, les experts)[282]. Par contre, l'impartialité est liée à l'organisation et au fonctionnement internes des juridictions, mais aussi aux qualités personnelles du juge. Ces deux notions sont proches, cependant, elles se distinguent aussi sur plusieurs de points[283]. En raison de la proximité de leur

---

280 GUINCHARD (S.), CHAINAIS (C.), DELICOSTOPOULOS (C. S), et autres, *Droit processuel - Droit commun et droit comparé du procès équitable,* op. cit., p. 743. « L'indépendance de la justice, condition sine qua non pour l'efficacité dans son action et sa crédibilité aux yeux des citoyens, dépend d'une combinaison de plusieurs conditions, c'est-à-dire de l'organisation et du fonctionnement de la justice, du statut, des attributions et des moyens du juge. » V° FALL (A B.), *« Les menaces internes à l'indépendance de la justice »,* in L'indépendance de la justice, Dakar : Sénégal 2007.

281 Art. 81 de la constitution du 25 février 1992, préc.

282 Art. 6 de la loi de 2002 portant statut de la magistrature, précitée. Il dispose : « indépendamment des règles fixées par le code pénal et les lois spéciales, les magistrats sont protégés contre les menaces, attaques de quelques natures que ce soit dont ils peuvent être l'objet dans l'exercice ou à l'occasion de leurs fonctions. L'Etat doit réparer le préjudice direct qui en résulte. Cette réparation s'étend à la famille et aux biens du magistrat. »

283 « Il n'existe pas de définition universellement admise de ce concept de l'indépendance de la justice, mais il s'agit d'un idéal auquel toutes les nations du monde aspirent ». YONOBA (S.), *Indépendance de la justice et droit de l'homme : Le cas du Burkina Faso,* éd. Pioom, 1997, Netherlands, p. 2 et svtes. V° Supra partie introductive, p. 6 et svtes.

notion, elles partagent certains problèmes qui anéantissent leur bonne application.

En dépit des garanties juridiques de l'indépendance et de l'impartialité, leur mise en application demeure difficile. Cette affirmation s'illustre à travers des insuffisances tant pratiques que théoriques des garanties d'indépendance (Section 1) et d'impartialité du juge (Section 2).

SECTION 1. L'INDÉPENDANCE DE LA JUSTICE

Dans toute société démocratique, la justice occupe la place centrale dans la garantie des droits humains. Elle est le dernier recours des citoyens pour exiger le respect de leurs droits. La protection des droits lui fut confiée par la loi fondamentale du Mali. Malgré l'existence des dispositifs juridiques et institutionnels protecteurs de l'indépendance de la justice, elle reste cependant insuffisante à cause : d'une part, des mauvaises pratiques et comportements des acteurs de la justice et d'autre part, du déséquilibre au détriment de la justice, de certains textes censés assurer l'indépendance de la justice. Cette dernière tendance fait que les juges maliens ne sont pas totalement indépendants du fait de l'influence du pouvoir politique ; ni totalement dépendants. Tout dépend de circonstances, de dossiers, de personnalités, bref la spécificité de l'affaire à juger. Alors, devons-nous cautionner l'affirmation selon laquelle « l'indépendance du pouvoir judiciaire est proclamée dans toutes les constitutions africaines, sans que soient toujours prévus les moyens de l'assurer »[284] ? Quoi qu'il en soit l'indépendance textuellement affirmée au Mali (Paragraphe 1) reste cependant faible dans sa mise en œuvre (Paragraphe 2).

Paragraphe 1. Une indépendance textuellement affirmée

La mission et la situation singulières du juge nécessitent qu'il lui soit reconnu un statut particulier[285]. La justice doit être indépendante, chose déjà affirmée. Celle-ci est réalisée avant tout par la séparation des pouvoirs, une condition nécessaire, mais pas suffisante. Elle permet néanmoins de

---

[284] JOEL (M.), *La réforme de la justice en Afrique Noire*, éditions Pédone, Paris, 1963, in GAMANDA, (M. N), *Le droit à un procès équitable*, *op. cit.*, p. 47.

[285] Les juges se prononcent en dernier ressort sur la vie, les libertés, les droits, les devoirs et les biens des citoyens. Cf. Principes fondamentaux relatifs à l'indépendance de la magistrature, adoptés par le 7ème congrès des Nations Unies pour la prévention du crime et le traitement des délinquants qui s'est tenu à Milan du 26 août au 6 septembre 1985 et confirmés par l'Assemblée générale dans ses résolutions 40/32 du 29 novembre 1985 et 40/146 du 13 décembre 1985. « Le juge est militant, conciliateur et protecteur », dit N'DIAYE (A. A.) dans son ouvrage *L'urne et le glaive - Réflexions sur les concepts socio - politiques et judiciaires au Mali de 1960 à la troisième République*, édit., Jamana, Bamako 1997, p. 128.

soustraire la justice de l'emprise des puissances exécutrice et législative. Il faut en plus, une certaine sécurité morale et matérielle, pour le juge. L'Etat doit faire en sorte que les magistrats ne soient pas régis par le statut commun des agents de la fonction publique pour ne pas être sous l'emprise du pouvoir exécutif. Qu'il soit tenu compte de l'éthique de la magistrature dans le style du recrutement des cadres magistrats. Le concept « qualité » doit l'emporter sur celui du « nombre »[286]. Certaines dispositions envisagées par le législateur malien pour satisfaire les objectifs ci-dessus apparaissent insuffisantes. Néanmoins, pour promouvoir et protéger l'indépendance de la justice sont mis en place des textes (I) et un cadre institutionnel (II).

I. Le cadre juridique de la garantie de l'indépendance de la justice

En matière de justice, la notion d'indépendance est fondamentale, dont on ne cesse de la rappeler. Elle remplit deux fonctions essentielles : d'une part, garantir l'impartialité du juge et d'autre part, assurer l'équilibre des pouvoirs qui est protégé par le principe de la séparation des pouvoirs constitutionnellement acquise[287]. Au-delà de la constitution, des dispositions juridiques tous azimuts protègent l'indépendance de la justice allant des textes législatifs et règlementaires en passant par des conventions et simples déclarations internationales. Ces différents instruments poursuivent quasiment les mêmes finalités, notamment d'éviter de maintenir ou de faire basculer le juge dans une situation de dépendance. Toute chose qui compromet l'État de droit. L'analyse des instruments juridiques ci-dessous permet de distinguer des garanties d'indépendance de corps de celles assurant la stabilité personnelle du juge. Les différentes garanties textuelles doivent normalement permettre à la justice malienne de contourner l'emprise des autres pouvoirs tout en assurant au juge une tranquillité matérielle et morale.

Les pouvoirs judiciaires, exécutif et législatif, théoriquement, selon la constitution du 25 février 1992, sont traités sur un pied d'égalité. C'était l'esprit de la conférence nationale tenue en 1991[288]. En tant qu'exigence primordiale de la réalisation de l'indépendance de la justice, la séparation des pouvoirs soulève deux problématiques majeures : d'une part, l'interdiction du pouvoir judiciaire de s'immiscer dans les fonctions exécutrice et législative, dans la mesure où les différentes fonctions sont distinctes ; d'autre part, la défense faite aux pouvoirs exécutif et législatif de

[286] N'DIAYE (A. A.), *L'urne et le glaive - Réflexions sur les concepts socio - politiques et judiciaires au Mali de 1960 à la troisième République*, op. cit., p. 25.

[287] Art. 81 de la constitution du 25 février, préc.

[288] La Conférence Natioanle de Juillet-Août 1991 a dégagé les points fondamentaux de la constitution du 25 février 1992. Elle a enregistré la participation de toutes les couches sociales allant des juristes à la société civile en passant par les hommes de castes qui étaient aussi représentés.

s'immiscer dans les fonctions juridictionnelles. Ce dernier aspect pose le problème de l'indépendance du juge[289]. Celle-ci n'est réalisée que s'il y a séparation de pouvoirs déterminée. La fonction de rendre la justice ne doit pas être confiée à celui qui est chargé d'édicter les normes, ni à la puissance exécutrice, vision des penseurs du Siècle des lumières[290]. Le juge statue en âme et en conscience dans le respect de la règle de droit, principe fondamental sans lequel l'indépendance de la justice ne serait qu'un vain mot[291]. Elle est l'un des piliers sur lequel repose l'État de droit[292].

Au Mali, la séparation des pouvoirs est clairement affirmée par la loi fondamentale en ces termes : « le pouvoir judiciaire est indépendant des pouvoirs exécutif et législatif »[293]. La séparation des pouvoirs permet d'assurer l'équilibre entre ceux-ci, prélude de l'indépendance de la justice. La seule proclamation solennelle de la séparation des pouvoirs, aussi bien que celle de l'indépendance ne suffit pas d'éviter l'intrusion de la puissance exécutrice dans les affaires juridictionnelles. Le juge est un fonctionnaire dont sa carrière est parsemée de décisions individuelles le concernant ; décisions qui viennent très souvent de l'exécutif. Cette situation peut souvent se révéler facteur déstabilisateur de l'indépendance, conduisant le juge à fléchir à la volonté de celui duquel émanent les décisions. Pour l'exécutif, l'indépendance de la justice est synonyme de perméabilité. Dans ce contexte, le juge est exposé, on ne saurait l'ignorer, aux promesses[294], menaces[295] illégales du pouvoir politique. Il est important aussi de souligner que l'indépendance ne signifie en aucune façon « un privilège du juge »[296]. Mais plutôt un bouclier de protection du juge dans sa mission de protection des droits et libertés.

Les règles générales protectrices de l'indépendance du juge renvoient à la clarté de sa désignation et à la gestion exemplaire de sa carrière. Celles qui consistent à mettre le juge à l'abri des contraintes venant de l'exécutif, du

---

289 PERROT (R.), *Institutions judiciaires*, op. cit, p. 32.

290 L'idée trouva son premier écho sous la plume de John Locke, en 1690, dans son ouvrage intitulé : Essai de gouvernement civil, la théorie fut ensuite systématisée par Montesquieu, dans son ouvrage publié en 1748, intitulé, L'esprit des lois. « La distribution des fonctions étatiques entre trois organes distincts et indépendants assure la liberté par rejet de la confusion et de la concentration des pouvoirs dans les mains d'un seul. Tout organe doit trouver un autre organe qui puisse s'opposer à sa volonté. » PASCAL (J.), *« Les séparations du pouvoir »*, in Mélanges Jean GICQUEL, Constitutions et pouvoirs Montchrestien, 2008, p. 255.

291 PERROT (R.), *Institutions judiciaires*, op. cit., 2008, p. 38.

292 Pour plus de détails sur l'Etat de droit et ses finalités v° MILACIC (S.), *« L'Etat de droit, pour quoi faire ? L'Etat de droit comme logistique d'une bonne gouvernance démocratique »*, in Mélanges Jean GICQUEL, Constitutions et pouvoirs, Montchrestien, 2008, p. 375.

293 Art. 81 de la constitution du 25 février 1992, précitée.

294 Qui peuvent être financières, problème de corruption de la justice par le pouvoir public ! Ou d'avancement à titre promotionnel, etc.

295 L'hypothèse de sanction disciplinaire.

296 Introduction à la communication de la délégation guinéenne au séminaire régional de Cotonou des 1er et 3 juin 1993 sur l'indépendance de la magistrature p. 44 du Rapport.

législatif, mais aussi et surtout des personnes impliquées dans le procès et son entourage[297]. La législation malienne satisfait-elle ces conditions ? La magistrature est une fonction qui exige des ressources humaines, des personnes techniquement capables et moralement aptes. Le respect de cette exigence permet d'ouvrir la voie vers une indépendance certaine du juge dans sa fonction de dire le droit. En effet, la loi portant statut de la magistrature prévoit deux voies d'accès à la fonction : le recrutement par voie de concours et la nomination[298]. Dans l'un ou l'autre cas, les candidats doivent satisfaire les conditions de moralité[299]. En plus, ils doivent être titulaires d'une maîtrise[300] en droit. Ce niveau de formation universitaire, fait présumer la capacité intellectuelle du candidat d'assumer les fonctions de magistrat une fois nommé à ce poste. D'autant plus que ladite formation est complétée par celle de l'institut de la formation judiciaire[301]. L'aptitude des auditeurs de justice aux fonctions judiciaires est constatée à l'issue de leur formation par un examen de sortie, dont la composition du jury est fixée par arrêté du garde des Sceaux[302]. La loi exige ensuite, une enquête de moralité diligentée par le Conseil Supérieur de la Magistrature, avant d'être nommé au grade, groupe et échelon correspondant à l'un des paliers[303]. Théoriquement, sans discrimination, les auditeurs de justice suivant leur rang choisissent leur poste d'affectation sur une liste qui leur est proposée. La priorité est donnée à l'auditeur le plus gradé, donc le docteur. À défaut l'auditeur le plus âgé. En cas de silence de l'auditeur, il est affecté d'office[304]. L'auditeur de justice doit prêter serment au moment de la rentrée à l'institut de la formation judiciaire et celui de la prise de fonction en qualité de magistrat[305].

---

297 La Cour européenne des droits de l'homme, dans son arrêt de principe, estime qu'un organe n'est un tribunal au sens de l'article 6 § 1 que s'il est indépendant par rapport à l'exécutif et aux parties. Pour ce faire, un certain nombre de paramètres entre en ligne de compte : mode de désignation des magistrats, durée de mandat, garanties contre les pressions extérieures et apparences d'une réelle indépendance. CEDH, 18 juin 1971, De Wilde et alii c./ Belgique.

298 Art. 19 de la loi n° 02 – 054 / AN – RM du 16 décembre 2002, préc.

299 Art. 20 de la loi ci-dessus dispose que : « Les candidats à l'auditorat autorisés à concourir après enquête de moralité. »

300 La maîtrise est un diplôme universitaire obtenu quatre (04) années d'études après le baccalauréat.

301 L'institut de la formation judiciaire est une école de formation professionnelle des candidats admis au concours de recrutement des auditeurs de justice. Cette formation professionnelle s'étend sur deux (02) ans. Elle comprend une formation théorique et une formation pratique.

302 Art. 27 de la loi n° 02 – 054 / AN – RM du 16 décembre 2002, préc.

303 Art. 29 de la loi n° 02 – 054 / AN – RM du 16 décembre 2002, préc. V° Annexe III, p. 343.

304 Art. 30 de la loi n° 02 – 054 / AN – RM du 16 décembre 2002, préc.

305 La teneur du serment est la suivante : « Je jure de garder religieusement le secret professionnel et de me conduire en tout comme un digne et loyal auditeur de justice » Article 25 de la loi précitée portant statut de la magistrature. Ou encore avant de prendre fonction, il

Les conditions entourant l'accès à la profession de magistrat au Mali offrent des garanties sérieuses concernant les qualités professionnelle et éthique du futur magistrat, d'au moins théoriquement. N'est-ce pas là le prélude d'une justice au service des citoyens ? Mais, un juge présentant les qualités professionnelle et éthique au moment du recrutement peut devenir dépendant si des garanties ne lui sont pas accordées pour faire face aux pressions politiques et économiques. Ces pressions peuvent être le fait des autres pouvoirs (législatif et surtout exécutif). C'est ainsi que l'état des lois peut mettre le magistrat à la merci de l'exécutif ou de ses émanations[306]. De même, les conditions économiques et financières du magistrat peuvent le maintenir dans un état d'affaiblissement moral par rapport aux exigences du cadre de vie. Cependant, la plus grande dépendance du juge par rapport aux parties vient de sa vulnérabilité sur le plan matériel, mais aussi sur le plan social[307]/[308]. Bref, « l'indépendance de la magistrature ne peut être assurée qu'à travers la satisfaction chez le magistrat d'un niveau minimum de besoins matériels, mais aussi à travers l'application rigoureuse et totale des dispositions législatives édictées pour le protéger contre les diverses atteintes, notamment celles venant de l'exécutif ou de ses émanations »[309]. En effet, en tant que fonctionnaires de l'État, les magistrats perçoivent des traitements. C'est ce que dispose l'article 69 de la loi portant statut de la magistrature : « les magistrats perçoivent une rémunération comportant le traitement, les prestations familiales, les indemnités et les primes. Outre les avantages pécuniaires, des avantages de caractère social, en espèces ou en nature, peuvent être accordés aux magistrats »[310]. Tous les magistrats perçoivent un traitement, y compris l'auditeur de justice.

La grille indiciaire fait état d'un traitement supérieur à celui des autres agents de la fonction publique. Ceci se justifie par la particularité de la profession du juge qui doit être suffisamment rémunéré pour qu'il soit mis à l'abri du qui-vive. Mais, « le traitement du magistrat malien n'est pas supérieur à celui de son homologue de la sous-région »[311]. La réalisation

---

doit également prêter serment ainsi qu'il suit : « Je jure et promets de bien et fidèlement remplir mes fonctions de garder religieusement le secret des délibérations et de me conduire en tout comme un digne magistrat. »

[306] SIDIBE (A.Y.) *Droit et pratique du droit au Mali*, édit., Jamana, 2002, p. 97.

[307] GAMANDA (M. N), *Le droit à un procès équitable*, op. cit., p. 47.

[308] Les relations sociales au Mali compromettent l'indépendance et l'impartialité du juge et détruisent tous les efforts de réalisation d'un Etat de droit.

[309] SIDIBE (A.Y.), *Droit et pratique du droit au Mali,* op. cit., p. 98.

[310] La grille est fixée par la loi n° 02 – 054 / AN – RM du 16 décembre 2002, précité. V° annexe IV, p. 343.

[311] Propos de Maître Abdramane SANOGO, avocat au Barreau du Mali. Cela peut – il être la cause de la corruption ? Cette question sera traitée plus tard. Mais d'ici là, nous tenons à affirmer que cet écart ne doit pas justifier la corruption dans la mesure où chaque Etat présente son coût de vie.

juridictionnelle des droits fondamentaux n'est soumise à d'aucune exigence du niveau de développement d'un État[312].

Indépendamment des conditions économiques et financières du magistrat, il lui doit être assuré aussi des garanties nécessaires contre les menaces et les attaques qui constituent également des pressions pouvant remettre en cause son indépendance. Le magistrat doit être libéré de la peur contre les représailles. La loi portant statut de la magistrature apporte une double protection au magistrat : d'une part, il est protégé, en tant que citoyen, par le droit commun ; d'autre part, en raison de la particularité de sa profession, des lois spéciales lui offrent des garanties contre les menaces et les attaques[313]. La tranquillité morale ne saurait se résumer seulement à la protection de l'intégrité physique, ou à l'octroi d'une rémunération satisfaisante, il faut en plus protéger le juge contre les médias.

Les journalistes peuvent dans l'exercice de leur fonction (recherches et diffusions des informations) influencer le juge, et surtout lui faire une mauvaise image aux yeux de l'opinion publique. La liberté de presse étant par là même protégée, la CEDH dans l'affaire WORN estime qu'à titre exceptionnel, la protection garantie à la presse par l'article 10 de la convention ne bénéficiera pas au journaliste si son article est susceptible d'exercer une influence décisive sur l'issue de la procédure »[314]. Finalement, on admet une interprétation large de la notion de pressions que le juge pourra subir dans l'exercice ou à l'occasion de l'exercice de ses fonctions, et qui peut se révéler facteur déstabilisateur de son indépendance. « L'indépendance prohibe, plus généralement, toute influence, implicite ou explicite, qui pourrait être exercée sur le juge soit par l'État qui l'emploie, soit par ses collègues avec lesquels il doit parfois statuer, soit, par les parties au litige »[315]. Pourtant, les garanties contre les instructions du pouvoir exécutif ou même l'inamovibilité, semblent être limitées aux seuls juges au siège, récemment reconnues au juge administratif[316]. Par conséquent, les

[312] Contrairement à la réalisation des droits économiques, sociaux, culturels qui est conditionnée à l'état de développement d'un Etat, les droits civils et politiques quant à eux échappent à cette exigence.

[313] L'article 6 de la loi portant statut de la magistrature dispose qu' : « indépendamment des règles fixées par le code pénal et les lois spéciales, les magistrats sont protégés contre les menaces, attaques de quelques natures que ce soit dont ils peuvent être l'objet dans l'exercice ou à l'occasion de leurs fonctions. L'Etat doit réparer le préjudice direct qui en résulte. Cette réparation s'étend à la famille et aux biens du magistrat. »

[314] CEDH, 29 août 1997, WORN c/ Autriche, JCP 1998, I, 107, obs. SUDRE.

[315] CROCQ (P.), *« Le droit à un tribunal impartial »*, in GUINCHARD (S.), (Dir), *Droit et pratique de la procédure civile*, Paris, Dalloz, 2001/2002, p. 467.

[316] Art. 2 de la loi n° 94-06 / AN-RM du 18 mars 1994 dispose que : « Les Tribunaux administratifs sont placés sous l'autorité du ministre chargé de la Justice. » et L'article 3 prévoit qu'une loi déterminera le statut des juges administratifs. Aujourd'hui avec la réforme du statut de la magistrature qui a vu adopter un statut unique pour les magistrats de l'ordre administratif et celui de l'ordre judiciaire, affiche la volonté du législateur de faire sortir les magistrats de l'ordre administratif de l'emprise gouvernementale.

magistrats du parquet sont exclus, une situation préjudiciable[317], même si des justifications pourront être avancées. Les textes juridiques garantissant l'indépendance de la justice sont mis en œuvre par des organes.

II. Le cadre institutionnel de la mise en œuvre de l'indépendance de la justice

« Le juge ne doit avoir d'ordres à recevoir ni du parlement ni du gouvernement (...). Son indépendance est une garantie fondamentale pour les citoyens. Pour eux, dans leur vie quotidienne, c'est le plus important des trois pouvoirs, ils sont les premiers intéressés à ce qu'il ne soit pas soumis aux deux autres »[318]. Le cadre institutionnel renvoie aux différents organes, chargés de la protection et de la promotion de l'indépendance de la justice. Ce sont principalement : le Président de la République et le Conseil Supérieur de la Magistrature (CSM). Celui-ci est l'assistant de celui-là, suivant les termes utilisés par la loi fondamentale. Le Président de la République, chef de l'exécutif, chargé de la garantie de l'indépendance de la justice peut paraître surprenant. Il peut même s'analyser comme une immixtion du pouvoir exécutif dans un domaine qui n'est pas le sien. La doctrine se questionne alors s'il s'agit d'un titre honorifique ou un véritable pouvoir qui lui est assigné ? La constitution du 25 février 1992 n'est pas favorable à l'idée de titre honorifique accordé au Président de la République. En effet, l'article 82 al. 3 de la loi fondamentale serait, semble-t-il, le corollaire de l'article 29, selon lequel « le Président de la République veille au respect de la constitution (...) Il veille au fonctionnement régulier des pouvoirs publics »[319]. Quoi qu'il en soit, le pouvoir de contrôle important de la magistrature reconnu au Président contribue à alimenter des polémiques sur son rôle au sein du pouvoir juridictionnel. Dans un tel contexte, le Conseil Supérieur de la Magistrature ne saurait être épargné, qui, selon la constitution, est l'assistant du Président de la République[320].

Le Conseil Supérieur de la Magistrature, assistant du Président de la République, est un organe qui veille sur la gestion de la carrière des magistrats et donne son avis sur toute question concernant l'indépendance de la magistrature. Il statue comme conseil de discipline des magistrats[321]. En tant que bouclier institutionnel de la mise en œuvre de l'indépendance de la

[317] Le Procureur auquel l'exécution des décisions se déroule sous ses auspices, est souvent contraint de demander à l'huissier de se retirer, parfois sur les instructions de sa hiérarchie.
[318] ARDANT (Ph.), *Institutions politiques et droit constitutionnel*, Paris, LGDJ, 12ème édit., 2000, p.52.
[319] Art. 29 al 2 de la constitution du 25 février 1992, préc.
[320] Le Président de la République conserve aussi sa place de Président au sein de la formation du Conseil Supérieur de la Magistrature sauf, si celle – ci statue en matière disciplinaire. Article 1 de la loi organique n° 03-29 / AN-RM du 29 août 2003 Fixant l'organisation, la composition, les attributions et le fonctionnement du Conseil Supérieur de la Magistrature.
[321] Art 82 de la constitution du 25 février 1992, préc.

justice, il sera judicieux de s'attarder sur son organisation et son fonctionnement. En effet, l'organisation, la composition, les attributions et le fonctionnement du CSM sont déterminés par la loi organique n° 03- 29 /AN-RM du 11 août 2003. Le conseil est composé, outre son Président et son Vice-président, de huit (08) membres de droit et treize (13) membres élus[322]. Les (08) huit membres de droit sont : le Président de la Cour Suprême ; le Secrétaire Général du Gouvernement ; le Procureur Général près de la Cour Suprême ; le Directeur National de l'Administration de la Justice ; l'Inspecteur en Chef des Services Judiciaires ; le Directeur National de la Fonction Publique et du Personnel ; le magistrat le plus ancien dans le grade le plus élevé ; le magistrat le plus jeune dans le grade le moins élevé[323]. Les treize (13) membres magistrats sont élus par trois (3) collèges par le suffrage de leurs pairs au bulletin secret pour un mandat de trois (3) ans. Le collège des magistrats de grade exceptionnel élit trois membres en son sein ; Le collège des magistrats de 1er grade élit six membres en son sein ; Le collège des magistrats de 2e grade élit quatre membres[324]. Ces dispositions permettent-elles une meilleure représentativité dans cet organe pour promouvoir une réelle indépendance de la justice ? Dans la mesure où des doutes subsistent sur l'opportunité de la présence de certains membres, qui ne peuvent que déséquilibrer la balance en faveur de l'exécutif. Cette préoccupation sera traitée plus tard.

Pour mener sa mission, « le Conseil Supérieur de la Magistrature est organisé en trois formations : la formation de la Gestion de la carrière des magistrats ; la formation des questions relatives à l'indépendance de la Magistrature ; la formation disciplinaire »[325]. Le volet « gestion de la carrière des magistrats » doit être compris au sens large du terme. De ce fait, il doit englober la nomination, l'avancement, l'affectation à un nouveau poste, les questions disciplinaires, protection contre les pressions (économique, politique et sociale). Ainsi, la gestion de la carrière intéresse quasiment tous les problèmes rattachés à la fonction du juge. Même si les questions relatives à l'indépendance sont confiées à une formation spécifique. La commission internationale de juristes a dégagé depuis 1959 les critères du système judiciaire indépendant qu'elle a affiné en 1981, en proposant une définition du concept qui met l'accent sur l'idée que : « tout juge est libre de prendre position sur les questions à lui soumises en formant son intime conviction à partir des éléments de fait et de droit à lui soumis, en dehors de toute

---

[322] Art. 5 de la loi organique précitée, portant CSM fixe le nombre total du conseil à vingt trois (23) membres.
[323] Art. 6 de la loi susdite.
[324] Art. 7 *idem*
[325] Art. 2 de la loi organique portant CSM, préc.

influence intempestive prenant la forme de pressions ou injonctions diverses, qu'elles soient directes ou indirectes et d'où qu'elles viennent »[326].

Une autre formation s'occupe du volet disciplinaire[327]. S'agissant de ce dernier volet, lorsque le Conseil statue, le Président de la République ne siège pas, le ministre de la Justice et les membres du cabinet de ce dernier non plus[328]. Ceci traduit la volonté du législateur d'écarter du Conseil Supérieur de la Magistrature tous ceux qui ne sont pas en état, de par sa fonction quotidienne, d'émettre un avis dégagé de l'influence du pouvoir politique. La présidence de la formation disciplinaire est assurée par le Président de la Cour suprême ou par le Procureur général suivant que le magistrat incriminé relève du parquet ou du siège[329]. L'indépendance est-elle ainsi garantie ? La formation disciplinaire est supposée assurer au magistrat en cause une décision équitable, si ces présidents de formation ne constituent pas des délégués de pouvoirs conférés par le Président de la République[330]. Finalement, c'est la légitimité du Conseil supérieur de la magistrature qui est en cause.

Le Conseil Supérieur de la Magistrature doit veiller au respect du principe de l'inamovibilité du juge. Celui-ci ne vise que les juges du siège, les parquetiers sont exclus[331]. Plus qu'une simple garantie législative[332], l'inamovibilité des magistrats du siège est protégée par la loi fondamentale[333]. Elle est la situation du juge qui ne peut ni être déplacé ni

---

326 MOORE (J-G.), *« Les responsabilités pénales au sein de l'entreprise »*, Gaz Pal, n° spécial des 26-27 mars, Paris, 1999, p. 6.

327 Les articles 74 à 84 du statut de la magistrature organisent la procédure disciplinaire applicable aux magistrats.

328 Cela équivaut pour les membres du cabinet du ministre c'est ce que prévoit le dernier alinéa de l'article 5 « Toutefois, ne peuvent faire partie du Conseil Supérieur de la Magistrature à quelque titre que ce soit, les membres du Cabinet du Ministre chargé de la Justice. »

329 Art. 14 de la loi organique portant CSM, préc.

330 V° infra, p. 77, 301 et svtes.

331 Le mot magistrat et juge sont pris comme synonymes, malgré que certains voient des différences, les magistrats seraient, ceux du parquet et les juges, ceux qui sont chargés de rendre justice. Ici, nous opposons les magistrats assis (juge au siège) aux magistrats debout (juge du parquet). Les premiers appliquent la loi, ils sont chargés de rendre la justice, c'est-à-dire de juger les affaires. Les seconds sont chargés de veiller à la bonne application de la loi afin de défendre les intérêts de la collectivité entière.

332 L'article 3 de la loi du 16 décembre 2002 portant statut de la magistrature dispose que : « les magistrats du siège sont inamovibles. Sauf faute disciplinaire de second degré, ils ne peuvent avant trois ans recevoir une affectation nouvelle, même par voie d'avancement, sans leur consentement préalable et après avis du Conseil Supérieur de la Magistrature. Toutefois, lorsque des nécessités du service l'exigent, les magistrats du siège peuvent être déplacés par l'autorité de nomination, sur l'avis conforme et motivé du Conseil Supérieur de la Magistrature. Les magistrats ne peuvent être révoqués qu'après décision du Conseil Supérieur de la Magistrature. »

333 L'article 82 de la constitution du 25 février 1992 précise que « les magistrats du siège sont inamovibles. »

destitué que dans les conditions prévues par la loi. « L'inamovibilité est la garantie habituelle retenue pour l'indépendance de la justice. C'est une règle qui cherche à supprimer toute tentation de pression sur le magistrat par le biais de déplacement d'office ; elle est considérée comme une borne opposée traditionnellement à l'introduction de l'arbitraire dans l'administration de la justice »[334]. Ainsi, sauf en cas de faute disciplinaire de second degré, les magistrats ne peuvent avant trois ans recevoir une affectation nouvelle[335], même par voie d'avancement sans leur consentement préalable et après avis du Conseil Supérieur de la Magistrature. L'exception admise à ce principe est la nécessité du service. Dans ce contexte, les magistrats peuvent être déplacés par l'autorité de nomination sur avis conforme et motivé du Conseil Supérieur de la Magistrature[336].

Pour que les garanties ci-dessus décrites ne soient pas lettre morte, il est impératif que le conseil chargé de veiller sur l'activité des magistrats soit fort et vigilant : c'est l'efficacité du CSM. Or aujourd'hui des doutes subsistent sur la légitimité de certains membres qui le composent. Le conseil devient du coup une institution de nature hybride. C'est en cela qu'il existe un décalage entre l'idéal que visent les principes garantissant l'indépendance de la justice et la situation réelle. On constate alors une mise en pratique édulcorée de l'indépendance de la justice.

Paragraphe 2. Une indépendance pratiquement édulcorée

Si l'indépendance est toujours évoquée lors des rencontres officielles[337] intéressant la justice, c'est parce que la situation mérite d'être clarifiée. La séparation des pouvoirs, premier critère permettant d'assurer l'indépendance de la justice est relative. La séparation mécanique des pouvoirs telle qu'envisagée par John LOCKE et Montesquieu, loin d'être remise en cause, est affaiblie[338] à cause de l'émergence des organes para-juridictionnels[339] et l'exercice conjoint de la fonction législative par l'Assemblée nationale et

---

[334] RENOUX (Th.), *Le conseil constitutionnel et l'autorité judiciaire*, Economica, 1984 p. 107.

[335] « Un juge qui craint pour sa place ne rend plus la justice. » DUPIN, Procureur Général, cité par GEORGEL (J.), *« La dépendance de la magistrature en France »*, in Mélanges Jacques VELU, Présence du droit public et des droits de l'homme, Tome 2, Bruylant – Bruxelles, 1992, p. 846.

[336] Art. 3 al. 2 de la loi portant statut de la magistrature, préc.

[337] Quasiment toutes les rencontres officielles ayant pour thématique la justice mettent l'accent sur l'indépendance de la justice. Les dernières sont entre autres la rentrée judiciaire de 2009 – 2010, l'Espace d'Interpellation Démocratique (EID) depuis sa création.

[338] Roger Perrot estime que la séparation des pouvoirs, symbole de nos libertés et faisant partie de la mythologie politique est trompeuse. PERROT (R.), *Institutions judiciaires*, op. cit., p. 24.

[339] C'est pourquoi, la Cour Européenne des Droits de l'Homme assujettit lesdits organes aux règles du procès équitable. V° à cet effet la partie introductive p. 20.

l'Exécutif[340]. Dans ces contextes, comment assurer l'équilibre entre les pouvoirs et faire en sorte que l'un constitue pour l'autre un contrepoids ? Selon l'expression de Montesquieu, « le pouvoir doit arrêter le pouvoir »[341]. L'indépendance de la justice malgré sa proclamation solennelle, on assiste à un accroissement de prérogatives du gouvernement et de ses émanations dans le domaine de la justice. Il est évident que c'est à cause de la concentration des pouvoirs entre les mains du souverain qui est à l'origine de désordres de tout genre[342]. Il existe un problème général de l'indépendance de la justice (I) et un problème particulier relatif à la situation des parquetiers (II).

I. Le problème général de l'indépendance de la justice

Une justice indépendante est celle capable de faire « trembler » les autres pouvoirs. Lorsque les pouvoirs judiciaire, législatif et exécutif se retrouvent concentrés dans les seules mains, il est évident que l'Exécutif mette au pas la justice ; l'équilibre des rapports sociaux s'en trouve bien sûr faussé, ouvrant la voie à l'arbitraire, à la gabegie, au népotisme, au « clientélisme », aux désordres de tous genres qui conduiront irréversiblement à la ruine de l'État[343]. La séparation des pouvoirs entre exécutif et judiciaire n'est-elle pas une simple action de parade politique comme elle l'a été pendant les régimes précédents ? La constitution du 25 février 1992, en voulant garantir l'indépendance de la justice, a finalement accru les prérogatives de l'exécutif au détriment de la justice. Cette dépendance du pouvoir judiciaire à l'exécutif présente des racines anciennes.

Sous les deux premières Républiques, la magistrature, malheureusement, faisait l'objet de toutes sortes de manipulations, d'instrumentalisation et de contrôle politiques. Elles se caractérisaient par une mainmise totale du pouvoir exécutif sur elle. La justice était assimilée à une simple autorité judiciaire nécessairement dépendante de l'Exécutif[344]. Le Président de la République, Modibo KEITA a affirmé publiquement que : « la justice doit

---

[340] Art. 74 de la constitution du 25 février permet au gouvernement dans l'exercice de son programme ou dans les domaines déterminés par la loi de demander au parlement l'autorisation de prendre par ordonnances, pendant un délai limité ou entre les deux saisons, des mesures qui sont normalement du domaine de la loi.

[341] Montesquieu, *Esprit des lois*, paru en 1748, in N'DIAYE (A. A.), *L'urne et le glaive - Réflexions sur les concepts socio - politiques et judiciaires au Mali de 1960 à la troisième République*, op. cit. p. 47.

[342] C'est la concentration des pouvoirs entre les mains du souverain qui a débouché à la révolution française de 1789. Elle n'est pas moins indifférente de la révolution de mars 1991 au Mali. Cette révolution a débouché à l'instauration de la troisième République dont est issue la constitution du 25 février 1992.

[343] N'DIAYE (A. A.), *L'urne et le glaive - Réflexions sur les concepts socio - politiques et judiciaires au Mali de 1960 à la troisième République* op. cit. p. 61.

[344] Idem p. 31

être au service du régime qui l'a instaurée »[345]. Les dispositions constitutionnelles qui prévoyaient l'indépendance de l'autorité judiciaire ont été délibérément violées, ignorées, laissant ainsi libre cours à des dérives et exactions judiciaires terribles qui marqueront à jamais l'histoire de la justice malienne[346]. La constitution de 1960 prévoyait que : « la République du Mali assure et garantit l'indépendance de l'autorité judiciaire, gardienne de la liberté individuelle et chargée d'appliquer dans le domaine qui lui est propre les lois de la République »[347]. En dépit de la pertinence et du caractère solennel de ce texte constitutionnel, il n'aura pourtant qu'une portée théorique. Il ne recevra aucune application pratique. En effet, au lieu de mettre en place un pouvoir judiciaire indépendant conformément aux dispositions de la constitution, la première République a préféré traiter l'institution judiciaire comme une dépendance de l'Exécutif, violant consciemment la loi fondamentale. L'écart profond entre la réalité des textes législatifs de base et leur application courante était incontestable. Les dérives commises à l'endroit de la justice n'étaient pas un secret pour personne. L'auteur, Amadou A. N'DIAYE[348] rapporte un fait troublant notamment le compte rendu d'une réunion entre les magistrats et les hautes autorités de l'État qui avaient clairement exprimé aux magistrats les recommandations suivantes : « les magistrats doivent se mettre en tête que la détention est la règle, la liberté l'exception ; ils doivent également comprendre qu'ils peuvent aujourd'hui être procureurs généraux et demain juges de paix à Kidal[349] ; l'indépendance du juge est une vue d'esprit. Tel devait être le

[345] Idem.
[346] Idem.
[347] Art. 42 de la constitution du 22 septembre 1960. D'autres textes ont été adoptés intéressant la justice et le personnel judiciaire. Ce sont : la loi n°61-55/AN-RM du 15 mai 1961 portant organisation judiciaire et dont l'article 1er dispose : « La justice est rendue sur le territoire de la République du Mali par une Cour Suprême, une Cour d'Etat, une Cour d'assises, des Tribunaux de première instance, des Justices de paix à compétence étendue, des Tribunaux du travail » ; la loi n°61-55/AN-RM du 15 mai 1961 portant création de la Cour Suprême ; la loi n°61-56 portant création de la Cour d'Etat et déterminant la procédure suivie devant elle ; la loi n°61-57/AN-RM du 15 mai 1961 fixant le statut général des fonctionnaires ; la loi n°61-99/AN-RM du 03 août 1961 portant Code pénal ; la loi n°62-66/AN-RM du 06 août 1962 portant Code de procédure pénale ; la loi n°66-46/AN-RM du 03 août 1966 fixant le statut particulier des personnels du cadre de la justice. Il y a lieu de préciser que jusqu'en 1966 les magistrats maliens étaient considérés comme de simples fonctionnaires. En plus, la plupart de ces magistrats étaient en réalité des secrétaires de greffe et de parquet ainsi que des greffiers qui sont investis du rôle de magistrats. Le pays comptait donc très peu de magistrats professionnels.
[348] Amadou A. N'DIAYE est ancien Président de la Cour Suprême du Mali, il a également occupé plusieurs hautes fonctions judiciaires au Mali. Il est aussi auteur de plusieurs publications.
[349] Kidal est l'une des localités les plus reculées du Mali, quasiment désertique. Aujourd'hui, il a une population de 33 087 habitants pour une superficie de 145 470 km².

bréviaire du magistrat de la première république »[350]. En conséquence, cette première République n'a pu jamais relever le défi de la garantie de l'indépendance réelle de la justice. La deuxième n'a pas mieux fait[351].

La deuxième Républiquecommença avec des tâtonnements concernant la garantie de l'indépendance. Elle n'a d'ailleurs pas mieux fait que la précédente. Néanmoins, elle eut le mérite de consacrer un statut particulier à la magistrature[352]. Cette règlementation n'a pas fait ressortir avec clarté les grands principes fondamentaux de la magistrature qui découle de la constitution, à savoir l'inamovibilité et l'indépendance du magistrat[353]. La justice se trouvait alors à la merci du pouvoir exécutif. Ainsi, les différentes mutations des magistrats étaient conçues par le ministre de la Justice. La Cour Suprême, haute juridiction n'échappe pas elle aussi à l'emprise gouvernementale. Le personnel et le crédit de fonctionnement de la Cour Suprême étaient gérés par le ministre chargé de la justice. En plus, quand il s'agit de se prononcer sur des sanctions disciplinaires, le chef de l'exécutif a le dernier mot, ce qui compliquait davantage l'indépendance de la justice à cette époque. Pour sortir de l'emprise exécutive, le Conseil National a finalement, lors de sa session ordinaire tenue les 29, 30, et 31 mars 1986, « recommandé au Secrétaire Général du parti que des dispositions soient prises pour assurer le fonctionnement efficace de la Cour Suprême et de l'Assemblée nationale dans l'exercice de leur mission permanente des actes de gouvernement ». Sous les deux régimes, la justice a fait l'objet d'instrumentalisation. La troisième république a théoriquement mieux fait, mais l'effectivité de l'indépendance reste à construire sur le plan pratique.

Une analyse approfondie révèle que la constitution du 25 février 1992 n'apporte pas une garantie réelle d'indépendance à la justice. Cette affirmation pourra être même choquante pour certains, dans la mesure où cette constitution est perçue comme une avancée majeure dans l'avènement d'un État de droit et de démocratie pluraliste. Présentons d'abord le dispositif constitutionnel sur l'indépendance de la justice avant tout jugement. En effet, après avoir affirmé l'indépendance du pouvoir judiciaire[354], la constitution du 25 février 1992 confie la tâche au Président de la République de la garantir, assisté du CSM. Il s'agit là des organes constitutionnels chargés de la mise en œuvre de l'indépendance du pouvoir judiciaire. Il ressort également des dispositions constitutionnelles que le pouvoir judiciaire s'exerce par la Cour suprême et les autres cours et

---

[350] N'DIAYE (A. A.), *L'urne et le glaive - Réflexions sur les concepts socio - politiques et judiciaires au Mali de 1960 à la troisième République*, op. cit., p. 31.

[351] La deuxième république commença en 1968 et s'acheva le 26 mars 1991. Elle durera pratiquement vingt deux (22) ans.

[352] Loi n° 79 – 10 / AN – RM du 29 novembre 1979 portant statut de la magistrature, abrogée.

[353] N'DIAYE (A. A.), *L'urne et le glaive - Réflexions sur les concepts socio - politiques et judiciaires au Mali de 1960 à la troisième République*, op. cit., p. 31.

[354] Art. 81 de la constitution de 1992, précité.

tribunaux[355]. La Cour Suprême, étant la haute juridiction de l'ordre judiciaire, est présidée par un président et un vice-président, issus des magistrats de l'ordre judiciaire tous nommés par le Président de la République sur proposition conforme du CSM[356]. En toute évidence, il y a négation de l'indépendance de la justice, si la gestion de la carrière des magistrats est confiée au pouvoir exécutif. La tendance actuelle semble confirmer cette donnée. L'observation minutieuse de la composition du CSM[357], organe de gestion de la carrière des magistrats n'est autre que le prolongement de l'exécutif. Cette idée doit être soutenue du fait que ses membres influents sont mis en place par ce dernier[358]. En effet, les membres de droit même si la présence de certains semble être opportune et se justifie légitimement, plusieurs d'entre eux, au contraire ne sont que des « émissaires » du pouvoir exécutif, des membres quasi partiaux. Ce sont : le Secrétaire Général du Gouvernement et le Directeur National de la Fonction Publique et du Personnel. Les autres membres, outre les deux derniers, même s'ils relèvent du corps des magistrats, ils sont nommés par le Président de la République à leur poste. Dans cette mouvance, comment garantir leur indépendance dans la prise de décision ? Ne sont-ils pas influencés par l'organe qui les a nommés ? La réponse est certainement affirmative.

En dehors du critère de nomination, le budget de l'instance judiciaire suprême est déterminé par le Président de la République. Celui du CSM l'est également. Dans ces genres de situations, il ya une réelle dépendance matérielle. Pourquoi, ne pas laisser le soin à l'Assemblée nationale de déterminer les indemnités dues aux membres de la Cour suprême ? Pourquoi, encore ne pas laisser le soin aux magistrats eux-mêmes de désigner le Président et le vice président de la Cour Suprême ? Pourquoi, ne pas laisser le soin aux magistrats eux-mêmes, par voie de vote de choisir les membres du CSM ? Pis encore le renouvellement du mandat des membres de la Cour Suprême est soumis à la volonté du Président de la République. Les magistrats de la haute juridiction ne peuvent-ils pas être soumis au chantage du Président de la République ? Si le CSM peut empêcher la nomination à un poste d'un magistrat du siège, mais il ne peut pas y substituer le candidat qu'il juge apte à occuper ce poste. Pire : l'avis du CSM n'a aucune valeur contraignante vis-à-vis du Garde des Sceaux en ce qui concerne les nominations au parquet.

---

[355] Par pouvoir judiciaire, il faut inclure les magistrats de l'ordre administratif.

[356] Art. 84 de la constitution de 1992, précité.

[357] Le CSM comporte une formation chargé de la gestion de la carrière des magistrats ; une formation disciplinaire et une formation relative aux questions d'indépendance de la justice.

[358] V° supra liste des membres du Conseil supérieur de la Magistrature. Même si on admet aussi que le Président et le vice-président de la Cour suprême ont satisfait les conditions de recrutement de l'accès à la profession, il est très probable, qu'ils sont soumis à la volonté du Président de la République qui les nomme à ce poste.

La clarté de recrutement et d'avancement permet d'écarter toute action arbitraire et favoriser ainsi le choix des valeurs éthique et professionnelle dans le but d'assurer une meilleure garantie de l'application saine de la loi. Tel est l'esprit de la loi, mais la réalité en est tout autre. Proclamer expressément l'inamovibilité en laissant subsister le recrutement et l'avancement des juges aux mains du pouvoir exécutif, c'est détruire l'indépendance de la justice après avoir en affirmé la nécessité[359]. C'est en raison de toutes ces affirmations que l'idée selon laquelle le Conseil Supérieur de la Magistrature est une sorte d'autorité constitutionnelle indépendante[360] qui n'appartient ni au pouvoir judiciaire ni au pouvoir législatif, doit être remise en cause au Mali, même si le Président de la République et le ministre de la Justice sont écartés dans l'instance disciplinaire des magistrats.

En plus, certaines dispositions de la loi portant statut de la magistrature ne sont pas de nature à offrir aux magistrats des garanties suffisantes contre les atteintes de l'exécutif par l'organe du garde des Sceaux. Cette défaillance est confirmée par l'alinéa 2 de l'article 74 du statut de la magistrature qui dispose que : « le ministre de la Justice, garde des Sceaux, après avis du conseil supérieur de la magistrature, peut interdire au magistrat incriminé, l'exercice de ses fonctions jusqu'à décision définitive ». Aussitôt, l'inquiétude prend le dessus devant les dispositions de cet article qui donne pouvoir à un ministre, émanation de l'exécutif, de suspendre, même momentanément, un magistrat, sans l'avis conforme, et même contre cet avis, du Conseil Supérieur de la Magistrature. En effet, selon cet article, l'avis émis par le Conseil Supérieur de la Magistrature ne lie pas le ministre. Il peut outre passer. On lui donne ici plus de pouvoir que le Conseil Supérieur de la Magistrature[361]. Cette situation est sans doute un chantage à l'endroit de ce magistrat. C'est la violation du principe de la présomption d'innocence.

Un autre constat de la violation de l'esprit de la constitution du 25 février 1992 peut être fait. Il s'agit de la loi organique portant CSM dans un de ses volets. La loi fondamentale prévoit qu'une loi organique fixera l'organisation, la composition, les attributions et le fonctionnement du Conseil supérieur de la magistrature[362]. Cette loi organique fait un renvoi à un simple décret le soin de déterminer les modalités de fonctionnement du CSM. Existe-t-il une différence entre fonctionnement et modalités de fonctionnement ? Certainement non, car la modalité de fonctionnement est

---

[359] N'DIAYE (A. A.), *L'urne et le glaive - Réflexions sur les concepts socio - politiques et judiciaires au Mali de 1960 à la troisième République, op. cit.*, p. 129.

[360] Les auteurs Braconnay et Delamarre soutiennent que le Conseil Supérieur de la Magistrature est une sorte d'autorité constitutionnelle indépendante. BRACONNAY, (N.), DELAMARRE, (M.), *Institutions juridictionnelles,* op. cit., p. 47.

[361] SIDIBE (A.Y.) *Droit et pratique du droit au Mali*, édit., Jamana, 2002, p. 97.

[362] Art. 81 al. 6 *in fine* de la constitution préc.

un élément du fonctionnement. Le législateur n'a pas pris ses responsabilités, sinon, elle a fourvoyé. Finalement, l'indépendance de la justice au Mali est une simulation, un tour de passe-passe, car la constitution, la loi organique portant CSM et celle fixant l'organisation, le fonctionnement de la cour suprême[363], accordent d'énormes prérogatives au pouvoir exécutif, du coup entraînant un déséquilibre de la balance au détriment de la justice. L'indépendance de la justice est une illusion, affirme un avocat qui va plus loin en disant que : « l'indépendance de la justice puisqu'elle existe dans les textes, on est obligé de croire, sinon l'indépendance de la justice est entre guillemets. Pour en conclure que le juge malien est livré à toutes sortes de trafic d'influence[364].

Les différentes raisons ci-dessus prouvent à suffisance que l'indépendance de la justice est difficile à mettre en œuvre. Un autre facteur vient compliquer la tâche : la problématique de l'indépendance des magistrats du parquet qui n'est pas sans incidence sur le procès équitable.

II. Le problème particulier du parquet

Les juridictions ne sont pas composées que seulement des juges chargés de trancher les contestations. Il existe aussi des magistrats dont la fonction est de veiller à la bonne application de la loi et au respect de l'ordre public[365]. Le rôle du parquet repose sur la confiscation de la vengeance privée au profit de la puissance publique. Ce statut lui octroie le titre de garant des libertés individuelles et des intérêts de la société. Il existe un représentant du Ministère public devant toutes les juridictions[366]. En matière pénale, son rôle est très important, il exerce l'action publique à des fins de protection de l'intérêt général. Le Procureur de la République est un agent d'exécution des décisions pénales notamment les peines privatives de libertés, il veille aussi à l'exécution des décisions de justice en matière civile.

---

[363] Il s'agit de la loi n° 96 – 071 AN – RM du 16 décembre 1996 fixant, l'organisation, les règles de fonctionnement de la cour Suprême et la procédure suivie devant elle. Elle fut modifiée par la loi organique n° 09 – 025 AN – RM du 02 juillet 2009.

[364] Propos de Maître Abdramane SANOGO, avocat au Barreau de l'ordre des avocats du Mali, interview réalisé, le 2 juillet 2011 à son Cabinet sis à Hamdallaye ACI 2000 Rue Cheick Zahed à 10 heures 24 minutes.

[365] L'origine du ministère public remonte à l'ancien régime en France. Le roi pour défendre ses propres intérêts devant les juridictions confiait cette mission à des procureurs (du latin procuratores, comme des mandataires d'aujourd'hui) qui n'étaient que des avocats ordinaires dont le client de choix est le roi. La situation se modifia sous l'affermissement de l'autorité royale. C'est vers le XIVème siècle en France que la fonction de Procureur se dégage au sein de la profession d'Avocat. PERROT (R.), *Institutions judiciaires*, *op. cit.*, p. 398.

[366] Font exception à cette règle les Justices de paix à compétence étendue. Au niveau des tribunaux de première instance, il y a les Procureurs de la République qui hiérarchiquement relèvent des Procureurs Généraux près des Cours d'Appel.

Le Ministère public est aujourd'hui au cœur des débats de la justice, à cause de sa situation particulière. La problématique de son indépendance et de son impartialité alimentent toutes les polémiques. Nadal n'affirme-t-il pas dans un discours que : « la première vertu de la justice est l'indépendance, sans indépendance, pas d'impartialité et sans impartialité, pas de justice. Or, le parquet n'est pas indépendant. » Pour cet auteur, une véritable crise identitaire frappe l'institution judiciaire « et plus particulièrement le parquet »[367]. Les membres de celui-ci contrairement à leur homologue du siège, ne bénéficient pas totalement d'une indépendance. Ils ne sont indépendants qu'à l'égard de leurs collègues du siège et des justiciables. L'indépendance du Ministère public par rapport aux justiciables se manifeste essentiellement dans deux hypothèses : son impossible récusation par eux (sauf s'il est partie jointe), aussi la victime ne peut l'obliger à soutenir l'accusation ; inversement, le désistement de la victime n'interdit pas au parquet de soutenir l'accusation et d'exercer une voie de recours[368]. En revanche, à l'égard de l'exécutif sa situation est plus complexe, les membres du Ministère public ne sont pas indépendants. Ce refus d'indépendance est constitutionnel. En France, le Conseil Supérieur de la Magistrature ayant affirmé la nécessité de soumettre l'ensemble des magistrats du Ministère public à une structure hiérarchique révèle que : « l'absence de hiérarchie et la dispersion des pratiques professionnelles qui en résulterait, seraient de nature à nuire gravement à l'efficacité de leurs missions et heurteraient le principe d'égalité des citoyens devant la loi. En outre, le gouvernement qui conduit la politique de la nation, ne disposerait pas de moyen lui permettant de mettre en œuvre les grandes orientations de la politique pénale »[369]. Les parquetiers restent dépendants du pouvoir exécutif à travers leur mode de nomination, le déroulement de leur carrière et l'exercice du pouvoir hiérarchique du Garde des Sceaux. Ainsi, la protection statutaire contre l'emprise de l'exécutif ne passe pas inaperçue. Si les règles de recrutement sont identiques à celles de leurs homologues du siège, les membres du parquet ne bénéficient que d'une protection amoindrie quant aux autres aspects de leur statut. Ce sont les cas de l'avancement et les mutations.

Les propositions d'avancement ou de promotion des membres du Ministère public ne sont soumises qu'à un simple avis du Conseil supérieur de la magistrature, pas besoin que cet avis soit conforme. Quant aux mutations, la protection est quasi- inexistante : soumis au principe de subordination hiérarchique, les magistrats du parquet ne sont pas inamovibles. Ils peuvent être déplacés d'office, d'un poste à un autre. Cette

---

[367] Dans « le vœu d'indépendance » de Jean-Louis Nadal : « lors de l'audience solennelle de la juridiction suprême et devant le Premier Ministre et le Garde des Sceaux, le plus haut représentant du parquet.» http://www.figaro.fr consulté 21 novembre 2012.
[368] GUINCHARD (S.) et BUISSON (J.), *Procédure pénale*, Paris, Litec, 6ème édit., 2010, p. 415 et svtes.
[369] Rapport 2001 du Conseil supérieur de la magistrature de la France.

situation est confirmée par la loi portant statut de la magistrature. Elle précise que : « les magistrats du parquet des cours et tribunaux sont sous la direction et le contrôle de leurs chefs hiérarchiques et sous l'autorité du ministre chargé de la justice… Ils peuvent être affectés par l'autorité de nomination d'une juridiction à une autre de même rang s'ils en font la demande ou d'office dans l'intérêt du service après avis du CSM »[370].

Le ministère public est tenu de prendre des réquisitions conformément aux instructions qui lui sont données[371]. Désormais, la possibilité de doute n'existe pas quant à la faiblesse d'indépendance des membres du parquet, mais doit-on en conclure là ? Ne devons-nous pas plutôt chercher à comprendre les inconvénients de cette dépendance ? Il est utile de proposer des pistes de réflexion si oui on non le parquet doit définitivement être maintenu dans une dépendance à l'égard de l'exécutif. Une telle tâche dépasserait, peut-être, le cadre de ce travail. Néanmoins, la subordination du Procureur de la République n'est pas sans conséquence dans le contexte du procès équitable, surtout dans son volet exécution des décisions de justice en matière civile. Nul ne doute que le droit à l'exécution de la décision du juge est un principe inhérent au procès équitable, sans lequel l'édifice de la justice s'effondre. En effet, lorsque l'État fut condamné, le pouvoir du Procureur est paralysé par l'absence d'exécution forcée contre l'État. De même, sa situation hiérarchique constitue une entrave sérieuse à l'exécution des titres exécutoires qui, souvent se trouve dans l'obligation d'obtempérer aux injonctions de sa hiérarchie. La dépendance du parquet constitue l'une des raisons de la sélectivité de l'exécution des décisions de justice[372].

Nonobstant la hiérarchie et la faiblesse de leur protection statutaire, les parquetiers bénéficient d'une certaine liberté dans l'exercice de leurs fonctions. La subordination trouve une double limite dans le pouvoir propre des chefs de parquets qui peuvent poursuivre l'action publique, nonobstant l'ordre contraire ou l'absence d'ordre de leur supérieur hiérarchique (il ne peut y avoir de classement sans suite imposé par la hiérarchie). Aussi les instructions reçues doivent être écrites et versées au dossier. Dans un second temps, le Ministère public conserve sa liberté de parole à l'audience, exprimée par l'adage « la plume est serve, mais la parole est libre »[373]. Cette liberté d'action ne suffit pas pour autant à résoudre la question de la dépendance des membres du Ministère public. À défaut de leur assurer une totale indépendance, les prérogatives qu'ils disposent en matière d'exécution des décisions de justice doivent être revues. La création d'un poste de juge de l'exécution bénéficiant les mêmes garanties d'indépendance et

[370] Art. 10 de la loi de 2002 portant statut de la magistrature, précitée.

[371] Art. 47 de la loi n° 01 – 080 / AN – RM du 20 août 2001 portant code de procédure pénale au Mali, préc.

[372] V° infra, p. 161 et svtes.

[373] NADAL (L.), *« La liberté de parole du Ministère public »*, Colloque du centre de droit de la concurrence de Perpignan, 20 Juin 2008, Gaz. Pal. 20 Décembre 2008.

d'impartialité que les magistrats du siège est concevable. Ceci permettra de résoudre en partie les problèmes de l'exécution des décisions du juge tant en matière civile qu'en matière pénale.

Les membres du Ministère public sont non seulement affranchis de l'obligation d'indépendance, mais aussi d'impartialité. Celle-ci ne concerne que les magistrats du siège.

SECTION 2. L'IMPARTIALITÉ DU JUGE

La justice, quelle qu'elle soit, exige l'impartialité[374] de celui qui se charge de la rendre[375]. La Bible impose à tous ceux qui l'incarnent l'obligation d'observer l'impartialité en ces termes : « Vous ne devez pas avoir de partialité dans le jugement. Vous entendrez le petit comme le grand. Il ne faut pas que vous preniez peur à cause d'un homme, car le jugement appartient à Dieu »[376]. Ce sacerdoce religieux témoigne le besoin d'impartialité qui est aussi ancien que la justice. L'impartialité est une exigence qui complète l'indépendance de la justice. Le rapprochement de leurs finalités, fait qu'elles sont souvent confrontées aux mêmes problèmes. Excluant les magistrats du parquet, l'impartialité s'applique essentiellement à l'égard des juges du siège. Ceux-ci se voient donc appliquer des règles telles que le principe de la séparation des fonctions de poursuite, d'instruction et de jugement, le principe de la collégialité et de sanctions tel que le renvoi, la visant à garantir ce principe. À l'instar de l'indépendance, l'impartialité est assurée par un dispositif juridique. Aussi, elle est soutenue par des règles processuelles. L'application de ce dispositif est faible à cause, d'une part de l'insuffisance des garanties susceptibles d'assurer le respect du principe d'impartialité, et d'autre part de l'existence des tares traditionnelles, déstabilisatrices de l'impartialité du juge. L'impartialité est si déstabilisée qu'il est aujourd'hui permis de se demander si cette protection légale n'est pas que théorique. En somme, l'impartialité du juge affirmée dans les textes (Paragraphe 1) est remise en cause (Paragraphe 2).

---

[374] « Le terme impartialité apparaît pour la première fois dans la Déclaration des droits de l'homme de l'Etat de Virginie qui, en 1776, dispose que tout homme a le droit d'exiger d'être jugé par un juré impartial de son voisinage. » COMMARET (D. N.), *« Une justice distance ou réflexions sur l'impartialité du magistrat »*, préc., p. 262.

[375] « Attendu que chacun est présumé faire toute chose en vue de son propre avantage, nul n'est un bon arbitre à l'égard de sa propre cause ; et, fut-il le meilleur du monde, étant donné que l'équité offre aux deux parties des avantages égaux, l'autre devra aussi être admis à arbitrer, et ainsi subsistera la dispute. » Hobbes cité par BUSSY (F.), *Nul ne peut être juge et partie*, in Rec. Dalloz, Chron., n°25, 2004, p. 1745.

[376] Deutéronome, 1, 17 in GAMANDA, (M. N), *Le droit à un procès équitable*, op. cit., p. 48.

Paragraphe 1. Le mécanisme de la garantie de l'impartialité du juge

Valeur fondamentale de la démocratie[377], consubstantielle à la qualité du juge[378], l'impartialité du juge postule à l'idéal de justice, sans laquelle tout effort de maintien de stabilité et de sécurité juridique des citoyens sera voué à l'échec. La législation malienne ne s'est pas contentée de proclamer l'impartialité du juge (I), elle a aussi mis en place des techniques processuelles permettant de sanctionner les écarts de partialité du juge (II).

I. L'affirmation légale de l'impartialité du juge

Le droit primordial de tout justiciable d'être jugé sans partialité est une condition sine qua non de la crédibilité du juge. Les usagers de la justice estiment que l'impartialité est la première qualité attendue d'un juge avant même la compétence et l'honnêteté[379]. Un autre rapport fait ressortir la nécessité de l'impartialité pour la paix et la sécurité juridique des citoyens en ces termes : « pour que la sentence à intervenir soit crédible et ramène la paix entre les parties au litige, celles-ci doivent savoir que le juge saisi de leur litige a les mains libres pour étudier le cas et qu'il tranchera leur litige en tenant compte des arguments produits par chaque partie et en se fondant sur les textes de loi applicables à leur espèce. En un mot, il faut que le juge soit indépendant et qu'il soit impartial c'est-à-dire qu'il ne favorise pas l'un aux dépens de l'autre ; qu'il n'exprime aucun parti pris, qu'il soit juste, équitable »[380]. De même la Cour européenne des droits de l'homme considère que l'impartialité des juges est la condition même de « la confiance que les tribunaux se doivent d'inspirer aux justiciables dans une société démocratique »[381]. Ainsi, l'impartialité se conçoit avant tout comme une vertu à laquelle toute personne intervenant dans la fonction de juger est assujettie. Elle s'étend à tous les acteurs, notamment les officiers et agents de police judiciaire tenus à un devoir d'impartialité dans l'exécution des enquêtes et des commissions rogatoires, les experts et les huissiers. Son absence compromettrait tout l'édifice juridictionnel. « Si la juridiction est

---

[377] KUTY (F.), *L'impartialité du juge en procédure pénale, de la confiance décrétée à la confiance justifiée*, collection de thèses, édit. LARCIER 2004, p.15.

[378] WIEDERKEHR (G.), *« Qu'est ce qu'un juge ? »*, in Mélanges en l'honneur de Roger PERROT, « Nouveaux juges, nouveaux pouvoirs ? »,Paris, Dalloz, 1996, p. 575.

[379] Enquête de satisfaction auprès des usagers de la justice, effectuée en 2001 par la mission française de recherche « Droit et Justice ».

[380] Rapport général du séminaire régional sur l'indépendance de la magistrature organisé par l'Agence de Coopération Culturelle et Technique (ACCT) du 1er au 3 juin 1993. http://www.ddata.over-blog.com/xxxyyy/1/35/48/78/International/Justice-Standards-internationaux-et-francophones.doc

[381] CEDH, 26 octobre1984, Cubber c./ Belgique ;CEDH, 1er oct. 1982, Piersack c./ Belgique, in BERGER (V.), *Jurisprudence de la Cour Européenne des Droits de l'Homme*, op. cit., p. 195 et svtes.

partiale l'acte même de juger est alors atteint dans son essence, (...) la puissance du droit est livrée au caprice de la juridiction »[382]. Qu'il en soit ainsi, ne signifie nullement qu'elle soit effective dans la pratique[383].

Contrairement à l'indépendance, l'impartialité du juge n'a pas, directement, de valeur constitutionnelle. Sauf en se référant à la Déclaration Universelle des Droits de l'Homme (DUDH) du 10 décembre 1948 intégrée dans le préambule de la constitution, permet de restituer à l'impartialité du juge la valeur constitutionnelle. Cette tendance ne doit rien l'ôter de son importance « parce que l'on ne peut pas concevoir qu'un juge puisse être légitimement partial »[384]. Certaines dispositions de la constitution ne peuvent être appliquées que si le juge saisi de l'affaire est impartial. Ce sont : la présomption d'innocence, les droits de la défense, le respect des conditions de la détention, le principe de la non-discrimination[385], etc.

La constitution malienne, à défaut de consacrer l'impartialité dans le texte constitutionnel, a cependant réservé la compétence au législateur de fixer les règles concernant l'organisation de la justice, celles ayant trait à la procédure pénale, les garanties fondamentales accordées aux citoyens dans l'exercice de leurs libertés publiques[386], etc. Ces règles sont complétées par les règlements[387]. L'analyse des dispositions prises pour règlementer ces matières font ressortir explicitement l'impartialité du juge. Par conséquent, le code de déontologie[388] annexé à la loi n° 02-054/AN-RM du 16 décembre 2002 portant statut de la magistrature assujettit les magistrats aux devoirs d'impartialité, d'égalité, d'indépendance, etc. Ces trois notions sont interconnectées. La réalisation de l'égalité n'est possible que si la justice n'est pas partiale. L'indépendance est la condition de l'impartialité. Cette affirmation, semble-t-il, est confirmée par le code de déontologie, lorsqu'il dispose que « l'indépendance de la magistrature est indispensable à l'exercice d'une justice impartiale »[389]. Le magistrat doit être impartial. Il doit assurer l'égalité des justiciables devant la loi[390]. Le justiciable doit être en mesure de s'assurer de l'impartialité du juge tout au long du processus

---

[382] FRISON-ROCHE (A-M), *« L'impartialité du juge »*, préc., p.53.
[383] V° infra p. 92.
[384] CHAPUS (R.), *Droit du contentieux administratif*, Paris, Montchrestien, coll. Domat droit public, 12ème édit. P. 546.
[385] Les articles 2, 9 et 10 de la constitution prévoient respectivement : le principe de la non discrimination ; la présomption d'innocence et les droits de la défense ; les conditions de la détention. Ces principes feront l'objet d'une étude ultérieure. V° infra, p. 137 et svtes.
[386] Art. 77 de la constitution du 25 février 1992, préc.
[387] Art. 78 de la constitution susdite : « Les matières autres que celles qui sont du domaine de la loi ont un caractère règlementaire. »
[388] Art. 1 de ce code de la déontologie prévoit que : « La déontologie est l'ensemble des règles régissant l'activité et le comportement des membres d'une profession. »
[389] Art. 3 du code de déontologie annexé à la loi 02 – 54 / AN –RM du 16 décembre 2002 fixant le statut de la magistrature.
[390] Art. 8 et 11 du code de déontologie, préc.

décisionnel[391]. En contrepartie de la garantie d'impartialité accordée aux justiciables, comme le prescrit le code de déontologie, le juge reçoit des parties une crédibilité qui lui permet de donner sens à la justice et aux instruments juridiques de protection de l'individu. L'indépendance doit être revendiquée par le juge, autant que son impartialité. Cette dernière possibilité n'a pas été expressément prévue par le code de déontologie. Mais, une référence similaire existe parce qu'il doit se récuser chaque fois qu'il estime incapable de juger en toute impartialité. C'est l'hypothèse de l'existence d'un conflit entre son intérêt personnel ou celui de ses proches parents ou amis et l'existence de sa fonction[392].

L'édifice juridique national est renforcé par les conventions et déclarations internationales. Ainsi au niveau régional africain, la Charte Africaine des Droits de l'Homme et des Peuples (CADHP) prescrit le droit d'être jugé dans un délai raisonnable par une juridiction impartiale[393]. La commission africaine des droits de l'homme et des peuples, chargée de la mise en œuvre de la charte a adopté, en sa 26ème session en novembre 1999, les directives et principes sur le droit à un procès équitable et à l'assistance judiciaire en Afrique. Elles règlementent la question de l'impartialité du juge qui, semble-t-il, est plus détaillée que la conception européenne[394]. En plus, la résolution de 1992 apporte des garanties au droit à un procès équitable[395]. Au niveau universel, la Déclaration universelle de 1948, premier texte chargé de la mise en œuvre de la Charte des Nations Unies, comme signalé ci-haut l'a également consacré au même titre que le Pacte International relatif aux droits civils et politiques[396]. En toute évidence, les textes nationaux sont renforcés par les dispositions internationales pour garantir l'impartialité du juge. Les différents instruments juridiques seront lettre morte en l'absence des techniques processuelles claires permettant de mettre à l'écart le juge soupçonné de partialité. Le code de procédures civiles commerciales et sociales, celui de procédure pénale et le code de déontologie notamment contiennent des dispositions contre les écarts de partialités du juge.

II. Les techniques processuelles contre les écarts de partialité du juge

Certaines règles du procès équitable ne pourront être réalisées faute d'impartialité du juge. En d'autres termes, l'impartialité du juge est à la

---

[391] Art. 9 du code déontologie, préc.

[392] Art. 15 du code de déontologie, préc.

[393] Art. 7-1-d de la Charte africaine des droits de l'homme et des peuples du 27 juin 1981 entrée en vigueur le 21 octobre 1986, préc.

[394] V° Partie A. 5ème volet du texte portant Directives et principes sur le droit à un procès équitable et à l'assistance judiciaire en Afrique, préc.

[395] Résolution de la Commission africaine des droits de l'homme et des peuples 4(XI) 92 de mars 1992 sur la procédure relative au droit de recours et à un procès équitable.

[396] Les articles 10 de la DUDH du 10 décembre 1948 et 14 du PIDCP, préc.

rescousse des garanties substantielles du procès équitable. Le respect de celles-ci permet aussi de garantir l'impartialité du juge, d'où l'interaction entre l'impartialité et les autres garanties du procès équitable. L'on ne s'étonne guère de l'importance et du rôle de la garantie d'impartialité dans le procès équitable[397], et qu'il ait des mesures permettant de rendre effectif, le droit à un tribunal impartial. À cet effet, des mesures ont été prises pour protéger les justiciables contre les écarts de partialité du juge. Les techniques processuelles ainsi utilisées concernent deux niveaux, à priori et à postériori. Ce sont des mesures préventives et curatives qui permettent de répondre à la partialité du juge. La protection à priori consiste à mettre à l'écart le juge soupçonné de partialité, cette protection est préventive. En second lieu, si malgré tout le juge faisant l'objet de soupçon a tout de même pris part au jugement de l'affaire, la protection à postériori permet à la victime de partialité du juge d'obtenir la nullité de la procédure. Le plaideur dispose dans ce cas des voies de recours.

Les moyens préventifs de lutte contre la partialité ont pour objet de mettre à l'écart le juge et éviter du coup qu'une décision soit rendue. Cette mise à l'écart du juge peut prendre deux formes, la récusation ou le renvoi de l'affaire devant un autre juge ou une autre juridiction. La récusation est une technique procédurale qui permet d'écarter un juge soupçonné de partialité dans une procédure, qu'elle soit civile, pénale ou administrative. Il appartient au juge de s'abstenir s'il estime qu'il existe un motif de partialité[398]. À défaut, le justiciable doit prouver son existence. Pour ce faire, la loi a mis à sa disposition un certain nombre d'indices pour écarter un juge suspecté de partialité.

Les différentes causes de partialité sont énumérées par les articles 595 et 336 respectivement du code de procédure pénale[399] et du code de procédure civile commerciale et sociale[400]. Ces deux articles concernent la récusation et doivent être combinés aux articles 586 et suivants du CPP organisant le renvoi pour cause de suspicion légitime. Le domaine de la récusation est limité. Elle ne peut être initiée qu'à l'encontre des magistrats du siège, ceux

[397] « L'impartialité du juge en termes de confiance : aller vers son juge en toute confiance, avec la seule volonté de le convaincre par la force du raisonnement ou la richesse de ses arguments, c'est la seule démarche possible d'un homme libre, dans un pays de liberté. » Pierre DRAI cité par COMMARET (D. N.), *« Une justice distance ou réflexions sur l'impartialité du magistrat »*, préc., p. 262. Celui-ci estime que l'obligation d'impartialité constitue le verrou singulier d'une démarche objective et désintéressée du juge.

[398] Art. 334 du décret du 15 septembre 1999 portant code de procédure civile commerciale et sociale du Mali.

[399] Loi n° 01 – 080 / AN – RM du 20 août 2001 portant code de procédure pénale en République du Mali, J.O du 1er février 2002.

[400] Décret n° 99 – 254 / P – RM du 15 septembre 1999 modifié par le Décret n° 09 – 0220 / P – RM du 11 mai 2009. Mais, il y a lieu de préciser que les dispositions relatives à la protection contre la partialité du juge n'ont pas fait l'objet de modifications.

du ministère public sont exclus[401]. Ces causes sont identiques dans les deux matières. Il n'est point besoin de faire la distinction entre les magistrats de l'ordre judiciaire et ceux de l'ordre administratif[402]. L'unification du corps des magistrats de l'ordre administratif et de l'ordre judiciaire permet de soustraire les premiers de la dépendance à l'exécutif[403]. L'article 336 du code de procédure civile commerciale et sociale identique à l'article 595 du code de procédure pénale dispose que tout juge peut être récusé pour les causes suivantes :

- quand il aura intérêt personnel à la contestation ;
- s'il est conjoint, descendant ou ascendant, frère ou sœur, tuteur ou pupille de l'une des parties ;
- si dans l'année qui a précédé la récusation, il y a eu procès pénal entre lui et une des parties ou son conjoint ;
- s'il y a procès civil existant entre lui et une des parties ou son conjoint ;
- s'il a donné un avis écrit dans l'affaire comme témoin.

Les codes résument ainsi les cas d'impartialité en quatre volets. La première formulation (quand il aura intérêt personnel à la contestation) de l'article 336 ci-dessus est la traduction de l'adage suivant lequel « Nul ne peut être juge en sa propre cause »[404] ; ou encore « Nul ne saurait être juge et partie »[405]. Le deuxième volet fait référence à un lien de parenté entre le juge et l'une des parties au litige. La notion d'intérêt apparaît toujours, mais à la différence de la première, cet intérêt n'est pas personnel, il est indirect. Quant aux troisième et quatrième volets, c'est essentiellement garantir les risques de vengeances du magistrat, chargé du dossier. C'est l'hypothèse où, il y a eu procès pénal, dans l'année qui a précédé la récusation, entre lui et l'une des parties au procès ou son conjoint. L'écart d'une année, prévu par le législateur semble être insuffisant. Qu'en est-il lorsque le conjoint du juge ou l'une des parties au procès a été condamné lors du procès pénal à quelques années d'emprisonnement ? Trois ans plus tard, ledit juge est saisi pour une affaire intéressant la personne au profit duquel la condamnation a été faite. Cette situation n'a pas été prévue par le législateur. Par ailleurs, l'exigence

---

[401] Art. 596 al 2 de la loi n° 01 – 80 portant code de procédure pénale, préc.

[402] L'article 1er de la loi n° 02 – 54 / AN – RM du 16 décembre 2002 portant statut de la magistrature précise qu'il est institué un corps unifié des magistrats de l'ordre judiciaire et de l'ordre administratif.

[403] L'indépendance des magistrats de l'ordre administratif était compromise à travers l'article 2 de la loi n° 94 – 06 / AN – RM du 18 mars 1994 portant organisation et fonctionnement des tribunaux administratifs. Cet article soumet les tribunaux administratifs sous l'autorité du Ministre de la justice, garde des sceaux.

[404] En latin : *Nemo judex in re sua.*

[405] V° le célèbre article de Florence BUSSY qui estime que la dissociation de celui qui rend la justice et de celui à qui justice est rendue est consubstantielle à l'idée de justice. BUSSY (F.), *« Nul ne peut être juge et partie »*, préc. p. 1745.

de la durée d'une année n'existe pas en matière de procès civil. Pourquoi, ne pas adopter cette situation similaire pour le cas du procès pénal ? Le dernier volet concerne le cas ou le juge aurait donné un avis écrit soit en tant que témoin dans le procès pénal, soit pour un motif quelconque dans le procès civil.

Le simple bon sens aurait voulu que le juge s'abstienne de l'affaire, chaque fois qu'il estime l'existence de son intérêt lié au procès. À défaut, il doit être dessaisi du dossier. Telle est la philosophie du renvoi pour cause de suspicion légitime. Le renvoi poursuit le même objectif que la récusation puisqu'il tend également à mettre à l'écart les juges pour cause de suspicion légitime et constitue le prolongement de la récusation[406]. La suspicion légitime est le doute existant quant à l'impartialité d'une juridiction[407]. La loi n'en donne pas de contenu à la suspicion légitime. Elle est soumise à la même procédure que la récusation. On retrouve quelques similarités de procédure avec la prise à partie. Contrairement au renvoi pour cause de suspicion légitime, l'article 343 du CPCCS fixe les cas de prise à partie dans les hypothèses suivantes :

- s'il y a dol, fraude, concussion[408] ou faute lourde professionnelle que l'on prétendrait avoir été commis, soit au cours de l'instruction, soit lors des jugements ;
- si la prise à partie est expressément prononcée par la loi ;
- si la loi déclare les juges responsables, à peine de dommages-intérêts ;
- s'il y a déni de justice.

De même l'interdiction est faite aux parents alliés jusqu'au degré d'oncle et de neveu inclusivement d'être simultanément membres d'une même juridiction d'instance ou d'appel. Cette dernière paraît plus favorable aux justiciables, car l'apparence seule suffit à remettre en cause l'impartialité du juge.

La procédure de mise à l'écart du juge suspect de partialité est encadrée par la loi. Lorsqu'un ou plusieurs est ou sont suspect (s) de partialité, la loi prévoit des règles procédurales permettant de dessaisir le juge de l'affaire. La procédure quasi-administrative, est presque identique pour la récusation, la prise à partie et le renvoi pour cause de suspicion légitime. La récusation

---

[406] SY (P.), *Le droit d'accès à la justice au Sénégal,* op. cit, p. 147.

[407] CABRILLAC (R.), (Dir.), *Dictionnaire du vocabulaire juridique*, op. cit., p. 387.

[408] La concussion selon l'article 108 de la loi n° 01 – 079 / AN – RM du 20 août 2001 portant code pénal en République du Mali, est le fait pour les fonctionnaires, leurs commis ou préposés qui, dans une intention frauduleuse, ordonneront de percevoir et exigeront ou recevront ce qu'ils savent n'être pas dû pour droits, taxes, contributions, revenus, salaires ou traitements. La peine prévue, à cet effet, est de deux à cinq ans d'emprisonnement si la totalité des sommes indûment exigées ou reçues ou dont la perception ordonnée a été égale ou inférieure à 50 000 francs. Si ladite somme dépasse ce montant la peine sera de cinq à dix ans de réclusion. Le coupable doit être condamné à une amende dont le montant sera le double des sommes indûment exigées ou perçues.

est une procédure par laquelle une partie, sans s'opposer à ce que la juridiction reste saisie, demande qu'un ou plusieurs juges soient écartés et remplacés par d'autres, s'il y a lieu, parce qu'ils sont suspects de partialité envers l'un des plaideurs[409]. La demande de la récusation, contenant l'exposé des motifs, est formée par l'intéressé ou son mandataire muni d'un pouvoir spécial. Elle est irrecevable après la clôture du débat[410]. La demande est remise au greffier qui en communique au juge concerné dans un délai de 24 heures. Celui-ci fera connaître son acquiescement ou son refus à la récusation[411]. À défaut de réponse ou de réponse négative, le greffier envoie la copie de l'acte de récusation au Procureur de la République aux fins de trancher et sur les conclusions de celui-ci[412] sans qu'il soit besoin d'appeler les parties[413]. Pour dissuader les actions dilatoires tendant à la récusation, le CPCCS prévoit des sanctions contre celui dont la récusation aura été déclarée non admissible ou non recevable. Il sera condamné à une amende civile de 10.000 F, sans préjudice de l'action du juge en réparation de dommages-intérêts[414].

La procédure de la prise à partie paraît plus complexe que celle de la récusation. Les articles 346 à 349 précisent les conditions dans lesquelles, une victime peut obtenir le dessaisissement de la juridiction ou les magistrats d'une affaire. La procédure est portée devant la chambre civile de la Cour suprême[415]. La prise à partie est ordonnée par le premier président de la Cour suprême après l'avis du procureur général[416]. Le refus est motivé. La requête dont seront annexées une procuration authentique et spéciale et les pièces justificatives ne doit pas en aucune façon contenir des propos injurieux sous peine de sanctions[417]. En cas de rejet de la demande de prise à partie, le requérant sera condamné à une amende de 10 000 à 100 000 francs, sans préjudice des poursuites pénales. Dans l'hypothèse d'admission de la requête, le juge en question doit être informé dans les huitaines pour produire ses moyens de défense. Ce juge s'abstiendra de la connaissance du litige des parties, mais aussi de ses parents ou alliés en ligne directe. Lorsque le juge estime qu'il se trouve dans l'un des cas de récusation déterminés par la loi, il doit consciemment s'abstenir et se faire remplacer par un autre.

---

409 VINCENT (J.), GUINCHARD, (S.), MONTAGNIER (G.) et VARINARD (A.), *Institutions judiciaires – Organisations – Juridictions – Gens de justice*, op. cit., p. 643.
410 Les articles 337, 338 et 339 du décret 99 – 254 portant CPCCS, préc.
411 Art. 340 du décret 99 - 254 portant CPCCS, préc.
412 Art. 341 du décret 99 - 254 portant CPCCS, préc.
413 Cette solution n'est pas conforme aux règles du procès équitable notamment le principe du contradictoire.
414 Art. 342 du décret 99 - 254 portant CPCCS, préc.
415 Art. 246 du décret 99 - 254 portant CPCCS, préc.
416 La loi ne précise pas si en cas de réponse négative du Procureur Général, le Président pourrait valablement ordonner la prise à partie. L'essentiel, il faut une réponse du Procureur et peut importe qu'elle soit affirmative ou négative, le Président pourra décider.
417 Art. 346 du décret 99 - 254 portant CPCCS, préc.

Mais si plusieurs juges s'abstiennent si bien que la juridiction ne peut se siéger légitimement, il sera procédé à un renvoi pour cause de suspicion légitime. Le renvoi ne signifie pas l'incompétence du juge ; mais des circonstances particulières exigent que lui soit retirée l'affaire en question.

À l'instar des moyens préventifs, le droit organise aussi des moyens curatifs de lutte contre les décisions rendues par les juges partiaux. Le juge suspect de partialité doit s'abstenir ou à défaut, il pourra être récusé. Si malgré tout, il a rendu sa décision, le législateur a prévu des moyens permettant de faire annuler sa décision. Les voies de recours participent à cette finalité. Celles-ci seront exposées plus tard. En plus, le juge pourra encourir une sanction disciplinaire. Mais, cette responsabilité du juge est difficile à prouver[418], tout comme le respect effectif de l'impartialité du juge, difficile à mettre en œuvre dans le contexte socioculturel du Mali.

Paragraphe 2. La remise en cause de l'impartialité du juge

La Cour européenne des droits de l'homme s'oppose à toute interprétation restrictive de l'article 6 § 1 de la CESDHLF quant au respect du principe fondamental de l'impartialité des tribunaux, qui ne serait pas conforme à l'objet ni au but de cette disposition, si l'on songe à la place primordiale que le droit à un procès équitable occupe dans une société démocratique[419]. Cette garantie substantielle est insuffisamment mise en œuvre dans les juridictions maliennes. L'organisation et le fonctionnement des justices de paix à compétence étendue ne sont pas favorables au respect de l'impartialité. Aussi, les principes directeurs du procès susceptibles permettant d'assurer la garantie de l'impartialité sont insuffisamment respectés (I). À signaler également que le contexte social du Mali est un facteur déstabilisateur de cette qualité du juge (II).

I. L'impartialité soutenue par des règles insuffisamment respectées

L'impartialité peut être subjective (ce que le juge pensait dans son for intérieur en telle circonstance) ou objective (s'il offrait des garanties suffisantes pour exclure à cet égard tout doute légitime[420]. La Cour

---

[418] « L'impartialité des juges réside dans leur caractère que dans les lois. Ce fondement éthique n'est pas dénué d'effets pervers. L'on pourrait être tenté d'affirmer que l'impartialité prenant son siège dans la conscience du juge, en symétrie celui-ci ne doit répondre de sa violation que devant la conscience. Ainsi, paradoxalement, l'appréhension éthique de cette exigence entrave l'effectivité de la responsabilité juridique du juge lorsqu'il contrevient à l'essence de son office. » FRISON – ROCHE (M-A), *« L'impartialité du juge »*, préc., p. 53.

[419] CEDH, 1er mars 1990, JDI 1991, 773, obs. P. Tavernier.

[420] CEDH, 1er oct. 1982, Piersack c./ Belgique, in BERGER (V.), *Jurisprudence de la Cour Européenne des Droits de l'Homme*, op. cit., p. 196 et svtes. Cet arrêt a affirmé l'incompatibilité des fonctions du siège et du parquet en se référant à l'exigence d'impartialité organique du juge ; si un juge, relève, après avoir occupé au parquet une charge de nature à

européenne des droits de l'homme, après avoir adopté une conception objective, plus favorable aux justiciables, puisque fondée sur le risque de partialité au seul vu de l'apparence, elle s'est orientée vers une conception subjective dans laquelle l'apparence seule ne suffit pas à constituer la partialité : il faut que le juge, dans son for intérieur, ait favorisé ou défavorisé l'une des parties. Finalement « la preuve de la partialité subjective ne peut se faire que par des éléments eux-mêmes objectifs »[421]. Il faut que le préjugé du juge s'extériorise pour que la partialité soit retenue et sanctionnée à son encontre[422].

L'impartialité qu'elle soit objective ou subjective est soutenue par plusieurs principes que l'on qualifie de directeurs du procès. Si l'impartialité exige du juge la neutralité, le respect des principes directeurs permet de s'assurer dans une certaine mesure le respect de cette neutralité. Par conséquent, lorsque les principes directeurs sont insuffisamment protégés, l'impartialité le serait également. Un autre problème crucial vient du fait que ces principes directeurs jouent un rôle limité dans la garantie de l'impartialité du juge. Il s'agit : de l'indépendance de la justice ; de l'équité ; de la présomption d'innocence ; de la motivation des décisions ; du double degré de juridiction ; de la collégialité qui constituent autant d'illustrations. Quelques précisions de leurs rôles relatifs dans la garantie de l'impartialité du juge suffisent à prouver sa faible protection.

L'indépendance de la justice constitue un préalable à l'impartialité. L'on ne saurait être impartial, si l'on n'est pas indépendant. En revanche, un juge indépendant peut devenir partial dans un dossier particulier. L'indépendance n'est qu'une condition de l'impartialité parmi tant d'autres et non le gage. Cette raison prouve que le respect effectif de l'indépendance ne permet en rien de cautionner l'impartialité[423]. Par ailleurs, échappent à l'obligation d'indépendance les membres du Ministère public. Cette situation n'est pas sans conséquence négative sur l'exécution effective des titres exécutoires.

Le principe d'équité renvoie à l'égalité des armes, au contradictoire, à la motivation des décisions et à la loyauté des preuves. L'effectivité de ces règles est subordonnée à une justice indépendante. Celle-ci est difficile à mettre en œuvre sur les plans théorique et pratique, comme nous l'avons si bien évoqué dans les développements précédents. Aussi, les contraintes

---

l'amener à traiter un certain dossier, se trouve saisi de la même affaire en qualité de magistrat de siège, les justiciables sont en droit de craindre qu'il n'offre pas suffisamment de garanties d'impartialité. » V° aussi BUSSY (F.), *« Nul ne peut être juge et partie »*, préc. p. 1747.

[421] GUINCHARD (S.), CHAINAIS (C.), DELICOSTOPOULOS (C. S), et autres, *Droit processuel - Droit commun et droit comparé du procès équitable,* op. cit., p. 784.

[422] GAMANDA, (M. N), *Le droit à un procès équitable,* op. cit., p 49.

[423] « L'indépendance constitue le fondement, la racine même de l'impartialité du juge et légitime seule la force obligatoire des décisions judiciaires, une fois les délais des voies de recours épuisés... Mais cette condition nécessaire n'est pas à elle seule suffisante pour que soit, dans chaque procédure, préservée l'objectivité et la neutralité du juge. » COMMARET (D. N.), *« Une justice distance ou réflexions sur l'impartialité du magistrat »*, préc., p. 262.

économiques que rencontrent certains plaideurs, compliquées par l'inexistence d'une politique cohérente d'assistance judiciaire, empêchent le respect de l'égalité des armes. L'application du principe de la loyauté des preuves est aussi difficile dans le contexte de l'insuffisance d'expert et/ou de moyens matériels. S'agissant du volet motivation, elle permet de lever tout doute sur le caractère partial d'une décision juridictionnelle. La non-motivation ou la motivation insuffisante permet au plaideur d'obtenir la censure de la décision du juge. Cette garantie a une portée limitée du fait que les arrêts de la cour d'assises sont exclus de l'obligation de motivation. En plus, la plupart des décisions, qui font l'objet de censure par la Cour suprême, concernent un problème de motifs[424]. Ce qui suppose que les décisions des juridictions inférieures sont insuffisamment ou non motivées. S'agit-il d'un problème de collégialité ? Les juridictions de première instance fonctionnent avec le système de juge unique. Une juridiction est qualifiée de collégiale lorsqu'elle est composée de plusieurs juges qui statuent ensemble. À l'opposé, elle est dite unique, lorsqu'un seul juge est appelé à juger.

Au Mali, excepté les juridictions d'Appel dont la formation est collégiale, celles des premières instances statuent à juge unique, depuis fort longtemps. Se pose alors la question de savoir si l'un des problèmes de l'impartialité de la justice malienne ne doit pas être imputé à ce système de juge unique. En effet, le débat controversé sur les mérites comparés entre la collégialité et le juge unique, est loin d'être clos. Pour Montesquieu « le magistrat unique ne pouvait avoir lieu que dans le gouvernement despotique »[425]. Ce qui fait réminiscence du célèbre adage : « juge unique, juge inique ». Néanmoins, le système de juge unique emporte sur le plan budgétaire et sur le plan de la célérité. Lorsqu'un seul juge statue, le traitement des affaires connaîtra une certaine célérité, d'au moins théoriquement. Aussi, le besoin en magistrats sera limité, ceci aura pour corollaire la limitation des dépenses en termes de traitement et salaire. Faut-il alors opter pour une décision rationnelle accusant un certain retard ou celle rapide et risquée ? La première emporte sur la seconde du fait que la préoccupation première de la justice ne saurait être la célérité, mais la qualité de la décision rendue. En effet, la collégialité est présentée comme le rempart contre l'arbitraire et les erreurs judiciaires. Elle est traditionnellement perçue comme une garantie des droits de la défense, car, elle diminue les risques de partialité, dans la mesure où la prise de la décision se fait à l'issue d'un débat contradictoire entre les juges. Une juridiction statuant à juge unique est facilement taxable de partialité. Si les tribunaux de première instance fonctionnent avec un seul juge, chargé de rendre le verdict, la situation se complique davantage avec les justices de

[424] V° infra p. 113 et svtes.
[425] Montesquieu, *De l'esprit des lois, livre VI*, p. 24.

paix à compétence étendue[426]. Dans un État où la corruption fait rage[427], il sera risqué de confier les fonctions de poursuite d'instruction et de jugement à une seule personne. D'autant plus que ce système est incompatible avec les garanties du procès équitable[428].

S'agissant du double degré de juridiction qui consiste à ouvrir droit à une partie succombante au procès un réexamen de sa cause est une garantie essentielle contre les écarts de partialité du juge. Dans le contexte actuel, l'exercice du droit d'appel est difficile pour les raisons suivantes : d'une part, la longue distance que les justiciables doivent parfois parcourir pour atteindre la cour d'appel est un facteur incitant à renoncer au droit d'appel et d'autre part, l'ignorance même de ce droit à l'appel par beaucoup de justiciables empêche l'exercice de ce droit. Sans le droit d'appel, il sera difficile de corriger l'essentiel des erreurs judiciaires, du coup la partialité du juge. Il n'y a que trois cours d'appel au Mali : celle de Bamako, de Kayes et de Mopti pour une superficie de 1 241 346 km^2[429].

En ce qui concerne la présomption d'innocence, elle est étroitement liée à l'impartialité dans la mesure où elle tend à ce « qu'en remplissant leurs fonctions, les membres du tribunal ne partent pas de l'idée préconçue que le prévenu a commis l'acte incriminé », ni qu'ils expriment durant les débats l'opinion selon laquelle il le considère comme coupable de celui-ci[430]. Le droit à la protection de sa présomption d'innocence semble être théorique dans la mesure où en cas d'atteinte, la réparation est difficile du fait de l'absence de texte précisant les conditions de sa mise en œuvre. Sauf à se référer au droit commun de la responsabilité civile, prévu par l'article 125 du Régime général des obligations au Mali. Les différentes raisons expliquent que les principes qui soutiennent l'impartialité sont eux-mêmes imparfaitement respectés. Cette situation fausse les données équitables du

---

426 V° infra, p. 268 et svtes.

427 Le Classement de Transparency International attribue en 2010 la 111ème place sur 180 Etats au Mali. V° http://www.walf.sn/economique/suite.php?rub=3&id_art=60001 Consulté le 1 février 2012. En 2011, il passe de la 111ème place à la 118ème selon le rapport de Transparency International de 2011.

428 « L'incompatibilité des fonctions de poursuite et de jugement est considérée par le droit français comme l'un des principes directeurs du procès pénal. La loi du 15 juin 2000 déclare que : la procédure pénale doit garantir la séparation des autorités chargées de l'action publique et des autorités de jugement. La séparation de ces deux autorités constitue le corollaire de la séparation des pouvoirs. Dans l'instance de premier degré comme dans l'instance d'appel, le ministère public qui, aux termes de l'article 31 du code de procédure pénale, exerce l'action publique et requiert l'application de la loi est partie nécessaire au procès pénal ; il se présente devant le juge pénal en qualité de demandeur au nom de la société ; il est totalement exclu qu'il participe ensuite au jugement de cette poursuite. » BUSSY (F.), *« Nul ne peut être juge et partie »*, préc. p. 1747.

429 La reforme de la justice a porté le nombre des cours d'appel de trois (03) à six (06), mais elles ne fonctionnent pas encore.

430 KUTY (F.), *L'impartialité du juge en procédure pénale, de la confiance décrétée à la confiance justifiée*,op. cit., p. 103.

procès au même titre que le poids des relations sociales : les tares traditionnelles.

II. L'impartialité déstabilisée par les tares traditionnelles

Les sociétés africaines (comme d'ailleurs toutes sociétés) produisent des systèmes de pensée et de pratique, des valeurs et des normes régissant les comportements individuels et collectifs aux fins de fédérer les différentes composantes sociales[431]. De ces systèmes de pensée et de pratique découlent forcément des tares, où, par la force des choses, certaines pratiques seront déviées de leurs finalités assignées au départ. Les tares sont des défauts de comportements et de pratiques inhérents à l'organisation et au fonctionnement de la société africaine, en général, et celle du Mali, en particulier. Ces différentes pratiques ont atteint un seuil très inquiétant pour la construction d'un État de droit durable au Mali. Elles ne laissent pas indifférentes les personnes chargées de rendre la justice. La conscience professionnelle du juge ne saurait alors résister. Le Mali est un État où les réalités culturelles sont bien vivantes. L'attachement des Maliens aux croyances traditionnelles est encore très réel. Aussi, les interactions ou les liens sociaux sont très considérables. Le juge, produit de la société, ne peut pas échapper à ces faits sociaux dans l'exercice de ses fonctions. « Ils consistent en des manières d'agir, de penser et de sentir, extérieures à l'individu et qui sont doués d'un pouvoir de coercition en vertu duquel ils s'imposent à lui »[432]. Le fait social est un fait qui ne peut ne pas être. « Il convient de comprendre le lien social comme ce qui maintient, entretient une solidarité entre les membres d'une même communauté »[433].

Il y a lieu de distinguer entre les faits sociaux qui comportent des avantages pour la société[434] et ceux qui constituent des inconvénients sérieux dans un contexte africain, surtout malien. Ces derniers que nous qualifions de tares traditionnelles sont contraires aux principes et règles de l'État de droit. Certains éléments des traditions sociales sont considérés comme des freins à la promotion de l'égalité des citoyens. Ils se traduisent par une emprise réelle pour le juge et faussent toutes les données équitables d'un procès, de l'État de droit et du développement[435]. Ces pratiques se manifestent par des interventions auprès du juge, généralement par des

[431] AKINDES (F.), *« Le lien social en question dans une Afrique en mutation »*, p. 8. http://rkuzio.unblog.fr/files/2010/11/liensocialafriquemutation2.pdf Consulté le 29 octobre 2011.
[432] DURKHEIM (E.), *Les règles de la méthode sociologique*, in AKINDES (F.) *« Le lien social en question dans une Afrique en mutation »*, op. cit.,p. 10.
[433] *Idem.*
[434] Plusieurs de ces faits sociaux qui sont bénéfiques pour la société ont été juridiquement encadrés tels que le mariage.
[435] Entretien avec Monsieur Samba Sissoko, Magistrat au pôle économique et finance, entretien réalisé le 26 octobre 2011 à 13 heures.

personnages de son entourage[436]. Les liens sociaux sont utilisés pour parvenir à l'obtention du juge des faveurs, lui conduisant à écarter l'application du droit.

Le juge en charge du dossier, qu'elle soit en matière contentieuse ou gracieuse, se voit rapprocher par des personnes avec qui, le plus souvent, il tisse des relations sociales très fortes. Ces personnes peuvent être ses parents, ses collègues de travail (magistrats ou même auxiliaires de justice), des hommes influents du pouvoir politique, etc. Pour ces derniers, l'intervention ne se manifeste pas par un ordre donné au juge. Mais, plutôt, lui demander une indulgence à cause du lien social ou politique qui existe entre eux et le justiciable en cause. Il peut y arriver que le chef de l'exécutif, sans donner des ordres à un juge dans un dossier, lui demande la clémence au profit du justiciable qui, le plus souvent, s'entretient des relations avec lui. Il peut être parent du Président, ami, partisan politique, etc. Aucune couche sociale n'est épargnée de cette situation. Dans ces hypothèses, le juge se heurte à des difficultés sérieuses, et il lui est difficile souvent, malgré l'existence de son serment, de se déterminer dans un sens équitable entre les parties. Le juge se sent alors être redevable d'un devoir moral à l'égard de ces gens. Cette obligation morale trouve sa source parfois dans des services rendus au juge lui-même ou à ses siens par lesdites personnes, au cours de sa vie. Il s'agit peut-être de la famille dans laquelle, le juge aura passé ses études ou son enfance. Ou encore, celui qui l'a aidé à intégrer la magistrature, en utilisant les mêmes relations sociales[437].

En matière pénale, les interventions auprès du juge peuvent souvent lui obliger moralement, d'être flexible dans la poursuite. En d'autres termes, violer les règles de la répression au profit du présumé. Soit en lui faisant bénéficier une liberté provisoire, là où il ne devrait pas l'être[438]. Soit lui accorder des circonstances atténuantes, par exemple une condamnation à sursis, ou tout autre « cadeau » de la répression. Bref, le juge cherche un champ d'échappatoire au « recommandé »[439].

Souvent, le justiciable profite du système de cousinage dit « sinagoya » dans la langue maternelle pour solliciter l'indulgence du juge. Mais là, il faut le dire, peu de juge cède à ces tentatives. C'est le cas également des tentatives ou des menaces de sorcelleries. Parfois, les liens sociaux sont tellement si forts que l'opinion publique ne trouve aucun inconvénient majeur en aidant ses parents. Face à ce mode de pensée les principes démocratiques et de l'État de droit

[436] Idem.

[437] Il faut le dire, le recrutement des magistrats n'échappe pas aux problèmes d'utilisation des liens sociaux voir même de la corruption. Finalement, c'est un problème qui infecte tous les secteurs publics.

[438] Entretien avec Monsieur Samba Sissoko, Magistrat au pôle économique, entretien réalisé le 26 octobre 2011 à 13 heures.

[439] Le recommandé est celui dont l'intervention a été faite auprès du juge afin d'obtenir son indulgence.

s'effondrent. Par conséquent, la construction d'un État de droit fort et respectueux des droits fondamentaux nécessite une lutte acharnée contre ces maux. Cette lutte s'avère d'ores et déjà difficile et longue, car les différentes pratiques dont il s'agit n'épargnent aucune couche sociale. L'écrasante majorité de la population n'en bénéficie-t-elle pas ? Dans tous les cas, il y a une difficile répression du comportement. Profiter du tissu social pour obtenir l'indulgence du juge constitue-t-il la corruption ou le trafic d'influence ? La corruption, selon le Code pénal, qui peut être active ou passive nécessite l'existence d'une contrepartie[440]. Le trafic d'influence est un délit qui consiste à recevoir des dons (argent, biens) pour favoriser les intérêts d'une personne physique ou morale auprès des pouvoirs publics. C'est une forme de corruption. Or dans le contexte de l'utilisation du lien social, l'agent, ne reçoit pas une rémunération, en principe. Mais lorsque l'agent exécute le service demandé ensuite accepte par la suite un bien ou une somme d'argent peut-être constitutif de la corruption ou du trafic d'influence[441]. Là encore, il sera difficile pour la victime de le prouver.

Le problème est si crucial que certaines personnes voient l'existence de la corruption et les tares traditionnelles dans notre culture. Si cette idée est difficilement soutenable, on conçoit tout de même aujourd'hui que l'Etatmaliense caractérise par son incapacité à se départir de ses tares traditionnelles et à redéfinir une philosophie concrète qui permettra un fonctionnement normal des services publics de l'État y compris la justice. Tout Etat qui s'apparente à un tel système est menacé, sans doute, de déflagration politique, économique, sociale et culturelle, justement à cause de la violation des textes au profit du sentiment identitaire. En conséquence, une société embrasse la crise dès l'instant qu'elle ne peut pas se donner une conscience objectivée de sa propre situation. Il est temps que le Mali s'offre un chemin réel sans complaisance d'abandon de ses tares traditionnelles au profit d'une application stricte de ses instruments juridiques[442]. Cette prouesse tâche ne se réalise sans le sens élevé de la responsabilité de chaque Malien et plus spécialement une réelle volonté politique sans faille. Il urge d'organiser un forum national sur l'impact du lien social sur le fonctionnaire.

---

[440] Les articles 120 et svts de la loi n° 01 – 080 / AN – RM du 20 août 2001 portant code pénal en République du Mali. La corruption passive est le fait d'accepter d'être rémunéré pour accomplir ou ne pas accomplir un acte de sa fonction. La corruption active est le fait d'offrir, de rémunérer l'accomplissement ou le non-accomplissement d'un acte de sa fonction par un agent compétent.

[441] Il arrive que l'agent n'exige pas le paiement préalable d'une somme d'argent après l'accomplissement du service demandé, le justiciable peut lui offrir un cadeau, connu sous le nom « prix de cola » ou « prix d'essence » ou « prix de cigarette ».

[442] « La règle de droit n'a de sens que respectée, le droit subjectif n'a d'existence qu'à travers l'effectivité dont bénéficie son titulaire… La juridiction permet au droit subjectif d'être effectif, c'est-à-dire exister tout simplement. Sans juge, il n'y a pas vraiment de droit. Si la juridiction est partiale… le droit est précipité dans le chaos. » FRISON – ROCHE (M-A), *« L'impartialité du juge »*, préc., p. 53.

CONCLUSION DU TITRE I

La justice demeure l'ultime recours que dispose chaque citoyen pour exiger le respect de ses droits. La réalisation de cet idéal exige au préalable une facilitation d'accès à l'institution de la justice. Droit fondamental, l'accès au juge est protégé par la législation nationale et renforcé par les instruments juridiques internationaux. L'application de ces textes se heurte à des obstacles. Les plus déterminants sont ceux qui ont trait aux aspects socioculturels et économiques. La justice malienne s'inspire aujourd'hui du modèle occidental à travers ses concepts, ses modes d'organisation et de fonctionnement. Or la justice qu'a connue l'Afrique, s'en distinguait par son idéologie. En Afrique, la fonction essentielle de la justice est d'empêcher à tout prix des déchirures sociales. Par contre, celle de l'occident se soucie peu de celles-ci, sa mission essentielle est d'écraser ceux qui vont à l'encontre de l'intérêt général. La différence de conception entre justice traditionnelle et justice moderne constitue les prémices d'un réel obstacle d'éloignement psychologique de la justice des justiciables. À cela s'ajoute l'éloignement géographique des juridictions, le formalisme et la complexité du droit processuel.

Il y a aussi les contraintes économiques. Le droit d'obtenir la réalisation juridictionnelle de ses droits est entravé par la pauvreté qui rompt l'égalité de chance de succès et de perte du procès. Cette rupture devrait être palliée par une politique d'assistance judiciaire. Malheureusement, les textes votés à ce sujet restent inappliqués. Si l'accès au juge pose des difficultés, celui du bon juge n'en demeure pas moins. Il est évident que la justice doit être indépendante et impartiale, garanties consubstantielles à la fonction de juger. Le respect de ces exigences demeure faible, à cause de l'accroissement des pouvoirs de l'exécutif au détriment de la justice. Aussi, l'impartialité prévue par les textes est remise en cause. Deux raisons en expliquent : d'une part, l'impartialité est soutenue par des règles insuffisamment respectées et d'autre part, le poids des relations sociales rend difficile le respect de cette exigence. En définitive, il existe des obstacles relatifs au droit d'accès au juge et la faiblesse des garanties d'indépendance et d'impartialité du juge. D'où l'écart entre la théorie et la pratique. Le difficile accès des citoyens au service public de la justice et la faible garantie de l'indépendance et de l'impartialité du juge ne font que limiter l'effectivité des garanties procédurales, entraînant l'exécution sélective des décisions de justice. Ce sont là les conséquences des contraintes institutionnelles.

TITRE II

LES CONSÉQUENCES DES CONTRAINTES INSTITUTIONNELLES

Le procès équitable s'enracine dans le respect des principes garantissant un fonctionnement démocratique de l'instance[443], mais aussi de l'exécution effective dans un délai raisonnable de la décision du juge. Ce sont les garanties procédurales qui renvoient aux principes de célérité, de publicité et d'équité. Ces différentes exigences dont le juge est tenu d'appliquer ne le seront que si son indépendance et son impartialité sont effectives[444]. Or, dans le contexte actuel, l'indépendance et l'impartialité du juge malien présentent des faiblesses notoires dues essentiellement à l'influence du pouvoir politique et aux pratiques peu orthodoxes (l'existence des dossiers « juteux » constituent l'une des illustrations[445]). Les garanties procédurales du procès sont alors peu efficaces, aussi bien que le droit à l'exécution effective des décisions de justice. En dépit des efforts du législateur pour assurer la qualité de l'instance et l'exécution effective des décisions de justice, des obstacles persistent et sont de nature à vider la justice et les instruments juridiques de leurs sens. Les analyses suivantes décèleront cette volonté législative à travers l'examen des garanties procédurales, aussi bien que les différentes difficultés qui les entravent. Cette approche sera utilisée pour le chapitre relatif à l'exécution des décisions de justice.

Les conséquences des contraintes institutionnelles sont : l'effectivité limitée des garanties procédurales (Chapitre 1) et l'exécution selectivedes décisions de justice (Chapitre 2).

---

[443] BA (D.) *« Le droit à un procès équitable et impartial à l'épreuve de la justice de paix à compétence étendue au Mali »*, in Revue Trimestrielle de Droit Africain n° 861, 2007, p. 516.

[444] V° supra, p. 63 et svtes.

[445] Dans les coulisses de nos juridictions, il n'est pas rare pour les familiers et les collaborateurs des juges d'entendre fréquemment l'expression « dossiers juteux ». Le dossier est juteux, selon l'expression à eux, lorsqu'il est susceptible de rapporter gros c'est-à-dire si le juge peut soutirer de l'argent aux parties ou lorsque l'une des parties est capable de faire une offre au juge. Autrement dit, si l'une des parties peut corrompre le juge de façon plus importante.

CHAPITRE 1

L'EFFECTIVITÉ LIMITÉE DES GARANTIES PROCÉDURALES

Les principes de publicité, de célérité et d'équité s'appliquent indifféremment aux procès judiciaire et administratif. En plus, la nature particulière de chacun de ces procès recommande le respect des règles adaptées. Les garanties générales et spécifiques sont donc combinées pour donner au procès équitable sa physionomie complète. Elles sont dites procédurales, parce qu'elles sont liées au fonctionnement de la justice qu'à son organisation[446]. Le bon juge est celui, en plus de l'indépendance et de l'impartialité, qui veille au respect des exigences relatives au bon fonctionnement de l'instance ; lesquelles exigences font l'objet d'un contrôle par la Cour suprême[447]. Néanmoins, leur application n'est pas sans soulever des difficultés. Celles-ci sont principalement dues aux faiblesses des garanties d'indépendance et d'impartialité, aux mauvais comportements des acteurs de la justice, aussi et surtout à l'insuffisance de moyens[448].

Les causes ci-dessus constituent les facteurs évidents qui entravent le respect des exigences procédurales en droit commun (Section 1) et en droit spécial (Section 2).

---

[446] GUINCHARD (S.), CHAINAIS (C.), DELICOSTOPOULOS (C. S), et autres, *Droit processuel. Droit commun et droit comparé du procès équitable*, op. cit., p. 884.

[447] En plus de la consécration par les textes (CPCCS, CPP…), la Cour suprême du Mali veille à l'application correcte des garanties, par les juridictions inférieures, qui régissent l'instance. V° C.S.M. Civ.1, 18 mai 1998, arrêt n° 100, Alassane KEITA c./ Moussa BAMBA ; C.S.M. Civ.1, 27 août 2001, arrêt n° 131, D.D c./ T.C ; C.S.M. Civ.2, 23 janvier 2007, arrêt n° 001 Aïssata DICKO et Bréhima TRAORE c./ Amadou Alpha TRAORE ; C.S.M. Civ.2, 23 janvier 2007, arrêt n° 002, Abdoulaye DIALLO c./ Yaya TRAORE ; C.S.M. Civ.2, 23 janvier 2007, arrêt n° 003, Fodé SOUMARE c./ Doro KEBE ; C.S.M. ch. réun., 06 février 2007, arrêt n° 20, Fantouffe DIARRA c./ SONAREM, etc. Ces différents arrêts ont censuré les décisions des juridictions du fond pour violation du principe d'équité du procès, notamment le principe du contradictoire, la motivation de la décision, etc.

[448] L'insuffisance de moyens, nous le verrons plus tard, doit être relativisée, parce que souvent le budget de fonctionnement des juridictions n'est pas utilisé à bon escient.

SECTION 1. EN DROIT COMMUN DU PROCÈS

Assurer la qualité du procès, par le respect des garanties procédurales est un défi pour toute législation. En effet, chaque instance doit être assortie des garanties générales d'équité, de célérité, de publicité afin d'assurer l'efficience de l'acte de justice. Ces garanties de nature procédurales, lorsqu'elles ne sont pas assurées, ne manquent pas de déséquilibrer notablement la balance de la justice[449]. C'est le cas notamment du délai raisonnable (Paragraphe 1), la publicité et le principe d'équité (Paragraphe 2).

Paragraphe 1. Le délai raisonnable

Le souci majeur de tout justiciable en se rendant à la justice est d'obtenir une réponse, le plus tôt possible, à sa requête. Mais une réponse hâtive qui renvoie à une justice expéditive est risquée. Le juge a besoin du temps pour étudier les thèses des parties. L'adversaire doit avoir du temps pour préparer sa défense. C'est pour cette raison que « la rapidité n'est pas, et elle n'a d'ailleurs pas à être, la préoccupation première de la justice. Ce qui importe avant tout, c'est la qualité des décisions rendues. (...) Cette qualité ne peut être atteinte qu'en consacrant à chaque affaire le temps qu'elle requiert (…) pour toute autre raison, ce temps ne soit pas exagérément prolongé »[450]. Un délai excessif est une cause de déséquilibre du procès[451]. La célérité de la procédure s'inscrit alors dans la préservation de la crédibilité de la justice et son efficacité[452]. L'appréciation du caractère excessif de la durée est souvent délicate.

Au Mali, les facteurs qui retardent le procès sont nombreux (II) même si l'on conçoit que le concept de délai raisonnable n'a pas fait l'objet d'une clarification légale (I).

I. Les principes conceptuels du délai raisonnable du procès

Le caractère raisonnable ou excessif de la durée d'un procès doit être apprécié en fonction du cas d'espèce. Les instruments juridiques proclamant le droit à un procès équitable assujettissent la juridiction de rendre sa décision dans un délai ni trop excessif, ni trop expéditif, sans que l'on sache que recouvrent ces notions. En d'autres termes, le législateur n'a pas pris le

---

[449] SIDIBE (A. Y), *Droit et pratique du droit au Mali,* op. cit., p. 127.

[450] NORMAND, (J.) « *Le traitement de l'urgence : exception ou principe ?* », in CADIET (L.) et RICHER (L.) (Dr.), *Réforme de la justice, réforme de l'État*, p. 159.

[451] Un rapport du 19 décembre 2003 du Ministre français de la justice et garde des sceaux sur « la célérité et la qualité de la justice » constate que la notion de délai raisonnable consacrée par la CESDHLF est un critère de qualité de l'action judiciaire et du procès.

[452] SUDRE (F.), *Droiteuropéen et international des droits de l'homme,* op. cit., p. 391.

soin de définir le délai raisonnable sauf dans les matières ou « il n'y a pas de temps à perdre ou lorsqu'il est inutile de perdre son temps »[453]. Les textes ci-dessus sont issus soit du droit communautaire[454], soit de la législation nationale ou d'autres sources. S'il est évident qu'on n'exige pas du juge de rendre sa décision dans un délai préétabli[455], hormis ces cas ci-dessus, néanmoins, il lui est imposé le devoir de diligence[456].

La célérité ne doit, en effet, être synonyme ni de précipitation, ni même d'urgence[457]. Il est nécessaire que le déroulement d'une affaire puisse connaître des respirations. Par « concept raisonnable, il faut entendre modéré, mesuré, qui se tient dans une juste moyenne »[458]. La célérité doit être placée au service de l'efficacité, de l'effectivité et de la qualité de la justice. Elle doit être une valeur communément partagée, qui profite à tous les justiciables[459]. Dans le procès, ce qui compte n'est pas la quantité mathématique. Le temps du procès doit être un temps utile. C'est pourquoi il devrait y avoir une obligation particulière de vigilance, dans les procédures rapides, au regard du respect des garanties offertes aux plaideurs : respect des droits de la défense, de l'égalité des armes et des autres grands principes qui favorisent un procès équitable[460].

---

[453] Jacques Normand, citant un avocat général parisien, in : « *Dommage imminent et trouble manifestement illicite* », La justice civile au vingt et unième siècle, Mélanges Pierre Julien, Paris, 2003, p. 324.

[454] L'acte Uniforme Portant Organisation des Procédures Simplifiées de Recouvrement et des Voies d'Exécution adopté le 10 avril 1998. J.O OHADA N°6 du 1er juillet 1998. Il y a, entre autres, le référé, la reddition des comptes, l'injonction de payer et les matières relevant de l'accord de Bangui. Il est à préciser qu'il n'existe pas de référé en matière pénale, mais des méthodes de saisine du juge pénal contribuent à accélérer le procès.

[455] Ceci ne signifie nullement qu'il soit exempté de toute obligation de respecter un délai raisonnable. D'ailleurs, l'article 10 du code de déontologie annexé à la loi de 2002 portant statut de la magistrature dispose que : « le magistrat doit remplir ses obligations professionnelles dans un délai raisonnable et mettre en œuvre tous les moyens nécessaires pour tendre à l'efficacité. »

[456] L'article 7 du même code de déontologie dispose que : « L'intégrité, la diligence, l'égalité et l'impartialité sont des devoirs que le magistrat doit observer. »

[457] - Ce qui ne signifie nullement pas que le facteur d'urgence ne soit pas pris en compte dans certains cas. C'est l'hypothèse ou le législateur fixe un délai dans lequel le juge doit rendre son verdict, en matière de référé par exemple.

[458] CORNU (G.), *Vocabulaire juridique*, op. cit., p. 107.

[459] Rapport du 15 juin 2004 sur le thème « Célérité et qualité de la justice » dite Rapport PERBEN. Consultable sur le site www.documentationfrançaise.fr, le 31 janvier 2012, date de la dernière consultation.

[460] Lors d'une interview la question suivante fut posée au premier Président de la Cour d'Appel de Paris, Jean-Marie COULON : La critique principale des français est que la justice est trop lente. Quelle est votre réponse ? Le Président répondit en ces termes « … le problème ne se pose pas exactement de cette manière. Ce que les français attendent de nous, c'est un jugement, une décision de qualité. » RANCE (P.), *« La justice en procès, interview de Jean-Marie COULON, premier Président de la Cour d'appel de Paris »*, in Rec. Dalloz, n° 06, 2002, p. 493.

En l'absence de définition dans les instruments juridiques de la notion de délai raisonnable, les juridictions, sous d'autres cieux, ont comblé ce vide juridique en déterminant, « *in concreto* », au cas par cas, s'il y a violation de cette mesure. Cet exemple n'est pas suivi au Mali. Il sera alors judicieux de s'appuyer sur l'expérience européenne en matière d'appréciation de délai raisonnable qui peut nous servir d'orientation. Le délai raisonnable est une question de fait qui doit être examinée pour chaque affaire. Il paraît donc illusoire de raisonner en termes de jours, de mois ou d'années. Le juge européen pour évaluer la durée des procédures, prend en compte quatre (04) critères[461] que sont :

- le comportement des autorités nationales (autrement dit, les moyens accordés à la justice pour y parvenir) ;
- le comportement du juge ;
- le comportement des parties elles-mêmes ;
- enfin, la nature du litige et sa complexité, qui peuvent justifier que l'on prenne davantage de temps à l'examen du dossier.

Ce sont là les critères qu'utilise la Cour européenne des Droits de l'Homme pour apprécier le caractère raisonnable du procès[462].

La complexité s'apprécie par rapport à ses éléments de fait et de droit. Divers éléments peuvent attester de la complexité de l'affaire en fait (pour établir des faits pertinents) et en droit (complexité de l'administration de la preuve) : nombre de prévenus, volume et difficulté du dossier, nombre de personnes auditionnées, connexité, visites des lieux, nombre de charges dirigées contre le requérant et ses coaccusés, enquêtes à l'étranger[463]. Néanmoins, le juge européen précise que le droit des entreprises en difficulté n'est pas, en lui-même, de nature à engendrer des difficultés particulières justifiant un allongement du délai de la procédure[464].

Si tout justiciable a le droit de se prévaloir du droit d'être jugé dans un délai raisonnable, il n'en demeure pas moins d'être assujetti à l'obligation de contribuer activement au règlement du litige. Pour ce faire, le comportement des parties au procès est donc pris en compte dans l'appréciation du caractère raisonnable ou excessif de la durée de la procédure. Les parties n'ont-elles pas épuisé plusieurs avocats, provoqué de multiples incidents

---

461 « Le terme de critères est souvent utilisé à propos de la méthode qu'utilise la Cour pour apprécier le délai raisonnable. Il s'agit pourtant plus d'une appréciation par faisceau d'indices que de critères au sens strict. » V° MEUNIER (J.), *La notion de procès équitable devant la Cour européenne des droits de l'homme*, http://halshs.archives-ouvertes.fr/Consulté le 10 novembre 2012.

462 VALERY (A.), *Qu'est ce qu'un délai raisonnable au regard de la jurisprudence de la cour européenne des droits de l'homme ?* Le procès équitable et la protection juridictionnelle du citoyen, colloque Bordeaux, 29 – 30 septembre 2000, Bruyant 2001, p. 91.

463 KUTY (F.), *Le droit à un procès équitable au sens de la jurisprudence strasbourgeoise en 2001*, op. cit., p. 120.

464 CEDH, 17 janv. 2002, Laine c/ France, Dr. Et Proc. 2002, 153, obs. MARGUENAUD.

d'instance, négligé de répondre aux injonctions du juge ? Toutefois, il y a lieu de préciser qu'en matière civile, le requérant doit faire preuve de diligence normale afin d'activer la procédure[465]. Par contre, en matière pénale les prévenus ne sont pas obligés de collaborer de manière active à la procédure. Ils ont toujours le droit au silence[466]. Le caractère raisonnable est aussi apprécié en fonction du choix de la procédure suivie par le plaideur. Sa responsabilité n'est pas donc occultée quant à l'appréciation du caractère excessif ou raisonnable du délai du procès[467].

Il n'est pas que la complexité de l'affaire ou le comportement des parties, mais aussi, le comportement du juge. Il n'a-t-il pas été laxiste[468] ? N'a-t-il pas accordé trop de renvois, omis de sanctionner les inactions des uns et des autres ? A-t-il utilisé tous ses pouvoirs d'injonction favorisant la progression vers la solution du litige[469] ? Finalement, le délai raisonnable renvoie à un délai accélérateur du procès[470]. Le juge doit supprimer tout temps qui ne favorise pas la progression vers la solution du litige. Il doit veiller au bon déroulement de l'instance d'une manière effective, concrète et non illusoire[471]. L'appréciation du caractère raisonnable se fait sur l'ensemble de la procédure pour juger son caractère raisonnable ou excessif. En matière de « droits et obligations à caractère civil », le délai pris en compte court à compter de la saisine du juge jusqu'à la fin de la procédure, voies de recours incluses. En ce qui concerne les « accusations en matière pénale », le délai court à compter du jour où les soupçons portant sur le justiciable produisent des effets sur sa situation juridique, soit « dès l'instant qu'une personne se trouve « accusée » ; il peut s'agir d'une date antérieure à la saisine de la juridiction de jugement, celles notamment de l'arrestation, de l'inculpation et de l'ouverture des enquêtes préliminaires[472]. Le juge doit être alors diligent entre cet intervalle pour faire bon usage du délai raisonnable.

---

465 CEDH, 8 décembre 1983, *Pretto c./ Italie*, in Sudre et autres, *Grands arrêts de la Cour Européenne des Droits de l'Homme,* 5ème édit. n° 31.

466 Art. 14.3, g, du Pacte international relatif aux droits civils et politiques.

467 CEDH, 20 février 1991, Rec. Dalloz. 1992. obs. Renucci, p. 333.

468 CEDH, 28 juin 1978, Koïng c/ RFA, série A, n° 42.

469 « L'enjeu du litige par l'intéressé devait conduire les autorités judiciaires à un comportement diligent, ce qui n'est pas le cas en l'espèce, le magistrat de la mise en état ne semblant pas avoir fait plein usage des pouvoirs qui lui donne le code de procédure civile en matière de conduite de la procédure, notamment en donnant aux parties injonction de conclure. » CEDH, 9 novembre 1999, Gosalvo c/ France.

470 GUISSE (M.), *Le droit d'être jugé dans un délai raisonnable en matière pénale,* Thèse de doctorat sous la direction de Professeur Diaw DIOUF, Université Cheick Anta DIOP de Dakar, soutenue en 2011, p. 24 et svtes.

471 CEDH, 7 janv. 2003, C.D. c/ France. Le juge n'est pas suffisamment intervenu pour que l'expert dépose son rapport dans le délai afin que les parties puissent déposer leur conclusion.

472 V°. CEDH, 6 mai 1981, Bucchholz c/ RFA, série A, n° 42. En matière pénale, le point de départ est la notification officielle d'avoir commis ou tenté de commettre une infraction.

II. La célérité face à la pratique

La pratique de la procédure juridictionnelle au Mali est-elle conforme au principe de célérité ? Le constat de la lenteur des procédures juridictionnelles n'est un secret pour personne. La justice malienne est lente à « administrer les soins nécessaires à ses justiciables »[473]. Les causes de cette lenteur sont multiples et se relèvent pendant l'instance (la conduite et le déroulement de la procédure), après l'instance (la rédaction des factums), et pendant la phase de l'exécution des décisions de justice. En effet, la surcharge structurelle est souvent invoquée pour justifier la violation du délai raisonnable du procès. Il s'agit de : l'insuffisance de ressources humaines, du sous-équipement, de l'organisation générale déficiente (encombrement des rôles, manque de moyens budgétaires, surcharge de travail). Le juge européen pour sa part rejette le facteur d'engorgement des juridictions pour justifier la violation du délai raisonnable[474] aux motifs qu'il incombe à l'Etat de mettre le juge dans des conditions optimales de travail.

L'engorgement des juridictions, s'il est soutenu par beaucoup de magistrats, doit être relativisé pour deux raisons : d'une part, ce problème ne se pose pas devant toutes les juridictions[475], et d'autre part, la diligence du juge pourra être un facteur de résolution de ce problème. L'engorgement, s'il existe, n'est pas seulement facteur déstabilisateur du délai raisonnable, mais aussi, il compromet l'efficacité du juge. Il se traduit par l'accroissement du contentieux[476]. Quelques cas, parmi tant d'autres, peuvent illustrer nos propos. Il s'agit du cas du TPI de la commune IV, celui de Koulikoro et du tribunal de commerce de Bamako.

Le TPI de la commune IV du district de Bamako a traité en 2007, 1723 dossiers ; en 2008, 1789 ; en 2009, 2213 et en 2010, 2297. Soit un taux d'accroissement de 15,43 % enregistrés en 2008, 11,26 % en 2009 et 3,79 % en 2010. Il est alors évident que ces dernières années ont été marquées par un accroissement de contentieux au niveau de la commune IV du District de Bamako[477]. Une telle augmentation du contentieux ne justifie pas la violation du délai raisonnable si tous les juges font preuve de diligence dans le traitement des affaires. Le problème de l'engorgement est alors compliqué par le manque de diligence de bon nombre de magistrats.

---

[473] V° les derniers écrits sur la lenteur de la procédure judiciaire malienne. SIDIBE (A. Y), *Droit et pratique du droit au Mali*, op. cit.,p. 53. MOULAYE (Z.), DIABATE (A.) et DOUMBIA (Y.), *Gouvernance de la justice au Mali*, Bamako, édit, imprim. Color, Novembre 2007, p. 110 et svtes ; GUISSE (M.), *Le droit d'être jugé dans un délai raisonnable en matière pénale,* op. cit., 302 p.

[474] CEDH, 18 décembre 2001, SAPL c/ France.

[475] V° le cas du TPI de Koulikoro qui traite moins de trois cents affaires toutes matières confondues par an, Annexe VI, p. 345.

[476] Il ne s'agit pas seulement de l'accroissement du contentieux, encore faudrait-il que cet accroissement atteigne un certain seuil.

[477] V° Annexe V. p. 344.

La durée excessive des procédures juridictionnelles est sans conteste l'un des principaux griefs soulevés par les justiciables maliens. Cette situation déplorable n'est pas que l'apanage des systèmes judiciaires africains, dont le Mali. Sous d'autres cieux, on assiste de plus en plus à la condamnation des États pour violation de délai raisonnable[478]. Le comportement du juge malien est empreint du laxisme habituel du fonctionnaire malien de façon générale. Au Mali, peu de fonctionnaires sont ponctuels au travail. Une situation déplorable[479] ! Cet aspect pathologique n'est pas que du côté des magistrats, mais aussi des auxiliaires de justice qui occupent une place importante dans la conduite d'un jugement dans un délai raisonnable. C'est le cas notamment, lorsqu'une citation ou assignation servie en dehors du délai requis, la décision de renvoi pour citation de la part du juge, allonge nécessairement le traitement de l'affaire. Les manquements constants par les huissiers des formalités impératives pour la validité des citations sont à décrier[480]. Aussi, il peut y avoir du retard lorsque le greffier n'achemine pas diligemment les dossiers qui ont fait l'objet d'appel. Le manque de diligence des magistrats s'illustre aussi à travers le retard dans la rédaction des jugements.

Dans sa quête de célérité, le législateur malien impose la délivrance du jugement, à compter de son prononcé, dans un délai de quinze jours maximum[481]. Mais le prononcé du jugement suppose qu'il a été précédemment rédigé. Le législateur n'a admis aucun délai, semble-t-il, pour différer le jugement après son prononcé. Néanmoins, « le prononcé peut se limiter au dispositif »[482]. Cette disposition dispense le juge à faire lecture des parties de son jugement ayant trait à l'exposé des prétentions et moyens des parties, à la procédure et aux motivations. En aucun cas, elle ne saurait autoriser la rédaction du jugement après le prononcé. Malheureusement, on constate l'inverse de cette règle dans nos juridictions. En plus, pour apporter la célérité, le législateur malien se montre flexible quant à la signature du jugement. Il dispense, à cet effet, la signature du président pour laisser place

[478] La France est régulièrement condamnée par la CEDH pour délai déraisonnable d'une procédure, qu'elle soit pénale (Kemmache c./ France, 27 nov. 1991, A. 218 ; Tomasi c./ France, 27 août 1992, A. 241 A ; Dobbertin c./ France, 25 février 1993, A. 256 D) ou administrative (H. c./ France, 26 octobre 1989, A. 162 A).

[479] Une technique de contrôle de ponctualité a été mise en place en 2010, mais elle est restée vaine. Elle consistait, en effet, à se faire inscrire par ordre d'arrivée dans un registre tenu à cette fin dans tous les services publics de l'Etat. Finalement on s'est rendu compte que bon nombre de services ont trouvé des moyens de contourner cette règle.

[480] « Une insuffisance d'ordre textuel, une interprétation libérale et une pratique peu orthodoxe sont entre autres critiques que suscite l'examen de la question de l'information du défendeur de l'existence du procès engagé contre lui » SIDIBE (A. Y), *Droit et pratique du droit au Mali*, op. cit., p. 66 et svtes.

[481] Art. 464 al. 3 du Décret n° 09 – 220/ P-RM du 11 mai 2009, modifiant le décret n° 99 – 254/ AN – RM du 15 septembre 1999 portant code de procédure civile commerciale et sociale du Mali, préc.

[482] Art. 460 al. 3 du code de procédure civile commerciale et sociale, préc.

à la simple mention ou même, en cas de collégialité, la signature d'un seul juge[483]. Qu'elle soit en matière pénale ou civile ou administrative, « le retard dans la rédaction du jugement déjà prononcé est une violation des règles de procédure ou un manque de diligence constitutif de faute professionnelle au sens de l'article 71 de la loi n° 02 – 054/AN – RM du 16 décembre 2002 portant statut de la magistrature »[484]. Les causes du retard dans la rédaction des jugements sont entre autre l'ignorance, le manque de motivation et de la gestion inefficiente du personnel, constat d'un juge[485].

En matière pénale, la production du bulletin N° 2 (article 90 du CPP[486]), l'absence d'un fichier central informatisé des condamnés conduit inéluctablement à des retards dans le jugement. Il y a lieu également de décrier l'expertise mentale qui retarde considérablement le procès. Il n'existe pas de spécialiste en la matière. À cela, s'ajoutent les expertises graphologiques, dactyloscopiques ou balistiques[487]. Le manque d'experts judiciaires conduit forcément le juge à des erreurs aux conséquences désastreuses.

La violation du délai raisonnable du procès doit être compensée par un recours effectif permettant d'indemniser les victimes. Malheureusement, le législateur n'a pas consacré de disposition spécifique pour ce chef. Sauf, à engager la responsabilité de l'État pour dysfonctionnement des services publics. La victime pourra faire recours à l'article 125 de la loi 87 – 31 AN-RM du 29 août 1987 fixant le Régime Général des Obligations (RGO). Une telle responsabilité qui consistera à allouer des dommages et intérêts au profit de la victime, posera le problème de son recouvrement. Sous d'autres cieux, la responsabilité de l'État ne fait aucun doute. Elle est engagée toutes les fois qu'il n'existe pas de conditions réelles permettant au juge de rendre sa décision dans une durée raisonnable. Les écueils de l'engorgement n'empêchent pas cette responsabilité[488]. Au Mali, certains magistrats ont fait l'objet de condamnation de violation de délai raisonnable à s'en tenir à certains dires[489]. En réalité, l'absence de recours effectif et direct pour

[483] Art. 464 du CPCCS, précité : « Le jugement est signé par le Président et par le greffier. En cas d'empêchement du président, mention en est faite sur la minute. Lorsque le jugement aura été rendu par une formation collégiale, la minute peut être signée par l'un des juges qui en ont délibéré en cas d'empêchement ou d'absence du président. »

[484] SIDIBE (A. Y), *Droit et pratique du droit au Mali*, op. cit., p 33.

[485] *Idem*

[486] Loi N°01-080 AN-RM du 20 août 2001 portant Code de Procédure Pénale en République du Mali.

[487] SIDIBE (A. Y), *Droit été pratique du droit au Mali*, op. cit., p 32 et svtes.

[488] Il appartient à l'Etat, sauf de voir sa responsabilité internationale engagée, de prendre des mesures efficaces pour remédier à l'engorgement passager du rôle d'un tribunal. CEDH, H. c/ France, 26 octobre 1989 ; in SUDRE (F.), *Droit européen et international des droits de l'homme*, op. cit., p. 393.

[489] Au cours de nos enquêtes, certains magistrats nous ont fait savoir que certains de leurs collègues ont fait l'objet de sanction pour durée excessive du traitement des affaires. Certains sanctionnés avaient plus de 500 jugements non rédigés donc des années de travail sans

violation de délai raisonnable du procès rend ineffective cette garantie substantielle. Le juge est non seulement assujetti à l'obligation de rendre sa décision dans un temps non excessivement long, mais aussi et surtout celle-ci doit respecter les principes d'équité et de publicité.

Paragraphe 2. L'équité et la publicité de la procédure

La mise en œuvre du procès équitable exige le respect de tous les principes fondamentaux nécessaires à une bonne justice, dont l'équité et la publicité. L'équité constitue la sérénité d'une décision rendue conformément aux prescriptions légales en tenant les parties sur un pied d'égalité et la publicité suppose l'information des tiers sur la portée et la teneur de ladite décision. La publicité se présente alors comme un élément de l'équité du procès, mais constitue une garantie autonome[490]. Admettant des exceptions, la garantie de la publicité ne pourra atteindre son objectif d'information dans un contexte où la langue dans laquelle le procès se tient reste quasi-inaccessible aux citoyens. Ce problème peut aussi affecter l'équité du procès dans la mesure où celui-ci est rendu dans la même langue. Néanmoins, la régularité de la procédure implique le respect de l'équité (I) et le principe de la publicité (II).

I. L'équité de la procédure

Garantie autonome, l'équité implique le respect de plusieurs autres principes telles que l'égalité des armes, la contradiction, la motivation des décisions ou encore la compréhension de la langue du procès, mais aussi et surtout la laïcité de la juridiction[491].

---

redaction de jugement. Ces sanctions, faut-il le reconnaître, ne réparent pas le préjudice subi par les justiciables victimes.

490 V° art. 10 de la DUDH, art. 14 du PIDCP, art. 7 de la CADHP, etc.

491 A cette liste, il y a lieu d'ajouter la laïcité du procès. L'article 25 al 1 de la constitution du 25 février 1992 a évoqué la laïcité sans pour autant proposer une définition. « Elle est l'expression juridique d'une conception politique de l'Etat, qui implique la séparation de la société civile et la société religieuse ». V° CABRILLAC (R.), FRISON – ROCHE (M-A) et REVET (T.) (Dir), *Libertés et droits fondamentaux, Notions et sources : l'être, le citoyen, le justiciable, l'auteur économique et social,* Paris, Dalloz, 12ème édit. 2006, p. 535. La laïcité ne signifie pas l'absence de prise en compte des convictions religieuses par le droit. Au Mali, semble t-il, il n'y a presque pas de discriminations fondées sur la race ou la religion quant à l'accès à la profession de magistrat et à l'exercice de ses droits devant le juge. En d'autres termes, le juge malien, jusqu'à preuve du contraire ne s'est pas servi du critère religieux pour fonder sa décision. Si la juridiction n'est pas laïque, c'est la négation de la valeur fondamentale de la démocratie. La laïcité ne sera pas développée, dans la mesure où elle ne pose pas de problème dans sa mise en application.

L'utilisation du mot arme peut paraître paradoxale dans la procédure juridictionnelle[492]. S'appliquant entre les parties[493], le respect de l'égalité des armes permet de s'assurer du traitement égalitaire des parties durant le déroulement de l'instance quant à l'exercice de leurs droits. L'égalité des armes « implique donc de proscrire toute discrimination qui serait fondée sur des critères de distinction tels que la race, la religion ou le sexe et elle conduit, en sens inverse, à compenser certaines inégalités : l'aide juridictionnelle permet à ceux qui n'ont pas les moyens de faire valoir leurs droits en justice »[494]. C'est le « juste équilibre entre les parties »[495]. Autre sève nourricière du procès équitable, l'égalité des armes suppose « la possibilité raisonnable pour une partie d'exposer sa cause dans les conditions qui ne la désavantagent pas d'une manière appréciable à la partie adverse »[496]. L'une des conséquences de l'égalité des armes est le principe du contradictoire[497] et la motivation qui permet de suivre le raisonnement du juge pour s'assurer le respect de cette égalité des armes.

Le principe du contradictoire est celui par lequel toute personne mise en cause doit être en mesure de faire valoir les arguments en sa faveur en se protégeant contre la perspective d'une décision défavorable. Aussi paradoxal que cela puisse paraître, le principe du contradictoire n'est prévu ni par le PIDCP, ni par la CADHP. Pourtant essentiel pour que chacune des parties ait la possibilité d'attaquer et de se défendre, de connaître et de discuter les documents produits, les témoignages déposés, d'assister à certaines procédures de preuve telle que l'enquête ou l'expertise, etc. Le principe du contradictoire est un élément fondamental de la loyauté des débats qui s'impose non seulement aux parties, mais aussi au juge, et en toute

---

[492] DINTILHAC (J. P.), *L'égalité des armes dans les enceintes judiciaires*, www.courdecassation.fr consulté le 7 Août 2011.

[493] La CEDH, pour sa part refuse l'application du principe de l'égalité des armes entre l'une des parties et la juridiction. CEDH, Nideröst-Huber c./ Suisse, 18 février 1997, GACEDH, n°28. V° aussi http://www.rtdh.eu/pdf/19970218_niderost-huber_c_suisse.pdf consulté le 30 octobre 2011.

[494] DINTILHAC (J. P.), *L'égalité des armes dans les enceintes judiciaires*, préc., p. 1.

[495] SUDRE (F.), *Droit international et européen des droits de l'homme*, op. cit., p. 368.

[496] Une différence de traitement dans l'audition de témoins peut donc être de nature à enfreindre ce principe. Il a été, aussi, jugé que le fait d'entendre une personne ne pouvant être entendue sans serment, ne porte pas atteinte à ce principe, s'il ne ressort pas que le tribunal ait accordé un poids particulier au témoignage d'une autre personne, du fait de son assermentation. V° CEDH, 23 juin 1993, Ruiz Matéos c./ Espagne, Série A, N° 211 ; DomboBeheer c/ Pays-Bas, 27 oct. 1993 ; Ankerl c/ Suisse, 23 oct. 1996, etc.

[497] « Le Comité des droits de l'homme rappelle que la notion de procès équitable au sens du paragraphe 1 de l'article 14 du PIDCP doit être interprétée comme imposant un certain nombre de conditions, telles que l'égalité des armes et le respect du principe du débat contradictoire. » V° CDH, 8 avril 1992, Dieter Wolf c./ Panama. Violation de l'article 9 (par. 3), de l'article 10 (par. 1 et 2) et de l'article 14 [par. 1 et 3 b) et d)] du Pacte international relatif aux droits civils et politiques. Consulté le 30 octobre 2011.
http://www.unhchr.ch/tbs/doc.nsf/0/6f8e37acccf728d2c1256ad900508414?Opendocument

matière[498]. Ainsi, la formule adoptée par le législateur malien semble plus tranchée, lorsqu'il énonce que le juge doit, en toutes circonstances, faire observer et observer[499] lui-même le principe du contradictoire. Il ne peut fonder sa décision sur les moyens de droit qu'il a relevés d'office sans avoir, au préalable, invité les parties à présenter leurs observations[500]. Cette situation leur assure une égalité, laquelle égalité entraîne une possibilité de prendre connaissance des documents et pièces essentiels du procès et la faculté de discuter ces éléments[501]. Le juge est tenu du respect de la contradiction sous peine de nullité de sa décision[502]. La Cour suprême du Mali considère le respect de la contradiction comme l'un des éléments de l'équité du procès[503]. Cette position de la Cour suprême est une consécration législative en la matière[504]. Le principe du contradictoire exige aussi la communication des pièces qui est tirée de l'obligation formulée par l'article 15 du CPCCS. Elles doivent être communiquées spontanément, loyalement, en temps utile à la partie adverse[505]. Le principe est que le juge doit écarter du débat les pièces tardivement communiquées. Pourtant, il ne doit le faire que s'il y a risque d'atteinte aux droits de la défense. Un renvoi de l'audience à une autre date est alors nécessaire. En effet, le juge ne peut retenir dans sa décision que les moyens, explications et documents qui ont

---

498 CEDH, 23 juin 1993, Ruiz Mateos c/ Espagne. Série A, n° 262, § 63. V° aussi MUSHIGO (A.), GIZANGA GINGOMBE (R.), *Les principes généraux du droit et leurs applications par la cour suprême de justice du Congo*, in GAMANDA (M. N.), *Le droit à un procès équitable*, op. cit., p.75.

499 Observer et faire observer signifie respecter et faire respecter.

500 L'art. 16 du CPCCS du Mali, précité.

501 Le caractère contradictoire du débat implique que la partie adverse soit avisée des actes posés par le demandeur et vice versa, et suivant une citation régulière c'est-à-dire conforme aux articles 250 et suivants du CPP et 26, 27 et 610 du CPCCS. La violation de cette règle, constituant l'axe sur lequel s'arc-boute le droit de défense inaliénable, revient à favoriser l'une des parties au détriment de l'autre. Le principe du contradictoire est une des caractéristiques inhérentes à la fonction de juger, c'est-à-dire de donner la possibilité à chacune des parties de présenter son point de vue avant que le juge ne rende sa décision. Constitue une violation des articles 11 et 16 du CPCCS, « la non-comparution de l'expert pour discuter contradictoirement avec le mémorant les points par lui contestés ». V° C.S.M. 17 mai 1999, arrêt n° 135, Abdoulaye Sow C/ la BDM-SA. V° aussi, arrêt n° 145 du 19 juin 1997 (Violation du principe du contradictoire).

502 C.S.M., arrêt n°210 du 01 oct. 2007 qui censure un arrêt de la cour d'appel pour violation du principe du contradictoire.

503 CSM, arrêt n° 37 du 23 juillet 2007 et n° 51 du 17 septembre 2007.

504 A cet effet, l'article 14 CPCCS dispose qu' : « aucune partie ne peut être jugée sans avoir été au préalable dûment entendue ou appelée » ; et l'article 15 y ajoute « les parties doivent se faire connaître mutuellement en temps utile, se faire communiquer les moyens de fait sur lesquels elles fondent leurs prétentions, les éléments de preuve qu'elles produisent et les moyens de droit qu'elles invoquent afin que chacun soit à même d'organiser sa défense ». V° aussi les articles 16, 17 et 450 du CPCCS.

505 C.S.M, Civ. 1ère, 17 avril 2000, arrêt n° 57 ; C.S.M, Civ. 1ère, 10 janvier 2000, arrêt n° 17 ; C.S.M, Civ. 2ème, 23 novembre 1999, arrêt n° 313 ; C.S.M, Civ. 1ère, 22 novembre 1999, arrêt n° 298.

fait l'objet d'une discussion contradictoire[506]. Peu importe que le moyen soit de fond ou de procédure, peu importe qu'il soit d'intérêt privé ou d'ordre public[507].

En matière pénale, le jugement est nécessairement contradictoire à l'égard du Ministère public dont la présence aux audiences correctionnelles est impérative. La présence des parties, principalement de la personne poursuivie, est un principe nécessaire et ce, à peine de nullité[508]. S'il est libre, le présumé doit déférer à la convocation ; détenu, il est extrait de la maison d'arrêt et conduit aux débats. Cependant, la présence du prévenu ou accusé n'est pas strictement indispensable. Lorsqu'il est libre, il peut être jugé par défaut (en matière correctionnelle) et par contumace (en matière criminelle). S'il est détenu et refuse de comparaître malgré la sommation par l'huissier qui doit alors lui être faite, le président peut, soit le faire amener par la force, soit ordonner que malgré son absence, il est passé outre aux débats. Le jugement est réputé contradictoire lorsque le prévenu cité à sa personne n'a pas comparu[509]. Par contre, il est de défaut « si la citation n'a pas été délivrée à la personne du prévenu et s'il n'est pas établi qu'il ait eu connaissance de cette citation, la décision, au cas de non-comparution, est rendue par défaut »[510]. Il y a aussi l'« itératif défaut » ou le « débouté d'opposition » lorsque « le prévenu qui a fait opposition à un précédent jugement rendu par défaut ne comparaît pas pour voir statuer sur son opposition alors qu'il est informé de la date d'audience »[511]. Il est inattaquable par voie de l'appel, ce qui est justifié par l'inaction de la personne intéressée. Le jugement avant-dire droit venant s'ajouter à la liste, se borne par exemple à ordonner une mise en liberté, une expertise, un supplément d'information[512].

Si le juge est tenu de respecter et de faire respecter le principe du contradictoire, il n'est pas moins assujetti à l'obligation de motiver sa décision à peine de nullité[513]. La motivation est nécessaire à la qualité de la décision à rendre. Elle est le rempart contre l'arbitraire en forçant le juge à

---

[506] Si juge est habilité de rendre une décision suivant une procédure unilatérale, l'intéressé à l'insu duquel la mesure a été prise dispose d'un recours approprié contre la décision qui lui fait grief afin d'établir une discussion contradictoire. Art. 16 et 17 CPCCS.

[507] CADIET (L.), *Droit judiciaire privé,* N° 1094, p 160.

[508] NICOLOPOULOS (P.), *La procédure devant les juridictions répressives et le principe du contradictoire*, RSC, 1986, p. 1.

[509] Ceci est aussi le cas de la citation en matière civile.

[510] Art. 398 du CPP, préc.

[511] OUGADEY (W.), *Cours du siège correctionnel destiné aux auditeurs de justice de l'ordre judiciaire*, cours dactylographe P. 17.

[512] Art. 432 alinéa 1 CPP dispose à cet effet que « s'il y a lieu de procéder à un supplément d'information, le tribunal peut l'ordonner avant-dire droit. »

[513] Art. 463 du CPCCS.

prendre conscience de son opinion, de sa portée[514]. « Elle est indispensable à la justice et à la bonne administration de la justice. Elle suscite la réflexion, car, à travers elle et au-delà d'une simple analyse formaliste de ses effets, c'est l'image du juge, le problème de son raisonnement de ses pouvoirs qui sont en question »[515]. La motivation n'est pas une norme juridique, elle est la justification ou l'explication d'un moyen de production d'une norme juridique[516]. Sans entrer dans des considérations philosophiques, la motivation est un instrument pour justifier ou expliquer son choix. Elle permet de suivre le raisonnement du juge, pour vérifier l'opportunité de sa décision ouvrant droit à caution. En aucun cas, elle n'impose à la juridiction de répondre de manière détaillée à chaque argument. Elle ne peut ni revêtir un caractère lapidaire ni totalement absent. L'étendue de l'obligation de motiver peut varier selon la nature de la décision et doit s'analyser à la lumière des circonstances. En revanche, elle perd tout son sens si la motivation elle-même démontre que les juges n'ont pas lu les pièces essentielles du dossier[517].

La motivation permet à la haute juridiction d'exercer son contrôle. C'est à ce titre que l'article 523 al. 1 du CPP dispose que : « les arrêts de la chambre d'accusation ainsi que les arrêts rendus en dernier ressort sont déclarés nuls s'ils ne contiennent pas de motifs ou si leurs motifs sont insuffisants et ne permettent pas à la Cour suprême d'exercer son contrôle et de reconnaître si la loi a été respectée dans le dispositif ». La chambre criminelle exerce un contrôle tatillon sur la motivation des décisions[518]. Le juge du fond doit constater les éléments du délit et préciser les circonstances de fait dans lesquelles il a été commis et fait apparaître le mode de saisine de la juridiction. Cette obligation de motivation, ainsi que nous pouvons mesurer la portée et toute l'importance dans un procès qu'il soit administratif, civil ou pénal, permet aux justiciables de connaître les raisons qui ont poussé le tribunal, en fait et en droit, à prendre sa décision. Le juge ne doit pas fonder sa décision sur des témoignages vagues et des motifs généraux qui empêcheraient la Cour suprême d'exercer son contrôle[519].

---

514 ANDRIANTSIMBAZOVINA (J.), GAUDIN (H.), MARGUENAUD (J-P.), RIALS (S.), SUDRE (F.), (Dir.), *Dictionnaire des droits de l'homme*, Paris, PUF, 1ère édit., 2008, p. 809.

515 RUIZ FABRI (H.) et SOREL (J-M), (Dir.), *La motivation des décisions des juridictions internationales*, édit. A. PEDONE, Coll. Contentieux international, p. 15. http://cerdin.univ-paris1.fr/IMG/pdf/Conclusions_motivations.pdf, Consulté le 25 mars 2012.

516 *Idem.*

517 ANDRIANTSIMBAZOVINA (J.), GAUDIN (H.), MARGUENAUD (J-P.), RIALS (S.), SUDRE (F.), (Dir.), *Dictionnaire des droits de l'homme*,op. cit., p. 809.

518 CSM, crim., 03 décembre 2001, arrêt n° 65 ; CSM, crim., 08 octobre 2001, arrêt n° 70 ; CSM, crim., 08 octobre 2001, arrêt n° 71 ; CSM, crim., 19 avril 2001, arrêt n° 19 ; CSM, crim., 04 juin 2001, arrêt n° 24 ; CSM, crim., 17 septembre 2007, arrêt n° 41 ; CSM, crim., 17 septembre 2007, arrêt n° 42 ; CSM, crim., 17 septembre 2007, arrêt n° 51 ; CSM, crim., 03 décembre 2007, arrêt n° 65 ; CSM, crim., 03 décembre 2007, arrêt n° 68.

519 CSM, Civ., 1er octobre 2007, arrêt n° 210, affaire I.D C/ N.S.

Certains jugements sont réputés nuls pour absence de motifs et parmi lesquels on retient entre autres : les jugements de relaxe qui ne justifient pas le renvoi des fins de poursuite[520] ou qui se bornent à constater la contradiction des témoignages[521]. Une décision allouant des dommages-intérêts du chef de l'infraction, sans constater l'existence d'un préjudice direct[522]. En plus, la motivation d'une décision juridictionnelle peut être annulée en raison de son caractère incohérent, contradictoire, insuffisant, ambigu, dubitatif et hypothétique. Ainsi a été reconnu nul pour contradiction de motifs, l'arrêt de la cour d'appel de Bamako qui affirme l'absence d'une preuve d'immatriculation d'une partie alors qu'elle constate la reconnaissance tacite de l'INPS (Institut National de Prévoyance Sociale), de l'immatriculation du travailleur (requérant)[523]. De même, exposé à la censure du juge suprême pour défaut de motifs, le juge d'appel qui ne se conforme pas à un procès verbal de conciliation ou qui a ajouté d'autres éléments autre que ce qui était précédemment prévu par ce procès[524]. Un arrêt de la cour d'appel de Bamako crée une confusion influant nécessairement sur l'intelligibilité de ses motifs, et manque de base légale en condamnant un employeur au paiement d'une somme d'argent pour toutes causes confondues alors que les droits des travailleurs sont calculés sur les bases rigoureusement déterminées par le code de travail, et ne peuvent être confondues à d'autres éléments de réparations[525]. Souvent, la Cour suprême traite comme équivalent l'insuffisance de motifs et défaut de motifs[526].

Le jugement pénal comme tout jugement comporte le motif et le dispositif. Le motif, comme on a eu à plusieurs reprises à marteler, sont les raisons retenues par le juge à l'appui de sa décision. Les arrêts aussi bien que les jugements rendus en dernier ressort doivent être motivés[527]. Lorsque le prévenu, le cas échéant, le ministère public ou la partie civile n'ont pas pris de conclusions motivées sur l'action publique, il y a, au minimum deux exigences à observer. D'une part, le jugement n'est pas « motivé en droit » si le juge du fond a omis d'indiquer les dispositions légales qui définissent les éléments constitutifs de l'infraction ou celles qui établissent la peine. D'autre part, le jugement n'est pas « motivé en fait », s'il n'énonce pas le fait

---

520 Cass. Crim. 30 décembre 1927. Bull. crim, n° 338.
521 Cass. Crim. 27 novembre 1920. Bull. crim, n° 464.
522 Cass. Crim. 9 octobre 1956. Bull. crim, n° 406.
523 CSM., Soc, 11 octobre 1999, arrêt n° 64, Mamadou DIABATE c./Dioma TRAORE. V° CSM, Civ. 1ère, 6 avril 1998, arrêt n° 62, Souleymane KONE c./Bougadary DAGNON ; CSM., Civ. 1ère, 22 novembre 1999, arrêt n°298, Mahamadou TRAORE c./ héritiers de Diomassy SISSOKO.
524 CSM., Soc., 14 juin 1999, arrêt n° 22, Boubacar TRAORE c./ Garage Mercedes.
525 C.S.M., Soc., 14 juin 1999, Makan MAKADJI C/ la Société SOMAFAM.
526 C.S.M., Civ., 18 mars 2003, arrêt n° 49, Dame D.D c./ F.M.
527 Art. 523 al. 1 du CPP.

constitutif de l'infraction[528]. Quant au dispositif, il mentionne les faits, les textes de loi applicables ainsi que la peine et les condamnations civiles[529]. De même, la qualification du jugement qui peut être contradictoire, réputé contradictoire ou par défaut. Le jugement peut-être contradictoire à l'égard d'une partie et par défaut ou réputé contradictoire à l'égard de l'autre partie. L'omission de cette mention peut être source de difficultés quant à l'exercice des voies de recours. En effet, les dispositifs peuvent être rangés en deux catégories. Il y a d'une part, les jugements étrangers au fond de l'affaire qui sont eux-mêmes de deux ordres. Ce sont les jugements d'avant-dire droit qui ne dessaisissent pas la juridiction et ensuite les jugements décidant l'incompétence de la juridiction[530], qui, eux au contraire la dessaisissent. Il existe d'autre part, les jugements sur le fond de l'affaire qui également se subdivisent. Il y a nécessairement les décisions sur l'action publique qui retiennent la culpabilité ou prononcent au contraire la relaxe (concernant toutes les juridictions autres que la cour d'assises) ou l'acquittement (concernant la cour d'assises). Il peut y avoir ensuite les décisions sur l'action civile.

Devant les juridictions maliennes, les justiciables peuvent se faire comprendre par le biais d'un interprète qui, d'ailleurs, constitue l'un de leur droit. Toute fois, si une personne reçoit une citation à comparaître dans une langue qu'elle ne comprend pas ne peut se plaindre d'une violation du droit à un procès équitable, si elle dispose du temps et des facilités nécessaires pour en obtenir une traduction[531]. Le défendeur à un procès civil ne peut prétendre à une méconnaissance du procès équitable s'il était assisté d'un avocat connaissant la langue de la procédure, et que la nature de l'affaire ne rendait pas indispensable la participation personnelle dudit défendeur[532]. Nos juridictions qui sont réputées pour leur strict respect de ce droit à un plaideur non francophone peuvent faire l'objet de diatribes de ne pas avoir des interprètes en nombres suffisants et suffisamment formés. Un tel déficit peut par ricochet influencer la qualité du procès. L'utilisation d'autres langues autres que le français comme le « bambara » ne doit se heurter en aucun obstacle si les magistrats et les parties ont tous une habilité incontestable dans l'art de manier cette langue. La publicité permet aux tiers de vérifier le respect des principes qui viennent d'être examinés.

---

[528] RIGAUX (F.), *La nature du contrôle de la cour de cassation*, Bruylant, Bruxelles, 1996, n° 204.

[529] Art. 441 CPP « Dans le dispositif de tout jugement de condamnation, seront énoncés les faits dont les personnes citées seront jugées coupables ou responsables, ainsi que les textes de loi appliqués, la peine et les condamnations civiles, sous peine de 5000 francs d'amende contre le greffier. »

[530] Toute juridiction, même d'office, apprécie sa compétence, à l'exception de la cour d'assises dont la compétence est fixée irrévocablement par la décision de renvoi.

[531] SUDRE (F.), *Droit international et européen des droits de l'homme,* op. cit. p. 342.

[532] *Idem.*

II. Le principe de publicité de la procédure

La publicité de la procédure apparaît comme un gage nécessaire pour la transparence sur lequel repose une justice démocratique. L'article 14 du pacte international relatif aux droits civils et politiques affirme que toute personne a droit à ce que sa cause soit entendue publiquement. Élément indispensable du procès équitable, la publicité est exprimée par les textes[533] maliens, parmi lesquels, le CPCCS qui prévoit que les débats sont publics sauf les cas où la loi exige qu'ils aient lieu en chambre du conseil[534]. Le principe est la publicité, l'exception le huis clos. Cette exigence fait réminiscence au système judiciaire traditionnel. L'arbre africain de la palabre met l'accent sur le caractère public des procès qui se tenaient au pied d'un grand géant arbre en présence d'une cohue d'individus. Toutefois, le juge est autorisé à organiser le procès en catimini si sa divulgation est susceptible de troubler l'ordre public ou de nature à porter atteinte aux bonnes mœurs[535]. Il en est de même les procès concernant les mineurs. Le huis clos peut être prononcé pendant la totalité ou une partie du procès. Selon la Cour européenne des Droits de l'Homme, la publicité de la procédure protège les justiciables contre une justice secrète échappant au contrôle du public et l'un des moyens qui contribuent à préserver la confiance dans les cours et tribunaux. Par transparence qu'elle donne à l'administration de la justice, elle aide à réaliser le but escompté, à savoir le procès équitable[536]. Malencontreusement, le législateur malien (à notre connaissance) n'a prévu aucune modalité de publicité sauf en pratique où l'on constate la lecture à haute voix et l'affichage de certaines décisions ce qui paraît préjudiciables dans un Etat où plus de la moitié des citoyens ne comprennent pas la langue du procès. Ce mutisme opiniâtre du législateur contribue à prospérer des manœuvres dilatoires, car il suffit pour l'une des parties de s'en prévaloir pour diligenter un recours approprié susceptible de reporter le délai de l'exécution des décisions. Chacun connaît l'adage en formulation anglaise qui ici prend tout sens « justice is no only to bedone, but to beseen to bedone », ce qui se traduit par : « la justice ne doit pas

---

[533] Art. 41 CPCCS et l'article 4 de la loi organique 09-025/AN-RM portant modification de la loi organique n°96-071 du 16 décembre 1996 fixant l'organisation, les règles de fonctionnement de la Cour suprême et la procédure suivie devant elle.

[534] Art. 441 du décret n° 99 du 15 septembre, précité. V° aussi l'article 1 al. 2 de la loi n° 88 – 39 / AN – RM du 5 avril 1988, portant réorganisation judiciaire prévoit que « Les audiences de ces juridictions sont publiques, à moins que cette publicité ne soit dangereuse pour l'ordre public ou les mœurs, auquel cas le président de la juridiction saisie ordonne le huis clos. »

[535] La préservation de l'ordre public nécessitait le déroulement du procès de l'ex-président de la République Moussa TRAORE à huis clos. Il fut Président de 1968 à 1991.

[536] CEDH, Anx c/ république fédérale d'Allemagne, 8 déc. 1983, Série A, n°72, Berger, *jurisprudence de la Cour Européenne des Droits de l'Homme*, 5è éd., Sirey, n° 72, p. 214 ; Werner c/Autriche, 24 nov. 1997, JCP 1998. I. 107, note Sudre ; Cass. 2è civ. 20 nov. – 1991, pourvoi n°90-15.428 : la publicité des débats s'impose en matière de récusation au magistrat, à peine de nullité de la décision rendue.

seulement être rendue, il faut aussi que chacun puisse voir qu'elle est rendue ». Mais, les textes ci-dessus évoqués cumulativement prévoient parfois des exceptions importantes. Dans ces cas de figure, la juridiction ordonne le huis clos par un arrêt motivé[537].

Les dispositions de l'article 14 du pacte international des droits civils et politiques et l'article 10 de la déclaration universelle des droits de l'homme du 10 décembre 1848 prévoient une série d'exceptions au principe de la publicité des audiences que sont : l'intérêt de la moralité[538] ; l'ordre public[539] ou la sécurité nationale dans une société démocratique. Lorsque les intérêts des mineurs ou la protection de la vie privée des parties au procès l'exigent. À s'en tenir à l'esprit de l'article 41 du CPCCS, le juge peut décider l'absence de publicité des débats s'il doit résulter de la publicité des débats « une atteinte à l'intimité de la vie privée ». Ce motif, tiré de la protection de la vie privée, a été invoqué en France à l'occasion d'instances dirigées contre des médecins devant la section disciplinaire du Conseil national de l'ordre des médecins. La vie privée inclut le secret professionnel. Dans l'affaire GUENOUN contre la France[540], l'exception fondée sur la vie privée a été invoquée, et la commission a considéré que « le législateur peut décider qu'en matière disciplinaire, compte tenu des intérêts en présence et des nécessités de protéger le secret médical, les audiences se tiendront en principe à huis clos. » Le huis clos peut être ordonné d'office par le juge, soit sollicité par le Ministère public ou l'une des parties au procès. À la lumière de ce texte, on peut estimer que sur une affaire susceptible d'être statuée en partie à huis clos, le maintien de cette mesure par le juge pendant toute la procédure serait abusif.

En observant les décisions rendues, il est aisé de constater le respect du principe de publicité, parce que la quasi-totalité de celles-ci sont rendues en séance publique. La formule « statuant publiquement » figurant sur la décision témoigne à suffisance, le respect de cette garantie procédurale. Il ne s'agit pas d'une simple mention aux fins d'embellir la décision rendue, mais plutôt, le constat d'une règle respectée. En effet, le respect du principe de publicité ne permet pas à lui seul d'assurer la qualité du procès. D'ailleurs, l'application de cette exigence procédurale n'empêche pas les juges de violer les principes substantiels du procès[541]. Dans un contexte de l'inaccessibilité

---

[537] Art. 4 de la loi portant modification de la loi organique n° 96-071 du 16 décembre 1996.

[538] Notamment dans les affaires de mœurs : Crim. 3 Avril. 1996 : Dr. Pénal, 1996, comm. n°223 et 1997, n° 43, obs. Maron.

[539] Cass. Crim., 10 mai 1995, Rec. Dalloz 1999, n° 187, qui admet qu'une cour d'assises a pu ordonner le huis clos après avoir constaté que la publicité des débats serait dangereuse pour l'ordre public et les mœurs, sans méconnaître les textes susdits.

[540] CEDH, Guenoun c/France, DR, 2 juill. 1990, n°66-181, req. N°13. 562/88

[541] CSM, Civ. 1ère, 13 juin 2005, arrêt n° 125 ; CSM, Civ. 2ème, 24 janvier 2005, arrêt n° 014 ; CSM, Civ. 1ère, 18 septembre 2006, arrêt n° 158 ; CSM, Civ. 2ème, 26 décembre 2006, arrêt n° 200 ; CSM, Civ. 1ère, 7 août 2006, arrêt n° 11 ; CSM, Civ. 2ème, 27 janvier 2003, arrêt n° 16 ; CSM, Civ. 2ème, 24 mars 2003, arrêt n° 78.

de la langue du procès par l'écrasante majorité de la population, la question se pose de savoir si l'exigence de publicité peut atteindre l'objectif qui lui est assigné. Ceci ne signifie pas qu'il doit être ôté des garanties équitables du procès. Les tiers s'intéressent peu au procès, malgré qu'il se déroule en séance publique. L'une des causes évoquées est justement la non-compréhension de sa langue, mais aussi la perte de confiance. Cette situation est également une réalité. Au Mali, il y a actuellement une perte de confiance des citoyens envers la justice, le sentiment que la justice n'est plus là pour protéger le citoyen est de plus en plus prégnant. La CEDH affirme que « la publicité de la procédure des organes judiciaires visés à l'article 6 § 1 protège les justiciables contre une justice secrète échappant au contrôle du public ; elle constitue aussi l'un des moyens de préserver la confiance dans les cours et les tribunaux. Par la transparence qu'elle donne à l'administration de la justice, elle aide à réaliser le but de l'article 6 § 1 : le procès équitable, dont la garantie compte parmi les principes fondamentaux de toute société démocratique au sens de la Convention »[542].

L'importance de la publicité exige qu'elle ne doit pas concerner que seulement la procédure des débats, mais bien au-delà. Les citoyens qui désirent accéder aux décisions du juge, doivent y pouvoir et facilement. Des moyens doivent être mis en place pour atteindre ce but. L'internet doit être utilisé à cette fin, bien que l'utilisation ne soit pas fréquente par bon nombre de nos concitoyens. Il doit avoir également un centre de documentation au sein de chaque juridiction avec un accès libre. La publicité de la procédure ne signifie pas ouvrir la salle des audiences aux caméras. Posent de souci au respect du principe de publicité, les phases d'enquête et d'instruction du procès pénal[543]. La publicité des débats et de la décision du juge doit permettre de restaurer la confiance des justiciables en leur justice. Elle constitue un moyen de coercition obligeant les juges à des retenus, ouvrant ainsi le chemin aux citoyens de pouvoir juger les juges. Le procès équitable exige, en plus des garanties communes ci-dessus exposées, des exigences spécifiques compte tenu de la nature particulière de chaque type de procès : c'est le droit spécial du procès équitable (Section 2).

SECTION 2. EN DROIT SPÉCIAL DU PROCÈS

Le procès équitable constitue aujourd'hui la pierre angulaire des procédures juridictionnelles. Tout système de procédure est commandé par un ensemble de principes essentiels qui inspirent les dispositions légales et

---

[542] CEDH, 8 Décembre 1983, Pretto et autres c/ Italie, préc. Cette jurisprudence a été reprise en 2006, v° CEDH, 19 Décembre 2006, AdemArslan c/ Turquie.

[543] V° *infra*, p 131 et svtes.

en assurent la cohésion[544]. Cette affirmation explique qu'en plus des règles communes à tous les procès, l'équilibre du procès exige le respect des principes propres et adaptés à chaque type de procès. L'application de ces règles exige l'existence d'une contestation des droits et obligations de caractère civil (Paragraphe 1) et l'accusation en matière pénale (Paragraphe 2).

Paragraphe 1. Les règles relatives aux droits et obligations de caractère civil

La jurisprudence malienne pas plus que le législateur n'a déterminé le domaine d'application des droits et obligations de caractère civil. Il ressort de l'interprétation de la Cour européenne des droits de l'homme que le critère de l'application de l'article 6 de la CESDHLF est en réalité le caractère déterminant de l'issue de la procédure pour les droits et obligations de droit privé[545]. Peu importent dès lors la nature de la loi suivant laquelle la contestation doit être tranchée (loi civile, commerciale, administrative, etc.) et celle de l'autorité compétente en la matière (juridiction de droit commun, organe administratif, etc.)[546]. Cette interprétation de la cour permet de faire bénéficier au requérant les garanties du procès équitable dès l'instant que l'issue de la procédure porte sur les droits et obligations de caractère privé. Sont donc concernés notamment les procès civils (I) et les procès administratifs (II).

I. Les exigences spécifiques du procès civil

L'organisation judiciaire malienne reposant sur le principe de l'unicité de la justice civile et pénale, admet à ce que les mêmes magistrats composent les deux instances. Tantôt, ils tiennent l'audience civile, tantôt l'audience pénale. Pourtant la procédure suivie se diffère selon la nature du litige. Le procès civil se situant au carrefour d'une multitude d'intérêts, met en cause de nombreux droits et libertés, constitue un instrument de satisfaction des intérêts privés. La démarche procédurale ne saurait être détachée des principes fondamentaux qu'elle met en œuvre. Dans le souci de respecter ces principes, le législateur a, par décrets successifs, codifié l'ensemble des formalités à accomplir pour soumettre une difficulté d'ordre juridique à un tribunal civil. Ces principes sont inscrits dans un titre préliminaire du code de procédure civile commerciale et sociale (CPCCS)[547]. L'encadrement de la

---

[544] SOLUS (H.) et PERROT (R.), *Droit judiciaire privé*, Paris, Sirey, t. 3, 1991, p. 74.

[545] CEDH, 24 Octobre 1989, H c./ France, préc.

[546] CEDH, 16 juillet 1971, Ringeisen c./ Autriche, préc.

[547] Décret n° 99 – 254 P-RM du 15 septembre 1999 portant code de procédure civile commerciale et sociale du Mali, modifié par le décret n° 09 – 220 / P-RM du 11 mai 2009, préc.

procédure civile malienne par un certain nombre de principes que l'on peut qualifier de « fondamentaux » provient non seulement des textes d'origine étatique, mais également des conventions internationales[548]. Il y a lieu de s'appesantir sur les principes directeurs du procès civil.

Les principes directeurs de la procédure civile gouvernent le déroulement du procès depuis la saisine du tribunal jusqu'à la rédaction de la décision rendue. Les uns définissent la répartition des rôles entre les parties et le juge. Les autres constituent des garanties procédurales d'une bonne justice. En effet, les principes directeurs visant les parties sont ceux qui font reposer une double exigence sur elles. Il revient aux parties de conduire l'instance et de déterminer l'objet du litige, d'une part ; elles évoquent et prouvent les faits nécessaires au succès de leurs prétentions, d'autre part. La première se traduit par la diligence des parties d'introduire l'instance. Ainsi, les parties sont seules habilitées à créer l'instance, de suspendre l'instance, mais aussi d'y mettre fin[549]. Le juge quelque soit son pouvoir et son autorité ne peut pas se substituer aux parties pour former une demande,[550] c'est-à-dire se saisir d'office pour trancher un conflit d'intérêts privés. Cette possibilité est contraire à l'article 1er du CPCCS qui précise que « l'instance est introduite par une requête écrite, datée et signée du demandeur. » L'une des conséquences de cette disposition serait l'interdiction faite au juge d'introduire une nouvelle instance à la suite de l'annulation du jugement. Néanmoins, il existe des tempéraments à l'article 1er du CPCCS. Le juge peut s'autosaisir dans des cas prévus par la loi. Des débats controversés sont engagés si cette saisine est compatible avec l'impartialité du juge.

Les parties ont la responsabilité première de la conduite de l'instance. Ce sont leurs prétentions qui déterminent l'objet du litige et qui limitent ainsi le champ d'intervention du juge qui doit statuer sur tout ce qui est demandé (article 5 du CPCCS). De même, il ressort de l'article 4 du même code que « l'objet du litige est déterminé par les prétentions respectives des parties. » La seconde, conformément à l'article 6 du CPCCS, confère aux parties un monopole de l'allégation des propres à fonder leurs prétentions et l'article 7 du CPCCS ajoute que : « le juge ne peut fonder sa décision sur des faits qui ne sont pas dans le débat… » Ce monopole départit facilement la procédure civile de la procédure pénale[551]. Dans la procédure civile, les faits constituent l'affaire des parties à l'exclusion du juge qui demeure passif. Il résulte de ce qui précède que la charge de la preuve, les moyens de preuve et

---

[548] Certaines conventions pour être applicables exigent l'intervention de l'Assemblée Nationale, d'autres, à l'inverse sont d'application directe notamment, les actes uniformes de l'OHADA.

[549] Le décret modificatif du code de procédure civile commerciale et sociale permet aux parties, à n'importe quelle étape de la procédure, d'opter pour une conciliation.

[550] Cass. Civ. 2ème, 29 Novembre 1963. Bull. civ. II, n°787 ; les juges « ne peuvent juger que les constations qui sont portées devant eux. »

[551] HERON (J.), *Droit judiciaire privé*, 2è édit., par Thiery le Bars, p. 191.

les questions de preuve se trouvent dans le domaine des parties. Toutefois ces principes directeurs du procès qui visent les parties ne peuvent interdire le juge d'ordonner d'office des mesures d'instruction légalement admissibles. Si les faits sont l'affaire des parties, ainsi que nous venons de le constater, force est de retenir que le droit demeure l'affaire du juge. Cela implique qu'il doit statuer conformément aux règles de droit qui sont applicables à la matière. En d'autres termes, il revient au juge de trancher le litige qui lui est soumis conformément aux règles de droit qui lui sont applicables et non celles qu'ont évoquées les parties[552]. Nonobstant si les parties lui confient expressément la mission de statuer en amiable compositeur, après la naissance du litige, le juge peut se dispenser d'appliquer la règle de droit[553]. Les principes directeurs relatifs aux garanties de bonne justice en matière civile[554] concernent : la contradiction (article 14 à 17 CPCCS)[555] ; la liberté de la défense (articles 37 à 39 CPCCS) ; la publicité des débats (article 4 CPCCS)[556] ; le respect dû à la justice (articles 44, 45 et 47 CPCCS) ; le droit à l'interprète des plaideurs qui ne comprennent pas la langue française[557].

Le principe dispositif qui commande le procès. Ce principe, autant, il détermine la saisine du juge, il lie les exigences de la motivation aux actes de procédures : exploit introductif d'instance et conclusions. S'agissant de la liberté de la défense, elle implique la liberté de se défendre soi-même et de choisir son défenseur. Aux termes de l'article 37 du CPCCS « les parties peuvent se défendre elles-mêmes sous réserve des cas dans lesquels la représentation est obligatoire. » L'article 38 du même code y ajoute que : « les parties choisissent librement leur conseil soit pour se faire représenter soit pour se faire assister suivant ce que la loi permet ou ordonne. » Selon la Cour de Cassation française, statuant en Assemblée Plénière, la défense constitue un droit fondamental, son exercice effectif exige que soit assuré l'accès de chacun, avec l'assistance d'un défenseur, au juge chargé de statuer sur sa prétention[558]. Elle consiste non seulement à protéger les droits fondamentaux des plaideurs, personnes physiques capables, mais également,

---

[552] L'article 12 du CPCCS précise que : « le juge doit donner ou restituer leur exacte qualification aux faits et actes litigieux sans s'arrêter à la dénomination que les parties en auraient proposées. »

[553] PERDRIAU, *« Le juge doit-il se méfier de la simplicité comme de l'équité ? »*, Gaz. Pal.1996, n° 2, p.1388

[554] Les principes directeurs du procès en matière civile s'appliquent indistinctement devant les juridictions civiles, administratives, commerciales, prud'homales, bref toutes les juridictions qui statuent sur des affaires dont l'issue intéresse les droits et obligations de caractère civil. L'examen de l'application des principes directeurs du procès civil ne portera que sur la justice civile.

[555] V° *supra*, p. 111 et svtes.

[556] V° *supra*, p. 116 et svtes.

[557] V° *supra*, p. 42.

[558] Cass., Ass. Plen., 30 juin 1995, Rec. Dalloz, 1995, p. 513.

personnes physiques incapables c'est-à-dire des mineurs ou des majeurs qui ne jouissent pas pleinement de leur faculté mentale.

Il est sans doute que le bon déroulement du procès dépendra du climat qui règnera dans la salle de l'audience. L'article 44 du CPCCS dispose à cet effet que : « tous ceux qui assisteront aux audiences se tiendront découverts dans le respect et le silence ; tout ce que le président ordonnera pour le maintien de l'ordre sera exécuté ponctuellement et à l'instant. » L'article 45 al. 1 et 2 du même texte y ajoute en ces termes si un ou plusieurs individus, quels qu'ils soient, interrompent le silence, donnent des signes d'approbation, soit à la défense des parties, soit aux discours des juges ou du Ministère public, soit aux interpellations, avertissements ou ordres des présidents, juge, commissaire ou Procureur de la République, soit aux jugements ou ordonnances, causent ou excitent du tumulte de quelque manière que ce soit, et si après avertissement des huissiers ils ne rentrent pas dans l'ordre sur le champ, il leur sera enjoint de se retirer, et les résistants seront saisis et conduits devant le Procureur de la République aux fins de poursuites. Si le trouble est causé par un individu remplissant une fonction près le tribunal, il pourra être suspendu de ses fonctions. On a l'impression que le législateur semble, sur ce point, plus rigoriste que les autres principes précédents. Est-ce à dire que ceux-ci sont plus importants aux yeux du rédacteur par rapport aux autres principes ? On ne saurait répondre à cette question par affirmative, mais on peut tout simplement admettre que dans l'esprit du législateur, ce principe ne constitue pas en tant que tel celui garantissant un procès équitable, mais une condition sine qua non de la mise en œuvre de ceux qui tendent à cette fin. La présence habituelle d'un poignet d'agents de la force publique à une quelconque audience ne saurait considérer comme mesure suffisante pour toute éventualité allant dans ce sens.

Le juge a la faculté de tenter la conciliation des parties soit sur l'initiative des parties, soit de sa propre initiative[559]. Particulièrement, en matière de divorce (article 61 du CMT) ou en matière de saisie des rémunérations l'initiative doit impérativement émaner du juge en premier lieu[560]. Cette conciliation est constatée par un procès-verbal qui peut être directement revêtue de la formule exécutoire. La conciliation peut être un facteur de désengorgement de nos juridictions et reflète beaucoup la notion de justice équitable. Le respect des principes directeurs du procès civil a pour finalité un jugement équitable. Mais, il n'est pas aussi rare de constater « au niveau de certaines juridictions, nous assistons à la délivrance de faux jugements et de faux certificats de divorce. À titre d'illustration, le cas qui s'est produit au TPI de Kati où un greffier a délivré un faux certificat de divorce à un Malien résidant en France moyennant le paiement de cent mille (100 000) francs

---

[559] Art. 3 al. 3 du CPCCS.
[560] Art. 174 de l'AUPSRVE.

CFA. Suite aux différentes plaintes contre lui par le Procureur et le greffier en chef de cette juridiction, l'intéressé fut placé sous mandat de dépôt puis suspendu de ses fonctions pendant quelque temps. Mais ce qui est regrettable dans cette affaire, le même greffier a par la suite bénéficié d'une promotion et exerce actuellement comme greffier en chef à la juridiction de Ténenkou »[561].

À côté de la procédure civile au sens étroit, suivie devant les tribunaux du droit commun, il y a une procédure commerciale et une procédure sociale respectivement suivies devant le tribunal de commerce et devant le tribunal du travail. Mais elles sont toutes comprises dans une large acception de l'expression procédure civile. Le tribunal de commerce et celui du travail ont une compétence d'attribution. Il s'agit donc des tribunaux d'exception. Il y a lieu de retenir que le législateur n'a consacré que peu de dispositions à la procédure suivie devant le tribunal de commerce. Cette discrétion législative peut s'expliquer par le fait qu'il n'existe pas trop de particularités entre les règles établies pour la saisine du tribunal de commerce et le tribunal civil conformément à ce qui résulte de la lecture de l'article 668 CPCCS[562]. Cependant, pour plus de clairvoyance, il y a lieu de retenir que la particularité de la procédure suivie devant le tribunal de commerce s'affirme dans quatre groupes de situations : les litiges entre commerçants, litiges relatifs aux actes de commerce entre toutes personnes, litiges entre associés d'une société de commerce, litiges provoqués par les entreprises en difficultés. Le Président du tribunal de commerce n'avait pas été primitivement investi de fonctions aussi nombreuses et importantes que le président du tribunal civil[563]. L'extension des pouvoirs du président du tribunal de commerce se trouve encore renforcée avec la possibilité de lui présenter requête dans les cas spécifiés par la loi (art 691 du code de procédure civile, commerciale et sociale). Aujourd'hui, la composition du

[561] RAPPORT AMDH sur la situation des droits humains au Mali 2008, 2009, 2010, préc.

[562] « Les règles établies pour la saisine du tribunal civil, les modes et délais de citation, la consignation, les débats, le jugement et l'exécution du jugement sont également celles qui sont applicables devant le tribunal de commerce. »

[563] La nature et la particularité de certaines affaires ont rendu nécessaire l'accroissement des prérogatives du juge en matière commerciale entrainant par conséquent l'introduction dans l'ordonnancement juridique de notre pays, le référé devant le tribunal de commerce. De ce fait, si le législateur malien a procédé à une véritable révolution copernicienne découlant de la moule du décret n° 94-226/ P-RM du 28 juin 1994, son homologue français s'est tout aisément contenté de renforcer des pouvoirs du président en référé en raison de la consécration de celui-ci depuis une loi du 11 mars 1924. Ce sont précisément les articles 872 et 873 qui ont considérablement étendu les pouvoirs du président statuant en référé. Désormais dans tous les cas d'urgence, le président du tribunal de commerce peut dans les limites de la compétence du tribunal, ordonner en référé toutes mesures qui ne se heurtent à aucune contestation sérieuse, ou qui justifient l'existence d'un différend (art 689 CPCCS). On peut être amené à croire que le législateur, en adoptant une telle disposition, a mis l'accent sur la particularité du tribunal de commerce tout en déterminant son champ d'intervention en matière de référé.

tribunal de commerce n'offre pas une sérieuse garantie quant à l'application de la loi. En effet, en matière commerciale, la loi portant institution des juges consulaires dans la formation des jugements du tribunal de commerce[564] a maladroitement prévu dans ses articles 15, 16, 23, et 24 l'expression « magistrat consulaire ». Cette situation a pu conduire le tribunal de commerce de Bamako de désigner un en qualité de juge commissaire dans une procédure collective. Ce qui n'a pas manqué des difficultés. Bien que l'expression ait disparu, le doute persiste sur l'opportunité de sa présence dans la formation des jugements du tribunal de commerce. L'interrogation est légitime parce qu'à l'origine le droit commercial était la seule affaire des commerçants, car composé des usages et des pratiques qu'ils étaient seuls à connaître et à pouvoir les interpréter. La tendance actuelle est tout autre depuis que le législateur s'y est intéressé en codifiant les règles du droit commercial. L'existence des juges consulaires est aujourd'hui inopportune dans la formation des tribunaux de commerce. Car au-delà des simples connaissances théoriques sur le droit, le juge est amené à faire appel à ses connaissances sur le droit processuel et ses expériences pour rendre sa décision. Donc un novice n'a pratiquement pas sa place[565].

Le rôle fondamental du tribunal de travail consiste à statuer sur les différends nés de travail entre employeurs et salariés, ceux résultant des conventions collectives. La procédure devant cette juridiction est gratuite, mais sa saisine n'est pas automatique. Il existe des préalables, c'est-à-dire l'accomplissement d'un certain nombre de formalités qui doivent précéder à l'action. Ainsi, il ressort de l'article 668 CPCCS que : « tout travailleur ou tout employeur pourra demander à l'inspecteur du travail et des lois sociales, à son délégué, à son suppléant légal, de régler le différend à l'amiable. » Le sort du salarié et l'intérêt de l'employeur sont au cœur des préoccupations du législateur. Pourtant, cette négociation entre l'employeur et le salarié n'est cependant pas synonyme de conciliation et peut, dans nombreux de cas, se solder en échec. Toutefois, la comparution des parties devant le juge de jugement n'exclut pas la possibilité d'envisager, pour une seconde fois, la tentative de concilier les deux protagonistes, et cela conformément à l'article 674 al. 1 du CPCCS. Cette procédure à priori favorise, sans contestation aucune, le désengorgement des juridictions de travail. L'objet des principes directeurs ci-dessus évoqués a le mérite d'assurer ou d'instaurer une certaine

[564] La loi 88- 38 AN-RM du 05 avril 1988 a institué les tribunaux de commerce au Mali. Le décret d'application de cette loi a été pris le 24 février 1994. Ces deux textes furent respectivement modifiés par la loi N° 00- 057 AN-RM du 22 août 2000 et le décret N° 00 – 436 P- RM du 7 septembre 2000.

[565] « Au Mali les salles de délibération en matière commerciale sont le lieu d'une grande drôlerie : le magistrat professionnel, seul initié des trois juges, fait le professeur avant de mettre aux voix les concepts qu'il vient d'expliquer ! C'est proprement piteux ». SIDIBE (A. Y), *Droit et pratique du droit au Mali*. op. cit., p. 53.

égalité entre les parties. Les insuffisances de la mise en œuvre du procès équitable sont partagées en partie par la juridiction administrative.

II. La spécificité du procès administratif

Le droit administratif, droit dérogatoire des règles du droit commun, regroupe l'ensemble des règles spécifiques applicables à l'organisation et à l'action administrative ainsi qu'à son contrôle. Il se fixe pour objectif la satisfaction de l'intérêt général et évolue dans le sens de la protection des droits des administrés. Cette protection est assurée par les limitations des pouvoirs des administrateurs : le principe de légalité. Il s'agit d'un principe fondamental qui impose à l'administration le respect du droit dans la conduite de ses activités. Deux types essentiels de recours[566] sont mis en place pour assurer le respect du principe de légalité : le recours administratif et le recours juridictionnel. Le premier peut prendre deux formes : le recours gracieux et le recours hiérarchique. Le recours gracieux est celui formé devant une autorité administrative ayant pris une décision contestée. Tandis que, le recours hiérarchique est adressé comme son nom l'indique au supérieur hiérarchique de l'auteur de l'acte contesté. Dans les deux cas, la décision contestée pourra être modifiée ou retirée si l'administration l'estime irrégulière. Ce contrôle interne à l'administration comporte une faiblesse notoire, celle de la partialité dans le traitement de la décision contestée par l'administré, d'où la nécessité du recours juridictionnel. L'instance juridictionnelle administrative si elle est assujettie aux garanties du procès équitable. Celles-ci demeurent difficiles à mettre en œuvre à cause de l'incongruité de certaines dispositions textuelles.

La justice quelle qu'elle soit doit observer une certaine organisation, une structuration fiable pour garder toute la crédibilité et toute la confiance que les justiciables placent en elle. Le contrôle élaboré par l'administration ne permet pas une garantie certaine des droits des administrés, d'où l'adjonction d'un autre type de recours qui consiste à s'adresser à un organe juridictionnel pour faire valoir ses droits et libertés. L'administré peut alors traduire l'administration soit devant le juge administratif, soit devant le juge judiciaire lorsqu'elle commet pour ce dernier cas une voie de fait ou une emprise[567]. Malgré l'existence des prérogatives exorbitantes de droit

---

[566] V° p. 1, pour la définition du recours.

[567] Il s'agit là des actes administratifs dénaturés, c'est-à-dire si irréguliers qu'ils perdent leur caractère administratif et tombent contentieusement dans la compétence du juge judiciaire. Ces cas sont l'emprise et la voie de fait. L'emprise irrégulière consiste à l'administration à déposséder irrégulièrement un particulier de sa propriété immobilière sans titre. Elle n'existe qu'en matière immobilière et exige deux conditions : il faut qu'il y a dépossession d'une propriété immobilière et que cette dépossession soit irrégulière. Ses effets sont tels que seuls les tribunaux judiciaires sont habilités à évaluer le montant des dommages intérêts alloués à la victime. Cependant, cette compétence du juge judiciaire se limite à la condamnation de l'administration. Il ne peut pas apprécier la légalité des actes administratifs, cause de la

commun, supposées nécessaires à la conduite de ses activités, l'administration est soumise au principe de légalité. Aussi, le juge administratif est tenu aux exigences du procès équitable. Celui-ci dans sa dimension matérielle s'applique à toutes instances dont l'issue aura un incident sur les droits et obligations de caractère civil ou lorsque la sanction encourue présente une connotation pénale[568]. La soumission de la juridiction administrative aux règles du procès équitable résulte de l'interprétation des dispositions qui proclament le droit à un procès équitable. Les notions « droits et obligations de caractère civils » et « d'accusation en matière pénale » se retrouvent dans la jurisprudence de la section administrative de la Cour suprême qui ne cesse d'imposer le respect des principes d'équité[569].

Les juridictions administratives fonctionnent suivant une procédure essentiellement différente de celle suivie devant les juridictions judiciaires. Qu'à cela ne tienne, les deux procédures se rejoignent en ce qui concerne les garanties d'une bonne justice. Elles partagent quasiment les mêmes difficultés (accessibilité, indépendance, impartialité, corruption, etc.) Le droit d'accès au juge administratif implique l'obligation de statuer et l'interdiction de pouvoir déléguer sa compétence. Une juridiction ne peut, par exemple, laisser à l'administration le soin d'apprécier l'existence et l'étendue d'un préjudice invoqué par le requérant[570]. L'obligation de juger contribue à ce que le droit au juge administratif ne soit pas un droit formel. Il s'agit véritablement d'un moyen mis à disposition du justiciable pour contraindre le juge administratif à statuer *ad petita* et sur la totalité du litige. Le Conseil d'État en France estime que l'obligation pour un tribunal de remplir sa mission juridictionnelle lui impose de se prononcer avec toute la

---

dépossession sauf illégalité évidente. Par contre la voie de fait est relative au cas où l'administration prend une décision étrangère par son objet même à l'exercice de la fonction administrative. L'acte perd son caractère administratif et tombe sous la sanction du juge judiciaire. La voie de fait concerne aussi bien la propriété mobilière, immobilière que les libertés fondamentales. Elle peut résulter d'une décision ou d'une activité de l'administration. V° CHAPUS (R.), Droit administratif général, T.1, Paris, 9ème édit., Montchrestien, 1995, p. 761 et svtes.

568 CEDH, 23 juin 1981, Le Compte, Van Leuven et De Meyere c. Belgique, n° 6878/75 ; 7238/75 : « Dès lors que la contestation des décisions prises à leur encontre doit être considérée comme relative à des droits et obligations de caractère civil, les requérants avaient droit à l'examen de leur cause par un tribunal remplissant les conditions de l'article 6§1. »

569 CSM., section administrative, arrêt n° 116 du 19 – 09 – 2007, Moussa SANGARE c./ Mamadou SALL, recours en révision ; CSM, section administrative, arrêt n° 112 du 09 – 07 – 2007, Mamadou KEITA contre le Préfet du cercle de Kati, recours pour excès de pouvoir ; CSM, section administrative, arrêt n° 110 du 19 – 07 – 2007, Hady DIAW c./ Modibo TRAORE, recours en révision ; CSM, section administrative, arrêt n° 108 du 19 – 07 – 2007, Préfet du cercle de Yélimané, représenté par la Direction générale du contentieux de l'Etat c./ Adama DOUKARA, recours pour excès de pouvoir ; CSM, section administrative, arrêt n° 24 du 15 – 02 – 2007, Abdoulaye Mady DIALLO c./ Diaka TRAORE.

570 CE, 22 janvier 1969, Vago, Rec., p. 37 ; C.E., 12 février 1971, Cohu, Rec., p. 130.

rigueur requise notamment dans le respect des conditions de formes, y compris dans les cas d'irrecevabilité manifeste[571].

La procédure administrative contentieuse est caractérisée par ses caractères inquisitorial et écrit. Le caractère inquisitorial fait du juge administratif maître de la procédure et non un simple arbitre, et par le caractère écrit, il ne statue en principe que sur une décision administrative. Le caractère écrit de la procédure permet une protection accrue des droits des parties[572]. Les pièces et mémoires déposés doivent être impérativement communiqués à l'autre partie[573]. La Section Administrative de la Cour Suprême veille au respect scrupuleux de cette disposition[574]. La procédure contentieuse se solde par un jugement. À cet effet, un certain formalisme est imposé dans la rédaction des jugements administratifs afin de prévenir le laxisme ou l'inconséquence du juge et de conjurer toute iniquité. L'obligation de motivation compte parmi les exigences de forme que doit satisfaire le juge administratif. On retrouve toutes les garanties reconnues devant le juge judiciaire notamment la publicité, le délai raisonnable, mais aussi et surtout l'indépendance et l'impartialité.

Les principales manifestations du procès équitable rencontrent des difficultés de mise en œuvre : c'est le cas notamment du recours effectif devant le tribunal administratif. En effet, la loi n° 94 – 006 AN/RM du 18 mars 1994 portant organisation et fonctionnement des tribunaux administratifs, comporte un certain nombre de difficultés relatives à la compétence des tribunaux administratifs, à la procédure suivie, au délai de recours, aux pouvoirs du président, la désignation de la formation de jugement, à l'échange de mémoires. En ce qui concerne la compétence du tribunal administratif, l'article 8 de la loi n° 94 – 006 : « le Tribunal Administratif connaît : des recours en annulation pour excès de pouvoir dirigés contre les décisions des autorités administratives régionales ou locales... ; d'une manière générale, de tout litige qui entre dans le contentieux administratif »[575]. L'interprétation de ces deux alinéas a suscité de controverses, en ce qui concerne la compétence des tribunaux

---

[571] CE Sect., 12 mai 1961, Société financière et industrielle des pétroles, Rec., p. 314. (Nullité du rejet d'une requête par simple lettre du président d'une juridiction ordinale).

[572] Cependant, le caractère très formaliste de la procédure présente aussi des inconvénients certains. V° p. 43 et svtes.

[573] Art. 16 et suivants de la loi n° 96 de la loi 94 – 006 et 48 de la loi 96 – 071.

[574] CSM, section administrative, arrêt n° 147 du 13 – 09 – 2007, Mairie du District de Bamako contre Sékou KONARE ; CSM, section administrative, arrêt n° 153 du 17 – 09 – 2007, S. THERA et Soumaila KONE c./ Gouverneur du District de Bamako ; CSM, section administrative, arrêt n° 146 du 13 – 09 – 2007, Mairie du District de Bamako c./ Ousmane TOURE ; CSM, section administrative, arrêt n° 144 du 13 – 09 – 2007, Daniel Amagouin TESSOUGUE c./ Contentieux de l'Etat, recours pour excès de pouvoir.

[575] La modification de la loi n° 94 – 006 AN/RM du 18 mars 1994 portant organisation et fonctionnement des tribunaux administratifs par celle n°11 – 037 AN –RM du 15 juillet 2011 n'a modifié cet article.

administratifs en matière de recours pour excès de pouvoir contre les décisions des autorités centrales[576]. Certains, se basant sur la clause générale de compétence (d'une manière générale), retiennent la compétence des tribunaux administratifs pour annuler les décisions desdites autorités. Pour eux, la Cour Suprême, ayant une compétence d'attribution, ne peut nullement s'octroyer un pouvoir en dehors de ce qui est prévu par la loi. Or, cette loi ne lui donne aucunement compétence, en premier ressort, de connaître le litige sus-évoqué. En revanche, s'il est vrai que le spécial déroge du général, le tribunal administratif est aussi incompétent, car les autorités dont les décisions sont soumises à la censure du tribunal sont limitativement énumérées dans l'alinéa 1er susmentionné qui se résument « aux autorités administratives régionales ou locales. » Face à ce vide juridique, la Cour suprême a élaboré une jurisprudence constante lui donnant compétence exclusive en la matière. Mais malheureusement, les tenants de la clause générale, malgré cette jurisprudence, retiennent la compétence des tribunaux administratifs, au motif que quand la loi est claire, on ne peut pas appliquer une jurisprudence boiteuse. Le problème demeure alors entier, sans aucune cohérence possible[577]. Le justiciable malien est alors confronté à ce problème. À cela s'ajoute la faible répartition géographique des juridictions administratives à travers l'étendue du territoire. En effet, il n'existe que trois tribunaux administratifs au Mali. Des cours d'appel administratives inexistantes[578] dont leur rôle est assuré par la Cour suprême. La distance à parcourir par les justiciables en matière de contentieux administratif est une entrave au droit à un recours effectif devant le juge, donc une cause de violation du procès équitable.

« Le pouvoir rend fou, le pouvoir absolu rend absolument fou », disait Jean-Jacques Rousseau. En matière de distribution des dossiers, l'Article 16 donne un pouvoir sans limites en ces termes : « immédiatement après l'enregistrement au greffe de la requête introductive d'instance, le Président du Tribunal désigne un rapporteur auquel le dossier est transmis en vue de la mise en état ». Dans la pratique, le Président peut utiliser ce pouvoir pour contraindre les juges à se comporter dans le sens qu'il veut, même contraire à la loi. Et le juge qui refuserait de se comporter ainsi se verra mis en chômage, car il ne recevra aucun dossier à traiter. La loi ne met aucun garde-fou pour contraindre le Président à une gestion équitable des dossiers. Ce

---

576 CSM, section administrative, arrêt n° 143 du 13 – 09 – 2007, Cheickna KEITA c./Sadibou COULIBALY. Dans cet arrêt la cour suprême du Mali annule le jugement n° 176 du 13 septembre 2006 pour incompétence du Tribunal administratif à connaître des actes des autorités centrales.

577 V° article du juge Bakary SARRE au sujet de la loi 94-006 du 18 Mars 1994 et celle portant sur l'organisation et le fonctionnement des tribunaux administratifs, modifiée par la loi N°95-057 AN/RM du 2 Août 1995.

578 Il est vrai que la loi n°11 – 037 AN –RM du 15 juillet 2011 portant organisation judiciaire qui prévoit trois cours administratives d'appels n'a pas été encore mise en œuvre.

phénomène d'injustice crée les frustrations les plus horribles de l'existence[579]. Aussi en matière de désignation des formations des jugements, l'expérience de la collégialité est souvent très triste, rapporte le même auteur. Au cours des délibérations, elle consiste à donner droit à deux juges sur trois composant la formation. Le Président qui a le monopole exclusif de la désignation des formations peut l'utiliser à des fins personnelles en faisant des formations à dessein[580]. En matière d'échange des mémoires, l'acheminement des courriers pose d'énormes difficultés à cause de l'insuffisance de moyens[581]. Or l'instruction doit sa réussite à leur transmission diligente et efficace.

Paragraphe 2. Les garanties accordées à l'accusé

Le prononcé d'une peine est encadré par la procédure pénale[582] qui doit offrir à la personne poursuivie les garanties nécessaires d'une bonne justice. La nécessité d'élaborer des règles spécifiques du procès pénal est justifiée par les répercussions qu'il peut y avoir sur les libertés individuelles. Ces libertés sont souvent exposées à de sérieuses atteintes au cours de la répression pénale. Une conciliation des intérêts de la société avec ceux de l'individu poursuivi est indispensable, laquelle conciliation, à priori, est difficile à mettre en œuvre. En aucun cas, la protection de l'intérêt général ne doit justifier la mise en cause de celui de la personne poursuivie[583]. En effet, depuis un certain temps, un mouvement tendant à l'humanisation de la procédure pénale s'est manifesté. Pour s'en rendre compte, il suffit de lire le titre préliminaire du CPP[584]. Ceci contient les exigences d'une bonne répression (I), mais la réalité est tout autre (II).

---

[579] V° article du juge Bakary SARRE au sujet de **la** loi 94-006 du 18 Mars 1994 et celle portant sur l'organisation et le fonctionnement des tribunaux administratifs, modifiée par la Loi N°95-057 AN/RM du 2 Août 1995.

[580] Par exemple, si le Président a intérêt dans un dossier, il lui suffit de désigner un juge qui fait son affaire ; et le troisième ne sera que figurant dans la formation. Dans ces conditions, et contrairement à l'esprit de la collégialité, la justice dépend de la seule personne du Président.

[581] L'article 17 de la loi précitée que : « le conseiller rapporteur prescrit la notification par voie administrative ou postale ou par Ministère d'huissier de la requête introductive d'instance à toutes les parties intéressées et fixe le délai dans lequel les mémoires en défense accompagnées de toutes pièces utiles devront être déposés au greffe… Les mémoires en défense sont déposés au greffe, la communication en est ordonnée par le Président. »

[582] « Le but du procès pénal est de transformer les soupçons et les charges qui ont servi de fondement à la poursuite en une certitude suffisante pour prononcer la condamnation. » V° MERLE Roger, VITU André, *Traité de Droit Criminel, Procédure Pénale,* 5ème édit., Paris, 2001, p. 182.

[583] La nouvelle tendance de la procédure pénale exige la prise en compte de l'intérêt des victimes.

[584] Loi N° 01-80 AN/RM du 20 août 2001 portant code de procédure pénale. Article 1 dispose que : « La procédure pénale doit être équitable, contradictoire et préserver l'équilibre des droits des parties. Elle doit garantir la séparation des autorités chargées de l'action publique et

I. Les exigences d'une bonne répression

Les règles assurant l'équilibre du procès pénal renvoient aux principes directeurs de la procédure pénale[585]. Trois éléments fondamentaux entrent en ligne de compte pour assurer l'équilibre du procès pénal : une répartition équilibrée des pouvoirs entre les parties et le tiers explique qu'« une cause doit être entendue équitablement et publiquement » par « un tribunal indépendant et impartial ». Il doit conduire à formuler une « culpabilité légalement établie » par un jugement fondé en droit[586]. Certains de ces éléments sont déjà exposés, d'autres méritent plus de commentaires. Il s'agit de la présomption d'innocence et des droits de la défense.

Le prononcé d'une peine suppose une culpabilité établie suite à une recherche de la preuve de l'infraction[587]. La procédure pénale est aménagée dans deux (02) schémas : le système accusatoire et le système inquisitoire[588].

---

des autorités de jugement. Les personnes se trouvant dans des conditions semblables et poursuivies pour les mêmes infractions doivent être jugées selon les mêmes règles ». L'article 2 précise que : « toute personne suspectée ou poursuivie est présumée innocente tant que sa culpabilité n'a pas été établie. Les atteintes à sa présomption d'innocence sont prévenues, réparées et réprimées dans les conditions prévues par la loi. Elle a le droit d'être informée des charges retenues contre elle et d'être assistée d'un conseil. Les mesures de contrainte dont cette personne peut faire l'objet sont prises sur décision ou sous le contrôle effectif d'un magistrat de l'ordre judiciaire. Elles doivent être strictement limitées aux nécessités de la procédure, proportionnées à la gravité de l'infraction reprochée et ne pas porter atteinte à la dignité de la personne. Il doit être définitivement statué sur la prévention ou l'accusation dont cette personne fait l'objet dans un délai raisonnable. Toute personne condamnée a le droit de faire examiner sa condamnation par une autre juridiction. » Ces deux articles constituent la photocopie de la loi française du 15 septembre 2000.

[585] Le Professeur PRADEL oppose les principes directeurs protecteurs de la société à ceux protégeant l'individu. Entrent dans la première catégorie : le principe de la recherche de la preuve et le principe de célérité. La seconde catégorie est composée des droits de la défense et le principe de la présomption d'innocence. V° PRADEL (J.), *Procédure pénale, op.cit.*, pp. 314 à 341.

[586] SALAS (D.), *Du procès pénal*, Paris, PUF, 1ère édit., 1992, p. 26 et svtes.

[587] « La preuve est une démonstration aux fins de persuader de l'exactitude d'un fait allégué en vue de faire prévaloir un droit. » V° LARGUIER (J.), *La preuve d'un fait négatif*, RTDC., 1953. 5. in PRADEL (J.), *Procédure pénale*, op. cit., p. 322.

[588] La procédure accusatoire tire son nom "accusatoire" du rôle essentiel joué par un particulier qui va saisir la justice par voie de plainte, qui s'appelle "l'accusation". Dans ce système, le juge même s'il a connaissance d'une infraction ne peut pas s'autosaisir. Une fois engagé par l'accusateur, le procès se poursuit sous la forme d'un duel entre les deux parties au procès, et le juge n'intervient pas. Il est arbitre, totalement passif car ne participe pas à la recherche des preuves. Il se contente de dire à la fin du procès laquelle des parties l'emporte. Tout se déroule en une seule phase : devant le juge. La procédure accusatoire présente trois caractéristiques principales : publique, car tout se passe dans une seule phase où les citoyens peuvent assister ; orale, Il n'y a pas de dossier préparé à l'avance - le juge statue en fonction de ce qui a été dit devant lui - et contradictoire, chaque partie apporte ses preuves à l'audience. Et les deux parties sont sur un pied d'égalité. Le modèle inquisitoire se traduit par la poursuite d'objectifs différents que pour la procédure accusatoire. L'inquisitoire est marqué par une idéologie autoritaire. On est dans une volonté de recherche de la preuve, et une recherche de la protection de l'ordre public. L'accusateur est un magistrat professionnel. La

Le droit malien combine les deux systèmes, et depuis un certain temps une tentative de rendre les enquêtes contradictoires est envisagée[589]. La recherche de la preuve d'une infraction est commandée par le principe de la présomption d'innocence[590]. En effet, l'évolution historique de la preuve pénale n'est pas sans incidence sur l'émergence du principe de la présomption d'innocence[591]. Plus qu'une garantie législative, elle est protégée par la constitution du 25 février 1992[592]. L'article 2 du CPP dispose en ces termes : « toute personne suspectée ou poursuivie est présumée innocente tant que sa culpabilité n'a pas été établie. Les atteintes à sa présomption d'innocence sont prévenues, réparées et réprimées dans les conditions prévues par la loi »[593]. Des instruments juridiques internationaux ratifiés renforcent les dispositifs nationaux sur la protection de la présomption d'innocence. C'est le cas par exemple de la Déclaration universelle des droits de l'homme de 1948 et le Pacte international sur les droits civils et politiques dont l'article 14 prescrit : « Toute personne accusée d'une infraction est présumée innocente jusqu'à ce que sa culpabilité ait été

---

procédure inquisitoire tire son nom de la phase d'instruction (la plus importante) avant le procès. La phase d'instruction va permettre la recherche des preuves et de la culpabilité de la personne poursuivie. Tout se joue en amont du procès. La phase d'instruction est essentielle. Les traits principaux de la procédure inquisitoire sont l'inverse de la procédure accusatoire : secrète, pendant toute la phase d'instruction, la personne poursuivie n'a pas connaissance des charges qui pèsent contre elle ; non contradictoire, car les parties ne sont pas sur un pied d'égalité. Le magistrat (l'accusateur) dispose des moyens de l'Etat pour obtenir les preuves, alors que la personne poursuivie n'a que ses moyens personnels pour apporter les preuves ; et écrites, toute la phase d'instruction donne lieu à la rédaction de procès – verbaux. Tout est retenu par écrit. Cela est plutôt intéressant car il va permettre de faciliter les voies de recours.

[589] Loi n° 01 – 080 AN – RM du 20 août 2001 portant code de procédure pénale au Mali (Article 1 et 2).

[590] Faustin HELIE souligne que "Tous les efforts et toute la science du juge tendent donc à constater les probabilités qui sont la base nécessaire de toute poursuite, et à préparer la certitude qui est la base nécessaire de tout jugement". De la preuve en matière criminelle, Revue critique de législation et de jurisprudence, 1853, p. 396, in FEROT (P.), *La Présomption d'innocence : Essai d'interprétation historique,* Thèse, sous la direction de Professeur Jean Pierre ROYER, Université Lille II, 2007, p.5 version électronique consultable en ligne sur le site http://www.edoctorale74.univ-lille2.fr Consulté le 20/03/2010

[591] « Le régime juridique des preuves pénales dans un pays donné et à une époque donnée, est le produit fort complexe des traditions, de l'imprégnation religieuse, du régime politique, de la situation économique, de l'état social, du niveau d'éducation, de culture et de civisme de la population, des tendances idéologiques dominantes dans la population en question. » V° Georges LEVASSEUR, *Le droit de la preuve en droit pénal français, la preuve en droit*, Bruxelles, 1981, p. 175.

[592] L'art. 9 al 2 de la Constitution du 25 février 1992 : « Tout prévenu est présumé innocent jusqu'à ce que sa culpabilité soit établie par la juridiction compétente. »

[593] Cette loi n'existe, ce qui suppose que la personne victime d'une atteinte à sa présomption d'innocence ne peut agir que sur la base de la responsabilité civile (article 125 du Régime Général des Obligations du Mali). Au regard de la complexité de pouvoir trouver les fondements de cette responsabilité, la victime dispose peu de chance pour avoir une indemnisation.

légalement établie… » Il découle du principe, qu'il appartient à l'accusateur de prouver l'existence des preuves de la culpabilité de la personne mise en cause[594], à défaut le doute profite à l'accusé[595]. Le principe de la présomption d'innocence a été affirmé avant et par la révolution de 1789 en France[596]. De même, le Code civil français après avoir prescrit le droit au respect de la présomption d'innocence, prévoit des sanctions de sa violation que sont l'allocation des dommages-intérêts, l'insertion dans un journal pour rectification aux fins de faire cesser l'atteinte[597]. La jurisprudence française de son côté a condamné incessamment sa violation[598]. L'exigence du respect de la présomption d'innocence est d'obtenir un meilleur résultat des enquêtes tout en évitant des préjugés qui compromettent la sécurité morale, voire matérielle de la personne poursuivie. La personne poursuivie se trouve en état de faiblesse devant l'appareil judiciaire. Il appartient alors à « la présomption d'innocence de rétablir un certain équilibre entre l'accusateur et l'accusé »[599]. Dans ce contexte, toute personne faisant l'objet de poursuite pénale ou lorsque la sanction encourue présente une connotation pénale[600], doit bénéficier une protection spéciale. La première de toutes les garanties seraient alors le principe de la présomption d'innocence, décrite sous la

---

[594] Roger MERLE et André VITU estiment qu' « il est normal que pèse sur l'auteur de l'allégation la charge de la prouver ce qu'il avance, bref, de prendre l'initiative et d'apporter les éléments propres à appuyer ses dires et à faire disparaître la situation de neutralité du défendeur. Aussi doit-on affirmer, avec certains auteurs, qu'il s'agit plutôt d'un principe général du droit procédural, en vertu duquel est organisée la stratégie du procès pénal », Traité de Droit Criminel Procédure Pénale, 5ème édit., Paris Cujas, 2001, n° 143, p.183.

[595] « L'accusation ne peut pas établir l'existence de l'infraction en ses divers éléments et prouver la culpabilité, l'accusé ou le prévenu doit être acquitté. Ainsi le doute que l'accusation n'a pu éliminer équivaut à une preuve positive de non-culpabilité. Tel est le sens de l'adage in dubio pro reo, traduction procédurale de la présomption d'innocence » MERLE (R.) et VITU (A.), *op. cit.,*, p.181.

[596] « Tout homme étant présumé innocent jusqu'à ce qu'il ait été déclaré coupable…» Article 9 de la Déclaration française des droits de l'homme et des citoyens du 27 août 1789.

[597] L'art. 9-1 du code civil français : « Chacun a droit au respect de la présomption d'innocence. Lorsqu'une personne est, avant toute condamnation, présentée publiquement comme coupable de faits faisant l'objet d'une enquête ou d'une instruction judiciaire, le juge peut, même en référé, sans préjudice de la réparation du dommage subi, prescrire toutes mesures, telles que l'insertion d'une rectification ou la diffusion d'un communiqué, aux fins de faire cesser l'atteinte à la présomption d'innocence, et aux frais de la personne, physique ou morale, responsable de cette atteinte. »

[598] Crim., 29 mai 1980, B.C, n° 164 ; Crim., 19 mars 1986, B.C., n° 113 ; Crim., 22 février 1993, B.C., n°84.

[599] Pradel (J.), *« Les personnes suspectes ou poursuivies après la loi du 15 juin 2000; une évolution ou une révolution ? »,* op. cit.,p. 5.

[600] La cour européenne des droits de l'homme fait une interprétation large et abondante des termes « accusation » ou en « matière pénale ». Les Etats parties sont libres d'établir une distinction entre droit pénal, droit administratif et droit disciplinaire, tant que cette distinction elle-même ne porte pas atteinte aux dispositions de la Convention. V° CEDH, Engel et autres c. Pays-Bas, 8 juin 1976, paragraphe 81. V° aussi partie introductive pour plus de détails sur les notions « accusation » ou en « matière pénale. » p. 19 et svtes.

plume de Jean Pradel comme étant « le principe cardinal de la procédure pénale dans un État de droit, autour duquel tout gravite puisque les autres principes directeurs qui gouvernent la procédure pénale sont la conséquence du principe de la présomption d'innocence »[601]. L'idée de traiter la personne mise en cause comme étant innocente est d'ores et déjà une sécurité psychologique pour l'intéressé. Le principe est conforme à la dignité humaine dans la mesure où toute personne est présumée être honnête[602]. La présomption d'innocence constitue donc le bouclier de protection contre une atteinte à la dignité du présumé, parce que le juge ne pourra fonder sa décision de culpabilité que sur des preuves dûment établies. Le respect de la présomption d'innocence permet d'éviter une culpabilité supposée. Elle garantit les droits de l'accusé[603]. Ainsi, elle corrobore parfaitement avec les droits de la défense, dont elle constitue d'ailleurs un moyen de défense.

Dans notre civilisation humaniste et chrétienne basée sur le respect de la personne humaine, les droits de la défense sont un impératif catégorique de la conscience, un principe fondamental, au premier chef d'ordre public[604]. Selon le Doyen Cornu, les droits de la défense se définissent comme « l'ensemble des prérogatives qui garantissent à l'inculpé la possibilité d'assurer effectivement sa défense dans le procès pénal. » Pradel estime qu'ils sont « l'ensemble des prérogatives accordées à une personne pour lui permettre d'assurer la protection de ses intérêts tout au long du procès. » La constitution du 25 février 1992 n'étant pas restée en marge, prévoit en son article 9 al. 4 que : « le droit à la défense y compris celui de se faire assister par l'avocat de son choix est garanti depuis l'enquête préliminaire. » La CEDH a d'ailleurs jugé que les garanties du procès équitable, notamment celles tenant aux droits de la défense, valent non seulement pour la phase de jugement, mais aussi pour la phase d'instruction, car « leur inobservation initiale risque de compromettre le caractère équitable du procès »[605]. En outre, nombreuses sont les dispositions du code de procédure pénale qui prescrivent le respect des droits de la défense. L'article 177 envisage la nullité pour violation des droits de la défense. Finalement, ceux-ci sont

---

[601] Pradel (J.), *« Les personnes suspectes ou poursuivies après la loi du 15 juin 2000; une évolution ou une révolution ? »* op. cit. p.6.

[602] « La présomption d'innocence confirme notre foi en l'humanité ; elle est l'expression de notre croyance que, jusqu'à preuve du contraire, les gens sont honnêtes et respectueux des lois. » Tel est la teneur d'une décision rendue par la cour suprême du Canada dans l'affaire Oakes, 1986. In PRADEL (J.), *Procédure pénale*, op. cit., p. 323.

[603] « La présomption d'innocence est donc un principe qui ne saurait se réduire à une simple garantie de procédure. Elle procède du sens même de la procédure pénale : garantir que le système de répression ne frappera que les auteurs d'infractions avérées » V° BADINTER (R.), *La présomption d'innocence, histoire et modernité, Le droit privé français à la fin du XXe siècle*, Etudes offertes à Pierre Catala, Paris, Litec, 2001, p. 134.

[604] Telle est l'opinion d'un avocat, propos cité par PRADEL (J.), *Procédure Pénale*, op. cit., 2004, p. 340.

[605] CEDH, arrêt Imbrioscia c/Suisse, 24 novembre 1993.

l'objet de protection particulière dans le cadre du droit processuel surtout en matière pénale. Ainsi, l'accusation portée contre une personne en matière pénale entraîne systématiquement un certain nombre de garanties : le droit d'être informé de la nature et de la cause de l'accusation ; le droit de disposer du temps et de facilités nécessaires à sa défense ; le droit de se défendre efficacement ; le droit aux témoins ; le droit à un interprète[606] ; le droit de ne pas s'auto-accuser ; le droit de se taire.

L'information du présumé est une garantie capitale, étant elle-même un droit de la défense. Le droit à être informé des charges pesant contre lui et de ses droits dans une langue qu'elle comprend, doit trouver toute son opportunité dans une société où l'écrasante majorité des citoyens ignorent non seulement les textes applicables, mais aussi la langue dans laquelle l'accusation est portée. En effet, l'information permet au présumé de préparer sa défense. Mais la seule information de ses droits ne suffit pas, il faut en plus que le présumé ait les moyens financiers[607] et le temps nécessaire pour préparer sa défense[608]. Notre code de procédure pénale, la loi n° 01 – 080 AN – RM du 20 août 2001 comporte l'essentiel des droits de la défense. La lecture de ses articles 1 et 2 confirme ce propos.

Le présumé doit disposer du temps et de facilités nécessaires à sa défense. L'appréciation du temps nécessaire à la préparation de la défense se fait en fonction de toutes les circonstances de l'affaire, y compris sa complexité. Par « facilités nécessaires », il faut entendre par là : l'accès au dossier, à un avocat et aux preuves. Les difficultés ou l'impossibilité d'accès à l'avocat est une violation des droits de la défense. En effet, tout accusé a le droit de se défendre lui-même ou avoir l'assistance d'un défenseur de son choix et, s'il n'a pas les moyens de rémunérer un défenseur, avoir accès à l'assistance gratuite d'un avocat nommé d'office, lorsque les intérêts de la justice l'exigent. Cette exigence est inscrite au point G et H des principes et directives du droit à un procès équitable et de l'assistance judiciaire en Afrique. Cependant, le droit au silence entre en ligne et peut être aussi considéré comme une stratégie de la défense. Il est la prérogative qu'a une personne arrêtée par les policiers ou traduite devant un juge de rester

606 Le droit à un interprète n'est pas spécifique à la procédure pénale. Il présente une importance remarquable en matière pénale qu'en matière civile. Le droit à un interprète concrétise l'égalité des armes. L'interprète s'engage à transmettre sincèrement les déclarations venant des parties au procès. Si l'une ou les parties est sourde-muette, le juge doit veiller à ce que les déclarations de part et d'autre soient bien traduites.

607 S'agissant des moyens financiers, lorsqu'une personne est accusée d'avoir commis de crime, elle bénéficie la gratuité du ministère d'un avocat, appelé commission d'office.

608 PRADEL distingue les droits de la défense à titre direct de ceux qui sont indirects. Les droits à titre direct sont : le droit à l'assistance d'un avocat ; le droit de savoir la nature et le contenu du dossier ; le principe du contradictoire et le principe général de la loyauté dans la recherche des preuves. Les seconds, les droits de la défense à titre indirect sont constitués du droit à l'interprète si l'on ne comprend pas la langue dans laquelle le procès se déroule. PRADEL (J.), *Procédure pénale*, op. cit., p. 338 et svts.

silencieuse sans que ce silence puisse lui être reproché. Sa culpabilité ne doit pas être déduite de son seul silence. Mais, il s'agit d'un droit non absolu, dans certaines circonstances, il pourra être déduit du silence, des conséquences défavorables de la personne mise en cause si la situation exige des explications. Il y a lieu d'y ajouter le droit de ne pas s'auto-accuser.

Constitue un droit de la défense, le droit d'interroger des témoins à charge ou à décharge[609]. La personne mise en cause a le droit d'interroger ou de faire interroger les témoins à charge et d'obtenir la convocation et l'interrogation des témoins à décharge dans les mêmes conditions que les témoins à charge. Le témoignage est un récit fait à un juge ou à un OPJ par une personne appelée témoin de ce qu'elle a appris directement ou indirectement sur les faits à prouver[610]. Les témoins sont « les yeux et les oreilles de la justice »[611]. En effet, le témoignage en tant que mode de preuve présente un intérêt capital en matière pénale, parce qu'il s'agit de la preuve des faits et non des actes juridiques et au seul regard duquel, l'infraction est caractérisée. Néanmoins, le témoignage comporte des faiblesses et des dangers, la loi s'efforce d'y pallier par des garanties pour assurer sa sincérité en soumettant le témoin à l'obligation de prêter serment assortie des sanctions pénales[612]. Même, prêter sous serment, les juges du fond apprécient souverainement sa valeur probante[613]. La motivation de la décision permet d'apprécier si le témoignage reçu sans prestation de serment a pu exercer une influence sur la décision du juge[614]. Cependant, l'application des exigences ci-dessus au cours de la répression pénale est tout autre.

II. La réalité pratique de la procédure pénale malienne

La procédure pénale malienne depuis longtemps se caractérise par deux problèmes essentiels : d'une part, le manque de fermeté du respect de ses principes et règles, d'autre part, l'insuffisance d'experts judiciaires suffisamment formés. Ces situations entraînent inéluctablement des défaillances d'une répression satisfaisante. C'est pourquoi, les phases antérieures du jugement subissent des atteintes qui compromettent la qualité des jugements pénaux.

L'enquête désigne l'ensemble des opérations de recherche ayant pour but la manifestation de la vérité relativement à la commission d'une infraction

---

609 Les articles 102, 418, 419, 420 et svts du code de procédure pénale.

610 Pradel (J.), *Procédure Pénale*, op. cit., p.392.

611 Bentham (J), *Traité des preuves*, in J. Pradel, Procédure pénale, op. cit., p. 392.

612 - Art. 84 de la loi n° 01 – 079 AN – RM du 20 août 2001 portant code pénal.

613 - Cass. Crim. 13 janv. 1960 : Bull. crim. N° 17.

614 - MAIGA, (H. B), *Le manuel du juge au siège, Tome 2, le juge correctionnel*, édit. Jamana 2009, p. 93.

pénale. Elle inclut les enquêtes policières[615] et l'instruction menées par le juge d'instruction. Désormais, la liberté reste le principe, la garde à vue, l'exception[616]. Le recours à la garde à vue suppose l'existence des raisons plausibles de soupçons « des indices faisant présumer » qu'elle a commis ou tenté de commettre une infraction[617]. Derrière cette volonté protectrice et paradoxale que cela puisse paraître, le droit des personnes gardées est le plus méprisé. D'abord, les locaux des gardes à vue sont insalubres ; ensuite, le délai légal de la garde à vue n'est point respecté avec fermeté[618] ; enfin, les interrogatoires sont souvent longs donc pénibles pour le présumé[619]. Le suspect est alors déstabilisé. Ces situations compromettent l'équilibre du procès pénal. Au cours de la garde à vue, l'enquêteur est amené à poser des actes, tels que l'audition[620], les perquisitions et les saisies, règlementées strictement par la loi.

L'une des avancées significatives de la procédure pénale malienne serait certainement la possibilité reconnue à l'avocat, depuis 1992[621], d'assister le présumé à l'enquête policière. Dix ans environ après l'adoption de la constitution du 25 février 1992, le code de procédure pénale organise en 2001 de manière lacunaire, la phase active de l'intervention de l'avocat à l'enquête policière[622]. Le droit de se faire assister d'un ou de plusieurs avocats est reconnu à toute personne victime ou mise en cause[623], dès les

[615] Les enquêtes policières peuvent prendre la forme d'une enquête sur flagrant délit, soit une enquête préliminaire. La police judiciaire dispose plus de pouvoirs selon qu'il s'agisse de l'une ou de l'autre forme.

[616] Les régimes précédents avant 1992 appliquaient l'inverse de cette règle. Pour eux, la garde à vue reste le principe et la liberté, l'exception.

[617] L'art. 76 al 2 in limine du code de procédure pénale, loi 01 – 80, préc.

[618] Le délai de la garde à vue de droit commun est de quarante huit (48) heures, susceptibles d'être proroger de vingt quatre (24) heures supplémentaires sur autorisation spéciale du Procureur de la République. (Art. 76 du CPP).

[619] V° Les rapports sur la situation des droits humains au Mali de 2006, 2008 et 2010 de l'Association malienne des droits de l'homme (AMDH). En effet ces différents rapports retracent les enquêtes menées dans les différents centres de détention y compris les lieux de gardes à vue des différents commissariats et brigades de gendarmerie. L'état de la violation des textes relatifs aux mesures de détention et de garde à vue est sans appel.

[620] L'audition est un pouvoir reconnu par la loi à la police judiciaire pour entendre au cours d'une garde à vue toutes personnes qu'elle juge utiles pour la manifestation de la vérité d'une infraction. L'audition doit être distinguée de l'interrogatoire. La première ne concerne que les témoins tandis que la seconde, le suspect. « Le témoignage est obtenu par l'audition, l'aveu par l'interrogatoire ». L'aveu est une déclaration par laquelle une personne reconnaît en totalité ou en partie le fait répréhensible qui lui est reproché. En réalité, l'interrogatoire doit être un outil pas pour obtenir l'aveu mais pour découvrir la vérité. PRADEL (J.), *Procedure penale*, op. cit., P 391.

[621] Art. 9 al 4 de la constitution du 25 février 1992 dispose que : « le droit de la défense y compris celui de se faire assister par l'avocat de son choix est garanti depuis l'enquête préliminaire. »

[622] La constitution érige l'assistance de l'avocat en droit fondamental tandis que le code de procédure pénale organise la phase active de l'intervention même s'il est lacunaire.

[623] Art. 76 al 6 du code de procédure pénale, préc.

premières heures de la garde à vue. Au moment de l'interrogatoire, l'avocat ne peut poser des questions que par l'intermédiaire de l'officier de police enquêteur en cas de refus mention en est faite au procès verbal[624]. Cependant, la loi ne prévoit pas de sanction de l'omission d'une telle mention. La mission principale de l'avocat est de veiller à la régularité de la procédure, mission d'ailleurs peu saisie par les OPJ. Ce qui est source de conflits entre l'avocat et l'OPJ, souvent arbitrés par le Procureur. Malgré la présence de l'avocat, la garde à vue reste décriée.

La garde à vue est une mesure policière décriée aussi à cause de son assimilation au violon. La loi sollicite la garde à vue lorsqu'il y a le risque de fuite du présumé ou de faire disparaître les indices susceptibles de concourir à la manifestation de la vérité ou encore, le risque de représailles. Elle n'implique pas donc systématiquement l'incarcération du suspect dans le violon. Contrairement à ce que pense bon nombre de policiers. Sur la question de savoir : que signifie la garde à vue ? Les réponses récoltées confirment la thèse d'assimilation de la garde à vue au violon. Sur quarante (40) policiers interrogés vingt-cinq (25) estiment que la garde à vue est une mesure qui consiste à placer un suspect dans un endroit clos pour les besoins de l'enquête d'une infraction. Cette situation est de nature à confondre la garde à vue au violon. Celle-ci suppose d'avoir « l'œil sur la personne » pour les besoins de l'enquête. Tandis que le violon est une privation de la liberté d'aller et de venir de la personne suspecte, en l'incarcérant dans un endroit clos. Le recours à l'incarcération dans le violon constitue souvent « l'épée de Damoclès »[625] entre les mains de l'OPJ. À cela, il faut mettre l'accent sur l'inobservation du délai légal de la garde à vue dont la responsabilité des Procureurs ne saurait être épargnée. La Cour suprême du Mali, refuse une annulation de la procédure du seul chef de la violation du délai de la garde à vue. La haute juridiction dans son arrêt n° 01 avait décidé que cette violation des droits de la défense n'est pas suffisante pour justifier l'annulation de toute la procédure d'enquête, même si elle devrait donner lieu à des sanctions disciplinaires contre l'OPJ, auteur de cette violation[626]. La

[624] Art. 76 al 7 du code de procédure pénale, préc.

[625] Il faut noter aussi qu'il existe certaines pratiques dans nos commissariats de police et les brigades de gendarmerie. « Nous assistons au retour des actes de torture dans les lieux de détention. C'est le cas d'un ressortissant sénégalais du nom de Matar Wade, tailleur de son état, qui fut soumis à des actes de torture le 25 novembre 2009 dans les locaux du Commissariat du 1er Arrondissement de Bamako. C'est aussi le cas de Namory Kéita détenu à la maison centrale d'arrêt de Bamako. Au moment où celui-ci nous a été présenté, précisément le 25 août 2010, ses fesses et son organe génital étaient ensanglantés. Il a fait l'objet de violences et de sévices de la part d'un gardien de prison. Certains agents de la police et de la gendarmerie continuent de garder les citoyens dans leurs locaux pour des cas de non-paiement de dette civile ou pour d'autres affaires purement civiles ». RAPPORT AMDH sur la situation des droits humains au Mali 2008 – 2009 – 2010.

[626] C.S.M., arrêt n°1 du 18 mars 1968.

violation des délais de garde à vue est souvent justifiée par l'insuffisance de moyens.

Les garanties du procès pénal doivent fonctionner tout au long de la procédure. Le contraire peut conduire à des situations désastreuses[627]. L'instruction est une phase qui ne saurait être moins importante que les autres. Elle est menée par le juge d'instruction. L'instruction préparatoire appelée également information judiciaire a pour objet la recherche des preuves par un organisme juridictionnel en vue d'examiner l'existence des charges suffisantes justifiant le renvoi de la personne mise en cause devant la juridiction de jugement. De cette définition découlent deux objets de l'instruction préparatoire :

- d'une part, compléter les investigations en mettant le dossier en état d'être jugé (il s'agira alors de vérifier les zones d'ombre qui peuvent subsister, d'étayer le dossier sur la personne mise en cause) et l'organiser de façon à en assurer sa lisibilité, travail de mise en forme ;
- d'autre part, continuer des investigations en bénéficiant de moyens légaux d'enquête étendue, afin d'identifier les auteurs de l'infraction et de cerner précisément leur responsabilité, travail d'enquête.

Ce double objectif est rendu possible par les nombreux pouvoirs que le code de procédure pénale accorde au juge d'instruction. Ce sont des pouvoirs d'enquête et judiciaires.

Les prérogatives reconnues aux enquêteurs en flagrance sont aussi reconnues au juge d'instruction (pour toute la durée de son instruction). Il peut les déléguer à des officiers de police judiciaire. Cette délégation est appelée commission rogatoire. L'article 90 al.3 du CPP précise que : « si le juge d'instruction est dans l'impossibilité de procéder lui-même à tous les actes d'instruction, il peut donner commission rogatoire aux officiers de police judiciaire afin de leur faire exécuter tous les actes d'information nécessaire dans les conditions et sous les réserves prévues aux articles 159 à 160 du présent code. » Le juge d'instruction a également le pouvoir d'ordonner des écoutes téléphoniques, dans certaines conditions, des perquisitions en dehors des heures légales. La possibilité de mener des enquêtes sur tout le territoire national. C'est dans cette optique que l'article 93 al.1 du CPP dispose que : « le juge d'instruction peut se transporter sur les lieux pour y effectuer toutes constatations utiles ou procéder à des perquisitions. » L'article 94 du même code y ajoute que « les perquisitions sont effectuées dans tous les lieux où peuvent se trouver des objets dont la découverte serait utile à la manifestation de la vérité. » Ces objets peuvent faire l'objet des saisies c'est-à-dire qu'ils seront placés sous main de justice.

---

[627] Affaires d'Outreau. En effet, des personnes accusées de viol sur mineurs sont restées pendant deux (02) années en détention provisoire alors que le dossier ne tenait pas la route.

En vertu de ses pouvoirs judiciaires, le juge d'instruction peut prononcer des mises en examen (inculpation). L'interrogation de la première comparution en est une illustration. L'article 107 du CPP précise en ces termes « lors de la comparution de l'inculpé, le juge d'instruction constate son identité, lui fait connaître expressément chacun des faits qui lui sont imputés et l'avertit qu'il est libre de ne faire aucune déclaration. » Certains auteurs estiment que le terme inculpé paraît abusif et mérite, en effet, d'être édulcoré. Qu'il est plus judicieux d'utiliser l'expression « personne soupçonnée » ou recourir simplement à la notion policière de « suspect »[628]. Cette position est défendable, car elle corrobore avec la présomption d'innocence et plus proche du doute que de la culpabilité. Le juge d'instruction peut, par surcroît, solliciter le placement en détention provisoire en raison des nécessités de l'enquête ou à titre de mesure de sûreté. Cette mise en détention s'exerce à travers les différents mandats[629] qu'il décerne. Le juge d'instruction utilise trois mandats, à cet effet, celui de dépôt[630], d'amener[631] et d'arrêt[632]. Il peut aussi ordonner le renvoi des mises en examen devant un tribunal correctionnel ou devant les assises.

La phase de l'instruction, si importante, soit-elle, suscite beaucoup de controverses en ce qui concerne le respect des garanties que doivent bénéficier les personnes mises en cause. Il existe une panoplie de contraintes qui faussent les données équitables d'un procès pénal. Ces contraintes sont de deux ordres : les unes touchent au code de procédure pénale, les autres à la pratique. Les contraintes d'ordre pratique de l'instruction peuvent être sériées en trois volets : la méconnaissance du rôle du juge d'instruction de la plupart de nos concitoyens ; l'indépendance du juge d'instruction et les moyens pour parvenir au bon accomplissement de sa mission. L'un des avantages du système pénal malien est certainement de confier l'instruction à un magistrat indépendant, le juge d'instruction. Ce qui est préférable à une enquête menée par le Procureur qui se trouve dans une dépendance incontestée.

L'instruction est rendue possible grâce aux panoplies de prérogatives qui sont reconnues au magistrat instructeur par le code de procédure pénale. L'application de ces pouvoirs pose d'énormes difficultés. La première résulte très fréquemment de l'empiètement du Procureur dans les affaires du juge d'instruction. En effet, le CPP reconnaît au juge d'instruction de

---

[628] COULIBALY (M.), *Procédure pénale*, édit., Jamana 2009, p. 137

[629] Les mandats sont des ordres écrits par lesquels le magistrat habilité porte atteinte à la liberté d'un justiciable sa comparution ou sa mise en détention.

[630] « L'ordre donné par le juge au régisseur de la maison d'arrêt de recevoir et de détenir l'inculpé » (L'alinéa 4 de l'article 114 CPP).

[631] Il est l'ordre donné à la force publique de conduire immédiatement l'inculpé devant lui. Il peut aussi être décerné contre le témoin qui refuse de comparaître sur convocation.

[632] Il est l'ordre donné à la force publique de rechercher l'inculpé et de le conduire à la maison d'arrêt indiqué sur le mandat. C'est un ordre de recherche et de détention. (Article 114 al 5).

décerner mandat à l'encontre de la personne soupçonnée. Ce mandat peut être de dépôt, d'amener ou d'arrêt. Des Procureurs qui décernent des mandats d'arrêt violent le CPP. Il est reconnu au seul juge d'instruction. Parfois, les Procureurs exigent aux OPJ de ne pas exécuter la commission rogatoire dont les juges d'instruction ont recours dans certains cas. Ce qui constitue une réelle entrave à l'exécution correcte de la mission du magistrat instructeur[633]. Il y a lieu aussi d'ajouter, le conflit d'approche sur une infraction entre le juge d'instruction et le Procureur qui se diverge sur la qualification de l'infraction, l'un retenant l'infraction, l'autre optant le contraire. L'affaiblissement de l'indépendance du magistrat instructeur n'est pas seulement dû à l'empiètement du Procureur, il y a aussi les problèmes de moyens.

L'un des problèmes cruciaux que souffrent les cabinets d'instruction est le manque de moyens permettant aux magistrats instructeurs d'exécuter correctement leur mission. Il s'agit principalement des difficultés relatives aux investigations matérielles et l'exécution des commissions rogatoires. Peut-il avoir de pouvoirs sans moyens de mise en œuvre ? En effet, les juges d'instruction affirment avoir de sérieuses difficultés de déplacement dans le cadre des perquisitions, de transport sur les lieux d'une infraction ou l'extraction des détenus dans les prisons aux fins d'interrogatoire. Ce qui est une réalité, car toutes les juridictions de Bamako ne fonctionnent qu'avec un seul bus. Ils (juges d'instruction) affirment profiter des jours d'audience pour pouvoir extraire les détenus des prisons. Souvent, si l'urgence commande, l'extraction se fait par moto. Ceci pose un réel problème de sécurité, ou ils sont obligés de supporter sur fonds propres en louant par exemple un taxi. Devant une telle difficulté, certains juges d'instruction affirment que « les cabinets d'instruction ne font pas de l'instruction, mais de l'audition. » Ce problème de moyens rejaillit certainement sur la détention provisoire, du coup compromet la qualité du procès pénal, car l'instruction a pour objectif de compléter et de corriger l'enquête des OPJ.

À l'instar de la garde à vue, la détention provisoire constitue aussi une mesure décriée[634]. La phase préparatoire du procès pénal présente un intérêt capital en ce qui concerne la recherche de la vérité. C'est pourquoi, les pouvoirs des enquêteurs sont strictement encadrés par le CPP dans le souci de concilier la recherche de la preuve et la préservation des droits individuels. Le juge d'instruction doit respecter les droits de la défense et la présomption d'innocence des mises en cause, surtout le délai de la détention

---

[633] Ces informations sont recueillies au cours de nos entretiens avec des juges d'instruction : Madame Mariam SENOU, juge d'instruction du TPI de la Commune IV du district de Bamako, entretien réalisé le 19 décembre 2011 ; Youssouf FOFANA, juge d'instruction du TPI de la commune III du district de Bamako (pôle économique et finance).

[634] La récente visite du Ministre de la justice à la prison centrale d'arrêt du district de Bamako, le 21 octobre 2012, a confirmé le dépassement des délais de détention provisoire pour plusieurs détenus en attente de jugement.

provisoire. Malheureusement, « un phénomène très dangereux et hautement attentatoire aux droits des personnes détenues est en train de se développer au niveau de certaines juridictions. Il s'agit de la fameuse pratique de la mise à disposition par laquelle certains magistrats détiennent des citoyens sans aucun mandat de dépôt. Il s'agit là de détention arbitraire, une mesure privative de liberté sans aucune base légale »[635]. Le délai, faut-il le rappeler, est d'un mois lorsque la peine d'emprisonnement encourue est inférieure à deux ans[636] ; six mois si cette peine est supérieure à deux ans[637] ; trois ans en peine criminelle[638]. Durant les phases d'enquêtes, il n'y a pas que des policiers et juges d'instruction, aussi des scientifiques participent à la recherche des preuves des infractions. Ainsi, les applications de la science participent à la manifestation de la vérité dans une variété de techniques scientifiques multidisciplinaires dont le but est d'identifier le ou les auteurs des infractions[639]. Le recours à l'expert est justifié par l'existence d'une question d'ordre technique[640]. L'insuffisance des experts suffisamment qualifiés entraîne deux problèmes essentiels : d'une part, la recrudescence des affaires criminelles non résolues, et d'autre part, les erreurs judiciaires.

En somme, il est aisé de constater que le droit processuel malien règlemente de manière certaine les garanties substantielles que chaque juge est astreint au respect. Elles renvoient à la célérité du traitement des affaires, à l'exigence d'équité et à la publicité dont la plupart admettent des exceptions, nécessaires à la bonne administration de la justice. Au-delà des garanties procédurales communes à tous les procès, il existe aussi des règles spécifiques eu égard à la particularité de certains procès. L'application de toutes ces garanties est conditionnée à une réelle indépendance et impartialité du juge, sans lesquelles les décisions à intervenir ne seront point satisfaisantes. Les faiblesses de l'indépendance et de l'impartialité du juge ont pour corollaire la sélectivité de l'exécution des décisions de justice (Chapitre 2).

---

[635] RAPPORT AMDH sur la situation des droits humains au Mali 2008 – 2009 – 2010, préc. Ce rapport note avec regret que : Les conditions de détention sont pénibles au niveau de certains centres. « Les conditions de détention restent déplorables. Les prisons sont surpeuplées et le taux de la détention préventive dépasse encore de nos jours 80%. Particulièrement, le cas de la maison centrale d'arrêt de Bamako reste inquiétant avec en moyenne un effectif de plus de 1700 détenus parmi lesquels près de 1160 prévenus alors que cette prison a été conçue pour 400 à 500 détenus. Dans de nombreuses cellules, les détenus passent la nuit débout, faute d'espace. La construction d'une nouvelle prison à Bamako s'avère donc nécessaire. Malgré le nombre croissant des détenus, la ration alimentaire ne connaît aucune amélioration quantitative. Aussi, le manque d'infirmerie dans la plupart des prisons expose les détenus à la mort en cas de maladie grave. »

[636] Art. 125 du CPP, préc.

[637] Art. 127 du CPP, préc.

[638] Art. 135 du CPP, préc.

[639] Les articles 165 à 175 du CPP traitent l'expertise en matière pénale.

[640] L'expert de justice est, en procédure malienne, un professionnel de sa science ou de sa technique intervenant de façon occasionnelle pour éclairer le juge sur des questions de fait et non de droit qui sont de son domaine de compétence.

CHAPITRE 2

L'EXÉCUTION SÉLECTIVE DES DÉCISIONS DE JUSTICE

La justice n'a d'aucune utilité si ses décisions ne sont pas effectivement exécutées[641]. L'exécution est la réalisation de l'obligation imposée par une décision de justice nonobstant la volonté de la personne à laquelle elle fut imposée. À cet effet, les voies d'exécution permettent au créancier de vaincre la résistance de son débiteur récalcitrant. Elles constituent « l'ensemble des moyens de contrainte exercés contre la personne du débiteur ou contre ses biens pour imposer, dans le respect des formalités prescrites par la loi, l'exécution de ses obligations »[642]. Mais, il y a lieu de préciser que l'exécution forcée s'impose pour les décisions définitives c'est-à-dire celles revêtues de la formule exécutoire[643]. Les décisions susceptibles de recours suspensif, à moins qu'elles ne soient assorties de l'exécution provisoire, sont exclues du champ d'exécution forcée. Dans le contexte du procès équitable, ces voies de recours permettent de corriger les erreurs judiciaires. Le juge doit être vigilant de leur exercice, car, elles peuvent être intentées dans le seul dessein du dilatoire.

L'exécution forcée dans un délai raisonnable concerne les décisions de toutes les juridictions[644]. Droit fondamental s'imposant à l'Etat, le droit à

641 « L'exécution des décisions de justice pose le problème de l'effectivité des droits et obligations résultant d'une décision de justice, de l'efficacité des décisions de justice, celui de leur valeur effective, celui de la puissance de l'impérium du juge, de la force exécutoire de ses décisions, en un mot de leur pouvoir ». Extrait du discours de Me Fanta SYLLA, ancien Bâtonnier de l'ordre des avocats du Mali et ancien Ministre de la justice et garde des sceaux. Discours prononcé lors de la rentrée judiciaire 2002-2003.

642 CABRILLAC (R.), (Dir.), *Dictionnaire du vocabulaire juridique*, *op. cit.*, p. 187.

643 En matière civile, l'exécution forcée se traduit, pour l'essentiel, par le recouvrement des sommes d'argent, par les saisies des biens (mobiliers et immobiliers) appartenant au débiteur, par l'expulsion, la démolition, la contrainte par corps, etc.

644 Les problèmes de l'exécution forcée concernent les décisions de toutes les juridictions de l'ordre judiciaire et administratif. Pour les besoins de ce travail, il sera question de l'exécution des décisions des juridictions judiciaires. Celles-ci connaissent une certaine diversité selon qu'elles émanent du juge civil ou du juge pénal. La compétence des juridictions judiciaires est

l'exécution forcée ne doit admettre que d'exceptionnelles limites, celles qui sont temporaires, à défaut une indemnisation s'impose. Ce qui n'est pas toujours le cas au Mali. On constate au niveau de l'exécution des décisions des entraves juridiques (Section 1) et pratiques (Section 2).

SECTION 1. LES ENTRAVES JURIDIQUES À L'EXÉCUTION FORCÉE

L'exécution forcée d'une décision de justice ne peut être poursuivie que si elle est revêtue de la formule exécutoire. Le procès équitable exige, avant l'apposition de celle-ci, d'offrir la possibilité à la partie succombante d'exercer un recours aux fins de faire vérifier le bien-fondé de la décision, soit par la juridiction qui a rendu la décision, soit par une autre hiérarchiquement supérieure. Le droit à l'exécution forcée se trouve légitimement limité par un autre droit fondamental : le droit au recours[645]. Il est aussi raisonnablement affaibli par l'orientation du créancier dans le choix des procédures d'exécution telle qu'en matière de saisies[646]. La paralysie juridique du droit à l'exécution forcée est justifiée par deux raisons essentielles : d'une part, le caractère humaniste de la procédure, et d'autre part, la correction des erreurs judiciaires[647]. Pour ce faire, l'exécution des décisions non revêtues de la formule exécutoire peut être paralysée par l'exercice des recours suspensifs (Paragraphe 1). Aussi, l'exécution de celles qui sont définitives peut être suspendue temporairement, au pire des cas être remises en cause. Ce sont les obstacles juridiques à l'exécution des décisions définitives (Paragraphe 2).

éclatée entre les matières commerciale, sociale et civile. Malgré cela, l'exécution des décisions desdites juridictions est règlementée par le même code et les mêmes principes. En matière pénale, l'exécution forcée concerne l'emprisonnement, le paiement d'amende, le travail d'intérêt général. Il sera aussi judicieux de décrire même de façon sommaire les problèmes d'exécution des peines privatives de liberté.

645 Les voies de recours au sens strict sont constituées de l'ensemble des procédures destinées à permettre un nouvel examen de la cause. Soit que la procédure ait été irrégulièrement suivie, soit que le juge n'ait pas tenu compte d'un élément de fait présenté par la partie, soit que le jugement n'ait pas été motivé ou ait été insuffisamment motivé, ou qu'il contienne une erreur de droit. Il peut être porté devant la juridiction hiérarchiquement supérieure ou celle qui l'a rendu.

646 L'orientation du choix des procédures d'exécution concerne les créanciers chirographaires et les créanciers hypothécaires. Les premiers doivent saisir les biens meubles du débiteur. Ce n'est qu'en cas d'insuffisance du produit de vente des meubles saisis que le créancier pourra saisir les immeubles appartenant à son débiteur. S'agissant des créanciers hypothécaires, le droit de saisir autre immeuble que celui donné en garantie n'est admis que si le produit de vente de l'immeuble hypothéqué n'a pas suffit à lui désintéresser.

647 Le Professeur Guillaume DRAGO qualifie d' *« Obstacles positifs à l'effectivité des sanctions »*. Ils sont positifs parce qu'ils protègent les droits de la violation des droits fondamentaux. DRAGO Guillaume, *L'effectivité des sanctions de la violation des droits fondamentaux dans les pays de la communauté francophone,* in l'effectivité de droit fondamentaux, p. 535-540.

Paragraphe 1. L'exécution forcée limitée par l'exercice des recours suspensifs

Les décisions non exécutoires sont celles qui sont susceptibles de recours suspensif d'exécution. Un jugement ou arrêt faisant l'objet d'un tel recours ne peut être exécuté que s'il est assorti d'exécution provisoire. Le juge peut l'ordonner aux risques et périls du créancier[648]. Le perdant, en utilisant une voie de recours suspensif, empêche le gagnant de tirer l'avantage escompté d'une décision parfois obtenue péniblement après de longs délais[649]. Ce recours se légitime dans la mesure où, il permet de parer souvent à des dérives judiciaires. Il est un élément important du procès équitable. Dans ce contexte, seule leur utilisation abusive constitue d'obstacles réels au procès équitable.

Les obstacles juridiques à l'exécution des décisions non exécutoires sont les voies de recours ordinaires (I) et les voies de recours extraordinaires dans certains domaines[650] (II).

I. Les voies de recours ordinaires

Les magistrats chargés de rendre la justice ne sont pas à l'abri des erreurs. Il importe, pour garantir une saine distribution de la justice, de corriger les éventuelles erreurs constatées dans les décisions juridictionnelles avant d'apposer la formule exécutoire. Les voies de recours apparaissent comme conformes à l'intérêt général et celui des justiciables pour lesquels elles constituent un aspect des droits de la défense[651]. Elles ont pour finalité la remise en cause d'une décision de justice[652]. Les voies de recours ordinaires sont celles qui sont antérieures à l'autorité de la chose jugée[653], et empêchent la décision d'en acquérir immédiatement. Manifestation du double degré de

---

[648] L'expression « risques et périls » du créancier signifie qu'« il existe à sa charge l'obligation à la fois de restituer ce qui finalement ne lui était pas dû et de réparer le préjudice qu'a pu résulter de l'exécution fondée sur un titre fragilisé par le jeu du double degré de juridiction. » STRICKLER (Y.), *« L'exécution des jugements et le double degré en matière civile »,* in BOLARD (G.), DURFORT (S.), HILAIRE (J.), LEMONDE (M.) et autres, *Justice et double degré de juridiction* – Revue générale de droit processuel, Justices n° 4, Dalloz, 1996, p. 127.

[649] VINCENT (J.), GUINCHARD (S.), *Procédure civile*, op. cit., p. 784.

[650] L'opposition des voies de recours ordinaires aux voies de recours extraordinaires résulte du CPCCS. Il existe d'autres classifications des voies de recours. JULIEN (P), FRICERO (N.), *Droit judiciaire privé, op. cit.,* p. 362.

[651] Pour le conseil constitutionnel français, les droits de la défense incluent le droit de recours, décision 12-13 Août 1993. 325, D.C., § 63, in FAVOREU (L.) et PHILIP (L.), *les grandes décisions du conseil constitutionnel*, 12ème éd., Dalloz, n°46.

[652] JULIEN (P), FRICERO (N.), *Droit judiciaire privé, op. cit.,* p. 361.

[653] L'autorité de la chose jugée signifie que « ce qui a été jugé définitivement ne peut plus être remis en question, ni directement, ni indirectement, ni par voie d'action, ni par voie d'exception. »

juridiction[654], elles ont pour objet de faire examiner à nouveau l'affaire dans tous ses éléments de fait et de droit. Les voies de recours ordinaires sont l'opposition et l'appel[655]. L'opposition, selon l'article 580 du CPCCS, tend à faire rétracter un jugement rendu par défaut[656]. Ouverte au défaillant, l'opposition remet en question devant le même juge les points jugés par défaut pour qu'ils soient à nouveau statués en fait et en droit. L'acte de signification aux fins d'opposition doit indiquer en caractères très apparents du délai d'opposition. Cet acte peut être servi à personne, à domicile, à mairie ou à parquet. La signification permet de porter à la connaissance du justiciable le jugement prononcé par défaut. Elle poursuit un objectif d'information. Si le destinataire n'a ni domicile, ni lieu de travail, la signification sera faite à parquet. Lorsqu'il sera retrouvé, le délai d'opposition courra du jour de la remise du procès-verbal à l'intéressé. Au cas contraire, sur requête du demandeur aux fins de permis d'exécuter, le juge l'autorisera au vu du procès verbal de recherches infructueuses, à exécuter la décision.

Cependant, le code de procédure civile commerciale et sociale précise à l'al. 2 de son article 584 que : « si la notification n'a pas été faite à personne, la partie condamnée pourra former opposition jusqu'à exécution du jugement. » Cette situation permet à une personne condamnée dans un procès, lorsque la signification a été faite autrement qu'à sa personne, d'obtenir le bénéfice de l'opposition même en dehors du délai imparti à cet effet. Cette disposition ouvre droit à un débiteur de mauvaise foi de ralentir considérablement la conduite du procès. Pour cela, il lui suffit de s'esquiver à la présence de l'huissier. Cette disposition de l'article 584 al. 2 du CPCCS présente une insécurité juridique pour ceux qui ont obtenu gain de cause dans un jugement par défaut. En plus, le décret modificatif prolonge le délai d'opposition qui, désormais, est passé de huit (08) à trente (30) jours[657]. À l'expiration de ce délai de trente jours, la voie de l'appel sera ouverte.

---

[654] « L'énoncé du double degré de juridiction est considéré aujourd'hui comme impliquant l'une des garanties essentielles accordées aux justiciables et tendant à sauvegarder les libertés individuelles, cela lui confère une portée très générale et valeur technique quasiment universelle. » HILAIRE (J.), *Un peu d'histoire*, in BOLARD (G.), DURFORT (S.), HILAIRE (J.), LEMONDE (M.) et autres, *Justice et double degré de juridiction* – Revue générale de droit processuel, Justices n° 4, op. cit., p. 9.

[655] Art. 543 al. 1 du CPCCS.

[656] Celui qui se laisserait juger une seconde fois par défaut n'est plus admis à former une nouvelle opposition (art. 583 du CPCCS).

[657] Art. 584 du décret modificatif du CPCCS, précité. Au moment où la lenteur de la justice est décriée par les justiciables maliens, le décret ci-dessus enfonce davantage le clou dans la plaie en augmentant le délai d'opposition qui passe désormais de huit à trente jours. Ce délai de trente jours pour former opposition apparaît excessif pour deux raisons essentielles : d'une part, il s'accommode peu avec les impératifs du délai raisonnable, et d'autre part, le délai de huit jours ne posait aucun souci aux justiciables. A supposer que le délai de huit (08) jours posait problème aux justiciables, il suffisait dans ce cas, d'aménager tout simplement d'autres moyens pour former opposition en plus des moyens classiques. Les Nouvelles Technologies

Contrairement à l'opposition qui tend à la rétraction d'un jugement rendu par défaut, l'appel vise à porter l'affaire devant une juridiction hiérarchiquement supérieure[658]. L'opposition s'explique par le défaut du contradictoire de la procédure, tandis que l'appel est une manifestation du double degré de juridiction. L'appel tend à faire reformer ou annuler par la cour d'appel un jugement rendu par une juridiction du premier degré. Le droit d'appel appartient à toute partie qui a intérêt[659]. Il est dirigé contre tous ceux qui ont été parties en première instance. L'identité et le domicile de l'appelant et de l'intimé doivent être mentionnés sur l'acte d'appel, aussi, l'indication du jugement et celle de la cour devant laquelle l'appel est porté[660]. Les articles 558 et suivants du CPCCS déterminent les jugements susceptibles d'appel. Il est ouvert lorsque le délai de l'opposition est expiré. Le décret modificatif du CPCCS porte à trente (30) jours le délai d'appel qui était de quinze (15) jours. Encore quel gâchis de temps ! Que de retards dans la conduite du procès ! Plus surprenant encore, désormais, le délai d'appel d'un jugement contradictoire ne court qu'à compter de sa notification. Quelle formalité superfétatoire[661] ! Quelle charge financière inopportune sur le dos du justiciable ! Pour être valable, la décision doit être notifiée aux avocats lorsqu'il en existe dans le dossier pour les deux parties. La mention de cette notification est portée sur celle qui sera servie à la partie intéressée[662]. Certaines règles du CPCCS en matière de voies de recours ordinaires sont applicables en matière pénale.

---

de l'Information et de la Communication pourront être utilisées à cet effet. Si l'utilisation de l'internet est difficile dans toutes les localités du Mali, par contre, le téléphone est au moins accessible. Pour marquer le caractère sérieux de cette opposition, il pourrait être imposé à l'opposant de matérialiser son acte par écrit dans un délai de sept jours par exemple. La totalité du délai d'opposition serait donc de quinze jours. Par conséquent, aucune argumentation sérieuse ne peut justifier le délai de trente jours d'autant plus que même l'opposition formée, le justiciable peut obtenir du juge le renvoi de l'affaire pour mieux préparer sa défense.

[658] Pour des commentaires sur l'historique de l'appel, V° CADIET (L.) et GUINCHARD (S.), *le double degré de juridiction* et HILAIRE (J.) *Un peu d'histoire*. Ces deux articles sont publiés dans la revue générale de droit processuel – Justices n° 4, Dalloz, 1996, p 1 à 16.

[659] Art. 560 *in limine* du CPCCS.

[660] Art. 556 al. 2 du CPCCS.

[661] L'article 556-1 du CPCCS précité, précise que : « les jugements contradictoires courent à compter de la notification du jugement dont appel... » La notification d'un jugement contradictoire aux fins de faire courir le délai de l'appel constitue un recul grave de la bonne distribution de la justice. Cette notification apporte un certain nombre de problèmes qui sont entre autres le retard dans la solution du problème, mais aussi l'augmentation du coût de la justice. Un débiteur de mauvaise foi peut considérablement retarder le processus d'évolution du procès de deux (02) mois. Il lui suffit d'attendre le dernier jour du délai de l'appel lorsque le jugement est rendu par défaut. Encore, le législateur semble fourvoyer dans l'aménagement des délais d'opposition et d'appel.

[662] Cette méthode de notification est la même que l'opposition.

En matière pénale, les jugements correctionnels peuvent faire l'objet d'un appel ou d'une opposition[663]. Toute partie, à l'exclusion du ministère public qui est nécessairement présent, peut faire opposition : le prévenu et la partie civile[664]. L'article 477 du CPP renvoie à l'article 499 du CPCCS pour les formes et les délais de l'appel et de l'opposition. Ce renvoi ne correspond pas, car l'article 499 traite autre chose que l'opposition. Les délais et formes de l'appel sont traités par les articles 554 du CPCCS ci-dessus. Lorsque la signification n'a pas été faite à personne ou s'il ne résulte pas d'actes d'exécution du jugement dont le prévenu a eu connaissance, l'opposition sera recevable jusqu'à l'expiration des délais de prescription de la peine[665]. Elle est notifiée au ministère public, à charge pour lui d'en aviser la partie civile. Cependant, dans la pratique le prévenu se contente d'adresser une lettre d'opposition au greffe de la juridiction ou se présenter à personne pour manifester son intention. S'il entend limiter son opposition aux dispositions civiles du jugement, il doit adresser la notification directement à la partie civile. L'opposition comporte un effet suspensif et un effet extinctif. Le délai d'opposition est en lui-même suspensif, c'est-à-dire la décision est privée de toute force exécutoire avant et après la signification[666].

En ce qui concerne l'appel en matière correctionnelle, il est régi en partie par les dispositions du CPCCS. On distingue l'appel principal de l'appel incident. Ce dernier est une sorte de réplique à l'appel principal conformément à l'article 486 du CPP qui précise : « en cas d'appel des parties pendant le délai prescrit, les autres parties auront un délai supplémentaire de cinq jours pour interjeter appel. » Il est en effet une voie de réformation qui saisit une nouvelle juridiction. Celle-ci est la chambre des appels correctionnels. En matière correctionnelle, l'appel est ouvert contre les jugements contradictoires ou réputés contradictoires, les jugements rendus par itératif défaut et ceux rendus par défaut lorsque l'opposition n'est plus recevable. Ce qui est le cas en matière civile[667].

---

663 V° Supra p. 167 pour la définition de l'opposition et les conditions d'ouverture.

664 En application de l'article 410 du CPP « la partie civile régulièrement citée qui ne comparait pas ou n'est pas représentée à l'audience est considérée comme se désistant de sa constitution de partie civile. »

665 Le délai de prescription de la peine, est celui à l'expiration duquel, une peine prononcée ne peut plus être amenée à exécution. Il est de vingt (20) ans en matière criminelle, cinq (5) ans en matière délictuelle et deux (2) ans en matière correctionnelle.

666 Dans le silence du code de procédure pénale, il résulte de l'article 555 du code de procédure civile commerciale et sociale que : « le délai de recours par une voie ordinaire suspend l'exécution du jugement. Le recours exercé dans le délai est également suspensif. » Il existe deux tempéraments d'ordre logique à ce principe : le mandat d'arrêt délivré contre le défaillant conserve son effet ; lorsque le délai ne commence jamais à courir, faute de la preuve d'une reconnaissance. Le second effet de l'opposition anéantit le jugement. Selon l'article 479 alinéa 1 du code de procédure civile « la condamnation par défaut sera considérée non avenue si le prévenu forme opposition. »

667 En matière administrative, c'est la cour suprême qui est juge d'appel en attendant la mise en place effective des cours administratives d'appel qui résultent d'une loi de 2011.

En matière contraventionnelle, outre ces conditions ci-dessus citées, les jugements rendus ne peuvent être attaqués par voie de l'appel que s'ils prononcent une peine d'emprisonnement ou une peine d'amende excédant six mille (6000) francs CFA[668], excepté les affaires poursuivies à la requête de l'administration des Eaux et forêts auquel cas l'appel est possible quelles que soient la nature et l'importance des condamnations[669]. En matière correctionnelle comme de police, l'appel peut porter sur les décisions sur le fond ou statuant sur un incident. Il convient de signaler que l'article 482 CPP confère la faculté de faire appel au prévenu, à la personne civilement responsable, à la partie civile quant à ses intérêts civils[670] seulement et lorsque la demande de réparation excède 100 000 francs, au Procureur de la République, aux administrations publiques et au Procureur Général près la Cour d'Appel[671]. L'article 483 du même code y ajoute « les parties lésées qui ont sollicité dans leur lettre de plainte, la réparation du préjudice subi et qui n'ont pas été régulièrement citées devant le tribunal. »

L'appel présente un effet suspensif et un effet dévolutif[672], tout comme l'opposition. En vertu de son effet suspensif, la décision attaquée ne peut pas être exécutée tant que la cour d'appel n'a pas rendu son verdict. Ce principe est cependant assorti des exceptions[673]. Le mandat de dépôt ou d'arrêt décerné à l'audience produira ses effets ainsi que l'exécution provisoire des condamnations civiles[674]. S'agissant de l'effet dévolutif, « la juridiction qui

---

668 Art. 475 al. 1 du CPP, préc.

669 Art. 475 al. 3 du CPP, préc.

670 Chambre criminelle de la cour suprême du Mali, Arrêt n°59 du 5 décembre 2005 où la haute juridiction déclare que « le ministère public n'ayant pas fait appel, la décision de relaxe reste définitivement acquise au prévenu » dans le même sens, la cour suprême du Mali, arrêt n° 56 du 3 octobre 2008.

671 En principe, l'appel est fait par une déclaration au greffe de la juridiction qui a statué. A titre exceptionnel, le condamné détenu peut faire sa déclaration auprès du chef de l'établissement pénitentiaire. Le Procureur Général peut interjeter appel soit par déclaration au greffe de la cour d'appel, soit par notification au prévenu ou à la personne civilement responsable soit à l'audience si le prévenu comparait en personne.

672 « Si l'effet dévolutif de l'appel apparaît comme l'expression du double degré de juridiction, l'effet suspensif en est la matérialisation dans la mesure où il évite de créer une situation sur laquelle il faudrait revenir en cas de succès de l'appel. » STRICKLER (Y.), *L'exécution des jugements et le double degré en matière civile,* in BOLARD (G.), DURFORT (S.), HILAIRE (J.), LEMONDE (M.) et autres, *Justice et double degré de juridiction* – Revue générale de droit processuel, Justices n° 4, op. cit., p. 127.

673 L'article 434 du CPP précise que : « Est, nonobstant appel mis en liberté immédiatement après le jugement, le prévenu détenu qui a été relaxé ou absous, ou condamné soit à l'emprisonnement avec sursis, soit à l'amende. Il en est de même du prévenu, détenu, condamné à une peine d'emprisonnement égale ou inférieure à la durée de sa détention. » L'article 488 du même code contient presque la même disposition. Cependant, dans la pratique, le prévenu même relaxé n'est pas immédiatement mis en liberté. Il est d'ailleurs le plus souvent enchaîné et reconduit au centre de détention pour l'accompagnement des formalités. Ceci n'est guère conforme à la lettre de l'article 434 qui utilise le terme immédiatement.

674 Art. 437 du CPP, préc.

juge l'appel recommence le procès ; qu'elle doit en considérer tout autant les circonstances de fait que les éléments de droit »[675]. Toutefois, l'appel ne peut nuire à celui qui l'interjette[676] et la juridiction d'appel ne peut statuer que sur des demandes déférées au premier juge et résolues par lui.

À côté de ces voies de recours, il y a lieu d'y ajouter le contredit. C'est la procédure par laquelle, lorsqu'une juridiction statue sur la compétence, le défendeur qui a excipé de l'incompétence de la juridiction saisie par son adversaire, n'est pas satisfait de la décision rendue en première instance, fait vérifier par la cour d'appel, la conformité de ce jugement aux règles du code de l'organisation judiciaire, et celles du code de la procédure au fond jusqu'au moment où la juridiction du second degré aura statué. L'arrêt de la cour d'appel qui en sera l'aboutissement, confirmera ou infirmera le jugement qui lui aura été ainsi déféré. En d'autres termes, la cause sera renvoyée devant la juridiction du premier degré qui a rendu la décision contre laquelle le recours a été formé et, dans le cas contraire, si la cour d'appel infirme la décision du premier juge, le demandeur devra recommencer sa procédure en saisissant le tribunal que la cour aura désigné comme étant compétente. Au cas où la partie qui était appelante devant la cour d'appel n'a pas obtenu gain de cause relativement à l'observation des règles sur la compétence, il peut saisir la Cour suprême dans un délai de trois jours[677]. Toutefois, l'arrêt rendu n'est pas susceptible d'opposition. À l'instar des voies de recours ordinaires qui suspendent l'exécution, certaines voies extraordinaires de recours concourent aux mêmes finalités.

II. Les voies de recours extraordinaires

Les voies de recours extraordinaires sont la requête civile, la tierce opposition et le pourvoi en cassation[678]. Il ne sera question ici que de la tierce opposition et du pourvoi en cassation. Celui-ci tend à faire censurer par la Cour suprême ou par la Cour Commune de Justice et d'Arbitrage (CCJA)[679] la non-conformité aux règles de droit du jugement qu'il attaque.

---

675 SOYER (J. CL.), *Procédure pénale*, op. cit., p. 389,

676 L'article 499 alinéa 2 du code de procédure pénale précise que : « la cour ne peut, sur le seul appel du prévenu ou du civilement responsable, aggraver le sort de l'appelant. »

677 Art. 93 du CPCCS, préc.

678 Art. 543 al 2 du CPCCS, préc.

679 Dans le cas ou le pourvoi a été formé dans une matière relevant du domaine du droit des affaires conformément à l'article 2 du traité relatif à l'organisation pour l'harmonisation en Afrique du droit des affaires. La procédure est celle prévue par le traité de l'OHADA. L'article 2 de ce traité cite les matières relevant du domaine de l'harmonisation du droit des affaires : « l'ensemble des règles relatives au droit des sociétés et au statut juridique des commerçants, au recouvrement des créances, aux sûretés et aux voies d'exécution, au régime du redressement des entreprises et de la liquidation judiciaire, au droit de l'arbitrage, au droit du travail, au droit comptable, au droit de la vente et des transports, et toute autre matière que le Conseil des Ministres déciderait, à l'unanimité, d'y inclure, conformément à l'objet du présent traité et aux dispositions de l'article 8. »

Le pourvoi en cassation constitue une voie d'annulation des décisions juridictionnelles non conformes à la règle de droit. La Cour Européenne des Droits de l'Homme considère que le droit à un procès équitable prévu par l'article 6§1 de la convention européenne de sauvegarde des droits de l'homme et libertés fondamentales n'englobe pas le droit à l'exercice du pourvoi en cassation[680]. Le pourvoi en cassation mérite d'être reconnu comme garantie du procès équitable pour deux raisons : d'une part, la finalité du procès équitable coïncide avec celle du pourvoi en cassation qui n'est autre que l'application juridictionnelle de la règle de droit ; d'autre part, l'appréciation du délai raisonnable du procès inclut la procédure du pourvoi en cassation qui met probablement fin au procès. La loi exige des conditions tenant aux auteurs, aux délais et aux décisions pour se pourvoir en cassation.

Le pourvoir est recevable même si la décision défavorable ne profite pas à l'adversaire de la personne intéressée[681]. Le jugement doit débouter totalement ou partiellement[682]. Le pourvoi est recevable si le jugement a été rendu au profit ou à l'encontre d'une personne qui n'était pas partie à l'instance. En cas d'indivisibilité à l'égard de plusieurs parties, le pourvoi de l'une produit effet à l'égard des autres même si celles-ci ne sont pas jointes à l'instance[683]. S'agissant du pourvoi incident, il obéit aux mêmes conditions que celles de l'appel incident. Le pourvoi est également ouvert au Ministère public qui peut attaquer le jugement qui éteint une instance au cours de laquelle il a été partie principale. Le Procureur Général près de la Cour suprême peut former pourvoi dans l'intérêt de la loi. Ce pourvoi a pour objectif de faire cesser une violation de la loi et n'affecte pas la situation des parties. Il doit être formé après l'expiration du délai d'exercice des recours[684]. Le ministre de la justice peut prescrire au Procureur Général de déférer à la chambre de la Cour suprême les actes par lesquels les juges excèdent leurs pouvoirs. Ce pourvoi est ouvert chaque fois que le juge méconnaît le principe de la séparation des pouvoirs ou viole un principe fondamental de procédure. Il n'existe aucune condition de délai à l'instar du pourvoi dans l'intérêt de la loi[685]. Mais à la différence de celui-ci, les parties sont mises en cause et en cas d'annulation, elles peuvent s'en prévaloir[686].

Le CPCCS impose des exigences relatives aux décisions susceptibles de pourvoi en cassation. Excepté le pourvoi fait dans l'intérêt de la loi et du pourvoi pour excès de pouvoir, le pourvoi n'est ouvert qu'à l'encontre des

---

680 GUINCHARD (S.), *Droit et pratique de la procédure civile*, Paris, Dalloz Action 2001 – 2002, chapitre relatif aux garanties d'une bonne justice.
681 Art. 619 al. 2 du CPCCS, préc.
682 JULIEN (P), FRICERO (N.), *Droit judiciaire privé*, op. cit., p. 411.
683 Art. 623 du CPCCS, préc.
684 Art. 627 du CPCCS, préc.
685 Art 628 *in fine* du CPCCS, préc.
686 Art. 628 du CPCCS, préc.

jugements rendus en dernier ressort, peu importe qu'il soit un arrêt ou un jugement au sens strict du terme[687]. Ainsi, est susceptible de pourvoi le jugement qui tranche le principal. De même, celui qui tranche une partie du principal et ordonne une mesure provisoire, ou s'il tranche sur une exception de procédure, une fin de non-recevoir ou tout autre incident qui met fin à l'instance, est susceptible de pourvoi. En revanche, les jugements avant dire droit ne peuvent faire l'objet de pourvoi qu'avec le jugement au fond. Pour les cas des jugements de rectification, le pourvoi est recevable seulement pour ceux-ci.

Des délais sont exigés pour former pourvoi à l'expiration desquels, le demandeur sera forclos. Sauf les cas du pourvoi dans l'intérêt de la loi ou le pourvoi pour excès de pouvoir. Il est formé par une déclaration du pourvoyant ou de son représentant au greffe de la juridiction qui a rendu la décision attaquée dans les deux (02) mois si elle est contradictoire[688]. Le même délai qui ne court qu'à compter du jour où l'opposition n'est plus recevable si la décision est rendue par défaut. En matière pénale, le délai pour former pourvoi est de trois (03) jours[689]. Ce qui se justifie par l'exigence de célérité du procès pénal. En effet, le délai de deux (02) mois pour former pourvoi parait excessif compte tenu de la nécessité de rendre le procès dans un délai raisonnable. Dans l'une ou l'autre matière, le demandeur au pourvoi est tenu de verser une consignation. En cas de pourvoi jugé abusif, il peut être condamné au paiement d'une amende civile. Un mémoire ampliatif est déposé dans un délai de trois (03) mois à compter de la date du pourvoi[690]. Ce mémoire signifié au défendeur, disposera d'un délai de quinze (15) jours pour sa réponse. Le pourvoi formé dans le délai comporte des effets.

Deux effets sont reconnus au pourvoi : un effet suspensif et un effet dévolutif. En matière pénale, l'effet suspensif résulte des dispositions de l'article 505 al. 3 du CPP. Il ne concerne que la condamnation pénale. Les condamnations civiles échappent à cet effet[691]. Cette solution ne saurait être satisfaisante, dans la mesure où la condamnation civile est généralement la résultante de la condamnation pénale. En cas d'annulation de celle-ci, la première ne saurait survivre. En matière civile, l'absence d'effet suspensif demeure le principe. On le retrouve en matière immobilière, d'état des

[687] Art. 616 du CPPCS, préc.
[688] Le délai du pourvoi en matière civile est passé de trois (03) jours à deux (02) mois.
[689] La chambre criminelle de la cour suprême du Mali a déclaré un pourvoi irrecevable fait le 24 décembre 2004 alors que la signification de l'arrêt est intervenue le 17 décembre 2004. Chambre criminelle de la cour suprême du Mali, arrêt n° 17 du 12 juin 2006.
[690] Art. 632 du CPCCS, préc.
[691] Les al 4 et 5 de l'art. 505 du CPP comportent d'autres exceptions à l'effet suspensif en matière pénale. En application de ces dispositions, le prévenu ou l'accusé détenu est immédiatement mis en liberté en dépit du pourvoi, s'il est relaxé ou acquitté, s'il est absous ou condamné à l'emprisonnement assorti de sursis ou couvert par la détention préventive ou s'il est condamné à une peine d'amende.

personnes, des successions et des droits fonciers[692]. S'agissant de l'effet dévolutif, le principe en la matière est l'absence d'effet dévolutif. La saisine de la Cour Suprême est limitée aux questions de droits qui sont soulevées par les parties : elle ne rejuge pas les faits, mais statue sur les moyens de droit allégués. Néanmoins, la Cour suprême peut étendre sa saisine en soulevant un moyen d'ordre public. Si le procès a pour objectif de protéger les droits des parties, il ne saurait ignorer les droits des tiers.

La réserve du droit des tiers permet à ceux-ci qui n'étaient ni parties ni représentés à l'instance, de défendre leurs intérêts en cas d'atteinte par l'exécution d'un jugement. Elle tend à la rétractation ou à la réformation de la décision au profit du tiers opposant, et remet en question les points jugés pour qu'il soit à nouveau statué en fait et en droit. Cette voie extraordinaire se justifie parce que les tiers qui n'ont pas eu l'occasion de présenter leur défense, il est logique que la décision ne puisse modifier leur situation juridique. La recevabilité de la tierce opposition suppose la réunion des conditions relatives aux décisions et aux personnes habilitées à former opposition. Pour agir, en plus de la justification de l'intérêt, le tiers doit apporter la preuve qu'il n'a ni été partie ni représenté au jugement qu'il attaque[693]. Tout jugement est susceptible de tierce opposition si la loi n'en dispose pas autrement[694].

Ledroit est assujetti à la loi draconienne du temps. La procédure en subit la marque puisqu'elle est succession d'actes ordonnés en vue d'un but précis : la décision de justice : le temps, lui, est consubstantiel[695]. Les différentes voies de recours sont alors soumises à des délais. Le point de départ est apprécié selon que le jugement est contradictoire, réputé contradictoire, itératif défaut ou enfin rendu par défaut. Ces délais sont francs[696]. Lorsque le dernier délai est un samedi ou un jour férié, celui-ci n'entre pas dans la computation[697]. En dehors de la paralysie de l'exécution des décisions non exécutoires, celles qui sont définitives n'échappent pas à la règle. Au pire des cas, ces dernières peuvent être remises en cause.

---

[692] Art. 615 al. 3 du CPCCS, préc.

[693] Art. 603 du CPCCS, préc.

[694] Les articles 610 et 613 déterminent les conditions d'indivisibilité de la tierce opposition. L'article 614 précise les voies de recours de la tierce opposition.

[695] Rapport du colloque des instituts d'études judiciaires tenu à Clermont-Ferrand en 1983 sur le thème : « le temps dans la procédure », in Annales de la faculté de droit et de sciences politiques de Clermont-Ferrand, 1983. Fasc. 20.

[696] Art. 633 CPP, préc.

[697] Art. 754 CPCCS, préc.

Paragraphe 2. Les obstacles juridiques à l'exécution des titres exécutoires

L'obtention d'un titre exécutoire[698] marque la fin d'une procédure et le début d'une autre : la procédure d'exécution. La légitimité de certaines voies de recours ne doit pas dissimuler leurs inconvénients, la juridiction saisie doit être vigilante. Ces recours interrompent l'exécution (I), au pire des cas remettent en cause le titre exécutoire, obtenu péniblement (II).

I. La suspension des décisions exécutoires

Il est de principe général du droit qu'en absence d'exécution volontaire, tout débiteur pourra être contraint par les voies de droit[699]. Mais, lorsque la procédure de contrainte fut déclenchée en son encontre, le débiteur pourra obtenir du juge une suspension de l'exécution (délai de grâce) ou sa remise en cause (défenses et le sursis à exécution).

Le délai de grâce[700] est une mesure de clémence à l'endroit d'un débiteur confronté à de sérieuses difficultés lui permettant de différer l'exécution de la décision. Il peut être accordé, quelle que soit la nature de l'obligation[701]. La bonne foi du débiteur d'exécuter ses engagements et les besoins du créancier sont les facteurs déterminants pour espérer un étalement de sa dette. Le débiteur doit fournir au juge la justification de ses revenus et charges. L'octroi de cette clémence ne peut se faire qu'au cas par cas. La

---

[698] La liste des titres exécutoires est précisée par l'article 33 de l'AUPSRVE : « Constituent des titres exécutoires : 1° les décisions juridictionnelles revêtues de la formule exécutoire et celles qui sont exécutoires sur minute ; 2° les actes et décisions juridictionnelles étrangers ainsi que les sentences arbitrales déclarées exécutoires par une décision juridictionnelle, non susceptibles de recours suspensif d'exécution, de l'État dans lequel ce titre est invoqué ; 3° les procès verbaux de conciliation signés par le juge et les parties ; 4° les actes notariés revêtus de la formule exécutoire ; 5° les décisions auxquelles la loi nationale de chaque État partie attache les effets d'une décision judiciaire. »

[699] Les articles 2092 et 2093 du code civil français constituent la justification et le fondement de l'exécution forcée contre le débiteur et de ses biens. L'article 2092 dispose que : « Quiconque s'est obligé personnellement est tenu de remplir son engagement sur tous ses biens mobiliers et immobiliers, présents et à venir. » L'article 2093 ajoute que « le patrimoine du débiteur constitue le droit de gage général de ses créanciers. »

[700] Le délai de grâce est réglementé par le décret n° 99 – 254 P- RM du 15 septembre 1999 portant code de procédure civile commerciale et sociale dans ses articles 526, 527, 528 et 529.

[701] Art. 526 du CPCCS, « En dehors de la volonté du créancier et quelle que soit la nature de l'obligation, le débiteur peut bénéficier de délais de paiement par suite d'un moratoire légal, ou d'un délai de grâce que lui accorde les tribunaux. Hormis le recouvrement des dettes fiscales cambiaires et d'aliments et des condamnations pénales, et sauf dispositions contraires de la loi, les juges peuvent, en considération de la situation du débiteur et des besoins du créancier, accorder des délais modérés ne pouvant jamais excéder une année pour le paiement de n'importe quelle obligation et faire surseoir à la continuation des poursuites. Ces délais peuvent être accordés plus de deux fois sans que le total des délais n'excède une année. Le délai de grâce peut être accordé par le juge lorsqu'il prononce la condamnation et par le juge des référés en tout état de cause. L'octroi du délai doit être motivé. »

Cour de cassation française considérant que les juges du fond disposent d'un pouvoir souverain d'appréciation en la matière pour accorder ou refuser le délai sollicité. La décision accordant la suspension doit impérativement être motivée sous peine de censure[702]. Il peut être demandé la première fois en cause d'appel[703] et peut être accordé par le juge de l'exécution[704]. Les dettes fiscales, cambiaires et les condamnations pénales sont exclues du domaine du délai de grâce[705]. Aussi, la grâce ne fait pas obstacle aux mesures conservatoires[706]. De même, le débiteur dont les biens sont saisis par d'autres créanciers ou celui qui se trouve en état de règlement judiciaire, de liquidation des biens, ou qui aura diminué les garanties qu'il avait données par contrat à son créancier[707]. Le juge peut accorder le délai autant de fois qu'il désire à condition que l'ensemble des délais octroyés n'excède pas une année. Le jugement accordant le délai de grâce prend effet à compter de la date de notification sauf s'il est contradictoire[708].

Le délai de grâce s'avère incontestablement protecteur des intérêts du débiteur en ce sens qu'il lui procure un répit, mais aussi une limitation du droit du créancier d'obtenir rapidement le paiement de ce qui lui est dû. Le créancier perd donc momentanément le droit de recourir aux mesures d'exécution forcée, et il voit ses intérêts sacrifiés à l'autel de ceux du débiteur défaillant. Le juge peut décider que les paiements s'imputeront d'abord sur le capital[709]. Ceci est une dérogation aux règles traditionnelles de l'imputation des paiements[710]. Le délai de grâce n'est pas seulement protecteur des intérêts du débiteur, mais constitue aussi une assurance de paiement, d'au moins théoriquement. Sur le plan pratique, il n'en est rien. C'est pourquoi, lorsqu'il n'est pas bien appliqué, la répercussion négative sur le délai raisonnable est incontestable. Le juge doit être doublé de vigilance pour éviter de cautionner les manœuvres dilatoires des justiciables[711]. La plupart des cas, les débiteurs sont dans une dynamique de faire échec aux actions de leurs créanciers. C'est pourquoi, après l'expiration

[702] Cass. Civ 2°, le 2-12 février 2004 Bicc n° 596 du 15 mai 2004.
[703] Cass. Civ 1°, le 29 juin 2004 Bicc n° 606 du 15 octobre 2004.
[704] Cass. Civ, le 2.-16 octobre 2003, Bicc n° 590 du 15 janvier 2004.
[705] Art. 526 al. 2 du CPCCS.
[706] Art. 529 du CPCCS.
[707] Art. 528 du CPCCS.
[708] Art. 527 du CPCCS. Désormais, les décisions contradictoires doivent être notifiées pour prendre effet. Le législateur, peut-être, semble-t-il, a soustrait volontairement, les décisions relatives au délai de grâce de l'obligation de notification, lorsque celles-ci sont contradictoires.
[709] Art. 39 al. 2 du CPCCS.
[710] Art. 1253 à 1256 du Code civil français.
[711] Le législateur malien n'a pas manqué de sagesse en précisant que la demande de délai de grâce ne suspend pas l'exécution tant qu'une décision n'est pas intervenue sur le fond. (Art. 527 du CPCCS, précité).

du délai de grâce, le créancier rencontre encore des difficultés sérieuses relatives à l'exécution des obligations par son débiteur.

Si l'exécution peut être différée par le délai de grâce, elle peut aussi être ordonnée nonobstant l'existence des recours suspensifs. Le mécanisme des mesures provisoires permet au juge d'y parvenir. Elles peuvent être facultatives ou de droit. L'exécution provisoire des jugements permet de déjouer aux stratégies dilatoires de la partie perdante qui exerce souvent les voies de recours dans le seul but de différer l'exécution de la décision. Par cette stratégie, elle bénéficie de façon indue l'effet suspensif de l'opposition et/ou de l'appel. Cependant, le droit n'étant pas une fin en soi, mais plutôt un moyen, son application ne doit pas porter atteinte aux intérêts dont il a pour but de sauvegarder. D'où, la nécessité d'envisager un moyen de faire arrêter l'exécution provisoire entamée. Les défenses à exécution permettent d'y parvenir[712]. L'expression « défenses à exécution » recouvre, en fait, deux réalités : les défenses à exécution provisoires et le sursis à exécution. Ce dernier permet à la Cour suprême saisie d'un pourvoi en cassation d'une décision rendue en dernier ressort de décider qu'il soit sursis à l'exécution de ladite décision lorsqu'elle est de nature à troubler l'ordre public ou à entraîner un préjudice irréparable. Par contre, les défenses à exécution provisoire ont pour objet de permettre à la cour d'appel de paralyser l'exécution des décisions susceptibles d'appel dont l'exécution provisoire a été ordonnée par le tribunal. Il en est de même pour les ordonnances de référés.

L'exécution provisoire peut être rendue impossible si elle est formellement proscrite par la loi[713]. Elle ne peut être arrêtée que par le premier Président de la Cour d'appel statuant en référé, lorsqu'elle risque d'entraîner pour le débiteur des conséquences manifestement excessives[714]. C'est l'hypothèse où le paiement immédiat serait d'imposer au débiteur une contrainte insupportable et insurmontable risquant de mettre en cause son équilibre. L'exigence de cette preuve appartient au débiteur. Le juge conserve son droit d'appréciation des preuves apportées par le débiteur. Cette mesure protectrice du débiteur ou supposée telle n'a pas eu un écho favorable auprès de l'Acte uniforme de l'OHADA portant organisation des

---

[712] L'exécution provisoire a été conçue comme une faveur exceptionnelle au plaideur triomphant d'anticiper dans certains cas sur le terme définitif du procès et d'obtenir l'exécution de la décision qui lui est favorable, par dérogation à la règle générale de l'effet suspensif tant des délais que l'exercice effectif de certaines voies de recours. » V° TCHANTCHOU (H.) et NDZUENKEU (A.), *L'exécution provisoire à l'ère de l'OHADA*, in Revue trimestrielle de droit africain, janvier – mars 2005, n° 850, p. 46.

[713] Le CPCCS fait l'énumération tantôt inclusive tantôt exclusive. Ainsi, sont exclus de l'exécution provisoire notamment les dépens, les astreintes, et les jugements statuant sur l'état des personnes, etc. De l'autre côté, l'exécution provisoire peut être ordonnée nonobstant appel pour les créances alimentaires, la réparation de préjudice contractuel, les créances contractuelles exigibles, etc.

[714] Art. 540 CPCCS.

procédures simplifiées de recouvrement des créances et des voies d'exécution (AUPSRVE)[715]. Son article 32 interdit la suspension de l'exécution d'un jugement par provision, excepté en matière d'adjudication des immeubles[716]. Ainsi, née une contradiction entre droit national et droit communautaire. Si la doctrine malienne a peu saisi la question, sous d'autres cieux, elle a fait couler beaucoup d'encre[717].

Devant les divergences doctrinales, la CCJA, dans l'arrêt Karnib, du 11 octobre 2001, s'est prononcée en faveur de l'interdiction des défenses à exécution, conformément à l'article 32 de l'acte uniforme ci-dessus[718]. Mais, elle s'est pliée sous le poids des critiques doctrinales portant sur l'affaire Karnib, le 19 juin 2003. Désormais, pour la recevabilité d'une défense à exécution provisoire, la CCJA exige l'absence de commencement d'exécution[719]. En définitive, l'État aura toujours la prérogative de recourir à

---

[715] Cet acte uniforme adopté à Port Louis (Bénin) le 18 avril 1998 est le quatrième d'une série d'actes uniformes suscités à l'effet d'obtenir une législation uniforme et commune par tous les membres de l'organisation pour l'harmonisation en Afrique du droit des affaires (OHADA). Le traité constitutif de cette organisation (qui compte, actuellement, 16 Etats) a été signé à Port Louis (Bénin) le 17 octobre 1993. V° J. Issa-SAYEGH, « l'intégration juridique des Etats africains dans la zone franc. »

[716] Selon l'article 32 AUPSRVE « A l'exception de l'adjudication des immeubles, l'exécution forcée peut être poursuivie jusqu'à son terme, en vertu d'un titre exécutoire par provision. L'exécution est alors poursuivie aux risques du créancier, à charge pour celui-ci, si le titre est ultérieurement modifié, de réparer intégralement le préjudice causé par cette exécution sans qu'il y ait lieu de relever de faute de sa part. »

[717] TCHANTCHOU (H.) et NDZUENKEU (A.), *L'exécution provisoire à l'ère de l'OHADA*, préc., p. 62. V° aussi OUATTARA (A.), *La législation ivoirienne sur les défenses à exécution à l'épreuve du droit uniforme de l'OHADA relatif aux voies d'exécution : survivance ou extinction* ? *in* Lexelectronica, Revue du centre de recherche en droit public.

[718] En l'espèce, un contentieux de nature commerciale opposant les époux KARNIB, commerçants, à la société générale de banques en côte d'ivoire (SGBCI). Les EPOUX KARNIB obtiennent le jugement civil du tribunal de première instance portant condamnation de la Banque à leur payer la somme de 858 486 327 FCFA, toutes causes de préjudices confondues. Cette décision est assortie de l'exécution provisoire, les époux KARNIB signifient le jugement à la SGBCI et, dans le même acte, lui font commandement d'avoir à leur servir, dans un délai de 24 heures, la somme de 683 486 327 FCFA en principal. La banque interjette appel de cette décision et présente dans le même moment, des défenses à exécution provisoire devant le premier président de la cour d'appel d'Abidjan. Ce magistrat sur la base des articles 180 à 181 du code de procédure civile ivoirien ordonne la suspension des poursuites. Contestant cette décision, ils forment un pourvoi en cassation devant la CCJA qui estime que la cour a violé l'article 32 AUVE. Le principal attendu est ainsi libellé : « Attendu que l'ordonnance attaquée, qui a eu pour effet de suspendre l'exécution forcée entreprise (…) a, dès lors, violé l'article 32 de l'Acte uniforme susvisé et encourt de ce fait cassation.

[719] Par arrêt du 19 juin 2003, la CCJA se déclare incompétente à statuer sur le pourvoi en cassation dirigé contre un arrêt portant défenses à exécution. L'arrêt querellé n'ayant pas « eu pour objet de suspendre une exécution forcée déjà engagée, mais plutôt d'empêcher qu'une exécution puisse être entreprise sur la base d'une décision assortie de l'exécution provisoire et frappé d'appel. » Ces deux arrêts méritent quelques commentaires. Pour l'affaire Karnib, on peut affirmer que la préférence inverse du législateur de l'OHADA est orientée par un

son droit régalien. Pour cela, il ne fait aucun doute que les procédures de suspension de l'exécution d'une décision de justice sont loin de disparaître de notre système judiciaire, y compris le sursis à exécution.

La Cour européenne des Droits de l'Homme « reconnaît qu'un sursis à exécution d'une décision de justice pendant le temps strictement nécessaire à trouver une solution satisfaisante aux problèmes d'ordre public peut se justifier dans des circonstances exceptionnelles »[720]. Il est un principe fondamental de notre droit public que l'administration dispose du privilège en vertu duquel ses décisions, contrairement à celles des particuliers, sont exécutoires par elles-mêmes. Ce principe a pour corollaire que le recours devant les juridictions administratives contre les décisions administratives n'ont point d'effet suspensif afin que les intéressés ne puissent par un simple recours paralyser l'action de l'administration[721]. Il existe des tempéraments à ce principe. Aux termes de l'article 55 alinéa 2 de la loi n° 96-071 du 16 décembre 1996 « la section peut prescrire qu'il soit sursis à l'exécution d'une décision lorsqu'elle n'intéresse ni le maintien de l'ordre public, ni la tranquillité publique et si une requête aux fins de sursis lui est présentée. Pour la Section Administrative de la Cour Suprême du Mali, le sursis à exécution est une mesure accordée par une juridiction administrative qui aboutit à la suspension d'un acte administratif dès lors que cette exécution entraînerait des conséquences difficilement réparables[722] et si les moyens énoncés dans la requête paraissent sérieux en l'état de l'instruction. En ce qui concerne le préjudice difficilement réparable, le conseil d'état français considère que cette appréciation relève de la souveraineté des juges du fond[723]. S'agissant pour le moyen sérieux, les arrêts rejetant une demande de sursis peuvent se limiter à la motivation traditionnelle selon laquelle aucun

---

contexte économique qui tend à privilégier les droits du créancier et, partant, la sécurité des investissements. Elle est conforme à l'article 32 de l'Acte uniforme portant organisation des procédures simplifiées de recouvrement et les voies d'exécution. L'arrêt Karnib est tout simplement une saine application de cet article. En revanche, celui du 19 juin 2003 qui opère une distinction entre commencement d'exécution et l'absence d'exécution entamée ne serait que le sens contraire de cet article 32.

720 CEDH, 28 juillet 1999, ImmobiliareSaffi c/ Italie.

721 L'article 25 de la loi portant organisation des juridictions administratives dispose sous son alinéa 1 que : « le recours devant le tribunal administratif n'a pas d'effet suspensif s'il n'en est ordonné autrement par le tribunal à titre exceptionnel. » Il résulte de cette disposition que contrairement à la procédure suivie devant le juge civil, l'appel devant la section administrative de la cour suprême n'est pas suspensif d'exécution. V° PAILLET (M.), *L'exécution des jugements et le double degré en matière administrative,* BOLARD (G.), DURFORT (S.), HILAIRE (J.), LEMONDE (M.) et autres, *Justice et double degré de juridiction* – Revue générale de droit processuel, Justices n° 4, op. cit., p. 139.

722 C.S.M. sec. adm, arrêt n° 171 du 01-11-2007 : la section administrative de la cour suprême du Mali estime de bon droit que l'exécution de ce jugement n'entraîne pas de conséquences dommageables difficilement réparables, et qu'il sied par ricochet de rejeter la demande de sursis à exécution.

723 CE du 5 juillet, société de fait Couderc.

moyen n'est sérieux[724]. En revanche, pour les arrêts accordant ou confirmant un sursis, la cour doit désigner le moyen considéré comme sérieux afin que le juge de cassation puisse éventuellement censurer une erreur de droit. Les conclusions à fin de sursis doivent être expresses et présentées par requête séparée[725] c'est-à-dire que la requête doit être accompagnée d'un dossier au fond, et non accessoire d'un recours en annulation[726] ou en réformation[727]. Le jugement prescrivant le sursis à exécution d'une décision administrative est dans les 24 heures notifié aux parties en cause ainsi qu'à l'auteur de la décision. À noter que les jugements rendus sur une demande de sursis à exécution peuvent être attaqués par voie d'appel devant la section administrative de la Cour suprême dans la quinzaine de leur notification. Si le sursis permet de surseoir à l'exécution du titre en attendant, certaines voies de recours remettent en cause les décisions exécutoires.

II. La remise en cause des décisions exécutoires

En dépit des garanties pour une bonne distribution de la justice, celle-ci n'est pas à l'abri des erreurs[728]. En d'autres termes, le droit au juge, malgré sa consécration universelle, ne prémunit pas totalement les justiciables contre des erreurs judiciaires. Ainsi, s'exprima l'autre : « la justice est une grande hypothèse ». Une ultime possibilité de réexamen de la décision renforcerait le droit à un procès juste et équitable[729]. C'est dans ce contexte que les décisions de justice devaient pouvoir être remises en cause, dans le seul but de garantir une bonne justice. Les voies de recours contre les décisions exécutoires des juges du fond et celles de la Cour Suprême permettent d'atteindre cet objectif. Lorsqu'un arrêt émanant de la Cour Suprême est frappé d'une erreur ou omission matérielle, ou encore d'une erreur d'ordre procédural, le CPCCS a instauré les conditions de recevabilité d'une requête en rectification, en interprétation et en rabat d'arrêt spécifique

---

[724] C.S.M. sec. adm., arrêt n° 177 du 15-11-2007, le requérant n'ayant invoqué aucun moyen sérieux ou de nature à justifier l'annulation du jugement, qu'il n y'a donc pas lieu de faire droit à la présente demande de sursis à exécution.

[725] Art. 26 de la loi portant organisation des juridictions administratives au Mali.

[726] C.S.M. sec. adm., arrêt n° 55 du 03-05-2007, la section administrative de la cour suprême du Mali a rejeté une requête aux fins de sursis à exécution au motif qu'aucune requête en annulation n'est présentée à la cour.

[727] CAA Bordeaux 17 décembre 1996, Blancot, AJ 1997 p. 283, obs. B. Brenier.

[728] « La justice est rendue par des hommes qui ne sont pas infaillibles (…) Les choix décisionnels des magistrats relèvent de leur conscience et la censure éventuelle des juridictions supérieures. Parce qu'un juge peut se tromper, notre droit a institué des voies de recours contre les décisions judiciaires. » MAGENDIE (J – C), *La responsabilité des juges,* in Rec. Dalloz, 2003, n° 18, p. 1177.

[729] COULIBALY (M.), *Procédure pénaleau Mali*, op. cit., p.195.

à la Cour Suprême[730]. Le rabat d'arrêt et la requête civile si leur importance ne fait aucun doute, ils peuvent régénérer et envenimer le conflit.

Le CPCCS n'impose aucune condition de délai pour présenter une requête contre un arrêt de la Cour suprême que l'on estime vicié d'une erreur matérielle et/ou de procédure non imputable à la partie intéressée. Le justiciable a le choix de saisir lui-même le président de la chambre concernée, si la procédure du pourvoi ayant amené à l'arrêt critiqué n'exige pas une représentation obligatoire par un avocat ou un conseil. Dans le cas contraire, la représentation devient alors obligatoire. L'admission d'une requête en rabat d'arrêt suppose en tout état de cause qu'ait été commise une erreur de nature procédurale non imputable à une partie et qui a eu une influence sur la solution du litige[731]. Mais elle ne peut en aucun cas être admise, lorsque ce qui est dénoncé est en réalité un prétendu mal jugé, sinon une erreur de droit. Si malgré tout, une erreur de droit subsiste et entache donc la décision attaquée faute pour la Cour suprême d'avoir laissé une telle erreur, la haute juridiction commet bien par ce manquement une erreur de nature procédurale puisqu'elle ne satisfait pas alors l'obligation qui lui est assignée. Le demandeur en rabat d'arrêt doit apporter la preuve que l'arrêt a été rendu à la suite d'une erreur imputable à la cour. Les requêtes à cette fin sont jugées en chambres réunies ; les magistrats ayant eu à se prononcer antérieurement dans l'affaire ne prennent pas part au délibéré[732]. On peut affirmer que cette logique est file du souci de la sauvegarde d'une meilleure justice au service des justiciables ; pour se faire, il est bien donc indispensable de purger de la composition tous les éléments dont l'intention semble déjà connue en avance. Cependant, nous déplorons vivement que la violation de la loi ne soit figurée parmi les cas où l'arrêt est susceptible de donner lieu à rabat. Le rabat d'arrêt se distingue du recours en révision.

L'appellation « recours en révision » n'est pas nouvelle dans notre droit[733]. Si elle est absente de la lettre du code de procédure civile, commerciale et sociale, elle ne l'est pas du tout à l'esprit. Ce code prévoit une voie de recours qui revêt une autre dénomination : la requête civile. C'est elle qui a été transformée, en droit français et dans plusieurs législations modernes, en recours en révision. Le recours est donc la nouvelle appellation de la requête civile qui, elle-même dérive de la

---

[730] Art. 646 CPCCS : « les arrêts rendus par la cour suprême ne sont susceptibles que des voies de recours ci-après : a) un recours en rectification… b) un recours en interprétation… c) une requête en rabat d'arrêt. »

[731] La Cour suprême du Mali ne cesse de rappeler cette disposition qui fonde l'admission en rabat d'arrêt. V° les décisions suivantes : CSM, chambre réunies, 06 février 2007 ; CSM, chambres réunies, 29 octobre2007 ; CSM, chambres réunies, 10 juillet 2006.

[732] Art. 646 al. 3 CPCCS.

[733] C'est vers la fin du XIXème siècle, il a été admis en cas d'erreur judiciaire, le recours en révision devant le même juge. V° MAGENDIE (J – C), *La responsabilité des juges,* op. cit., p. 1178.

« proposition d'erreur » apparue à la fin du moyen âge comme recours exceptionnel contre les arrêts des parlements ; la proposition d'erreur fut supprimée par l'ordonnance de 1667 qui avait créé la requête civile[734]. Le CPCCS malien continue cependant d'utiliser le mot requête civile. Le législateur communautaire OHADA a introduit l'expression recours en révision et fait de celui-ci l'une des voies de recours contre les arrêts de la CCJA. De même, le CPP à travers l'article 547 permet au ministre de la Justice, au condamné ou héritiers[735] de demander la révision d'une décision juridictionnelle en matière criminelle ou correctionnelle. Cette demande est admise dans les hypothèses suivantes :

- lorsque, après une condamnation pour homicide, des pièces seront représentées propres à faire naître de suffisants indices sur l'existence de la prétendue victime de l'homicide ;
- lorsque, après une condamnation pour crime ou délit, un nouvel arrêt ou jugement aura condamné pour le même fait un autre accusé ou prévenu et que, les deux condamnations ne pouvant se concilier, leur contradiction sera la preuve de l'innocence de l'un ou l'autre condamné ;
- lorsqu'un des témoins entendus aura été, postérieurement à la condamnation poursuivi et condamné pour un faux témoignage contre l'accusé ou le prévenu ; le témoin ainsi condamné ne pourra pas être entendu dans les nouveaux débats ;
- lorsqu'après une condamnation, un fait viendra à se produire ou à se révéler, ou lorsque des pièces inconnues lors des débats seront représentées, de nature à établir l'innocence du condamné.

Il n'est pas aisé de dégager, à l'état actuel, une définition du recours en révision dans notre contexte législatif. En recourant au nouveau code de procédure civile français, on peut le définir comme un recours « qui tend à faire rétracter un jugement passé en force de chose jugée pour qu'il soit à nouveau statué en fait et en droit »[736]. Cette définition, paraît l'avis de certains auteurs, plus lapidaire ne permet pas de rendre compte de toutes les réalités de cette voie de recours. Aussi est-il nécessaire de recourir à des définitions complémentaires ? Le lexique des termes juridiques paraît plus complet, définit le recours en révision comme une voie de recours extraordinaire par laquelle on revient devant les juges qui ont déjà statué en les priant de modifier leur décision que l'on prétend avoir été rendue par erreur[737]. Pour compléter cette définition, le vocabulaire de l'association

[734] DAUCHY (S.), *Les voies de recours extraordinaires, proposition d'erreurs et requête civile, de l'ordonnance Saint-Louis à celle de 1667,* travaux de recherches de l'université de Paris, Séries sciences historiques, N° 26, PUF, 1998.

[735] Art. 548 du CPP.

[736] Art. 593 du NCPCCS de la France.

[737] GUILLIEN (R.) et VINCENT, (J.), *Lexique des termes juridiques,* op. cit., p 58.

Henri Capitant fait comprendre que c'est une voie de recours autre fois appelée requête civile. De ces définitions combinées, on peut ressortir plusieurs enseignements : d'abord, le recours en révision est une voie de recours extraordinaire, c'est-à-dire qu'il a une finalité particulière et débouche sur un contrôle spécifique ; ensuite, il est une voie de rétraction ; et enfin, il est recevable contre les jugements passés en force de chose jugée.

La requête civile est admise contre les jugements contradictoires rendus en dernier ressort par les juridictions de première instance et d'appel, les jugements par défaut rendus aussi en dernier ressort qui ne sont plus susceptibles d'opposition, pourront être rétractés, sur la requête de ceux qui y auront été parties ou dûment appelés pour les causes ci-après : s'il y a eu dol personnel ; si les formes prescrites à peine de nullité ont été violées soit avant, soit lors des jugements, pourvu que la nullité n'ait été découverte par les parties ; s'il a été adjugé plus qu'il n'a été demandé ; s'il y a contrariété de jugements en dernier ressort entre les mêmes parties, et sur les mêmes moyens, devant les mêmes cours ou tribunaux ; si dans un même jugement, il y a des dispositions contraires ; si dans les cas où la loi exige la communication au ministère public, cette communication n'a pas eu lieu, et que le jugement ait été rendu contre celui pour qui elle était ordonnée ; si l'on a jugé sur pièces reconnues ou déclarées fausses depuis le jugement ; si, depuis le jugement, il a été recouvré des pièces décisives et qui avaient été retenues par le fait de la partie adverse[738]. Cependant, la révision du jugement ne peut être demandée que par les personnes qui ont été parties ou représentées au jugement et c'est le tribunal qui a rendu le jugement qui examine la révision. L'auteur du recours dispose le délai d'un mois sous réserve des conditions de prorogation de ce délai prévues par la loi[739].

Si le juge estime la demande irrecevable, l'auteur d'un recours abusif ou dilatoire peut être condamné au paiement d'une amende civile de 5 000 F à 20 000 F CFA, sans préjudice de plus amples dommages-intérêts, s'il y'a lieu[740]. Par contre, si la requête civile est admise, la décision sera rétractée et les parties seront remises au même état où elles étaient avant cette décision ; les sommes consignées seront rendues ; et les objets de condamnation qui auront été perçues en vertu de la décision rétractée seront restitués. Lorsque la requête civile aura été entérinée pour raison de contrariété de jugements, la décision qui entérinera la requête civile ordonnera que la première décision sera exécutée selon sa forme et sa teneur. Une fois admise, aucune des parties ne pourra se pourvoir en requête civile soit contre la décision déjà par cette voie, soit contre la décision qui l'aura rejetée, à peine de nullité et de dommages-intérêts.

---

738 Art. 585 du CPCCS.
739 Art. 590 du CPCCS.
740 Art. 599 du CPCCS.

Il est à préciser que la requête civile et le recours en révision poursuivent un objectif quasi-identique. Ils permettent l'anéantissement d'une décision ayant acquis autorité de la chose jugée. Ce qui peut créer une sorte d'insécurité juridique. C'est pourquoi, des conditions strictes sont exigées pour obtenir la révision ou l'admission de la requête civile. Sur le plan statistique, on constate une forte demande de rabat d'arrêt. Sur 308 arrêts civils rendus en 2007 par la section judiciaire de la Cour suprême, on constate 52 demandes de rabat d'arrêts, dont 5 arrêts reçus favorables. Ce qui paraît surprenant, dans la mesure où le rabat d'arrêt suppose une erreur de procédure imputable non pas aux parties, mais à la Cour Suprême et qui a déterminé la solution du litige. Si les entraves juridiques à l'exécution des décisions de justice se justifient dans une certaine mesure, celles relatives à la pratique ne sauraient s'expliquer légitimement.

SECTION 2. LES ENTRAVES PRATIQUES DE L'EXÉCUTION FORCÉE

Le prononcé d'une décision de justice ne met pourtant pas fin au procès. D'ailleurs, c'est le début d'un nouveau calvaire pour le justiciable malien. En clair, l'obtention d'un titre exécutoire ne signifie pas victoire du créancier. Son droit, étant reconnu, doit être concrétisé. La décision doit être exécutée de force dans un délai raisonnable en l'absence d'exécution volontaire[741]. L'obligation d'exécution s'impose non seulement aux particuliers, mais également, elle pèse lourdement sur l'État et les autorités publiques. « Il ne peut y avoir Etat de droit là où n'existent pas de mécanismes clairs destinés à assurer l'exécution des décisions rendues par les cours et les tribunaux »[742]. Qu'il s'agisse de décisions rendues par les juridictions civiles, pénales et administratives, les bénéficiaires des grosses rencontrent de multiples entraves pour leur exécution. Au Mali, l'inexécution des titres exécutoires a atteint un certain seuil à telle enseigne qu'elle devienne presque la règle[743]. Ce problème est dû essentiellement au

[741] « L'impossibilité prolongée d'exécuter une décision de justice définitive par refus du concours de la force publique rompt le juste équilibre entre les exigences de l'intérêt général et la protection du droit au respect des biens et prive le requérant de son droit à un tribunal. » V° CEDH, 15 novembre 2002, Cau. c/ Italie.

[742] SALEM OULD BOUBOUTT (A), *Les voies d'exécution contre les personnes publiques en droit mauritanien,* in l'effectivité des droits fondamentaux dans les pays de la communauté francophone, op. cit. p 583

[743] Dans sa communication lors de la rentrée judiciaire 2002-2003, le Procureur de la République près le Tribunal de Première Instance de Kayes, Cheick Mohamed Cherif Koné a sonné le tocsin sur les défaillances au niveau de l'exécution forcée des décisions de justice. En effet, il rappelle avec juste raison la teneur d'une lettre que le Président de la Chambre Nationale des Huissiers du Mali a adressée au Ministre de la Justice, Garde des Sceaux le 21 Mai 2001. Ce Procureur affirme que l'inexécution des décisions de justice a atteint un niveau inquiétant.

problème de réquisition (Paragraphe 1), mais aussi et surtout à l'obtention difficile d'une indemnisation du chef d'inexécution imputable à l'État (Paragraphe 2).

Paragraphe 1. L'exécution forcée entravée par la réquisition

L'obtention d'un titre exécutoire devrait permettre au créancier de bénéficier le concours de la force publique, toutes les fois que le débiteur n'accepte pas l'exécution volontaire[744]. Pour y parvenir, l'huissier pourra solliciter le concours des agents[745] de la force publique[746]. Il doit, à cet effet, adresser un courrier à l'autorité dépositaire. Ce courrier n'est qu'une simple demande dans laquelle l'huissier exprime le besoin du nombre d'agents lui permettant d'exécuter la sentence du juge. Cette demande adressée à l'autorité compétente exige le visa du Procureur de la République. L'exigence du visa du parquet qui ne résulte d'aucun texte est une violation des exigences du procès équitable notamment le droit à l'exécution effective de la décision. Les dangers que suscite cette pratique du « visa de la réquisition » (II) méritent que l'on retrace son historique (I).

I. L'historique de la réquisition

La confrontation entre la justice et le pouvoir exécutif n'a jamais cessé depuis l'indépendance jusqu'à nos jours[747]. La justice conformément aux principes démocratiques doit pouvoir s'exprimer en toute indépendance. Ses décisions passées en force de chose jugée doivent être exécutées. Si théoriquement cela ne pose pas de difficulté, dans la pratique, on constate la volonté affichée de l'État de contrôler l'exécution des décisions rendues par le juge. Ainsi, l'obtention d'un titre exécutoire ne suffit pas à le faire exécuter[748]. Il faut en plus un visa (autorisation) du Procureur de la

---

744 Il importe de souligner aussi que l'exécution volontaire permet au débiteur de faire des économies. Il va dans ses intérêts d'accepter l'exécution volontaire que le contraire.

745 Le rôle des agents de force de l'ordre est de sécuriser l'huissier et son équipe. Ils doivent empêcher tous ceux qui tentent d'empêcher l'exécution. Leur responsabilité sera engagée dès l'instant que l'huissier subit une agression du fait de leur inertie.

746 Il est de la responsabilité de l'huissier de justice de manifester avec efficience l'autorité même de l'Etat, autorité qui s'applique à tous les citoyens, sans distinction. C'est en cela que l'exécution des décisions de justice par les huissiers de justice relève de la continuité de l'action de la puissance publique.

747 V° *supra* p. 63 et svtes.

748 Le problème de l'inexécution pour défaut d'assistance n'est pas malien, on le rencontre dans bon nombre d'Etat francophone. C'est ce qui rapporte AQUEREBURU (C. A.), *« L'Etat justiciable de droit commun dans le traité de l'OHADA »,* in Revue de droit des pays d'Afrique, n° 832, 2000, p. 48. V° aussi Rapport n° 340, 2002 de la FIDH, « Tchad, une justice au point mort » ?

République. Cette pratique qui n'a aucun support légitime et légal doit être placée dans son contexte historique.

Subordonner la mise à disposition de la force publique au visa du Procureur de la République est une pratique qui est née, semble-t-il, suite à une exécution forcée contre un « baron » d'un parti politique[749]. Ce dernier n'ayant pu empêcher l'exécution, dès lors une instruction fut donnée aux différents Procureurs de la République de contrôler toutes les procédures d'exécution forcée menées par les huissiers. Pour y parvenir, il fut institué le système de « visa de la réquisition ». Par un tel mécanisme, les agents de la force publique ne doivent accompagner l'huissier sur la seule présentation de la grosse du jugement, comme cela était d'application. Il faut en plus une autorisation du Procureur de la République, autre supérieur hiérarchique de ces agents[750]. Le Ministère public constitue dans ce contexte une sorte de voie d'accès à la justice permettant au pouvoir politique de maintenir son contrôle officieux, à défaut d'être officiel. La pratique du « visa de la réquisition » qui ne trouve un fondement dans aucun texte a fait l'objet de vives critiques restées vaines. Le comportement des autorités politiques de contrôler l'exécution des titres par la mise en place du système de « visa de la réquisition » a fait l'objet de vives critiques et continue d'ailleurs à l'être officiellement[751] et officieusement.

Quatre lettres officielles étayent davantage cette dénonciation. La première est celle du Président de la Chambre nationale des Huissiers. Il affirme, après avoir évoqué les textes en la matière, ce qui suit : « En dépit de ces dispositions très explicites, les huissiers de justice n'arrivent quasiment plus à exercer leur ministère du fait de la volonté de l'administration au mépris de la loi, des intérêts et des droits des justiciables »[752]. La deuxième correspondance de la même autorité, insistait

---

[749] Propos de Maître Filifing DEMBELE, huissier de justice, entretien réalisé le 6 avril 2012.

[750] Nous avons déjà souligné que l'une des faiblesses du système juridictionnel malien est certainement l'absence d'un juge de l'exécution. Les questions susceptibles d'être soulevées lors de l'exécution d'une décision de justice sont traitées à différents niveau. La compétence est partagée entre le Président du tribunal de l'ordre judiciaire, la juridiction administrative et le Ministère public. A l'état actuel, il appartient au Procureur de la République de veiller à l'exécution des décisions de justice, excepté celles qui sont pénales. Dans ce dernier cas, il en assure. Cette possibilité reconnue à un magistrat dépendant du pouvoir politique de contrôler l'exécution des décisions de justice n'offre pas une réelle garantie pour les justiciables d'obtenir une exécution effective de leur grosse. Cette prérogative du Ministère public remet en cause le principe de la séparation des pouvoirs.

[751] Les difficultés rencontrées par les huissiers de justice à exécuter les décisions de justice ont incité la famille judiciaire de débattre le sujet lors de la rentrée judiciaire 2002-2003 qui portait le thème : « exécutions des décisions de justice ». Au cours de cette rencontre solennelle, des voies se sont fait entendre sans complexe les dangers que suscite la pratique du « visa de la réquisition » sur les possibles constructions d'un Etat de droit.

[752] Lettre en date du 15 février 2001 adressée par le Président de la Chambre Nationale des Huissiers de justice au Ministre de la Justice, Garde des Sceaux, MOULAYE (Z.), DIABATE (A.) et DOUMBIA (Y.), *Gouvernance de la justice au Mali*, op. cit, 1992 p. 89

sur la même situation en ces termes : « En dépit de ces dispositions légales pertinentes, la réquisition de la force publique reste tributaire depuis quelque temps au bon vouloir ou de l'humeur des services de police ou de gendarmerie qui en font une distribution très sélective »[753]. La troisième est celle qui vient du Ministre de la Justice, Garde des Sceaux, après avoir lui-même fait le constat, invitait les Procureurs Généraux à veiller personnellement au respect des dispositions en la matière et de prêter main-forte pour l'exécution correcte des décisions et titres exécutoires[754]. Enfin, la lettre du Procureur Général près de la Cour suprême de Bamako, adressée aux autorités de gendarmerie et de police, permet encore de se rendre compte de l'ampleur du phénomène[755].

En réalité, aucune des lettres sus indiquées n'a été suivie d'effet. Devant cette attitude pratiquement passive des autorités censées régler la question, ne doit-on pas conclure à un manque de volonté politique d'œuvrer pour une exécution effective des décisions de justice ? L'inexécution des lettres adressées par les supérieurs hiérarchiques doit donner lieu à une sanction disciplinaire. Le Conseil supérieur de la magistrature n'a pas été saisi de la question. Ceci réitère cette absence de volonté réelle de l'exécutif. Il convient de préciser que la pratique du « visa de la réquisition » est aussi favorisée par le statut des agents de la force publique. Ces agents[756] présentent une sorte de double casquette sur le plan hiérarchique. Ils sont soumis à la hiérarchie militaire[757], mais aussi celle de la justice. La première dispose plus de force que la seconde, semble-t-il. Cette situation permet aux agents de se conformer aux injonctions de leurs hiérarchies, lorsqu'ils sont requis pour prêter main-forte pour l'exécution des titres exécutoires. La

---

[753] Lettre en date du 21 mai 2001 adressée par le Président de la Chambre Nationale des Huissiers de justice au Ministre de la Justice, Garde des Sceaux, in MOULAYE (Z.), DIABATE (A.) et DOUMBIA (Y.), *Gouvernance de la justice au Mali*, op. cit, p. 89.

[754] Ministre de la justice, garde des sceaux, lettre du 02 novembre 2001 adressée aux Procureurs Généraux près les cours d'Appel, in MOULAYE (Z.), DIABATE (A.) et DOUMBIA (Y.), *Gouvernance de la justice au Mali*, op. cit, p 90.

[755] Procureur Général près la Cour suprême, lettre n° 004 du 26 novembre 2001, Cette lettre est formulée en ces termes : « Le Parquet Général de Bamako note avec regret que les huissiers de justice du District de Bamako, rencontrent des difficultés dans l'exécution des décisions de justice ». Elle invitait les officiers dépositaires de la force publique de prêter main-forte permettant à l'huissier d'exécuter correctement les décisions de justice, in MOULAYE (Z.), DIABATE (A.) et DOUMBIA (Y.), *Gouvernance de la justice au Mali*, op. cit, p92.

[756] Les agents susceptibles d'être requis par le ministère de l'huissier sont ceux de la police, de la gendarmerie, voire des militaires au pire des cas.

[757] Les chaînes de commandement mises en place ont en leur tête le Président de la République. La constitution du 25 février 1992 prévoit en son article 44 al. 1 que : « Le président de la République est le chef suprême des armées. » Pour une question de réquisition, il y a deux instructions : l'instruction judiciaire avec le visa du Procureur de la République et l'instruction des agents de la force publique qui peuvent souvent refuser d'obtempérer aux injonctions du Procureur.

pratique a pris un aspect si considérable que souvent les agents de la force publique ont tendance à la légitimer.

Finalement, le « visa de la réquisition » est une véritable « arme de chantage » entre les mains des procureurs. Ces derniers même ayant apposé leur visa au bas de la réquisition disposent d'autres moyens pour faire arrêter l'exécution entamée. En effet, le Procureur de la République, pour une raison[758] ou une autre, demande souvent aux agents de se retirer ou à l'huissier d'interrompre l'exécution. Certains justiciables précisent que pour obtenir le visa du Procureur, des pourboires doivent être avancés. Cette affirmation, si elle est difficilement justifiable, néanmoins, elle ne doit pas être totalement écartée. L'huissier, après avoir déposé la réquisition dans le bureau du Procureur, celui-ci le plus souvent, lui demande d'appeler le requérant. Ce comportement ne serait que suspect dans la mesure où le requérant n'a pas à jouer de rôle dans cette phase d'exécution de la sentence du juge. L'absence des agents de la force publique empêche pratiquement l'exécution de la décision. Les enjeux sont alors de taille.

II. Les enjeux de la pratique de la réquisition sur l'exécution des décisions

La loi a voulu supprimer toutes les formalités excessives entravant l'exécution des décisions définitives ou celles qui la retardent. Les dispositions de l'article 29 de l'AUPSRVE corroborent cette affirmation. Cet article précise en son alinéa 2 que : « la formule exécutoire vaut réquisition directe de la force publique »[759]. Il apparaît donc que muni de la décision revêtue de cette formule, l'huissier pourra se rendre directement au commissariat de police ou de la gendarmerie pour solliciter de ces autorités l'assistance nécessaire. Il en est ainsi quand l'huissier rencontre des difficultés ou soupçonne qu'il puisse y avoir des résistances compte tenu des circonstances de l'espèce. Sur le plan pratique, la réalité est tout autre. En effet, ainsi qu'il a été signalé, le concours des agents de la force publique est subordonné à l'autorisation expresse du Procureur de la République. Cette situation est une violation du droit à l'exécution effective des décisions de justice dans un délai raisonnable. Elle ne fait qu'entretenir et renforcer l'injustice entre les justiciables[760].

---

[758] Lorsque le Procureur demande aux agents de se retirer, l'explication qu'il donne à l'huissier est le risque d'atteinte à l'ordre public. Pour ce faire, il exhorte l'huissier d'attendre l'ouverture d'une enquête. Peu importe la raison de cette décision le doute est permis quant au comportement du Procureur, d'être en concert avec l'adversaire du requérant. D'autant plus que cette décision est souvent prise après l'entretien avec le débiteur de l'exécution.

[759] Acte Uniforme portant Organisation des Procédures Simplifiées de Recouvrement et les Voies d'Exécution (AUPSRVE) adopté le 10 avril 1998, J.O N°6 du 1er juillet 1998.

[760] « L'inexécution des décisions de justice ne saurait se justifier : - à faible échelle, elle crée des perturbations sociales et constitue des atteintes aux droits individuels ou collectifs, - quand elle se généralise, elle constitue une vraie menace pour l'Etat de droit et la démocratie

Dans le contexte malien et avec cette pratique, l'exécution des décisions de justice ne devient que sélective. Lorsque le visa du Procureur de la République n'a pas été obtenu, le créancier ne fait que constater l'anéantissement de tous ses efforts par l'inexécution de la décision, obtenue souvent péniblement. Inopportun et illégal soit-il, le visa du Procureur est un facteur contributif qui retarde l'exécution. La pratique malienne de l'exécution des décisions de justice traduit la négation du procès équitable dans un délai raisonnable. Empêcher l'exécution des jugements, c'est tuer la justice officielle et supprimer la raison d'être des magistrats, greffiers et huissiers[761]. En République du Mali, cette situation qui constitue une entorse flagrante et intolérable par la loi, pose en même temps la problématique du libre accès des citoyens à la justice. L'une des caractéristiques premières et fondamentales de l'État de droit étant l'effectivité de l'exécution des décisions de justice rendues au nom du peuple, il s'en suit que « sans exécution effective et diligente des décisions de justice, il n'y a ni libre accès à la justice, ni État de droit, écrit le Procureur de la République près le Tribunal de Kayes »[762].

La lecture d'un certain nombre de rapports permet de comprendre à quel point l'inexécution des décisions de justice est devenue la règle. Le premier est celui du Médiateur de la République dans son rapport de 2009, il précise que : « Les réclamations relatives à la justice sont de l'ordre de vingt pour cent (20 %) et concernent l'inexécution de condamnations pécuniaires prononcées contre l'administration, les difficultés d'application de certaines décisions de justice, les lenteurs dans les procédures, les contestations de décisions de justice… »[763] Les difficultés de l'exécution des décisions de justice sont évoquées presque dans tous les espaces d'interpellation démocratique (EID)[764]. Finalement, le manque de volonté de l'État d'assurer une exécution effective des décisions de justice est manifeste.

---

elle-même. » KONE (C. M. C.), *Exécutions des décisions de justice*, Discours prononcé lors de la rentrée judiciaire 2002 – 2003.

761 GAMANDA (M. N.), *Le droit à un procès équitable, op. cit.*, p. 97.

762 KONE (C. M. C.), *Exécutions des décisions de justice*, op. cit. Ce Procureur précise également que : « le traitement des difficultés liées à l'exécution des décisions de justice, occupe de plus en plus une grande place des activités des Procureurs de la République et des juges de paix à Compétence Etendue. Ils sont sollicités quotidiennement soit par les parties, soit par les huissiers de justice qui demandent leur appui afin d'obtenir l'assistance de la force publique ou pour déclencher des poursuites pénales suite à des comportements constitutifs d'infractions à l'occasion des opérations d'exécution. »

763 Rapport annuel de 2009 du Médiateur de la République, p. 4. Le rapport annuel de 2008 fait état de 23,8% de ces mêmes problèmes.

764 Les rapports 2007, 2008, 2009, 2010, 2011 et 2012 de l'Espace d'Interpellation Démocratique font état des dificultés liées à l'exécution des décisions de justice par l'Etat. Tous ces rapports exhortent dans leurs recommandations l'exécution effective des décisions de justice et les autres titres exécutoires conformément à l'article 29 de l'Acte uniforme portant organisation des procédures simplifiées de recouvrement et les voies d'exécution, préc.

En somme, « l'inexécution de la décision de justice conduit à une non-application du droit qui devient alors un droit fantôme, un droit virtuel, un droit trompeur »[765]. On peut, dès lors, en déduire que l'exécution, comme l'action en justice, a pour finalité d'assurer, de garantir l'application du droit et que la non-exécution conduit à un déni de justice lequel ne peut générer chez les justiciables qui en sont victimes d'un sentiment d'injustice, de frustration, de non-droit[766]. C'est pourquoi, il urge d'assurer une effectivité à l'exécution des décisions de justice et toutes les décisions de justice. Les difficultés qui les entravent doivent être résolues, à défaut une indemnisation s'impose à l'Etat, si l'inexécution lui est imputable. Curieusement, l'obtention d'une telle indemnisation n'est pas aussi sans soulever des difficultés : c'est la mise en œuvre difficile de la solution palliative à l'inexécution des décisions de justice et les autres titres exécutoires imputables à l'État.

Paragraphe 2. L'application difficile de la solution palliative à l'inexécution

Le droit à l'exécution des décisions de justice s'inscrit dans une dynamique d'effectivité des droits fondamentaux[767]. Il constitue le corollaire de l'efficacité de la justice, fondement de l'État de droit. L'affirmation de la force de la chose jugée des décisions de justice implique l'obligation de les exécuter dans un délai raisonnable[768]. L'exécution doit être complète, parfaite et non partielle[769]. L'État occupe une place centrale pour y parvenir. D'ailleurs, il est assujetti à l'obligation d'y prêter son concours et de ne pas entraver de quelque manière que ce soit l'exécution de la décision du juge, sous peine de voir sa responsabilité engagée. L'inexécution d'une décision de justice imputable à l'État doit être compensée par l'indemnisation de la victime. A priori, ce système d'indemnisation et cette responsabilité de l'État sont théoriquement acquis (I). Toutefois, il n'en est pas toujours ainsi dans la pratique (II).

I. Une responsabilité étatique théoriquement affirmée

Le droit à l'exécution des décisions de justice n'a pas vocation à demeurer au stade de la proclamation et de l'incantation. Au contraire, il a

[765] CHRISTINE (H.), *L'exécution des décisions de justice*, in GUINCHARD (S.) (Dr.), *Droit et pratique de la procédure civile*, op. cit., p. 646.
[766] *Idem.*
[767] ANDRIANTSIMBAZOVINA (J.), GAUDIN (H.), MARGUENAUD (J-P), et autres (Dir.), *Dictionnaire des droits de l'homme*, op. cit., p. 417.
[768] CEDH, 28 juillet 1999, affaire : ImmobiliareSaffi c/ Italie.
[769] ANDRIANTSIMBAZOVINA (J.), GAUDIN (H.), MARGUENAUD (J-P) et autres, (Dir.), *Dictionnaire des droits de l'homme*, op. cit. p. 417.

pour objectif d'être judiciairement opérationnel c'est-à-dire invocable, devant les juridictions. La sanction juridictionnelle de sa violation doit être effective. Il serait alors absurde de protéger les droits procéduraux détaillés comme l'accès au juge, l'équité, la publicité, la célérité, le contradictoire, l'égalité des armes si la décision de justice qui en découle n'est pas exécutable. L'exécution des décisions est un indicateur essentiel de la performance de la justice[770]. Certes, la mission du juge d'imposer le respect du droit à l'État serait lettre morte si les décisions rendues ne sont pas effectivement respectées. Logiquement, l'inapplication ou l'inexécution d'un jugement constitue une remise en cause du principe de la prééminence du droit[771]. L'obligation d'exécuter la décision de justice pèse lourdement sur l'État et les autorités publiques. À cet effet, l'AUPSRVE assujettit l'État à l'obligation de prêter son concours à l'exécution des décisions de justice et autres titres exécutoires[772]. Le refus ou la carence de l'État de prêter son concours engage sa responsabilité[773]. Cette disposition permet au moins de préciser clairement la responsabilité de l'État en cas d'inexécution. Le justiciable ainsi lésé doit traduire l'administration devant le juge administratif pour excès de pouvoir.

La responsabilité de l'État peut aussi être appréciée sur le terrain du droit commun de la responsabilité, car il s'agit d'une responsabilité pour faute. Elle consiste à prouver l'existence d'une faute, d'un préjudice et d'un lien de causalité. L'État commet une faute dès lors qu'il y a un refus ou une carence de l'exécution de la décision. Le refus c'est de ne pas consentir à accorder ce qui est exigé, attendu ou demandé[774]. Quant à la carence, c'est le fait de se dérober devant ses obligations ou de ne pas pouvoir satisfaire ses obligations. Elle peut aussi signifier l'inaction de l'administration. L'exécution tardive de la décision est aussi source de responsabilité de l'État, ci cette tardivité lui est essentiellement imputable. L'opposition « refus et carence » n'a pas assez d'intérêt sur le plan pratique. Dans l'un ou l'autre cas, le créancier de l'exécution n'a pas obtenu satisfaction du fait de l'État. Ce qui doit ouvrir droit à une indemnisation. L'administration peut

---

[770] SADER (Ch.), *La mise en œuvre des droits fondamentaux par les règles de procédures.* Consulté le 10/01/2012 sur le site : http://www.ahjucaf.org/La-protection-des-droits.html

[771] V° CEDH, 21 février 1975, « Golder c/ Royaume-Uni », préc.

[772] La formule prévue par l'article 29 de l'AUPSRVE est une sécurité pour le justiciable, car l'Etat est tenu jusqu'au summum de sa responsabilité globale. V° AQUEREBURU (C. A.), *L'Etat justiciable de droit commun dans le traité de l'OHADA,* op. cit., 2000, p. 50.

[773] L'organisation pour l'harmonisation en Afrique du droit des affaires qui a pour but primordial de sécuriser le monde des affaires a vite compris que cette finalité ne saurait être atteinte que si l'Etat qui est parfois au centre des activités économiques et garant de bonne exécution des décisions de justice n'est pas impliqué. Malgré les efforts de cette organisation, elle n'a pas réussi à régler la question de l'immunité juridique dont se prévaut l'Etat souverain. V° AQUEREBURU (C. A.), *L'Etat justiciable de droit commun dans le traité de l'OHADA,* in Revue de droit des pays d'Afrique, n° 832, 2000, p. 48.

[774] Dictionnaire de la langue française, Petit Robert, 2007, p. 2163.

aussi employer des moyens pour faire échec à une exécution déjà commencée. Dans la pratique, on constate souvent le refus manifeste du Procureur de signer la réquisition[775] permettant à l'huissier de se faire accompagner par les agents de force publique. Cette volonté de refus de signer ne constitue pas une protestation contre le caractère illégal de la réquisition, mais plutôt une volonté d'empêcher l'exécution des décisions de justice[776]. Dès fois, l'exécution entamée, le Procureur demande aux agents des forces de l'ordre de se retirer[777] ou demande à l'huissier de surseoir. Il résulte de la combinaison de ces deux termes que l'administration ayant la possibilité d'exécution d'une décision s'abstient de le faire, tout en violant le principe de la chose jugée ou en retardant la mise à exécution des jugements. Ce comportement est alors constitutif de faute entraînant l'application des dispositions de l'article 125 du Régime Général des Obligations du Mali.

Le contentieux relatif aux mesures d'exécution des jugements du juge judiciaire, lorsqu'il s'agit de mesures réalisant cette exécution ou qui n'en sont pas détachables, relève de l'ordre judiciaire. Il s'agit là des incidents de l'exécution forcée. La mise en jeu de la responsabilité de l'État pour violation de la chose jugée notamment l'inexécution ou la mauvaise exécution de la décision est une hypothèse de responsabilité administrative de droit commun qui relève de la compétence du juge administratif. En effet, l'inexécution par l'administration d'une décision de justice est constitutive d'un excès de pouvoir[778]. Lorsque la responsabilité de l'État résulte de l'inexécution ou la mauvaise exécution d'une décision de justice, la sanction n'est pas seulement un excès de pouvoir, mais aussi une faute prévue par l'article 125 du RGO[779]. La réparation du préjudice né de cette violation constitue une garantie au profit de la chose jugée. En dehors de la responsabilité de l'État, ses agents peuvent voir opposer leur faute

[775] Des décisions témoignent à suffisance la volonté manifeste du refus des Procureurs de signer les réquisitions ou de les signer tardivement. TPI-Kati, 26 septembre 2005, Jugement. N°193, Souleymane NIARE et Daouda NIARE Contre Abdoul DIARRA, Kolado SACKO, Ibrahim SAMAKE et autres. Problème : Difficulté d'exécution, difficulté liée à la question de réquisition. Etat de la décision : Non exécuté. TPI-Kati, 30 juin 2008, Jugement. N° 260, Alpha SOW contre Modibo SINAYOKO. TPI-Kati, 30 juin 2008, Jugement. N° 261, Alpha SOW contre Baba DOUMBIA.

[776] Il faut préciser que d'ores et déjà certains Procureurs commencent à dénoncer le caractère illégal de leur visa pour l'autorisation de l'exécution dont le plus connu est l'actuel Procureur de Kati. Il ne s'agit pas d'un refus de signer la réquisition pour faire échec à l'exécution forcée, mais plutôt pour faire prévaloir la législation qui est contre toute autorisation préalable à l'exécution.

[777] TPI-Kati, 26 septembre 2005, Jugement. N°193, Souleymane NIARE et Daouda NIARE Contre Abdoul DIARRA, Kolado SACKO, Ibrahim SAMAKE et autres, décision préc.

[778] CE, 28 décembre 1949, Société des automobiles Berliet, Lebon, p. 579 ; CE, 30 novembre 1923, comité, Rec, 789.

[779] L'article 125du R.G.O précise que : « Toute personne qui, par sa faute, même d'imprudence, de maladresse ou de négligence, cause à autrui un dommage est obligée de le réparer. » Le justiciable doit en plus de la faute, prouver un préjudice et un lien de causalité.

personnelle, en application du principe de la faute détachable de la fonction. La mise en œuvre de l'action récursoire « réduirait certainement les comportements irrévérencieux et désinvoltes de nombreux agents du service public de l'État »[780]. Dans la pratique, l'action récursoire n'est pas exercée par les autorités compétentes. Les conditions de la responsabilité de l'État sont sans doute déterminées par les instruments juridiques, mais sa réalisation reste difficile.

II. Une responsabilité étatique de réalisation difficile

Lorsque le créancier, après avoir obtenu le titre exécutoire, rencontre des difficultés d'exécution du fait de la mauvaise volonté de l'Etat d'y prêter son concours cela est constitutif de violation du procès équitable. Celle-ci devrait être compensée au moins par l'application de la responsabilité de l'État. En effet, l'article 29 de l'AUPSRVE qui prescrit à l'État l'obligation de prêter son concours à l'exécution des décisions de justice et autres titres exécutoires sous peine d'engager sa responsabilité pose des problèmes d'application. Nous l'avons certes évoqué que l'obtention d'un titre exécutoire au Mali ne permet pas d'obtenir une exécution sans avoir recours à l'autorisation expresse du Procureur qui est une autre procédure[781]. Ce qui est contraire à l'esprit et à la lettre de l'article 29 de l'AUPSRVE. Le Ministère public s'oppose souvent ou interrompt l'exécution des décisions de justice par le refus de signer la réquisition ou en donnant des injonctions aux huissiers de se retirer lorsque l'exécution fut commencée. Ceux-ci sont astreints à obtempérer aux injonctions du Procureur[782]. La responsabilité de l'État ne fait alors aucun doute, reste maintenant l'application qui se heurte à des obstacles. La première difficulté rencontrée par le justiciable, c'est justement en cas de condamnation de l'État. La deuxième a trait à l'indemnisation du fait de l'inexécution imputable à l'État.

L'exécution d'une décision de justice contre l'État devient un choix opportuniste. L'État en raison de sa mission particulière bénéficie d'une immunité d'exécution qui s'explique aussi par sa présomption de solvabilité et les règles spéciales de comptabilité. On suppose également que l'État est un bon payeur. En principe, le créancier de l'État est rassuré quant au recouvrement de sa créance, dans un contexte normal. Mais, il n'en est pas toujours été ainsi. En effet, l'exécution d'une décision de justice dépend

---

780 TOUMAGNON (B. H.), *La responsabilité de la puissance publique et l'action récursoire*, in Revue de droit et d'informations juridiques et judiciaires, n°2, p. 73.

781 Souvent le temps consacré pour obtenir la réquisition est nettement plus élevé que celui nécessaire à l'obtention du titre exécutoire. Devant la difficulté d'obtention de la réquisition faut-il admettre qu'au Mali, il faut deux titres pour parvenir à l'exécution de la décision ?

782 Les articles 696 et 697 du code de procédure civile commerciale et sociale prévoient que le Procureur est chargé de veiller à l'exécution des jugements et les autres titres exécutoires. Il peut enjoindre à tous les huissiers de son ressort de prêter leur ministère. Il poursuit d'office, l'exécution des décisions de justice dans les cas spécifiés par la loi.

exclusivement de la bonne volonté de l'État. Dans la mesure où le justiciable ne détient aucun moyen de contrainte forcée exigeant l'État à exécuter ses obligations. Cette situation est encouragée par l'AUPSRVE qui prévoit que l'exécution forcée et les mesures conservatoires ne sont pas applicables aux personnes bénéficiant d'une immunité d'exécution[783]. Les différentes raisons ci-dessus prouvent à suffisance que les chances d'exécution des condamnations de l'Etat au profit d'un particulier sont minimes. L'agent de l'État refuse souvent de déclencher la procédure de paiement[784]. La volonté de l'administration de ne s'être exécutée est manifeste. Il apparaît alors que l'exécution des décisions de justice qui concerne les condamnations de l'État relève de sa seule volonté. Ce qui est anticonstitutionnel[785].

Des règles spéciales d'exécution sont prévues en cas de condamnation pécuniaire de l'État[786]. Lorsque l'administration est condamnée au paiement d'une somme d'argent déterminée, elle est tenue de procéder à son mandatement dans le délai de 4 mois pour le jugement et de 2 mois pour l'arrêt, suivant la date où la décision est devenue définitive[787]. Dans le cas contraire, le comptable concerné, au vu de la grosse du jugement ou de l'arrêt, en assure l'exécution. En cas de refus de l'administration d'exécuter un jugement devenu définitif d'un tribunal administratif, le Président de ce tribunal en informe par écrit le Président de la Section administrative de la Cour suprême pour qu'il soit procédé à la présentation d'un rapport du Procureur Général, au ministre concerné avec ampliation au Président de la République. Si le refus concerne un arrêt de la Section administrative de la Cour Suprême, le Président de cette section en informe par écrit le Premier Président de la Cour, qui saisit le Procureur Général, lequel adresse un

---

[783] AQUEREBURU (C. A.), *« L'Etat justiciable de droit commun dans le traité de l'OHADA »*, op. cit., p. 48. Cet auteur fait comprendre dans son article qu'en dépit de la volonté du législateur OHADA de sécuriser le monde des affaires, il n'a pas réussi à mettre un terme au droit d'immunité d'exécution des Etats.

[784] Ce qui fut le cas d'un secrétaire général qui a été abusivement licencié par une collectivité locale, démembrement de l'Etat. Le tribunal constatant un tel abus a condamné la mairie à verser deux millions de francs CFA à la victime. Lorsque le recouvrement a été entrepris, la débitrice a introduit une requête aux fins d'obtention de délai de grâce. Le juge lui octroie un délai de six (6) mois qui fut renouvelé une fois. A l'expiration du délai d'un an la procédure fut reprise sans issue. Cette décision à la date d'aujourd'hui n'a pu être exécutée. TPI-Kati, 21 février 2007, Jugement n°14 ; Demba SISSOKO contre la Mairie de Dédougou-Torodo.

[785] Lors de la rentrée judiciaire 2002 – 2003, le bâtonnier de l'ordre des avocats en ces termes : « Dans un Etat de droit aussi avancé que le nôtre, l'Etat doit être expressément tenu d'exécuter les décisions de justice, toutes les décisions de justice, parce que faire dépendre l'efficacité des décisions de justice au "bon vouloir" de l'administration est anticonstitutionnel en ce qu'il équivaut à dénier à la justice le pouvoir que lui a conféré notre Constitution. » SYLLA (F.), *Discours lors de la rentrée judiciaire 2002-2003*, précité, p. 7.

[786] La loi n° 94 – 006 du 18 Mars 1994 portant organisation et fonctionnement des tribunaux administratifs et la Loi N°96-071 du 16 Décembre 1996 portant Loi organique fixant l'organisation, les règles de fonctionnement de la Cour Suprême et la procédure suivie devant elle.

[787] L'article 37 de la Loi du 18 Mars 1994 et l'article 61 de la Loi du 16 Décembre 1996, préc.

rapport au Ministre concerné avec ampliation au Président de la République[788]. Pour mettre en œuvre la responsabilité étatique, le justiciable doit être suffisamment informé et être capable de défendre son droit, ce qui n'est pas évident.

Pour édulcorer les effets de l'insaisissabilité des biens de l'État, l'Acte Uniforme précité a instauré un système de compensation en ces termes : « les dettes certaines, liquides et exigibles des personnes morales de droit public ou des entreprises publiques, quelles qu'en soient la forme et la mission, donnent lieu à compensation avec les dettes également certaines, liquides et exigibles dont quiconque sera tenu envers elles, sous réserve de réciprocité »[789]. La condition d'application de la compensation serait l'existence de deux créances certaines liquides et exigibles. Celle-ci présente des limites. Les textes nationaux contraires au système de compensation ne s'appliqueront pas du fait de la supériorité du droit communautaire.

Il résulte des développements précédents que l'indemnisation des victimes d'inexécution forcée des titres exécutoires est difficile à mettre en œuvre. L'exécution des décisions de justice contre l'État relève de sa bonne volonté, de même l'indemnisation de ceux qui prétendent être victimes du refus ou de la carence de l'État de prêter concours. La victime doit, pour obtenir une telle indemnisation, porter l'action devant le tribunal administratif. En cas de condamnation de l'État, la solution est loin d'être heureuse. L'exécution de cette nouvelle décision posera les mêmes problèmes que celle de la première. Devant ce cercle vicieux, on peut se poser légitimement la question de savoir si le créancier est fondé à saisir directement la Cour Commune de Justice et d'Arbitrage (CCJA) du fait de l'obstruction de l'État à l'exécution effective de la décision. La réponse affirmative s'impose à priori parce qu'il s'agit de la violation d'une disposition d'un acte uniforme. Mais, dans cette hypothèse, la compétence de la CCJA se heurte à l'article 13 du traité de l'OHADA qui prévoit que : « le contentieux relatif à l'application des actes uniformes est réglé en première instance et en appel par les juridictions des États Parties. » Il faudrait alors au créancier de saisir les juridictions administratives avant de porter ses allégations à la CCJA. Sachant que le contentieux administratif n'a pas fait l'objet d'harmonisation, nous pensons que l'hypothèse est réellement concevable[790].

L'exception admise en matière d'exécution forcée est l'hypothèse où elle est susceptible de provoquer des graves troubles à l'ordre public. L'expression « troubles à l'ordre public » n'a pas fait l'objet de clarification légale. Il est considéré comme « l'ensemble des règles que les autorités

---

[788] Art. 62 de la Loi du 16 Décembre 1996, préc.

[789] Art. 30 al 2 de l'AUPSRVE.

[790] ONANA ETOUNDI (F.), *La pratique des voies d'exécution dans l'Acte uniforme OHADA*http://alliance-juris.forumpro.fr/t184-les-voies-d-execution-dans-l-acte-uniforme-ohadaConsulté le 4 mars 2012.

publiques (législateurs, autorités administratives, juge, voire organisations internationales) estiment indispensables pour sauvegarder la stabilité et les valeurs de la société »[791]. Selon ces mêmes auteurs, l'ordre public est l'instrument juridique du maintien de la paix sociale. Il renvoie à l'état social caractérisé par la paix, la sécurité publique et la sûreté[792]. Seul le risque d'atteinte à l'ordre public doit justifier une remise en cause de l'exécution des décisions de justice. Dans ce cas, l'État doit impérativement indemniser le créancier de l'exécution. En l'absence d'une quelconque indemnisation, l'administration s'abuse. Le 27 décembre 2007, la cour constitutionnelle du Bénin a annulé une décision du conseil des ministres relative à la suspension de l'exécution des décisions de justice rendues en matière domaniale en milieu urbain. Le gouvernement béninois justifie sa décision par la préservation de la paix sociale et l'ordre public, argument rejeté par la Cour constitutionnelle[793]. En effet, l'absence de définition de l'ordre public en matière d'exécution des décisions de justice ouvre voie à toutes sortes de dérives de la part de ceux qui sont censés veiller ou assurer cette exécution.

---

[791] ANDRIANTSIMBAZOVINA (J.), GAUDIN (H.), MARGUENAUD et autres, (Dir.), *Dictionnaire des droits de l'homme*, op. cit. p. 718.

[792] http://fr.wikipedia.org/wiki/Ordre_public_en_droit_fran%C3%A7ais Consulté le 06 mars 2012.

[793] http://www.la-constitution-en-afrique.org/article-15744081.html Consulté le 07 mars 2012.

CONCLUSION DU TITRE II

Le procès ne saurait être équitable que si toutes ses règles ont été appliquées en raison de leur interconnexion. La violation d'une de ses règles aura certainement une incidence sur les autres. Ainsi, un juge non indépendant ne pourra être que partial. L'indépendance et l'impartialité sont des exigences pour une application des garanties procédurales. Pour permettre une meilleure distribution de la justice, le législateur malien a procédé à une série de réformes dont les plus importantes sont le CPP et le CPCCS. Il s'agit : de la loi n° 01 – 080 AN – RM du 20 août 2001 portant code de procédure pénale ; et du décret n° 09 – 220 /P-RM du 11 mai 2009, modifiant le décret n° 99 – 254 /P-RM du 15 septembre 1999 portant code de procédure civile commerciale et sociale. Malgré ces réformes, le respect des garanties procédurales reste relatif, parce que, d'une part, l'indépendance et l'impartialité du juge demeurent faibles et d'autre part, l'existence des mauvaises pratiques. Dans ce contexte, le justiciable sera confronté à d'énormes difficultés pour parvenir à l'exécution de la décision et cela malgré les dispositions claires imposant à l'État d'y prêter son concours. La garantie de l'exécution forcée s'est accrue avec l'avènement de l'acte uniforme portant organisation des procédures simplifiées de recouvrement et les voies d'exécution. Un droit désormais mieux encadré et surveillé. Cette avancée significative ne doit pas pourtant calfeutrer certaines réalités. La loi a organisé la mise en exécution des titres exécutoires à travers des procédures précises permettant au créancier d'obtenir satisfaction. Aussi paradoxale que cela puisse paraître, l'application de ces dispositions juridiques se heurte à de sérieuses difficultés. Les faiblesses qui caractérisent la pratique de l'exécution forcée rendent inefficaces toutes les garanties équitables du procès.

CONCLUSION DE LA 1re PARTIE

L'objectif poursuivi dans cette première partie était de dégager la réalité de la mise en application des garanties du procès équitable devant les juridictions de l'ordre judiciaire et de l'ordre administratif. Celles-ci, sans conteste, ont été consacrées par la législation nationale qui d'ailleurs a été renforcée par les instruments juridiques régionaux et internationaux, voire communautaires. L'examen de la mise en œuvre des garanties du procès équitable révèle des défaillances en dépit de la floraison des textes. Les difficultés auxquelles l'application des garanties du procès équitable se heurte sont de divers ordres :

Les unes ont trait à l'institution de la justice notamment à ses organisation et fonctionnement. L'inégale répartition des juridictions à travers le territoire ne favorise pas un égal accès de tous les justiciables. Le difficile accès à la justice n'est pas seulement dû à l'éloignement géographique, mais aussi à l'éloignement psychologique. De même, le coût élevé de la justice est un facteur de complication empêchant bon nombre des citoyens d'exercer leur droit devant le juge. Cette difficulté qui devrait être normalement comblée par la politique d'assistance judiciaire est quasi-inexistante.

Les autres difficultés concernent la crédibilité du personnel de la justice. L'incrédibilité de la justice a créé une sorte de méfiance de la population à l'égard de la justice. L'indépendance du juge malien, bien qu'elle soit proclamée par la constitution, est sérieusement entravée. Cette entrave est due principalement à l'influence du pouvoir exécutif, mais aussi aux relations sociales. Le poids des relations sociales sur la conscience professionnelle du juge ne saurait être négligé. Pour parachever les difficultés qui entravent la bonne distribution de la justice, il y a lieu d'ajouter l'insuffisance de moyens. Mais celle-ci doit être relativisée dans la mesure où souvent le budget alloué à la justice est détourné ou mal géré.

Lesdifférentes difficultés ci-dessus décrites rendent l'application des règles du procès équitable déficitaire. Il est donc urgent de procéder aux correctifs nécessaires, en vue de permettre à la justice de jouer pleinement son rôle d'ultime institution de protection des droits fondamentaux. Cela devra nécessairement passer par une application sans réserve des règles du procès équitable, son effectivité en dépend.

PARTIE II

L'EFFECTIVE DES RÈGLES DU PROCES EQUITABLE A CONSTRUIRE

Le programme de sécurité ou de développement d'un État ne saurait aboutir que s'il est fondé sur le respect des droits fondamentaux. La protection effective desquels droits est tributaire à l'existence d'instruments juridiques clairs et une justice soucieuse de leur application. La crédibilité de la justice doit à cette application, aussi bien que l'essence même du droit. « Le droit ne devient crédible que lorsqu'il pénètre la réalité et devient réalité pour tous ses bénéficiaires potentiels... »[794] La justice est un facteur de stabilité ou d'instabilité sociale ou politique selon sa bonne ou sa mauvaise adaptation. Son application dont l'administration de la justice et particulièrement les magistrats qui ont la charge, peut aussi pervertir le meilleur des systèmes ou réduire considérablement les inconvénients du pire.

Les juridictions maliennes, il faut le dire, connaissent plusieurs dysfonctionnements organisationnel et fonctionnel[795]. Cette situation est une entorse évidente à la mise en œuvre des exigences du procès équitable. La reconnaissance textuelle des règles du procès équitable serait, dans ce contexte, plutôt symbolique que protectrice. Dans le souci de rendre effectif les instruments juridiques garantissant le procès équitable qu'il importe d'apporter à la justice une nouvelle orientation, d'où sa dynamisation. Rendre dynamique la justice c'est de lui restituer les pouvoirs qui sont les siens permettant d'assurer l'équilibre de sa balance. Pour ce faire plusieurs mesures sont indispensables. Ces mesures peuvent être groupées en deux

---

[794] TOURETT, (F.), « *Pauvreté, extreme pauvreté et droits de l'homme* », in UNESCO Poverty Project, « Ethical and Human Rights Dimensions of poverty : towards a new paradigm in the fight of poverty », jurist seminar-Sao Polo- May 2003 ; http://www.portal.unesco.org/shs/fr/files/

[795] V° 1ère partie intitulé « *Le déficit substantiel de l'application des garanties du procès équitable* ». Les principales difficultés recensées sont l'accès difficile au juge qui se traduit par l'éloignement géographique, l'indépendance du juge quasi-compromise dûe à la détention des pouvoirs de l'exécutif au détriment de la justice, les difficultés pratiques de l'exécution des titres exécutoires.

rubriques : les actions visant les juridictions et celles relatives aux magistrats, chargés de rendre la justice. Les premières actions envisageables concernent les réformes pour consolider l'indépendance et corriger certains dysfonctionnements (Titre I). Tandis que les secondes constituent une invitation au respect de l'éthique et de la déontologie de la profession, mais également celui des traités internationaux garantissant le procès équitable (Titre II).

TITRE I

LES REFORMES INSTITUTIONNELLES

Les réformes envisagées en faveur de la justice sont essentiellement dues à des facteurs d'ordre politique, économique et social. Elles sont censées répondre à l'aspiration du peuple, une justice au service du citoyen. Pour ce faire, les citoyens doivent, d'une part, avoir la facilité d'accès au service public de la justice ; d'autre part, ces réformes doivent remédier les dysfonctionnements de la justice pour l'efficacité des règles du procès équitable, condition de restauration de la confiance des citoyens[796]. Le résultat attendu est l'effectivité des droits fondamentaux, en général, et celle des droits procéduraux, en particulier. Il ne peut avoir de justice crédible sans consolider son indépendance. De ce point de vue, la nécessité de la réforme du Conseil Supérieur de la Magistrature se pose avec acuité.

En effet, qu'il s'agisse de la question de l'indépendance ou celle de l'éloignement de la justice des justiciables, des efforts furent entrepris par les autorités maliennes[797]. Ces efforts, faut-il le noter, paraissent insuffisants pour une réelle application de toutes les règles du procès équitable. C'est pourquoi, il est opportun d'envisager la réforme de la justice sous un autre angle, parce que la façon telle qu'elle est envisagée par les autorités ne permettra pas d'atteindre les objectifs souhaités. L'exposé de la réforme gouvernementale permettra de relever ses insuffisances, d'où la nécessité de sa relecture (Chapitre 1) ; au-delà de laquelle, des mesures d'accompagnements sont indispensables (Chapitre 2).

---

[796] « Pour répondre aux exigences démocratiques, à l'attente des citoyens et à des critères de bonne gouvernance, les autorités de la 3ème République ont inscrit dans leurs priorités la réforme du secteur de la justice, fondement de l'Etat de droit. Ce qui est visé, c'est une gouvernance de la justice qui, au-delà de la sécurité juridique et judiciaire garantirait les droits et libertés, la sécurité humaine, et stimulerait les investissements locaux et étrangers au bénéfice du développement du pays. Cette forme de gouvernance de la justice suppose, outre la famille judiciaire, l'implication de tous les autres acteurs de la justice et une judicieuse répartition des rôles et responsabilités. » MOULAYE (Z.), DIABATE (A.) et DOUMBIA (Y.), *Gouvernance de la justice au Mali*, op. cit., p 99.

[797] Le processus de la réforme de la justice suit son cours depuis 1999.

CHAPITRE 1

LA REFORME DE LA JUSTICE

Les sondages d'opinion effectués dans certains ressorts juridictionnels du pays[798] sur la question de savoir : « que pensez-vous de la justice malienne d'aujourd'hui ? » les réponses, ainsi recueillies, ne vont pas à l'actif d'une justice au service des citoyens[799]. Il s'agit là d'une réalité incontestable, largement dénoncée et décriée même par les praticiens du droit (Avocats, huissiers, magistrats)[800]. La confiance des citoyens dans la justice est essentiellement tributaire du bon fonctionnement de l'administration juridictionnelle et surtout de l'indépendance des juges[801].

Le Mali a adopté son système judiciaire en fonction de ses ressources, mais largement influencé par le droit français. Cinquante ans après son indépendance, plusieurs dysfonctionnements ont été constatés liés, d'une part, à la vétusté de certains instruments juridiques, et d'autre part, à l'insuffisance des ressources et/ou même l'éloignement des juridictions des justiciables. Pour combler ces lacunes, une réforme fut envisagée depuis 1999 lors du forum national sur la justice. Le processus suit son cours plus

---

798 C'est le cas de la Justice de Paix à Compétence Etendue de Bankass, Tribunal de Première Instance (TPI) de Kati, TPI de Koulikoro, TPI de la commune I, II, III, IV, V, VI, TPI de Mopti, TPI de Ségou.

799 La justice malienne telle qu'elle se présente aux yeux des justiciables est synonyme d'injustice, chose paradoxale. Les différents propos montrent aisément de nos jours toute la distance qui sépare la justice des justiciables. Ces propos se résument ainsi : « La justice c'est une affaire des riches, des citadins » ; « La justice n'existe pas au Mali » ; « La justice est au service du pouvoir politique » ; « la justice malienne n'a jamais été juste » ; « les décisions sont mal rendues » ; « la justice malienne ne dit jamais le droit » ; « les décisions ne sont pas exécutées ou du moins mal exécutées. » Les propos recueillis font référence à l'usage de l'adage selon lequel « un mauvais arrangement vaut mieux qu'un bon procès ».

800 SIDIBE (A. Y.), *Droit et pratique du droit au Mali,* op. cit.,129 p. De même, MOULAYE (Z.), DIABATE (A.) et DOUMBIA (Y.), *Gouvernance de la justice au Mali*, op. cit, 2007, 1992 p.

801 Recommandations du Jury D'honneur de la 11ème édition de l'EID le 10 décembre 2006.

d'une décennie[802]. Néeanmoins, le programme de la réforme a abouti à l'adoption en 2011 de trois textes[803]. Les avantages de cette réforme ne doivent pas calfeutrer ses insuffisances. Une réforme qui semble-t-il, a manqué sa cible, d'où la nécessité de sa relecture. Dans le contexte malien, une unification de la justice serait une condition d'une réelle valeur ajoutée. L'analyse des différents aspects de la réforme (Section 1) permettra de déceler ses insuffisances (Section 2).

Section 1. Analyse du programme de la réforme

La réforme de la justice est à l'ordre du jour au Mali pour deux raisons. D'une part, la capacité de l'État de promouvoir la garantie juridictionnelle des droits fondamentaux demeure faible. D'autre part, la question de la réintroduction de l'État dans la stratégie de développement économique et social se pose avec acuité. Ainsi, la réforme vise essentiellement trois objectifs généraux : la consolidation de l'État de droit ; la garantie de la paix sociale et la promotion d'un véritable développement. Des objectifs spécifiques se greffent sur ceux exposés ci-dessus qui sont entre autres : l'amélioration de l'accessibilité et l'efficacité du service public de la justice ; la révision de la carte judiciaire ; la suppression des justices de paix à compétence étendue (JPCE) ; la levée des contraintes économiques de l'accès à la justice. En plus des préoccupations des justiciables, la réforme vise aussi la prise en charge des exigences de la communauté internationale[804].

---

[802] La réforme de la justice est connue sous le nom du Programme Décennal sur la Justice (PRODEJ). La finalité de ce projet de pilotage du PRODEJ est de « créer les conditions nécessaires à l'élaboration d'un programme de réforme de la justice qui suscite l'adhésion des principaux acteurs de la justice, de la société civile et des usagers du système de justice au Mali. Pour ce faire, il vise à : accompagner le gouvernement malien dans ses efforts visant la participation active de la population aux débats sur la réforme de la justice ; appuyer l'émergence d'une collision de la société civile pour le soutien nécessaire à la réforme de la justice ; susciter l'adhésion des partenaires techniques et financiers et d'obtenir leur engagement à participer au financement du plan décennal ; plus spécifiquement, le comité de pilotage du projet d'appui à la réforme de la justice à la fin de son mandat fixé le 31 décembre 1999 produire les extraits suivants : un document de politique générale, un plan d'action, une stratégie de mise en œuvre, un plan d'investissement ». V° site officiel http://www.justicemali.org/ consulté le 30 octobre 2011, date de la dernière consultation.

[803] La loi n° 11 – 038 AN – RM du 15 juillet 2011 portant création des juridictions ; la loi n° 11 – 037 AN – RM du 15 juillet 2011 portant organisation des juridictions et le Décret n° 11 – 580 AN – RM du 13 septembre 2011 fixant le ressort des juridictions et déterminant le parquet général d'attache des parquets des tribunaux de grande instance et des parquets des tribunaux d'instance.

[804] MOULAYE (Z.), DIABATE (A.) et DOUMBIA (Y.),*Gouvernance de la justice au Mali*, op. cit, 2007, p. 101 et svtes.

La réforme concerne principalement les juridictions de l'ordre judiciaire (Paragraphe 1) et celles de l'ordre administratif (Paragraphe 2).

Paragraphe 1. La nouvelle architecture de la justice judiciaire

L'organisation judiciaire malienne consiste en un ordre de juridiction unique et obéit au principe du double degré de juridiction. Il y a les juridictions de base, les cours d'appel et la Cour suprême. Les premières sont réparties en deux groupes : les juridictions de droit commun (TPI et JPCE) et les juridictions spécialisées (Tribunal de commerce[805], le tribunal de travail[806].) S'agissant des cours d'appel, elles constituent des juridictions d'appel des juridictions de base hormis le tribunal administratif[807]. Il y a enfin la Cour suprême[808], elle connaît des pourvois formulés contre les arrêts de la Cour d'Appel et les juridictions de même niveau, et aussi contre les jugements rendus en premier et dernier ressort par les juridictions de base.

Dans la nouvelle réforme, des nouvelles juridictions de base sont créées, destinées à substituer celles existantes. Ainsi, les tribunaux d'instance viennent remplacer les JPCE (I) et les tribunaux de grande instance substitueront aux tribunaux de première instance (II).

I. La substitution des JPCE par des tribunaux d'instance

La suppression des Justices de Paix à Compétence Etendue est une exigence du procès équitable. La notion du procès équitable s'enracine dans le respect des principes garantissant un fonctionnement démocratique de l'instance. Qu'il suffise d'observer les droits fondamentaux en matière de procès notamment le droit d'être entendu équitablement, le droit à un procès

---

[805] Le Tribunal de commerce est créé par la Loi N° 88-38/AN-RM du 08/02/1988. La Loi N° 88-40/AN-RM de la même date, prévoit trois tribunaux de commerce, à Kayes, Bamako et Mopti, (correspondant aux sièges des trois cours d'Appel). Le Tribunal de commerce est compétent pour les contestations relatives aux changements et transactions entre commerçants au sens de l'article 3 du code de commerce (maintenant acte uniforme OHADA portant droit commercial général) et contestations relatives aux actes de commerce entre toutes personnes. Il connaît de tout ce qui concerne les faillites, les règlements judiciaires et les liquidations de biens.

[806] Le Tribunal du travail est institué par la loi N ° 88-39/ AN-RM du 08/02/1988 portant réorganisation judiciaire. Il est composé d'un Président (magistrat professionnel) et de deux assesseurs (un représentant des travailleurs et un représentant des employeurs) et d'un greffier secrétaire. Le Tribunal du travail est compétent pour connaître des différends individuels nés à l'occasion du travail de l'interprétation des conventions collectives, des litiges ayant trait à l'application du Code de prévoyance sociale ou relatifs au contrat d'apprentissage ou de qualification.

[807] Depuis la loi N° 88-40/AN-RM du 08 Février 1988 portant réorganisation judiciaire, il existe trois Cours d'Appel au Mali : Bamako, Kayes et Mopti.

[808] La Loi N° 96-071 du 16 Décembre 1996 fixe l'organisation, les règles de fonctionnement et la procédure suivie devant la Cour Suprême.

public, la présomption d'innocence, le droit de se défendre, le principe du contradictoire pour se rendre compte de leur ineffectivité dans les justices de paix à compétence étendue[809]. L'efficacité des principes fondamentaux du procès équitable exige une certaine organisation interne des juridictions, au moins la séparation des fonctions judiciaires[810]. Les JPCE se caractérisant par la confusion des fonctions judiciaires, ne peuvent appliquer convenablement les garanties procédurales du procès équitable. C'est le cas notamment de la présomption d'innocence, du principe du contradictoire. Au-delà, l'exécution des décisions de justice du ressort de ces juridictions ne peut être que compromise.

La présomption d'innocence qui suppose par essence le respect des droits de la personne poursuivie, l'on ne pourra obtenir qu'un résultat mitigé dans les JPCE, compte tenu des rôles assignés au juge de paix[811]. C'est trop demander au même magistrat d'enclencher l'action publique, d'instruire à charge et à décharge, de rendre le jugement dans la même affaire. Ce contexte rend difficile le respect du principe du contradictoire, si l'action publique est engagée par le magistrat instructeur et en même temps qu'il remplisse la fonction du juge au siège dans le même dossier. On ne peut demander à ce magistrat, d'une part, d'enclencher l'action publique au nom de la société, et d'autre part, l'exiger qu'il fasse une instruction à charge et à décharge avec une impartialité certaine.

L'impartialité et l'indépendance du juge de paix à compétence étendue sont soumises à de rudes épreuves, bien qu'il soit soumis au même statut que les autres magistrats. « Il n'est pas un super homme malgré le super pouvoir, c'est un être fort et fragile, fait de ténèbres et d'orgueil, de faiblesses et

---

[809] BA (D.), *Le droit à un procès équitable et impartial à l'épreuve de la justice de paix à compétence étendue au Mali*, préc., p. 516.

[810] La séparation des fonctions de poursuite et de jugement est une exigence de l'article 1er de la loi n° 01 – 80 AN – RM du 20 août 2001 portant code de procédure pénale, précitée. Il dispose que : « la procédure pénale doit garantir la séparation des autorités chargées de l'action publique et des autorités de jugement. » En plus, l'application des règles du procès équitable sont simplement incompatibles avec un tel système : confusion des organes de poursuite et de jugement. La CEDH rappelle à toutes les occasions la nécessité de la séparation de ces deux organes. V° BERGER (V.), *Jurisprudence de la Cour Européenne des Droits de l'Homme*, op. cit. n° 62. V° aussi le célèbre article de BUSSY (F.), *Nul ne peut être juge et partie*, préc.

[811] Dans les justices de paix à compétence étendue, le seul juge est maître de l'action publique, est aussi juge d'instruction mais également juge du siège Art. 57 du CPPM : « Dans les justices de paix à compétence étendue, les juges de paix sont investis des pouvoirs du procureur de la République. Ils ont qualité pour constater et poursuivre toutes les infractions commises dans leur ressort. Ils se saisissent d'office et font donner citation au prévenu devant leur tribunal, sans préjudice du droit de citation directe du procureur de la République compétent ou de la partie civile. Ils exercent les pouvoirs qui sont attribués au procureur de la République pour la poursuite et l'instruction des flagrants délits. Ils assurent l'exécution de leurs jugements. »

d'erreurs »[812]. Le paradoxe réside dans le fait aussi que c'est le même magistrat qui rend le jugement. Cette situation constitue à n'en pas douter une violation du fonctionnement démocratique de l'instance[813]. L'idéal serait de séparer purement et simplement les trois fonctions judiciaires dévolues au seul juge de paix. Cette solution nous paraît plus réaliste, car, s'il est une chose dont la nature s'accommode difficilement c'est se déjuger[814]. La séparation des fonctions judiciaires ci-dessus est l'objectif principal de la suppression des justices de paix envisagée par la réforme. Il s'agit là d'une œuvre salutaire du pouvoir politique. Mais, la simple séparation des fonctions ne suffit pas à rendre crédible la justice. Aussi, le problème d'effectif risque de se poser à nouveau et il n'est pas toujours judicieux d'envoyer plusieurs magistrats dans des localités à très faible contentieux. Les Justices de paix ont été décriées sous d'autres cieux[815].

Lors de la 6e audience du procès Zola, le 12 février 1898 devant la Cour d'Assises de la Seine en France, les remarques de Jean Jaurès sont assez révélatrices : « Je ne comprends pas que dans ce pays républicain, un homme, un seul ose assumer sur sa seule conscience, sur sa seule raison, sur sa seule tête, de décider de la vie, de la liberté, de l'honneur d'un autre homme et je dis que si de pareilles mœurs et de pareilles habitudes étaient tolérées dans notre pays, cela en serait fait de toutes libertés et de toutes justices. » Il est donc évident qu'il existe une inévitable atteinte aux droits fondamentaux dans les justices de paix à compétence étendue, d'où la nécessité de les supprimer et les faire remplacer par des véritables tribunaux de première instance, projet déjà en cours. La suppression apportera une nouvelle physionomie à la justice malienne.

La réforme envisage de mettre fin au système de juge à triple casquette notamment les juges de paix. Mais, il sera en principe procédé une substitution par suppression. Les Tribunaux d'instance substitueront aux Justices de paix à compétence étendue. Le Mali abandonne alors un système juridictionnel hérité de la colonisation. La suppression des JPCE constitue une réforme salutaire du législateur. Fonctionnant depuis plus de cinquante ans, les JPCE ont présenté d'énormes faiblesses. De nos jours, elles sont devenues archaïques, car elles ne constituent plus un gage de justice rendue équitablement[816]. Le Mali avait opté pour ce système de juge de paix

---

812 BA (D.), *Le droit à un procès équitable et impartial à l'épreuve de la justice de paix à compétence étendue au Mali*, op. cit, p. 516.

813 Idem.

814 V° COULIBALY (M.), *La procédure pénale au Mali*, op. cit., p.20.

815 Il faut noter qu'en attendant la mise en œuvre effective de la réforme, ce sont les Justices de paix à compétence étendue qui continuent de rendre la justice dans la quasi-totalité des 46 cercles du Mali.

816 Propos du Ministre de la Justice lors de son entretien accordé à l'ORTM, le 07 décembre 2011. La JPCE, il faut le noter, a été instaurée pour répondre à une urgence. Donc, il s'agit d'un système imposé, inégalitaire et autoritaire qui du coup a remplacé la justice traditionnelle.

certainement à cause de l'insuffisance de ressources humaines et financières. Pour mettre fin, à un tel système de justice « monstres à trois têtes » et soucieuse d'une justice à hauteur des attentes des justiciables, et en tenant compte des engagements internationaux de l'État, que la réforme envisage de substituer les justices de paix à compétence étendue par les tribunaux d'instance.

Les localités concernées par l'institution des tribunaux d'instance sont : Yélimané, Diéma, Nioro du Sahel, Bafoulabé, Kéniéba, Toukoto, Nara, Ouéléssébougou, Kangaba, Kolokani, Banamba, Fana, Doïla, Bougouni, Yanfolila, Kadiolo, Kignan, Kolondiéba, Yorosso, Kimparana, San, Tominian, Bla, Markala, Niono, Macina, Baraouéli, Bandiangara, Bankass, Djénné, Koro, Téninkou, Douentza, Youwarou, Diré, Goudam, Gourma-Rharous, Niafunké, Ansongo, Bourem et Ménaka[817]. Ces différentes villes ou localités sont dotées chacune d'une justice de paix à compétence étendue qui sera supprimée au profit du tribunal d'instance. Quarante-un (41) tribunaux d'instance seront institués.

En plus, des tribunaux d'instance, certaines juridictions d'exception notamment des tribunaux de commerce seront institués à Ségou, Sikasso et Gao. Ces créations porteront le nombre des tribunaux de commerce à six (06) pour l'ensemble du territoire. Des tribunaux du travail seront également créés et désormais institués dans les localités telles que : Kita, Koulikoro, Kati, Sikasso, Koutiala, Ségou, Mopti, Tombouctou, Gao et Kidal[818]. Il est également prévu, en plus des juridictions de base, la création de trois (03) cours d'appel judiciaires supplémentaires qui seront implantées à Ségou, Sikasso et Gao. Leur nombre passe de trois (03) à six (06). Au-delà de l'innovation apportée par l'institution des tribunaux d'instance, celle-ci présente un avantage notamment la séparation des fonctions judiciaires[819]. Désormais, dans les tribunaux d'instance, le Président ou un juge au siège rend seul la justice[820]. À travers l'organisation et le fonctionnement, les tribunaux d'instance ne sont que la photocopie conforme des tribunaux de première instance.

Si la mise en place des tribunaux d'instance ne constitue point une innovation réelle, par contre celle des tribunaux de grande instance est une nouveauté du paysage judiciaire malien.

---

[817] Art. 4 de la loi n° 11 – 038 AN – RM du 15 juillet 2011 portant création des juridictions.

[818] Art. 7 de la loi n° 11 – 038 AN – RM du 15 juillet 2001, préc.

[819] Art. 26 de la loi n° 11 – 037 AN – RM du 15 juillet 2011 portant organisation judiciaire, déterminant la composition des tribunaux d'instance précise que : « le tribunal d'instance est composé : d'un président ; d'un vice président ; d'un ou plusieurs juges au siège ; d'un ou plusieurs juges d'instruction ; d'un procureur de la république ; d'un ou plusieurs substituts du procureur. »

[820] Art. 30 al 2 de la loi n° 11 – 037 AN – RM du 15 juillet 2011 portant organisation judiciaire.

II. La substitution des TPI par les Tribunaux de Grande Instance

La création des Tribunaux de Grande Instance est, certes, l'une des originalités apportées à l'organisation judiciaire au Mali, de même que l'application du principe de collégialité dans les juridictions de première instance[821]. Ce qui, selon le Garde des sceaux, permettra d'améliorer qualitativement les décisions de justice[822]. Le Mali s'inspire du modèle français[823] en créant les tribunaux de grande instance. Ceux-ci seront institués dans les localités abritant les tribunaux de première instance. Autrement dit, les tribunaux de grande instance substitueront aux tribunaux de première instance. Les villes concernées sont : Kayes, Koulikoro[824], Sikasso, Ségou, Mopti, Tombouctou, Gao, Kidal, Kita, Kati, Koutiala, ainsi que les six (06) communes du District de Bamako. Au total, dix-sept (17) tribunaux de grande instance se repartiront les contentieux qui sont de leur ressort et qui leur sont organiquement dévolus. L'adoption d'une telle politique judiciaire contribuera à consolider la protection des droits de chaque citoyen d'accéder à la justice et à l'affermissement de la paix sociale, d'au moins théoriquement. À l'évidence, il ne suffit guère de multiplier les juridictions tout en omettant de tenir compte de la qualité du personnel, chargé d'en assurer le fonctionnement. Dans ces dernières années, les conditions dans lesquelles se sont effectués les recrutements ne sont pas tous forcément louables[825]. Ces juridictions doivent être affectées d'un nombre suffisant de magistrats aguerris et reconnus par leur rigueur morale.

Le tribunal de grande instance sera composé ainsi qu'il suit : un Président ; un vice-président, un ou plusieurs juges au siège ; un ou plusieurs juges d'instruction ; un Procureur de la République ; un ou plusieurs substituts de procureur de la République ; un Greffier en chef, responsable du Greffe ; de Greffiers en chef ; des Greffiers et Secrétaires de Greffes et Parquet[826]. En plus, la nouvelle loi portant réforme a revu en hausse le taux

---

[821] Dans les juridictions judiciaires de base, un seul magistrat rend la justice. L'on rencontre la formation collégiale lorsque le juge statut en matière coutumière ou au niveau des Tribunaux administratifs, la Cour d'Appel et la Cour suprême. La réforme exige la collégialité, au moins, dans les Tribunaux de Grande Instance.

[822] Propos du Ministre de la Justice lors de son entretien accordé à l'ORTM, le 07 décembre 2011.

[823] En France, le TGI a pris la place du tribunal civil. Il est l'héritier de la haute justice qui, dès le XIIIè siècle comportait la pleine juridiction, c'est-à-dire le droit de connaître au civil, des affaires les plus importantes concernant l'état des personnes et le droit de propriété.

[824] Il est à préciser que la région de Koulikoro comportera deux tribunaux de grande instance : celui du cercle de Koulikoro et Kati. Cette situation est certainement dûe à la forte demande des justiciables au niveau du tribunal de première instance de Kati. Les régions de Sikasso et Kayes seront dans la même situation, car le tribunal de première instance de Koutiala sera remplacé par un tribunal de grande instance, aussi bien que celui de Kita.

[825] V° *Infra*, p. 336.

[826] Art. 26 de la loi n° 11 – 037 AN – RM du 15 juillet 2011 portant organisation judiciaire, préc.

de compétence des tribunaux de grande instance et des tribunaux d'instance[827]. Ces juridictions statuent en premier et dernier ressort sur des actions civiles et coutumières dont le montant n'excède pas cinq cent mille (500 000) francs CFA en principal et cinquante mille (50 000) francs CFA de revenu déterminé soit en rente, soit par prix de bail. Quel est l'intérêt de ce changement du taux de compétence ? Est-il favorable aux justiciables ?

La relecture du taux de compétence permet à l'évidence la baisse du contentieux au niveau de la cour d'appel, du coup un traitement accéléré des contentieux devant cette juridiction. Le justiciable perd en conséquence son droit au double degré de juridiction, peu importe les justifications qui peuvent être avancées. Pour examiner une nouvelle fois sa cause, le justiciable, désormais dans cette situation, doit saisir la Cour suprême. Deux types de contraintes sont liés à la saisine de cette juridiction : les formalités et le coût. En effet, le procès devant l'instance suprême exige l'élaboration des mémoires qui, semble-t-il, est dévolue aux seuls initiés du droit. En plus, la distance que les justiciables doivent parcourir pour atteindre la juridiction suprême est parfois très longue[828]. En réalité, la relecture du taux de compétence des juridictions n'apporte pas grand-chose aux justiciables maliens, au contraire, elle rend difficile l'exercice de leur droit à un examen nouveau de leur cause. La nouvelle loi apporte un problème à ce niveau.

En somme, le législateur conscient du dysfonctionnement de l'appareil judiciaire, a posé le jalon d'une réforme audacieuse afin de permettre à la justice de jouer pleinement la mission qui lui est assignée. Elle marque sans nul doute les prémices d'une véritable révolution dans le paysage procédural malien. Cette vaste nouvelle infrastructure de la justice malienne est fille d'une série de textes tels que la loi n° 2011-037 du 15 juillet 2011 portant organisation judiciaire ; la loi n° 11 du 16 juillet 2011 portant création de juridictions ainsi qu'un décret fixant le ressort des juridictions et déterminant le parquet général d'attache des parquets des tribunaux de grande instance et des parquets des tribunaux d'instance. La réforme a ainsi apporté une mutation au niveau de l'architecture judiciaire aussi bien qu'au niveau des juridictions administratives.

[827] Art. 3 de la loi précitée. La loi 88 – 39 / AN – RM du 15 avril 1988 portant réorganisation judiciaire en République du Mali fixe le taux de compétence à 100 000 francs CFA en principal et 10 000 francs CFA de revenu mensuel déterminé soit en vente, soit en prix de bail. La raison de cette majoration du plafond de 100 000 à 500 000 et de 10 000 à 50 000 francs CFA s'explique, selon le Garde des sceaux (Justice lors de son entretien accordé à l'ORTM, le 07 décembre 2011), par le développement économique que notre pays a enregistré de 1988 à 2011 d'où l'adaptation du droit à la réalité sociale.

[828] Un habitant de Gao doit par exemple faire une distance de 1200 kilomètres pour parvenir à la cour suprême.

Paragraphe 2. La nouvelle configuration des juridictions administratives

Les juridictions administratives et judiciaires partagent certaines réalités, notamment, l'éloignement, l'insuffisance d'indépendance, la corruption, le favoritisme, l'insuffisance de moyens, etc. Au-delà, la juridiction administrative présente des difficultés d'ordre spécifique que la réforme est supposée apporter des réponses. Il s'agit des mesures relatives à la compétence des tribunaux administratifs, à la procédure, au délai des recours contentieux, aux pouvoirs du président en matière de distribution de dossiers et de désignation des formations de jugements, et à l'échéance des mémoires. L'on observe aussi que les juges de l'ordre administratif ne bénéficient pas d'un statut particulier. Ils sont soumis au même statut que ceux de leurs homologues judiciaires[829]. Néanmoins, les tribunaux administratifs sont règlementés par un texte spécifique.

La réforme envisage la création des tribunaux administratifs supplémentaires (I), mais aussi, une innovation : la création des cours administratives d'appel (II).

I. L'élargissement des tribunaux administratifs

La nécessité de rapprocher géographiquement les juridictions administratives des justiciables, dans le contexte de facilitation de leur saisine par tous les citoyens, la réforme apporte une réponse, même si celle-ci semble être mitigieuse. En effet, depuis la loi n° 94 – 006 du 18 mars 1994, la justice administrative est rendue en première instance par trois tribunaux. Ce sont les tribunaux administratifs de Kayes, Bamako et Mopti correspondant au ressort des différentes cours judiciaires d'appel. Le tribunal administratif de Kayes connaît les affaires administratives de la région de Kayes. Celui de Mopti recouvre les régions de Mopti, Gao, Tombouctou et Kidal. Celui de Bamako est compétent pour les contentieux administratifs du District, de Koulikoro, de Sikasso et de Ségou. Ces tribunaux administratifs feront l'objet d'un élargissement conformément au programme de la réforme. Ainsi, trois tribunaux administratifs supplémentaires seront créés. Leur nombre total passe de trois (03) à six (06). Ils seront institués à Sikasso, Ségou et Gao[830]. Cet élargissement va produire une conséquence positive à

[829] A ce titre, la loi organique portant statut du conseil supérieur de la Magistrature présente une insuffisance en matière de formation disciplinaire. En effet, son article 14 al. 2 et 3 prévoit la formation disciplinaire pour les magistrats du siège et ceux du parquet en ces termes : « Le Conseil Supérieur de la Magistrature siégeant en matière de discipline des magistrats du siège est présidé par le Président de la Cour Suprême. Le Conseil Supérieur de la Magistrature siégeant en matière de discipline des magistrats du parquet est présidé par le Procureur Général de la Cour Suprême ». En aucun lieu, la loi organique ne mentionne les magistrats de l'ordre administratif.

[830] Art. 5 de la loi n° 11 – 038 AN – RM du 15 juillet 2011, préc.

savoir, la réduction des compétences territoriales de certains tribunaux administratifs. Ainsi, le tribunal administratif de Bamako s'occupera des contentieux administratifs du District et de la région de Koulikoro. Celui de Mopti connaîtra les affaires administratives de Mopti, Tombouctou et Kidal. Le tribunal de Kayes comme celui de Ségou et de Sikasso sont destinés à trancher les contentieux de leurs localités respectives[831].

L'article 46 de la loi de 2011 portant organisation judiciaire précise la composition du tribunal administratif ainsi qu'il suit : « un Président, Magistrat de l'ordre administratif ; des juges de l'ordre administratif ; d'un ou plusieurs commissaires du gouvernement ; d'un Greffier en chef, responsable du Greffe ; de Greffiers et des secrétaires de Greffes et de Parquets »[832].

Les tribunaux administratifs ainsi élargis vont certainement rapprocher la justice administrative de base des justiciables. Cependant, leur création aura une incidence budgétaire significative. Pour le fonctionnement d'un tribunal administratif, il faut au moins quatre (04) magistrats de l'ordre administratif, un (01) commissaire du gouvernement sans compter le reste du personnel. Ainsi, pour les trois (03) tribunaux administratifs supplémentaires, il faut au moins douze (12) magistrats et trois (03) commissaires du gouvernement. Pour l'ensemble des tribunaux administratifs, il faut vingt-quatre (24) magistrats au moins. En plus, des nouveaux locaux, chargés d'abriter ces juridictions, doivent être construits. En dépit de cette réorganisation, la concrétisation du programme de réforme des tribunaux administratifs ne permettra pas de corriger le déséquilibre en ce qui concerne le fonctionnement de l'appareil juridictionnel administratif au Mali. Géographiquement, les tribunaux administratifs seront mal répartis, une autre insuffisance de la réforme. Cette insuffisance est constatée au niveau des cours administratives d'appel.

II. L'institution des cours administratives d'appel

L'absence des cours administratives d'appel[833] constituait un handicap évident pour la protection juridictionnelle des droits des administrés. Cette

[831] Art. 9 du Décret n° 11 – 580 P – RM du 13 septembre 2011 fixant le ressort des juridictions et déterminant le Parquet Général d'attache des Parquets des tribunaux de Grande instance et des Parquets des tribunaux d'instance, précité.

[832] La loi ancienne (loi n° 94 – 006 AN – RM du 18 mars 1994 portant organisation et fonctionnement des tribunaux administratifs) fixe le nombre des juges administratifs pour un tribunal administratif à cinq (05), comportant un Président, un commissaire du gouvernement et des Greffiers.

[833] La cour administrative d'appel est une juridiction administrative du second degré qui réexamine une affaire déjà jugée par un tribunal administratif. Si la loi portant création des cours administratives d'appel a été votée en 2011 au Mali, en France elles ont été instituées par la loi n° 87 – 1127 du 31 décembre 1987 portant réforme du contentieux administratif. Elles répondaient à une triple mission : d'abord, diminuer l'activité du conseil d'Etat qui était

situation, semble-t-il, est une entorse au bon fonctionnement des juridictions de l'ordre administratif. La nécessité d'institution des cours administratives d'appel n'était plus à prouver. Elles viennent combler le déséquilibre de l'ordre juridictionnel au Mali. Néanmoins, la mise en place des cours d'appel modifiera l'organisation des juridictions administratives. La fonction de la cour d'appel en matière administrative est assurée par la section administrative de la Cour suprême[834]. Cette section est à la fois juge d'appel et juge de cassation et parfois juge d'instance. Cette situation constitue une entorse au double degré de juridiction, mais aussi à l'impartialité du juge. Couvrant une superficie de 1.241.000 km², la section administrative de la Cour suprême n'offre pas une égalité de chance quant à sa saisine par tous les justiciables.

L'institution des cours d'appel administratives remplit une triple mission : d'abord, rapprocher la justice administrative des justiciables ; ensuite, accélérer les procédures devant être exercées devant les juridictions de l'ordre administratif et enfin, instaurer une certaine cohérence au sein du service public de la justice. En conséquence, six (06) cours d'appel administratives sont créées dans les localités suivantes : Kayes, Sikasso, Ségou, Mopti, Gao et le District de Bamako[835]. La compétence, l'organisation et le fonctionnement des cours administratives d'appel n'ont pas été déterminés. Ils feront l'objet de dispositions particulières[836].

En somme, les innovations essentielles apportées par la relecture de la carte judiciaire sont entre autres :

- la création de Tribunaux de Grande Instance et de Tribunaux d'Instance en lieu et place des tribunaux de Première Instance et des Justices de Paix à Compétence Etendue. Ainsi on totalisera : dix-sept (17) TGI (les 16 actuels plus Kidal) et 41 TI (parce que Kidal devient TGI) ;
- la création de six (06) Cours Administratives d'Appel (Kayes, Bamako, Sikasso, Ségou, Mopti et Gao), de trois (03) nouvelles Cours d'appel (Sikasso, Ségou et Gao), de trois (03) nouveaux Tribunaux de Commerce, de trois (03) nouveaux Tribunaux administratifs (Ségou, Sikasso et Gao) ;
- l'institution de la collégialité au niveau des Tribunaux de Grande Instance, des Tribunaux de Commerce, des Tribunaux pour enfants et

juge d'appel des décisions des tribunaux administratifs ; ensuite, renforcer le rôle et le prestige du Conseil d'Etat dans son rôle de gardien de la jurisprudence administrative et enfin, favoriser l'homologie avec les juridictions de l'ordre judiciaire.

[834] En attendant la mise en place effective des cours administratives d'appel, la section administrative de la Cour suprême continue de s'occuper du contentieux dévolu à ces juridictions d'appel.

[835] Art. 2 de la loi n° 11 – 038 AN – RM du 15 juillet 2011, préc.

[836] Art. 24 de la loi n° 11 – 037 AN – RM du 15 juillet 2011, préc.

des Tribunaux du Travail, ce qui est supposé améliorer la qualité des décisions de justice ;

- la création de bureaux au niveau des différentes juridictions, afin que les chefs de juridiction et de parquets aient un cadre de concertation ;
- la revue à la hausse du taux de compétence des Tribunaux de Grande Instance et Tribunaux d'Instance qui passe de cent mille (100.000) francs CFA à cinq cent mille (500.000) francs CFA en matière civile et coutumière ;
- la clarification des attributions administratives des chefs de juridiction et de Parquets et la suppression des Justices de Paix à Compétence Etendue.

Ce sont les principaux axes et objectifs de la réforme de la justice. En attendant sa mise en œuvre effective, il est impossible de dresser un bilan quelconque. Mais d'ores et déjà, on peut se prononcer sur l'adéquation des éléments réformés et les besoins réels de la justice malienne. Une telle analyse permet de déterminer l'opportunité ou l'inopportunité de la présente réforme. Très rapidement, le constat des insuffisances de la réforme ne se fera pas attendre. Car le problème de la justice malienne n'est pas que l'éloignement[837], elle est aussi minée par des pratiques peu orthodoxes. Cette réforme semble traiter celles-ci au second plan. Néanmoins les lacunes de la réforme sont susceptibles de solutions (Section 2).

SECTION 2. LES INSUFFISANCES DE LA RÉFORME SUSCEPTIBLES DE SOLUTIONS

Pour corriger les dysfonctionnements de la justice, les lois portant réforme de la justice au Mali furent adoptées. D'un coût total de près de six milliards cinq cents millions (6 500 000 000) de francs CFA, cette réforme est jugée comme étant la plus ambitieuse pour la justice. Elle doit permettre de consolider l'État de droit, de rendre l'appareil juridictionnel plus performant et efficace afin d'améliorer considérablement la distribution de la justice, de renforcer le crédit de la justice pour une confiance des justiciables dans la justice. Ces objectifs ne peuvent pas être atteints par une réforme de pure forme (Paragraphe 1). Il faut alors donc envisager la réforme sous une autre dimension (Paragraphe 2).

Paragraphe 1. Les objectifs de la réforme manqués

La nouvelle loi portant organisation judiciaire répond à un triple souci : aboutir à une séparation des fonctions juridictionnelles à tous les niveaux par

[837] Cette question d'éloignement n'a pas été résolue de façon satisfaisante. V° infra p. 278.

la suppression des Justices de Paix à Compétence Etendue ; rapprocher davantage la justice des justiciables et de corriger les dysfonctionnements constatés au sein de l'appareil juridictionnel[838]. Excepté la suppression des justices de paix à compétence étendue, les autres objectifs de la réforme ne pourront être atteints. D'une part, parce que le rapprochement de la justice des justiciables ne saurait être assuré en supprimant certaines juridictions pour les remplacer par d'autres. Dans ce contexte, la réforme, semble-t-il, a raté sa cible (I). D'autre part, la réforme de la justice ne pourra en aucune façon mettre un terme aux mauvais comportements des protagonistes. Plus précisément, rien ne changera par un « ornement architectural » de la justice malienne, d'où la persistance de la méfiance des justiciables à l'égard de la justice (II).

I. Un éloignement non réglé

L'un des objectifs essentiels de la réforme de la justice est le rapprochement de la justice des justiciables. L'accessibilité de la justice est fonction de la proximité spatiale des juridictions[839]. L'Etat doit organiser les conditions idoines permettant aux justiciables d'accéder plus facilement pour se faire entendre. Il doit « veiller à ce que l'accès aux services judiciaires ne soit pas entravé, notamment par la distance à parcourir jusqu'au lieu d'implantation des institutions judiciaires »[840]. On comprend d'ores et déjà que la distance à parcourir peut, elle aussi, être facteur de déséquilibre d'un procès notamment celle relative au droit d'accès au juge[841]. L'éloignement de la justice peut engendrer deux problèmes : d'une part, la rupture de l'égalité de chance de succès et de perte du procès, si l'un des plaideurs se trouve dans une situation financière et matérielle plus confortable par rapport à l'autre ; d'autre part, l'abandon de celle-ci par les plaideurs de la justice

---

[838] Propos du Ministre de la Justice, Marafa TRAORE, lors de son entretien accordé à l'ORTM, le 07 décembre 2011.

[839] DEGNI – SEGUI (R.), « *L'accès à la justice et ses obstacles* », Universités francophones, L'effectivité des droits fondamentaux dans les pays de la communauté francophone, Montréal, AUPEL – UREF, 1994, Prospectives francophones, pp. 241 – 256.

[840] Directives et principes sur le droit à un procès équitable et à l'assistance judiciaire en Afrique de la commission des droits de l'homme et des peuples adopté en sa 26ème session tenue à Kigali en 1999. http://www.afrimap.org/english/images/treaty/ACHPR_Directives&Principes_ProcesEquitable_FR.pdf site consulté le 1er juillet 2011.

[841] L'éloignement de la justice semble être soutenu par cet auteur en ces termes : « La justice ne nous semble pas comme devant apparaître comme un simple guichet d'administration chargé de donner une réponse à un usager. La justice – parce que bien souvent elle donne tort à l'un pour donner raison à l'autre – pour être acceptée doit être suffisamment en majesté. La mythologie rappelait que la parole divine ne pouvait être saisie par la pythie. La justice n'est – elle pas cette parole divine qui ne peut être acceptée qu'à la condition qu'elle soit suffisamment éloignée et qu'elle puisse être traduite ? » VATIER (B.),*« La justice est-elle un service public ? »*, *op. cit.*, p. 141.

étatique au profit d'un autre mode de règlement, sinon au pire la renonciation à leur droit. Il existe alors un lien étroit entre l'éloignement et les obstacles matériels, dont ils constituent un facteur de complication. Parcourir des distances, parfois très longues, pour saisir les juridictions, exige nécessairement des dépenses, si l'on sait que certaines juridictions sont distancées des justiciables de plus de mille kilomètres. L'éloignement de la justice n'est pas que géographique, il est aussi psychologique[842]. Seule la restauration de la confiance permettra de résoudre cette difficulté.

L'éloignement géographique se traduit par la faible décentralisation des cours et tribunaux. Dans la pratique, il s'agit de l'insuffisance du nombre de juridictions et leur inégale répartition sur le territoire national, entraînant ainsi un éloignement du juge par rapport à bon nombre de justiciables. Ceci constitue une entrave sérieuse à l'effectivité du droit d'accès au prétoire. Entrave qui devrait normalement être résolue par la réforme, malheureusement, ce ne fut pas le cas. La présentation de l'état des lieux permettra de comprendre cette situation. Les tribunaux de première instance et les cours d'appel sont parfois d'une distance décourageante pour bon nombre de justiciables. Le Mali est un vaste État qui a une superficie d'un million deux cent quarante un mille deux cent trente-huit (1 241 238) kilomètres carrés et une population de quatorze millions cinq cent dix-sept mille cent soixante-seize (14 517 176) habitants fortement concentrée au sud[843]. Successivement seront présentées les juridictions de Bamako, Kayes, Koulikoro, Sikasso, Ségou, Mopti, Tombouctou, Gao et Kidal.

Le district de Bamako compte à son actif six (06) tribunaux de première instance de droit commun fonctionnant avec soixante-dix-sept (77) magistrats pour une population d'un million huit cent neuf mille cent six (1 809 106) habitants et une superficie de vingt-cinq mille vingt (25 020) kilomètres carrés. Les soixante-dix-sept (77) magistrats sont repartis ainsi qu'il suit : vingt-sept (27) procureurs et substituts ; vingt (20) juges d'instruction et trente (30) juges au siège[844]. De cette répartition, on constate qu'il y a un (01) Procureur pour soixante mille trois cent trois (60 303) individus environ ; un juge au siège pour trente-huit mille quatre cent quatre-vingt-onze (38 491) personnes[845].

Pour la cour d'appel de Bamako, il y a 16 magistrats pour une population d'environ neuf millions cent quatre-vingt-neuf mille cinq cent quatre-vingt-cinq (9 189 585) couvrant une superficie de deux cent quarante-neuf mille cent vingt-trois (249 123) kilomètres carrés. En analysant ces données, il y a au moins cinq cent soixante-quatorze mille trois cent quarante-neuf (574 349) personnes pour un seul juge. Ce qui complique davantage cette

---

842 V° la pesanteur sociale, supra, p. 30.

843 Source : Institut Géographique du Mali. Ces informations sont recueillies le 29 juin 2001.

844 V° Annexe VII, p. 346.

845 Il s'agit des personnes physiques, non comprises les personnes morales qui bénéficient aussi le droit de saisir les juridictions.

situation c'est que la seule cour d'appel de Bamako recouvre, outre Bamako, trois régions du Mali notamment Koulikoro, Sikasso, et Ségou[846]. La densité est très forte dans ces localités.

Les problèmes auxquels la cour d'appel de Bamako est confrontée sont largement partagés par le tribunal administratif de Bamako qui couvre, outre Bamako, les régions de Koulikoro, Sikasso et Ségou ; même s'il y a lieu d'admettre que le volume du contentieux administratif est en déca de celui de droit commun.

S'agissant du tribunal de commerce, il existe cinq juges pour une population d'un million et demi. Cela peut être un facteur d'engorgement de cette juridiction, surtout si l'on sait que c'est à Bamako que les sociétés commerciales sont fortement concentrées. Le cas du tribunal de commerce n'est pas un cas isolé, il y a aussi le tribunal de travail. S'agissant de la cour suprême qui a son siège à Bamako comporte 27 juges pour une population de plus de quatorze millions couvrant une superficie de plus d'un million de kilomètres carrés. La distance à parcourir est si significative que certains justiciables résidant à Gao ou à Tombouctou, préfèrent parfois renoncer au pourvoi en cassation[847]. Les problèmes auxquels les juridictions de Bamako sont confrontées sont partagés par celles des régions, tel que le cas de Kayes.

La région de Kayes abrite une cour d'appel, deux (02) TPI, six (06) JPCE et un Tribunal administratif pour une population de 1 996 812 couvrant une superficie de 122 326 km². Six (06) magistrats répartissent la tâche de la cour d'appel pour une population d'environ deux millions, soit trois cent trente-deux mille huit cent deux (332 802) individus par juge[848]. Le tribunal administratif de Kayes partage les mêmes réalités que la cour d'appel. Par contre le tribunal de première instance de cette localité dont siègent dix (10) magistrats parmi lesquels quatre Procureurs et trois (03) juges d'instruction sont chargés de répondre aux recours formés par les habitants du cercle de Kayes. Un cercle de vingt-deux mille six cent quatre-vingt-quinze (22 695) kilomètres carrés pour une population de cinq cent treize mille trois cent soixante-deux (513 362) habitants.

Le second TPI a pour siège Kita, il est composé de huit magistrats, dont quatre Procureurs pour une population de quatre cent trente-quatre mille trois cent soixante-six (434 366) pour une superficie de trente-six mille deux cent quatre-vingt-quatre (36 284) kilomètres carrés. Le reste des juridictions de première instance est constitué des Justices de paix à compétence étendue (JPCE). Elle couvre les localités de Bafoulabé, de Diéma, de Kéniéba, de Nioro du sahel, de Toukoto et de Yélimané. Ces JPCE proches des justiciables engendrent des problèmes tels que l'engorgement souvent,

---

[846] La réforme a tempéré ce problème de distance des cours d'appel.

[847] Pour permettre aux habitants qui ont des résidences éloignées et qui en raison des difficultés financières et matérielles, il urge de concrétiser l'assistance judiciaire. Ce qui leur permettra d'accéder facilement à la cour suprême.

[848] V° Annexe VIII, p. 347.

problèmes d'impartialité, déjà exposés. Les juridictions de Koulikoro ne sont pas épargnées par ces maux.

La région de Koulikoro relève de la cour d'appel de Bamako. Elle dispose deux (02) TPI et sept (07) JPCE couvrant une superficie de 90 901 km²[849]. La région de Koulikoro compte seulement vingt-cinq magistrats pour une population de deux millions quatre cent dix-huit mille trois cent cinq (2 418 305) habitants. Ce nombre élevé d'habitants peut engendrer un engorgement. Malgré sa diligence, le juge se trouve souvent dans l'impossibilité d'apporter des réponses expéditives à des affaires souvent urgentes. Mais la statistique du TPI de Koulikoro révèle un non-engorgement[850]. La région de Sikasso fournit un exemple inverse.

La région de Sikasso comme celle de Koulikoro relève de la cour d'appel de Bamako. Elle est la plus peuplée des huit régions du Mali avec une population de deux millions six cent vingt-cinq mille neuf cent dix-neuf (2 625 919) habitants et une superficie de 71 905 km². Cette immense population ne comporte que vingt un juges. Il existe deux tribunaux de première instance : celui de Sikasso et Koutiala. Le reste est constitué des JPCE. Le constat au niveau des juridictions de la troisième région n'est pas seulement l'éloignement, mais aussi le nombre de populations par rapport au nombre de juges. Une situation partagée par la région de Ségou.

La région de Ségou compte un seul tribunal de première instance de onze magistrats, dont quatre procureurs pour une population de six cent quatre-vingt-onze mille trois cent cinquante-huit (691 358) habitants. Il existe huit (08) JPCE. Les différentes juridictions de première instance rendent la justice à une population de deux millions trois cent trente-six mille deux cent cinquante-cinq (2 336 255). Sa superficie est estimée à soixante un mille deux cent quatre-vingt-dix-sept (61 297) km². Il faut également préciser qu'à ce niveau le nombre de la population est assez élevé par rapport au nombre de magistrats.

La Cour d'appel de Mopti a le plus vaste ressort par rapport aux autres cours d'appel. Elle couvre la région de Mopti, Gao, Tombouctou et Kidal. Sa population est estimée à trois millions trois cent trente mille sept cent soixante-dix-neuf (3 330 779) habitants, pour une superficie d'environ huit cent quatre-vingt-dix-neuf mille sept cent quatre-vingt-dix (899 790) km². Les mêmes constats concernent le tribunal administratif qui recouvre les localités de Mopti, Gao, Tombouctou et Kidal. Cette région abrite un tribunal de première instance et sept (07) JPCE. Le tribunal comporte huit (08) magistrats pour une population estimée à plus de cinq cent mille habitants. Parmi ces huit magistrats, il y a seulement deux (02) procureurs. Cette réalité géographique est partagée par le tribunal de commerce dont siègent deux magistrats seulement. Il est à constater avec amertume que les

---

[849] V° Annexe IX, p. 348.
[850] *Idem.*

juridictions de la région de Mopti offrent l'exemple des juridictions les plus reculées des justiciables. Cette réalité est partagée presque par les juridictions de Tombouctou.

Sur le plan géographique, la région de Tombouctou est la plus vaste des huit régions avec une superficie estimée environ à 501 617 km². Cette vaste étendue territoriale du Mali est quasi désertique avec une population estimée en 2009 à 346 581 habitants. Quatre justices de paix à compétence étendue et un TPI répondent aux demandes des habitants de la région de Tombouctou en ce qui concerne la réalisation juridictionnelle de leurs droits[851]. L'ensemble des magistrats est de dix (10). Six siégeant dans le TPI de Tombouctou, dont trois (03) Procureurs. Ce que l'on déplore ici, c'est la distance énorme que certains justiciables parcourent pour atteindre la juridiction[852]. Même constat au niveau de la région de Gao.

La région de Gao compte dix magistrats pour une population de 544 120 couvrant une superficie de 170 703 km². Les dix juges sont répartis comme suit : sept pour le tribunal de première instance de Gao, les trois siègent dans les trois JPCE d'Ansongo, de Bourem et de Ménaka[853]. L'organisation judiciaire de Gao est différente de celle de Kidal.

La région de Kidal est la seule qui ne compte qu'une seule juridiction : une Justice de Paix à Compétence Etendue. Cette juridiction pour une population 67 638 couvrant une superficie de 145 470 km² se justifie par un espace quasi- désertique de la région[854].

Il résulte des développements précédents que hormis les habitants et banlieue du siège des juridictions, les juridictions de première instance sont éloignées des justiciables. À titre illustratif, la JPCE de Bankass qui se trouve éloigné des villages souvent de plus de 100 kilomètres[855]. Aussi le TPI de Kati[856] pour ne citer que cela. Pour ce qui concerne les juridictions de second degré en l'occurrence les cours d'appel dont il n'existe que trois (03) pour une population de plus de 14 millions d'habitants répartis sur un territoire de 1.242.000 Km². L'objectif ayant trait à la restauration de la confiance des citoyens en leur justice est loin d'être acquise. La réforme ne pourra atteindre un tel objectif.

---

[851] V° Annexe XIII, p. 351.

[852] Ce qui peut s'expliquer par la zone qui est quasi désertique.

[853] Annexe XIV, p. 351.

[854] Annexe XV, p. 352.

[855] Les villages de Baye, de Nansari, de Oula, de Minta, de Sokoura, etc.

[856] Les villages de Tièlè (environ 100 Kilomères), NioumaMakana (environ 200 kilomètre), Siby (60 kilomètres), etc.

II. Une restauration incertaine de la confiance des justiciables à la justice

La crédibilité de la justice corollaire de la confiance des justiciables, est l'un des objectifs majeurs de la réforme de la justice. Elle est au cœur de la réforme. Historiquement, la méfiance des justiciables, c'est-à-dire la crise de confiance entre la justice et la population date de longtemps, probablement de l'époque coloniale[857]. Le phénomène s'est maintenu dans le temps et s'est même parfois amplifié. La reconduction de tout l'arsenal répressif colonial, judiciaire et sécuritaire est l'une des causes de la persistance de la crise susdite. En ce qui concerne la justice, au fur et à mesure du temps, « les dysfonctionnements sont apparus au grand jour sous leurs formes les plus exacerbées (...) outre bien entendu les problèmes matériels et de rapprochement des juridictions, l'insuffisance de ressources humaines, des ressources humaines mal formées ou, en tout cas, mal préparées pour faire face à une forte demande, pourtant légitime des populations, des professions longtemps ont été reléguées ou, à tout le moins, laissées pour compte au sein desquelles certaines pratiques ont vu jour pour cause d'absence de statut, de déontologie, de motivation et de structure de contrôle, de sanction, coûts élevés des services de la justice, les rendant inaccessibles, car hors de portée de la bourse du commun de nos concitoyens »[858].

À partir de 1991, « avec l'avènement de la démocratie, on a assisté à un accroissement exponentiel de recours en justice, sous toutes les formes (...) Ainsi, le développement de la presse a eu pour corollaire l'augmentation du nombre de procès en diffamation, la liberté d'association et de manifestation s'est traduite par des marches intempestives et des destructions des biens et édifices publics »[859].

À l'entame du processus de réforme, la crise de confiance entre la justice et les justiciables était pratiquement à son comble. La justice était jugée par les justiciables comme injuste, incompétente, opaque et surtout corrompue[860]. « Le citoyen a perdu confiance en sa justice. L'investisseur n'est plus rassuré, la veuve et la « divorceuse » désespèrent de ne pas avoir les moyens de leurs recours. Cela a conduit à des situations où les populations ont eu tendance à vouloir se rendre elles-mêmes justice, justice sommaire, affrontements intercommunautaires (...) par dépit de situation

---

[857] MOULAYE (Z.), DIABATE (A.) et DOUMBIA (Y.), *Gouvernance de la justice au Mali*, op. cit., p. 102.

[858] KANTE (H.) DIARRA (M. G.), « *Rôle et mission des professions judiciaires dans la réforme juridique et judiciaire* », communication au colloque international sur l'analyse comparée de processus de réforme juridique et judiciaire, Bamako, 18 – 20 septembre 2006.

[859] Idem.

[860] MOULAYE (Z.), DIABATE (A.) et DOUMBIA (Y.), *Gouvernance de la justice au Mali*, op. cit, p 103.

d'injustice »[861]. C'est dans ce contexte social et politique difficile que les autorités ont décidé de favoriser l'émergence d'une justice conforme aux valeurs universelles qui fondent la démocratie et le respect des droits de la personne, en engageant une réforme de la justice.

Une observation attentive des axes réformés de la justice ne permettront pas une quelconque restauration de la confiance perdue entre justiciable et justice. Pour preuve, cette réforme ne concerne que la forme de la justice, elle laisse, par contre, indifférente les questions relatives aux dysfonctionnements dus à des mauvais comportements des personnes chargées de rendre justice. Il s'agit de la corruption en recrudescence, du favoritisme par l'utilisation des liens sociaux, de l'ingérence politique, etc. Bref tous les maux qui, en réalité, sont de nature à compromettre l'indépendance de la justice. Toute action qui se veut favorable à la restauration de cette confiance ou de la crédibilité de l'institution de la justice doit avoir pour base la consolidation de l'indépendance de la justice[862]. Une telle consolidation exige la réforme du Conseil Supérieur de la Magistrature. Il est à noter que la réforme présente des insuffisances autres que celles relatives à la non-prise en compte des pratiques illégales.

Les nouveaux textes de la réforme répartissent les contentieux civils devant être réglés en première instance entre les TGI et les TI. La différence n'est pas que terminologique, mais aussi fonctionnelle. Le législateur impose la collégialité dans les tribunaux de grande instance tandis que dans les tribunaux d'instance, il laisse le soin à un seul juge de rendre les jugements[863]. Il s'agit là d'une disparité entre deux instances judiciaires de même nature. Dans un tel contexte, comment concevoir dans une même République, les juridictions ayant les mêmes rôles et vocations n'offrent pas les mêmes garanties à tous les justiciables, en instaurant une collégialité dans certaines et dans d'autres, une unicité. Or, il ressort d'une des allocutions du ministre de la Justice parlant des tribunaux de première instance existants que : « dans ces derniers, bien qu'il y ait plusieurs juges exerçant séparément les fonctions de poursuite, d'instruction et de jugement ; la justice y est rendue par un juge unique, ce qui n'est pas aussi une garantie de bonne justice impartiale et équitable »[864]. Pour le Garde des Sceaux, le jugement rendu par un seul juge n'est pas gage de bonne justice impartiale et équitable. Alors que la réforme telle que prévue consiste à substituer les

---

[861] KANTE (H.) DIARRA (M. G.), « *Rôle et mission des professions judiciaires dans la réforme juridique et judiciaire* », p. 5, préc.

[862] V° infra p. 300 et svtes.

[863] L'article 30 de la loi n° 11 – 037 AN – RM du 15 juillet 2011 portant organisation judiciaire dispose que : « dans les tribunaux de grande instance, les jugements sont rendus par un Président et deux juges au siège. Dans les tribunaux d'instance, le Président ou un juge au siège rend seul la justice dans les matières qui sont de la compétence de la juridiction. »

[864] Propos du Ministre de la Justice lors de son entretien accordé à l'ORTM, le 07 décembre 2011.

justices de paix à compétence étendue par les tribunaux d'instance, une copie conforme des tribunaux de première instance existants. Il est constant que la collégialité n'est pas une exigence du procès équitable pas plus que l'unicité. Ce qui compte c'est la qualité de la décision rendue. Doit-on alors préférer la collégialité sur l'unicité ou le contraire ? Cette interrogation soulève le débat de l'unicité et de la collégialité.

Le procès équitable exige des éléments qui conduisent à la sérénité de la décision du juge. En aucun cas, elle n'exige que cette décision soit rendue par un ou plusieurs juges. Peu importe qu'elle soit l'œuvre d'un ou de plusieurs magistrats. L'arbitrage entre jugement rendu collégialement[865] et celui émanant d'un seul juge est délicat. Tout dépend de la finalité recherchée, car il s'agit de mettre en valeur le délicat équilibre entre qualité et célérité de la justice. Ainsi, la controverse sur les mérites comparés entre la collégialité et le juge unique ne saurait être un débat clos. Il est évident que l'un ou l'autre présente des avantages aussi bien que des inconvénients.

En effet, les partisans de la collégialité voient traditionnellement dans celle-ci les garanties d'une bonne justice tant pour le magistrat que pour le justiciable : d'une part, la collégialité permet au magistrat de se former et d'enrichir sa réflexion au contact de ses collègues. Elle lui assure en outre une protection qui garantit la sérénité des délibérés et l'indépendance de sa décision ; d'autre part, la collégialité assure au justiciable une décision mesurée, peu susceptible d'avoir été influencée par la partialité d'un juge, et dotée d'une plus grande autorité. Le monopole de la décision n'appartient plus à un seul juge, c'est une décision concertée. En revanche, la collégialité si elle permet d'assurer un certain gage de sécurité, elle n'est pas exempte d'inconvénients. Le système de collégialité n'est pas toujours gage de célérité, mais plutôt de sûreté, du moins théoriquement. Compte tenu des avantages de l'une et de l'autre, aussi bien que des inconvénients, un système hybride pourra être institué dans toutes les juridictions de première instance. Ce système consiste à confier certains dossiers à un juge unique et d'autres à une formation collégiale. Ce système ne peut pas être obtenu dans ce système (la réforme actuelle), d'où une relecture de la réforme.

Paragraphe 2. La relecture de la réforme

La réforme de la justice telle que prônée par les trois textes, paraît difficile à mettre en œuvre sur le plan budgétaire. Son incidence financière sur l'État est énorme. En plus, il s'agit d'une réforme qui ne résout pour une large part les entraves de mise en œuvre du procès équitable. C'est pourquoi,

[865] Le principe de collégialité désigne le fait qu'une affaire soit jugée par plusieurs juges, siégeant et délibérant ensemble. Pour autant, la collégialité ne constitue ni un droit pour le justiciable ni un principe fondamental du procès : le Conseil constitutionnel français considère ainsi qu'elle ne possède pas de valeur constitutionnelle.

nous préconisons une relecture de la réforme. En effet, le système juridictionnel malien, hérité de l'ex-colonisateur, est caractérisé par une dualité. Il existe deux ordres de juridictions : l'ordre administratif[866], dont la juridiction suprême est la section administrative de la cour suprême, qui s'occupe de tous les contentieux dans lesquels une autorité administrative, exécutive ou une personne morale de droit public est concernée, et l'ordre judiciaire, dont la juridiction suprême est la section judiciaire de cette même cour, qui a la charge des contentieux d'ordre privé, qu'ils soient civils ou répressifs, qui ne mettent pas en cause la chose publique. Ainsi, la juridiction judiciaire se voit reconnaître le « noyau dur » des matières réservées par « nature » au pouvoir judiciaire, même lorsqu'elles entrent dans le champ d'action de l'administration. Il s'agit de tout ce qui touche à la liberté individuelle ou à la propriété privée immobilière[867]. C'est une compétence préalablement définie par la loi.

Cependant, le citoyen qui saisit la juridiction pour statuer sur ses prétentions doit d'abord s'assurer que celle-ci, conformément à la loi, est compétente à en connaître. Au cas contraire, il risque de voir sa prétention rejetée sans examen au fond pour incompétence. Cette situation est de nature à allonger considérablement le temps du procès, parfois même, décourager le justiciable. Il y a lieu aujourd'hui pour l'intérêt des justiciables d'aller vers l'unification de la justice administrative et de la justice judiciaire, ce qui est le cas au niveau de la haute juridiction (la cour suprême). Le débat sur l'unification de la justice n'est d'ailleurs pas nouveau. Dans le contexte malien, l'unification de la justice constitue un avantage. Elle permettra de résoudre certaines difficultés qui faussent les règles du procès équitable. L'unification de la justice si elle permet une valeur ajoutée (I), sa réalisation soulève des difficultés qu'il faudra résoudre (II).

I. L'unification des justices judiciaire et administrative

L'unification de la justice ou la réunion des juridictions judiciaire et administrative n'est pas à l'ordre du jour au Mali[868], tout comme le dualisme

[866] Article 8 de la loi N°94-006 AN/RM du 18 mars 1994 portant organisation et fonctionnement des tribunaux administratifs, préc.

[867] GUINCHARD (S.), CHAINAIS (C.), DELICOSTOPOULOS (C. S), et autres, *Droit processuel et comparé du procès* équitable, op. cit., p. 733.

[868] Les textes sur la réforme de la justice notamment : la loi n° 11 – 037 AN – RM du 15 juillet 2011 portant création des juridictions ; la loi n° 11 – 038 AN – RM du 15 juillet 2011 portant organisation judiciaire et le Décret n° 11 – 580 P – RM du 13 septembre 2011 fixant le ressort des juridictions et déterminant le Parquet Général d'attache des Parquets des tribunaux de Grande instance et des Parquets des tribunaux d'instance constituent un renforcement du dualisme avec la création des cours administratives d'Appel et d'autres tribunaux administratifs supplémentaires.

sous d'autres cieux[869]. L'unification de la justice ou la fin du dualisme juridictionnel semble être un débat ne datant pas d'aujourd'hui. La littérature juridique est pléthorique sur la question[870]. « Qu'elle soit cent fois traitée et cent fois écartée ou que les membres ne le souhaitent pas, de même que les professions juridiques et judiciaires n'en voient pas l'intérêt et que le justiciable n'en mesure pas les enjeux et/ou que le pouvoir politique « a d'autres chats à fouetter », la réunion des juridictions judiciaire et administrative en un seul ordre de juridiction est encore défendue avec obstination »[871].

La question d'unification fait couler beaucoup d'encre et continue d'ailleurs à intriguer les doctrinaires qui restent partagés sur la question. Pour certains, plaidoyer en faveur de la suppression du dualisme juridictionnel est une cause perdue[872]. Pourtant, le besoin de fusion des juridictions judiciaire et administrative se présente comme une opportunité pour le justiciable[873]. « Une justice unifiée aurait plus de force et de visibilité dans le concert des juges qu'une justice divisée, plus de lisibilité, voire de légitimité aux yeux des justiciables »[874]. Cette fusion mettra certainement fin aux soupçons de partialité de la juridiction administrative en tant qu'ordre de juridiction propre. La proximité du juge administratif à l'administration soulève des questions de soupçons de partialité[875]. L'opportunité de la fusion se justifie par les faiblesses du système actuel, mais aussi par les besoins des justiciables maliens.

Les instruments internationaux de protection des droits de l'homme sont restés indifférents à la question du dualisme juridictionnel. Celui-ci n'a pas été une recommandation de l'Organisation des Nations Unies ou de l'Union

---

[869] Le système juridictionnel Sénégalais, V° SY, (P.), *Le droit d'accès à la justice au Sénégal*, Thèse, préc., p. 214.

[870] VAN LANG (A.), *« Le dualisme juridictionnel en France : une question toujours d'actualité »*, in Revue AJDA, n° 32, 2005, p. 1760.

[871] TRUCHET (D.), *« Plaidoyer pour une cause perdue : la fin du dualisme juridictionnel »*, in Agathe Van Lang (Dir.), le dualisme juridictionnel, limites et mérites, Paris, Dalloz, 2007, p 199. Cet article est aussi publié dans la Revue AJDA, n° 32, 2005, p. 1767. V° aussi STIRN (B.), *« Quelques réflexions sur le dualisme juridictionnel »*, in Justices 1996, n° 03, p. 41. Cet auteur estime que « devant les besoins d'aujourd'hui, la dualité des ordres de juridiction est un atout, presque une évidence. »

[872] TRUCHET (D.), *« Plaidoyer pour une cause perdue : la fin du dualisme juridictionnel »*,préc., p. 199.

[873] « Le principe de dualité des ordres de juridictions est surtout délétère en ce qu'il appartient à l'ordre du fantasme. » Roland DRAGO et Anne-Marie FRISON-ROCHE cité par VAN LANG (A.), *« Le dualisme juridictionnel en France : une question toujours d'actualité »*, préc., p. 1760.

[874] TRUCHET (D.), *« Plaidoyer pour une cause perdue : la fin du dualisme juridictionnel »*,préc., p. 202.

[875] « En un temps où l'impartialité est autant affaire d'apparence que de réalité, il faut convenir que l'existence d'un juge réputé proche de l'administration au point d'être l'un des meilleurs conseillers, paraîtra de plus en plus étrange. » TRUCHET (D.), *« Plaidoyer pour une cause perdue : la fin du dualisme juridictionnel »*, préc. p. 202.

Africaine, pas plus d'ailleurs qu'elles ne l'interdisent. À l'évidence, ni le dualisme ni l'unicité de la juridiction ne saurait être une condition de l'équilibre du procès. Le débat portant sur l'unification des ordres de juridiction est d'abord, sinon exclusivement, une préoccupation doctrinale[876]. Ce système juridictionnel est-il aujourd'hui opportun au Mali ? S'interroger sur l'opportunité de l'unicité juridictionnelle revient à mettre l'accent sur les inconvénients pratiques de la dualité de juridiction.

En effet, la complexité de l'organisation juridictionnelle résultant du dualisme des ordres de juridiction constitue l'objection majeure à son maintien[877]. Il est indéniable qu'une bonne justice est avant tout une justice aisément accessible. La détermination de la juridiction compétente est l'un des premiers obstacles rencontrés par les justiciables maliens. Une certaine connaissance du droit est indispensable pour déterminer la juridiction devant laquelle le litige doit être porté. L'absence de cette connaissance préalable expose le justiciable au risque de voir sa requête rejetée. C'est là « l'une des formes d'exclusion que l'on ne parle guère : celle qui frappe tous ceux qui sont incapables de découvrir ou de comprendre les textes qui lui confèrent des droits ou d'accomplir les formalités nécessaires à leur mise en œuvre »[878]. Il n'existe pas de circonstance atténuante pour le justiciable qui se trompe de la juridiction compétente en raison de l'adage « nul n'est censé ignorer la loi ». D'autant plus que les règles de compétence d'attribution des juridictions sont d'ordre public.

Il semble que, malgré les critiques qui peuvent se faire jour à son égard, le principe du dualisme juridictionnel demeure très ancré dans le système juridique malien pour qu'il soit possible de le remettre en cause. Cette idée doit être écartée, parce que les raisons historiques du fondement de la dualité juridictionnelle est aujourd'hui anachroniques. Il s'agit de la méfiance des révolutionnaires envers les juges des anciens parlements[879].

---

876 Le Mali tend vers un système dualiste de juridiction pur et dur dû évidemment à la création des cours administratives d'appel. Il est à préciser qu'une tentative de révision de la constitution a échoué en 2002. Ce projet avait pour but de scinder la cour suprême en des sections autonomes. Ainsi, la section judiciaire devenant la cour de cassation, la section administrative, le conseil d'Etat et la section des comptes, la cour des comptes.

877 V° les articles suivants : LABETOULLE (D.), *L'avenir du dualisme juridictionnel, point de vue d'un juge administratif,* in Revue AJDA, n° 32, 2005, p. 1770 ; MAZARS (M.-F.), *Le dualisme juridictionnel en 2005, point de vue d'un juge judiciaire,* in Revue AJDA, n° 32, 2005, p. 1777 ; TRUCHET (D.), *« Plaidoyer pour une cause perdue : la fin du dualisme juridictionnel »,* préc. p. 199.

878 RIVERO (J.), *« l'administré face au droit administratif »,* le droit administratif, numéro spécial AJDA 1995, p. 147.

879 « L'organisation juridictionnelle française selon laquelle les litiges se partagent entre l'ordre judiciaire et l'ordre administratif, est une sorte de monument historique qui, à défaut de ravir l'œil, pourrait au moins finir par se fondre dans le décor et se faire oublier. En effet, le système actuel a commencé à s'individualiser sous l'Ancien Régime, notamment grâce à l'édit royal de Saint-Germain-en-Laye de 1641, visant à écarter les tribunaux des affaires du gouvernement, pour ensuite être perfectionner par l'œuvre révolutionnaire et le régime

Les inconvénients pratiques du dualisme juridictionnel s'illustrent à travers la difficulté d'identifier la juridiction compétente, le ralentissement des procédures liées aux questions préjudicielles, et le risque de contrariété de jurisprudence. Ces problèmes sont toujours d'actualité. En France, le juge judiciaire et le juge administratif ont une idée différente quant à l'application de la convention européenne des droits de l'Homme. Ainsi, dès 1984, la Cour de cassation a admis les règles de procès équitable[880], mais il a fallu attendre plus de 10 ans pour que le Conseil d'État s'aligne sur cette jurisprudence[881].

En plus, les dispositions du Code civil n'étant pas applicables aux litiges mettant en cause la puissance publique, c'est tout à fait explicitement que les tribunaux civils se réfèrent à la jurisprudence administrative et en font application. Le juge judiciaire applique le droit administratif si cela s'avère nécessaire. De même, le juge administratif se réfère parfois au code civil[882], « tantôt pour combler les lacunes du droit administratif, tantôt pour améliorer la situation des administrés », explique Benoît Plessix. À l'évidence, le juge judiciaire applique parfois le droit administratif et le juge administratif peut être amené à se référer au droit civil. On peut donc se demander : « ce dualisme juridictionnel est-il légitime et nécessaire de nos jours ? » Le principe pose surtout problème en matière de séparation des compétences entre les ordres judiciaire et administratif, rendant ainsi le système flou pour le citoyen. Il crée surtout des lenteurs et l'éventuelle possibilité d'un déni de justice. Ces différents constats militent en faveur d'une unification de la justice judiciaire et administrative. Il y a lieu alors d'envisager les modalités de la remise en cause du dualisme juridictionnel au Mali.

La remise en cause du dualisme juridictionnel est nécessaire du fait des inconvénients qu'il génère. Deux formes de remise en cause sont envisageables. Supprimer le juge administratif et du droit administratif, amenant l'assujettissement de l'administration au droit privé et au juge judiciaire. Cette option nuirait à la sécurité des citoyens, car elle conduirait à une régression du contrôle juridictionnel de l'action administrative, du fait de l'inadéquation des procédures contentieuses et des règles de fond. Irréaliste soit-elle, cette solution engendrerait plus de problèmes qu'elle n'en résolve. Ce chemin doit être vite écarté.

Il serait, par contre, judicieux de procéder à la fusion des juridictions administrative et judiciaire au sein d'un même ordre de juridiction, sans pour

---

napoléonien. » VAN LANG (A.), *« Le dualisme juridictionnel en France : une question toujours d'actualité »*, préc., p 1760.

[880] Cour de Cassation, 10 janvier 1984, Renneman.

[881] CE Assemblée, 14 février 1996, obs. Maubleu.

[882] CE Sect., 6 mai 1983 Société d'exploitation des établissements Roger Revellin.

autant que le droit administratif en soit affecté directement[883]. Cette idée soutenue et développée par TRUCHET, nous paraît réaliste et pragmatique. La pertinence de cette proposition s'illustre à travers un double avantage.

- D'une part, elle met fin à la complexité[884] de l'organisation juridictionnelle, tout en préservant la spécificité du contentieux administratif. En effet, la constitution au sein de cet ordre unique de juridiction peut faire l'objet de critique en raison de la technicité des matières. Le constat en est que l'activité administrative impose des règles dérogatoires et une procédure contentieuse adaptée. Les magistrats de l'ordre judiciaire n'étant pas formés à ces techniques ne pourraient exercer un contrôle efficace. Pourtant, cette argumentation de la spécialisation peut être rapidement écartée. En premier lieu, le juge judiciaire a été de longue date amené à appliquer le droit administratif. Ce même juge sanctionne et continue d'ailleurs à infliger des sanctions à l'administration[885] en matière de voie de fait et d'emprise. En second lieu, la spécialisation au sein d'un ordre unique se ferait nécessairement par intégration des actuels juges administratifs[886] et serait complétée par la mise en place d'une formation adéquate des magistrats.
- D'autre part, la proposition d'une fusion aura comme deuxième avantage la réduction considérable du budget alloué par l'État à la justice. Le Mali est un vaste Etat d'une superficie d'un million deux cent quarante un mille deux cent trente-huit (1 241 238) km² comportant 8 régions, 49 cercles et le District de Bamako. Pour une meilleure accessibilité de la justice, il faut un tribunal de première instance (TPI) et un tribunal administratif (TA) au niveau de chaque cercle et région plus le district de Bamako. Ce qui fera un total de cinquante-trois (53) tribunaux de première instance et cinquante-trois (53) tribunaux administratifs. Il faut alors cent six (106) tribunaux hormis le district de Bamako. Chaque TPI comprend au minimum 3 magistrats (un procureur, un juge d'instruction et un président qui joue le rôle du juge au siège). Par contre pour le TA, il faut un président, 5 juges administratifs, un commissaire[887] soit un total de 7 magistrats.

---

[883] TRUCHET (D.), *fusionner les juridictions administratives et judiciaires* ? Mélanges J-M Auby, Dalloz, p. 335 et svtes.

[884] La complexité de l'organisation judiciaire constitue une difficulté d'accès au juge. Le citoyen après avoir saisi la justice qui se déclare incompétent lui laisserait peu de chance à ce qu'il saisit une autre juridiction, soit parce qu'il ignore l'existence, soit pour des raisons d'ordre financier.

[885] PETIT (S.), *L'administration devant le juge judiciaire*, Collection Que sais-je ? édit. PUF 1997, 127 p.

[886] Le nombre des juges administratifs sont inférieurs comparativement aux juges judiciaires. Il y a lieu alors de tenir compte lors des recrutements des auditeurs de justice.

[887] Article 4 de la loi 94 – 006 AN/RM du 18 mars 1994 portant organisation et fonctionnement des tribunaux administratifs.

Dans chaque cercle, il doit y avoir 10 magistrats au moins. Les 1060 magistrats des cercles combinés à ceux des régions. Il devrait alors y avoir plus de 1140 magistrats sans tenir compte des substituts et le reste du personnel judiciaire. Notre proposition fera l'économie de la moitié de ces magistrats et des autres personnels judiciaires.

La carte judiciaire que nous proposons permettra une nouvelle répartition géographique des juridictions au Mali. Les cours d'appel seront également réformées. Elles seront désormais hybrides comme les TPI[888]. Les différentes juridictions doivent subir de nombreuses modifications quant à leur organisation et fonctionnement. Le nombre des cours d'appel étant insuffisant, il pourra être créé trois (03) supplémentaires. Ce qui porte le total à 6 cours d'appel. Ainsi, le ressort de la cour d'appel de Bamako doit englober Koulikoro. Les cinq autres cours d'appel seront réparties entre les villes suivantes : Sikasso, Ségou, Mopti, Gao et Tombouctou. Le ressort juridictionnel de la cour d'appel de Tombouctou couvrira la région de Kidal. Les schémas suivants tracent la structure du tribunal unique et de la cour d'appel unique[889]. Il s'agit d'une simulation.

Tribunal unique (judiciaire et administratif unifiés)

Composition	Nombre de magistrats	Spécialité	
		Droit privé	Droit public
Cabinet du Président	2	1	1
Cabinet d'instruction	2	1	1
Parquet	3	2	1

Le tribunal unique avec dualité de contentieux peut fonctionner avec sept magistrats. Par contre la mise en place de tribunal séparé ne peut fonctionner qu'avec au moins sept (07) juges administratifs pour le tribunal administratif et quatre (04) pour le tribunal civil.

[888] Le caractère hybride du nouveau tribunal de première instance signifie désormais, qu'il aura pour mission de statuer en matière civile, commerciale, sociale aussi et surtout en contentieux administratif.

[889] Il s'agit là de notre proposition, celle du Gouvernement est le dualisme pur et dur qui consiste à mettre en place des tribunaux de l'ordre judiciaire, des tribunaux de l'ordre administratif, des cours judiciaires d'appel et des Cours administratives d'appel.

Cour d'appel unique (judiciaire et administratif unifiées)	
Section judiciaire	Section administrative
• Une chambre civile statuant en matière coutumière • Une chambre commerciale • Une chambre sociale • Une chambre correctionnelle • Une chambre d'accusation • Une chambre spéciale des mineurs	• Deux chambres au moins qui s'occuperont des différents contentieux de nature administrative.

Le premier avantage du tribunal unique et de la cour d'appel unique se traduit par le rapprochement effectif de toutes les juridictions. Ainsi, le citoyen accédera, pour le règlement du contentieux de nature civile ou administrative, facilement à la justice. Le deuxième avantage, c'est que désormais, il n'y a plus de renvoi pour cause d'incompétence d'attribution. Cette situation permettra un traitement accéléré des dossiers. Le troisième avantage est d'ordre budgétaire qui n'est pas moins négligent pour l'État.

Compte tenu de profondes modifications opérées quant à son organisation, le fonctionnement du TPI doit être déterminé avec certitude, notamment en ce qui concerne la répartition des tâches entre les magistrats qui le composent. Dans l'éventuelle composition, le parquet doit être composé d'au moins un Procureur de la République et deux substituts, parmi lesquels il doit y avoir au moins un spécialiste en droit public. Outre la tâche classique, le parquet doit jouer le rôle du commissaire du gouvernement dans les affaires qui intéressent la personne publique ou la chose publique en l'occurrence le contentieux administratif. Le cabinet d'instruction doit aussi comporter au moins un magistrat spécialiste en droit public. Entre le président et le vice-président, l'un doit être spécialiste en droit public. Cette composition permettra d'obtenir une meilleure représentativité des spécialistes de droit privé et de droit public en fonction de l'importance du contentieux. Le nombre de magistrats composant le TPI est environ sept dont quatre spécialistes en droit privé et trois en droit public.

La structuration actuelle de la cour judiciaire d'appel est la suivante : une chambre civile statuant en matière coutumière, une chambre commerciale, une chambre sociale, une chambre correctionnelle, une chambre d'accusation et une chambre spéciale des mineurs[890]. Celle de la cour administrative d'appel fera l'objet d'une loi ultérieure[891]. La fusion des deux

[890] Art. 10 de la loi n° 11 – 037 du 15 juillet 2011, préc.

[891] Art 24 de la loi n° 11 – 037 du 15 juillet 2011, précitée dispose que : « La compétence, l'organisation et le fonctionnement de la Cour Administrative d'Appel feront l'objet de dispositions particulières. »

cours en une cour d'appel unique donnera naissance à deux sections : la section judiciaire et la section administrative. Pour la section judiciaire, seront reconduites les six (06) chambres existantes. S'agissant des chambres de la section administrative de la cour d'appel, leur nombre doit être déterminé en fonction des besoins de chaque cour[892].

La suppression du dualisme juridictionnel ou encore la réunification des deux ordres de juridiction (administrative et judiciaire) se heurte à des difficultés susceptibles de solution.

II. Les parades relatives aux difficultés liées à l'unification de la justice

Si l'unification de la justice se heurte à des difficultés, c'est parce que le dualisme juridictionnel est ancré dans le paysage du droit malien. Celui-ci, bien qu'il soit un droit hybride[893], s'inspire largement du droit français. La rupture avec cette tradition juridique est une contrainte, mais perméable.

La conception française de la justice, c'est-à-dire le mécanisme de règlement juridictionnel des litiges repose sur l'institution d'une juridiction administrative distincte de la juridiction judiciaire. L'explication de cette dualité est d'ordre historique. Le juge administratif met en place un droit administratif spécial, ce n'est pas l'existence d'un droit administratif qui crée le juge administratif, mais le contraire, l'organe crée la fonction. L'administration est au centre du droit administratif notamment parce que les autorités administratives prennent une part importante à la création des règles du droit administratif. L'administration est tout à la fois sujet et auteur du droit administratif. La juridiction administrative est née d'une spécialisation fonctionnelle de l'administration elle-même. Selon un schéma historique ancien et spécifique à la France dont l'origine remonte à l'Ancien Régime et conforté au XIXe siècle sur la base de textes révolutionnaires qui interdisent toutes immixtions du juge judiciaire dans les affaires de l'administration[894].

La Révolution considère que si les procès administratifs peuvent être jugés par les tribunaux judiciaires, l'indépendance de l'administration serait compromise puisque le pouvoir judiciaire peut troubler les activités administratives. Cette conception est inspirée par un sentiment général de méfiance à l'égard du juge judiciaire. La conception révolutionnaire de la

---

[892] V° *supra*, p. 293.

[893] L'hybridité du droit malien s'explique par le fait qu'il est composé de la coutume, du droit islamique et du droit français.

[894] La loi des 16 et 24 août 1790 qui proclame le principe de la séparation des autorités administratives et judiciaires, dans son article 13 « les fonctions judiciaires sont distinctes et demeureront toujours séparées dans les fonctions administratives. Les juges ne pourront à peine de forfaiture, troubler de quelque manière que ce soit les opérations des corps administratifs, ni citer devant eux les administrateurs pour raison de leur fonction ».

séparation des pouvoirs se concrétise dans différents textes dont le plus célèbre et fondamental est la loi des 16 et 24 août 1790, susdite. Outre la contrainte historique, le dualisme est défendu aujourd'hui par la doctrine majoritaire en France[895]. Les mêmes auteurs estiment que le dualisme peut être un obstacle à la mise en œuvre des garanties d'une bonne justice que résume à elle seule l'expression « procès équitable »[896]. Plus précisément, la complexité processuelle liée à la dualité des ordres de juridiction peut conduire à une durée des procès excédant le délai raisonnable. Les juges de Strasbourg ont émis certaines critiques sur les excès de complication du dualisme juridictionnel, critiques qui portaient à la fois sur les effets procéduraux néfastes du dualisme et les risques de contrariété de solutions au fond[897]. Certes, la difficulté liée à la rupture avec la tradition de l'ex-colonisateur ne saurait être une fatalité. Elle peut être surmontée.

Trois raisons majeures justifient que l'on peut se passer du système dualiste de juridiction. Il y a d'abord, l'imprécision de la distinction entre droit public et droit privé ; ensuite, la non-nuisance du droit de l'Etat de bénéficier des prérogatives exorbitantes de droit commun ; enfin, la prise en compte de l'intérêt supérieur des justiciables, principe directeur de toute justice.

La distinction entre droit public et droit privé semble au premier abord obéir à une exigence de classification du droit en différentes branches. Selon le Lexique des termes juridiques[898], le droit public est « l'ensemble des règles organisant l'État et ses démembrements, et régissant les rapports entre la puissance publique et les particuliers ». Le droit privé, comme son nom l'indique, est l'ensemble des règles régissant les rapports entre particuliers. Cette distinction a une portée pratique, car c'est elle qui détermine la juridiction compétente. Cependant, la distinction se heurte à une double objection majeure. D'une part, l'incertitude des critères, d'autre part, une frontière mal placée. Un certain nombre de critères a été avancé pour expliquer la distinction entre le droit privé et le droit public. Il y a entre autres :

- Le critère de patrimonialité, critère ancien sans rapport avec la réalité. Il a été soutenu depuis longtemps que les différents droits dont un particulier est titulaire auraient une valeur pécuniaire, alors que le

[895] Dans leur ouvrage collectif GUINCHARD et autres en reconnaissant les inconvénients du dualisme juridictionnel « estiment que le dualisme n'est pas interdit par la Cour Européenne des Droits de l'Homme. Du fait qu'elle permet de confier la résolution de certains litiges à des instances disciplinaires ou administratives, tant en matière civile qu'en matière pénale. Ce dualisme qui n'est pas juridictionnel n'est-il pas alors légitime qu'il existe un dualisme de juridictions, au sens exact du terme, c'est-à-dire disposant chacune du pouvoir de juger en pleine juridiction. » GUINCHARD (S.), CHAINAIS (C.), DELICOSTOPOULOS (C. S), et autres, *Droit processuel et comparé du procès équitable,* op. cit., p. 734.

[896] Idem, p. 734.

[897] CEDH, 21 février 1977, Guillemin c/ France, 2 août 2000, Santonnet c/ France.

[898] GUILLIEN, (R.) et VINCENT, (J.) *Lexique des termes juridiques,* op. cit., p. 65.

droit public est exclusif de tout élément patrimonial. Cette thèse peut être rapidement écartée du fait que le droit public connaît des aspects patrimoniaux tels que le domaine de l'État, le trésor public et qu'inversement une catégorie de droits civils se situe en dehors du patrimoine, tels que les droits extrapatrimoniaux ;

- Le critère de la théorie des intérêts. Certains doctrinaires soutiennent que le droit public est le droit où prévaut l'intérêt de l'État. Par contre, le droit privé ne s'intéresse qu'à l'intérêt des particuliers et n'aurait d'autre souci que de les faire cohabiter dans l'équilibre, voire dans l'harmonie. Cette thèse doit être également écartée par le fait que la bonne harmonie des rapports privés concourt à la défense de l'intérêt général et qu'en retour le droit public, dans sa lutte pour les impératifs communs, accorde protection aux intérêts privés.
  En plus, la classification traditionnelle entre le droit public et le droit privé n'est plus d'actualité. Cependant, on assiste, aujourd'hui, à une publicisation du droit privé et une privatisation du droit public. Cette thèse est défendue par Boris Stark[899].
- La publicisation du droit privé s'illustre à travers l'intervention grandissante de l'État dans le domaine contractuel. Ainsi par le jeu des règles impératives ou d'ordre public, des contrats imposés et réglementés ont vu le jour. Les relations contractuelles qui étaient bilatérales deviennent triangulaires. L'État s'immisce comme tierce personne pour autoriser, défendre, ordonner ou percevoir.
- S'agissant de la privatisation du droit public, dans certaines hypothèses les rapports entre l'administration et les particuliers sont régis par les règles du droit privé. Il en est ainsi en matière de droit des sociétés commerciales, réglementé par le droit communautaire[900]. Cette globalisation du droit a introduit des dimensions nouvelles dans la façon d'appréhender juridiquement ce qui est public et ce qui est privé.

Le droit de l'Etat de bénéficier des prérogatives exorbitantes de droit commun est un droit qui peut être non affecté par l'unification des deux ordres de juridiction. Une autre argumentation des partisans de la dualité de juridiction est celle des prérogatives dont l'État doit disposer pour mener à bon escient sa mission de service public. L'unification de la justice ne

---

[899] STARCK (B.), *Introduction au droit*, Paris, LITEC, 3ème édition par H. ROLAND et L. BOYER, 1991, p. 87 et svtes.

[900] Acte Uniforme Relatif au Droit des Sociétés Commerciales et du Groupement d'Intérêt Economique du 17 avril 1997. Son article 1er dispose que : « Toute société commerciale, y compris celle dans laquelle un Etat ou une personne morale de droit public est associé, dont le siège social est situé sur le territoire de l'un des Etats-parties au Traité relatif à l'harmonisation du droit des affaires en Afrique (ci-après désignés « les Etats-parties ») est soumise aux dispositions du présent Acte uniforme.

signifie nullement la suppression ni du droit administratif, pour l'intérêt des administrés, ni du contrôle de l'action administrative. Dans ce contexte, les droits de l'État peuvent être protégés ainsi que ceux des administrés. D'ailleurs les tribunaux ne seront pas dépourvus des spécialistes de droit public. Autant de prétextes que l'on peut avancer pour aller vers l'unification de la justice au Mali.

En somme, l'organisation de la justice malienne paraît aujourd'hui anachronique en raison des exigences du procès équitable. Le caractère anachronique s'explique, parce que certaines juridictions n'offrent pas de réelles garanties d'indépendance et d'impartialité telles que les justices de paix à compétence étendue. En plus, la protection du droit au double degré de juridiction demeure relativement faible à cause de l'énorme distance que les justiciables doivent parfois parcourir pour atteindre la cour d'appel. Au-delà de l'organisation des juridictions, leur fonctionnement n'en demeure pas moins ébranlé à tous les niveaux. Cette situation a entraîné la méfiance des justiciables à l'égard de la justice. Ces différentes préoccupations ont été saisies par les autorités politiques qui, depuis 1999, ont engagé un vaste programme de réforme de la justice, connu sous le nom de « PRODJ ».

En effet, les travaux élaborés par ce projet ne semblent pas être pris en compte par les autorités. Le programme est parvenu à identifier trois problèmes majeurs qui entravent la saine distribution de la justice : l'éloignement de la justice des justiciables ; l'insuffisance de moyens et les pratiques anormales qui ont provoqué la méfiance des justiciables. Le volet « éloignement » ne saurait être réglé en procédant par substitution d'une juridiction par une autre. La question de l'insuffisance de moyens, pendant ces dix dernières années, n'a été simplement évoquée que traitée[901]. S'agissant de la restauration de la confiance des justiciables en leur justice, le chemin est encore long, car rien ne peut être réglé avec une réforme de pure forme. Dans le contexte malien, en raison de la persistance des obstacles intellectuels d'accès au juge, il est judicieux de supprimer les formalités excessives qui entravent l'accès au juge. Aussi, devant la modestie des moyens de l'État, une unification de la justice permettra non seulement d'obtenir une justice rapprochée, mais aussi une justice plus gérable en termes de moyens.

[901] Lors de sa tournée dans les deuxième et troisième régions du 9 au 12 février 2013, le Ministre de la justice, garde des sceaux fait le constat de l'insuffisance cruelle de moyens de la justice en ces termes : « la justice met en jeu la dignité, l'honneur et la liberté des citoyens, c'est en cela qu'elle mérite une attention toute particulière dans le cadre de l'amélioration des conditions de sa distribution (…) Il est inadmissible qu'une Brigade qui assure la couverture de plusieurs zones ait un ticket de carburant au titre de sa dotation trimestrielles (…) La prison est à la limite de la conscience tant les conditions sont inhumaines, voire infrahumaines. Cette situation heurte la conscience humaine. Les conditions carcérales sont si dures que l'alimentation devient secondaire lorsque pour se coucher, il faut attendre son tour. » Il finit par conclure que le rétablissement de la justice malienne est aussi urgent que la reconquête du Nord.

Néanmoins, si l'unification des deux ordres de juridiction permet une meilleure accessibilité des justiciables à la justice[902], elle ne permet pas pour autant de résoudre les pratiques peu orthodoxes[903] qui nécessitent d'autres mesures. C'est pourquoi, des mesures d'accompagnement de la réforme sont indispensables (Chapitre 2).

---

[902] L'unification telle que décrite ci-dessus permet au moins aux citoyens de régler ses contentieux de toute nature devant le juge, désormais proche. L'unification ne peut alors résoudre de façon certaine que le seul éloignement de la justice des justiciables.

[903] V° Infra, p. 319.

CHAPITRE 2

LES MESURES D'ACCOMPAGNEMENT DE LA REFORME

La première mesure d'accompagnement de la réforme est la consolidation de l'indépendance de la justice. Si celle-ci a été toujours au centre de l'actualité et des rencontres officielles intéressant la justice, c'est parce que sa seule affirmation ne suffit pas. Élément indispensable du procès équitable, elle l'est également pour la justice. Bouclier de protection des citoyens contre l'arbitraire, l'indépendance théoriquement affirmée n'est point satisfaisante sur le plan pratique. Le Conseil Supérieur de la Magistrature, organe indispensable dans la mise en œuvre de l'indépendance demeure faible en raison de sa coloration politique ; ce qui traduit l'ingérence du pouvoir politique dans les affaires de la justice. Aussi, paradoxale que cela puisse paraître, l'indépendance des juges est compromise par eux-mêmes. Ne l'affirme-t-il pas, l'ancienne Garde des Sceaux, que : « notre justice (...) apparaît aujourd'hui, il faut le dire, comme la propriété d'une corporation de juges dits indépendants de tout sauf de l'argent sale, qui s'éloignent de plus en plus du peuple au nom duquel ils officient »[904].

La justice du Mali a toujours été attendue et entendue du peuple. Aujourd'hui, elle l'est plus que jamais, due évidemment à la crise[905]. Cette crise

[904] SYLLA (F), *Discours lors de la rentrée judiciaire*, préc., p. 3.

[905] Le Mali a connu des fortes ères de turbulences politiques marquées par trois coups d'Etat militaire : celui de 1968 qui a vu porter au pouvoir le Général Moussa TRAORE ; la révolution de mars 1991 qui a abouti à l'adoption de la constitution du 25 février 1992, dont est issue la 3ème République. Cette République a connu deux Présidents : Alpha Oumar KONARE (1992 – 2002) et Amadou Toumani TOURE. Celui-ci exerça son premier mandat en 2002-2007, le second devrait, conformément à la constitution du 25 février 1992, s'achever en 2012. Les élections étaient à ce titre prévues le 29 avril 2012. Malheureusement, le 22 mars 2012, soit moins de deux mois, se produisit une mutinérie qui a pu renverser le Président Amadou Toumani TOURE. Les militaires ont alors pris le pouvoir et mis en place le Comité National de Redressement de la Démocratie et de la Restauration de l'Etat. Commençèrent alors des interpellations et des arrestations des leadeurs politiques et de fractions. Pendant que la partie Nord du territoire fut envahie par le mouvement dit « MNLA » (Mouvement National pour la libération de l'Azaouad) et les islamistes. Le Comité de Redressement de la

présentant une dimension sociale, politique, économique et sécuritaire[906] ne saurait épargner la justice. Autant revendiquée, l'indépendance de la justice doit être une réalité dans la pratique. Au-delà de la consolidation de l'indépendance de la justice (Section 1), d'autres mesures d'accompagnement nécessaires à la mise en œuvre de certaines règles du procès équitable doivent être renforcées (Section 2).

SECTION 1. LA CONSOLIDATION DE L'INDÉPENDANCE DE LA JUSTICE

L'efficacité de la justice est tributaire de son indépendance. Elle est l'un des critères de sa crédibilité. De toute évidence, l'absence de la garantie d'indépendance n'est qu'une négation de la justice en tant que service public. Elle l'ôte de son essence, de son existence. L'indépendance même reconnue textuellement, la bonne foi de chacun ne suffit pas pour un respect effectif. Au Mali, il est évident que l'indépendance de la justice est relevée au rang constitutionnel[907]. Plusieurs autres instruments juridiques la protègent[908]. En dépit de cette reconnaissance juridique, l'indépendance de la justice malienne demeure un mythe plus qu'une réalité[909]. Elle reste, cependant, ébranlée et fait l'objet de regrettables illustrations, d'où la nécessité de renforcer l'autonomie statutaire et institutionnelle. Ceci exige une relecture de la loi organique fixant l'organisation, la composition, les attributions et le fonctionnement du Conseil Supérieur de la Magistrature (CSM).

En conséquence, la réforme du CSM (Paragraphe 1) est une condition d'effectivité de l'indépendance de la justice, d'où son opportunité (Paragraphe 2).

Démocratie et de la Restauration de l'Etat (CNRDRE) reproche au Président déchu l'incompétence de gérer la crise au Nord, la deliquescence de l'armée mais aussi la corruption à grande échelle, le « laisser-aller » durant son mandat. Quoiqu'il en soit, il n'est point un secret pour personne que la justice malienne va de mal en pis.

[906] Au moment où nous, ici, allons juger des hommes et des femmes pour des faits prévus et punis par la loi malienne, ceux commis par ces barbares envahisseurs risquent une fois de plus de passer en perte et profit. Permettez- moi de dire que mon sang se glace, quand j'entends dire, « il faut négocier ». Propos du Procureur Général près la cour d'appel de Bamako lors de l'ouverture de la deuxième session ordinaire de la cour d'assisses, le 19 novembre 2012.

[907] Art. 81 de la constitution, précité.

[908] Il s'agit de la loi organique portant organisation et fonctionnement du conseil supérieur de la magistrature, des principes et directives sur le droit à un procès équitable et de l'assistance judiciaire en Afrique, des textes onusiens. V° Première partie, p. 25 et svtes.

[909] Propos de Maître Abdrahamane SANOGO, Avocat à la cour. V° supra, p. 79.

Paragraphe 1. La réforme du Conseil Supérieur de la Magistrature

« L'indépendance du pouvoir judiciaire se situe au fondement de l'État de droit et garantit non seulement une justice égale pour tous, mais la suprématie du droit sur le pouvoir. Il s'agit d'assurer l'autonomie institutionnelle des tribunaux par la séparation des pouvoirs en écartant toute subordination des tribunaux, mais aussi des juges pris individuellement à l'égard de quelque autre pouvoir que ce soit. Cet idéal commence dans les règles qui organisent la carrière du juge »[910]. En effet, la garantie de l'indépendance de la justice relève au premier plan de la compétence du Président de la République assisté du Conseil Supérieur de la Magistrature[911]. Les regrettables illustrations mettant en cause la justice sont certainement dues à l'institution, chargée de mettre en œuvre l'indépendance de la justice. Laquelle institution doit être indépendante, unecondition sine qua non de l'effectivité de l'indépendance. Le contexte dans lequel, le CSM évolue tant sur le plan organisationnel que sur le plan fonctionnel ne permet pas une saine mise en œuvre de l'indépendance de la justice. C'est pourquoi, ledit conseil doit alors être réformé sur le plan organisationnel (I) aussi bien que fonctionnel (II).

I. L'approche organisationnelle

L'intérêt de la réforme du conseil Supérieur de la Magistrature est d'assurer une indépendance réelle de la justice. Pour ce faire, une restructuration de ses membres est nécessaire. Il est alors opportun d'exclure du conseil certains membres qui ne sont que des bras armés de l'exécutif, pour une meilleure neutralité du conseil. En compensation, mais opportun, certaines personnalités de la société civile doivent siéger au conseil pour une crédibilité certaine. À titre de rappel, la loi organique fixe les membres du conseil à vingt-trois (23)[912], comprenant, outre le Président de la République et le ministre de la Justice, huit (08) membres de droit et treize (13) membres élus. Il fut précisé que cette composition ne permet pas d'obtenir une meilleure neutralité du conseil[913] même s'il faut convenir que la majorité de ses membres est constituée par des magistrats.

En effet, le réaménagement visé commencera par exclure du conseil : le Président de la République, le ministre de la Justice, le Secrétaire Général du

---

[910] MOUMMI (S.), *Les protections personnelles : l'indépendance du juge*. Consultable en ligne. 25 / 11 / 2012, date de la dernière consultation. http://www.ahjucaf.org/Introduction,6645.html. L'auteur est le Président de chambre à la Cour suprême du Maroc, membre du cabinet du premier président.

[911] V° supra, p 70.

[912] Art 5 de la loi n° 03- 29 /AN-RM du 11 août 2003 fixant l'organisation, la composition, les attributions et le fonctionnement du Conseil Supérieur de la Magistrature.

[913] V° supra, p. 71 et svtes.

Gouvernement et le Directeur National de la fonction publique et du personnel. Les deux premières personnalités n'incarnent que le pouvoir politique. L'exclusion des deux derniers se justifie par le fait que ce sont des personnalités proches du pouvoir exécutif, donc difficile de se départir de la volonté du Président de la République. Aussi, la présence dans le conseil en tant que membre de droit le magistrat le plus ancien dans le grade le plus élevé et le magistrat le plus jeune dans le grade le moins élevé, peut fausser les données de neutralité de l'organe. Rien ne certifie la probité de ceux-ci (les deux magistrats ci-dessus cités). Finalement, leur présence constitue une récompense morale plutôt qu'au service de l'institution. Au total six (06) personnalités seront exclues du conseil, qu'il faudra compenser.

En plus de l'exclusion des six (06) personnalités[914], il doit y avoir une parité entre les magistrats élus par leur collège, pour mieux assurer l'équilibre entre les grades. La loi organique porte le nombre des magistrats qui devant être élus à treize (13). Ils sont élus de la façon suivante, selon le même texte : « les treize (13) membres magistrats sont élus dans trois (3) collèges par le suffrage de leurs pairs au bulletin secret pour un mandat de trois (03) ans. Le collège des magistrats de grade exceptionnel élit trois (03) membres en son sein. Le collège des magistrats de 1er grade élit six (06) membres en son sein. Le collège des magistrats de 2e grade élit quatre (04) membres en son sein »[915].

Le tableau suivant illustre l'article 7 de la loi organique fixant organisation, la composition, les attributions et le fonctionnement du Conseil Supérieur de la Magistrature.

Modalité d'élection des 13 magistrats membres du CSM	
Magistrats de grade exceptionnel	3 membres
Magistrats 1er grade	6 membres
Magistrats 2e grade	4 membres

Cependant, pour une meilleure parité entre les grades, le nombre des magistrats dans le grade exceptionnel et le 1er grade peut être ramené à quatre dans chaque grade. Désormais, l'effectif des magistrats élus serait porté à douze (12) au lieu de treize (13) comme prévu par la présente loi organique. Ainsi, le total des postes vacants sera de sept (07). L'originalité de cette proposition est que désormais les magistrats qui doivent être élus par

---

[914] Le Président de la République, le Ministre de la justice, le Secrétaire Général du Gouvernement, le Directeur National de la fonction publique et du personnel, le magistrat le plus ancien dans le grade le plus élevé et le magistrat le plus jeune dans le grade le moins élevé.

[915] Art. 7 de la loi n° 03- 29 /AN-RM du 11 aout 2003 fixant l'organisation, la composition, les attributions et le fonctionnement du Conseil Supérieur de la Magistrature.

leurs pairs ne le seront plus. Mais plutôt par l'Assemblée nationale pour une période de quatre (04) ans au moins renouvelable une seule fois. En effet, les sept (07) postes vacants seront donc attribués à des personnalités dont la probité, l'indépendance et l'honnêteté sont nationalement reconnues. Une commission spéciale de l'Assemblée nationale sera chargée de dresser une proposition de liste comportant d'au moins vingt (20) personnes. À l'issue d'une enquête de moralité approfondie, les sept (07) personnalités seront sélectionnées et élues au suffrage universel indirect, c'est-à-dire élues par les députés de l'Assemblée nationale. Lesdites personnalités, en plus des qualités d'éthique, doivent être âgées d'au moins quarante (40) ans et resteront en fonction pendant au moins quatre (04) ans renouvelables une seule fois.

La connaissance des règles juridiques doit s'accompagner des critères de probité, d'intégrité et d'indépendance. Elles doivent être de nationalité malienne et jouir de tous leurs droits civiques et politiques. Cesdites personnalités peuvent être des anciens magistrats, des avocats, des huissiers, des notaires, des professeurs de droit, de philosophie, de sociologie, etc. Bref, toute personne ayant, en plus des critères d'âge et d'éthique, de nationalité, une connaissance raisonnable des instruments juridiques. On obtient alors sept (07) membres du Conseil Supérieur de la Magistrature indifférents du joug du pouvoir politique plus les douze (12) magistrats élus par l'Assemblée nationale. Ce qui portera l'effectif à dix-neuf (19). Ces douze (12) membres seront choisis, en plus des règles d'égalité dans les grades, selon les critères qui suivent.

Les membres de droit désormais portés à quatre (04)[916] s'ajouteront à la liste des dix-neuf (19). Il faut rappeler que la liste des douze (12) membres sera proposée à l'Assemblée nationale par les sept (07) personnalités élues qui les choisiront dans les trois (03) grades en respectant l'égalité aussi bien que l'intégrité. L'égalité sera assurée ainsi qu'il suit : quatre (04) magistrats de classe exceptionnelle ; quatre (04) autres issus du 1er grade et quatre (04) restants du 2e grade[917]. Par contre, l'intégrité se fait suivant la base de la statistique des différentes années de notations.

---

916 Après l'exclusion des six (06) membres de droit, les quatre (04) restants sont : « le Président de la Cour Suprême ; le Procureur Général près la Cour Suprême ; le Directeur National de l'Administration de la Justice et l'Inspecteur en Chef des Services Judiciaires. »
917 V° tableau suivant, p. 304.

Proposition de la modalité d'élection des 12 magistrats membres du CSM[918]	
Magistrats de grade exceptionnel	04 membres
Magistrats 1er grade	04 membres
Magistrats 2e grade	04 membres

Au total l'Assemblée nationale élira dix-neuf (19) membres du Conseil Supérieur de la Magistrature. On obtient ainsi un effectif de vingt-trois (23) membres. Désormais exclus du CSM, le Président de la République et le ministre de la Justice, leurs postes seront confiés à deux des sept (07) sages élus par l'Assemblée nationale. Il s'agit du poste de la Présidence du conseil et celui de la vice-présidence.

La nouvelle composition du Conseil Supérieur de la Magistrature se présente comme suit :

Nouvelle composition du Conseil Supérieur de la Magistrature	
Sept (07) membres issus de la société civile	Élus par l'Assemblée nationale
Douze (12) magistrats	Élus par l'Assemblée nationale sur proposition des sept (07) sages issus de la société civile.
Quatre (04) membres de droit	le Président de la Cour suprême, le Procureur de cette même cour, le Directeur national de l'Administration de la Justice et l'inspecteur en chef des services judiciaires.

- Sept (07) membres issus de la société civile et élue par l'Assemblée nationale ;
- Douze (12) magistrats membres élus par l'Assemblée nationale sur proposition des sept sages issus de la société civile ;
- Quatre (04) membres de droit (le Président de la Cour suprême, le Procureur de cette même cour, le Directeur national de l'Administration de la Justice et l'inspecteur en chef des services judiciaires) ;

La présence du Directeur national de l'Administration de la justice et de l'inspecteur en chef des services judiciaires se justifie par le fait qu'ils sont des personnalités disposant des connaissances sur les dossiers des magistrats, de par leurs fonctions. Les dossiers de notation, d'inspection, etc. Ces

[918] Ce tableau constitue la proposition par rapport à la répartition des magistrats devant être élus non pas par leurs pairs, mais par l'Assemblée Nationale.

différentes propositions nécessitent une révision de la loi organique fixant l'organisation, la composition, les attributions du Conseil Supérieur de la Magistrature qui doit définir les profils des personnalités extérieures devant siéger dans le conseil. Aussi, une révision constitutionnelle est nécessaire. Ce CSM ainsi institué fonctionnera mieux dans le souci de garantir une saine indépendance de la justice.

II. L'approche fonctionnelle

La garantie de l'indépendance de la justice est tributaire de la garantie de l'indépendance du Conseil Supérieur de la Magistrature. Celui-ci doit fonctionner dans la dynamique d'assurer une réelle indépendance à la justice. D'ailleurs, une formation du conseil ne s'occupe que de la question de l'indépendance[919]. La constitution du 25 février 1992, bien qu'elle n'a pas elle-même réglementé le statut du CSM, a néanmoins fait un renvoi à une loi organique[920] notamment de fixer l'organisation, la composition, les attributions et le fonctionnement du CSM[921]. Ce qui fut fait en 2003 avec l'adoption de la loi organique à cet effet. Cependant, cette loi organique renvoie à un simple décret présidentiel de fixer les modalités de fonctionnement du conseil[922]. Cette attitude du législateur est une fuite en avant de ses responsabilités et constitue par la même occasion une violation de l'esprit de la constitution susvisée.

Cependant, il incombe alors au législateur de règlementer de façon claire par une loi organique toutes les questions relatives au fonctionnement du CSM. Un autre volet qui compromet l'indépendance du CSM serait la détermination de son budget de fonctionnement par le Président de la République. Le conseil reste assujetti à la volonté du Président quant aux questions des moyens matériels lui permettant de fonctionner correctement. Ne dit-on pas souvent que « la dépendance financière est la négation de l'indépendance »[923] ? La garantie de l'indépendance de la justice exige l'octroi des moyens matériels et financiers lui permettant de mener à bien sa mission. Un organe aussi neutre et aussi important que le CSM, ne doit pas être assujetti à la volonté du Président de la République, chef de l'exécutif pour les questions relatives à son budget de fonctionnement. Pour une effectivité de l'indépendance du CSM, la détermination de son budget de

---

919 A titre de rappel, le Conseil Supérieur de la Magistrature est organisé en trois formations : la formation de la gestion de carrière des magistrats ; la formation s'occupant de l'indépendance et la formation disciplinaire.

920 La procédure d'adoption de la loi organique est différente de celle des lois ordinaires. Il faut une unanimité pour les lois organiques tandis que la majorité simple des députés suffise pour l'adoption des lois ordinaires.

921 Art. 83 al. 2 de la Constitution du 25 février 1992, préc.

922 Quelle différence existe-t-il entre fonctionnement et modalité de fonctionnement ? Il ne s'agit qu'un jeu de mots, en réalité. V° supra, p. 79.

923 Maxime populaire.

fonctionnement doit relever de l'Assemblée nationale et non à la seule volonté du Président de la République. Dans cette hypothèse, il doit être accordé au CSM, de moyens adéquats pour mener à bien sa mission. Certains services de lutte contre la corruption pourront être supprimés, car une justice indépendance suffit pour lutter effectivement contre la corruption.

Une autre exigence entre en ligne de compte, en plus du budget de fonctionnement du conseil. Il s'agit de l'organisation du secrétariat administratif du Conseil Supérieur de la Magistrature. Une fois de plus, la loi organique fixant l'organisation, les règles de fonctionnement du CSM renvoie à un Décret pris en conseil des ministres de fixer l'organisation du secrétariat administratif du CSM[924]. Ce secrétariat administratif est rattaché aux services de la présidence[925]. Une autre façon pour le Président de la République d'obtenir une mainmise sur l'organe. Le CSM ne doit en aucune façon être rattaché aux services de la présidence, fut-il son secrétariat, si réellement la volonté de promouvoir l'indépendance du conseil ne fait pas de doute. Il y a lieu alors de détacher le secrétariat du CSM des services de la présidence. Il pourra faire l'objet d'un service autonome ou rattaché à la Cour suprême, au moins. Ce procédé a pour but d'éloigner le secrétariat administratif de l'emprise du chef de l'exécutif. En plus, la nomination du secrétaire administratif du CSM ne doit en aucune façon relever de la compétence du Président de la République. Pour plus de neutralité, le secrétaire administratif dans les mêmes conditions que les douze magistrats qui seront élus par l'Assemblée nationale[926], doit aussi faire l'objet de proposition par les sept (07) sages et validée par l'Assemblée nationale. Les adjoints de ce secrétaire administratif[927] doivent aussi être désignés dans les mêmes conditions.

Pour un meilleur fonctionnement du CSM, les formations doivent être structurées de la façon suivante. Le volet disciplinaire doit réunir tous les membres du conseil[928]. Mais ici, l'originalité est que des nouvelles personnes ont signé leur entrée dans le conseil notamment les sept (07) sages issus de la société civile et élus par l'Assemblée nationale. Les postes de Présidence

---

[924] Art. 3 de la loi n° 03- 29 /AN-RM du 11 août 2003 fixant l'organisation, la composition, les attributions et le fonctionnement du Conseil Supérieur de la Magistrature.

[925] Art. 4de la loi n° 03- 29 /AN-RM du 11 août 2003 fixant l'organisation, la composition, les attributions et le fonctionnement du Conseil Supérieur de la Magistrature dispose que : « le Secrétariat administratif rattaché aux services de la Présidence de la République est dirigé par un magistrat choisi parmi ceux justifiant d'au moins cinq (5) ans d'activité dans le corps. »

[926] V° supra, p. 304.

[927] L'art. 4 al 2 de la loi n° 03- 29 /AN-RM du 11 août 2003, précitée dispose que : « Secrétaire administratif du Conseil Supérieur de la Magistrature peut être assisté d'un ou de plusieurs adjoints désignés dans les mêmes conditions ».

[928] La loi portant statut du CSM dispose en son article 14 que : « Président de la République et le Ministre de la Justice ne siègent pas au Conseil Supérieur de la Magistrature dans sa composition disciplinaire ».

et de Vice-présidence du conseil seront confiés à deux d'entre eux. Ainsi, la formation disciplinaire serait les vingt-trois (23) membres. Il est inopportun que le Conseil Supérieur de la Magistrature siégeant en matière de discipline des magistrats du siège soit présidé par le Président de la Cour Suprême. De même que sa présidence soit assurée par le Procureur général de la Cour suprême dans l'instance de discipline des magistrats du parquet. Une formation unique en matière de discipline évitera tout soupçon de partialité et toute idée de vengeance.

La loi de 2003 exige douze (12) membres du conseil, outre son Président de séance, pour valablement délibérer en matière disciplinaire et en cas d'égalité de voix, celle du président est prépondérante[929]. Cette formation ne permet pas, à coup sûr, d'obtenir une équité de la décision à prendre. Il suffit, à cet effet, d'avoir des membres facilement influençables pour arriver aux fins du Président de la République. Il s'agit des personnalités relevant directement de l'Exécutif qui sont : le Secrétaire général du Gouvernement et le Directeur national de la Fonction publique et du personnel. En plus, les membres de la Cour suprême nommés qui sont à leur tour membres de droit. Ce sont : le Président de la Cour suprême et le Procureur général près de cette même cour. De même, le Directeur national de l'administration de la justice et l'inspecteur en chef des services judiciaires. Deux personnalités également nommées qui, pour la sauvegarde de leur poste, pourront accepter le jeu. Déjà, on obtient sept (07) membres sur les douze (12) exigés, donc une majorité acquise.

Pour plus d'équité, les membres ci-dessus cités ne doivent pas être nommés par le Président de la République à leur poste, leur donnant droit une place au conseil. Cette situation a pour but de leur faire éloigner du joug de l'exécutif. En somme, toujours présidé par l'un des sept sages, issus de la société civile, la formation disciplinaire doit délibérer au moins lorsque 15 des membres sont présents et l'impair des membres doit être une exigence. Ce critère d'impair permet d'éviter la situation dans laquelle, à l'occasion des délibérations du conseil, en cas de partage de voix, celle d'un Tout-Puissant Président dévient prépondérante. Une bonne formation du conseil est aussi un prélude d'une bonne gestion de la carrière des magistrats.

Pour une gestion efficace de la carrière des magistrats, elle doit être confiée à l'ensemble des membres du conseil. Dans le contexte actuel, en matière de nomination, tel juge qui voudra se voir nommer à un tel poste aura donc tout intérêt à ne pas déplaire au pouvoir en place. Un système de nomination adéquat serait très sûrement une condition d'assurer l'indépendance. Des compétences doivent répondre à des besoins. À l'évidence, un CSM majoritairement composé par des personnalités nommées par le pouvoir exécutif ne sera pas dans cet état d'esprit.

---

[929] Art 15 du statut du CSM, préc.

L'article 12 al 1 et 2 de la loi de 2003 réglementant le CSM doit être alors révisé[930]. Cet article donne la prérogative au Président de la République de nommer le Président et le Vice-président de la Cour suprême après avis conforme du CSM. Désormais, le Président de la Cour suprême et son Vice-président doivent être nommés par l'Assemblée nationale après avis conforme du CSM. Il convient de préciser ici que la nomination du président et du vice-président peut être faite par le Président de la République, du coup pour faire économie d'une nomination par l'Assemblée nationale. Cette nomination du Président de la République ne porte pas atteinte à l'indépendance du conseil, d'autant plus que l'avis conforme du CSM est requis.

Les autres magistrats de la Cour suprême doivent être choisis en respectant cette même procédure, pour plus de crédibilité et d'indépendance des magistrats de la haute juridiction. Aussi, la nomination des magistrats du siège doit relever des prérogatives du CSM[931]. Par contre la nomination des magistrats du parquet pourra être laissée au soin du Président de la République sur proposition du ministre de la Justice et après avis conforme du CSM. L'article 12 al. 6 exige seulement un avis du CSM pour la nomination des magistrats du parquet sur proposition du ministre de la Justice[932]. Cette disposition doit être revue. La notion de la gestion de la carrière des magistrats englobe, en réalité, toutes les questions intéressant la carrière du magistrat y compris certainement son indépendance.

À l'instar de la formation de gestion de la carrière des magistrats, celle concernant l'indépendance doit regrouper tous les membres du conseil. Cependant, étant exclus du CSM, le Président de la République et le ministre de la Justice ne pourront émettre que des avis sur les questions de l'indépendance qui ne doivent nullement lier le CSM. Néanmoins, ils pourront saisir le conseil pour faute disciplinaire.

Une autodiscipline rigoureuse et respectable est une solution pour le respect de la déontologie. La procédure actuelle mise en place pour saisir le CSM pour faute disciplinaire des magistrats est réservée au ministre de la Justice. Il est nécessaire d'étendre la possibilité de saisine du CSM à toute personne intéressée ayant constaté une présumée faute relevant de la discipline des magistrats. Ainsi, un simple citoyen pourra saisir le CSM. Il

---

[930] Art. 12 al 1 et 2 de la loi fixant les règles d'organisation et de fonctionnement du CSM dispose que : « Le Président et le Vice-président de la Cour Suprême sont nommés par décret du Président de la République sur proposition conforme du Conseil Supérieur de la Magistrature. Les autres magistrats de la Cour Suprême sont nommés par décret pris en Conseil des Ministres. »

[931] La nomination du Directeur National de l'administration de la justice et l'inspecteur en chef des services judiciaires doit aussi être confiée au CSM.

[932] Art. 12 al 6 de la loi fixant les règles d'organisation et de fonctionnement du CSM dispose que : « Les magistrats du Parquet des autres juridictions sont nommés par décret du Président de la République sur proposition du Ministre de la Justice et après avis du Conseil Supérieur de la Magistrature. »

suffit pour ce faire qu'une commission ad hoc soit mise en place aux fins de filtrer les demandes, à l'instar de la commission de l'Espace d'Interpellation démocratique, pour éviter des abus de saisine de la part des justiciables. Les magistrats eux-mêmes doivent jouer un rôle déterminant dans la dénonciation de leur propre collègue. Cette stratégie doit être vivement encouragée. Une récompense pourra même être allouée au dénonciateur si la responsabilité du dénoncé venant à être instituée. Pour limiter les pouvoirs du CSM, il doit y avoir un régime de responsabilité déterminé des membres.

Les décisions des membres du CSM peuvent être attaquées devant la juridiction administrative[933]. En plus de cette possibilité, un régime de responsabilité personnelle des membres pourra être institué tant sur le plan pénal que sur le plan civil. En effet, du fait de leur décision, les membres du CSM pourront engager leur responsabilité personnelle ou celle de l'État. Une telle stratégie permettra au conseil de rendre des décisions exemplaires, d'où l'opportunité de la réforme du CSM.

Paragraphe 2. L'opportunité de la réforme du CSM

Il ne serait pas redondant de rappeler que le CSM est l'institution indispensable de promotion et de protection de l'indépendance de la justice. Pour remplir un tel rôle si capital, encore faudrait-il, qu'il soit lui-même indépendant ? L'indépendance du conseil est réalisée en l'éloignant du pouvoir politique. Pour ce faire, certaines personnalités doivent être exclues du conseil ou du moins la diminution de leurs prérogatives. Il ne s'agit pas d'une réforme contre le pouvoir politique, mais plutôt une réforme pour mieux assurer l'équilibre des pouvoirs. L'effectivité de l'indépendance du conseil supérieur de la magistrature conditionne l'équilibre des pouvoirs (I) ayant pour conséquence une valeur ajoutée au niveau de l'exécution des décisions de justice (II).

I. Pour un équilibre des pouvoirs

La théorie de la séparation des pouvoirs[934] désigne la distinction entre les différentes fonctions de l'Etat, mise en œuvre afin de limiter l'arbitraire et d'empêcher les abus liés à l'exercice de la souveraineté. Cette doctrine, qui est au cœur de l'organisation actuelle des institutions maliennes, garantit l'indépendance fonctionnelle des juridictions par rapport aux différents pouvoirs. Reposant sur ce principe intangible, tout État qui se réclame « État

[933] Art. 82 al. 3 du statut de la magistrature précise que les sanctions disciplinaires ne sont susceptibles de recours que devant la Cour Suprême dans les deux mois à compter de la date de la notification. On comprend mal que la décision du conseil supérieur de la magistrature fasse l'objet d'une seule voie de recours devant une seule instance notamment la cour suprême.

[934] V° Supra p. 66 et svtes.

de droit » doit pouvoir assurer l'indépendance certaine aux magistrats chargés de rendre la justice. Celle-ci incarne l'État de droit. Il s'agit, selon KELSEN, d'un « État dans lequel les normes juridiques sont hiérarchisées de telle sorte que sa puissance s'en trouve limitée. Il se doit de respecter deux principes fondamentaux : le principe de légalité, qui découle de l'existence de la hiérarchie des normes, et le principe d'égalité, qui s'oppose à tout traitement différencié des personnes juridiques ». Ce modèle exige la séparation des pouvoirs, condition préalable de l'indépendante de la justice[935].

Cependant, la présence des personnalités du pouvoir politique dans le CSM ne laisse indifférente l'indépendance de la justice (une situation suffisamment évoquée)[936]. À l'inverse, leur exclusion permettra au CSM d'obtenir une autonomie, nécessaire à la protection certaine de l'indépendance des magistrats. En effet, la relation entre l'exécutif et la justice est déséquilibrée en faveur du premier. Ce déséquilibre s'explique par la présence dans le conseil du chef de l'exécutif, du ministre de la Justice, du Directeur national de la fonction publique, du Secrétaire général du gouvernement. Toutes ces personnalités symbolisent le pouvoir politique. « Un tel déséquilibre constitue une violation de l'esprit de la constitution malienne »[937]. Dans le système de justice considérée comme autorité et non de pouvoir, la présence de certaines autorités politiques peut être concevable, parce qu'il s'agit d'une autorité administrative[938]. Cette situation est différente du contexte malien. La constitution malienne prône non seulement la séparation des pouvoirs, mais aussi l'équilibre entre les pouvoirs[939]. Un tel équilibre est réalisé à travers l'institution d'une justice indépendante.

---

[935] « L'indépendance de la justice, c'est-à-dire l'absence de toute soumission des juges dans l'exercice de leur fonction juridictionnelle à des pouvoirs extérieurs est une des composantes essentielles de l'État de droit. Sans cette indépendance, aucune garantie de droits n'existe ». Doyen Charles DEBBASCH, (www.wikio.fr).

[936] V° Supra, p. 301.

[937] N'DIAYE (A. A.), *L'urne et le glaive - Réflexions sur les concepts socio - politiques et judiciaires au Mali de 1960 à la troisième République,* op. cit., p. 283.

[938] « L'ensemble des magistrats constitue l'autorité judiciaire. (…) Mais cette autorité ne constitue pas un pouvoir. Il s'agit d'une autorité administrative dotée d'une certaine autonomie chargée de la régulation du service public de la justice. Il est d'ailleurs significatif que toutes les mesures relatives à l'organisation de ce service public y compris celles prises par le Conseil Supérieur de la Magistrature relèvent du contrôle du juge administratif comme le seraient celles prises dans le cadre d'un service public de droit commun. En ce sens, il n'existe naturellement pas de pouvoir judiciaire. La justice est un service public administratif et les magistrats sont des fonctionnaires dotés d'un statut particulier. L'originalité de ce service public tient dans son organisation spécifique et dans les protections particulières dont ses membres disposent dans l'exercice de leurs fonctions ». Doyen Charles DEBBASCH, www.wikio.fr, consulté le 25 février 2012.

[939] N'DIAYE (A. A.), *L'urne et le glaive - Réflexions sur les concepts socio - politiques et judiciaires au Mali de 1960 à la troisième République,* op. cit., p. 283.

Le pouvoir politique dispose aujourd'hui de moyens lui permettant de s'ingérer dans les affaires de la justice[940]. Cette ingérence a atteint la limite du tolérable de telle sorte que l'on peut parler de l'anesthésie de la justice par le pouvoir politique[941]. Ce que l'on lui a toujours reproché. En effet, « l'indépendance vis-à-vis du pouvoir politique est essentielle. Mais, il serait hypocrite d'imaginer que l'indépendance ne dépend que des textes. Le pouvoir politique dispose de moyens d'influence qui passent par des canaux multiples et aucun des Gardes des Sceaux ne pourrait jurer sur l'honneur qu'il n'a jamais tenté d'intervenir dans le cours de la justice. Le pouvoir politique est et restera toujours une sphère d'influence et on voit mal comment les magistrats pourraient échapper totalement à son rayonnement. Rien n'impose bien évidemment aux magistrats de se soumettre à ces interventions. La garantie de leur conscience est le meilleur rempart contre ces débordements »[942].

Il existe une sorte d'interrelation entre l'indépendance de la justice et la séparation des pouvoirs. Celle-ci est une condition de la première. Une justice indépendance est une garantie contre les égarements du pouvoir politique. Ce que l'on constate sous la plume d'un magistrat, lorsqu'il écrit que : « le pouvoir judiciaire indépendant constitue un contrepoids et une force autonome capable de briser tout élan de l'exécutif vers la dictature »[943]. Le juge veille au respect des règles édictées par la société. Il constitue l'ultime recours en la disposition des citoyens. Mais, il ne saurait y avoir indépendance de la justice que si le Conseil Supérieur de la Magistrature, de par son organisation et son fonctionnement, est indépendant. Il améliore de façon continuelle l'éthique de la magistrature en veillant à l'application stricte du code de déontologie. Seule une réforme du Conseil Supérieur de la Magistrature permettra d'atteindre cet objectif.

En toute hypothèse, la séparation des pouvoirs est, plus que jamais, l'élément de la consolidation de la démocratie et de l'indépendance de la justice. Elle permet à la justice d'atteindre les objectifs de protection des libertés fondamentales, de progrès économique, de développement social, et de progrès intellectuel et culturel. En conséquence, elle met un terme aux fléaux tels que : la concentration excessive de la prise de décision, la gestion autocratique des affaires publiques, le totalitarisme, l'abus, la tyrannie, le clientélisme, le népotisme, la corruption, le chaos. Tous ces facteurs avaient

---

940 DIAKITE (A. Y.), *Droit et pratique du droit au Mali,* op. cit., p. 120.

941 L'illustration incontestable de l'ingérence du pouvoir politique dans les affaires de la justice existe au niveau de l'exécution des décisions de justice. La raison est que celui qui se charge de veiller à l'exécution des décisions de justice est un représentant de l'Etat, le Procureur de la République. Sa dépendance à l'égard de l'exécutif est la cause essentielle de la sélectivité de l'exécution des décisions de justice et des autres titres exécutoires.

942 Propos du Doyen Charles DEBBASCH, www.wikio.fr, préc.

943 N'DIAYE (A. A.), *L'urne et le glaive - Réflexions sur les concepts socio - politiques et judiciaires au Mali de 1960 à la troisième République,* op. cit., p. 283.

une incidence négative sur le développement de la justice au Mali. En plus des avantages mentionnés ci-dessus, la séparation des pouvoirs ouvre également la voie à la suprématie de la loi, au pluralisme politique, et à l'alternance du pouvoir[944]. En outre, elle assure l'égalité des chances entre les citoyens, leur permettant d'accéder à des postes de prise de décision.

« Pour apprécier la mise en œuvre de la séparation des pouvoirs à l'égard de la justice, il faut rechercher concrètement la réalité de l'indépendance du juge. Si les modalités de sa nomination et son inamovibilité sont des facteurs déterminants de l'indépendance de la justice, sa garantie repose aussi, notamment, sur les procédures encadrant le déroulement de sa carrière, sur l'existence d'une évaluation des compétences professionnelles et ses modalités, sur le niveau d'exigence déontologique (formation, sanction des manquements aux règles), sur les mécanismes de mise en cause de la responsabilité des magistrats, sur le rôle de la hiérarchie, sur les modalités d'organisation des services des juridictions et de mise à disposition des moyens matériels et humains nécessaires à l'œuvre de justice »[945]. Un exemple illustratif de la séparation des pouvoirs à l'égard de la justice se trouve dans la mise en œuvre de la responsabilité du juge par laquelle on interdit au Président de la République et le ministre de la Justice, garde des Sceaux d'y siéger. Néanmoins, cela ne suffit pas à soustraire le Conseil Supérieur de la Magistrature du contrôle du pouvoir politique, comme ci-dessus évoqué. Le conseil dégagé d'un tel contrôle est indispensable à la mise en œuvre effective des droits des magistrats dans l'exercice de leur fonction, mais aussi indirectement ceux des citoyens.

I. Pour une protection effective des droits

La réforme du Conseil Supérieur de la Magistrature s'inscrit, à l'instar de la séparation des pouvoirs, dans une perspective de protection des droits des magistrats, nécessaire à la promotion du corps. Un CSM fort s'identifie à travers la transparence de ses décisions en matière disciplinaire. La garantie effective de son indépendance est indispensable à son impartialité. Ces mesures qui renforcent sa crédibilité ne sauraient être possibles qu'en l'éloignant du pouvoir politique. La réforme préconisée a justement pour objectif primordial de soustraire cet organe aussi important du joug exécutif

[944] Cette alternance politique, selon les rumeurs ne s'est jamais réalisée, de l'avènement de la démocratie en 1992 jusqu'à nos jours. En effet, il est reproché aux autorités de transition de 1991 de frauder les élections au Président dit démocratiquement élu. De même en 1997, l'on constate, ce qui n'est pas un secret pour personne, l'absence d'une réelle élection conduisant le Président élu 5 ans au plutôt. L'on reproche à ce denier également de frauder les élections au profit du Président de la transition de 1992. Finalement, à en croire ces rumeurs, on conclut à l'absence de démocratie mais de tour de passe-passe.

[945] Michel Mazard, Avocat général à la Cour de cassation. Audition par la commission des affaires juridiques du Parlement européen sur le thème « justice et séparation des pouvoirs, l'indépendance des magistrats » 26 mars 2008

à toutes les occasions. Le conseil doit parvenir à la gestion de la carrière des magistrats en toute indépendance. Aussi, il doit pouvoir se prononcer en toute indépendance et impartialité en matière disciplinaire. La loi portant organisation, fonctionnement et attribution du Conseil Supérieur de la Magistrature tente d'assurer un procès équitable à tous les magistrats soupçonnés d'un comportement susceptible de sanction disciplinaire. Pour y parvenir, la loi susdite exclut le Président de la République et le ministre de la Justice de la formation disciplinaire. Une analyse plus pointue dénote que cela est loin de combler le déficit d'indépendance du Conseil Supérieur de la Magistrature. En d'autres termes, l'absence des deux personnalités de l'exécutif dans la formation disciplinaire ne suffit nullement à faire dégager du conseil de la volonté politique.

La conclusion que l'on puisse tirer, c'est que l'exclusion du Président de la République et celle du ministre de la Justice n'est qu'un tour de passe-passe. Parce que même en l'absence de ces deux personnalités, les membres nécessaires à la délibération disciplinaire ne peuvent se dégager du sens voulu par le Président de la République ou le ministre de la Justice. Il suffit pour cela de faire une simulation du respect des garanties du procès équitable au profit du magistrat incriminé. L'indépendance de la justice se fait sentir, avant tout, à travers un CSM indépendant. Sans cette indépendance du CSM, l'indépendance de la justice ne peut être qu'une simulation. Le CSM constitue dès lors un instrument permettant à l'exécutif de s'immiscer dans les affaires juridictionnelles, et parfois « l'épée de Damoclès » qui lui permet d'orienter la justice dans le sens voulu.

La difficulté actuelle de l'exécution des décisions de justice et les autres titres exécutoires est due essentiellement à la faiblesse de l'indépendance de la justice, en général, et l'absence d'indépendance du parquet, en particulier. La dépendance du parquet, organe chargé de veiller à l'exécution des décisions de justice, constitue une réelle entrave à l'exécution des décisions de justice[946]. La réforme doit décharger le parquet de cette tâche en mettant en place un juge de l'exécution des décisions. L'une des faiblesses du système juridictionnel malien est certainement l'absence d'un juge d'exécution. Le contentieux d'exécution des jugements du juge judiciaire, lorsqu'il s'agit de mesures réalisant cette exécution ou qui n'en sont pas détachables, relève de l'ordre judiciaire. Il s'agit là des incidents de l'exécution forcée. Par contre la violation de la chose jugée par l'inexécution ou la mauvaise exécution de la décision est une hypothèse de responsabilité administrative qui relève de la compétence du juge administratif. Deux juges se partagent la tâche du contentieux de l'exécution. Il sera judicieux de confier l'ensemble des contentieux de l'exécution à un seul juge notamment le Président du Tribunal, juge au siège. Désormais, juge de l'exécution, ce

[946] V° *supra*, p. 166.

rôle du Président de la juridiction ne constitue point un préjudice à la mission de l'huissier, mais plutôt un renforcement.

SECTION 2. LES MESURES AUTRES QUE LA RÉFORME DU CSM

La réforme du Conseil Supérieur de la Magistrature est une solution pour la consolidation de l'indépendance de la justice. De façon générale, la mise en œuvre des règles du procès équitable constitue une œuvre périlleuse exigeant une panoplie de mesures. Les actions qui doivent accompagner la réforme, autre que la consolidation de l'indépendance, sont à la fois internes (Paragraphe 1) et externes à la justice (Paragraphe 2).

Paragraphe 1. Les mesures internes

Plusieurs mesures internes concourant à la mise en œuvre des garanties du procès équitable ont été exposées. Deux mesures complètent l'édifice de consolidation de l'indépendance de la justice : l'action des groupements professionnels des magistrats et la consolidation des ressources de la justice.

I. Le rôle des groupements professionnels des magistrats

Les magistrats jouent un rôle actif dans la préservation de leur indépendance. À partir de l'initiative individuelle et collective, les magistrats parviennent à repousser les pressions qui sont de nature à engendrer une sorte de dépendance. Le rôle que joue le syndicat ne doit pas être négligent dans ce processus de préservation de l'indépendance. Le syndicalisme judiciaire constitue une garantie non négligeable pour l'indépendance de la justice, en ce qu'il permet aux magistrats d'exercer pleinement leur mission de gardien des libertés individuelles. Il revient au magistrat de revendiquer quotidiennement son indépendance à l'occasion de l'exercice de ses fonctions, même face à l'existence des textes extraordinaires garantissant l'indépendance. Ce rôle est primordial pour rendre effectifs et efficaces les textes qui garantissent son indépendance. Chaque magistrat peut alors revendiquer individuellement son indépendance ou collectivement sous la forme syndicale ou associative.

Le syndicalisme est le creuset au sein duquel se définissent et se revendiquent les besoins d'une corporation dans les conditions déterminées par la loi. Pour permettre à la magistrature de défendre efficacement son indépendance, veiller à l'amélioration de ses conditions de travail et au respect de ses droits, promouvoir et développer en toutes circonstances des normes élevées de conduite, leur statut leur autorise à s'organiser en association professionnelle[947]. Ainsi est né le syndicat autonome de la

[947] L'art. 22 al 3 de la loi portant statut de la magistrature.

magistrature (SAM) au lendemain de la révolution du 26 mars 1991, date d'instauration de la démocratie au Mali et début de la 3e République. Le SAM, à l'instar de tout syndicat, a pour mission la défense des intérêts de la corporation. Par conséquent, il se fixe un certain nombre d'objectifs :

- veiller à ce que la justice puisse exercer sa mission en toute indépendance ;
- étudier et promouvoir toutes les réformes nécessaires concernant l'organisation et le fonctionnement de la justice, ainsi que le recrutement, la formation et la carrière des magistrats ;
- défendre les intérêts professionnels des membres du corps ;
- informer ses membres sur les plans professionnel et syndical ;
- veiller à la défense de la liberté et des principes démocratiques ;
- militer une justice indépendante afin de permettre une justice égale ou un procès équitable pour tous ;
- permettre aux magistrats de jouer pleinement leur rôle constitutionnel de gardien des libertés individuelles à l'abri des pressions médiatique et politique.

La réalisation des objectifs ci-dessus exige des actions concrètes du syndicat de la magistrature. Lesquelles actions sont entre autres : les pratiques professionnelles ; la participation aux instances institutionnelles ; la sensibilisation et le partenariat.

- S'agissant des pratiques professionnelles, le syndicat de la magistrature mène un travail de fond sur la justice et sur les pratiques professionnelles. Il constitue un lieu d'échanges et de débats et permet de rompre la solitude du juge. Outre les réunions régulières du conseil syndical, des groupes de travail fonctionnels ou thématiques sont mis en place. Le fruit de ces réflexions permet au syndicat de la magistrature de produire des documents et des argumentaires afin de faire partager sa vision de la justice[948].
- En ce qui concerne le partenariat, le syndicat de la magistrature travaille en partenariat avec la société civile, car l'indépendance de la justice n'est pas que l'affaire des juges, mais concerne tous les citoyens. Ainsi le syndicat de la magistrature milite avec de nombreuses autres organisations : la ligue des droits de l'homme, des organisations professionnelles d'avocats progressistes, des organisations d'aide aux étrangers, aux prisonniers, d'autres organisations syndicales, etc.
- Et le syndicat de la magistrature accomplit également un travail de sensibilisation auprès des médias et des partis politiques afin de faire

[948] Le Syndicat Libre de la Magistrature publie une revue périodique dénommée « Revue de Droit et d'informations juridiques et judiciaires » qui commente ou diffuse des différents points de vue divers sur les questions de justice et des libertés.

connaître ses analyses sur les dysfonctionnements de l'institution juridictionnelle.

- Les représentants du syndicat de la magistrature siègent au Conseil Supérieur de la Magistrature, à la commission d'avancement. Le syndicat de la magistrature intervient auprès des autorités et de la hiérarchie judiciaire pour la défense des magistrats lorsqu'ils sont mis en cause ou lorsqu'il est porté atteinte à leur indépendance. Il les assiste dans leur défense lorsqu'ils font l'objet de poursuites disciplinaires.
- Le syndicat peut intervenir au soutien de magistrats ou d'avocats en difficultés dans leurs pays et participe à des programmes d'actions en faveur du développement et des droits de l'homme à l'étranger.

La réalisation des objectifs ci-dessus décrits constitue la mission périlleuse à laquelle le SAM est, à tout moment, confronté. Le SAM, a subi de sérieuses difficultés, mais celles-ci ne l'ont pas empêché d'enregistrer de résultats tangibles et encourageants[949]. Du slogan « l'union fait la force », le Syndicat autonome de la Magistrature comme tout autre syndicat a des défis à relever : celui d'unifier le corps de la magistrature, revendiquer l'indépendance, bref s'imposer en tant que « pouvoir ». Le Mali, à l'instar de bon nombre d'États africains, l'émergence d'une justice forte, a toujours été ébranlée, justement à cause de l'influence du pouvoir politique et d'autres entités. Fort malheureusement, le Syndicat autonome de la Magistrature, né au lendemain de la révolution de mars 1991, n'a pas résisté à des querelles et a subi une division. Aujourd'hui, on assiste à la naissance d'un autre syndicat dénommé le Syndicat Libre de la Magistrature (SYLIMA)[950]. Cette

[949] Parmi les résultats tangibles, il y a l'érection de l'autorité judiciaire en pouvoir judiciaire. Il existe un réel débat doctrinal sur l'opportunité de l'utilisation de l'expression « pouvoir judiciaire » et « l'autorité judiciaire ». Les auteurs soutiennent d'abord qu'il n'y a pas de pouvoir judiciaire, mais comme l'expression « pouvoir judiciaire » a dans la langue juridique deux sens principaux: un sens fonctionnel « l'ensemble des actes par lesquels sont jugés les procès » et un sens organique « un ensemble de tribunaux présentant certaines propriétés structurelles », la thèse de l'absence de pouvoir judiciaire se décompose en deux : il n'y a pas de pouvoir judiciaire au sens organique; les juges exercent une fonction qui ne leur confère pas un véritable pouvoir. Les uns estiment que dans une république un pouvoir tire son essence de la volonté du peuple. A ce titre l'exécutif et le législatif illustrent bien la notion. Les magistrats sont des fonctionnaires recrutés et non élus donc, ne peuvent constituer un pouvoir, mais une autorité. Cependant, certains voient autrement, ils estiment que la justice est un contre pouvoir. Elle est la gardienne des droits fondamentaux et des libertés individuelles. Elle est forte, indépendante, capable de faire face aux autres pouvoirs et d'opposer à leurs abus le respect des droits de l'homme et des libertés fondamentales. Certains parlent de « pouvoir juridictionnel » qui est le « pouvoir appartenant aux juridictions de dire le droit ». En tout cas l'expression « pouvoir judiciaire » a une connotation plus ou moins favorable à l'extension des compétences ou de l'indépendance des tribunaux.

[950] SIDIBE (A. Y.), *Droit et pratique du droit au Mali*, op. cit., p. 124.

situation est à déplorer dans la mesure où un corps unifié aura plus de poids dans la lutte qu'un corps divisé.

Désormais, il appartient à ces deux syndicats (SAM et SYLIMA) de promouvoir la défense des intérêts de la corporation et soutenir toutes les actions tendant à la garantie réelle de l'indépendance de la justice. L'office du syndicat est capital dans la préservation de l'indépendance et l'amélioration des conditions du corps de la magistrature. Telle est l'action collective. Celle-ci doit être combinée à l'action individuelle de chaque magistrat pour une magistrature plus forte, plus indépendante, plus soucieuse d'une justice de qualité. Mais aussi et surtout des moyens appropriés doivent être alloués à la justice pour parvenir, à bon escient, à sa mission.

La mission primordiale du juge, c'est certainement rendre la justice. Il remplit cette mission en appliquant la règle de droit au fait qui lui est soumis. Cette tâche simple, d'au moins théoriquement, suppose une maîtrise des instruments juridiques. Le juge rencontre fréquemment de délicats problèmes en appliquant le texte soit en raison de la nature de l'affaire ou de l'interprétation du texte concerné. « Le faible niveau de culture juridique peut déséquilibrer la balance de la justice, même à l'encontre de la volonté du juge »[951]. C'est pour cette raison que l'accent particulier doit être mis sur les formations initiales et continues des magistrats. Un magistrat bien formé est un magistrat plus indépendant, affirme un magistrat[952]. Il est à même de s'imposer à travers ses décisions et de résister aux pressions dans la mesure où il appréhende mieux l'importance de sa mission. Cet état de choses a été bien perçu par le législateur malien qui y a consacré une disposition spéciale[953].

Par ailleurs, dans le but d'encourager l'excellence, le législateur malien réserve des avantages particuliers aux magistrats qui la cultivent. C'est dans ce contexte que les magistrats titulaires d'un diplôme d'études supérieures ou d'un diplôme d'études approfondies bénéficient d'une bonification d'ancienneté égale à un échelon par arrêté du Garde des Sceaux, ministre chargé de la justice après avis conforme du Conseil Supérieur de la Magistrature. Ceux qui sont titulaires du grade de docteur en Droit ou de deux diplômes d'études approfondies bénéficient dans les mêmes conditions d'une bonification d'ancienneté égale à deux échelons[954].

Pour être complet, le législateur devait prévoir des primes pour les publications des travaux de recherche qui règlent, de façon originale, un ou plusieurs problèmes qui se posent en droit devant les juridictions maliennes. Les magistrats doivent s'informer sur l'évolution du droit pour combler le

---

[951] Idem, p. 133.

[952] Ibid. p. 134.

[953] La section 3 du titre 2 intitulé « avancement à titre de formation » de la Loi N°02 – 054 AN/RM du 16 décembre 2002 portant statut de la magistrature J.O N° 36 du 31 décembre 2002. Elle comprend 3 articles.

[954] Art. 97 de la loi, portant statut de la magistrature, préc.

déficit. Ils doivent s'approprier de nouvelles technologies de l'information et de la communication tel que l'internet qui est aujourd'hui une grande source d'information. Les magistrats peuvent se créer des cadres de concertation et d'échange qui leur permettent de choisir périodiquement un thème autour duquel ils vont échanger[955]. Il faut à tout prix éviter de cultiver l'esprit de dépendance qui montre à l'autorité politique qu'elle et elle seule a toutes les initiatives relatives à la corporation. C'est en multipliant ces initiatives que les magistrats s'exprimeront en tant que pouvoir ce qui est aujourd'hui loin d'être la réalité.

II. La consolidation des ressources

Au-delà des observations ci-dessus, la justice malienne est une institution qui manque de moyens, même si cela n'est pas partagé par tout le monde[956], pour remplir sa mission régalienne de rendre la justice. Les juges affirment parfois que la justice manque de moyens, et que cela les empêche de produire un travail de qualité maximale. Malheureusement, cela correspond souvent à une réalité bien concrète. La première illustration porte sur le procès pénal. En effet, l'un des problèmes cruciaux qui minent nos commissariats de police serait l'insuffisance de moyens matériels et humains pour mener une enquête préliminaire fiable[957]. Pour le district de Bamako qui compte environ plus de deux millions d'habitants fonctionnent avec douze arrondissements. Ces différents commissaires affirment l'insuffisance de ressources humaines. Que souvent, ils sont dans l'impossibilité de mener deux perquisitions à la fois[958].

L'insuffisance du nombre d'enquêteurs est un problème, celle de la qualité en est un autre. Par qualité, nous faisons allusion à la compétence et à l'éthique professionnelle. La première renvoie à la connaissance technique, le savoir nécessaire pour mener à bien l'enquête, conduisant à la performance de la structure. Quant à la seconde, elle a trait aux principes moraux, aux conduites exemplaires, bref au respect de la déontologie de la profession[959]. La cause profonde du problème de compétence et de l'éthique est essentiellement due au recrutement et à la formation des policiers. Le non-respect du cadre légal de recrutement influe considérablement sur la mentalité et le comportement des agents enquêteurs. En effet, le recrutement

---

955 Ce qui fait régulièrement le syndicat libre de la magistrature (SYLIMA).

956 Certains estiment que le budget alloué à la justice est détourné à des fins personnelles par les responsables chargés de le gérer.

957 Le Ministre de la justice, Malick COULIBALY, lors de sa sortie dans la région de Kayes et Koulikoro, le 9 et 12 février 2013, affirme que les unités d'enquêtes (gendarmerie et politique) ainsi que les justiciers manquent cruellement de moyens pour faire face à leur travail.

958 V° Rapport de 2008, 2009, 2010 et 2011 de l'Association Malienne des Droits de l'Homme (AMDH).

959 V° *supra*, p. 183 et svtes.

des agents de la police et ceux de la gendarmerie est devenu un « fonds de commerce » pour certaines autorités du corps qui s'en donnent à toutes sortes de pratiques. « Il faut être suffisamment placé, pour parvenir à faire passer quelqu'un au concours d'officiers de police judiciaire »[960]. Une situation regrettable dans un État fondé sur le principe de non-discrimination[961]. L'insuffisance de ressources humaines et matérielles constitue une véritable difficulté pour les enquêtes judiciaires.

Le faible moyen matériel se traduit par le manque ou l'insuffisance de moyens logistiques et du budget de fonctionnement[962]. Cette situation a pour conséquence première le non-respect des exigences de la garde à vue conforme aux textes. Ceci concerne deux problèmes essentiels : le non-respect du délai et le manque de traitement décent des gardés à vue. Au rang de la question logistique, il y a l'absence ou l'insuffisance des moyens de transport, des ordinateurs ou des machines à dactylographier. Dans certains commissariats, il n'existe pas d'électricité. Aussi, l'inexistence d'un budget pour la restauration des gardés à vue complique davantage la bonne tenue d'une enquête policière. En cas de problème de santé, souvent les personnes chargées de l'enquête sont obligées de supporter sur fond propre les frais de traitement[963]. À cela s'ajoute l'insuffisance des moyens pour le déplacement des enquêteurs dans certaines unités d'enquête. Si le moyen de déplacement existe, parfois, le combustible fait défaut, voire des frais d'entretien de ces moyens de déplacement. Le faible respect des droits des présumés est une cause de déséquilibre du procès pénal. Cependant, il n'est pas propre à l'enquête policière, on le constate au niveau de la phase de l'instruction[964].

Au cours de nos enquêtes au niveau des justices de paix à compétence étendue de Bankass, de San, de Nioro du Sahel, de Markala, de Bla, de Bougouni, de Bandiangara, le constat d'une justice disposant de faibles ressources (humaines et matérielles) ne fait pas attendre. Certaines justices de paix à compétence étendue sont abritées dans des bâtiments construits, semble-t-il, par l'ex-colonisateur. Excepté, le juge de paix et le greffier en chef dans certaines JPCE, le reste du personnel est constitué de stagiaires et de bénévoles. Souvent, ce sont ces stagiaires ou bénévoles qui facilitent le

---

960 Propos d'un commissaire de police sous l'anonymat.

961 Art. 1er de la constitution malienne du 25 février 1992, préc.

962 Un commandant de brigade affirme qu'il dispose d'un budget de 30 000 FCFA par mois pour le fonctionnement de sa brigade de recherches qui couvre une superficie de 7 373 km² pour une population de 317 965 habitants.

963 Emission point de rencontre, tenu le 22 novembre 2003 à 11 heures sur l'Office de radiodiffusion et télévision du Mali (ORTM). Thème : *Les avocats et l'enquête préliminaire*, produit par : Amère condé, journaliste, Maître Mamadou Lamine TRAORE, et Maître Ousmane B. TRAORE tous avocats. V° aussiRapport de l'atelier sur les Droits de la défense à l'enquête préliminaire organisé par l'Association des jeunes avocats du Mali (l'AJAM) tenu, le 24 et 25 juin 2003 au palais des Congrès de Bamako.

964 V° supra, p. 137.

flux de la corruption du juge. En clair, ils servent souvent de relais entre les justiciables et les magistrats. Ces éléments s'ajoutent aux mesures externes.

Paragraphe 2. Les mesures externes

Les mesures externes concernent la collaboration des auxiliaires de justice et de la société civile. Ces entités contribuent indirectement à la consolidation de l'indépendance de la justice et de façon directe à la promotion de la justice et certaines règles du procès équitable. Leur rôle ne doit pas être négligé. Les uns ont un rôle d'assistance du magistrat, s'exerçant dans le cadre d'une profession (I), les autres, généralement participent à la défense du justiciable soit par un appui financier, soit par des critiques constructifs imposant aux magistrats une prise de conscience (II).

I. Le rôle des auxiliaires de justice

Les auxiliaires de justice ont pour rôle d'assister les magistrats de différentes façons. Certains font partie de l'administration, d'autres relèvent de professions libérales. Les secrétaires-greffiers s'occupent de l'administration des juridictions, appelée le « greffe ». Les huissiers ont pour fonction d'authentifier les actes et de faire appliquer les décisions de justice par la force, le cas échéant. Les avocats conseillent leurs clients. Ils s'occupent des actes de procédure devant les juridictions, concluent, en exposant les chefs de demande et les moyens de défense qui constituent l'argumentation des parties, et plaident pour le compte de leurs clients en prenant la parole à l'audience. Il existe également de nombreux experts qui éclairent les magistrats sur des problèmes techniques en toute matière. Le rôle de chacun de ces auxiliaires est capital. Mais le développement suivant ne concerne que les avocats et les huissiers.

L'avocat est un auxiliaire de justice exerçant des fonctions de conseil, d'assistance et de représentation. La profession d'avocat est régie, en République du Mali, par la loi N° 94-042/AN-RM du 13 octobre 1994. Aux termes de cette loi, les avocats sont habilités à rédiger tous actes sous seing privé, à représenter les particuliers dans les opérations et actes de la vie civile et commerciale, à procéder à des règlements pécuniaires et à donner aux administrations et aux particuliers des consultations juridiques en toutes matières[965]. Les avocats sont organisés en ordre professionnel appelé Ordre

---

[965] « Les avocats ont seule qualité pour plaider. Peuvent postuler, assister et représenter les parties en toutes matières devant toutes les juridictions et les différents services administratifs. Ils ont le droit de faire et de signer les actes nécessaires à la procédure dont ils ont la charge et à l'exécution des décisions de justice. Donner toutes consultations juridiques. Rédiger tous les actes sous-seing privé ». Art. 11 et 12 de la loi N° 94 - 042 AN – RM du 13 Octobre 1994.

des Avocats ou barreau[966]. Avant l'indépendance, il existait au Soudan français des juridictions d'instances et même une cour d'appel, auprès de laquelle étaient nommés des « avocats défenseurs » selon des critères propres à l'administration coloniale, ceci explique leur nombre restreint[967]. Ces avocats étaient tous de nationalité française, qu'ils soient français de la métropole, des Antilles ou des colonies.

Au seuil des années 1960, il pouvait être dénombré moins d'une dizaine d'avocats qui ont constitué un embryon de barreau à l'avènement de l'indépendance. Ils étaient sans structure précise, sans bâtonnier ni conseil de l'ordre et défendaient la plupart du temps des clients non indigènes[968]. Dix ans plus tard, devant le départ ou le décès de plusieurs avocats, force était de constater que les représentants de la profession étaient en nombre très insuffisant par rapport au volume des affaires traitées par les tribunaux ; avoir un avocat était à cette époque un privilège pour le justiciable. Il s'agissait déjà à l'époque d'un barreau unique ayant compétence sur toute l'étendue du territoire. Ce texte malheureusement consacrait la mainmise de l'Etat sur le barreau, notamment par la nomination des avocats par décret pris en conseil des ministres, la possibilité pour tout magistrat (même ceux à la retraite) d'être nommés comme avocats[969].

Il revient au Procureur Général près la Cour d'appel de dresser un « tableau initial », lui-même définitivement arrêté en conseil des ministres. Le barreau malien s'étoffa alors de vagues successives de magistrats à la retraite pour atteindre une quinzaine de membres. Dans les années 1980, un nouveau statut du barreau[970] est pris privilégiant toujours la nomination par décret pris en Conseil des ministres, mais limitant cette fois-ci l'accès à la profession par les magistrats. En outre la loi 88-43 prévoit expressément la création d'un ordre des avocats organisé en barreau et administré par un conseil de l'ordre qui publie chaque année un tableau. En 1994, la loi n° 94-042 portant création et organisation de la profession d'avocat est promulguée. Elle crée une nouvelle profession d'avocat réunissant avocats et conseils juridiques que le barreau acquiert véritablement son indépendance et devient maître de son tableau. L'accès à la profession relève désormais du seul ressort du barreau et de ses instances dirigeantes. Il en est de même pour

---

[966] L'Ordre des Avocats a pour mission principale d'exercer la discipline en son sein, de veiller à la bonne tenue de la comptabilité des Avocats, de traiter toutes questions intéressant l'exercice de la profession, la défense des droits des Avocats et la stricte observation de leurs devoirs.

[967] L'ordonnance N° 43CMLN du 30 Décembre 1971 portant institution d'un barreau auprès de la Cour Suprême et de la Cour d'appel du Mali. (JO 1971, p 675).

[968] A ces avocats il faut ajouter les « agents d'affaires » qui agissaient souvent en vertu d'un mandat et principalement dans les affaires indigènes.

[969] Ordre des Avocats du Mali (OAM), histoire du barreau du Mali, 04 juin 2009.

[970] Loi n°88-43/AN-RM du 28 Mars 1988, préc.

la discipline[971]. Aujourd'hui, après les évènements du 26 mars 1991 et l'avènement d'un régime multipartite, pour lesquels le barreau du Mali a joué un rôle prépondérant, le tableau de l'ordre compte plus de deux cents avocats représentés par un conseil de l'ordre de vingt-cinq membres lui-même présidé par un bâtonnier élu pour trois ans.

Le rôle assigné à l'avocat dans le système juridictionnel est sans doute la consolidation de la justice, justice égale pour tous, le procès équitable n'exige pas plus que cela. « Il est du devoir des conseils d'épouser les intérêts de leurs parties sans épouser leurs passions, d'exercer leur ministère avec la modération, la douceur et l'honnêteté que se doivent réciproquement des personnes dont la profession est de ne demander la justice sans intérêt propre »[972]. Fernand PAYEN qui enseignait en 1936 les règles de la profession d'avocat affirmait ceci : « voici l'avocat encore couvert de toutes les vertus : le désintéressement, l'honneur, la dignité, la délicatesse, qui doivent l'accompagner dans tous les moments de sa vie. Il doit, notamment quand il lit, à l'audience, des pièces ou qu'il cite des décisions de justice, ne jamais chercher à entraîner les juges dans l'erreur. Il doit en toutes circonstances, surveiller ses gestes et ses paroles »[973].

« Ce que le juge souhaite ? C'est un avocat courtois, agréable, c'est un avocat paisible et discret, c'est un avocat sérieux et compétent qui prenne des bonnes écritures et, s'il plaide, qui plaide très vite et bien ; c'est un avocat qui veille à être autre chose que le serviteur docile de son client, qui tâche de devenir un véritable auxiliaire de la justice ; c'est un avocat surtout qui ne dérange pas le juge, et s'il se peut même qui l'aide un peu. Ce que l'avocat espère, attend ? C'est un juge aimable, c'est un juge qui veuille bien l'écouter sans jamais s'impatienter, c'est un juge attentif, qui attache à l'avocat l'importance qu'il mérite, un juge accessible, un juge qui ne soit pas trop inquisiteur, et surtout un juge, qui au bout du chemin, bref au long, lui donne raison. Le bon juge, c'est pour l'avocat le juge qui lui convient. Pour le juge, le bon avocat est celui qui ne le dérange pas[974]. Dans la norme des choses, le partenariat avocat-juge doit être un partenariat gagnant-gagnant. « Pour un bon juge, le meilleur avocat c'est probablement le plus mauvais. Plus l'avocat est mauvais, plus le bon juge est tenté de chercher les arguments que l'avocat est incapable de trouver ou de développer. Le bon juge vient naturellement au secours de la partie à laquelle manque un bon avocat[975].

---

971 Loi n° 94-042 du 13 Octobre 1994 : portant création et organisation de la profession d'avocat.

972 DAVIGNEAU, Avocat et Procureur au Parlement de Bordeaux, cité par BREDIN (J.-D.), *« Le juge et l'avocat »*, in Mélanges offerts à Pierre DRAI – Le juge entre deux millénaires, Paris, Dalloz, 2000, p. 15.

973 Fernand Payen, cité par BREDIN (J.-D.), *« Le juge et l'avocat »*, op cit., p. 16.

974 BREDIN (J.-D.), *« Le juge et l'avocat »*, op. cit., p. 21.

975 Pierre BELLET, cité par BREDIN (J.-D.), *« Le juge et l'avocat »*, op. cit., p. 24.

Au Mali, la relation avocat-juge est plus délicate[976]. L'avocat tel qu'il vient d'être constaté, bénéficie des prérogatives lui permettant d'assister et de défendre le justiciable au cours de la procédure juridictionnelle. Son rôle est de veiller à ce que cette procédure soit conduite dans les règles de l'art. Cet apport de l'avocat permet une consolidation de la justice parce qu'en défendant le client, il contribue par là à la garantie de la régularité de la procédure. Si l'apport de l'avocat constitue une garantie à l'effectivité de la procédure juridictionnelle, encore faudrait-il que l'avocat respecte lui-même la loi et ne se rend pas complice de son client ? Cet apport de l'avocat a une importance capitale parce que d'une part, il concourt à éviter des abus, et d'autre part lorsque la transgression relève d'une certaine méconnaissance, l'avocat serait à cet effet un guide. Par conséquent, l'avocat en jouant effectivement son rôle et en évitant de cautionner les vices de procédure, cela permettra de garantir la régularité de la procédure et à partir de ce moment la procédure aura toute son efficacité. Les avocats peuvent se rendre complices de deux manières : soit en connivence avec le client ; soit avec le juge, en charge du dossier. Cette situation est regrettable. C'est pourquoi, la lutte contre la corruption et le favoritisme doit s'étendre au-delà du juge. Les auxiliaires de justice doivent être pris pour cible, y compris les huissiers.

Les huissiers de justice sont des officiers ministériels qui ont seuls qualité pour signifier les actes et les exploits, faire les notifications prescrites par les lois et règlements et procéder à l'exécution des décisions de justice et les titres exécutoires. En outre, ils procèdent au recouvrement amiable ou judiciaire de toutes créances et assurent le service des audiences des cours et tribunaux. Les huissiers de justice tiennent de leurs fonctions le droit de requérir l'assistance de la force publique. La profession d'huissier est régie par la loi n° 95-069/AN-RM du 25 août 1995. Au sens de ladite loi, il existe une organisation professionnelle dénommée Chambre nationale des Huissiers de Justice. Cette chambre représente l'ensemble de la profession auprès des pouvoirs publics, prévient ou concilie tous différends d'ordre professionnel entre huissiers, et examine toutes réclamations de la part des tiers contre les huissiers à l'occasion de l'exercice de leurs fonctions.

Service public à caractère professionnel qui pose des actes d'intérêt général, la chambre des huissiers de justice du Mali a cédé la place à l'Ordre des Huissiers de justice du Mali. Le nouveau statut de la profession permet aux huissiers de justice d'exercer désormais sur tout le territoire juridictionnel de la cour d'appel sur lequel se trouve leur charge. Leur compétence territoriale a été élargie au ressort judiciaire de la cour d'appel.

[976] En 1994, la Commission des droits de l'homme notant, dans sa résolution 1994/41, d'une part les atteintes à leur indépendance dont les magistrats, les avocats et les personnels et auxiliaires de justice sont de plus en plus souvent les victimes, et d'autre part la relation qui existe entre l'affaiblissement des garanties du pouvoir judiciaire et des avocats et l'intensité et la fréquence des violations des droits de l'homme, décidait de nommer un Rapporteur spécial sur l'indépendance des juges et des avocats pour une période de trois ans.

Aussi, l'accès à la profession d'huissier est conditionné à la détention d'une Maîtrise en droit[977]. La nouvelle règlementation apporte à l'huissier une certaine garantie dans l'exercice de son sacerdoce. Il fait désormais partie du corps des officiers publics. Pour les poursuivre ou les faire arrêter dans le cadre des fautes commises dans l'exercice de leur profession, il faut au préalable l'autorisation du ministre de la Justice, Garde des Sceaux. Au-delà de cette amélioration, l'exercice de la profession d'huissier est miné par des difficultés.

Les huissiers de justice du Mali exercent un métier qui, par nature, est difficile. « Notre part est délicate, il est aisé de défendre un dossier, de rendre une décision. Mais cette décision qu'on exécute est difficile. Nous sommes la cible vivante »[978]. Les difficultés actuelles inhérentes à l'exercice de la profession d'huissier de justice se résument en des difficultés juridiques et matérielles d'exécution des décisions de justice, l'inadéquation entre la prestation et la rémunération des diligences. S'agissant des difficultés juridiques, l'exécution des décisions de justice est toujours émaillée d'incidents de procédure. Pour les difficultés matérielles, certains justiciables passent par des moyens extraordinaires pour faire arrêter brusquement la procédure. « Lorsque la justice est rendue au nom du peuple malien, que ce ne soit pas une simple théorie, nous avons le sceau de l'État. Ce n'est pas un cachet au hasard »[979]. Les différentes difficultés compromettent la mission de l'huissier qui est capitale pour le procès équitable.

Qualifié de bras, d'oreille et d'œil de la justice, l'huissier de justice exécute les actes qui lui sont demandés pour initier ou sécuriser des procédures et appliquer dans les faits les droits concrets issus d'un jugement, d'un acte administratif ou d'un acte notarié. Il est inutile d'énumérer tous les actes que l'huissier accomplit dans le dispositif juridictionnel. L'acte quel qu'il soit, son meilleur accomplissement peut contribuer à l'amélioration de la justice. L'huissier agit souvent en qualité d'expert. C'est le cas notamment des constats qu'ils effectuent ; lesquels peuvent fonder la religion du tribunal. L'exécution des décisions de justice, il faut le dire, constitue un élément indispensable du procès équitable. L'effectivité de l'indépendance des huissiers permet une meilleure exécution des décisions de justice. Mais cette indépendance des huissiers semble être connectée à celle des magistrats, surtout le Procureur. Or, l'un des principes qui régit le parquet est sa subordination. Cette dépendance hiérarchique joue négativement sur l'exécution des décisions de justice, qui désormais pourra être soumise à la bonne volonté de l'exécutif.

---

[977] La loi n° 95 – 069 / AN – RM du 25 Août 1995 portant statut des huissiers de justice, abrogée en 2008.

[978] Propos de Maître Sylvain Makan KEITA, Président de l'ordre des huissiers du Mali.

[979] Propos de Maître Sylvain Makan KEITA, Président de l'ordre des huissiers du Mali, préc.

II. Le rôle de la société civile

La notion de société civile est de plus en plus controversée. Elle peut néanmoins être définie comme des organisations, structures et réseaux qui, tout en opérant à l'écart des pouvoirs législatif, exécutif et judiciaire, communiquent avec eux de multiples façons[980]. Compte tenu de l'émergence du nombre des Organisations Non Gouvernementales œuvrant dans le domaine de la protection des droits de l'homme, en général et les droits procéduraux, en particulier, il serait quasi-impossible de consacrer un développement particulier quant à leur participation à la promotion des droits fondamentaux. Ce développement déborde le cadre de ce travail. Il suffit de consacrer quelques lignes aux médias et à l'Association Malienne des Droits de l'Homme (AMDH). Le choix porté sur l'AMDH est sa crédibilité et ses différentes actions concrètes réalisées dans le domaine de la justice[981]. Elle fut créée, le 11 décembre 1988[982]. Ses premières actions ont été menées en faveur du monde carcéral (lutte contre la détention préventive, abusive, assistance juridique et détenu sans mandat de dépôt)[983]. L'AMDH s'est ensuite investie dans la défense de la presse indépendante (procès en diffamation contre les journaux. Elle a aussi contribué à l'avènement de la démocratie au Mali.

Depuis, l'institution de la 3e République démocratique, l'AMDH concentre l'essentiel de ses efforts pour la consolidation d'un État de droit. De sa fondation, l'AMDH, ayant contribué à l'avènement du multipartisme est devenue de ce fait presque incontournable dans les gestions de toutes les questions concernant la vie de la nation. Ainsi, elle a été très souvent sollicitée pour se prononcer sur des projets de loi (Assemblée nationale, ministère, Institution nationale et internationale). À l'instar du rôle des associations, les médias jouent un rôle important dans le domaine de la

---

[980] « Les caractéristiques majeures des organisations de la société civile sont l'indépendance, l'autonomie, la démarche non partisane et une ligne d'action axée sur la citoyenneté. Le plus important cependant, c'est l'effectivité et la portée de l'action menée. » HADJADJ (D.) (Dr.), *Combattre la corruption, enjeux et perspectives,* Paris, édit. Karthala, 2002, p. 186.

[981] Chaque année l'AMDH publie un rapport sur l'état de la protection des droits de l'homme au Mali, en général, et les droits des justiciables, en particulier. Ses rapports font état des difficultés et des solutions pour l'amélioration des conditions de vie des citoyens dans tous les domaines. Les multiples rapports de l'AMDH cités dans cette thèse prouvent l'intérêt de soutenir les actions des sociétés civiles.

[982] Elle fut créée, sous l'initiative de Maître Demba DIALLO, par une poignée d'individus farouchement déterminée à défendre les intérêts et droits fondamentaux de la personne humaine, bafoués par les pouvoirs publics, elle est la première organisation malienne de défense des droits de l'homme à s'être constituée avec objet de diffuser et promouvoir l'idéal des droits de l'homme de lutte contre leur violation et d'exiger leur respect.

[983] AMDH, Projet de sensibilisation massive et équitable de la population par rapport aux échéances électorales de 2012 ; Régions de : Kayes, Koulikoro, Sikasso, Ségou, Mopti, Tombouctou, Gao, Kidal et le district de Bamako, p. 36.

promotion de la justice. Ces derniers peuvent aussi constituer une source de dangers d'une bonne justice.

Les médias sont qualifiés de quatrième pouvoir. Cette expression trouve ses origines dans l'ouvrage « De la démocratie en Amérique », d'Alexis de Tocqueville, datant de 1833. L'auteur avance la classification des pouvoirs suivants : le pouvoir central, dans lequel on retrouve la séparation des pouvoirs classiques (législatif, exécutif et judiciaire), le pouvoir local, le pouvoir associatif et les médias[984]. La presse a un très grand rôle à jouer « parce qu'elle doit informer et former l'opinion publique, elle impulse et consolide le débat, la transparence, et la tolérance qui forme la pièce angulaire de la démocratie »[985]. Ce droit d'informer présente évidemment des limites. Le journaliste ne peut tout dire ni tout montrer. Il ne doit pas « se retrancher derrière le droit de l'information pour étendre au maximum ses curiosités »[986]. Ainsi, se fixent les bornes entre presse et justice. Une telle limitation des pouvoirs du journaliste permet de corriger les impacts négatifs que celui-ci pourra avoir sur le bon fonctionnement de la justice. En effet, les relations entre la justice et les médias se renforcent et se complexifient à tel point que l'on peut désormais parler de médiatisation de la justice. En tant que pouvoir de fait, les médias se présentent comme un contrepoids réel tendant à faire échec aux différents égarements de la justice. La justice relevant du domaine du public, les médias se doivent d'informer le citoyen de son actualité. À ce titre et dans le souci de dévoiler la vérité, les journalistes mettent en lumière les dysfonctionnements de l'appareil judiciaire. Cette publicité est souvent le seul moyen d'empêcher l'enterrement d'affaires délicates[987].

La presse est un pouvoir de fait qui a également pour mission de défendre les libertés, parce qu'elle est l'exercice d'une liberté. Le magistrat aussi bien que le journaliste a pour mission primordiale de chercher la vérité[988]. Dans ce cas, il y a nécessairement des passerelles. Ce n'est pas pour autant dire

---

[984] Tocqueville (A.), *De la démocratie en Amérique*, in Eric Bélisle, Les médias et la justice : L'impact des médias sur l'opinion publique en matière de criminalité et justice pénale. Consultable en ligne http://www.alterjustice.org/doc/Les%20medias%20et%20la%20justice.pdf consulté le 21 nombre 2012.

[985] KAMTO (M.), *le droit de la presse au Cameroun*, in DJEUKOU (J.), *Droit de l'homme et liberté de la presse au Cameroun : contribution à l'étude des délits de presse*, Afrilex n°4.

[986] RIVERO (J.), *Les libertés politiques, T II, le régime des principales libertés*, coll. Thémis, Paris PUF, 1980, p. 381.

[987] Ces avantages ne signifient nullement que les médias ne constituent pas un danger pour la justice.

[988] « Tout comme le pouvoir judiciaire se doit de superviser la légalité des décisions du pouvoir exécutif, les médias sont censés suivre les actions des pouvoirs exécutif et législatif, ainsi que de tout autre acteur dont la fonction a de répercussions sur la société. Dans ce cadre, le rôle des médias est d'attirer l'attention et d'informer l'opinion publique sur les faits et cas de corruption. » HADJADJ (D.) (Dr.), *Combattre la corruption, enjeux et perspectives,* op. cit., p. 202.

que la presse est au service de la justice. Elle aide la démocratie. C'est une évidence première, dans la mesure où la presse est un véritable outil de la démocratie, elle va nécessairement dans le même sens que la justice. Des principes fondamentaux tels que la présomption d'innocence ou le respect de la vie privée sont en effet encore mis à mal et la communication de l'appareil judiciaire vers les médias reste problématique. Si le rôle des médias est fondamental dans une société démocratique, il convient de s'interroger sur les risques de cette publicité de la justice.

Les médias doivent être encadrés. Pour ce faire, le respect de leur déontologie doit être de mise. L'espoir né de la liberté de la presse depuis l'avènement de la démocratie s'est estompé très tôt, en dépit de la floraison de la presse orale et écrite. Certains politiques ont mesuré et bien évalué le pouvoir de la presse, surtout dans une démocratie naissante. Ils ont créé et soutenu des médias d'opinion sous le statut privé et d'informations générales qu'ils utilisent pour le marketing ou pour régler des comptes. Les pouvoirs publics s'appuient sur la puissance publique pour mettre la presse sous influence. La précarité économique et financière dans laquelle vit la presse malienne favorise toutes les formes de pression et de corruption du pouvoir économique et politique. Le citoyen malien est la seule victime du non-respect des principes professionnels élémentaires de vérification et de recoupement des informations par les organes de presse, surtout face à la vie privée et à la dignité de la personne humaine. « Quand on ne nous donne pas les moyens, on se crée les moyens », explique un jeune journaliste qui dénonce la précarité de l'organe. D'où la multiplication des attaques contre les acteurs de la vie politique, le traitement politisé de l'information, la corruption, la confusion entre information et publicité, toutes choses qui violent les règles de base de la déontologie et de l'éthique professionnelle du métier de journaliste. Le respect de l'éthique et de la déontologie par le journaliste est indispensable à la pertinence et à la crédibilité de l'information fournie. Il revient aux responsables et professionnels de l'information (journalistes et médias) de s'assurer des sources d'information utilisées, de procéder aux vérifications et recoupements nécessaires[989].

En guise de conclusion, il y a lieu de retenir que la mise en œuvre des règles du procès équitable nécessite une bagatelle de mesures dont les plus essentiels sont : la protection accrue de l'indépendance de la justice ; la consolidation des ressources, mais aussi la bonne collaboration des auxiliaires de justice et tous ceux qui, de part de leurs fonctions, influent la décision du juge.

---

[989] HADJADJ (D.) (Dr.), *Combattre la corruption, enjeux et perspectives,* op. cit., p. 202.

CONCLUSION DU TITRE I

L'organisation et le fonctionnement de la justice malienne demeurent aujourd'hui obsolètes. Ils ne répondent pas à certaines exigences du procès équitable. Cette situation a nécessité une prise de conscience des autorités compétentes de prendre des mesures visant à Son adaptation aux exigences de l'ère. Depuis plus d'une décennie, cette réforme n'a pu s'achever. Néanmoins, elle a donné lieu à la relecture et à l'adoption d'un certain nombre d'instruments juridiques dont la loi portant code de procédure pénale ; le décret portant code de procédure civile commerciale et sociale ; la loi portant organisation judiciaire, etc. L'adoption ou la relecture des instruments juridiques a eu pour corollaire la révision de la carte judiciaire. Une carte jugée obsolète. L'organisation des juridictions administratives a été revue avec l'élargissement des tribunaux administratifs et la création des cours administratives d'appel. Le Mali tend donc vers le parachèvement du dualisme juridictionnel.

La réforme de la justice présente deux objectifs essentiels qui sont : le rapprochement de la justice des justiciables et la restauration de la confiance des justiciables dans la justice. Il est difficile de faire un bilan de cette réforme qui n'est pas encore effective, sous peine d'être taxé de conclusion hâtive. Néanmoins, l'examen minutieux du programme de réforme permet de déceler des failles à différents niveaux. D'une part, la question de rapprochement de la justice des justiciables ne serait possible par le remplacement des juridictions existantes par celles issues de la réforme. Or, la relecture de la carte judiciaire n'est qu'une substitution, excepté les cours d'appel administratives. D'autre part, la restauration de la confiance des justiciables à la justice ne serait pas possible sans une volonté politique réelle de lutter contre les pratiques peu orthodoxes (corruption, favoritisme). La réforme semble traiter cette question de second plan. C'est pourquoi, nous préconisons une relecture de la réforme de la justice qui se focaliserait sur l'unification des deux ordres de juridictions (administrative et judiciaire), mais aussi la consolidation de l'indépendance de la justice.

Le Mali étant un État de ressources limitées (qui ne saurait être une condition de violation des garanties du procès équitable), le dualisme juridictionnel sera budgétivore. Une organisation juridictionnelle répondant à ses facultés financières en même temps qui permet d'améliorer l'accessibilité des citoyens au service public de la justice serait souhaitable. Mais en aucune façon, l'unification des deux ordres de juridiction ne permettra pas de résoudre les mauvais comportements des acteurs de la justice. Une telle résolution exige l'effectivité de la garantie d'indépendance de la justice. Une indépendance plutôt théorique que pratique, jusque là. L'indépendance effective de la justice nécessite le renforcement de l'autonomie statutaire. Pour ce faire, la réforme du Conseil Supérieur de la Magistrature est indispensable. Cette réforme exige une restructuration de ses membres ce qui ne laisse pas indifférent son fonctionnement. Il faut en plus consolider les ressources de la justice, mais aussi l'indépendance de certains auxiliaires de justice que sont les huissiers et les avocats. Ce sont là quelques mesures d'accompagnement de la réforme pour permettre une meilleure application des garanties du procès équitable.

TITRE II

LES ACTIONS VISANT LES MAGISTRATS

La justice, première dette de la souveraineté[990], a pour mission d'interpréter la loi et d'en assurer l'application par l'exercice de la faculté de trancher entre le juste et l'injuste[991]. De l'indépendance en 1960 à nos jours, le Mali s'est doté d'instruments juridiques tous azimuts relatifs au procès équitable. Qu'il s'agisse des textes nationaux ou internationaux, leur application reste déficitaire. Bien qu'elle constitue le filigrane de sécurité juridique[992]. Il est constant aujourd'hui que la justice malienne va de mal en pis dû notamment à un problème d'éthique et de déontologie des acteurs de la justice[993]. Bref, on assiste à la multiplication des instruments juridiques permettant la bonne distribution de la justice, d'un côté, et paradoxal, soit-il, le recul de leur application, de l'autre côté. Dans une telle circonstance, seule l'application de toutes ces règles permet d'assurer un procès équitable pour tous. Un accent particulier doit être mis sur les conventions internationales relatives aux garanties du procès équitable. Plus variées et diversifiées, elles permettent de consolider la législation nationale. Compte tenu de ces

---

[990] Propos de Portalis dans son discours préliminaire au Code civil, cité par BRACONNAY, (N.), DELAMARRE, (M.), *Institutions juridictionnelles*, op. cit. p. 11.

[991] Idem

[992] D'une façon générale, l'administration publique malienne et la justice, en particulier, fait l'objet d'une défiance de la population. Laquelle défiance s'est illustrée à travers la recrudescence de la justice sommaire et expéditive[992] y compris à l'encontre des juges. En effet, pendant la seule année 2012, environ quinze (15) présumés voleurs ont été brûlés vifs dans le district de Bamako. Ce qui traduit la défaillance du système judiciaire. Aussi, le 02 août 1998, le juge de Dioila, Oumar BAH, est abattu dans l'enceinte de son domicile par un commando de fanatique de la secte des « pieds nus ».

[993] Sous réserve que les autorités de transition réussiront à assainir le secteur de la justice. En tout cas, d'ores et déjà, la nomination de certains magistrats à certains postes a été accueillie par la population comme étant un signe annonciateur d'une justice crédible. Le CSM a rendu le 13 juillet 2012 la décision suivante : les trois procureurs généraux des cours d'Appel relevés et remplacés. Aussi, les cinq (05) Procureurs de la République de Bamako sur les six quittent leur poste. Seul le Procureur de la commune II du district de Bamako. D'autres affectations et nominations ont été effectuées au niveau de certains tribunaux de premières instances du pays.

aspects, leur application doit être vivement encouragée et sollicitée. L'effectivité des traités dans l'ordre interne malien revient à faire « vivre » ces textes et les voir appliquer.

De toute évidence, l'effectivité du procès équitable nécessite plusieurs mesures. Il serait peut-être arbitraire sinon difficile de prioriser une mesure. Qu'à cela ne tienne, le respect des règles d'éthique et de déontologie de la profession par les magistrats constitue une voie d'effectivité (Chapitre 1), tandis que le recours aux traités internationaux en est une valeur ajoutée (Chapitre 2).

CHAPITRE 1

LE RESPECT DES RÈGLES D'ÉTHIQUE ET DE DÉONTOLOGIE, UNE VOIE D'EFFECTIVITÉ

Quelle que soit la profession que l'homme exerce et quelle que soit l'étendue du pouvoir qui en résulte, il lui est possible d'en profiter pour œuvrer pour le bien commun et pour l'amélioration de la condition humaine. L'éthique et la déontologie ne demandent pas plus que cela. La nature des activités que l'homme exerce étant variée, il est possible d'opérer une distinction entre les professions à éthique et les autres professions[994]. La magistrature appartient à la première catégorie. L'application des règles d'éthique et de déontologie de la magistrature est un enjeu fondamental de l'efficacité et de la crédibilité de l'institution juridictionnelle. Celle-ci est, depuis des lustres, au cœur de vives polémiques. Des magistrats sont mis en cause individuellement dans des affaires pénales ou civiles et de corruption[995]. D'autres font l'objet d'une publicité déplacée. Ils sont pointés du doigt partout comme responsables de faits et de comportements susceptibles de constituer de graves manquements aux devoirs de leurs charges. Toutefois, le discrédit jeté sur les magistrats ripous ne doit pas

[994] Les professions à éthique se distinguent des autres professions par le fait qu'elles s'exercent directement sur l'homme. Elles se caractérisent, d'une part, par la mise en œuvre des droits de l'homme et, d'autre part, par leur caractère strictement indispensable au fonctionnement de la société. Tandis que les autres professions n'impliquent pas des relations directes avec les individus, à l'occasion de l'exercice de leur profession. C'est le cas des fabricants ou des réparateurs des objets destinés à l'homme. L'illustration type est le cas des concessionnaires d'avions qui doivent embarquer des centaines de personnes. Il suffit qu'ils commettent des erreurs dans la fabrication pour mettre un terme à la vie des centaines de personnes. Ces personnes contribuent indirectement à la mise en œuvre des droits de l'homme.

[995] Au rang des dossiers polémiques, il y a l'affaire Air cocaïne qui a fait des vagues parce que le non lieu des prévenus a été très sélectif en dépit du fait que c'est la même ordonnance pour tous. Aussi, l'affaire de l'ex Président directeur général de la Banque de l'Habitat du Mali.

rejaillir sur l'ensemble d'un corps composé d'hommes et de femmes reconnus pour leur rigueur morale[996].

À noter qu'un déficit de confiance envers la justice est de nature à détériorer son image et à compromettre sa réputation d'impartialité et d'indépendance. Face à son rôle de plus en plus croissant et diversifié, le juge apparaît de nos jours comme le garant ultime des valeurs démocratiques et des droits de l'homme. Du moment où l'espoir que les justiciables placent en la justice tend à atteindre son spectre degré, une réflexion sur l'éthique dans la magistrature devait être engagée afin de formuler des principes capables d'orienter la déontologie de l'institution juridictionnelle et de proposer des remèdes aux difficultés qui la dépouillent de toute sa crédibilité.

La pratique de l'éthique et de la déontologie permet d'assurer une garantie de bonne justice (Section 1), c'est pourquoi, les différents remèdes tendant à assurer cette pratique doiventt être consolidés (Section 2).

SECTION 1. LA GARANTIE DE BONNE JUSTICE PAR LA PRATIQUE DE L'ÉTHIQUE ET DE LA DÉONTOLOGIE

La légitimité actuelle du juge ne repose plus uniquement sur son pouvoir de juger autrui ; mais aussi, sur sa manière de juger. Le juge devant être responsable non plus seulement de son action, mais aussi de l'image qu'il en donne[997]. À l'instar de toute fonction, l'exercice de celle de la magistrature est assujetti au respect d'un certain nombre de règles et principes dont ceux de l'éthique et de la déontologie. Le magistrat met en œuvre les droits fondamentaux de la personne humaine à l'occasion de l'exercice de ses activités professionnelles. « La collectivité attend de l'institution judiciaire et de ses représentants une attitude irréprochable, parfaitement respectueuse des règles éthiques qui s'imposent à eux (...) Aussi, tout comportement déviant se doit d'être sanctionné, effectivement et à hauteur de la gravité de la faute commise »[998].

---

[996] Bien qu'ils constituent une infime partie d'un ensemble de ce corps professionnel, les gestes symboliques de certains de nos magistrats méritent beaucoup d'estime et de considération. La démission de Malick COULIBALY (actuel ministre de la justice, garde des sceaux au Mali) pour ainsi dénoncer toute ingérence du pouvoir politique dans la fonction de juger. Le rôle significatif joué par Maître Fanta SYLLA (ex ministre de la justice, garde des sceaux 2002-2007) pendant son ministère en sont de pathétiques illustrations. En outre, on sait très bien qu'il existe d'autres magistrats sous nos cieux comme ces deux rares personnes dont l'honnêteté et le dévouement demeurent intacts.

[997] JOLY-HURARD, (J.), *La responsabilité civile, pénale et disciplinaire des magistrats*, in Revue Internationale de Droit Comparé (R.I.D.C), 2 – 2006, p. 2.

[998] CANIVET, (G.) et JOLY-HURARD (J.), *La responsabilité du juge ici et ailleurs*, in Revue Internationale de Droit Comparé (R.I.D.C), 2 – 2006, p. 28.

Le magistrat doit éviter tout comportement susceptible d'ébranler la confiance en la primauté du droit et en l'indépendance de la magistrature[999]. « Les pouvoirs du juge sont strictement liés aux valeurs de la justice, la vérité et la liberté. Les normes de conduite des juges sont le corollaire de ces valeurs et la condition de la confiance en la justice »[1000]. Le respect de l'éthique et de la déontologie de la magistrature ne pourrait alors que garantir non seulement une justice égale pour tous, mais également la suprématie du droit sur le pouvoir. Grâce à l'interconnexion entre les garanties de bonne justice et les règles d'éthique et de déontologie de la magistrature, les éléments qui configurent le procès équitable ne peuvent être réalisés que si le juge fait bon usage de l'éthique et de la déontologie.

Ainsi, le respect des garanties de bonne justice est facilité par le bon usage de l'éthique et de la déontologie de la magistrature (Paragraphe 1). Aussi, un tel usage ne fait qu'imposer un exercice responsable de la profession (Paragraphe 2).

Paragraphe 1. Une garantie facilitée par le bon usage de l'éthique et de la déontologie

La personnalité du juge doit être identique à la rigueur morale[1001]. Il incarne les valeurs de la morale. Il se définit, il s'identifie par rapport à la déontologie de sa profession. La justice est le lieu de rencontre entre la confiance et la conscience. Ainsi, les justiciables placent toute leur confiance sur le juge. Celui-ci doit agir en toute conscience. Il ne doit jamais trahir cette conscience[1002]. C'est dans ce contexte que la pratique de l'éthique et de la déontologie de la magistrature constitue un facteur d'instauration des valeurs de justice (I) et un facteur d'équilibre du procès (II).

[999] Art 4 du code de déontologie annexé à la loi n°02 – 054 AN – RM du 16 décembre 2002 portant statut de la magistrature au Mali.

[1000] Avis n° 3 du Conseil consultatif de juges européens sur les normes de conduite et la responsabilité des juges, émis en 2002. Site internet consulté le 02 novembre 2012. http://www.deontologie-judiciaire.umontreal.ca/en/textes%20int/documents/CONSEIL_JUGES_EUROPeENS.pdf

[1001] Par rigueur morale, il faut entendre le respect strict de la conscience professionnelle. Le juge évite à tout prix tous ceux qui sont contraires à ses obligations et il agit avec la dernière rigueur dans le sens du respect des textes. La bonne pratique de l'éthique et de la déontologie constitue la seconde nature du juge. Il est condamné à ne faillir à ses obligations juridiques et morales. Le métier juge est le symbole de toute moralité, personne n'a le droit de dicter une leçon quelconque de morale au juge car il est preuve de toute incarnation morale, les menaces, la corruption, l'argent, le sentiment, l'intérêt quel qu'il soit, le juge est au-dessus de tout.

[1002] La conscience, c'est l'identité du juge. Il doit la garder avec force et sans réserve. La seule arme dont il dispose ne serait que sa conscience.

I. L'instauration des valeurs de justice

Les valeurs de justice et la pratique de l'éthique et de la déontologie de la magistrature sont deux notions de réalisation interdépendante. Les unes concourent aux autres et vice-versa. Pour ce faire, il faut, avant tout, clarifier le sens des concepts et l'origine des expressions. La justice est la valeur fondamentale de la régulation des échanges et des rapports entre les citoyens dans la société[1003]. Ne se confondant pas avec l'institution dont elle porte le nom[1004], la justice est la norme qui rend possible la mise en œuvre des règles qui garantissent l'ordre sociétal dans le respect du bien commun et des droits de chacun. « Elle est la première vertu des institutions sociales comme la vérité est celle des systèmes de pensée »[1005]. Le premier principe de la justice est celui de l'égalité. « L'égalité est l'élément le moins controversé dans l'idée de la justice du sens commun »[1006]. Pour Aristote, l'injuste ne respecte pas l'égalité et que l'injuste se confond avec l'inégalité[1007].

En dehors de la garantie de l'égalité par la justice, celle-ci repose aussi sur la solidarité. La garantie textuelle d'un traitement égal des justiciables ne suffit pas à la mettre en œuvre. Les personnes chargées de l'appliquer doivent satisfaire aux qualités intellectuelles et morales. C'est ce que le statut de la magistrature impose en ces termes : « Les candidats à l'auditorat autorisés à concourir après enquête de moralité… »[1008] La bonne moralité est alors la première exigence contrôlée par l'administration, chargée du recrutement des auditeurs de justice, mais aussi, celle revendiquée par les justiciables. Il s'agit de la conformité des comportements aux règles de conduite ou encore la science des valeurs universelles qui transcendent le temps, les populations et les idéologies. L'éthique est une démarche permettant la restauration de ces valeurs.

L'éthique est une notion qui dérive du grec « ethukos », moral, de « ethos », mœurs. En général, l'éthique est la science de la morale et des mœurs[1009]. C'est une discipline philosophique qui réfléchit sur des finalités, sur des valeurs de l'existence, sur des conditions d'une vie heureuse, sur la notion de bien ou sur des questions de mœurs ou de morale. L'éthique peut également être définie comme une réflexion sur les comportements à adopter

---

1003 « La société est une association, plus ou moins autosuffisante, de personnes qui, dans leurs relations réciproques, reconnaissent certaines règles de conduite comme obligatoires, et qui, pour la plupart, agissent en conformité avec elle ». RAWLS, (J.), *Théorie de la justice*, Paris, éditions du Seuil, Traduit de l'Anglais (USA) par Catherine Audard, 1987, p. 30.

1004 La justice au sens de l'institution chargée de trancher les litiges n'ignore pas à travers ses organisation et fonctionnement certaines exigences de la justice au sens des valeurs. C'est le cas notamment de l'égalité, la solidarité, etc.

1005 RAWLS, (J.), *Théorie de la justice*, op. cit., p. 29.

1006 Ibid. p. 543.

1007 Aristote, Hume et la connaissance.

1008 Art. 20 de la loi de 2002 portant statut de la magistrature au Mali.

1009 PERSONENI (E.), *La déontologie des magistrats de l'ordre judiciaire*, Mémoire Université de Lyon 2, soutenu le 7 juillet 2007, p. 7.

pour rendre le monde humainement habitable. En cela, l'éthique est une recherche d'idéal de société et de conduite de l'existence. Certains doctrinaires voient de l'éthique comme la recherche de solutions au cas par cas[1010] ou « visée d'une vie accomplie »[1011]. De cette vision, l'éthique apparaît comme liée indissolublement aux dernières de l'homme, puisque déterminer le fondement philosophique du bien et du mal, du juste et de l'injuste, suppose une réflexion préalable sur ce qui fait le sens de la vie humaine et sur ce qui la justifie.

Si la morale s'adresse à tous, l'éthique quant à elle, vise l'individu. Les mesures que celui-ci doit prendre envers lui-même pour sa perfection intérieure. Dans cette perspective, la question morale n'est pas « que dois-je faire ? » ou « Quel est le meilleur état du monde ? », mais « Quel genre de personne dois-je être ? »[1012]. L'éthique de la magistrature se définit comme une attitude, une démarche individuelle entreprise dans son action ou dans ses rapports avec la personne humaine imposant le respect absolu de sa dignité, de son intégrité physique, psychique et sociale. Elle se distingue de la déontologie.

La déontologie est un concept apparu pour la première fois sous la plume de Jeremy BENTHAM vers 1793-1795 dans son œuvre posthume, parue en 1834, Déontologie ou science de la morale[1013]. Étymologiquement, le terme recouvre l'association de deux mots grecs « deontos » - ce qui est convenable - et « logos » - connaissance. Donc, il s'agit de la « connaissance de ce qui est convenable » et d'une nouvelle théorie dévolue à la morale[1014]. La première utilisation du terme en langue française est employée par JANET dans un article de la Revue des Deux Mondes du 1er novembre 1874 où il écrit notamment que « si la morale doit continuer à être déontologie, comme nous le pensons, n'est-il pas évident qu'il faut connaitre nos devoirs avant de les pratiquer ? »[1015]. Bref, c'est un ensemble de règles de pratique professionnelle, qui sont proposées par des représentants d'une profession et qui s'imposent à ses membres[1016]. C'est la théorie des devoirs en morale et

---

[1010] Nicolas, QUESTIAUX, Membre du Comité consultatif national d'éthique et du Comité international de bioéthique de l'UNESCO entretien sur le thème ETHIQUE, SCIENCE ET DROITS DE L'HOMME. *Propos recueillis par Claire CALLEJON et Claire de BEAUSSE de LA HOUGUE.* Site http://www.droits-fondamentaux.org/IMG/pdf/df4entnq.pdf consulté le 10 - 10 - 2012.

[1011] RICOEUR (P.), *Soi-même comme un autre*, Paris, Seuil, 1990, p. 200.

[1012] ANDRIANTSIMBAZOVINA (J.), GAUDIN (H.), MARGUENAUD (J-P.) et autres, (Dr.), *Dictionnaire des droits de l'homme*, p. 399.

[1013] PERSONENI (E.), *La déontologie des magistrats de l'ordre judiciaire*, Mémoire, Université de Lyon 2, soutenu le 7 juillet 2007, p. 7.

[1014] Idem

[1015] Idem

[1016] Une définition similaire est formulée par le code de déontologie au Mali, ainsi qu'il suit : « La déontologie est l'ensemble des règles qui régissent l'activité et le comportement des membres d'une profession. » Art. 1 du code de déontologie annexé à la loi n° 02 – 054 AN – RM du 16 décembre 2002 portant statuts des magistrats au Mali.

l'ensemble des devoirs qui s'imposent à des professionnels dans l'exercice de leur métier. Pour la déontologie, la question morale principale est : « Que dois-je faire ? »[1017] En effet, le concept recouvre une ambivalence sémantique, théorie morale et devoirs professionnels. Quoi qu'il en soit, la déontologie n'est pas un phénomène récent dans notre société.

Les professions juridiques ont peu à peu acquis une déontologie. À titre d'illustration, la science des devoirs des avocats a évolué au cours des siècles, s'adaptant aux tâches nouvelles du barreau et à la mutation de la profession[1018]. Aujourd'hui, au Mali, les auditeurs de justice et les élèves avocats reçoivent un enseignement spécifique sanctionné par une épreuve dite de déontologie[1019]. D'autres professions judiciaires et juridiques connaissent des règles corporatistes précisément édictées. Le concept de déontologie et son apport au droit ne concernaient que les professions libérales, mais au fil du temps, l'usage de la notion a largement débordé ces limites originelles, dans différentes directions[1020]. Aujourd'hui, plus qu'à toute époque, dans l'opinion comme dans le monde judiciaire de façon plus générale, la demande déontologique est forte. Une situation due à la nécessité de l'exigence de rigueur dans le comportement du juge (qui va au delà du « simple » respect des obligations professionnelles). Cette exigence est la contrepartie de son poids accru dans la société, de la prédominance croissante de sa fonction dans l'action publique, économique et sociale[1021].

En effet, l'existence d'un État de droit est liée à celle d'un système judiciaire composé de magistrats indépendants, compétents, impartiaux et intègres. Une société où le droit est effectif est une société où l'administration de la justice est bonne. Or, les sempiternelles affaires de corruption reflètent directement l'inefficacité et le mauvais fonctionnement du système juridictionnel. Le pouvoir de rendre la justice exige dans nos sociétés modernes, clarté et transparence, et contrôle. En d'autres termes un comportement exempt de reproche, si cela semble cependant très difficile à atteindre du fait de la nature de l'homme - la justice étant « humaine », produit de l'homme, mais tout du moins représente un horizon à atteindre, une ligne à suivre[1022].

[1017] ANDRIANTSIMBAZOVINA (J.), GAUDIN (H.), MARGUENAUD (J-P.) et autres, (Dr.), *Dictionnaire des droits de l'homme*, p. 399.

[1018] « Traditionnellement, la déontologie paraissait ne concerner que les professions libérales, dont les membres doivent respecter un code d'éthique, tant dans leur relation entre eux que dans leurs rapports avec leurs clients. » MAGENDIE (J – C), *La responsabilité des juges,* op. cit., p. 1180.

[1019] Ce qui est également le cas en France.

[1020] PERSONENI (E.), *La déontologie des magistrats de l'ordre judiciaire*, p. 7.

[1021] « La Justice est une prérogative régalienne exercée pour le peuple en son nom. Socle de nos sociétés démocratiques, la justice dispense un bien essentiel à chacun. Si elle constitue un service public, la spécificité de celui-ci lui confère des particularités qui doivent être prise en compte. » MAGENDIE (J – C), *La responsabilité des juges,* op. cit., p. 1177.

[1022] PERSONENI (E.), *La déontologie des magistrats de l'ordre judiciaire*, op. cit., p. 8.

À la lumière de cette analyse, il existe des points communs entre l'éthique et la déontologie. La déontologie tend à atteindre l'éthique. Donc, la finalité de la première répond à la préoccupation de la seconde. L'éthique est mouvante par définition[1023]. Le redressement du comportement des magistrats tend à préserver les libertés et les droits fondamentaux des justiciables sans lesquels la chance de vivre dans une meilleure société s'étiole. La finalité de la déontologie doit être recherchée dans la définition de l'éthique. Il s'agit donc des deux termes connexes. Cependant, même si les deux notions s'apparentent, il importe de garder à l'esprit qu'elles ne se coïncident pas. Certes, les codes de la déontologie comportent des prescriptions qui relèvent, dans une certaine mesure, de l'éthique appliquée[1024].

Quelles que soient les bribes de divergences qui existent entre l'éthique et la déontologie, les deux notions entretiennent des rapports. L'éthique est conçue de l'ensemble d'éléments sans abstraction faite à la déontologie. La notion de l'éthique recouvre les éléments suivants : morale, conscience professionnelle, déontologie et la discipline. La morale est constituée pour l'essentiel, de principes et de règles de conduite définissant et prescrivant le permis et le défendu, l'utile et le nuisible, le bien et le mal[1025]. Elle revêt souvent un caractère universel dans la mesure où les principes qu'elle renferme tendent à s'appliquer à tous les êtres humains et à contraindre certains de leur comportement[1026]. La morale professionnelle, les valeurs universelles et les règles morales générales s'imposent évidemment aux membres de la magistrature comme tous les autres individus. Ici, la morale

[1023] Nicolas, QUESTIAUX, Membre du Comité consultatif national d'éthique et du Comité international de bioéthique de l'UNESCO entretien sur le thème : *éthique, science et droits de l'homme. Propos recueillis par Claire CALLEJON et Claire de BEAUSSE de LA HOUGUE.* Site http://www.droits-fondamentaux.org/IMG/pdf/df4entnq.pdf consulté le 10 - 10 - 2012.

[1024] « Prenons, à titre d'illustration, le Code de déontologie médicale élaboré par le Conseil National de l'Ordre des médecins. Un exemple typique de norme à fondement éthique est fourni par l'article 3 du code de déontologie médicale français qui paraît plus concise, libellé comme suit : L'exercice de l'art médical est une mission éminemment humanitaire ; le médecin veille, en toutes circonstances, à la santé des personnes et de la collectivité. Pour accomplir cette mission, le médecin doit, quelle que soit la branche de l'art médical qu'il pratique, être pleinement qualifié et demeurer toujours respectueux de la personne humaine. En revanche, on trouvera dans l'article 18, §1er, une règle qui concerne exclusivement les aspects patrimoniaux de la profession : Les éléments matériels et immatériels d'une pratique médicale peuvent faire l'objet d'un apport ou d'un quasi-apport dans une société de médecins et d'une cession à un médecin, à une association de médecins ou à une société de médecins. »

[1025] Dans ce cas, ce qui les distingue des règles juridiques est l'absence de codification et de sanction publique : le trouble de la conscience et la désapprobation sociale seuls, répriment une méconnaissance de la norme morale.

[1026] Par exemple, le respect dû à la personne, l'obligation de traiter les individus de manière égale, le refus absolu de la souffrance infligée sans raison. Il s'agit donc des principes qui constituent le socle commun des cultures démocratiques libérales.

est professionnelle[1027], car il s'agit d'un certain nombre de principes spécifiques qui s'appliquent à la profession des agents investis au service public de la justice. La déontologie de la magistrature est directement issue de la morale professionnelle. Il sera redondant de revenir encore sur la notion de la déontologie déjà explicitée ci-dessus. Elle est l'ensemble des devoirs liés à l'exercice d'une profession, et ce que recommande l'éthique.

Les prérogatives auxquelles une personne pourrait jouir en raison de l'exercice de la fonction à laquelle elle est investie, créent sans doute un déséquilibre cuisant entre elle et l'usager qui est sous sa dépendance. Dès lors, il devient nécessaire de forger un véritable rempart constitué d'un certain nombre de principes édictés à cet effet tout en brandissant des sanctions en cas de leur transgression. La discipline est la part répressive de la déontologie : elle permet de déterminer les manquements à la déontologie réprimés par des sanctions disciplinaires[1028]. En conséquence, la déontologie de la magistrature formule des règles pour assurer une meilleure distribution de la justice. L'éthique est une initiative individuelle pour parvenir aux respects des principes déontologiques. Par un tel mécanisme conjugué, la pratique de l'éthique et de la déontologie est une condition du procès équitable.

II. L'assurance de l'équilibre du procès

Les règles déontologiques applicables aux magistrats maliens sont un corpus composé d'un ensemble de textes établis et connu sous l'appellation « code de déontologie »[1029]. La capacité de l'appareil juridictionnel malien de fonctionner efficacement dans une dynamique de répondre à l'aspiration du peuple, repose en grande partie sur les normes déontologiques de nos jours. Ce code, composé de 25 articles, est réparti en deux titres précédés des dispositions générales. Le premier titre comporte deux chapitres qui traitent l'indépendance de la magistrature et ses devoirs essentiels. Le titre deux est consacré aux incompatibilités, interdictions et des dispositions diverses.

[1027] La conscience professionnelle comprise dans ce sens n'est pas une affaire individuelle : elle se formule à partir de principes universels de référents partagés qui forment la base collective des évaluations et des jugements. C'est précisément pour cette raison qu'une réflexion éthique sur les règles d'une profession comme la magistrature dont le rôle social est considérable, a une portée décisive, aussi bien pour l'ensemble des magistrats que pour la société en son entier.

[1028] Toutefois, il convient de signaler que la discipline et la déontologie ne se recouvrent pas totalement. En effet, les manquements à la déontologie peuvent être l'objet d'une gamme de réactions qui ne se traduisent pas nécessairement par une sanction disciplinaire en fonction de la nature du comportement ou de la gravité du manquement, d'autres mesures peuvent être envisagées pour éviter, faire cesser ou réprimer la défaillance.

[1029] Code de déontologie annexé à la loi n° 02 – 054 / AN – RM du 16 décembre 2002 portant statut des magistrats.

L'application des règles inscrites dans le code de déontologie est une condition de meilleure distribution de la justice, une condition du procès équitable. Certaines exigences déontologiques relèvent directement des garanties du procès équitable. C'est le cas notamment de la préservation de l'indépendance, de l'impartialité du juge ou encore de l'égalité[1030]. Ce sont des devoirs dont est assujetti chaque magistrat. Le code de déontologie se présente, à cet effet, comme une sorte de garantie pour consolider les règles du procès équitable. Il est une interpellation individuelle. Ce code de déontologie impose au magistrat de préserver religieusement son indépendance[1031]. En plus, il doit mettre en œuvre toute action tendant à préserver ou à accroître son indépendance[1032]. Pour y parvenir, le magistrat bénéficie la protection de la loi[1033].

L'indépendance, il faut le noter, est l'axe central sur lequel reposent le respect des garanties procédurales du procès équitable et l'exécution effective des décisions de justice. Par ailleurs, il ressort de l'article 7 du même code que : « l'intégrité, la diligence, l'égalité et l'impartialité sont des devoirs que le magistrat doit observer. » On peut les considérer comme les quatre (04) piliers de vertu des magistrats maliens. Ce sont des principes rationnels qui s'appliquent en fonction des circonstances pertinentes et qui sont compatibles avec les exigences du droit et de l'indépendance de la magistrature. Il semble nécessaire d'élucider chacun de ces éléments.

Les juges doivent s'efforcer d'avoir une conduite intègre, qui soit susceptible de promouvoir la confiance du public en la magistrature. La confiance et le respect que le public porte à la magistrature sont essentiels à l'efficacité du système de justice et, ultimement, à l'existence d'un État droit. L'intégrité a une dimension institutionnelle et personnelle. Il s'agit dans le premier cas de maintenir la confiance du public dans l'institution de la magistrature, de protéger le crédit de la justice qui doit être préservé de tout risque de corruption et de détournement des finalités ou des exigences associées à la fonction de l'institution. Sur le plan personnel, c'est

[1030] V° Supra, p. 63 et svtes.

[1031] « Le magistrat a l'obligation de défendre son indépendance. Toutes pressions, quelle que soit leur provenance, tendant à influencer sa décision, doivent être fermement repoussées. » Art 5 du code de déontologie annexé au statut de la magistrature.

[1032] Art 3 al. 2 et 4 al. 2. Le premier dispose que : « Le magistrat doit respecter l'indépendance de la magistrature et favoriser l'application de mesures et de garanties visant à préserver et à accroître cette indépendance ». Le second précise que : « Le magistrat doit, en particulier, éviter tout comportement susceptible d'ébranler la confiance du public en la primauté du droit et en l'indépendance de la magistrature ».

[1033] Art 6 du code de déontologie précise que : « Indépendamment des règles fixées par le code pénal et les lois spéciales, les magistrats sont protégés contre les menaces, attaques de quelque nature que ce soit dont ils peuvent être l'objet dans l'exercice ou à l'occasion de leurs fonctions. L'Etat doit réparer le préjudice direct qui en résulte. Cette réparation s'étend à la famille et aux biens du magistrat. »

l'honnêteté, la probité du magistrat. Les pratiques de corruption et de favoritisme constituent une violation de ce devoir.

Les juges doivent exercer leurs fonctions judiciaires avec diligence. Ils consacrent leur activité professionnelle à leurs fonctions judiciaires, lesquelles, entendues au sens large, englobent non seulement le fait de présider les audiences et de rendre des décisions, mais également l'accomplissement d'autres tâches judiciaires essentielles au bon fonctionnement du tribunal. Les juges prennent les mesures qui s'imposent pour préserver et accroître leurs connaissances, leurs compétences et leurs qualités professionnelles qui sont nécessaires à l'exercice de leurs fonctions judiciaires. Ils (les juges) s'efforcent de remplir toutes leurs fonctions judiciaires, notamment de rendre le jugement dans les affaires mises en délibéré, avec une promptitude raisonnable.

Socrate (Philosophe grec vers 470-399 avant Jésus Christ) conseillait aux juges d'écouter avec courtoisie, de répondre avec sagesse, d'analyser avec sobriété et de décider avec impartialité. Ces vertus judiciaires sont autant d'aspects du devoir de diligence. Bien qu'il y ait lieu d'ajouter à la liste de Socrate la vertu de la promptitude, il faut noter que la diligence n'est pas essentiellement une question de promptitude. Au sens large, la diligence consiste à exercer ses fonctions avec compétence, soin et attention, de même qu'avec une célérité raisonnable[1034]. En plus, le juge doit assurer aux parties un traitement égal.

Les juges doivent adopter une conduite propre à assurer à tous un traitement égal et conforme à la loi, et ils doivent conduire les instances dont ils sont saisis dans ce même esprit. Les juges exercent leurs fonctions en assurant à tous (les parties, les témoins, etc.), sans discrimination, un traitement approprié. Ils s'efforcent d'être conscients des particularités découlant, en outre, du sexe, de la race, des croyances religieuses, des caractéristiques ethniques, de la culture, de l'orientation sexuelle ou d'une déficience, et ils s'efforcent de comprendre ces particularités. Les juges s'abstiennent d'adhérer à tout organisme qui, à leur connaissance, pratique une quelconque discrimination prohibée par la loi. Lorsque dans le cadre d'une instance, un membre du personnel de la cour, un avocat ou toute autre personne assujettie à l'autorité du juge à une conduite ou tient des propos clairement dénués de pertinence, qui soient sexistes ou racistes ou qui

[1034] S'il est vrai que les juges doivent faire preuve de diligence dans l'exercice de leurs fonctions judiciaires, certains éléments influent sur leur capacité de respecter cette obligation, à savoir leur charge de travail, le caractère suffisant ou non des ressources dont ils disposent – en outre le personnel -, l'aide technique qui leur est offerte, ainsi que le temps qu'ils peuvent consacrer à la recherche, aux délibérations, à la rédaction et à l'accomplissement de fonctions judiciaires autre que la présidence des audiences. Il convient d'accorder toute l'importance voulue aux responsabilités des juges envers leur famille. Les juges doivent respecter de suffisance de vacances et de temps libre pour se maintenir en bonne santé physique et mentale et pour accroître les habilités et les connaissances qui leurs sont nécessaires pour bien juger.

manifestent une discrimination fondée sur des motifs illégaux, le juge se dissocie de cette conduite ou de ces propos, et il exprime sa désapprobation à leur égard. La constitution et de nombreuses lois font état d'un engagement ferme à garantir à tous l'égalité devant la loi[1035]. Toutefois, il ne s'agit pas d'un engagement à un traitement identique, mais d'un engagement à assurer « l'égalité et la dignité de tous les êtres humains » et de remédier à la discrimination dont sont victimes les groupes de personnes défavorisées sur les plans social, politique ou juridique dans notre société.

L'impartialité est reconnue comme un élément essentiel de notre société[1036], et occupe une place de choix dans la déontologie du magistrat[1037]. Les juges doivent être impartiaux et se montrer impartiaux dans leurs décisions et tout au long du processus décisionnel. Elle est relative au lien qui rattache le juge aux parties. Il s'agit de créditer ou de présumer des conclusions d'un litige sans avoir entendu les parties en cause. Le juge doit donc éviter les situations génératrices de conflits d'intérêts[1038]. L'on comprend alors le sens des incompatibilités visées par les articles 17 et 18 du statut de la magistrature du Mali. Elles s'analysent en des interdictions[1039] professionnelles notamment la prohibition de l'exercice d'une activité commerciale ou industrielle, des professions d'auxiliaire de justice (avocat ou huissier). Elles sont également liées à l'existence des liens de famille, parenté ou alliance entre les membres d'une juridiction. Il s'agit donc d'éviter que les inclinaisons, les engagements personnels du juge ne viennent le troubler dans son office. Les soupçons de partialité peuvent donner lieu à récusation ou à prise partie[1040].

Le statut universel du juge associe à l'impartialité le devoir de réserve. Il s'agit de ne pas s'exprimer publiquement sur une affaire en cours, c'est le secret des délibérations ou d'afficher publiquement ses opinions. Le

---

1035 Dans la constitution du 25-02-92 du Mali, l'alinéa 2 de l'article 2 en est une illustration plus que pathétique, aux termes duquel « toute discrimination fondée sur l'origine sociale, la couleur, la langue, la race, le sexe, la religion et l'opinion politique est prohibée. »

1036 V° FRISON – ROCHE (M – A), *« L'impartialité du juge »,* op. cit. ; COMMARET (D. N.), *« Une justice distance ou réflexions sur l'impartialité du magistrat »,* op. cit. ; BUSSY (F.), *Nul ne peut être juge et partie,* op. cit ; PIRET (J – M), *« Impartialité du juge et suspicion légitime »,* in Mélanges Jacques VELU, Présence du droit public et des droits de l'homme, op. cit., p. 857.

1037 MAGENDIE (J – C), *« La responsabilité des juge »s,* op. cit., p. 1180.

1038 V° supra, section consacrée à l'impartialité du juge, p. 83.

1039 Conformément à l'article 20 du code de déontologie annexé à la loi portant statut des magistrats au Mali : « le magistrat doit en particulier s'abstenir : d'adhérer aux partis politiques et de procéder à la collecte de fonds politiques ; de participer aux réunions politiques et à des activités de financement politiques ; de contribuer aux partis ou aux campagnes politiques ; de participer publiquement à des débats politiques, sauf sur des questions concernant directement le fonctionnement des tribunaux, l'indépendance de la magistrature ou des éléments fondamentaux de l'administration de la justice ; de signer des pétitions visant à influencer une décision politique ».

1040 V° Supra p. 89.

magistrat écope d'une sanction dès l'instant qu'il y a faute disciplinaire[1041]. C'est dans ce contexte que la pratique de l'éthique et de la déontologie impose un exercice responsable de la profession du juge.

Paragraphe 2. Une garantie assurée par l'exercice responsable de la profession

« Choisir d'être juge, c'est inévitablement accepter le regard du public sur l'exercice de ses fonctions, c'est consentir à rendre compte d'un comportement individuel et collectif, c'est admettre que le for intérieur ne suffit pas à établir l'éthique de l'action de juger »[1042]. Il existe aujourd'hui au Mali une forte revendication citoyenne de sanction du juge qui aurait commis une faute[1043]. La pratique de l'éthique et de la déontologie de la magistrature ont pour finalité le perfectionnement intérieur du magistrat, avant tout. Il s'agit des règles pour se prémunir contre les comportements néfastes de soi-même, car se présentant comme une attitude, une démarche individuelle entreprise dans son action ou dans ses rapports avec la personne humaine imposant le respect absolu de sa dignité, de son intégrité physique, psychique et sociale.

La responsabilité du juge est déterminée à travers la violation des règles de l'éthique et de la déontologie de sa profession (I). Le respect desdites règles constitue un facteur contributif au perfectionnement de la profession (II).

I. La détermination de la responsabilité du juge

Être responsable, c'est avoir le sens de responsabilités[1044]. La pratique de l'éthique et de la déontologie ne vise que cela dans le sens de perfectionnement de l'individu et de la profession. La mauvaise pratique de l'éthique et de la déontologie est constitutive de faute engageant la responsabilité de son auteur. Cependant, le fondement de la responsabilité est l'une des questions les plus controversées en droit. Cette polémique s'explique par le fait que le sujet est lié à des concepts historiques, philosophiques, éthiques, économiques, sociaux, culturels. Elle peut se concevoir comme étant un manquement aux devoirs et obligations

---

[1041] V° Infra p. 195.

[1042] CANIVET (G.), « Déontologie … déontologies ? La persévérance est une forme de courage », in *Lettre de l'ENM*, oct. 2005, p. 4.

[1043] « L'irresponsabilité de la justice ne serait pas acceptée aujourd'hui par le justiciable si tant qu'elle ait jamais été acceptée, et paraîtrait, non sans raison insupportable à l'opinion publique. » WEIDERKEHR (G.), *« La responsabilité de l'Etat et des magistrats du fait de la justice »,* in Revue Générale de Droit Processuel, Justices n° 05, 1997, p. 13.

[1044] CANIVET, (G.) et JOLY-HURARD (J.), *La responsabilité du juge*, in Revue Internationale de Droit Comparé (R.I.D.C), 2 – 2006, p. 2.

engendrant une réparation. « La responsabilité, c'est pouvoir et devoir répondre de ses actes. C'est donc assumer le pouvoir qui est le sien jusque dans les échecs et accepter d'en supporter les conséquences »[1045]. Est responsable, celui qui commet une faute[1046]. « La faute est le manquement à une obligation préexistante de quelque nature qu'elle soit »[1047].

Dans un contexte de « juridictionnalisation » de la vie sociale[1048], la question de responsabilité ne pourrait épargner les juges pris individuellement ou de l'État du fait des juges au risque d'une anarchie[1049]. Le juge est responsable civilement, pénalement ou disciplinairement ce qui signifie qu'il doit avoir le sens des responsabilités, autrement dit décider, agir ou s'abstenir de le faire en conscience, en acceptant d'en assumer les conséquences. Mais être responsable, ce n'est pas seulement réparer le dommage que l'on a causé par sa faute ; pour le juge, c'est encore accepter de rendre des comptes en contrepartie des pouvoirs que la loi lui reconnaît pour remplir sa mission[1050]. Le législateur malien n'étant pas resté en marge, a mis en place des mesures permettant de sanctionner les comportements répréhensibles des magistrats. Trois régimes de responsabilité sont envisagés. La responsabilité disciplinaire venant s'ajouter à la responsabilité pénale et civile[1051].

La procédure disciplinaire applicable aux magistrats est celle prévue par les articles 71 et 84 du statut de la magistrature. En effet, l'article 71 al. 1 précise les cas d'ouverture de la responsabilité pour faute disciplinaire. La responsabilité disciplinaire des magistrats peut être engagée chaque fois que ceux-ci commettent une faute de nature disciplinaire. Le législateur malien reprend la définition généreuse de son homologue français en ces termes : « Tout manquement par un magistrat aux devoirs de son état, à l'honneur, à la délicatesse ou à la dignité, constitue une faute disciplinaire sanctionnée

---

[1045] COMTE - SPONVILLE (A.), *Dictionnaire philosophique*, Paris, PUF, 2001, 624 p.

[1046] A côté de la responsabilité pour faute, il en existe d'autres notamment celles ayant trait aux risques. La théorie de la responsabilité pour risques est l'œuvre de Philip SALEILES et Louis JOSSERAND, juristes allemands du 18ème siècle. Un autre fondement a été envisagé par Boris SATRK qui est celui de la garantie. Le droit positif malien n'ignore aucune de cette théorie, même si la faute reste le fondement classique de la responsabilité.

[1047] Art. 126 de la loi n° 87 – 31 AN – RM du 29 août 1987 fixant le Régime Général des Obligations du Mali.

[1048] Il s'agit d'un néologisme qui exprime un phénomène qui touche toutes les catégories de citoyens, des plus démunis aux plus puissants.

[1049] CADIET (L.), CROZE (H.), DELEBECQUE (P.) et autres, *La responsabilité des gens de justice, XXIIème colloque des instituts d'études judiciaires 1996,* publié dans la revue générale de droit processuel, justices n° 04, 1997.

[1050] JOLY-HURARD, (J.), *« La responsabilité civile, pénale et disciplinaire des magistrats »*, in Revue Internationale de Droit Comparé (R.I.D.C), 2 – 2006, p. 2.

[1051] MAGENDIE (J – C), *« La responsabilité des juges »,* op. cit., p. 1179. Cet auteur ajoute un quatrième régime de responsabilité qui est celui d'un contrôle hiérarchique. Pour lui, le contrôle hiérarchique s'opère grâce à des évaluations périodiques précises et contradictoires, susceptibles de permettre aux magistrats de mieux apprécier leurs responsabilités.

conformément aux dispositions du statut de la magistrature »[1052]. Cette définition de la faute disciplinaire manque de clarté, dans la mesure où elle fait référence à des concepts relativement abstraits et exprimés en termes très généraux.

Cependant, le statut de la magistrature réserve le droit de saisine de l'organe disciplinaire du Conseil Supérieur de la Magistrature au ministre de la Justice[1053]. En plus, le statut reconnaît aux chefs de juridictions et de parquets ainsi qu'à l'inspecteur en chef, aux directeurs ou chefs de service de l'administration judiciaire le pouvoir de donner un avertissement motivé aux magistrats placés sous leur autorité[1054]. Désormais, le garde des Sceaux partage ses pouvoirs de poursuite avec d'autres autorités. Cette répartition des pouvoirs de poursuite entre le ministre de la Justice et d'autres autorités (le plus souvent des hauts magistrats) est destinée à impliquer davantage les supérieurs hiérarchiques dans la détection et la prévention des comportements déviants, au sein de leur juridiction. À cet effet, les chefs de cour sont, en effet, les mieux placés pour constater et, le cas échéant, dénoncer les faits passibles de poursuites disciplinaires commis par les membres de leur juridiction.

Le régime disciplinaire met en évidence la nécessité de sanctionner le juge dont le comportement est répréhensible, car contraire aux règles déontologiques et la volonté de préserver l'indépendance du juge, tout comme l'autorité de ses décisions. La procédure disciplinaire mise en place témoigne toute l'importance accordée aux droits de la défense par le législateur qui se montre particulièrement soucieux de préserver au mieux les droits des juges, en faisant coïncider la mise en place d'une phase d'instruction de l'affaire avec l'ouverture des droits de la défense pour le magistrat inquiété. L'instruction est menée par un rapporteur désigné par le Président de la Cour suprême ou le Procureur général près de cette cour, parmi les membres du conseil selon que le magistrat poursuivi soit du siège ou du parquet[1055]. Le rapporteur peut accomplir tous actes d'investigation

---

[1052] Art 71 de la loi de 2002 portant statut de la magistrature au Mali. La mention des comportements répréhensifs est un acte salutaire du législateur. Il est à signaler qu'aucune mention n'existait à l'époque, ce qui est de nature à compromettre sérieusement l'indépendance de la magistrature. La définition portée à l'article 71 du statut de la magistrature est reprise à l'article 24 du code de déontologie annexé à la loi portant statut de la magistrature.

[1053] « Le ministre chargé de la justice dénonce au conseil supérieur de la magistrature les faits motivant la poursuite disciplinaire ». Celui-ci pourra même, après avis du conseil supérieur de la magistrature, interdire au magistrat incriminé, l'exercice de ses fonctions jusqu'à décision définitive. Même si cette décision ne comporte pas privation du droit au traitement, elle assujettit le magistrat en cause au chantage du garde des sceaux, par là influe sur l'indépendance de la justice. V° Chapitre 1 de la 1ère partie. Art. 74 du statut de la magistrature, préc.

[1054] Art. 73 du statut de la magistrature, préc.

[1055] Art. 76 de la loi du 16 décembre 2002 portant statut de la magistrature au Mali.

utiles, notamment entendre le juge intéressé, le plaignant, des témoins, ordonner des expertises. Le rapport établi par ce membre est transmis au magistrat poursuivi, comme le dossier et les pièces de la procédure[1056]. Le législateur impose le secret pour les délibérations[1057]. Par contre, l'audience disciplinaire est publique et se solde par une décision d'abandon de poursuite ou le prononcé d'une sanction[1058], auquel cas, le magistrat pourra demander un réexamen de l'affaire devant la Cour suprême[1059]. Cette voie de recours ouverte dans un délai de deux (02) mois, court à partir de la notification de la décision, lorsqu'elle est rendue par défaut. Si, elle est contradictoire, sa prononcée vaut notification.

En effet, le statut de la magistrature fixe un délai de quinze (15) jours pour la notification de la sanction disciplinaire sans envisager une sanction en cas de retard de cette signification. Les sanctions disciplinaires applicables aux magistrats sont : la réprimande avec inscription au dossier ; le déplacement d'office ; le retrait temporaire de certaines fonctions ; l'abaissement d'échelon ; la rétrogradation ; la révocation avec ou sans suppression de droit à pension[1060]. La sanction de la réprimande constitue la sanction du premier degré. Les quatre suivantes sont les sanctions du deuxième degré, tandis que la dernière citée est celle du troisième degré. La réprimande avec inscription au dossier produit un retard de douze (12) mois dans l'avancement, tandis que le retrait de certaines fonctions et le déplacement d'office entraînent un retard de vingt-quatre (24) mois[1061]. Le magistrat poursuivi en même temps pour plusieurs faits, n'encourt qu'une des sanctions prévues ci-dessus. C'est la règle du non-cumul des sanctions. En dehors des sanctions disciplinaires, le juge pourra être aussi poursuivi pour faute pénale ou civile.

L'institution d'un régime de responsabilité pénale n'est pas antinomique à l'indépendance du juge[1062], qu'il s'agisse du régime de droit commun, applicable à tous les citoyens ou du régime spécial, tantôt commun à tous les agents publics, tantôt propre à la fonction du juge. Le magistrat peut être poursuivi en sa qualité d'agent public, lorsque ce n'est pas en sa qualité de

1056 Art. 77, 78, 79 et 80 du statut de la magistrature.

1057 Art. 82 du statut de la magistrature.

1058 *Idem.*

1059 Art. 83 in fine du statut de la magistrature.

1060 Art. 72 du statut de la magistrature.

1061 La classification des sanctions permet de distinguer les sanctions d'ordre moral - type blâme, avertissement ou admonestation - qui atteignent le magistrat dans son honneur ou sa considération ; les sanctions d'ordre pécuniaire ou économique – type amende, retenue de traitement ou réduction de salaire - et enfin, les sanctions les plus graves, qui touchent le juge dans sa carrière ou son appartenance au corps des magistrats de l'ordre judiciaire - type suspension, rétrogradation, déplacement d'office, retrait de certaines fonctions, exclusion temporaire ou révocation.

1062 « La responsabilité du magistrat est la contrepartie de son indépendance. » MAGENDIE (J – C), *« La responsabilité des juges »,* op. cit., p. 1177.

magistrat proprement dit. Ainsi, dans l'exercice de ses fonctions, en tant que dépositaire de l'autorité publique, il est soumis à la répression des infractions spécifiques prévues par le Code pénal au titre de ses fonctions particulières, tels l'abus d'autorité[1063], la soustraction ou le détournement de biens, la concussion[1064], la prise illégale d'intérêt[1065], le délit de favoritisme[1066]. En tant que magistrat proprement dit, il peut encore être poursuivi pour corruption, active ou passive[1067], ainsi que pour déni de justice[1068]. Il y a lieu de préciser que certaines fautes pénales ont une connotation professionnelle que définit le statut de la magistrature. Il s'agit de toute violation grave des règles de procédure, tout abus de droit notoire, tout manquement avéré de diligence dans l'accomplissement de sa mission. Lesquelles fautes ne font pas obstacles aux poursuites pénales ou civiles éventuelles, toute faute

---

[1063] Art 124 de la Loi n° 01 – 79 AN – RM du 20 Août 2001 partant code pénal au Mali.

[1064] Art 108 de la loi de 2001 portant code pénal au Mali : « Les fonctionnaires, leurs commis ou préposés qui, dans une intention frauduleuse, ordonneront de percevoir et exigeront ou recevront ce qu'ils savent n'être pas dû pour droits, taxes, contributions, revenus, salaires ou traitements, etc. »

[1065] Art 110 : « Tout fonctionnaire, aux termes du présent code qui, soit ouvertement, soit par actes simulés, soit par interposition de personnes, aura pris ou reçu quelque intérêt que ce soit dans les actes, adjudications, entreprises ou régies dont il a ou avait au temps de l'acte, en tout ou en partie l'administration ou la surveillance, ou dans une affaire dont il était chargé d'ordonner le paiement ou de faire la liquidation. »

[1066] Art 112 du code pénal précité : « Toute personne physique dépositaire de l'autorité publique, chargée d'une mission de service public, investie d'un mandat électif; exerçant des fonctions de représentant, administrateur ou agent de l'Etat ou d'une collectivité publique, d'un établissement public ou d'une société d'état, d'une société à participation financière publique majoritaire, d'une personne morale de droit privé agissant pour le compte de l'Etat ou d'une personne morale de droit public bénéficiant de son concours financier ou de sa garantie, ainsi que toute autre personne agissant pour le compte d'une des personnes susmentionnées, ainsi que leurs complices, qui aura procuré ou tenté de procurer à autrui un avantage injustifié par un acte contraire aux règles du code des marchés publics, ayant pour objet de garantir la liberté d'accès et d'égalité des candidats dans les marchés publics. »

[1067] Art 120 de la Loi n° 01 – 79 AN – RM du 20 Août 2001 partant code pénal au Mali : « Sera puni de cinq à dix années de réclusion et d'une amende double de la valeur des promesses agréées ou des choses reçues ou demandées, sans que ladite amende puisse être inférieure à 100 000 francs, quiconque aura sollicité ou agréé des offres ou promesses, sollicité ou reçu des dons ou présents pour : Etant fonctionnaire public de l'ordre administratif ou judiciaire, étant militaire ou assimilé, étant assesseur d'une juridiction de jugement, agent ou préposé d'une administration publique ou d'une administration placée sous le contrôle de la puissance publique, citoyen chargé d'un ministère de service public, étant investi d'un mandat électif, faire ou s'abstenir de faire un acte de ses fonctions ou de son emploi, juste ou non mais non sujet à salaire. »

[1068] Art. 155 du code pénal précité : « Tout juge ou tribunal, tout administrateur ou autorité administrative qui, sous quelque prétexte que ce soit, même du silence ou de l'obscurité de la loi, aura dénié de rendre la justice qu'il doit aux parties, après en avoir été requis, et qui aura persévéré dans son déni, après avertissement ou injonction de ses supérieurs hiérarchiques, sera puni d'une amende de 20 000 francs au moins et de 240 000 francs au plus, et de l'interdiction d'exercer des fonctions publiques pendant cinq ans au maximum. »

professionnelle peut donner lieu à des poursuites et des sanctions disciplinaires.

En matière civile, la reconnaissance d'un principe de responsabilité a le plus de mal à s'imposer. Certains considèrent que dans ce domaine, c'est la légitimité même de l'exercice de la fonction juridictionnelle qui est en cause. Cette réticence est compréhensible : admettre le principe de responsabilité civile des juges, c'est toujours prendre le risque que des plaideurs, simplement insatisfaits à raison du contenu même des décisions de justice, multiplient les mises en cause des juges qui les ont rendues. Ce faisant, de telles actions perturberaient la sérénité des juges et, au-delà, porteraient atteinte à leur indépendance[1069]. Au Mali, le régime de la responsabilité civile des juges tente de trouver un équilibre entre la nécessité de réparer les dommages causés par les juges, mais dans le même temps, de préserver le mécanisme de prise de décision. Cet équilibre, résulte tantôt d'un mécanisme de substitution de la responsabilité de l'État à celle des magistrats, tantôt de la mise en place de systèmes de garantie en faveur des juges. Lorsque la responsabilité civile du juge est soumise à la preuve d'une faute, le législateur souhaite restreindre la mise en cause des juges, et ainsi, préserver leur liberté de jugement comme leur indépendance. En effet, la substitution de l'État n'épargne pas une action récursoire contre le magistrat fautif. Mais une telle action est rarement exercée[1070].

Malgré la clarté et la précision de ces textes, la maladie continue à ravager le secteur de la justice. Mais, il faut aussi reconnaître qu'il y a quelques magistrats qui ont été sanctionnés. S'agit-il là de cas isolés ou le début d'une véritable opération de course contre la montre ? Le crédit de la justice repose sur la transparence des poursuites disciplinaires pénales et civiles, ce à quoi contribuent la publicité et la diffusion des décisions rendues dans ces domaines. La diffusion des décisions rendues contre les magistrats est rarissime. Ce qui va à l'encontre de la volonté du législateur lorsqu'il impose la publicité du prononcé des décisions du Conseil Supérieur de la Magistrature[1071]. En plus, pour une meilleure démocratisation du contrôle de la déontologie de la magistrature, le droit de saisine du Conseil Supérieur de la Magistrature doit être aussi reconnu aux simples citoyens[1072].

[1069] CANIVET, (G.) et JOLY-HURARD (J.), *« La responsabilité du juge »*, in Revue Internationale de Droit Comparé (R.I.D.C), 2 – 2006, p. 13.

[1070] TOUMAGNON (B. H.), *« La responsabilité de la puissance publique et l'action récursoire »*, in Revue de Droit et d'Information Juridiques et Judiciaires, Justice en question N° 2, p. 73. « Aussi en France, en pratique l'Etat n'a jamais engagé l'action récursoire, que ce soit à l'encontre de magistrats de l'ordre judiciaire ou de juges administratifs. » MAGENDIE (J – C), *« La responsabilité des juges »*, op. cit., p. 1179.

[1071] Art 82 al 2 du statut de la magistrature, préc.

[1072] La question de la saisine directe du conseil supérieur de la magistrature a été posée au sein de la magistrature. L'idée n'a pas emportée la conviction à cause du risque d'une contestation illimitée des magistrats provoquant une perturbation de l'activité juridictionnelle. V° MAGENDIE (J – C), *La responsabilité des juges,* op. cit., p. 1180.

A cet effet, pour éviter de l'encombrement au niveau de l'examen des dossiers, une commission pourra être mise en place se réunissant périodiquement, chargée d'examiner les plaintes de toute personne s'estimant lésée par un dysfonctionnement du service de la justice, ou par un fait susceptible de recevoir une qualification disciplinaire et commis par un magistrat dans l'exercice de ses fonctions. Cette commission aurait ainsi sélectionné, parmi ces plaintes, celles qu'elle estimait manifestement fondées, et les aurait transmises à l'organe disciplinaire du conseil supérieur de la magistrature[1073]. La responsabilisation du juge par le respect de l'éthique et de la déontologie permet le perfectionnement de la profession du juge.

II. Le perfectionnement de la profession

La bonne pratique de l'éthique et de la déontologie de la magistrature, « profession à éthique » permet le perfectionnement de la profession. Ce perfectionnement de la profession est rendu possible par l'instauration des valeurs de la justice. Il suffit pour cela que chaque membre de la famille judiciaire, particulièrement les magistrats, adopte à l'occasion de l'exercice des activités professionnelles, dans son action ou dans ses rapports avec autrui, les attitudes ci-dessous :

- prendre conscience qu'à travers le simple exercice de sa profession, il met en œuvre un droit fondamental de la personne humaine. Que la stabilité sociale est tributaire de sa profession ;
- prendre conscience de sa propre dignité, assumer correctement l'obligation d'être digne de la confiance que les autres placent en lui ; entretenir, aussi bien avec ses collègues qu'avec les justiciables et tous ceux avec qui, ils entrent en contact des rapports qu'inspirent le strict respect de la dignité de la personne humaine (égalité, liberté, solidarité) ;
- servir d'exemple pour ses collègues qui, s'étant ou non découragés de la pratique de l'éthique et de la déontologie ;
- agir lui-même de façon citoyenne en faveur de ce droit particulier de l'homme qu'il est amené à mettre en œuvre dans le cadre de l'exercice de sa profession. Il doit refuser sans qu'il y ait une sanction à craindre,

---

[1073] Le fonctionnement d'une telle commission peut se heurter à des obstacles budgétaires. Une autre solution est possible, c'est de permettre aux citoyens de saisir les chefs de juridiction et de parquet. Ceux-ci à leur tour pourront saisir le Conseil supérieur de la magistrature. Mais, lorsque les comportements répréhensifs peuvent être reprochés aux chefs de juridiction et de parquet, les citoyens doivent avoir un droit de saisine directe du Conseil supérieur de la magistrature. A signaler qu'en France, « il avait été envisagé d'instituer une commission nationale d'examen des plaintes des justiciables. Le CSM français estime que cette commission qui n'existe pour aucun corps, était de nature à faire peser sur les magistrats judiciaires une suspicion de comportement fautif. » MAGENDIE (J – C), *La responsabilité des juges,* op. cit., p. 1181.

mais simplement parce qu'il a choisi de jouer son rôle de citoyen (en plus de son rôle professionnel), la corruption et le désengagement en puisant dans sa dignité toutes les vertus nécessaires pour réussir la mission (qu'il s'est librement donné) de mettre son savoir-faire, ses compétences techniques, ses connaissances au service du bien commun, sans aucune exclusion de quelque sorte qu'elle soit. Ainsi, il aura contribué à transformer les différentes avancées de connaissance, de compétences techniques en de réel progrès de la justice. Le juge donne alors un sens aux droits de l'homme et à la justice ;

- dénoncer toute sorte de pratique contraire aux droits de l'homme qui se serait installée dans sa profession à cause notamment des différentes régressions récurrentes. Cette dénonciation doit être faite quels que soient les auteurs de ces violations des droits de l'homme et quel qu'en soit le prix à payer, même si elle est largement admise ou tolérée par la majorité de ses collègues ;
- éviter, dans la mesure du possible de commettre des erreurs en mettant à profit son expertise du moins celle relative au droit de la profession qu'il exerce. Pour cela, il faut faire preuve d'une très grande responsabilité personnelle et intégrité professionnelle en vue d'éviter les effets néfastes que ces erreurs peuvent produire sur la vie présente ou à venir des bénéficiaires de ces services et pourquoi pas des générations futures ;
- inspirer aux collègues et toutes autres personnes la fierté de la profession magistrale et faire en sorte qu'ils soient dignes et qu'ils respectent ses valeurs et promouvoir la confiance du public vis-à-vis de la profession du juge ;
- reconnaître l'engagement et les responsabilités éthiques inhérentes à la profession magistrale ;
- accepter ses propres erreurs et mettre en œuvre des actions pour que celles-ci ne se produisent plus[1074].

L'observation des règles d'éthique et de déontologie est de nature à restaurer la confiance perdue entre les justiciables maliens et la justice. Le perfectionnement de la profession est rendu possible par l'application effective des garanties du procès équitable. En tout cas, l'efficacité de la justice est tributaire de l'effectivité des sanctions contre les personnes chargées de la rendre. Lorsque ces sanctions sont inefficaces ou inopérantes, la justice devient alors une charge sociale. De même, si les textes en la matière ne sont appliqués que de façon isolée, c'est-à-dire à quelque cas seulement on n'obtiendra que de résultats mitigés. Tel semble être le cas au Mali, parce que l'application effective des textes ne peut pas cohabiter avec

[1074] Ces éléments doivent servir de réflexion pour l'amélioration ou l'adoption de tout code d'éthique et de déontologie.

la recrudescence de la corruption ou du favoritisme au sein de l'appareil juridictionnel. L'éradication de ces maux, tributaire d'une meilleure application de l'éthique et de la déontologie, constitue un facteur de perfectionnement de la profession du juge.

SECTION 2. LES MESURES CONTRE LES MANQUEMENTS AUX RÈGLES D'ÉTHIQUE ET DE DÉONTOLOGIE

La confiance en l'institution judiciaire est un enjeu fondamental de la démocratie, une condition nécessaire de la crédibilité du système juridictionnel. Au Mali, le déficit de confiance des citoyens envers la justice n'est plus un secret pour personne[1075]. Ceci est de nature à ternir son image et à compromettre sa réputation d'impartialité et d'indépendance, cause de violation des garanties du procès équitable[1076]. Devant les polémiques de plus en plus nombreuses au sujet de la justice, il est nécessaire de renforcer la confiance des citoyens dans la magistrature permettant d'optimiser sa capacité, dans le but de répondre à l'aspiration du peuple au nom duquel, elle officie. À cette fin, il est devenu impératif d'apporter des réponses claires et adéquates aux manquements à l'éthique et à la déontologie[1077]. Ce qui nécessite la mise en œuvre d'un certain nombre d'actions de nature à prévenir (Paragraphe 1) et à traiter d'éventuels manquements (Paragraphe 2).

Paragraphe 1. Les mesures préventives

Mieux vaut prévenir que guérir[1078]. Ce vieux dicton, qui signifie qu'il est préférable d'empêcher un fait de se produire que d'avoir à en réparer les conséquences fâcheuses, est toujours d'actualité. La prévention s'entend de l'ensemble des mesures prises pour préserver une situation donnée, d'une

---

[1075] Le problème de déficit de confiance des citoyens en la justice n'est pas que malien. V° l'article d'El Hadji Abdou Aziz SECK, Juge d'instruction au Tribunal régional hors classe de Dakar, Réflexion sur l'éthique du Magistrat. Site http://www.ums.sn/modules.php?name=News&file=article&sid=6 consulté le 20/10/2012. V° aussi SY (P.), *Le droit d'accès à la justice au Sénégal,* Thèse, préc.

[1076] Propos de Marafa TRAORE, ancien Ministre de la justice du régime d'Amadou Toumani TOURE, lors de son entretien accordé à l'O.R.T.M., le 07 décembre 2011.

[1077] La résolution des problèmes d'éthique doit transcender chaque Etat pris individuellement. Une collaboration communautaire ou régionale est nécessaire. A l'instar de l'Association Ouest Africaine des Hautes Juridictions Francophones (AOA – HJF), il pourra être créé un comité d'éthique et de déontologie de la magistrature à l'échiquier communautaire. Il lui pourra être assigné un rôle consultatif dans le domaine de l'éthique et de la déontologie de la magistrature, pour un départ. Ce comité, chargé de réfléchir sur les questions relatives à l'éthique et à la déontologie de la magistrature des Etats membres, doit proposer à ceux-ci des outils pouvant leur guider dans leur réforme juridique.

[1078] Sagesse populaire.

dégradation, d'un accident ou d'une catastrophe[1079]. Elle repose sur l'évitement des perturbations négatives ou sur la réduction de leur probabilité. Le volet de la prévention s'appuie sur l'anticipation et la prévision avec la mise en place de système de détection précoce et d'alerte. Lorsqu'un risque n'est pas avéré, mais seulement potentiel, c'est le principe de la précaution qui est employé, et non celui de la prévention. L'opportunité des mesures préventives s'apprécie à travers la réduction des risques de manquements des magistrats à leurs obligations. La prévention de la violation de l'éthique et de la déontologie de la magistrature nécessite une bagatelle de mesures préventives qui doivent être combinées. Elles doivent être entreprises depuis le stade des recrutements des auditeurs et poursuivies jusqu'à la fin de la carrière du magistrat. Il faut un choix pertinent des personnes techniquement capables et moralement aptes. La pertinence du choix s'illustre, dans ce contexte, à travers l'exigence[1080] d'une certaine qualité éthique chez le postulant. Au rang des mesures préventives, un accent particulier doit être mis sur la formation (initiale ou continue). Car, l'institution juridictionnelle doit tout mettre en œuvre pour maintenir chez les magistrats une conscience élevée des problèmes d'éthiques et déontologiques. Pour y parvenir, des actions concrètes doivent être posées[1081] au stade du recrutement du magistrat (I), mais aussi au cours de sa carrière professionnelle (II).

I. Au stade du recrutement et de la formation initiale

Lorsque les actions préventives sont mises en œuvre à temps, elles contribueront à réduire sensiblement les risques de manquement des magistrats à leurs obligations. Ces actions peuvent l'être, d'une part, au moment du recrutement et d'autre part, au stade de la formation initiale des magistrats. Les critères de recrutement des magistrats doivent permettre d'assurer la qualité de la sélection, particulièrement du point de vue de l'éthique. De ce fait, le recrutement doit être très sélectif et l'on doit le sentir dès le dépôt du dossier de candidature. Ainsi, la qualité des renseignements de personnalité recueillis sur les candidats pourrait être complétée par une enquête exhaustive qui permettrait d'obtenir des informations indispensables pour apprécier l'honneur et la probité des candidats. Cette situation, il faut le préciser, est prévue par le statut de la magistrature en ces termes : « Les

[1079] Dictionnaire de la langue française, Petit Robert, p. 145.

[1080] L'absence de cette qualité d'éthique revient à embarquer des passagers dans un avion et les confier à un groupe terroriste. S'il parvient à obtenir une rançon les passagers seront peut-être sauvés.

[1081] Il faut noter que certaines mesures préventives existent déjà dans le droit positif mais ne sont pas mises en œuvre au temps opportun.

candidats à l'auditorat autorisés à concourir après enquête de moralité... »[1082]

L'enquête de moralité ou encore l'enquête d'aide à la prise de décision est généralement menée par les commissariats de police. En principe, elle doit être confidentielle, et se dérouler totalement à l'insu du candidat. Elle consiste à recueillir des informations sur l'honneur et la probité de la personne en approchant ses collaborateurs, ses proches, etc. L'enquête peut à ce moment toucher à tous les aspects de la vie de l'individu. Malheureusement, ce qui n'est pas le cas, en l'espèce. En effet, il appartient au candidat à l'auditorat de se faire délivrer un certificat d'enquête de moralité au commissariat de sa résidence habituelle. Celui-ci ne le soumet que quelques questions portant sur son honneur et sa probité. Cette pratique ne permet pas d'atteindre l'objectif visé. La méthode de l'enquête de moralité doit être revue afin d'obtenir un meilleur résultat de la sélection, particulièrement du point de vue de l'éthique[1083].

Si la finalité de l'enquête de moralité est sans équivoque, la notion de bonne moralité ou de bonnes mœurs reste floue et imprécise. La bonne moralité est-elle la conformité avec les lois ou la morale ? La morale est un geste, un acte ou une pratique qui pousse les personnes à agir uniquement dans le sens du bien ou à faire le maximum de bien et à éviter à tout prix le mal. Elle est une notion vague. Pour un meilleur encadrement de l'enquête portant sur la moralité du candidat, les critères doivent être portés uniquement sur la commission des infractions ; ce qui éviterait tout abus. Toute personne ayant, à cet effet, commis une infraction susceptible d'être inscrite au casier judiciaire, doit être disqualifiée du concours de

---

[1082] Art 20 de la loi N°02 –054/P-RM du 16 décembre 2002 portant statut de la magistrature.

[1083] En France, la bonne moralité reste aussi l'un des critères d'accès à la magistrature. Telle est la conclusion du Conseil Constitutionnel qui a été saisi d'une question prioritaire de constitutionnalité visant à faire disparaître des critères d'accès au concours d'entrée à l'Ecole Nationale de la Magistrature la nécessité de faire preuve d'une bonne moralité. Une candidate malheureuse au concours de l'Ecole Nationale de la Magistrature, avait reçu un avis négatif à cause d'une condamnation prononcée à son encontre trois (03) années plutôt pour conduite en état d'ébriété, qui lui avait valu quelques semaines de suspension du permis de conduire, et une amende de 200 euros. Le Conseil constitutionnel a rejeté la question prioritaire de constitutionnalité tout en reconnaissant que « les enquêtes de moralité ont été créées formellement par François Ier dans les années 1540 » et que « L'imprécision alléguée de la notion de bonne moralité ou de bonnes mœurs tient au fait que le contexte contemporain a rendu difficile une définition unifiée de cette notion. »Les sages du Conseil constitutionnelajoutent même que « la précision de la loi pénale rend problématique le recours à de telles notions à contenu variable dans la définition des infractions. »Mais ils en concluent que « hors du droit pénal, le recours à des notions à contenu variable n'est pas, en lui-même, inconstitutionnel. »Et le Conseil détermine que le texte « permet à l'autorité administrative de s'assurer que les candidats présentent les garanties nécessaires pour l'exercice des fonctions de magistrats »et que cette autorité peut continuer« d'apprécier, sous le contrôle du juge administratif, les faits de nature à mettre sérieusement en doute la présence de ces garanties. »

l'auditorat[1084]. En plus de l'enquête de moralité, il serait intéressant d'instituer une épreuve de discussion avec le jury auquel seraient adjointes des personnalités extérieures au monde judiciaire, notamment des spécialistes en ressources humaines et en psychologie, pour juger des qualités éthiques des candidats. Cette possibilité n'existe pas, jusque là. Les candidats ayant été sélectionnés dans ces conditions doivent subir la formation initiale.

La fonction de juger exige une compétence affirmée. De l'auditeur de justice au magistrat, vingt-quatre mois de formation s'écoulent[1085]. Le parcours de formation des auditeurs de justice fait alterner, tout au long des vingt-quatre mois, périodes d'enseignement à l'Institut National de Formation Judiciaire et périodes de stage. L'objectif est de donner aux futurs magistrats une vision globale de leur rôle au sein de l'institution de la justice et, plus généralement, au service de la société. Les auditeurs sont alors assujettis à cette formation, prévue par la loi portant statut de la magistrature[1086], qui est aussi un moyen d'améliorer la qualité de l'éthique. Ayant prêté serment dès leur entrée à l'institut et astreints au secret professionnel, les auditeurs de justice ont la possibilité de participer pleinement à l'activité du tribunal, et d'accomplir les actes juridictionnels correspondants, sous le contrôle des magistrats, maîtres de stage[1087].

En conséquence, la période de stage est également mise à profit pour développer la connaissance des professionnels qui sont, au quotidien, les partenaires des magistrats : services de police ou de gendarmerie, établissements pénitentiaires, etc. Elle permet aussi aux auditeurs d'apprendre au quotidien les différentes formes du métier de magistrat, connaître de manière concrète le fonctionnement de l'institution judiciaire, tels sont les principaux objectifs du stage de neuf mois qu'effectuent les auditeurs de justice au sein d'une juridiction. Pour une meilleure

---

1084 L'exigence du casier judiciaire pour postuler limite le risque de faire recruter dans la fonction des individus ayant fait l'objet de condamnation de délits au moins. La commission chargée de dépouillement des dossiers doit être vigilant aux fraudes concernant les casiers judiciaires.

1085 En France, la formation initiale c'est-à-dire celle qui est institué entre la nomination de l'auditeur de justice et la fonction de magistrat s'étend sur trente-un (31) mois. Soit sept (07) mois de différence avec celle du Mali.

1086 L'article 24 du statut de la magistrature précise que « la formation professionnelle des auditeurs de justice s'étend sur une période de deux années. Elle est assurée au sein de l'Institut National de Formation Judiciaire par un enseignement approprié et des stages » Art. 24 de la loi N°02 –054/P-RM du 16 décembre 2002 portant statut de la magistrature.

1087 L'article 24 du statut de la magistrature dispose en ces termes : « Les auditeurs de justice participent sous la responsabilité des magistrats à l'activité juridictionnelle. Toutefois, ils ne peuvent recevoir délégation de pouvoir ou de signature. Ils peuvent notamment assister : - le juge d'instruction dans tous les actes d'instruction ; - les Magistrats du Ministère Public dans l'exercice de l'action publique ; - ils peuvent siéger en surnombre et participer avec voix consultative aux délibérations des juridictions statuant en toute matière ; - assister aux délibérations des cours d'assises. »

organisation du stage, les auditeurs doivent faire un tour de rôle pendant un temps précis les différentes formations du tribunal[1088]. Les magistrats de l'ordre judiciaire et les juges administratifs suivent un programme de formation souvent différent[1089].

La formation initiale est la période privilégiée de détermination des capacités intellectuelles et humaines du candidat à l'exercice de la profession de magistrat tant au cours de la formation théorique qu'au cours du stage en juridiction. S'agissant de la formation théorique, elle comporte un module relatif à l'éthique et à la déontologie du magistrat qui fait l'objet d'une évaluation. Cet enseignement théorique doit être complété par des études de la jurisprudence du Conseil Supérieur de la Magistrature. Le stage en juridiction est quant à lui une étape fondamentale dans l'appréciation des qualités techniques, mais aussi du comportement éthique du futur magistrat. Ce stage est, en effet, le moyen le plus efficace pour mettre en évidence les éventuelles carences en matière de comportement du futur magistrat placé en situation professionnelle devant ses pairs, les auxiliaires de justice et les justiciables. L'évaluation de ce stage devra alors être faite de la manière la plus objective possible. L'examen de sortie ne doit pas être de pure forme. Toutes les fois qu'un candidat ne parvient pas à franchir cette étape doit impérativement reprendre toute la formation (théorique et pratique). La reprise ne doit lui être accordée qu'une seule fois. Le candidat qui ne parvient pas à être admis une deuxième fois, doit être déclaré définitivement ajourné, et s'il désire désormais devenir magistrat de se soumettre au concours au même titre que les autres candidats.

Vu la particularité de la profession du magistrat, il est intéressant pour les auditeurs de justice de débuter leur formation par un stage de quelques mois dans un cabinet d'avocat afin de comprendre le rôle et les contraintes des avocats. Il s'agit d'un stage de plein exercice, au cours duquel les futurs magistrats peuvent être amenés à plaider. Ils doivent poursuivre leur formation par une période d'études de quelques mois à l'institut entrecoupé

[1088] En France, les auditeurs de justice passent environ 6 semaines dans chacune des fonctions de la juridiction (siège, parquet, instance, instruction, enfants, application des peines). Les matières enseignées sont : l'histoire et statut de la magistrature, déontologie judiciaire, approche de la médecine légale et de la psychiatrie, formation en sciences humaines, les programmes permettent aux auditeurs de justice d'appréhender les règles fondamentales et le contexte de l'intervention judiciaire. L'enseignement réparti en huit pôles de formation, fait également une large place à la maîtrise des techniques de communication et de l'outil informatique.

[1089] Pour les magistrats de l'ordre judiciaire sont : le siège correctionnel, le siège civil, la rédaction du jugement, le Ministère Public, la déontologie et le droit communautaire. Pour les magistrats de l'ordre administratif, les matières sont entre autres : droit administratif, droit fiscal, contentieux administratif, procédure administrative contentieuse, technique de rédaction de jugement, déontologie, libertés publiques, contentieux électoral, contentieux de la fonction publique, contentieux domanial et foncier, contentieux lié à la police administrative, exécution des décisions de justice, etc. V° Manuel pédagogique du Ministère de la justice, 2007.

de stages au sein des organismes partenaires de la justice. L'enseignement privilégie l'approche concrète, par groupes de travail, des différentes fonctions de magistrat, à travers d'études de cas et de dossiers réels. Des conférences, travaux de recherche et enquêtes sur le terrain doivent compléter cet apprentissage. Après la formation initiale, les futurs magistrats avant leur nomination à leur premier poste sont assujettis à l'examen de sortie. Cet examen doit permettre, une fois de plus, de s'assurer sur les qualités éthiques du futur magistrat.

II. Au cours de la carrière professionnelle

À ce stade, les actions de prévention doivent être menées dès la nomination au premier poste et poursuivies tout au long de la carrière. Concernant la nomination du magistrat à son premier poste, le jury de l'examen de sortie et le collège des formateurs doivent émettre un avis quant à l'aptitude de l'auditeur de justice à exercer certaines fonctions. Cet avis doit lier l'autorité de nomination. Un autre outil de prévention en matière d'éthique et de déontologie est la mobilité géographique des magistrats. Si cette dernière contribue à l'amélioration de l'application des règles d'éthique et de déontologie, sa pratique est décriée par certains magistrats. En effet, à en croire à certaines de leur déclaration, la mobilité géographique ne se fait pas conformément aux règles de l'art. Il suffit, pour rester dans les juridictions dont le contentieux est sensiblement élevé[1090], d'être de bonnes

[1090] A priori, « les juridictions dont le contentieux est sensiblement élevé ne signifie absolument rien », mais faut-il en conclure là ? Certainement non. En effet c'est dans ces types de juridictions que, généralement, les juges parviennent, le plus souvent, à faire des réalisations considérables du point de vue des intérêts personnels. Alors vient la notion de « juge dynamique », de « juridiction qui marche » ou encore de « bon emploi » de « bon poste » ou de « bon fonctionnaire ». Les expressions « juge dynamique » et « juridiction qui marche » ne signifient autre qu'un juge, malgré une augmentation sensible du volume d'affaires, fait preuve de diligence. Il s'agit aussi d'un juge qui se conforme à tout prix aux autres règles d'éthique et de déontologie. « Mais il semble qu'elles recouvrent bien d'autres idées qui, malheureusement, ne s'inscrivent pas toujours dans le respect des règles déontologiques. Quelques fois l'emploi de ces expressions est une invite faite au juge de s'inscrire dans une logique d'agent d'affaires pour attirer à soi le maximum d'affaire, quitte à concourir subtilement à la naissance des litiges en amont. Seul compte alors le gonflement du volume des affaires du rôle. Tout se passe comme s'il était souhaitable qu'il y ait un plus grand nombre de litige possible comme un croque-mort souhaiterait qu'il y ait suffisamment de décès pour lui éviter le risque de sous emploi. On oublie que le procès est quelques fois défini comme étant l'aspect pathologique du droit, et que si tout le monde se conformait au droit dans les actes de la vie courante, il n'y aurait ni litige, ni procès, ni besoin du juge. » L'auteur continue dans ses analyses en affirmant que : « les maliens sont habitués au spectacle de cette espèce d'effervescence inouïe qui s'empare d'un corps à l'annonce d'une mutation générale ou d'un redéploiement partiel du personnel. Et quand enfin la décision tombe, la fièvre se mue en un concert de félicitation et de compensation en fonction de la perspective qu'offre la nouvelle affectation de gagner ou non de l'argent ou d'avoir des avantages matériels, de monter ou non en terme de puissance ou de pouvoir. Les promotions et les relations avec les autorités de nomination, de même, pour être chef de juridiction ou chef de parquet.

En plus, les chefs de cours et de tribunaux, de par les prérogatives que leur confère la loi, occupent une place fondamentale dans l'action préventive et doivent jouer un rôle essentiel en matière de sensibilisation des magistrats aux questions d'éthique et de déontologie. Toute information visant le comportement d'un magistrat, de nature à laisser suspecter une atteinte à l'éthique et à la déontologie, exige, de la part du chef de juridiction, une investigation approfondie afin d'en vérifier la véracité. Si cette information s'avère crédible, le chef de juridiction doit en aviser son chef de cour sur lequel repose alors l'obligation d'agir. Il faut également mettre à la disposition de tous les magistrats la jurisprudence disciplinaire du Conseil Supérieur de la Magistrature, une autre manière de prévenir les manquements à l'éthique et à la déontologie. La formation continue des magistrats doit également contribuer à parfaire et à transmettre la connaissance des règles déontologiques.

Tout au long de leur carrière, les magistrats doivent bénéficier des formations adéquates qui leur permettent de développer un professionnalisme. La formation continue doit également être adaptée aux changements que sont : les réformes législatives, les mutations sociales, l'évolution des mœurs, mais aussi à l'exercice d'une nouvelle fonction juridictionnelle qui jalonnent le parcours des magistrats. La formation continue ne doit pas occulter certains auxiliaires de justice tels que les greffiers. Depuis un certain temps l'institut de formation judiciaire se fixe les objectifs suivants : maintenir et développer le professionnalisme des magistrats, favoriser leur adaptation individuelle et permettre l'ouverture de l'institution de la justice dans le but d'échanger et de confronter les

---

disgrâces sont perçues en fonction de ces critères, corrélativement les notions de « bon emploi », « bon poste » et même de « fonction supérieure ». Ainsi, n'est-il pas rare de voir des magistrats de froisser ou entrer dans une colère terrible pour avoir été promus par une affectation dans un poste hiérarchiquement plus élevé. Ainsi, aussi, voit-on d'autres, se rabaisser au point de s'avilir pour garder leur poste et éviter ladite promotion. Ce qui est inquiétant et périlleux pour l'Etat c'est que, par la faute du système, ce genre de fonctionnaires est légion pour ne pas dire qui tend à se généraliser. Ce qui ne manque pas de générer toute une sous-culture de basse mentalité : courtisanerie, banalisation des choses les plus sacrées ou des plus dignes de respect, développement spectaculaire de la civilisation du paraître où les jugements sont fondés sous les apparences auxquelles le vulgaire donne tant de poids et ou l'audace et la fierté sont le plus souvent du côté de l'ignoble coupable tandis que la honte et l'embarras choisissent le camp d'innocent ». Enfin, l'auteur affirme que dans l'esprit des maliens, la notion de réussite se ramène à l'accumulation des biens matériels (meubles et immeubles) sans le moindre souci de leurs provenances. Cet individu, ayant exercé une fonction publique et accumulé pendant des années des biens matériels, est considéré comme réussi, dans l'esprit des maliens, même si entre temps, le parcours est jalonné par la corruption et autres pratiques similaires ayant abouti à cette accumulation de richesses. V° SIDIBE (A. Y.), *Droit et pratique du droit au Mali,* op. cit., pp. 138 à 145 et svtes.

expériences entre praticiens magistrats pour s'enrichir des apports d'autres professionnels[1091].

Pour une meilleure prise en charge des besoins, la formation doit être complétée par un dispositif de formation déconcentrée destiné à répondre au mieux à la spécificité et à la diversité des demandes locales. Dans chaque cour d'appel, un magistrat doit être délégué à la formation et soutenu par les coordonnateurs au niveau des cercles. Ces magistrats doivent recenser les besoins, proposent et organisent des actions de formation en partenariat avec d'autres professions. La souplesse et la proximité de ce système favorisent l'accès d'un plus grand nombre de magistrats à la formation continue. Un magistrat bien formé est un magistrat plus indépendant. Il est à même de s'imposer à travers ses décisions et de résister aux pressions dans la mesure où il appréhende mieux l'importance de sa mission[1092].

Les mesures préventives doivent être associées à celles qui sont curatives pour une meilleure application des règles d'éthique et de déontologie.

Paragraphe 2. Les mesures curatives

Constituant l'ultime recours à la disposition de l'organe compétent pour corriger les comportements répréhensibles du magistrat, les mesures curatives sont des actions entreprises en cas de violation des règles d'éthique et de déontologie. Ces mesures se traduisent par l'application stricte des sanctions disciplinaires, mais aussi et surtout par la lutte effective contre la corruption[1093]. Celle-ci doit être éradiquée de l'espace judiciaire qui s'étend aux auxiliaires de justice qui, souvent, servent de relais entre les justiciables et les magistrats. Phénomène endémique[1094], la corruption est devenue le système au Mali. Le combat doit être un processus continu, sans fin, autant que la société existera. D'ailleurs, depuis les premières ères de

---

[1091] L'Ecole Nationale de la Magistrature en France propose à tous les magistrats, chaque année, un programme de formation continue. Les formations dispensées prennent la forme de sessions de 2 à 5 jours de cycles, ou de stages collectifs ou individuels auprès de différents organismes, institutions, entreprises privées ou publiques, et à l'étranger. Depuis 2009, l'Ecole propose une douzaine de formations diplomates permettant aux magistrats de devenir des spécialistes de pointe dans des domaines du droit à haute technicité. Pour ces formations, l'Ecole Nationale de la Magistrature s'adresse aux professionnels les plus qualifiés dans les domaines considérés. Afin de favoriser le travail en partenariat, de nombreuses formations sont organisées conjointement avec d'autres écoles relevant du Ministère de la Justice (greffes, administration pénitentiaire, protection judiciaire de la jeunesse), d'autres administrations ou encore avec les instances de formation du barreau.

[1092] SIDIBE (A. Y.), *Droit et pratique du droit au Mali*, op. cit., p. 120.

[1093] Les sanctions disciplinaires ne seront pas exposées ici, sauf à dire qu'elles contribuent à une meilleure application de la déontologie.

[1094] Rapport du MAEP (Mécanisme Africain d'Evaluation par les Paires) sur la corruption au Mali. Selon les conclusions du MEP, la corruption est devenue un phénomène endémique dans tout le pays. Consulté le 06/11/2012.
http://www.maliweb.net/news/corruption-lutte-contre-la/2012/11/05/article,102916.html

l'indépendance jusqu'à nos jours, la lutte contre la corruption a toujours été le slogan des autorités politiques. Beaucoup de textes juridiques élaborés et plusieurs institutions instituées à cet effet : une politique réjouissante de lutte contre la corruption mise en place (I), mais qui n'a engendré qu'un résultat mitigé (II).

I. La politique réjouissante de lutte contre la corruption

Le mot corruption est un substantif venant du verbe corrompre qui signifie « emploi de moyens condamnables pour faire agir quelqu'un contre son devoir, sa conscience »[1095]. C'est un « comportement pénalement incriminé par lequel sont sollicités, agréés ou reçus des offres, promesses, dons ou présents, à des fins d'accomplissement ou d'abstention d'un acte, d'obtention de faveurs ou d'avantages particuliers »[1096]. Elle est décrite sous la plume de transparency internationale comme : « L'action d'abuser d'une charge publique en vue d'en tirer un bénéfice personnel »[1097]. En plus, les textes tentent également de cerner la notion de la corruption à travers un ensemble de situations variées dont le dénominateur commun reste le fait d'agir contre son devoir. « Agir contre son devoir » est donc la pierre angulaire de toute définition qui peut être donnée à la corruption. Cela va des délits d'initié, de favoritisme, de prise illégale d'intérêt[1098], de concussion[1099], aux infractions de trafic d'influence[1100] et de forfaiture[1101].

De même, le statut de la magistrature et le code de déontologie qui l'y est annexé, les mots et expressions « indélicatesse » et « manquement aux devoirs de sa charge » sont les plus usités. Toutes ces approches de la notion de corruption comportent ouvertement ou implicitement des faveurs ou des avantages particuliers, présents ou virtuels, mais connus de l'auteur. Elles intègrent aussi un élément intentionnel, la volonté des parties d'entreprendre une action en dépit de son caractère frauduleux. Aussi, elles supposent toute

---

[1095] Dictionnaire de la langue française, Petit Robert.

[1096] GUILLIEN (R.) et VINCENT, (J.), *Lexique des termes juridiques, op. cit.*, 2003, p. 54.

[1097] Transparency internationale est une ONG internationale créée en 1993, basée à Berlin, apolitique, à but non lucratif et dont l'objectif fondamental est de lutter contre la corruption d'une part dans les transactions commerciales internationales et d'autres part au niveau des Etats par l'intermédiaire de ses sections nationales. D'où l'affiliation à cette ONG internationale de l'Alliance pour la transparence au Mali (Transparence Mali) association malienne apolitique à but non lucratif créée par son assemblée constitutive et dont l'objet est de lutter efficacement et durablement contre la corruption et le renforcement de la transparence dans la vie publique. La transparence, se définit comme la clarté et la large diffusion des règles qui déterminent les relations entre le citoyen et les pouvoirs publics en vue d'un contrôle permanent de la conduite des affaires publiques ; in DIAKITE, El Hadj Modibo Samba, *op. cit.* p. 20.

[1098] Les articles 301 et suivants du code pénal.

[1099] Art. 108 du code pénal.

[1100] Art. 112 du code pénal.

[1101] Art. 72 du code pénal.

l'existence d'une personne investie d'un mandat public ou dépositaire d'un pouvoir dont elle ne peut disposer comme elle le veut et quand elle le veut. Quoi qu'il en soit la corruption ne date pas d'aujourd'hui.

La corruption est apparue en occident dès l'antiquité, et déjà Platon, philosophe grec du Ve siècle avant Jésus Christ, parlait ainsi de ce phénomène dans les lois : « Les serviteurs de la nation doivent s'acquitter de leurs services sans recevoir la moindre gratification (...) se forger une opinion et s'y tenir n'est pas chose facile, mais c'est pour un homme, le moyen le plus sûr d'obéir loyalement à la loi qui lui dit : ne rend aucun service en échange d'un présent »[1102]. Mais, c'est le Moyen-Orient qui a connu la première amplification majeure du phénomène de la corruption avec le choc pétrolier de 1973 qui a déclenché une frénésie pour arracher de nouveaux marchés dans ces pays. Et c'est l'Afrique qui, la première, a connu ce qu'il est convenu d'appeler « la banalisation » de la corruption : le phénomène a envahi tous les secteurs de services[1103]. Sous les deux premières Républiques au Mali, il apparaît dans les discours des Présidents que beaucoup de fonctionnaires étaient enclins à tirer des avantages de leur charge en accédant au cercle vicieux de la corruption[1104].

Au lendemain du renversement du régime de Modibo KEITA, le 19 novembre 1968 par la substitution de celui de Moussa TRAORE, l'attente des Maliens était aussi grandiose que l'imaginable, mais malheureusement, comme l'affirme Poutine « les plus grandes déceptions naissent des plus grands espoirs. » La deuxième république se trouve encore contaminée par le même virus qui affectait la précédente. Le Président Moussa TRAORE, lors d'un discours officiel en fait le constat[1105]. Il ressort de l'esprit de ces

---

[1102] V° COULIBALY (Ch.), *Contribution au forum national de lutte contre la corruption au Mali,* 2007, p. 1.

[1103] Idem.

[1104] Le 1er Président fut Modibo KEITA, 22 septembre 1960 au 19 novembre 1968 et le 2ème Moussa TRAORE, CMLN/UDPM du 19 novembre 1968 au 26 mars 1991. Le Président du Mali dans une de ses allocutions affirme que : « Plusieurs individus ont été conduits, je ne sais par quel artifice, à se créer des moyens plus ou moins occultes, leur permettant de vivre souvent même très largement au dessus de leurs possibilités réelles au vu et au su de tout le monde sans qu'il soit possible d'avoir des preuves matérielles ni d'éléments tangibles sur lesquels nous puissions nous appuyer pour prendre en conséquences des mesures adéquates, des sanctions appropriées contre eux. » Extrait du discours du Président Modibo KEITA lors du meeting des travailleurs le 20 juillet 1967, in DIAKITE, El Hadj Modibo Samba, op. cit., p 20 Le Ministre de la justice du même pouvoir ajoute à l'ouverture du 2ème séminaire de la justice le 25 août 1967 : « L'impératif premier dans la phase actuelle de notre révolution c'est l'élimination des malversations, de la fraude économique et de la corruption...car, pour de jeunes pays sortant de la domination coloniale et qui veulent édifier une économie nationale indépendante, il n'est rien de plus mortel que cette tendance à l'accaparement, ce goût de l'argent qui pousse aux détournements de deniers publics aux malversations à la corruption au trafic. »

[1105] « Force est de constater que la crise économique marque une profonde crise de notre société dont les manifestations sont entre autres, la perte du sens de l'Etat. Il nous a été donné de constater qu'au delà des problèmes de structures, il y a celui plus grave des hommes

discours susvisés que même sous la présidence des deux régimes, l'appareil judiciaire et politique malien était empoisonné par le virus de la corruption. De façon chronologique, des textes ont été élaborés aux fins d'éradiquer le phénomène.

Les dirigeants de la première république ont déclenché le processus d'instauration d'un ordre juridique nouveau selon le vieil adage : « Pour une société nouvelle, il faut un droit nouveau. » Ce souci « d'adapter constamment le droit aux modifications de la réalité » et compte tenu de la situation sus-évoquée les pouvoirs publics de la première république n'ont « cessé de perfectionner les armes de la répression en matière d'infraction économique et de détournements de deniers publics. » Et d'ajouter : « un des derniers textes intervenus en la matière est la loi du 13 juillet 1966. Dans le cadre de la répression de la corruption, une série d'actions dites « opérations taxi » a été projetée pour mettre fin définitivement au « festival des brigands »[1106]. La seconde affaire est certainement celle des fermes agricoles érigées sous forme de « concessions rurales » par des citadins (cadres du parti, commerçants), qui se sont appropriés les terres périurbaines[1107].

chargés de les animer (…) la gangrène de la corruption, du népotisme, du favoritisme. » « Les textes de répression de la corruption ont été renforcés mais ils sont demeurés lettre morte ou presque. Dès ce fait, la plupart des fonctionnaires ont perdu de vue les obligations de probité et de désintéressement qui leur sont imposées par leur statut. » Extrait du Discours de l'ancien Président de la République Moussa TRAORE à l'ouverture du 2ème congrès extraordinaire du parti, les 28-29-30 mars 1987.

[1106] La première action communément appelée « opération taxi » fut déclenchée le 28 juillet 1967. Au cours de l'opération l'examen minutieux des documents et des dépositions des propriétaires a concerné 1096 véhicules sur lesquels 919 ont été rendus à leur propriétaire. Les autres véhicules au nombre de 177 ont été saisis parce qu'ils « appartiennent » à des fonctionnaires qui les exploitent soit par eux-mêmes soit par des personnes interposées qui les exploitent à leur profit » en infraction aux lois régissant la fonction publique malienne et à la loi portant sur le statut général de la profession de commerçant (interdiction à tout fonctionnaire et à tout agent salarié permanent d'exercer une activité lucrative de quelque nature que ce soit). Les sanctions appliquées contre les propriétaires de véhicules saisis furent les suivantes : - confiscation des véhicules au profit de l'Etat ; - le limogeage de leur poste de responsabilité des hauts fonctionnaires et responsables politiques propriétaires de véhicules ; - blâme avec inscription au dossier des fonctionnaires d'autres catégories ; - ceux qui détiennent à la faveur de « prête-noms » des véhicules appartenant à des fonctionnaires utilisés à des fins lucratives et ayant échappé au contrôle sont invités à remplir certaines formalités pour être désormais les propriétaires légaux.

[1107] Sous la pression des travailleurs et des jeunes, le parti entreprit une lutte contre la corruption qui obligea certains cadres à renoncer à leurs fermes. Il faut noter que la volonté affichée par les dirigeants de la première république (et en particulier ceux du CNDA) pour enrayer l'enrichissement illicite et la corruption s'est concrétisée par « l'opération taxi » très « médiatisée ». Mais elle est demeurée ponctuelle pour des raisons controversées. Coup d'Etat militaire de nombre 1968 ? Suspension des « opérations » en raison de l'implication de personnalités haut placées ? Il ne nous a pas paru pertinent d'envisager l'examen de ces raisons dans le cadre du présent travail.

Sous la deuxième République, le pouvoir public semblait se doter des mêmes moyens et s'en servir comme cheval de guerre contre la cupidité légendaire de certaines personnalités qui menaient un train de vie extravagante. En matière de lutte contre l'enrichissement illicite et la corruption, ce régime est caractérisé par le renforcement et le durcissement de la « criminalisation » de la corruption dont atteste l'arsenal législatif[1108]. De nombreuses et diverses condamnations correspondant aux différentes peines prévues par la législation en vigueur ont été prononcées. Au rang des dispositions prises, y figure la commission de lutte contre l'enrichissement illicite et la corruption. Mais c'est le Ministre Soumana SACKO[1109] qui prend sur lui d'appliquer les résolutions prises par le Président[1110].

Sous la transition[1111], l'une des exigences fortes du mouvement populaire du 26 mars 1991 était la lutte efficace contre l'enrichissement illicite et la corruption sous le fameux slogan « KOKADJE » qui signifie en langue nationale bambara littéralement « lavé blanc » ; c'est-à-dire « vérité et justice » pour « nettoyer les écritures » en inquiétant « les gros poissons ». Lequel correspond à l'opération « mains propres » déclenchée en Italie. Les autorités de la transition ne pouvaient pas ne pas tenir compte de cette profonde aspiration largement consensuelle affichée par le mouvement démocratique. Ainsi le contrôle général d'État (service précédemment rattaché à la présidence) a été érigé en ministère qui décèle de nombreux dossiers de mauvaise gestion et détournement de deniers publics. Au plan législatif les autorités de la transition ont promulgué deux ordonnances et créé une commission nationale d'enquête sur les crimes économiques[1112].

[1108] Ces textes sont : l'ordonnance n° 6/CLMN du 13 février 1974 et les textes modificatifs subséquents relatifs à la répression des atteintes aux biens publics ; la loi n° 79-19/AN-RM du 26 décembre 1974 portant création et fonctionnement de la cour spéciale de sureté de l'Etat ; la loi n° 82-39/AN-RM du 26 mars 1982 portant répression du crime d'enrichissement illicite ; la loi n° 82-40/AN-RM du 1[ier] avril 1982 portant répression de la corruption ; la loi N° 87-26/AN-RM du 20 février 1987 portant création de la commission spéciale d'enquête sur les crimes d'enrichissement illicite et de corruption.

[1109] S. SACKO nommé ministre des finances et du commerce le 20 février 1987.

[1110] Le journal JEUNE AFRIQUE du 14 octobre 1987 raconte comment : le Ministre SACKO lance des enquêtes sur les exploitations aurifères. « Il sait que la fraude, dans ce secteur, a coûté au trésor de 3 à 5 milliards de francs CFA entre 1985 et 1987. Sacko veut mettre fin à ce trafic. Un de ses informateurs le prévient que 150 kilos d'or vont être embarqués dans un avion de la Sabena, Le 22 août 1987, alors que 50 kilos seulement ont été déclarés à la douane. Le Ministre se présente à la coupée de l'avion, dirige personnellement la fouille. Pas un kilo n'est trouvé. Le fraudeur, proche parent du général TRAORE, a été prévenu des projets de Zoumana SACKO qui, piégé, se voit contraint de donner sa démission. Les affairistes respirent ». « L'argent noir : corruption et sous développement « Pierre Péan ; Fayard, 1988. Le ministre oblige un industriel à payer les 700 millions de francs CFA qu'il doit au fisc. Il limoge le directeur des affaires économiques et plusieurs directeurs de banque. Il s'attaque aux proches du pouvoir et finit par se piéger. »

[1111] Cette transition a débuté le 26 mars 1991 et a pris fin le 08 juin 1992.

[1112] L'ordonnance n° 91-068/P-CTSP du 01/10/1991, portant abrogation des lois portant création de la cour spéciale de sureté de l'Etat, de la commission spéciale d'enquête et

Les efforts déployés par les autorités de la transition en matière de répression des crimes d'atteinte aux biens publics ont été généralement bien appréciés par l'opinion publique, malgré le traitement sélectif de certaines « affaires » selon la « rumeur publique ».

Sous la 3e République et à l'occasion du 4e anniversaire de son investiture, le Président de la République, face à la presse le 08 juin 1996 a reconnu être au courant de faits de corruption et des leaders de partis d'opposition de s'étonner (par voix de presse) qu'il ne fasse rien pour combattre la corruption en tant que premier magistrat de la République. À cet égard, force est de constater que la soif de changement de la population est loin d'être assouvie, car les maux qui rongent la société malienne depuis l'indépendance (corruption, détournements de deniers publics, népotisme, clientélisme, etc.) demeurent sur toutes les lèvres. Contrairement aux régimes précédents, ces fléaux sont peu dénoncés dans les discours officiels sous la 3e République. En outre, certains actes officiels ont renforcé le sentiment de défiance de la population vis-à-vis de ses dirigeants en matière de répression des « crimes économiques »[1113].

Cependant, force est de constater que la population malienne continue à douter sérieusement de la volonté sincère des dirigeants actuels de mener le « KOKADJE » (vérité et justice). En effet, on peut affirmer sans ambages que la troisième république aura été caractérisée par le mutisme et l'immobilisme (pas de changement significatif) en matière de répression de la corruption institutionnalisée et généralisée se pratiquant de plus en plus savamment et astucieusement au sein de l'administration publique.

Sous le régime du Président Amadou Toumani TOURE[1114], la tradition fut respectée en dénonçant officiellement l'enrichissement illicite et la corruption au Mali[1115]. Lors de la rentrée des cours et tribunaux le 27 novembre 2007, le chef de l'État a d'abord estimé que « les dérives constatées dans la gestion des fonds et biens publics procédaient de l'inobservation des règles de saine gestion et de la non-application des

---

d'autres textes législatifs subséquents et l'ordonnance n° 91-069/P-CTSP du 01/10/1991, portant modification de l'article 5 de l'ordonnance n° 6/CMLN du 12 février 1974 portant répression des atteintes aux biens publics.

[1113] Ces éléments sont entre autres : le contrôle général d'Etat (érigé en véritable ministère sous la transition) redevient direction générale rattachée à la présidence de la République lors de la formation du 1er gouvernement de la 3ème république en juin 1992 ; - la remise en liberté sous caution et non lieu pour la quasi-totalité des personnalités soupçonnées de s'être livrées à des pillages, détournements de deniers publics et trafics d'influence en tous genres sous le régime UDPM et la dissolution (controversée)parun communiqué laconique du Ministre de la justice,de la commission nationale d'enquête sur les « crimes économiques » créée sous la transition.

[1114] 1ière élection en juin 2002 et réélu en juin 2007 pour 5 ans. Finalement, il fut renversé par un coup d'Etat le 22 mars 2012, soit deux mois avant la fin définitive de son mandat.

[1115] Cf. en annexe 1 article de presse titrée, répression des actes de corruption au Mali, mettre l'accent sur la récupération et la gestion transparente des biens.

sanctions » ; avant d'affirmer que « la lutte contre la corruption et la délinquance financière interpelle tous les dignes fils du pays. » Et de poursuivre « … tout le monde parle de corruption, personne n'a peur de détourner un bien de l'Etat (…) Il faut qu'il y ait une prise de conscience à tous les niveaux pour que la bonne gestion des ressources de l'État soit une réalité »[1116]. À cet effet, dans la lettre de cadrage adressée au Premier ministre le 13 novembre 2007, le Président de la République a souligné, entre autres actions anticorruptions, « L'organisation des États généraux de la lutte contre la corruption dès le premier semestre 2008 pour parvenir à un projet national partagé de lutte contre la corruption et instaurer les bonnes pratiques dans la gestion des affaires et des deniers publics »[1117].

Il convient également de mentionner que le premier mandat du président ATT aura été marqué par un « signal fort » en matière de lutte anticorruption par l'institution du vérificateur général[1118] dont les premiers rapports sont accablants en matière de gestion des ressources de l'État malien. Selon le mot du vérificateur, « il s'agit d'une saignée financière grave dans un pays à forte demande sociale. » De nombreuses mesures et recommandations (générales et spécifiques), découlant des faits constatés, ont été formulées. S'ils sont peu ou pas suivis d'effet dans des délais raisonnables, alors l'échec du « franc tireur isolé » sera bien réel et ne manquera pas de susciter l'interrogation sur le maintien d'une structure dont le rôle sera limité à la production d'un rapport annuel servant uniquement de gadget de marketing politique.

Dans le secteur de la justice, la corruption permet d'obtenir des jugements favorables contre paiement de commission ou faveurs créant ainsi

---

[1116] Extrait du Discours du Président Amadou Toumani TOURE lors de la rentrée des cours et tribunaux le 27 novembre 2007.

[1117] Extrait de la lettre de cadrage adressée par Le Président de la République au Premier Ministre le 13 novembre 2007.

[1118] Trois ans après sa prise de fonction effective en 2004, les constats majeurs des deux premiers rapports du VG sont accablants. Rapport 2004-2005 : « … parmi les structures contrôlées, les vérifications ont mis en évidence un manque à gagner pour l'Etat de 15 587 896 837 F CFA dont (12 959 404 363 F CFA de droit de douanes) concernant six entités dont trois sociétés, deux administrations (Direction Générale des Douanes et des impôts), et la mairie du district de Bamako. En prenant le coût moyen des infractions et des prestations, ce montant aurait permis de financer l'une des réalisations suivantes : 130 kms de route bitumée ou 445 kms de routes en terre modernes ; 26 lycées classiques ou 445 blocs de salles de classes équipées avec bureaux, magasins et commodités ; 6836 pompes à motricité humaine, ou 693 puits modernes, ou 842 puits modernes ; 1559 dispensaires, ou 1075 maternités, ou 693 centres de santé communautaires (CSCOM), ou 78 centres de santé de référence ; 15 journées nationales de vaccination contre la poliomyélite ou 26 journées contre la rougeole ». Rapport 2006 : « Les vérifications financières effectuées en 2006 révèlent, entre 2002 et 2006, un manque à gagner pour l'Etat de près de 103 milliards de francs CFA (102 631 496 281 F CFA). Ces pertes qui représentent 69% de masse salariale annuelle de la fonction publique du Mali ou encore deux fois le budget annuel pour l'équipement de notre administration, sont dues essentiellement à la fraude et à la mauvaise gestion ».

la frustration des populations démunies et l'accroissement de l'impunité. Touchant tous les secteurs de la vie sociale, la corruption au niveau de la justice ne saurait être tolérable en raison de la spécificité de la mission du juge[1119]. Bien qu'elle ne soit jamais un acte isolé, la corruption du juge est un maillon essentiel d'une chaîne de méfaits dont la conséquence matérielle, en plus de celle morale, est la destruction de la richesse nationale[1120]. L'apparition de la corruption, selon le Professeur KONATE, dans la justice malienne peut s'expliquer par des causes locales : la pauvreté et la précarité de la vie des salariés, la faiblesse du sens des responsabilités, l'absence de sanctions, le poids des relations sociales, le rétrécissement de la durée de vie professionnelle et des causes externes, la mondialisation de la corruption, l'envie d'avoir un standard de vie européen entre autres[1121].

Parmi toutes les causes ci-dessus décrites, la faiblesse du sens des responsabilités et l'absence de sanctions adéquates sont déterminantes. La politique de lutte contre la corruption est marquée dans le Mali démocratique par une régression sans précédent. On assiste aujourd'hui à une intoxication juridique et institutionnelle, au même moment, un constat de la recrudescence du phénomène. Ce qui fera dire à un homme politique que la corruption est entrée dans nos mœurs au point d'être institutionnelle[1122]. La justice qui doit assurer l'équilibre social est décriée plus que jamais par les citoyens. Elle doit lutter contre la corruption et sa propre corruption, mais il n'y a que de déception, d'où le caractère mitigé du résultat.

II. Le résultat mitigé de la réjouissante politique de lutte contre la corruption

« La corruption n'a connu aucun recul. Au contraire, elle a pris une allure inquiétante au cours de ces dernières années avec le clientélisme et le manque d'autorité de l'État pendant que l'impunité s'installe sous toutes ses formes »[1123]. La corruption et le favoritisme dont souffre la justice malienne sont de nature à compromettre non seulement le procès équitable, mais aussi

---

[1119] MOULAYE (Z.), DIABATE (A.) et DOUMBIA (Y*), Gouvernance de la justice au Mali*, op. cit., p. 180.

[1120] KONATE (D.) *La corruption du juge dans la société*, communication au Forum National sur la Justice, 1er avril 1999, in - MOULAYE (Z.), DIABATE (A.) et DOUMBIA (Y), *Gouvernance de la justice au Mali*, édit., impcolor Bamako, novembre 2007, p. 114.

[1121] KONATE (D.) *La corruption du juge dans la société*, communication au Forum National sur la Justice, 1er avril 1999, in - MOULAYE (Z.), DIABATE (A.) et DOUMBIA (Y), *Gouvernance de la justice au Mali*, édit., impcolor Bamako, novembre 2007, p. 114. Ce même auteur classe la corruption en trois catégories : la corruption par actes volontaires, la corruption par incompétence et/ou ignorance, la corruption sous influence des relations sociales.

[1122] MARA (M.), *La guerre contre la corruption, Quelques armes utiles.* Site consulté le 07 / 11 / 2012.
http://www.moussamara.com/publication.php

1123 Rapport / A.M.D.H. sur la situation des droits humains au Mali 2008 – 2009 – 2010.

tout effort de développement d'une société démocratique. En clair, la justice, le développement et la démocratie sont sérieusement menacés par la corruption[1124]. Il urge de faire face à ces deux pratiques qui minent la justice malienne, si l'on espère une société réellement démocratique et soucieuse de la promotion et de la protection des droits fondamentaux. Malgré, les dispositions anticorruptions mises en place, on assiste à une émergence du phénomène.

La cause principale de la recrudescence des pratiques de la corruption ne serait autre que le manque de volonté politique. Une sorte de consensus ou de complicité dit de « laisser-aller » et de « laisser-faire » s'est installée entre les institutions entraînant l'affaiblissement des pouvoirs des différentes institutions. De sorte que « le pouvoir ne peut pas ou ne veut pas arrêter le pouvoir au Mali »[1125], parce que le moustique ne fabrique jamais l'anti-moustiquaire contre les autres moustiques[1126]. La corruption semble être le principe dans la justice malienne. D'ailleurs, certains magistrats ont des surnoms comme Monsieur cinq millions (5 000000), Madame dix pour cent (10 %)[1127]. La systématisation de la corruption au Mali fait réminiscence à la pensée d'un auteur qui dit ceci : « Quand le pouvoir est la principale industrie nationale, quand la commercialisation des influences va de paire avec une puissance à vendre, qui tire une partie de sa force de l'aide extérieure reçue, c'est la corruption qui permet d'établir la hiérarchie des tâches administratives. La direction et la gestion des services de l'État deviennent l'affaire la plus rentable. Elles procurent les avantages de la spéculation des biens rapides massifs. La vénalité présente peu de risque, elle ne laisse pas de malencontreuses traces »[1128]. Le même auteur en conclut : « Les faveurs fournissent les cadeaux, orientent les faveurs. C'est la nouvelle orientation des richesses »[1129].

Une politique de lutte échouée. Force est de constater que toutes les tentatives ci-dessus évoquées, d'éradication du fléau de la corruption par les régimes politiques successifs dans notre pays depuis le 22 septembre 1960

[1124] TOURE (A.), *Justice et corruption*, point de vue d'un Notaire. Extrait d'une intervention faite lors de la rentrée judiciaire 1997 – 1998, in MOULAYE (Z.), DIABATE (A.) et DOUMBIA (Y*), Gouvernance de la justice au Mali, op. cit.*, p. 118.

[1125] Selon la conception de Montesquieu, « le pouvoir doit arrêter le pouvoir, car toute personne qui a du pouvoir est tentée d'en abuser ».

[1126] Propos du Docteur Daniel A. TESSOUGUE, Magistrat, lors d'une conférence le 15 septembre 2009.

[1127] TOURE (A.), *Justice et corruption*, point de vue d'un Notaire. Extrait d'une intervention faite lors de la rentrée judiciaire 1997 – 1998, in MOULAYE (Z.), DIABATE (A.) et DOUMBIA (Y*), Gouvernance de la justice au Mali, op. cit.*, p. 117.

[1128] Joseph Cheverny, in DIAKITE, El Hadj Modibo Samba, *Lutte contre la corruption et la moralisation de la vie publique au Mali de 1960 à 2008, piste de réflexion sur une stratégie nationale anticorruption durable*, p. 20.

[1129] DIAKITE, El Hadj Modibo Samba, *Lutte contre la corruption et la moralisation de la vie publique au Mali de 1960 à 2008, piste de réflexion sur une stratégie nationale anticorruption durable*, p. 20.

ont été, à strictement parler, des « feux de paille » sans lendemain en ne s'inscrivant pas dans la durée. L'enrichissement illicite et la corruption ont constitué et demeurent des fléaux permanents de la vie publique depuis la proclamation de la République du Mali. Mais, à des degrés de gravité et sous des formes variables selon les régimes politiques successifs. Ainsi, « le festival des brigands » auquel voulait mettre fin le CNDR (Comité National de Défense de la Révolution) de la première République a continué sous la 2e République, en s'institutionnalisant et en se généralisant, pour se poursuivre de plus en plus savamment et astucieusement aussi bien sous le CTSP (Comité de transition pour le salut du peuple) que sous la troisième république et le régime actuel. Alors la population a intégré la corruption dans ses mœurs. À cet égard, les auteurs de l'Étude nationale Prospective Mali 2025, n'affirment-ils pas que : « la corruption est devenue la seconde nature des Maliens. D'où sa banalisation au point où même pour la jeunesse malienne, l'avenir de la nation, la « chose » paraît « naturelle ».

Un échec constaté par les structures extérieures à l'État. C'est en 2004 que le Mali a figuré pour la première fois dans l'IPC de TI (en l'occurrence dans le rapport mondial sur la corruption 2004 de TI). L'IPC de 2007 (note 2,7 et 118e sur 179 pays classés) confirme que le Mali continue à être perçu ces dernières années, par les milieux d'affaires internationaux, comme l'un des nombreux pays en développement où la corruption est endémique (note inférieure à 3 selon l'échelle de TI) ; lesquels sont en conséquence des pays où l'administration et la classe politique sont imperméables à la corruption à un haut degré. Les notes et les classements respectifs des années 2005 et 2006 illustrent bien cette tendance (note 2,8 et 78e sur 163 pays classés ; note 2,9 et 88e sur 158 pays classés en 2005)[1130]. Il convient de mentionner qu'en complément de l'IPC, transparency international calcule également l'indice de corruption des pays Exportateurs (ICPE) qui se concentre sur la propension des entreprises originaires des principaux pays exportateurs à verser des pots de vin à l'étranger (perception de la corruption au niveau de ceux qui donnent). TI publie également le baromètre mondial de la corruption (BMC) qui est un sondage de dimension internationale réalisé auprès du grand public. Il permet de mesurer annuellement l'évolution des perceptions du grand public vis-à-vis de la corruption (petite ou grande).

Un échec constaté par la société civile et les pouvoirs publics. « Sous Modibo KEITA, les fonctionnaires avaient honte de voler le peuple. Sous Moussa TRAORE, ils avaient peur de le faire, avec la soi-disante démocratie

---

1130 DIAKITE, El Hadj Modibo Samba, *Lutte contre la corruption et la moralisation de la vie publique au Mali de 1960 à 2008, piste de réflexion sur une stratégie nationale anticorruption durable*, p. 25.

pour ne pas dire une parodie de démocratie, ils n'ont ni honte ni peur »[1131]. Néanmoins, pendant les régimes précédents, il existait bien des prédateurs qui, sans vergogne, s'accaparaient des deniers publics et cela en dépit des mécanismes dissuasifs mis en place pour éradiquer le phénomène. Pour le peuple, la lutte contre la corruption est un éternel recommencement avec bien souvent l'illusion qu'on va « arriver à quelque chose, bientôt ». Cette illusion est, il faut le croire aux yeux de l'expérience malienne, partagée par les hommes au pouvoir, dont certains, nouvellement investis de leurs fonctions, ne prennent pas le temps d'étudier les mesures précédemment prises et se lancent dans la mise en route de nouvelles institutions, en oubliant que dans de nombreux cas, une institution travaille en priorité à assurer sa propre production.

Le Président Amadou Toumani Touré, ex-chef d'État affirme ceci : « Tout le monde parle de la corruption, mais personne n'a peur de détourner un bien de l'État »[1132], y compris lui-même, semble-t-il. Cette phrase du Président de la République dénote une reconnaissance certaine de l'émergence de la corruption au Mali. En instituant le Bureau du Vérificateur Général dont les missions renforcent celles des structures existantes, en la matière, le Président a voulu affirmer sa détermination dans la lutte contre la corruption. Six ans après Alpha Oumar KONARE, le constat de la recrudescence du phénomène ne se fait pas attendre. Pourtant, annuellement, les structures de contrôle et de vérification fournissent plusieurs rapports accablants[1133]. Depuis 1999, le forum sur la justice a constaté la corruption[1134]. La corruption de la justice n'est pas une fatalité. Des solutions adéquates pourront être apportées.

La corruption enivre comme le vin[1135]. Elle donne au juge corrompu l'illusion d'une richesse fictive. Au réveil, c'est-à-dire à la cessation de ses fonctions, l'absence de richesse qu'il a contribué à détruire fera du reste de son existence une réalité misérable sans intérêt[1136]. La lutte contre la

---

[1131] Il s'agit là des propos de la rue. Modibo KEITA est le premier président de la république du Mali indépendant, Moussa TRAORE est le deuxième président arrivé à la suite d'un coup d'Etat ayant renversé le régime de Modibo KEITA.

[1132] Extrait du discours du Président Amadou Toumani TOURE lors de la rentrée des Cours et Tribunaux, le 27 novembre 2007.

[1133] Le président de la République, le Général Amadou Toumani TOURE, lors de la rentrée des Cours et Tribunaux a affirmé qu'il a reçu de 2002 à 2007 plus de 722 rapports de contrôle de gestion et de vérification. Parmi ces rapports, plus de 124 ont été transmis aux autorités judiciaires pour des éventuelles poursuites.

[1134] « C'est avec amertume que l'on constate que la corruption a gagné du terrain et même beaucoup dans la famille judiciaire. La lutte contre ce phénomène exige donc des efforts intensifs et prolongés avec la participation d'une société civile combative et libre. » V° Forum sur la justice tenu en 1999.

[1135] KONATE (D.) *La corruption du juge dans la société*, communication au Forum National sur la Justice, 1er avril 1999, in - MOULAYE (Z.), DIABATE (A.) et DOUMBIA (Y), *Gouvernance de la justice au Mali*, *op. cit.*, p. 116.

[1136] Idem.

corruption nécessite une bagatelle de mesures qui doivent aller ensemble. Il est impérieux d'impulser une dynamique positive dans la stratégie de lutte contre la corruption au sein de la justice. La mesure simple est celle d'un appel au sens de responsabilité du juge. Il doit être conscient de son rôle dans la société et les pouvoirs qui en résultent. Ceci doit l'inciter à être juste. Rendre une saine justice devient alors pour lui une obligation de sa charge. Dans ses prises de décision, il ne doit obéir qu'à sa propre conscience et selon son intime conviction. Il ne doit céder à aucune pression extérieure d'où qu'elle vienne. Quand on accepte d'arborer la robe, on doit également en accepter les contraintes. Le juge devient parjure dès lors qu'il déroge à cette déontologie.

Il est difficile de juger son semblable et la mission du juge est un sacerdoce qu'il faut cependant assurer et assumer en toute conscience et connaissance de cause. Sa décision doit en toute hypothèse porter le sceau de la sincérité, de la rigueur de l'intégrité ne devant laisser transparaître le moindre signe d'un parti pris. En plus, il faut une responsabilisation accrue des juges qui rendent la justice et disent le droit au nom du peuple souverain. Il s'agira à cet égard, de réviser les règles en vigueur sur la prise à partie et le désaveu en vue de renforcer le recours des citoyens dans le cadre de la mise en jeu de la responsabilité professionnelle des juges et des auxiliaires de justice[1137]. Ces deux mesures sont rendues possibles par l'information et la formation du juge.

Les magistrats doivent être formés par rapport aux préoccupations du moment. Des stages de perfectionnement sont nécessaires afin qu'ils puissent s'adapter aux mutations culturelles, économiques, politiques et sociales. La formation devra aboutir à la spécialisation par rapport à des secteurs précis. Cela conduira sans nul doute à rehausser la qualité des décisions judiciaires, clef de voûte du processus démocratique enclenché depuis mars 1991. En plus, la documentation et l'équipement sont nécessaires pour une saine justice. Il faudrait informatiser l'appareil judiciaire afin que certaines décisions ne soient manipulées. Également les juridictions doivent être pourvues d'une documentation riche et variée et à jour par rapport à l'actualité. Il est impérieux à notre avis d'améliorer les conditions de vie et de travail des magistrats. Il va s'en dire qu'un magistrat qui se trouve dans les besoins est beaucoup plus facile à corrompre.

La campagne médiatique doit s'effectuer sur l'ensemble du territoire national. Les ONG doivent s'impliquer activement dans ce processus. L'éducation, la formation, la sensibilisation et l'information des populations sont des préalables nécessaires en vue de l'éradication de la corruption au sein de la justice. Ce travail est ardu et nécessite l'implication de tous en vue d'un changement de comportement. Les corrupteurs et les corrompus doivent être réprimés sans ménagement au besoin des textes répressifs sur la

---

[1137] Idem, p. 115.

corruption qui doivent être revus et adaptés aux exigences actuelles. Il faudrait arriver à un changement de mentalité et faire comprendre aux populations que celui qui corrompt rend un mauvais service au magistrat et à son Etat, car c'est la justice qui va en pâtir. Une mauvaise justice ne profite à personne et ouvre la voie à des situations de conflit et de vengeance.

La corruption doit être combattue avec rigueur et célérité dans un secteur aussi vital qu'est la justice. Il faut dire qu'il est urgent aujourd'hui que la justice malienne retrouve sa place de noblesse, car elle est la garantie des libertés et de la bonne marche des institutions. Il s'agit en fait de mobiliser le peuple malien à comprendre que la justice malienne peut être remodelée comme il le souhaite. La lourde tâche revient à l'État, au pouvoir public de prendre ses responsabilités pour éradiquer ce phénomène. Sinon, le citoyen lambda sera conforté dans sa fausse conviction que la corruption est une fatalité dans notre pays. Le risque majeur ci-dessus évoqué est bien ressenti par le vérificateur général quand il déclare dans son message introductif au rapport annuel 2006[1138].

Certaines préconisent pour une meilleure lutte d'octroyer des mandats précis à certaines spécialistes qui pourraient avoir accès aux pièces des dossiers devant les différentes juridictions. Que pour garder sa neutralité, il doit être constitué de membres de la société civile dont la mission serait de recueillir toutes informations sur les faits de corruption et d'en référer à l'autorité compétente pour prise de sanction. Cette structure pourra exister à l'échelon local, régional et national qui sera secondée par un système de contrôle populaire de l'appareil judiciaire qui consiste à publier et commenter par des spécialistes certaines décisions judiciaires. Que dans ce contexte, des abus pourraient être ainsi dénoncés et l'opinion publique sera suffisamment informée de la pratique des acteurs du corps judiciaire. Cette mesure semble inopportune dans la mesure où l'accès à la jurisprudence des cours et tribunaux ne pose pas assez de problèmes à toute personne le désirant.

Une autre solution pourrait venir de l'harmonisation des textes concernant la répression contre la corruption à l'instar de l'OHADA Pour pallier l'insécurité juridique, quelques États africains dont fait partie le Mali ont décidé d'harmoniser leur législation respective, et cela dans le domaine du droit des affaires. De cette même lancée peut-on harmoniser la lutte contre la corruption à l'échelle régionale à l'instar des actes uniformes de l'OHADA ? L'idée semble originale au niveau communautaire, mais pas international, car des conventions ont été d'ores et déjà ratifiées par le Mali[1139]. On pourra se prononcer sur la pertinence d'un tel acte uniforme

---

[1138] « En tout état de cause, il est de la responsabilité unique et entière des pouvoirs publics que les mesures et recommandations formulées soient appliquées et leur impact rendu public. » Rapport 2006 du Vérificateur Général, partie introductive, p. 1.

[1139] Convention de l'Union Africaine sur Prévention et la lutte contre la Corruption qui est rentrée en vigueur le 05 août 2006, ratifiée par le Mali le 17 décembre 2004. La convention

prometteur. Il est prometteur vu le caractère obligatoire et son application immédiate dans l'ordre interne. Mais, il faudra régler les questions relatives à l'organe de contrôle chargé de veiller au respect de ce texte. En attendant un lendemain meilleur, les critiques contre la corruption risquent de durer plus longtemps, les ancres également risquent de perdurer dans leur coulée dans la mesure où le taux de la corruption s'accentue du jour au lendemain au Mali. La justice doit effectivement jouer son rôle pour mettre un terme à la corruption qui ne saurait être une fatalité. Elle doit mettre en œuvre les rapports du Vérificateur Général : condamné tout ce qui contrevient aux dispositions légales et règlementaires. Pour ce faire la justice elle-même doit faire l'objet d'un contrôle efficace, notamment poursuivre et sanctionner tous les magistrats sans exception qui seront reconnus coupables d'agissement illégal. Il s'agit d'un durcissement des sanctions.

En guise de conclusion, il existe un déficit de réelle volonté politique pour lutter effectivement contre la corruption et le favoritisme. Car le politique est aussi soupçonné de corruption et de favoritisme à grande échelle. Dans une telle circonstance, les éléments qui configurent le procès équitable ne peuvent être appliqués de façon effective que si le juge fasse preuve d'une certaine sagesse notamment en respectant rigoureusement les règles d'éthique et de déontologie du métier. Le bon fonctionnement de la justice est un impératif pour tout pouvoir qui se soucie des intérêts de son peuple. Aujourd'hui, c'est avec amertume que l'on constate que la corruption a gagné du terrain et même beaucoup dans notre justice. Une société plongée dans une crise morale intense, pas un forum concernant la justice n'a eu à se tenir, sans qu'on ne stigmatise les comportements peu orthodoxes de nombreux agents chargés de la délicate et difficile mission de distribuer la justice. Les normes édictées par les règles de déontologie doivent être scrupuleusement respectées. Il faudrait faire appel au sens moral et civique des agents chargés de la distribution de la justice. Dans les prises de décision, les juges ne doivent subir aucune pression d'où qu'elle vienne. Ils ne doivent obéir qu'à leur seule conscience et intime conviction[1140]. Il ne doit y avoir d'interférence du politique sur le judiciaire. Il faut protéger les agents chargés de la distribution de la justice par les textes règlementaires et les mettre ainsi à l'abri de l'arbitraire.

La constitution malienne parle du pouvoir judiciaire qui est indépendant des autres pouvoirs. La notion d'inamovibilité doit être strictement respectée, mais l'indépendance ne saurait signifier irresponsabilité.

---

des Nations Unies contre la Corruption entrée en vigueur le 14 décembre 2005, ratifiée le 09 décembre 2003.

[1140] Le Conseil supérieur de la magistrature en France dans une de ses décisions précise que : « les juges doivent présenter, en leur personne même, les qualités de rigueur, d'intégrité et de loyauté qui seules traduisent le sens de leurs responsabilités et la conscience de leurs devoirs, les rendent dignes d'exercer leur mission et légitiment leur action. » MAGENDIE (J – C), *La responsabilité des juges,* op. cit., p. 1180.

L'instauration d'un climat social hostile à la corruption. Le juge a un devoir de s'auto-évaluer. En effet, si le juge veut rester juste et crédible, il peut et doit pratiquer avant et après chaque audience une sorte de « méditation juridique ». Il s'agit d'un type d'exercice spirituel, une gymnastique[1141] de l'esprit qui lui permet de rester égal à lui-même. Il pourra, à cet effet, observer quelques minutes (15 par exemple) avant chaque audience pour se rappeler de la déontologie du métier, se donner le sens de la vérité, de la justice, de l'équité et surtout renouveler son serment de ne défendre que la vérité, rien que la vérité et toute la vérité. Après chaque audience, le juge doit se donner le temps si peu qu'il soit de s'auto-évaluer, de voir s'il est resté fidèle aux règles déontologiques. Cet effort lui permettra d'appliquer les règles relatives au procès équitable, même celles issues des traités.

[1141] La gymnastique intellectuelle permet le maintien et le renforcement de sa conscience professionnelle.

CHAPITRE 2

LE RECOURS AUX TRAITES, UNE VALEUR AJOUTÉE

La primauté des normes supranationales sur les règles internes de niveau législatif oblige les juges à les appliquer. Cet aspect suppose au préalable trois exigences en principe : la ratification[1142], la publication[1143], et le respect de la clause de réciprocité[1144]. Ces conditions étant réunies, l'article 116 de la constitution du 25 février 1992 du Mali reconnaît aux traités une valeur supérieure à celle des lois[1145], mais inférieure à la constitution[1146]. Cependant, la ratification ne concerne pas tous les traités. Le système de la communautarisation du droit permet d'appliquer immédiatement la norme communautaire[1147]. C'est le cas notamment des actes uniformes de l'OHADA et les textes issus de l'UEMOA qui ont un effet immédiat[1148]. De

---

1142 La convention de Vienne du 23 Mai 1969 sur le droit des traités dispose que les expressions *« ratification », « approbation » et « adhésion »* s'entendent selon le cas, de l'acte international ainsi dénommé par lequel un Etat établit sur le plan international son consentement à être lié par un traité. L'obligation du juge se limite à la vérification de la ratification et non la vérification de la régularité de la ratification.

1143 La publication se fait dans le Journal officiel (J.O).

1144 L'art. 116 de la constitution du 25 février 1992 conditionne l'application des traités au Mali à la clause d'application réciproque. Cette situation ne peut concerner que les traités bilatéraux. Par contre pour les traités multilatéraux relatifs aux droits fondamentaux, il est inadmissible qu'un Etat puisse violer les droits de l'Homme sous prétexte qu'une autre partie à la même convention les viole.

1145 L'art. 116 de la constitution du 25 février 1992 dispose que : « Les traités ou accords régulièrement ratifiés ou approuvés ont, dès leur publication, une autorité supérieure à celle des lois, sous réserve pour chaque traité ou accord de son application par l'autre partie ».

1146 La valeur inférieure des traités à la constitution résulte de la lecture de son art. 90 al. 2 qui dispose que : « La Cour constitutionnelle vérifie, dans un délai d'un mois, si ces engagements comportent une clause contraire à la Constitution ».

1147 L'art. 10 du Traité de l'OHADA précise que : « Les actes uniformes sont directement applicables et obligatoires dans les Etats Parties nonobstant toute disposition contraire de droit interne, antérieure ou postérieure. »

1148 Plusieurs définitions sont présentées sur les termes d'applicabilité, d'invocabilité, d'effet immédiat. Selon le Professeur COHEN-JONATHAN, *« L'applicabilité directe d'une norme*

même, les décisions de la cour commune de justice et d'arbitrage (CCJA) s'appliquent sans exéquatur.

Cependant, l'intégration des traités dans l'ordre juridique national comporte des conséquences. Ils s'imposent au législateur, mais aussi au juge qui est tenu de les faire valoir. Il existe des hypothèses dans lesquelles le juge malien écarte l'application des traités. Cette attitude traduit à l'évidence l'existence des difficultés liées à leur application. En raison de leur importance, ils seront inventoriés (Section 1) avant de préciser les enjeux et perspectives de leur application (Section 2).

SECTION 1. INVENTAIRE DES TRAITÉS RELATIFS AU PROCÈS ÉQUITABLE

Les dernières décennies sont marquées par un développement exponentiel des traités. Nombreux et diversifiés, les traités sont des accords écrits entre sujets du droit international et destinés à produire des effets de droit[1149]. Ceux protecteurs des droits de l'homme, « ont pour objet immédiat d'assurer à l'homme, sans distinction aucune, la garantie et la protection d'un ou plusieurs droits de l'homme figurant dans la Déclaration universelle, que l'Homme soit pris en tant que notion juridique ou en tant que membre d'une catégorie sociale donnée »[1150]. Qu'il soit l'un ou l'autre, le traité manifeste un accord de volonté qui crée un engagement, lequel doit être respecté par les États (ou les autres sujets de droit international) parties, sous peine de

---

*conventionnelle suppose qu'elle ait été régulièrement insérée dans l'ordre juridique interne et qu'elle présente un effet direct »*COHEN-JONATHAN (Gérard), *La Convention européenne des droits de l'homme*, PUF, D'Aix-Marseille, Economica, 1989, Paris, p 241. L'invocabilité peut être définie comme « … *la possibilité pour les individus de se prévaloir* du *traité devant le juge interne »*. SCIOTTI-LAM (C.), *L'applicabilité des traités internationaux relatifs aux droits de l'homme en droit* interne, Bruylant, 2004, Bruxelles n°558, p 331.

[1149] Le Professeur REUTER fait comprendre « qu'il n'existe aucun vocabulaire précis pour désigner les traités internationaux et que des termes tels que : traités, convention, accord, protocole peuvent être employés indistinctement. » Et ajoute que le traité « est une manifestation de volontés concordantes imputables à deux ou plusieurs sujets de droit international et destinée à produire des effets de droit selon les règles du droit international. » REUTER (P), *Introduction au droit des traités,* 3ème édition revue et augmentée par Philippe (C.), PUF, Paris, 1995, n° 63 et 65. V° aussi ROUSSEAU (CH.), *Droit international public,* Paris, Dalloz, 8ème édit., 1976, p. 21. La convention de vienne du 23 Mai 1969 sur le droit des traités précise que : « l'expression (traité) s'entend d'un accord international conclu par écrit entre Etats et régi par le droit international, qu'il soit consigné dans un instrument unique ou dans deux ou plusieurs instruments connexes et quelque soit sa dénomination particulière.»

[1150] VASAK (K.), *Le droit international des droits de l'homme*, in LAURENT-BOUTOT (C.),*La cour de cassation face aux traités internationaux protecteurs des droits de l'homme*, Thèse, sous la direction de M. le Professeur Jean-Pierre MARGUENAUD, Limoges, 2006, p. 23.

voir engager leur responsabilité internationale. Le traité doit être distingué des accords en forme simplifiée qui ne donnent pas lieu à ratification[1151].

En effet, les traités pouvant être conclus par le Mali sont énumérés par la loi fondamentale[1152]. Il est cependant utile de préciser que les seuls traités qui nous intéressent ici sont ceux relatifs aux droits de l'Homme en général et ceux contenant les exigences du procès équitable en particulier. Les instruments juridiques supranationaux sont d'origines diverses. Ils peuvent être sériés en fonction de la dimension internationale, régionale ou communautaire, ou du moins des textes d'origines onusiennes (Paragraphe 1) et africaines (Paragraphe 2).

Paragraphe 1. Les normes onusiennes

De l'indépendance à nos jours, le Mali a adhéré à plusieurs instruments juridiques internationaux proclamant les garanties du procès équitable. Les normes onusiennes présentent un intérêt capital pour le droit malien. Elles ont servi de tremplin au législateur malien depuis 1960, date de l'indépendance du Mali. Ces instruments ainsi ratifiés vont de simple déclaration (I) à des véritables conventions liant l'État malien (II).

I. La Déclaration Universelle des Droits de l'Homme

La Déclaration Universelle des Droits de l'Homme du 10 décembre 1948 constitue le premier texte à dimension universelle, à avoir exprimé de façon générale la nécessité du procès équitable[1153]. « Constitution des droits

[1151] ROUSSEAU (CH.), *Droit international public,* op. cit. p. 22.

[1152] Art. 115 de la constitution du 25 février 1992, précitée. « Ce sont des traités de paix, de commerce, des traités ou accords relatifs aux organisations internationales, ceux qui engagent les finances de l'Etat, ceux qui sont relatifs à l'état des personnes, ceux qui comportent cession, échange ou adjonction de territoire. »

[1153] Le caractère universel des droits de l'homme explique certainement la rapidité de son élaboration et le consensus révélé lors de son adoption. A l'instar de toute organisation internationale, l'ONU a la possibilité d'établir des actes unilatéraux. Il peut s'agir de résolutions, recommandations, décisions dépourvues de caractère contraignant. V° VIRALLY (M), *Droit international en devenir : essais écrits au fil des ans,* PUF, Paris, 1990, p. 169. La Déclaration Universelle des droits de l'homme a été adoptée, le 10 décembre 1948, à 48 voix contre 0 et 08 abstentions. Cette déclaration n'avait pas de valeur contraignante à l'époque de son adoption. Il s'agissait d'un texte de grande valeur morale pouvant servir de guide aux Etats lors de la rédaction de leurs instruments juridiques. « Par conséquent, afin de rendre effectif les droits consacrés par la DUDH, il fallait élaborer des textes obligeant les Etats. Le recours aux traités, pacte ou convention devenait indispensable. Les Etats s'engagent sous l'égide d'organisations internationales à vocation universelle ou régionale, dans une politique de ratification d'instruments à caractère contraignant protecteurs des droits de l'homme ». BREILLAT (D.), *Les droits de l'homme déclarés solennellementin* Les orientations sociales du droit contemporain, Ecrits en l'honneur du Professeur Jean SAVATIER, PUF, 1992, p. 111. Mais, aujourd'hui, la plupart des Etats africains y compris le Mali ont intégré la déclaration universelle dans leur constitution. Ainsi, le préambule de la constitution du 25

fondamentaux[1154] » à l'échiquier universel, la déclaration de 1948 fut aussi le premier instrument juridique chargé de la mise en œuvre de la Charte des Nations Unies, adoptée en 1945. Le fondement constitutionnel du procès équitable au Mali est attribué à la Déclaration Universelle de 1948[1155]. Après avoir garanti l'égalité de façon générale[1156], elle affirme le droit à un procès équitable en son article 10. Faisant désormais partie intégrante du corpus juridique malien, quiconque peut exiger du juge malien, l'application des garanties du procès équitable. Pour ce faire, il suffit que le requérant invoque l'existence d'une accusation pénale dirigée contre lui et la contestation portant sur ses droits et obligations de caractère civil[1157]. Si au moment de son adoption, la DUDH de 1948 n'avait pas de valeur contraignante, elle demeure aujourd'hui un instrument juridique s'imposant à l'État malien du fait de son insertion dans le préambule de la constitution. La cour constitutionnelle ne s'est pas prononcée sur la question de savoir si le préambule de la constitution à une valeur juridique. En ce qui concerne le Conseil constitutionnel français, ce débat est clos. En vertu de la jurisprudence française[1158], il ne fait aucun doute, le préambule de la constitution présente une valeur juridique au même titre que le texte constitutionnel[1159].

La Déclaration Universelle de 1948, partie intégrante de la constitution du 25 février 1992 s'impose au juge. La consécration constitutionnelle de la

---

février 1992 précise en ces termes : « Le peuple souverain du Mali… souscrit à la déclaration universelle des Droits de l'homme du 10 décembre 1948. »

[1154] En dépit de l'absence d'une force contraignante, la Déclaration de 1948 peut être considérée comme la constitution des droits fondamentaux à l'échiquier international, du fait qu'elle a le mérite de réunir presque tous les droits de l'homme dans un seul instrument. Il s'agit des droits économiques, sociaux, culturels et les droits civils et politiques. « La Déclaration de 1948 est la clef de voûte de tout l'édifice et mérite bien cette qualification d'« universelle » à trois points de vue : d'abord, elle n'est inféodée à aucune doctrine particulière, politique, religieuse ou philosophique, mais elle exprime une foi commune dans la destinée de l'Homme, un idéal commun qui est de rétablir la dignité et la liberté de l'homme dans son unité. L'universalité de la Déclaration s'affirme également quant à ses destinataires : c'est l'être humain qu'elle entend protéger, tous les êtres humains sans discrimination d'aucune sorte en tout territoire, en tout lieu de la terre. Enfin, c'est par son contenu que la Déclaration est universelle puisqu'elle définit pour la première fois un standard international commun englobant l'ensemble des droits de toute nature, civils, sociaux ou culturels qui doivent être garantis dans toute société démocratique, de façon indivisible. » COHEN-JONATHAN (G.), *Les droits de l'homme, une valeur internationalisée*, in Droits fondamentaux, n° 1, juillet - décembre 2001, www.droits-fondamentaux.org consulté le 17 février 2013.

[1155] V° Partie introductive, p. 19.

[1156] DUDH, art. 1, 7 et svtes.

[1157] Les articles 8, 11 et 9 préc. précisent les garanties afférentes au procès équitable.

[1158] En France, le conseil constitutionnel depuis 1971 reconnaît la valeur juridique au préambule de la constitution au même titre que le texte constitutionnel. (CC, 16/07/1971, Liberté d'association).

[1159] Souvent le juge malien applique les solutions dégagées par son homologue français.

déclaration de 1948 emporte des conséquences juridiques. Elles se situent à deux niveaux : d'une part, les droits et libertés prévus par la déclaration deviennent des droits positifs. Ils sont opposables à tous, à l'État comme au particulier ; d'autre part, ces principes sont intangibles, mais modifiables par une révision constitutionnelle. Cette révision obéit à une procédure rigoureuse à celle des lois ordinaires. La crainte peut, néanmoins, résulter des États qui sont en instabilité constitutionnelle, en l'occurrence les États africains[1160].

S'agissant du respect des dispositions de la Déclaration Universelle de 1948, peu de justiciables l'invoquent, peu de juges en font référence. Or, il s'agit d'un texte à valeur constitutionnelle qui s'impose même au législateur. Elle est constituée des règles et des principes invocables devant le juge ou toute autorité chargée de la mise en œuvre des droits fondamentaux. Le recours du juge aux dispositions de la Déclaration de 1948 permet de pallier l'insuffisance des textes d'origine étatique relatifs au procès équitable. De même, son invocation par les justiciables permet d'inciter le juge à les appliquer. Renforçant la législation nationale relative au procès équitable comme d'ailleurs les autres instruments onusiens relatifs à cet effet, elle peut être invoquée devant le Comité des droits de l'homme des Nations Unies.

Pour l'instant, le Mali n'a enregistré aucune requête devant ce Comité pour violation des règles du procès équitable. Cette situation ne signifie nullement qu'il n'y a pas de violation de ce chef. Ce déficit est justement dû à la méconnaissance de ce droit par la quasi-totalité des justiciables maliens, mais aussi le coût de la saisine de cette institution. Une année après l'adoption de la Déclaration Universelle de 1948, d'autres instruments juridiques furent élaborés et adoptés sous l'égide de l'Organisation des Nations Unies. Ces textes ne constituent pas de grands principes moraux servant de référence aux Etats dans la rédaction de leur législation, mais de véritables conventions leur liant.

[1160] Le Mali a connu cinq constitutions que sont : La constitution de 1959 élaborée dans le cadre de la communauté française, la constitution de la fédération du Mali applicable au Soudan français et au Sénégal, la constitution du 22 septembre 1960 après l'éclatement de la fédération du Mali qui est celle du Mali indépendant, la constitution du 2 juin 1974 adoptée par référendum et enfin la constitution du 25 février 1992 actuellement en vigueur. A cette liste, il faut ajouter l'ordonnance N°1 CMLN du 28 novembre 1968 qui en son temps a aussi organisé d'une manière provisoire les pouvoirs publics en république du Mali. Ces différents textes sont contenus dans un recueil commenté par Alpha Oumar KONARE, 1992. En effet, la constitution du 25 février a fait l'objet de trois tentatives de révision. La première tentative a lieu en 2002 à la fin du mandat du Président Alpha Omar KONARE. La deuxième en 2012 est l'œuvre du Président Amadou Toumani TOURE. La troisième, la même année 2012, résulte d'un coup d'Etat militaire à la veille de la fin du mandat du Président Amadou Toumani TOURE. Ces putschistes ont tenté la révision de la constitution du 25 février 1992.

II. Les textes conventionnels

Les textes conventionnels ou auto-exécutoires relatifs au procès équitable sont de deux ordres : les uns protègent le procès équitable de manière circonstancielle ; les autres s'appliquent à toutes les circonstances. Les premiers sont relatifs aux situations de conflits armés. Ce sont les conventions de Genève adoptées le 12 août 1949 et le protocole additionnel II[1161]. Alors que les garanties du procès équitable ont été seulement proclamées dans leur formulation la plus générale par la Déclaration Universelle des Droits de l'Homme, les Troisième et Quatrième Conventions de Genève du 12 août 1949 énoncent les modalités de mise en œuvre du droit au procès équitable en temps de guerre[1162]. La Troisième

---

[1161] Ces conventions forment un corpus de règles juridiques qualifiées de droit international humanitaire qui est un ensemble de règles qui, pour des raisons humanitaires, cherche à limiter les effets des conflits armés. Ainsi, il protège les personnes qui ne participent pas aux combats et restreint les moyens et méthodes de guerre. Il est à rappeler que ces différentes conventions de Genève présentent aujourd'hui un intérêt capital pour le Mali à cause de la crise au Mali. Trois régions des huit (08) régions du Mali sont annexées, une intervention armée est pointée à l'horizon.

[1162] Les différentes conventions de Genève, chargées de la mise en œuvre du procès équitable pendant les conflits armés présentent à l'heure actuelle un intérêt capital pour le Mali à cause du conflit dans sa partie septentrional. Mais l'application desdites conventions à tous les belligérants pose problème. Les conventions de Genève font référence aux prisonniers de guerre. Ceux-ci sont les combattants qui se sont fait capturer par l'ennemi pendant le conflit. Le terme combattant donne lieu à des interprétations. La notion de combattant a accompagné l'évolution du type de conflits. Le port de l'uniforme n'apparaît plus, notamment, comme une condition nécessaire : par exemple, on considère aujourd'hui que les francs-tireurs sont des combattants pour peu qu'ils respectent les règles de la guerre et portent ouvertement les armes, dans le cadre d'engagements ou d'attaques. Il en est de même des corps d'auxiliaires ou de volontaires recrutés par le gouvernement, ainsi que des populations se levant en masse. Le problème se pose de savoir si les guérilleros et les mercenaires doivent bénéficier du statut de prisonnier de guerre. Lorsque le guérillero se fait prisonnier, il bénéficie du statut du combattant régulier, même s'il ne remplit pas cette condition. Le mercenaire, lui, n'est jamais considéré comme un combattant, mais, dans un souci humanitaire, il bénéficie des protections prévues par la convention de Genève de 1949. Les camps de prisonniers doivent être situés assez loin du théâtre des opérations. Il est interdit de procéder à des représailles ou à des peines collectives. Les prisonniers de guerre ont le droit d'être soignés et de correspondre avec l'extérieur. Ils peuvent conserver leurs insignes et choisir des personnes pour les représenter auprès des autorités militaires ennemies. Les éventuelles tentatives d'évasion ne doivent pas faire l'objet d'une répression trop sévère, car elles sont conformes à l'honneur militaire. Cependant, on exige des prisonniers de guerre qu'ils respectent les lois et les règlements de l'État responsable de leur capture. (Source Encarta 2008). Les droits des prisonniers étant connus faut-il les faire bénéficier aux terroristes ? Pour raison humanitaire, il y a lieu de leur faire jouir les droits contenus par les différentes conventions de Genève, y compris le droit à un procès équitable. La garantie du procès équitable au profit des prisonniers permettra certainement de parvenir à la distinction entre terroristes et ceux qui ne le sont pas. En clair, le respect des exigences du procès équitable dans cette situation permet d'éviter des bavures entraînant des erreurs judiciaires aux conséquences dramatiques. Il appartient à la justice malienne de relever ce défi dans le but d'obtenir du crédit sur le plan international.

Convention de Genève concerne la protection des prisonniers de guerre. En effet, son chapitre III intitulé « Poursuites judiciaires » édicte les garanties que doivent bénéficier les prisonniers de guerre lorsqu'ils sont poursuivis. Parmi ces garanties, le principe de la légalité de la poursuite est affirmée en ces termes : « qu'aucun prisonnier de guerre ne pourra être poursuivi ou condamné pour un acte qui n'est pas expressément réprimé par la législation de la puissance détentrice ou par le droit international qui sont en vigueur au jour où cet acte a été commis »[1163]. Il prohibe l'exercice de pressions morales ou physiques sur un prisonnier de guerre pour l'amener à se reconnaître coupable et impose qu'aucune condamnation ne puisse intervenir sans que le prisonnier ait eu « la possibilité de se défendre et sans avoir été assisté par un défenseur qualifié »[1164].

Les principes cardinaux du juge que constituent l'indépendance et l'impartialité du juge sont reconnus[1165]. La garantie de célérité vient se greffer à celles qui viennent d'être évoquées[1166]. Enfin, l'article 105 de cette même troisième convention détermine les droits de la défense. Ainsi, le prisonnier de guerre aura le droit d'être assisté par l'un de ses camarades prisonniers, d'être défendu par un avocat qualifié de son choix, de faire citer des témoins et de recourir, s'il estime nécessaire aux offices d'un interprète compétent. Il sera avisé de ses droits en temps utiles, avant les débats, par la puissance détentrice. Si le prisonnier de guerre n'a pas choisi de défenseur, la puissance protectrice lui en procurera un, elle disposera d'au moins une semaine à cet effet.

À la demande de la puissance protectrice, celle détentrice lui remettra une liste de personnes qualifiées pour assurer la défense. Au cas où ni le prisonnier de guerre ni la puissance protectrice n'auraient fait choix d'un défenseur, la puissance détentrice désignera d'office un avocat qualifié pour défendre le prévenu. Pour préparer la défense, le défenseur disposera d'un délai de deux semaines au moins avant l'ouverture des débats ainsi que des facilités nécessaires ; il pourra notamment rendre librement visite au prévenu et s'entretenir sans témoin avec lui. Il pourra s'entretenir avec tous les

---

[1163] Art. 99 al. 1de la troisième convention de Genève du 12 août 1949.

[1164] Art. 99 al. 3 de la convention susdite.

[1165] « Un jugement ne pourra être valablement rendu contre un prisonnier de guerre que s'il a été prononcé par les mêmes tribunaux et suivant la même procédure qu'à l'égard des personnes appartenant aux forces armées de la puissance détentrice et si, en outre, les dispositions du présent chapitre ont été observées. » Art. 102 de la Troisième convention de Genève sur la protection des prisonniers de guerre.

[1166] «Toute instruction judiciaire contre un prisonnier de guerre sera conduite aussi rapidement que le permettront les circonstances et de telle façon que le procès ait lieu le plus tôt possible. Aucun prisonnier ne sera maintenu en détention préventive à moins que la même mesure ne soit applicable aux membres des forces armées de la puissance détentrice pour des infractions analogues ou que l'intérêt de la sécurité nationale ne l'exige. Cette détention préventive ne durera en aucun cas plus de trois mois.» Art. 103 de la Troisième convention, précitée.

témoins à décharge y compris les prisonniers de guerre, il bénéficiera de ces facilités jusqu'à l'expiration des délais de recours.

Le prisonnier de guerre prévenu recevra, assez tôt avant l'ouverture des débats, communication, dans une langue qu'il comprend de l'acte d'accusation ainsi que des actes qui sont, en général, communiqués au prévenu en vertu des lois en vigueur dans les armées de la puissance détentrice. La même communication devra être faite dans les mêmes conditions à son défenseur. Les articles suivants régissent notamment les droits à recours et l'exécution des peines dans des conditions d'égalité avec les membres des forces armées de la puissance détentrice[1167].

La Quatrième Convention de Genève de 1949, relative à la protection des personnes civiles en temps de guerre, énonce des règles d'équité procédurale en deux temps : d'une part, les garanties octroyées aux membres de la population d'un territoire occupé et les obligations de la puissance occupante en particulier dans le cadre de poursuites pénales pouvant aboutir à l'internement ; d'autre part les garanties reconnues aux personnes protégées du territoire occupé internées en application d'une décision pénale et qui sont, dans le cadre de leur internement, susceptibles de se voir appliquer à nouveau des sanctions pénales ou disciplinaires[1168]. En plus les articles 71 et 72 définissent les conditions d'exercice des droits de la défense.

Le Protocole Additionnel II aux conventions de Genève en date du 8 juin 1977 relatif à la protection des victimes des conflits armés non internationaux, parachève la construction d'un ensemble de normes applicables en temps de guerre ou de conflit armé non international. L'article 6 du protocole applicable à la poursuite et la répression d'infractions pénales en relation avec le conflit armé réaffirme les standards relatifs à l'indépendance et à l'impartialité du juge et à l'exercice des droits de la défense aucune condamnation ne sera prononcée ni aucune peine exécutée à l'encontre d'une personne reconnue coupable d'une infraction sans un jugement préalable rendu par un tribunal offrant les garanties essentielles d'indépendance et d'impartialité. En particulier, la procédure disposera que le prévenu doit être informé sans délai des détails de l'infraction qui lui est imputée et assurera au prévenu avant et pendant son procès tous les droits et moyens nécessaires à sa défense.

Les alinéas suivants réaffirment le principe de responsabilité pénale individuelle, le principe de légalité des délits et des peines, le principe de la présomption d'innocence et, le droit de toute personne accusée d'une infraction d'être jugée en sa présence et celui de ne pas être forcé de

---

[1167] Le terme « puissance protectrice » s'entend d'un Etat neutre ou d'un autre Etat non partie au conflit qui, désigné par une partie au conflit et accepté par la partie adverse, est disposé à exercer les fonctions assignées à la puissance protectrice aux termes des Conventions de Genève et du protocole additionnel I.

[1168] Les articles 64 et 65 énoncent les modalités d'application du principe de légalité et du juge naturel.

témoigner contre soi-même ou de s'avouer coupable. Le rapide examen de l'ensemble de ces dispositions démontre que dans le champ international, les normes relatives à l'indépendance et à l'impartialité du juge et aux droits de la défense comme fondement de l'équité du procès ont été développées, pour leur première expression internationale, comme normes applicables à des situations exceptionnelles, ce qui est révélateur de leur portée et de leur universalité, avant même qu'elles n'aient été proclamées puis garanties par des instruments à caractère universel. Si les conventions de Genève et leurs protocoles additionnels déterminent la mise en application du procès équitable pendant le conflit armé, d'autres conventions onusiennes prétendent s'appliquer en toutes circonstances.

Le Pacte international relatif aux droits civils et politiques du 16 décembre 1966 garantit le droit de chacun « à ce que sa cause soit entendue équitablement et publiquement par un tribunal compétent, indépendant et impartial, établi par la loi »[1169]. L'article 14 du PIDCP tout comme l'article 10 de la Déclaration de 1948 garantit l'égalité devant les juridictions, mais aussi, conditionnent l'application des règles du procès équitable à l'accusation en matière pénale et les contestations des droits et obligations de caractère civil. Cependant à la différence de la Déclaration de 1948, le PIDCP énonce les dispositions les plus importantes et les plus détaillées à l'égard de la protection du droit à un procès équitable. La quasi-totalité de l'article 14 est consacrée aux garanties auxquelles a, au moins, droit toute personne accusée d'une infraction pénale. Ces règles sont : le droit à la présomption d'innocence ; le droit à l'information des charges dans une langue qu'elle comprend ; le droit de disposer du temps pour préparer sa défense ; le droit à l'avocat ; le droit d'être jugé dans un délai raisonnable ; le droit de participer à son procès ; le droit à la gratuité d'un avocat ; le droit aux témoins à charge ou à décharge ; le droit à l'interprète ; le droit à ne pas être forcée de témoigner contre elle-même ou de s'avouer coupable ; l'aménagement des procédures appropriées applicables aux jeunes gens ; le droit au double degré de juridiction ; le droit à la révision en cas de fait nouveau et l'interdiction d'être jugé pour les mêmes faits[1170]. D'autres instruments juridiques ont suivi le PIDCP.

[1169] Art. 14 du Pacte international relatif aux droits civiques et politiques (1966) entrée en vigueur en 1976, ratifié le 16 juillet 1974 par le Mali.

[1170] En réalité, il n'existe pas de particularité en ce qui concerne les garanties prévues par le PIDCP au sujet du procès équitable. Les différentes règles ci-dessus énumérées sont prévues par la législation nationale. Néanmoins, l'intérêt des garanties du procès équitable prévues par le PIDCP réside du fait qu'il s'agit d'un engagement international du Mali, ce qui peut l'inciter à se conformer à son contenu. D'autant plus que le Mali a ratifié le Protocole additionnel du PIDCP qui l'impose de fournir des rapports périodiques sur la situation de sa mise en application.

Les principes fondamentaux relatifs à l'indépendance de la magistrature[1171], contribuent à assurer le caractère équitable du procès en préservant l'indépendance et l'impartialité des magistrats[1172]. En effet, ce document plus précis et moins contraignant que les autres instruments précise quelques modalités de nomination susceptibles de garantir l'indépendance. Il se borne à préconiser que « toute méthode de sélection des magistrats doit prévoir des garanties contre les nominations abusives. » Les garanties d'indépendance sont essentiellement obtenues à travers les conditions de service et de durée du mandat. Les Principes recommandent[1173] que « la durée du mandat des juges, leur indépendance, leur sécurité, leur rémunération appropriée, leurs conditions de service, leur pension et l'âge de leur retraite, sont garanties par la loi »[1174] et que « les juges, qu'ils soient nommés ou élus, sont inamovibles tant qu'ils n'ont pas atteint l'âge obligatoire de la retraite ou la fin de leur mandat. »

Les principes ci-dessus préconisent que, « la promotion des juges lorsqu'un tel système existe, doit être fondé sur des facteurs objectifs notamment leurs compétences, leur intégrité et leur expérience »[1175] et que « la distribution des affaires au juge, dans la juridiction dans laquelle ils appartiennent, est une question interne qui relève de l'administration judiciaire. » Enfin, l'exercice du pouvoir disciplinaire sur les magistrats doit être exercé dans des conditions qui constituent des garanties d'indépendance. L'article 20 recommande que « des dispositions appropriées doivent être prises pour qu'un organe indépendant ait compétence pour réviser les décisions rendues en matière disciplinaire, de suspension ou de destitution »[1176]. De ce fait, la durée des fonctions, voire l'inamovibilité, leur recrutement sur des bases privilégiant la compétence et la mise en place de garanties concernant le pouvoir disciplinaire sont quelques points clés pour une réelle indépendance des juges.

Les règles minima pour le traitement des détenus[1177] contiennent plusieurs dispositions concernant le droit à un procès équitable, et prévoit le

[1171] Adoptés par le septième Congrès des Nations Unies pour la prévention du crime et le traitement des délinquants qui s'est tenu à Milan du 26 août au 6 septembre 1985 et confirmés par l'Assemblée générale dans ses résolutions 40/32 du 29 novembre 1985 et 40/146 du 13 décembre 1985.

[1172] Certains aspects des principes fondamentaux relatifs à l'indépendance de la magistrature seront analysés au cours du chapitre consacré à la consolidation de l'indépendance de la justice.

[1173] Art. 11 des Principes fondamentaux de l'indépendance de la magistrature.

[1174] Art. 12 du texte préc.

[1175] Art. 13, idem.

[1176] « Ce principe peut ne pas s'appliquer aux décisions rendues par une juridiction suprême ou par le pouvoir législatif dans le cadre d'une procédure quasi-judiciaire. »

[1177] Adopté par le premier Congrès des Nations Unies pour la prévention du crime et le traitement des délinquants, tenu à Genève en 1955 et approuvé par le Conseil économique et social dans ses résolutions 663 C (XXIV) du 31 juillet 1957 et 2076 (LXII) du 13 mai 1977.

droit du prévenu de recevoir des visites de son avocat[1178]. Ces entrevues entre le prévenu et son avocat peuvent être à la portée de la vue, mais ne doivent pas être à portée d'ouïe des fonctionnaires de l'établissement pénitentiaire. Il y a également le code de conduite pour les responsables de l'application des lois[1179] qui affirme en son article 2 que les responsables de l'application des peines doivent respecter et protéger les droits fondamentaux de toute personne, lesquels englobe le droit à un procès équitable. En plus, les règles minima des Nations Unies concernant l'administration de la justice pour mineurs[1180] prévoient au paragraphe 1 de l'article 14 le respect des principes garantissant un « procès juste et équitable ».

Il existe d'autres dispositions relatives au droit à un procès équitable. Certains d'entre elles figurent dans les Règles des Nations unies pour la protection des mineurs privés de liberté, les principes de base relatifs au rôle du barreau[1181], les principes directeurs applicables au rôle des magistrats du parquet[1182], les Règles minima des Nations unies pour l'élaboration des mesures non privatives de liberté[1183], les principes directeurs des Nations Unies pour la prévention de la délinquance juvénile[1184], la Déclaration des principes fondamentaux de justice relatifs aux victimes de la criminalité et aux victimes d'abus de pouvoir et de normes de l'OIT relatives aux tribunaux de travail[1185]. La violation des différents instruments juridiques onusiens ci-dessus peut être invoquée devant la Cour africaine des Droits de l'Homme, tout comme les normes juridiques d'origine africaine qui confèrent des droits fondamentaux aux citoyens de chaque État adhérant.

Paragraphe 2. Les textes juridiques africains

Les institutions intergouvernementales africaines ont adopté des mécanismes régionaux portant sur la protection des droits et des libertés fondamentaux en Afrique après l'accession à l'indépendance de la grande partie des États africains sous domination coloniale. Progressivement, des institutions sous régionales ou communautaires ayant vu le jour après la

---

1178 Point 93.

1179 Adopté par l'Assemblée générale des Nations Unies dans sa résolution 34/169 du 17 décembre 1979.

1180 Adoptées par l'Assemblée générale dans sa résolution 45/113 du 14 décembre 1990.

1181 Adoptés par le huitième Congrès des Nations Unies pour la prévention du crime et le traitement des délinquants qui s'est tenu à La Havane (Cuba) du 27 août au 7 septembre 1990.

1182 Adoptés par le huitième Congrès des Nations Unies pour la prévention du crime et le traitement des délinquants qui s'est tenu à la Havane (Cuba) du 27 août au 7 septembre 1990.

1183 Adoptées par l'Assemblée générale dans sa résolution 45/110 du 14 décembre 1990.

1184 Principes directeurs des Nations Unies pour la prévention de la délinquance juvénile (Principes directeurs de Riyad).

1185 Adoptée par l'Assemblée générale dans sa résolution 40/34 du 29 novembre 1985.

naissance de l'Organisation de l'Unité Africaine (OUA)[1186], ont-elles aussi élaboré des instruments juridiques contenant des exigences du procès équitable. Ainsi, les textes juridiques, élaborés en Afrique et propres à l'Afrique, relatifs au procès équitable ou contenant quelques garanties du procès équitable, proviennent des instances régionales (I) ou communautaires (II).

I. Les normes régionales

L'Afrique compte à son actif plusieurs instruments juridiques, malgré le retard dans l'élaboration des normes régionales due à la conquête des indépendances. En effet, le 27 juin 1981 fut adoptée la Charte africaine des Droits de l'Homme et des Peuples[1187]. Pour assurer l'originalité à la Charte, l'ancien Président Sénégalais SENGHOR lors de l'ouverture de la conférence d'experts chargés d'élaborer la charte les avait prévenus en ces termes : « Il ne s'agira pas, pour nous africains, ni de copier, ni de rechercher l'originalité pour l'originalité (...) vous devrez donc alors constamment avoir à l'esprit nos valeurs de civilisation et les besoins réels de l'Afrique »[1188]. La règlementation laconique des droits civils par la charte a fait l'objet de critiques. On retrouve quelques garanties du procès équitable, au moins[1189].

En plus, l'article 29 impose aux États parties le devoir de garantir l'indépendance des tribunaux et de permettre l'établissement et le perfectionnement d'institutions nationales appropriées chargées de la promotion et de la protection des droits et libertés garantis par la Charte. Celle-ci demeure lacunaire sur la protection des garanties du procès équitable. Le texte ne mentionne ni le principe d'indépendance des juges, ni

---

[1186] L'Organisation de l'Unité Africaine (OUA) devenue en 2001 l'union africaine (UA).

[1187] Charte Africaine des droits de l'homme et des peuples, adoptée le 27 juin 1981 à Nairobi, Kenya, lors de la 18ème Conférence de l'Organisation de l'Unité Africaine (OUA). Entrée en vigueur le 21 octobre 1986 après ratification de la Charte par 25 Etats. 49 des 52 membres de l'OUA l'ont ratifié.

[1188] ANDRIANTSIMBAZOVINA (J.), GAUDIN (H.), et autres, *Dictionnaire des droits de l'homme*, p. 121.

[1189] « 1. Toute personne a droit à ce que sa cause soit entendue. Ce droit comprend : a / le droit de saisir les juridictions nationales compétentes de tout acte violant les droits fondamentaux qui lui sont reconnus et garantis par les conventions, les lois, règlements et coutumes en vigueur ; b / le droit à la présomption d'innocence, jusqu'à ce que sa culpabilité soit établie par une juridiction compétente ; c / le droit à la défense, y compris celui de se faire assister par un défenseur de son choix ; d / le droit d'être jugé dans un délai raisonnable par une juridiction impartiale. De même, les articles 5 et 6 contiennent des dispositions qui font référence à certaines garanties du procès équitable. 2. Nul ne peut être condamné pour une action ou une omission qui ne constituait pas, au moment où elle a eu lieu, une infraction légalement punissable. Aucune peine ne peut être infligée si elle n'a pas été prévue au moment où l'infraction a été commise. La peine est personnelle et ne peut frapper que le délinquant. »

le caractère public de l'audience et n'apporte aucune précision relative au contenu des droits de la défense, au droit d'interroger les témoins à charge, faire citer et interroger dans les mêmes conditions les témoins à décharge, pas plus que le droit à disposer d'un défenseur à la charge de l'Etat lorsque que la justice l'exige. Le droit de ne pas s'auto-incriminer ou témoigner contre soi-même n'est pas non plus mentionné. Ces dispositions lacunaires ont incité la Commission africaine des Droits de l'Homme[1190] à adopter un texte sur le droit à un procès équitable et à l'assistance judiciaire en Afrique.

Consciente de l'imperfection de ses instruments relatifs à la protection des exigences du procès équitable, la commission africaine des droits de l'homme et des peuples, et en vertu de l'article 45 de la charte ; qui lui confère l'attribution de servir de plate forme à la résolution, et l'adoption des instruments juridiques pour la promotion et la protection des droits de l'homme en Afrique[1191], a adopté en 1999 l'instrument le plus détaillé sur le droit à un procès équitable en Afrique, qui renforcera davantage les dispositions de la charte protégeant ce droit, ainsi que tout autre instrument qui en est assorti[1192]. Les Directives et principes sur le droit à un procès équitable et à l'assistance judiciaire en Afrique constituent l'instrument juridique de référence relatif au procès équitable en Afrique. Pour mieux examiner cet instrument, il y a lieu de suivre son cheminement.

Les principes généraux applicables à toute procédure judiciaire[1193]. En réalité, il n'y a pas de nouveautés ici, le texte se contente de dégager les principes généraux du procès équitable. Les qualités requises pour un tribunal sont bien précisées. Cette partie du document proclame le droit

[1190] La Commission africaine des droits de l'homme et des peuples, basée à Banjul en Gambie, fut instituée en 1987 dans le cadre de la Charte africaine des droits de l'homme et des peuples. Le rôle de la Commission africaine des droits de l'homme et des peuples est de s'assurer que les États parties respectent les droits garantis par la Charte. Elle jouit des pouvoirs que lui confère cette dernière. En vertu de ces pouvoirs, la Commission est habilitée à examiner des plaintes individuelles et à vérifier si les États s'acquittent de leurs obligations légales de respect des droits de l'homme garantis par la Charte africaine. Cependant, il faut souligner ses points de faiblesse dont on peut citer : la dépendance vis-à-vis de l'OUA/UA qu'on peut relever au niveau de la désignation des commissaires ainsi qu'au niveau du financement. Elle enregistre, néanmoins un bilan positif. Dans les cas où il y a violation massive des droits de l'homme dans certains Etats, le requérant est dispensé de la condition de l'épuisement des voies de recours internes. Dans l'article 111 de la résolution de 1995 (portant règlement intérieur de la commission) une procédure d'urgence est établie comportant des mesures conservatoires préservant de toute violation irréparable avant même la recevabilité d'une communication.

[1191] Ces directives et principes sont adoptés par la Commission africaine des droits de l'homme et des peuples, lors de la 26ème session, du 1er au 15 novembre 1999 à Kigali (Rwanda).

[1192] V° Préambule de ces directives.

[1193] Pour une meilleure lisibilité des règles découlant des principes et directives du droit à un procès équitable et à l'assistance judiciaire en Afrique, elles seront présentées en écritures italiques.

d'être entendu, avec tout ce que comporte comme éléments essentiels à sa réalisation, entre autres, telles que les garanties procédurales[1194].

Formation judiciaire. Cette partie du texte est consacrée aux conditions de la formation des magistrats, vu leur rôle éminent pour le fonctionnement d'une justice qui répond aux exigences d'indépendance et d'impartialité, mais aussi aux exigences de compétence. Elle assujettit les États à garantir aux magistrats une formation adéquate. Aussi les futurs magistrats doivent être conscients, et sensibilisés à l'obligation du respect des droits et libertés.

Droit à un recours effectif. Les principes et directives font bénéficier le droit à un recours effectif à toute personne devant les juridictions compétentes, si elle s'estime victime d'une transgression de ses droits protégés par la constitution, la loi ; les règlements, la charte[1195], etc.

Archives des instances juridictionnelles et accès au public. Les procédures et archives des instances juridictionnelles doivent demeurer accessibles au public, sauf ceux qui en ont fait l'objet d'une décision judiciaire en vue d'en restreindre la portée[1196].

Jus standi. Ce principe signifie que les Etats doivent reconnaître dans leurs législations internes, et notamment lorsqu'il y a des atteintes à l'ordre public, à la salubrité publique, une atteinte qui touche la société ou une partie d'elle ; le droit de tout individu de saisir la juridiction compétente à fin de solliciter son avis sur les faits ou atteintes susmentionnés.

Rôle des magistrats du parquet. Les États ont l'obligation de veiller à ce que les magistrats du parquet reçoivent la formation nécessaire à l'accomplissement de leurs fonctions, ainsi qu'ils aient conscience des normes et des règles de déontologie relatives à leurs fonctions, et qu'ils soient sensibilisés aux exigences qu'imposent les droits humains, les droits des victimes et des suspects. Les magistrats du parquet doivent remplir leur mission à l'abri de toute entrave ou harcèlement[1197].

Accès aux avocats et aux services juridiques. Les États ont l'obligation de faire en sorte que toutes les personnes vivantes sur leurs territoires, et soumises à leurs systèmes juridiques, sans aucune distinction ou discrimination fondée sur n'importe quel motif, de bénéficier de l'accès aux services d'un avocat, en l'occurrence toute personne accusée d'une

---

[1194] V° supra pour les éléments qui composent les garanties procédurales, p. 101 et svtes.

[1195] Le droit à un recours effectif comprend selon cet instrument : l'accès à la justice, la réparation du préjudice subi, ainsi qu'à l'accès aux informations relatives à la violation.

[1196] Les Etats doivent mettre sur pied des services s'occupant des archives et l'enregistrement des travaux des instances juridictionnelles afin qu'ils soient accessibles au public, lesdits services doivent couvrir toutes les instances du pays. Les frais que le public encourt pour obtenir copie des procédures, doivent être réduits au minimum.

[1197] L'accent est aussi mis sur le droit de ces magistrats de former une association, ou tout autre organisme pour défendre leur statut, promouvoir leur formation professionnelle ou tout autre intérêt légitime. Les fonctions des magistrats du parquet son séparées des fonctions des juges. La question de leurs compétences est traitée d'une manière détaillée, ainsi que les modalités des sanctions disciplinaires.

infraction pénale, ou partie à une affaire civile doit avoir accès à un avocat, y compris qu'il soit étranger ayant inscrit domicile chez un confrère du barreau national.

Aide et assistance judiciaire. Pour apprécier les cas d'application de cette procédure, ce document pose les critères d'une manière exhaustive, différemment en matière civile et pénale[1198].

Indépendance des avocats. Conscient du rôle que jouent les avocats dans toute procédure judiciaire, les États, les organismes professionnels des avocats, ainsi que les établissements s'occupant de la formation juridique et judiciaire de veiller à ce que les avocats et au cours de leur formation aient connaissance des droits humains reconnus au niveau national, mais aussi international, des déontologies de leur profession, et des droits et libertés des citoyens.

Collaboration transfrontalière entre professionnels de la justice. Ce paragraphe souligne la nécessité de la coopération internationale en matière de justice, il impose l'obligation aux Etats d'encourager et promouvoir la collaboration des juristes de différentes nationalités. Celle-ci poussera les juristes de différents horizons d'échanger de l'information, l'expertise, et de favoriser la formation continue et l'éducation des juristes aux nouveaux concepts de droit, en constante évolution.

Accès aux services judiciaires. Il s'agit là du droit au recours dont les Etats doivent garantir.

Droits des civils à ne pas être jugés par un tribunal militaire[1199].

Dispositions applicables à l'arrestation et à la détention. Les principes et directives ordonnent aux États de veiller à la régularité de l'arrestation et de la détention, aussi au respect de la dignité des individus faisant l'objet de ces mesures.

Dispositions applicables aux procédures relatives aux accusations pénales[1200].

Des enfants et du droit à un procès équitable. La garantie aux mineurs du droit à un procès équitable et tenir comte de sa spécificité.

Victimes de la criminalité et d'abus de pouvoir. Les victimes doivent être traitées avec compassion et humanité. Elles doivent bénéficier de l'accès aux instances judiciaires pour faire valoir leurs droits. Elles ne doivent en aucun cas faire l'objet d'un traitement cruel, inhumain, ou dégradant. Les femmes

---

[1198] V° supra pour plus de détails sur l'assistance judiciaire, p. 56 et svtes.

[1199] Cette partie commence par définir la compétence des tribunaux militaires qui doit être limitée aux infractions à caractère militaire commises par le personnel militaire, ce qui exempte les personnes civiles. Cependant les tribunaux militaires sont tenus de respecter les normes de déroulement d'un procès équitable. La disposition suivante précise qu'un tribunal militaire ne peut en aucun cas juger ou connaître des affaires impliquant des personnes civiles. De même, les juridictions spéciales ne connaissent pas des infractions qui ressortent de la compétence des tribunaux ordinaires.

[1200] V° supra p. 130.

victimes de crimes sexuels, doivent être traitées avec tous les égards nécessaires à leur situation, il sera préférable également que leur interrogatoire soit fait par les femmes policières ou juges.

Tribunaux traditionnels. Ceux-ci doivent respecter les principes et règles d'un procès équitable. Ils doivent en l'occurrence traiter les justiciables avec toutes les exigences et droits inhérents à la personne humaine[1201].

Clauses non dérogatoires. Les règles du procès équitable étant intangible ne doivent pas être dérogées sous n'importe quel prétexte.

Emploi des termes. Afin de prévenir les dérives d'interprétations, le document a pris l'audace de définir les termes utilisés.

Désormais, l'Afrique dispose l'instrument le plus précis et détaillé sur la protection du droit à un procès équitable. La résolution ne s'est pas contentée d'évoquer les garanties équitables du procès, mais d'assujettir les États de veiller à ce que des obstacles n'entravent pas leur mise en application. Ce qui constitue l'intérêt majeur des Directives et principes du droit à un procès équitable et à l'assistance judiciaire en Afrique. Malheureusement, la réalité est tout autre. Malgré le fait qu'elle dispose l'instrument le plus complet relatif au procès équitable, elle enregistre, semble-t-il, les violations les plus graves des droits fondamentaux[1202], en général, et le droit à un procès équitable, en particulier. Ce document n'est pas le seul au sujet du procès équitable en Afrique. En effet, sept (07) ans plutôt, la Commission Africaine des Droits de l'Homme et des peuples adopta, lors de sa 11e session, la résolution sur le droit à un recours et à un procès équitable[1203]. Quatre (04) ans plus tard une autre résolution relative au renforcement du pouvoir judiciaire fut adoptée[1204]. Les instruments juridiques africains offrent une gamme variée et diversifiée relative à la protection du procès équitable. Lesquels instruments s'ajoutent à ceux issus du droit communautaire pour parachever l'édifice juridique en la matière au Mali.

II. Les normes communautaires

Au Mali, le droit communautaire repose sur les principes fondamentaux de la primauté et de l'effet direct[1205]. Reposant sur ce caractère, la supériorité

[1201] Les principes et directives ont tenu compte du caractère patriarcal des sociétés africaines.

[1202] C'est le cas du conflit Ivoirien qui a duré environ dix ans, celui de la République démocratique du Congo, de la Libye, du Mali, de l'Egypte, de la Tunisie, etc.

[1203] Résolution adoptée lors de la 11ème session de la commission africaine des droits de l'homme et des peuples, mars 1992.

[1204] Résolution adoptée lors de la 19ème session de la commission africaine des droits de l'homme et des peuples mars 1996.

[1205] « La primauté du droit communautaire signifie non seulement qu'il s'insère automatiquement dans l'ordre interne des Etats membres, mais il possède une aptitude générale à y compléter directement le patrimoine juridique des particuliers de droits subjectifs et obligations, tant dans leurs rapports avec d'autres particuliers que dans leurs relations avec l'Etat dont ils relèvent c'est l'effet direct du droit communautaire. » GAVALDA (C.) et

du droit communautaire sur le droit interne s'impose en outre à l'ensemble des États membres, quels que soient les particularités de leurs règles constitutionnelles relatives aux rapports entre les traités internationaux et leurs droits nationaux[1206]. Les conséquences de la primauté du droit communautaire procèdent de la nature particulière de l'ordre juridique communautaire de son intégration dans l'ordre juridique national et surtout du transfert d'attribution réalisé par les États membres au profit de la communauté qui les possède simultanément. La sous-région offre plusieurs exemples réussis de communautarisation du droit, malgré, l'existence d'énormes difficultés relatives à l'effectivité des normes communautaires dans l'ordre interne[1207]. Les cas illustratifs sont l'UEMOA, la CEDEAO, l'OHADA, etc. Chacune concourant au perfectionnement des droits nationaux, contient peu ou prou, quelques règles du procès équitable. Nous limitons la réflexion au droit communautaire OHADA (Organisation pour l'Harmonisation en Afrique du droit des affaires).

L'harmonisation n'a pas laissé indifférente la procédure civile, bien que le Traité n'en a pas mentionné parmi les matières à harmoniser[1208]. Néanmoins, les procédures civiles d'exécution dites voies d'exécution ont fait l'objet d'une règlementation. En effet, depuis 1998, les procédures civiles d'exécution sont régies dans les États parties de l'OHADA dont le Mali, par l'Acte uniforme portant Organisation des procédures simplifiées de

---

PARLEANI (G.), *Traité de droit communautaire des affaires,* Paris, LITEC, 2ème édit., 1992, p. 195.

1206 - Sous d'autres cieux, la Cour de Justice des Communautés Européennes l'a affirmé clairement, pour la première fois en 1963 en ces termes : « le droit communautaire, indépendant de la législation des états membres, de même qu'il crée des charges dans le chef des particuliers, est aussi destiné à engendrer des droits qui entrent dans leur patrimoine juridique. » (V°. Arrêt du 05/02/1963, Van Gend en Loos/administration fiscale néerlandaise). Quelques années plus tard, cette jurisprudence fut confirmée en ces termes : « En vertu du principe de la primauté du droit communautaire, les dispositions et les actes des institutions applicables ont pour effet dans leurs rapports avec le droit interne des Etats membres, non seulement de rendre inapplicable de plein droit, du fait même de leur entrée en vigueur, toute disposition contraire de la législation nationale existante, mais encore – en tant que ces dispositions et actes font partie intégrante, avec rang de priorité, de l'ordre juridique applicable sur le territoire de chacun des Etats membres – d'empêcher la formation de nouveaux actes législatifs nationaux dans la mesure où ils seraient incompatibles avec des normes communautaires, et que le juge national chargé d'appliquer, dans le cadre de sa compétence, les dispositions du droit communautaire, a l'obligation d'assumer le plein effet de ces normes en laissant au besoin inappliqué, de sa propre autorité, toute disposition contraire de la législation nationale, même postérieure, sans qu'il ait à demander ou à attendre l'élimination préalable de celle-ci par voie législative ou par tout autre procédé constitutionnel. » Arrêt Simmenthal, in GAVALDA (C.) et PARLEANI (G.), *Traité de droit communautaire des affaires,* op. cit. p194.

1207 Pour plus de détails V° l'article de DIOUF (D.), *Quel avenir pour les droits communautaires africains* ? in Revue Sénégalaise de droit, n° 36, 2011, p. 97 et svtes.

1208 Cf. art. 2 du Traité de l'OHADA. La non prise en compte de la procédure civile s'explique, semble-t-il, par la disparité de l'organisation juridictionnelle des Etats membres. Il serait dans ce contexte difficile de prévoir un acte uniforme relatif à la procédure civile.

recouvrement et les voies d'exécution. Elle permet, d'assurer l'effectivité des décisions de justice. En absence d'exécution volontaire, la seule voie possible pour vaincre la résistance du débiteur, est l'utilisation des procédures d'exécution forcée[1209]. L'Acte uniforme susmentionné met en place un ensemble de dispositions permettant l'exécution des titres exécutoires. Il assujettit, à ce titre, l'État à l'obligation de concourir à l'exécution des titres exécutoires, sous peine de voir engager sa responsabilité[1210]. Malgré, l'existence des difficultés relatives à l'exécution des titres exécutoires, on n'enregistre aucune plainte des justiciables maliens devant la CCJA aux fins d'engager la responsabilité de l'État malien.

En dehors des garanties de l'exécution des titres exécutoires, le législateur OHADA consacre plusieurs dispositions tendant à assurer aux parties le respect de certaines garanties de la procédure. Il procède également à la détermination de la juridiction compétente en cas de difficultés au cours de l'exécution forcée[1211]. L'article 49 de l'AUPRVE, à cet effet, précise que : « la juridiction compétente pour statuer sur tout litige ou toute demande relative à une mesure d'exécution forcée ou à une saisie conservatoire est le président de la juridiction statuant en matière d'urgence ou le magistrat délégué par lui. » Les procédures de recouvrement forcé, si elles n'ont pas toutes un caractère judiciaire, elles supposent souvent l'intervention d'un juge déterminé. Ainsi, lorsque l'huissier ou l'agent d'exécution rencontre une difficulté dans l'exécution d'un titre exécutoire qui ne peut être réglée autrement que par voie judiciaire. En ce moment, la phase d'exécution prend alors les allures d'un véritable procès. Le souci premier du législateur OHADA est la sauvegarde des droits de la défense et l'exigence de célérité dans le traitement des difficultés, deux éléments fondamentaux du procès équitable. Il est, en effet, reconnu que : « toute personne qui, à l'occasion d'une mesure propre à assurer l'exécution ou la conservation d'une créance, se prévaut d'un document, est tenue de le communiquer ou d'en donner copie si ce n'est le cas où il aurait été notifié antérieurement à moins que le présent Acte uniforme n'en dispose autrement »[1212]. L'application de cet article permettra de respecter le principe du contradictoire, autre exigence du procès équitable. Pour un meilleur respect des normes internationales relatives au procès équitable, les praticiens et les plaideurs doivent être informés sur la portée de ces instruments juridiques. Il est alors opportun de déterminer les enjeux et les perspectives de l'application des traités au Mali.

[1209] V° Chapitre 2 du titre II de la 1ère partie consacrée à l'exécution des titres exécutoires.

[1210] V° Supra p. 172.

[1211] Cet article instaure un juge en charge du contentieux de l'exécution des saisies. Malgré le fait que l'OHADA n'ayant pas eu pour ambition de toucher à l'organisation judiciaire des Etats parties, le choix porté sur le Président de la juridiction paraît opportun du fait qu'il appartient à un corps de magistrat indépendant, juge au siège.

[1212] Art. 35 de l'AUPRVE.

SECTION 2. ENJEUX ET PERSPECTIVES DE L'APPLICATION DES TRAITÉS

Le Comité des Nations Unies précise que la mise en évidence de décisions appliquant les traités est une nécessité aujourd'hui pour comprendre le degré d'engagement du Mali pour les droits de l'homme et pour mesurer l'utilité des traités dans l'arsenal juridique[1213]. En effet, en adhérant à un traité, l'État malien s'engage à le respecter. Celui-ci créant des droits au profit des citoyens, pourra être invoqué par eux devant les instances de protection des droits de l'homme y compris la justice qui constitue l'ultime recours. Paradoxal que cela puisse paraître, le juge malien refuse dans certaines circonstances d'appliquer un traité, bien qu'ayant satisfait à toutes les exigences légales d'application. Quelques cas seront répertoriés à titre illustratif aux fins d'observer l'état de l'application juridictionnelle des traités (Paragraphe 1) avant de voir l'effectivité de leur application (Paragraphe 2).

Paragraphe 1. L'état de la jurisprudence relative à l'application des traités

La prééminence de la norme internationale sur les règles internes de niveau législatif oblige les juges à l'appliquer, dès l'instant qu'elle satisfait aux exigences nationales d'application, indifféremment de son origine ou de son domaine. Le juge malien se montre souvent perplexe face à un traité concernant les droits de l'homme en général, et les règles du procès équitable, en particulier. Ainsi, on constate souvent des décisions faisant application de ladite norme et celles qui en refusent. Les décisions concernées sont celles rendues par les juridictions de l'ordre judiciaire et par celles de l'ordre administratif[1214] auxquels la constitution confie les rôles de gardienne des droits et libertés. Quelques cas d'application des traités concernant certaines règles du procès équitable ainsi que ceux du refus d'application permettront de savoir l'état réel d'application jurisprudentielle des traités par la justice au Mali.

I. Les cas d'application juridictionnelle des traités

La fréquence d'invocation des traités relatifs au procès équitable est faible. En dehors d'une statistique établie, il est difficile de préciser le

---

[1213] Comité des droits de l'Hommedes Nations Unies, lors de sa session de mars-avril 2003, après examen du 2ème rapport périodique du Mali.

[1214] La constitution du 25 février 1992 précise en son article 81 que le pouvoir judiciaire est gardien des libertés définies par la constitution. Fallait-il entendre par là aussi la justice administrative ? Le rôle joué par celle-ci dans la protection des droits et libertés n'est pas négligeable. Elle intervient dans le cadre de la protection des droits des administrés.

nombre des décisions qui ont appliqué les traités en matière des droits de l'homme, en général et les règles du procès équitable en particulier. Néanmoins, quelques cas d'application pourront être recensés. Au rang, il y a des décisions des juridictions de première instance, aussi un arrêt de la Cour suprême qui confirme un arrêt de la chambre d'accusation de la cour d'appel de Bamako. Ces juridictions ont eu l'occasion d'appliquer des conventions internationales intéressant les droits de l'homme, en général et les règles du procès équitable en particulier.

Le tribunal du travail de Bamako par une série de décisions a appliqué les conventions de l'Organisation Internationale de Travail (OIT). Il s'agit : de la convention 100 sur l'égalité de rémunération en matière d'emploi et de profession et de la convention 111 sur la discrimination. La première décision[1215] concerne une affaire relative à une réclamation de droit et de régularisation opposant Mady DIALLO et 100 autres travailleurs contre la Régie des chemins de fer[1216]. Le tribunal conclut à une violation de la convention n° 111. Par conséquent, condamne l'employeur en application de la convention susdite de l'OIT qui prône la non-discrimination en matière d'emploi et de profession[1217]. Une deuxième décision similaire de ce même tribunal est relative à une affaire de reconnaissance davantage[1218]. Le jugement faisant droit à la requête des requérants a été motivé de la manière suivante : « Attendu qu'il ressort de l'analyse de l'objet de la cause, qu'il s'agit ni plus ni moins d'un problème d'égalité de rémunération ; attendu que le principe d'égalité de salaire est consacré pour un travail de valeur égale par la convention n° 100 et la recommandation n° 90 sur l'égalité de rémunération ; qu'elle est également ouverte par la recommandation n° 111, paragraphe II et suivant concernant l'établissement et l'application de la politique d'égalité en matière d'emploi et de profession à l'égard de tout individu sans discrimination... »[1219].

[1215] Jugement n°023 du 10 janvier 2005 du Tribunal de travail de Bamako.

[1216] En l'espèce, les travailleurs ci-dessus nommés de la Régie des chemins de fer du Mali, ont attrait leur employeur en réclamation de droit et régularisation, ils soutiennent que Souleymane Camara et 100 autres travailleurs, tous agents de la catégorie C de la filière conduite titulaire de brevet MT 218, au même titre qu'eux, ont été classés à la catégorie B suivant décision n°009/DRH-PSO-6 du 1er janvier 1998 ; ils avancent que le code du travail du Mali en son article L95 prescrit que : « à condition égale de travail, de qualification professionnelle et de rendement, salaire égal pour tous les travailleurs, quelles que soient leur origine, leur sexe, leur âge et leur statut... » (Loi n° 92 – 20 AN-RM du 18 août 1992 portant code du travail en République du Mali). Pour les demandeurs, eux se trouvent dans la même situation que Souleymane Camara et 100 autres qui ont été reclassés par la régie des Chemins de fer du Mali.

[1217] Convention n° 111 concernant la discrimination en matière d'emploi et de profession (1958), entrée en vigueur en 1960, ratifiée par le Mali le 02 mars 1964.

[1218] Jugement n° 132 du 25 août 2003 du Tribunal du travail de Bamako.

[1219] Par requête en date du 05 mars 2003, Sidi Lamine TRAORE a saisi le tribunal du travail de Bamako aux fins de réclamation de salaire et indemnités, exposant avoir été engagé par SDV-Mali en qualité d'agent d'exploitation ; que le 22 avril 1999, il a été nommé intérimaire

Une troisième affaire datant du 14 février 2004 oppose Ousmane DIARRA et autres au Ministère de l'Équipement et des Transports[1220]. Les requérants ont saisi le tribunal du travail contre le Ministère de l'Équipement et des Transports pour réclamation des droits et de fonds de réinsertion, expliquant que l'employeur de la Régie des chemins de fer du Mali a signé un accord avec la section syndicale des cheminots pour le passage à titre exceptionnel des agents qualifiés de la catégorie E64 à la catégorie S. Selon eux, l'employeur n'a jamais voulu appliquer cet accord. En outre, ils n'ont jamais bénéficié du fonds d'indemnisation et de réinsertion institué par l'ordonnance n° 88-21/PRM du 05 décembre 1988 au profit des travailleurs licenciés des entreprises publiques. Que par cet acte l'employeur leur cause d'immenses préjudices. Le tribunal applique la convention n° 111 relative à la non-discrimination[1221]. Une quatrième décision concerne une affaire de réclamation de fonds et de réinsertion. B. N. MALLE a saisi le 02 avril 2004 le tribunal du travail de Bamako[1222], qu'en dépit de sa qualité de travailleur de la société liquidée (SMECMA), il n'a rien bénéficié et réclame ses fonds de réinsertion. L'employeur, le Ministère chargé de la formation professionnelle, en réplique, expose que les droits du travailleur sont prescrits conformément à l'article L 118 du Code du travail. Le tribunal, en application de la convention 111 de l'OIT sur la non-discrimination a condamné l'employeur, motivant sa décision par le fait que la SMECMA était bien une entreprise publique et que pour les fonds relevant de l'ajustement structurel, seul de la prescription trentenaire s'appliquait[1223].

---

du chef de cellule et confirmé par note de service du 20 décembre 1999, mais n'a jamais bénéficié des avantages liés à ce poste comme son prédécesseur. L'employeur répliquera en reconnaissant qu'il a occupé le poste en question, mais sans les qualifications requises comme chez son prédécesseur et de ce fait, ne pouvait demander les mêmes avantages. Le tribunal, sur le fondement de la convention 100 de l'OIT (Convention n° 100 concernant l'égalité de rémunération entre main d'œuvre masculine et féminine pour un travail de valeur égale (1951), entrée en vigueur en 1953, ratifiée par le Mali le 12 juillet 1968) condamnera l'employeur pour violation de cette convention prescrivant l'égalité de salaire.

[1220] Jugement n° 064 du 07 février 2004 du Tribunal de travail de Bamako en matière de réclamation de droit.

[1221] Le tribunal précise dans le dispositif de sa décision que « … tous les travailleurs licenciés des entreprises publiques liquidées ou privatisées, excepté ceux licenciés pour faute lourde ont droit au fonds de réinsertion (Article 7 de l'ordonnance n°88-21/PRM du 5 décembre 1989) ; que sur le fondement de la convention n°111 de l'OIT relative à la non-discrimination en matière d'emploi et de profession, il convient d'allouer aux requérants le fonds de réinsertion ; que le refus injustifié de la direction de la régie des chemins de fer du Mali de procéder au reclassement des requérants leur a causé un manque à gagner certain et partant un préjudice.»

[1222] Jugement n° 292 du 22 novembre 2004 du Tribunal de travail de Bamako en matière de réclamation de salaire et fonds de réinsertion.

[1223] La décision a été motivée de la façon suivante : « Qu'il est constant que B. N. MALLE contrairement aux autres travailleurs compressés des sociétés et entreprises d'Etat n'a pas bénéficié du fonds d'indemnisation et de réinsertion alors qu'il remplit les conditions. Qu'en application du principe fondamental de l'égalité des citoyens et de la non-discrimination dans

Le cinquième jugement similaire au précédent, le jugement n° 293 du 22 novembre 2004 a fait application de la convention n° 111 de l'OIT. En effet, l'office de produits alimentaires du Mali, est une entreprise publique dissoute dans le cadre du programme d'ajustement structurel des entreprises publiques et les employés licenciés. Une ordonnance n° 88-21/P-RM du 05 décembre 1988 et son décret d'application n° 363/PG-RM du 08 décembre 1988 ont institué un fonds d'indemnisation et de réinsertion financé par le fonds monétaire International et la Banque Mondiale au profit des travailleurs compressés. Cependant, F. DOUMBIA et 344 autres bien que remplissant les conditions n'ont pas bénéficié du fonds d'indemnisation et de réinsertion contrairement aux travailleurs des autres sociétés et entreprises d'État liquidées dans le cadre de la politique du désengagement de l'État du secteur des entreprises publiques. Le tribunal du travail qui a rendu la décision, a fait droit à l'action des requérants[1224].

En somme, les décisions précitées du tribunal de travail ont toutes eu le mérite d'appliquer les conventions de l'OIT, les conventions 100 et 111. Elles se contentent seulement de citer cesdites conventions et avancent pour la convention 100 sur l'égalité, pour la convention 111 sur la discrimination. Le juge a préféré l'application de ces conventions en lieu et place du Code du travail ; lequel est fortement inspiré de ces conventions. En réalité, ce code ne contredit pas les conventions sus-évoquées. Cependant, en les appliquant, le juge semble vouloir donner plus de force à sa décision. Ces décisions ont été exécutées. L'explication peut se trouver dans l'application des conventions de l'OIT, car la plupart des défendeurs ici sont des entreprises publiques et leurs autorités de tutelle qui sont les départements ministériels donc l'État. Ce dernier, à l'évocation des conventions de l'OIT qu'elle a signées et ratifiées, se sent dans l'obligation d'exécuter.

À l'instar du tribunal du travail, le TPI de la Commune III du district de Bamako par un jugement n° 309 en date de décembre 2004[1225] s'est servi du PIDCP pour régler une affaire concernant un litige relatif à un partage de succession[1226]. Les héritiers de feu B. S. SY ont de commun accord décidé de

---

l'emploi et de profession objet de la convention n°111 de l'OIT, sa demande est bien fondée en son principe ; que le salaire net du requérant étant 149.323 FCFA son fonds d'indemnisation se chiffre à 5.375.628 FCFA ; que compte tenu de la situation du travailleur ayant perdu son emploi et de l'objet du fonds qui vise la réinsertion économique du travailleur licencié, il importe de faire droit à la demande d'exécution provisoire conformément à l'article L.121 du code du travail.»

1224 Jugement n° 293 du 22 novembre 2004 du Tribunal de travail de Bamako en matière de réclamation de droits.

1225 Jugement n° 309 du 27 décembre 2004 de la Chambre successorale du Tribunal de première Instance de Commune III du District de Bamako.

1226 Le Mali n'a pas légiféré en matière de succession et la pratique a confié à un système dit juridiction à formation coutumière existant auprès de chaque juridiction civile (Tribunaux de première instance, Justice de paix à compétence étendue, Section civile Cour d'appel, Chambre civile Cour suprême). Ainsi, dans les matières de succession, les juges

partager la somme de 13.200.000 FCFA entre eux. Cependant, composés d'hommes et de femmes, les héritiers n'ont pas pu s'entendre sur le montant à allouer à chacun. Le tribunal fait application du PIDCP tout en écartant le coran qui institue une discrimination entre les genres masculin et féminin en matière successorale[1227]. Dans ce jugement, le juge a appliqué aussi bien le PIDCP, la convention internationale sur l'élimination de toutes les formes de discrimination à l'égard des femmes, la charte africaine des droits de l'Homme et des peuples, laquelle décision fait référence à la constitution du Mali. En effet, ce jugement a pris le contresens de toutes les décisions rendues en la matière. Ce qui est salutaire. Une composition coutumière qui n'a pas appliqué la coutume, mais, applique le traité contre une coutume contraire. La décision du juge a appliqué les traités contre la religion et/ou la coutume, car le traité est supérieur à la loi au même titre que la coutume. Aussi, la décision en l'espèce est conforme aux recommandations du comité des droits de l'homme des Nations Unies dans son rapport de 2003 susdit.

Le tribunal administratif de Bamako s'est prononcé en 2004 en faveur de l'application d'un traité bilatéral signé entre le Mali et le Cameroun[1228]. Il s'agit d'une procédure introduite par l'association des élèves et étudiants stagiaires camerounais au Mali contre l'Université du Mali. En l'espèce, l'association des élèves, étudiants et stagiaires camerounais au Mali (AEESCM) a attrait l'Université du Mali aux fins d'octroi aux membres de l'AEESCM des mêmes avantages accordés aux étudiants maliens. À cette fin, la demanderesse se prévaut des dispositions de la « convention d'établissement et de circulation des personnes entre la République fédérale du Cameroun et la République du Mali » signé à Bamako, le 06 mai 1964. Elle atteste en plus l'application de la convention par les autorités

---

professionnels siègent en fonction de la composition de la juridiction avec des assesseurs de la coutume ou de la religion du défunt. Ainsi, dans les justices de paix à compétence étendue, le juge siège avec deux assesseurs de la coutume du défunt ; pour les tribunaux de première instance, le président siège de la-même façon et les compositions de la Cour d'appel et de la Cour suprême siègent de la même façon.

[1227] Le jugement est ainsi libellé « Attendu que les parties consentent toutes au partage, qu'aucune convention ou décision de justice ne s'y oppose ; qu'il y a lieu d'y procéder. Qu'en outre, la constitution de la république du Mali, fidèle au pacte international sur les droits civils et politiques du 16 décembre 1966 en son article 26 et à la charte africaine des droits de l'homme et des peuples en son article 2, a consacré en son alinéa 2 l'égalité de tous les Maliens et proscrit toute discrimination fondée sur l'origine sociale, la couleur, le sexe ; qu'au surplus, la convention sur l'élimination de toutes les formes de discrimination à l'égard des femmes (CEDEF) en son article 15 dispose que les Etats parties reconnaissent à la femme l'égalité d'avec l'homme devant la loi ; Attendu que les différents instruments internationaux évoqués ont tous été ratifiés par la république du Mali que ces dispositions suscitées, de façon péremptoire et univoque consacrent l'égalité de l'homme et de la femme en droit et proscrivent toute forme de discrimination ; qu'il y a lieu d'ordonner le partage de 13 320 000F CFA pour les dividendes et de 1200 000F CFA pour les loyers conformément à ces principes, entre les héritiers de SY.»

[1228] Jugement n° 24 du 18 février 2005 du Tribunal administratif de Bamako.

camerounaises. La défenderesse ne conteste ni l'existence de la convention susvisée ni son application par l'État camerounais, mais tente plutôt d'en interpréter le contenu, de justifier son refus d'offrir aux étudiants camerounais résidant au Mali des mêmes conditions d'inscription et d'études qu'aux étudiants maliens en expliquant notamment que l'article 1er de la convention ne cite pas le mot « étudiant », mais plutôt « profession ».

Le tribunal rejette l'interprétation restrictive et exhaustive de la direction générale du contentieux de l'État. Par conséquent, après avoir évoqué l'article 1er[1229] de la convention querellée et les articles 17 et 18 de la constitution [1230]du Mali a décidé d'appliquer cette convention[1231].

À travers les différentes décisions mentionnées ci-dessus, il ressort que souvent, le juge a recours aux conventions internationales pour rendre sa décision. De même, les justiciables ne manquent pas souvent de les invoquer. Ces décisions de justice qui font application des traités de droit de l'homme se réfèrent à l'article 116 de la constitution de manière explicite. Il s'agit de décisions qui procèdent à une application immédiate des conventions internationales de droits de l'homme. Les traités appliqués sont soit des traités multilatéraux, soit bilatéraux. Il en est de même des nombreuses conventions bilatérales comme celles conclues au niveau africain. L'application immédiate de ces traités montre à suffisance que pour la justice malienne ces traités ont pénétré l'ordre juridique interne du Mali par le seul fait de leur ratification et publication. La thèse moniste est l'option faite par le Mali en organisant l'incorporation du droit international au droit interne avec rang « supra législatif », imposant donc une obligation d'application pour les juges. Mais ce qui est déplorable l'application par le juge des traités ne concerne que les droits matériels. Les droits procéduraux qui nous intéressent le plus sont restés en marge ou sont rarement invoqués.

La Cour suprême du Mali n'a pas été en reste par rapport à l'application des traités. En 2004, la chambre criminelle de cette juridiction[1232] dans une affaire d'extradition déclare qu'en constatant l'effectivité des conditions exigées par la convention d'extradition du 06 août 1994 de la CEDAO et en se fondant implicitement sur les articles 242 et suivant du code de procédure

---

1229 « nationaux de chacune des parties contractantes jouissent sur le territoire de l'autre partie contractante des libertés individuelles et publiques, telle que la liberté de pensée, d'opinion et d'expression, de réunion et d'association et la liberté syndicale.»

1230 « L'éducation, l'instruction, la formation, le travail, le logement, les loisirs, la santé et la protection sociale constituent des droits reconnus », « Tout citoyen a droit à l'instruction ».

1231 Le juge précise en ces termes : « considérant que la constitution d'un Etat est la loi fondamentale ; que les traités ou accords internationaux, pour être ratifiés, doivent être en accord avec elle ; que dès lors, que cela est, toutes les autorités nationales et les citoyens doivent en respecter les dispositions. » Le jugement fait ressortir que le juge a vérifié d'abord la condition de ratification, mais aussi de réciprocité et enfin que la constitution a été invoquée comme base de l'applicabilité de la convention.

1232 CSM, Arrêt n° 57 du 13 décembre 2004 de la chambre criminelle de la cour suprême du Mali.

pénale, la chambre d'accusation a fait une bonne et saine application de la loi aux faits de la cause et sa décision ne manque pas de base légale[1233]. La Cour Suprême après analyse, soutient une application de la convention et une application implicite du code de procédure pénale du Mali. Il est évident, que dès lors qu'une convention renvoie une matière à la loi des Etats, c'est cette loi interne qui s'applique et l'application dite implicite par la Cour ne peut convaincre d'autant qu'une loi doit être expressément appliquée. La Cour Suprême dans ce cas reconnaît l'applicabilité du traité par les juges du fond et déclare même que la ratification est une condition. Cependant, l'arrêt fait ressortir que la Cour n'a pas vérifié l'existence de la ratification, mais a tranché sur la base d'une analyse dite pédagogique. En réalité, une telle analyse a pour conséquence l'application du traité de la CEDEAO. Néanmoins, toutes les décisions juridictionnelles ne sont pas favorables à l'application des conventions internationales ratifiées par le Mali.

II. Les cas de refus d'application des traités par la justice

Parmi les décisions juridictionnelles refusant l'application des traités, deux sont révélatrices de l'état de la jurisprudence. Ces décisions ont écarté le PIDCP, en dépit de son invocation par les avocats. La première décision a complètement ignoré les arguments de l'avocat, il s'agit de l'arrêt rendu dans l'affaire M. DIALLO et autres par la Cour d'assises de Bamako et la seconde en prenant en compte le PIDCP a rejeté son application, il s'agit du jugement du 5 avril 2005 de la chambre correctionnelle du TPI de la Commune III de Bamako.

L'affaire ministère publique contre M. DIALLO et autres. En l'espèce, en 1997, Mady DIALLO et autres ont été jugés par la cour d'assises de Bamako pour attentat contre le gouvernement légal de la République du Mali dans le

[1233] En l'espèce, Denis Christian TEGETAN, inculpé de faux et usage de faux et escroquerie au Bénin, sous la plume de ses conseils, a formé pourvoi contre l'arrêt n°103 du 06 juillet 2004 de la Chambre d'accusation de la Cour d'appel de Bamako qui a ordonné son extradition au Bénin suivant mandat d'arrêt en date du 12 juin 2004 du juge d'instruction de Cotonou au Bénin. La Chambre d'accusation avait ordonné l'extradition de l'intéressé en appréciation de la convention d'extradition de la CEDEAO du 06 août 1994. Les conseils de l'inculpé ont soulevé quatre moyens de cassation dont le premier et le deuxième moyen tiré de la violation de la convention CEDEAO. Le plus important ici est que les conseils dans leur deuxième moyen annonce la violation de l'article 28 de la convention d'extradition qui dispose que sauf disposition contraire, seule la loi de l'Etat régi s'applique en matière d'extradition et d'arrestation provisoire ; pour les conseils, il n'existe au Mali aucune disposition contraire à la convention pour justifier que la Chambre d'accusation ait écarté la loi malienne. Qu'agissant ainsi, la Chambre d'accusation a violé l'article 28 de la convention précitée. La Cour suprême après avoir soutenu dans ses analyses qu'elle n'avait pas la preuve formelle de la ratification de cette convention par le Mali, avance qu'elle va procéder à une analyse de ce moyen pour des raisons pédagogiques avant de conclure que la Chambre d'accusation, a souverainement constaté l'effectivité des conditions exigées par la convention CEDEAO, la cour a donc rejeté le pourvoi.

but de le renverser par la force. Au cours de ce procès, les avocats ont invoqué l'article 7 du PIDCP[1234], mais les juges et les jurés n'ont pas tenu compte de leurs arguments et ont préféré statuer en appliquant la loi malienne. Les accusés ont été condamnés. Ce procès a été considéré comme violant les règles élémentaires du procès équitable[1235], car la plupart des observateurs ont souligné l'inexistence de la procédure invoquant les violations des règles de procédure tant internationale que nationale, notamment un procès tenu sur des accusations fabriquées de toutes pièces pour engager des poursuites selon Amnesty International[1236]. L'arrêt a fait l'objet de pourvoi, la chambre criminelle a confirmé la décision de la Cour d'assises.

Il est vrai que l'analyse des moyens soulevés au pourvoi par les avocats des accusés ne faisait plus ressortir la violation de l'article 7 du PIDCP, mais ceux-ci ont plutôt invoqué des moyens de droit national. En effet, dans cet arrêt de la cour d'assises de 1997, on observe que les juges n'ont en aucun moment fait référence au pacte sus évoqué, même pas au niveau des arguments de la défense alors que les notes prises par le greffier sont très claires et font ressortir les arguments de la défense. En passant sous silence cet aspect des plaidoiries, les magistrats qui faisaient partie de la composition de la cour d'assises, soit n'ont pas voulu considérer ces arguments en les ignorant, soit ne connaissent pas la convention invoquée, ce qui semble peu probable. Ils ont voulu l'occulter pour ne pas avoir à justifier leur décision au regard du PIDCP. Par contre, ils ont simplement motivé l'arrêt avec les dispositions de la loi malienne, mettant en lumière les difficultés qu'ils ont eues à appliquer le traité ou leur refus de l'appliquer. En principe une telle décision mérite la censure pour n'avoir pas fait ressortir tous les arguments de la défense et mettre la Cour suprême dans la possibilité d'apprécier l'arrêt dans tous ses aspects légaux. Le pourvoi formé contre l'arrêt n'a pas soulevé l'argument de l'article 7 du PIDCP. Peut-être, c'est dire que les avocats n'avaient pas cru à leur moyen tiré de l'accord international ou ils n'ont pas voulu se faire des illusions sachant sûrement que l'argument du traité n'était pas capable de renverser la situation.

Un autre jugement en date du 05 avril 2005 de la Chambre correctionnelle du TPI de la Commune III de Bamako a condamné huit (08) personnes à un mois et 19 jours de prison pour attentat à la pudeur[1237]. Dans ce jugement, il ressort que les personnes condamnées avaient organisé une soirée dansante au cours de laquelle des jeunes filles avaient dansé nues. La police alertée avait interpellé les organisateurs et les danseuses ainsi que

---

1234 L'article 7 du PIDCP dispose que : « Nul ne sera soumis à la torture ni à des peines ou traitements cruels, inhumains ou dégradants. En particulier, il est interdit de soumettre une personne sans son libre consentement à une expérience médicale ou scientifique. »

1235 V° Rapport Amnesty international sur le Mali 1998, p. 12.

1236 Rapport Amnesty international sur le Mali de 1997.

1237 TPI, CIII, 5 avril 2005, Ministère Public c/ Coulibaly et autres.

certains spectateurs ; tous ont été poursuivis pour outrage à la pudeur, faits prévus et punis par l'article 224 du Code pénal. Le jugement fait ressortir qu'au cours de ses plaidoiries l'avocat des inculpés a demandé la relaxe pure et simple de ses clients en expliquant que le Mali est un État démocratique dont la constitution prévoit la liberté de pensée, de religion, d'expression, de culte ; que ces libertés existent dans des conventions internationales ratifiées par le Mali et à cet effet, il a cité le pacte international sur les droits civils et politiques pour dire que la danse est un élément de la culture. Selon l'avocat, ses clients n'ont commis aucune infraction, ils n'ont fait qu'exercer un droit reconnu par la constitution et le pacte international ratifié par le Mali. Le juge écarte l'argument de l'avocat et condamne les prévenus[1238].

Pour le jugement du 5 avril 2005, le juge a rejeté l'argument fondé sur le pacte international sur les droits civils et politiques, avançant que ce pacte ne s'appliquait pas parce qu'une infraction existe au sens de la loi nationale. Cet argument du juge semble dire que la loi nationale prime sur le traité, car même s'il y a infraction au sens de la loi nationale, cela n'empêche pas l'application du traité qui au sens de la constitution est supérieur au Code pénal et au code de procédure pénale qui sont des lois. Autre décision susceptible de censure, mais là encore la défense a préféré ne pas faire de recours sûrement pour permettre à ses clients de retrouver la liberté, le temps de condamnation ayant été déjà passé en détention. L'avocat s'est contenté de citer le PIDCP dans sa généralité sans donner l'article qu'il pense appliquer dans le cas d'espèce.

En somme, les notes d'audience de ces deux affaires citées font ressortir l'évocation de cet accord international que constitue le PIDCP par les avocats au cours de leurs plaidoiries. Les juges n'ont pas tenu compte des arguments fondés sur ce pacte et ont appliqué le droit pénal et la procédure pénale au plan national. Ces décisions ont, toutes, refusé d'une manière ou d'une autre l'application des traités. Cette attitude du juge ôte le traité de son caractère obligatoire et remet en cause l'application des traités au Mali. Le premier jugement passe sous silence les arguments des avocats invoquant le traité des droits de l'homme. Le second jugement refuse d'appliquer le traité des droits de l'homme. Ils constituent de dangers pour l'effectivité des droits de l'homme[1239]. Dans le cas de l'arrêt de la cour d'assises, il s'agissait du

[1238] Le jugement précise dans ses attendus qu'il ne s'agit pas en l'espèce de l'exercice d'une liberté, qu'en réalité la liberté des uns s'arrête au commencement de la liberté des autres, qu'autant la constitution que le pacte international sur les droits civils et politiques invoqués par le conseil sont inopérants parce qu'il y a infraction prévue par le code pénal.

[1239] Le Comité des droits de l'Hommedes Nations Unies, lors de sa session de mars-avril 2003, après examen du 2ème rapport périodique du Mali, a formulé les recommandations suivantes : «Le comité recommande au gouvernement du Mali : d'assurer la formation des magistrats, avocats et auxiliaires de justice, y compris ceux qui sont déjà en fonction, sur le contenu du Pacte et des autres instruments internationaux relatifs aux droits de l'homme

procès d'un opposant politique, les organisations de défense des droits de l'homme ont, à cet effet, souligné l'inéquitabilité du procès. Dans le second cas, le juge aurait pu autrement analyser le problème, notamment en analysant le traité pour comprendre et vérifier si les faits de l'espèce étaient conformes ou pas au contenu du traité, ce qui n'a pas été fait. Le juge a plutôt donné une réponse qui laisse clairement penser que la loi malienne a été violée donc le traité ne peut s'appliquer. Il est constant que le juge malien, pour une raison ou d'une autre, refuse souvent d'appliquer les traités régulièrement ratifiés par le Mali. De même la fréquence d'invocation des traités par les citoyens devant le juge malien est également faible. Ce qui suppose l'existence des difficultés relatives à leur application, lesquelles difficultés doivent être résolues pour l'effectivité des normes internationales (Paragraphe 2).

Paragraphe 2. L'effectivité de l'application des traités

L'application des conventions internationales au Mali engendre des difficultés, dues essentiellement à un déficit d'information et de formation, mais aussi et surtout de volonté politique. Dans ce contexte, la mise en œuvre effective des traités nécessite des actions d'information des justiciables et la formation des magistrats chargés d'appliquer ces instruments juridiques. L'application effective des traités permet la consolidation du droit national, par là le renforcement des garanties offertes aux justiciables.

I. Les difficultés d'application des traités susceptibles de solutions

Le Mali a ratifié la quasi-totalité des conventions internationales, dont l'inventaire fut fait[1240]. Il a adhéré presque à toutes conventions

ratifiés par le Mali, de fournir de plus amples informations sur les recours effectifs mis à la disposition des particuliers en cas de violation des droits énoncés dans le Pacte, de même que des exemples de cas dans lesquels des cours ou tribunaux ont invoqué le contenu du Pacte ; de prendre les mesures appropriées pour permettre à la Commission nationale consultative des droits de l'homme de fonctionner... de compléter sa législation concernant la prolongation de la garde à vue et l'examen de la légalité de la détention; de fournir des informations sur les droits des personnes gardées à vue, les mesures adoptées pour faire respecter ces droits en pratique et les méthodes de supervision des conditions de détention en garde à vue.»Donc, il est incontestable, qu'il reste beaucoup à faire dans le domaine de la protection des droits de l'homme en général et la réalité du droit à un procès équitable en particulier.

[1240] A l'heure actuelle, le Mali a ratifié une quarantaine de conventions internationales relatives à la protection des droits de l'homme dont celle visant à l'abolition de l'esclavage, de la traite des esclaves et des institutions et pratiques analogues à l'esclavage-(adhésion du Mali- du 2/2/1973) ; celle des nations unies sur les traitements cruels, inhumains et dégradants - (décret n°45-370/P-RM du 25/10/1995) ainsi que la convention contre la torture et autres peines et traitements cruels, inhumains ou dégradants(adhésion du Mali : décret n°95-370/P-RM du 16/10/95).

internationales relatives aux libertés et droits fondamentaux qui s'attachent à la personne humaine. Le code de procédure pénale en témoigne le souci de renforcement des droits de la personne. On y note entre autre : à l'article 70, qu'une personne mise en cause ou victime d'une infraction peut se faire assister à sa diligence d'un ou plusieurs avocats de son choix et de se faire examiner par un médecin de son choix pendant la durée de la garde à vue. L'ordonnance du juge prescrivant la détention provisoire doit être spécialement motivée.

La limitation de la durée de la détention provisoire à un mois, si la durée de la peine prévue par la loi est inférieure à deux (2) ans. La limitation de la détention provisoire à six (6) mois si la peine encourue est supérieure à deux (2) ans (délai renouvelable une seule fois). - La limitation de la détention provisoire à un an en matière criminelle, délai pouvant être renouvelé par ordonnance motivée deux fois au maximum. La plupart des conventions auxquelles le Mali a adhéré ont fait l'objet de textes d'application[1241]. Théoriquement, rien ne semble entraver la volonté des autorités maliennes de promouvoir le respect des droits humains fondamentaux considérés comme indispensables pour la conduite d'un procès équitable.

Du point de vue pratique, l'application des conventions internationales au Mali engendre des difficultés qui s'expliquent par diverses raisons. L'une semble être le souci inconditionné de rejoindre les États se réclamant comme fervents défenseurs des droits de l'homme. Cette soif d'être un parangon de vertu dans la protection de ces droits pousse généralement l'exécutif malien à ratifier sans circonspection les conventions de tout genre au mépris des règles procédurales prescrites avant la ratification de toute convention, telle que la saisine de la cour constitutionnelle pour vérification de conformité[1242]. Le greffier en chef de cette cour rapporte qu' : « aucun traité ratifié en matière des droits de l'homme n'a fait l'objet de saisine de la cour constitutionnelle pour vérification »[1243]. Les autorités qui assurent la mise en œuvre de ces textes tant communautaires[1244] qu'internationaux, ne respectent la procédure en la matière[1245].

[1241] Les travaux du programme de développement décennal de la justice (PODEJ) est à la base du louable effort de mise à jour de nos textes par rapport aux conventions internationales les plus récentes. Cela s'est traduit par la relecture du code de procédure civile, commerciale et sociale, du code de procédure pénale, du code pénal.

[1242] La saisine à priori de la cour constitutionnelle avant toute ratification est imposée par la constitution du 25 février 1992, car elle est l'organe juridictionnel chargé de constater la conformité des textes internationaux à ceux d'ordre interne. Aussi invraisemblable que cela puisse paraître, la cour constitutionnelle du Mali depuis son institution jusqu'à nos jours n'a eu sérieusement à se prononcer sur la régularité ou l'irrégularité d'un texte international devant s'incorporer dans l'ordre juridique interne. Il s'agit là d'une violation flagrante de la constitution du 25 février 1992.

[1243] Propos rapporté, le 10 octobre 2010 lors d'un entretien.

[1244] La mise en œuvre de ce droit communautaire selon la constitution en vigueur au Mali (celle du 25-02-92) est dévolue aux autorités suivantes : le président de la république, le

L'article 90 de la constitution qui exige la saisine préalable de la cour constitutionnelle ne précise pas si cette saisine par les autorités habilitées est obligatoire ou facultative ? Si elle est obligatoire, le texte ne prévoit à cet égard aucune sanction contre les autorités qui auraient passé le traité sans l'avoir préalablement soumis au contrôle de la Cour ni de permettre à celle-ci de s'autosaisir en cas de la non-observation de cette formalité sacramentelle. En revanche, lorsque cette saisine ne revêt qu'un caractère facultatif pour les autorités susmentionnées, alors le texte se videra malheureusement de tout son sens. La Cour ne pouvant s'autosaisir, les députés statuent et votent la loi sans même prendre soin de vérifier que cette formalité de contrôle de constitutionnalité a été respectée.

Cependant, l'explication peut se trouver dans le fait que notre constitution comporte déjà la plupart des grandes libertés tant publiques que privées et dès lors qu'une convention est dans le sens de l'arsenal juridique suprême et comporte des libertés constitutionnelles, le gouvernement et l'assemblée ratifient sans solliciter l'avis de la Cour Constitutionnelle. Cette façon de faire est une violation des dispositions constitutionnelles, et montre comment il y a une ratification systématique, d'autant que la cour pouvait apporter à la convention ses idées pour une forte application. Un autre facteur explicatif est la compétence reconnue au juge de contrôler la compatibilité des lois aux traités. Et cela, à l'instar de la Cour de Cassation française qui, après de multiples hésitations[1246], a été la première juridiction nationale à se reconnaître compétente afin de contrôler la compatibilité des lois aux traités, à l'occasion de son célèbre arrêt JACQUES VABRE, rendu en chambre mixte le 21 mai 1975[1247]. Elle ouvre, ainsi au justiciable une voie de recours

premier ministre, la représentation nationale (assemblée nationale, haut conseil des collectivités et les juridictions nationales (cour suprême, cour constitutionnelle, tribunaux de l'ordre judiciaire et administratif).

[1245] Il ressort de l'article 90 de la loi fondamentale du Mali que : « les engagements internationaux prévus les articles 114 et 116 doivent être déférés avant leur ratification à la cour constitutionnelle, soit par le Président de la République, soit par le Premier Ministre, soit par le Président de l'Assemblée Nationale ou par un dixième des députés, soit par le Président du Haut Conseil des Collectivités ou par un dixième des conseillers nationaux. La cour constitutionnelle vérifie, dans un délai d'un mois, si ces engagements comportent une clause contraire à la convention (….) Dans l'affirmative, les engagements ne peuvent être ratifiés ».

[1246] Pendant longtemps, sous l'influence du procureur MATTER, les juridictions internes préféraient appliquer les lois qui sont postérieures à l'entrée en vigueur des textes communautaires conformément au principe de *lexposteriorderogat priori.*

[1247] Lors d'un revirement spectaculaire, la haute juridiction décide de contrôler la conventionalité d'une loi douanière édictée postérieurement à l'entrée en vigueur du traité de Rome. Constatant son incompatibilité avec l'article 95 du texte communautaire, elle l'évince au profit de ce dernier. Toutefois, afin de justifier sa décision, la haute juridiction s'appuie sur la spécificité du droit communautaire, créant un ordre juridique propre directement applicable aux ressortissants des Etats membres. Mixte, 24 mai 1975, RCDIP 1976, p. 347, note Foyer (Jacques) et HOLLEAUX (Daniel) ; JDI 1975, p 801, note RUZIE (Daniel) ; Angel (Bertrand), LEQUETTE (Yves), *Les grands arrêts de la jurisprudence française de droit*

dont les répercussions en matière de traités internationaux protecteurs des droits de l'homme sont considérables.

Le juge malien aussi bien que son homologue français interprète la convention chaque fois que ne se posent pas à lui des questions d'ordre public international ou des clauses ou litiges d'intérêt public, chaque fois que le sens ou la portée de la convention ne présente pas d'ambiguïté. Dans les affaires portant sur des questions d'ordre public, il a recours au renvoi préjudiciel à l'autorité exécutive. Toutefois, il arrive parfois que les juges outrepassent leur champ d'intervention, d'où la difficulté d'interprétation. Ainsi, une chambre d'accusation avait constaté l'irrecevabilité d'une constitution de partie civile au procès TOUVIER au motif que le prévenu devait bénéficier d'une prescription. Le pourvoi, formé par la partie civile et le Procureur Général, s'appuie sur l'article 7 de la CESDHLF.

La disposition conventionnelle impose de déterminer si l'auteur peut se prévaloir de la non-rétroactivité de la loi pénale. Celle-ci est limitée si la personne s'est rendue coupable d'un acte, qui au moment où il a été commis, était contraire aux principes généraux de droit reconnus par les nations civilisées. Cette question n'ayant pas été tranchée par la chambre d'accusation, sa décision est censurée au visa de l'article 7§2 et 60 de la CEDH[1248]. La cour considère qu'il s'agit d'un problème d'interprétation soulevant des questions d'ordre public international. Selon elle, la chambre d'accusation aurait dû surseoir à statuer et s'en remettre au ministre des Affaires étrangères, afin qu'il interprète le traité.

En outre, il y a la méconnaissance chronique des normes internationales des droits de l'homme non seulement par les praticiens[1249] du droit, mais aussi par les justiciables et leurs conseils. À cet égard, la lecture de certaines décisions prouve que la notion de norme, de conventions internationales n'est pas maîtrisée et à travers les motivations des décisions, que les juges maliens ont peine à se familiariser au droit international et en doctrine internationale qu'en jurisprudence[1250]. L'on se rappelle alors des

---

international privé, Dalloz, 4ème édition, 2001, Paris, n° 55-56, p 531 ; D 1975, p 467 ; Conclusion TOUFFAINT.

[1248] Désormais article 53.

[1249] « A l'époque où nous vivons l'ingénuité judiciaire est presque impardonnable. Elaborer aujourd'hui des constitutions écrites et des textes de lois sans se pénétrer des instruments internationaux pertinents équivaut à embarquer pour un long voyage en mer sans s'équiper d'instruments de navigation modernes. Après tout, notre vie quotidienne est plus souvent affectée que nous le croyons ou veuillons l'admettre par l'incapacité de nos parlements à jouer leur rôle de navigateur. Il en résulte que partout dans le monde, les juges sont placés dans les feux de l'actualité, condamnés à supputer l'intention du législateur ou ce qu'il aurait dit s'il en avait eu temps. » NARIMAN (F.), *Droits économiques, sociaux et culturels et le rôle des juristes*, Revue de la commission internationale des juristes, édition spéciale, Bangalore, octobre 1995-Décembre 1995, n°55, p.159.

[1250] L'évocation du traité de Vienne du 18 avril 1961 appliqué par le jugement n°23 du 10 janvier 2005 du Tribunal du Travail de Bamako est significative, car en principe, ce traité ne crée les obligations qu'entre Etats, les immunités y comprises ne peuvent concerner les actes

recommandations formulées par le Comité des Droits de l'Homme des Nations Unies, après examen du 2e rapport périodique du Mali, lors de sa session de mars-avril 2003. Donc, il est incontestable qu'il reste beaucoup à faire dans le domaine de la protection des droits de l'homme en général et la réalisation du droit à un procès équitable en particulier.

Le problème de désintéressement aux conventions internationales concernait aussi les avocats français, mais qui heureusement ont fini par s'y imprégner selon les analyses de juge PETTITI : « Après avoir délaissé pendant trente ans le champ d'application des conventions internationales, les avocats se sont enfin intéressés à la convention européenne des droits de l'homme, et nous nous en félicitons. Mais ils sont passés d'un extrême à l'autre ; ils voient dans la convention une sorte de remède universel à toutes les erreurs judiciaires et administratives ; ils ont presque le réflexe d'invoquer la convention dès qu'ils rencontrent dans leurs batailles judiciaires quotidiennes, une iniquité, une violation, une injustice, une condamnation excessive »[1251]. Un autre cas présentant de goulets d'étranglement est la tendance à la constitutionnalisation des droits de l'homme qui réduit leur invocabilité devant le juge de droit commun compte tenu de la compétence d'attribution dévolue à la Cour constitutionnelle en matière de la conformité à la constitution ou règles à valeur constitutionnelle.

Les aléas des sources documentaires se matérialisant par l'irrégularité de la parution du Journal officiel, la difficulté d'accès aux sources des institutions internationales et la non-publication des traités et l'absence d'une doctrine nationale des traités n'en demeurent pas moins indifférentes dans la difficulté d'application des traités. En effet, il est rare, voire inexistant même, les écrits qui analysent et discutent sur les traités de droits de l'Homme. Carine LAURENT-BOUTOT a ainsi indiqué dans sa thèse de doctorat que la rareté des arrêts rendus sur le fondement de ces textes et l'absence de communication avec les organes supranationaux chargés de les interpréter pourrait détourner progressivement le justiciable d'une grande partie de ses droits. Cette situation est aussi une réalité au Mali. La tendance

---

posés par les institutions internationales dans le cadre d'un contrat de travail. Par exemple, en l'espèce, dans le jugement sus référencé, les travailleurs ont été recrutés sous l'empire du code de travail national et les travailleurs licenciés ont saisi les juridictions sur la base de ce code du travail, mais ont été privés de leur action au motif d'une convention internationale qui prévoit l'immunité juridictionnelle pour les organisations internationales comme l'UNICEF qui ne les concerne pas et qui ne concerne pas leur contrat de travail. En principe, ces travailleurs n'ayant aucune qualité pour recourir à la Cour Internationale de Justice, se trouvent privés de leur droit à une justice. Cette décision regrettable est l'illustration plus que symbolique d'une méconnaissance de la théorie du droit international conventionnel.

[1251] PETTITI (L-E), *L'invocation de la convention européenne devant les juridictions,* in l'avocat et l'Europe des 12 et des 21. La défense des droits de l'homme, l'intégration communautaire, perspectives 1992, Actes du XIIe congrès de l'association des centres de formation professionnelle du barreau, CFPA d'Alsace, 1988, Strasbourg, p. 107.

à la nationalisation des sources internationales par la technique de la transposition de leurs contenus dans des règles nationales, le Code pénal comme le code de procédure pénale ont été relus pour intégrer certaines conventions internationales et/ou pour en tenir compte. Ainsi, on rencontre dans ces conventions de nombreuses dispositions qui sont des copies conformes de la convention sur la torture et autres traitements dégradants, certains passages du PIDCP. La résistance de certains juges à appliquer les règles du droit international soit du fait des pesanteurs sociologiques, soit pour des raisons d'opportunité politique.

En effet, l'indépendance de la justice n'est pas totale ici et face par exemple à la coutume, les juges hésitent à appliquer les traités. D'ailleurs, il n'y a pas ici à proprement parler de jurisprudence d'application des traités de droit de l'Homme. Bien que la constitution prévoit l'applicabilité directe des traités, les juges, sans nier ce principe constitutionnel, ne sont jusqu'à présent pas parvenus à poser une véritable jurisprudence claire en la matière. D'ailleurs, nos recherches ont montré qu'en la matière, la Cour suprême a rendu peu d'arrêts fondés sur les traités de droits de l'Homme, elle, qui en principe forme la jurisprudence. Il est vrai que de plus en plus, on constate que les tribunaux du premier degré, timidement, font application directe des traités de droit de l'Homme[1252]. Si l'application des conventions est reconnue au Mali, l'effectivité n'est pas totale à cause de l'existence des difficultés. L'application plus effective du droit international exige la mise en œuvre d'actions à différents niveaux : niveau étatique et comportemental des acteurs de la justice.

Au niveau de l'État, les efforts devraient tendre vers la mise en œuvre de mesures appropriées en vue d'assurer la publication des conventions ayant trait aux droits de l'homme au journal officiel et dans d'autres organes de presse plus proche des justiciables et des juges. Ceci devait se traduire par la parution régulière du journal officiel et la vulgarisation des textes relatifs aux conventions ratifiées d'une part, d'autre part, une meilleure accessibilité aux sources documentaires des institutions internationales, les brochures et autres parutions de l'ONU, de l'OIT et de la CIJ devraient être mises à disposition[1253]. Favoriser les débats entre les citoyens et praticiens, pour permettre d'éclairer les acteurs sur l'applicabilité des traités.

[1252] D'autres raisons non moins importantes tiennent principalement et pour l'essentiel à la superposition des ordres juridiques qui conduit à des contradictions entre les règles internationales secrétées qui arrivent dans l'ordre juridique interne avec la même autorité à s'appliquer. Toutes choses qui mettent le juge national dans une situation inconfortable dans le choix de la règle applicable. En effet, la multiplication et la variété des conventions peuvent engendrer des conflits entre normes de droit conventionnel. Ces genres de conflits semblent n'être pas fréquents devant le juge malien.

[1253] A ce niveau aussi se pose la question de la langue, l'Etat doit faire un effort de transcription dans les langues nationales.

Du point de vue comportemental, tous ces efforts supposent, pour être féconds, une disposition du juge à se remettre en cause et à assumer l'obligation qui est la sienne de faire vivre le droit qu'il soit national ou international au profit des citoyens. Ainsi, au niveau des centres de formation : la tendance devrait être au renforcement de la formation initiale et continue des magistrats par l'insertion dans les programmes de formation des écoles de magistrature et des facultés de droit de modules spécifiques touchant à l'application du droit international et des droits de l'Homme. Les juges aussi bien que les avocats seront mis à un niveau acceptable pouvant leur permettre d'appliquer les conventions internationales ratifiées.

En effet, pour plus d'efficacité, il faut aussi que les plaideurs soient en mesure d'invoquer les traités[1254]. Les juges peuvent dans certains cas faire eux-mêmes recours aux traités. Les écrits des plaideurs se limitent à citer la convention sans donner l'article à appliquer et sans motiver sérieusement sa demande à l'aide du traité, cette façon de faire n'est pas de nature à rendre effective l'application des traités. Le Mali est un pays qui s'essaie à la démocratie et les libertés conquises sont encore fragiles. L'indépendance de la justice est encore à rechercher à cause des pesanteurs liées à la politique. L'exécutif est très puissant et monopolise toute la vie politique, administrative et même judiciaire, car c'est l'exécutif qui nomme et procède aux mutations des magistrats ; ainsi que c'est l'exécutif qui donne les moyens tant matériels que financiers pour le fonctionnement de la justice ; c'est encore l'exécutif qui négocie les traités et les soumet à ratification. L'Assemblée nationale, en réalité, vote les lois de ratification sans grand débat. On s'en rend compte d'ailleurs que les députés votent à l'unanimité par acclamation la presque totalité des lois de ratification. Mais, l'obstacle majeur se trouve dans la méconnaissance des traités d'une part et d'autre part, dans l'harmonisation des textes ratifiés aux lois nationales.

En somme, l'on observe que non seulement les traités sont ratifiés systématiquement, mais aussi, ils sont intégrés dans des lois nationales, si bien que pour le juge, le traité n'étant en général pas à sa portée, il préfère appliquer la loi. Pour une application coordonnée des normes nationales par rapport à celles internationales, le juge malien peut se référer aux techniques privilégiées par son homologue français en s'appuyant sur la règle de

---

[1254] Parfois, les demandeurs au pourvoi soulèvent une violation du traité sans véritablement démontrer d'où elle procède. Cette invocation de circonstance, qui vulgarise les dispositions conventionnelles, peut être sanctionnée par la haute juridiction. Ainsi, la chambre sociale de la cour de cassation, dans un arrêt rendu le 27 mars 2001, déclare la déchéance du pourvoi sur le fondement de l'article 989 du NCPC, car le demandeur se borne à mentionner une violation de l'article 6 de la CEDH sans développer un véritable moyen. De même, la chambre criminelle, dans un arrêt rendu le 22 décembre 1999, décide que le pourvoi est irrecevable, car les demandeurs invoquent une violation des articles 6§ de la CEDH et 3, 12 et 19§2 de la CIDE, se bornant à critiquer les motifs d'une ordonnance rendue par la chambre d'accusation, sans justifier des griefs autorisant le pourvoi en cassation sur le fondement de l'article 575 du CPP.

subsidiarité substantielle, connue en droit privé français. Ainsi, le juge interne n'appliquera les dispositions conventionnelles protectrices des droits de l'homme que dans la mesure où l'arsenal juridique interne ne suffit pas à satisfaire la concrétisation des droits consacrés au plan international. Au contraire, s'il dispose d'un ensemble normatif lui permettant de garantir l'efficacité de ces droits, il ne sera pas tenu de statuer sur le fondement du traité. Une possible transposition de cette pratique dans notre système serait salutaire. Cela pourrait constituer une véritable parade contre toute éventuelle difficulté liée à l'application inopportune des textes soit communautaires soit internationales. Une telle pratique ne doit faire l'objet d'aucune controverse sous nos cieux, puisqu'il existe, dans tous les traités internationaux protecteurs des droits de l'homme, des dispositions conventionnelles garantissant l'application de la clause plus favorable[1255].

Pour rendre compte parfaitement de la persistance de cette subsidiarité (parfaite)[1256] dans le paysage juridique français, il convient d'évoquer (pas tous, certes) les arrêts de la Cour de cassation les plus représentatifs. Ainsi, l'arrêt rendu par la première chambre civile le 17 mai 1993[1257] illustre la démarche dans une affaire relative à la liberté d'association. Un comité d'œuvres sociales se pourvoit en cassation, arguant d'une limitation arbitraire de sa liberté d'association, sur le fondement des articles 11 de la CESDHLF et 22 du PIDCP, du préambule de la constitution du 4 octobre 1958 et des articles issus de la loi du 1er juillet 1901. Il obtient gain de cause, mais au visa de l'article 3 de la loi de 1901. La cour de cassation a fait appliquer le texte interne, car celui-ci permet de garantir identiquement la liberté d'association aussi bien que les textes internationaux issus de la CESDHLF et du PIDCP.

Il s'agit là de l'application parfaite de la subsidiarité par la haute juridiction. Cette même règle est clairement retenue par la deuxième chambre civile le 5 mars 1957[1258], dans une décision relative au droit au respect de la vie privée[1259]. Le droit au procès équitable, garanti par les

---

[1255] PETTITI (L-E), DECAUX (E), IMBERT (P-H), *la convention Européenne des droits de l'homme : commentaire article par article, mêle, 2ème édition, 1999,* Paris commentaire réservé à l'ancien article 60 de la CEDH (désormais article 53), p 897 ; relativement aux droits sociaux, voir par exemple la partie V de la CSE et son article H relatif aux relations entre la CSE et le droit interne ou accords internationaux.

[1256] Cette subsidiarité parfaite n'impose pas que les normes nationales et internationales soient absolument similaires, mais que leurs applications aboutissent à un résultat identique. S'ils sont donc incontestablement substituables.

[1257] Pourvoi n° 91-15-761 (publié au bulletin), juridique Lamy, cour de cassation.

[1258] Pourvoi n° 95-14-503, juridique Lamy, cour de cassation ; pour un commentaire de la décision, RAVANAS (Jacques), D1998, jurisprudence, p. 474.

[1259] Un individu participant à une soirée lors de laquelle étaient conviées plusieurs personnalités. Un cliché paraît dans la presse avec mention de son nom et de ses activités professionnelles. La cour de cassation est saisie sur le fondement des articles 9 du code civil, 12 de la déclaration des droits de l'homme et du citoyen, 8 de la CEDH et 17 du PIDCP. Elle casse en se fondant simplement sur l'article 9 du code civil. La haute juridiction ne tient pas

articles 6 de la CESDHLF et 14 du PIDCP, est également particulièrement touché par le jeu de la subsidiarité. La haute juridiction préfère appliquer le droit national sans se référer aux dispositions conventionnelles souvent considérées comme redondantes[1260]. Dans un arrêt rendu le 10 mai 1989, la deuxième chambre civile[1261] fonde sa décision sur l'article 16 du NCPC alors que la demanderesse, condamnée sans avoir été mise en cause, se plaignait d'une violation du droit au procès équitable en s'appuyant sur le NCPC et sur l'article 6 de la CESDHLF.

Il résulte dès lors que l'ordre juridique externe ne peut se substituer à l'ordre juridique interne qu'en cas de conflit et ce n'est que dans la mesure nécessaire au respect du traité que la loi nationale doit alors être écartée. Toutefois, la cour ne privilégie pas l'application de cette subsidiarité que lorsque les parties se prévalent de l'application tant des normes nationales qu'internationales. Mais, lorsque la partie ne se prévaut qu'à l'application d'un quelconque de ces deux textes, la cour, pour éviter toute confusion, se contente en principe de répondre au pourvoi fondé sur le texte invoqué. Une telle solution nous paraît louable dans la mesure où le juge ne doit statuer que sur ce qui est demandé et seulement sur ce qui est demandé. En ce qui concerne les textes communautaires, les juges de la CCJA doivent s'efforcer à produire davantage d'arrêts pour servir ainsi des points de référence solides aux praticiens moins informés et moins documentés à pouvoir mieux se situer pour une application effective des textes issus du droit communautaire.

Les praticiens qui sont perçus comme garants des libertés fondamentales et des textes communautaires qui sont au service d'une intégration juridique dans l'espace communautaire ne doivent pas avoir fortune modeste pour hisser à mieux l'espoir qu'on leur porte. En outre, nos rédacteurs des textes communautaires et nationaux doivent faire preuve d'une diligence sans faille pour assurer la conformité des textes produits par leur laboratoire respectif. Le respect de ces recommandations permettra d'optimiser la législation malienne.

II. L'apport de l'application des traités

L'application par le juge des normes internationales relatives au procès équitable présente deux intérêts remarquables qui sont d'ailleurs liés. Elle permet de consolider la législation nationale, ce qui a pour conséquence le renforcement des droits des justiciables. Il est indéniable que beaucoup d'efforts furent déployés pour l'instauration d'un procès équitable au Mali, et cela consécutivement à l'avènement de la démocratie et de l'État de droit,

---

compte des divers textes invoqués et n'applique que le droit national car il permet de protéger tout aussi efficacement que la vie privée.

[1260] BEIGNER (Bernard), BLERY (Corinne), l'impartialité du juge, entre apparence et réalité, D 2001, Doctrine, p. 2427.

[1261] Pourvoi n° 88. 11941 (publié au bulletin), juridique Lamy, cour de cassation.

dont on ne cesse de le rappeler. Cela s'est traduit par l'adoption ou la ratification d'un arsenal juridique composé de normes nationales et internationales. L'application de ces dernières se heurte à d'énormes difficultés, déjà exposées, dont des solutions furent proposées pour leur application effective[1262]. Une fois ces solutions adoptées cela permettra de compléter et de corriger la législation nationale de façon significative[1263] ; c'est-à-dire qu'une fois les conditions minimales de ratification et de publication réunies, le traité conserve son caractère international et s'intercale dans la hiérarchie des normes entre la loi et la constitution. Les traités bénéficient d'une « supra - législativité »[1264]. Cependant, la primauté du traité peut se concrétiser de deux manières.

La première repose sur la volonté du législateur de se conformer aux engagements internationaux en expurgeant de son droit national de toutes les contrariétés qui pourraient subsister[1265]. La seconde consiste à confier au juge interne le pouvoir de contrôler la compatibilité des lois aux traités, de pratiquer un contrôle de conventionalité par préférence au droit national[1266]. Il est donc souhaitable d'expurger le droit national de niveau législatif toutes les dispositions contraires aux traités ratifiés. À défaut, il revient au juge de l'écarter si la disposition invoquée est contraire à un traité ratifié, mais cela ne va pas sans difficulté en raison de l'exigence d'impartialité incombant au juge, surtout dans le procès civil. En effet, dans cette matière, le juge ne fait que suivre et ne se prononce que dans les limites du litige en se basant sur des faits avérés. Ici, la question est de savoir si le juge peut refuser l'application d'un texte national aux motifs qu'il est contraire à un traité alors même que cela n'a pas été suggéré par aucune des parties. En d'autres

---

[1262] V° *supra*, p. 252 et svtes

[1263] La mise en œuvre nationale du droit international soulève le problème de l'insertion du droit international dans le droit interne. Quand il y a juxtaposition de l'ordre international et de l'ordre interne, on parle de dualisme. Si, par contre, il existe une interpénétration entre ces deux ordres juridiques, on parle du monisme. Celui-ci peut présenter deux variantes selon que l'on fasse prévaloir l'ordre international sur l'ordre interne ou encore de l'ordre interne sur l'ordre international. Il y a alors le monisme avec primauté du droit interne et le monisme avec primauté du droit international (cas du Mali).

[1264] BURDEAU (Georges), HAMON (Francis), TROPER (Michel), *Droit constitutionnel*, 27ème édition, Manuel, LGDJ, 2001, Paris, p 667 et suivantes ; PACTET (Pierre), MELIN-SOUCRAMANIEN (Ferdinand), *Droit constitutionnel*, 24ème édition, Armand Colin, 2005, Paris, p 572 et suivantes ; TURPIN (Dominique), *Droit constitutionnel*, PUF, 2003, Paris, p. 143.

[1265] C'est en cela qu'il n'existe pas de risque d'étouffement du droit interne par les traités internationaux.

[1266] Conseil d'Etat, *La norme internationale en droit français*, La documentation française, 2000, Paris, p 52 ; SUDRE (Frédéric), *L'office du juge national au regard de la Convention européenne des droits de l'homme*, in
Les droits de l'homme au seuil du troisième millénaire, Mélanges hommage à Pierre LAMBERT, Bruylant, 2000, Bruxelles, p. 821.

termes, le juge peut-il requérir d'office l'application d'un traité ? Il doit le faire dès lors que l'équité du procès l'exige.

La consolidation du droit national par l'application des traités renforce en même temps les garanties offertes aux justiciables pour la défense de leurs intérêts. Dans la mesure où l'on tente d'élaborer un mécanisme de garantie des différents traités. Ces systèmes de contrôle non judiciaire ou judiciaire renforcent la juridicité des droits de l'homme. Ils leur amplifient, en contribuant à leur perpétuelle construction par l'élaboration d'interprétations audacieuses[1267]. En principe, la saisine de ces instances est conditionnée à l'épuisement des voies de recours internes. Ainsi, les citoyens auront la possibilité de faire annuler les décisions des juridictions nationales par ces instances qui leur porte préjudice et de faire valoir leur droit devant elles. Les citoyens disposent alors d'une double protection : sur le plan national et sur le plan international. La saisine des instances internationales s'avère périlleuse pour les citoyens maliens. Il existe deux obstacles majeurs : d'une part, la méconnaissance de l'existence de ce droit à leur profit ; d'autre part, le coût de la saisine.

Le juge malien doit s'appuyer sur les dispositions conventionnelles afin de motiver le dispositif de sa décision. Ceci permettra de rendre effectif les droits consacrés par les traités. Il s'agit d'une véritable tâche volontariste, mais pas novatrice. Les deux façons de concrétisation de la primauté du traité : d'une part, l'adaptation de la norme nationale de niveau législatif au traité, forçant ainsi le législateur chaque fois qu'il y a incompatibilité de modifier la première ; d'autre part, l'obligation du juge d'appliquer la norme internationale. Cette option semble beaucoup plus fiable que celle consistant à faire pression sur le législateur afin qu'il réforme les textes nationaux en considération des textes conventionnels. Il s'agit là d'une méthode raccourcie pour faire bénéficier aux citoyens les conventions ratifiées par le Mali. Ainsi, l'application juridictionnelle des traités offre une garantie véritable de protection des droits individuels, de même que l'examen de la conventionalité[1268]. Pour accroître les garanties offertes aux citoyens, la tâche leur revient d'invoquer les traités qui leur reconnaissent des droits.

Quatre formes d'invocabilité peuvent, ainsi, être distinguées. La première, plus efficace, se rattache directement à la notion d'effet direct. Il s'agit de l'invocabilité de substitution qui permet d'appliquer la norme communautaire d'effet direct tout en écartant le droit interne non conforme. Elle doit être distinguée de l'invocabilité d'exclusion qui conduit simplement à évincer le droit national contraire à la disposition communautaire. La distinction entre ces deux premières formes d'invocabilité a pu être définie

---

[1267] VALTICOS (N.), *Les systèmes de contrôle non judiciaire des internationaux relatifs aux droits de l'homme*, in Problèmes des droits de l'homme et de l'unification européenne, Mélanges offerts à Polys MODINOS, Pedone, Paris, 1968, p. 331.

[1268] LAURENT-BOUTOT (C.), *La cour de cassation face aux traités internationaux protecteurs des droits de l'homme*, op. cit., p. 37.

comme un « raffinement audacieux de la théorie de l'invocabilité »[1269], qui pourrait admirablement profiter aux dispositions conventionnelles relatives aux droits de l'Homme dénuées d'effet direct. Elles doivent être complétées par l'invocabilité de réparation, qui impose à l'État d'indemniser le justiciable, victime d'une violation du droit communautaire et par l'invocabilité d'interprétation conforme imposant au juge d'interpréter le droit national à la lumière des normes communautaires[1270].

[1269] DUBOS (O.), *L'invocabilité d'exclusion des directives : une autonomie enfin conquise (à propos de l'arrêt de la Cour de justice des Communautés européennes du 19 septembre 2000, Etat du Grand-Duché du Luxembourg contre Consorts Linster)*, RJDA, 2003, p. 568.

[1270] LAURENT-BOUTOT (C.), *La cour de cassation face aux traités internationaux protecteurs des droits de l'homme*, op. cit., p. 159.

CONCLUSION DU TITRE II

Le Mali a adopté plusieurs instruments juridiques relatifs au procès équitable dont l'application permet une effectivité du procès équitable. Parmi les textes proclamant les garanties du procès équitable, une attention particulière doit être réservée aux conventions internationales pour les raisons suivantes. D'une part, les conventions internationales sont les plus variées et diversifiées sur le procès équitable ; d'autre part leur application permettra de consolider la législation nationale. Cependant, on constate souvent un tâtonnement du juge quant à l'application des différentes conventions ratifiées. Compte tenu de leur importance, des mesures spéciales doivent être adoptées permettant de former et informer les personnes chargées de la distribution de la justice, aussi bien que les justiciables sur la consistance des règles supranationales. Les magistrats doivent faire preuve d'une grande responsabilité pour appliquer cesdites conventions et le respect des règles d'éthique et de déontologie pour restaurer la confiance des justiciables à la justice.

Il est nécessaire de restaurer la confiance des citoyens dans la magistrature ainsi qu'une meilleure prise de conscience du magistrat de ses obligations. Pour ce faire, il est impératif pour les magistrats de faire preuve d'une grande responsabilité face aux devoirs qui sont les leurs. Dès lors un respect scrupuleux des principes issus de l'éthique et de la déontologie s'impose et conduit à restaurer ou à reconquérir la confiance perdue entre juge et justiciable. « La propension du corps des magistrats à s'imposer des règles éthiques et déontologiques doit constituer un facteur de son indépendance. » Il est en effet devenu indispensable que les principes déontologiques soient clairement formulés, de manière à être bien connus aussi bien des magistrats que des justiciables, car ces derniers n'auront confiance à l'institution judiciaire que s'ils ont la conviction que les magistrats exercent leurs pouvoirs dans le respect des valeurs fondamentales de la justice. Le justiciable doit pouvoir sentir cesdites valeurs à travers l'organisation et le fonctionnement de la justice. Au Mali, l'organisation de certaines juridictions n'offre pas de réelles garanties du procès équitable : d'où la nécessité de procéder à une réforme.

CONCLUSION DE LA 2e PARTIE

L'efficacité du procès équitable exige la réunion de plusieurs mesures qui permettent l'application rigoureuse des normes relatives à cet effet. Toutes les garanties relatives au procès équitable sont reconnues à tous ceux qui saisissent les juridictions maliennes. Cependant, l'affirmation textuelle ne suffit pas, il faut des moyens humains et matériels. Aussi, l'organisation et le fonctionnement des juridictions doivent satisfaire aux exigences du procès équitable. C'est dans ce contexte que la réforme de la justice a été pensée et élaborée. Même s'il faut convenir que cette réforme présente des insuffisances. L'indépendance du juge doit être suffisamment garantie pour permettre le respect des règles du procès équitable. Une réforme doit être envisagée à ce niveau. Depuis des années des actions sont engagées pour permettre à la justice malienne de remplir son rôle. Elles sont quasi restées à l'état d'incantation que de réalité. Il y a absence de réelle volonté politique d'assurer à la justice une indépendance certaine qui constituera un contre-pouvoir capable de briser l'élan du pouvoir politique vers la dictature. La justice, tant bien que mal, rend souvent des décisions exemplaires. Elles restent largement en deçà des attentes des justiciables maliens. Le Garde des Sceaux n'affirmait, le 09 février 2013, lors de sa sortie dans les régions, que « le Mali est à genou et ne saurait se relever tant que sa justice est à terre. » Le juge malien doit être suffisamment formé et informé de ses obligations. Des sanctions adéquates doivent être prises pour corriger les écarts de manquement de l'éthique et de la déontologie du juge. Aussi, les décisions du Conseil Supérieur de la Magistrature doivent faire l'objet de publication. Celle-ci participera à la restauration de la confiance des justiciables à la justice.

CONCLUSION GÉNÉRALE

Si la justice a pour vocation d'assurer la stabilité sociale, encore faudrait-il, qu'elle se conforme aux exigences du procès équitable sous peine d'être vide de tout sens. L'application, des garanties de l'équilibre du procès, par elle, est gage de sa crédibilité. En effet, l'examen du procès équitable a permis de constater l'existence au Mali d'une multitude d'instruments juridiques qui le sous-tendent. Ils sont composés des conventions internationales, des textes juridiques régionaux, communautaires et nationaux. Certains textes juridiques fournissent de détails extrêmes sur les garanties équitables du procès. C'est le cas notamment des directives et principes du droit à un procès équitable et à l'assistance judiciaire en Afrique, de la commission africaine des droits de l'homme et des peuples. Ce texte ne s'est pas contenté seulement de proclamer des garanties nécessaires pour assurer l'équilibre du procès, mais aussi assujettit chaque État partie à l'obligation de mettre en place des moyens permettant leur réalisation.

L'application des différents instruments juridiques par les deux ordres de juridiction se heurte à de sérieuses difficultés. Néanmoins, le Mali a fait quelques progrès dans le domaine de la consolidation de la démocratie et du respect des droits et libertés, de l'indépendance à nos jours. Plusieurs instruments juridiques ont été adoptés ou ratifiés, de même que les mécanismes de promotion et de protection des droits humains. En conséquence, plusieurs actions pour rendre crédibles les juridictions de l'ordre judiciaire et de l'ordre administratif ont été entreprises. Malheureusement, le résultat de ces efforts des autorités est resté largement en deçà des attentes du peuple malien, qui continue encore à douter de la capacité de la justice de réaliser effectivement les droits fondamentaux. Cependant, l'objectif qui a guidé cette recherche, a été de réunir des éléments susceptibles de contribuer à la sécurité juridictionnelle des justiciables maliens, sans prétendre à l'épuisement définitif de ce sujet. Un auteur n'affirme-t-il pas que « rien de plus ne peut être tenté que d'établir le commencement et la direction d'une route infiniment longue. Prétendre à n'importe quel achèvement systématique et définitif, serait à tout le moins une illusion personnelle. La perfection ne peut être obtenue ici par le chercheur individuel dans la seule hypothèse subjective, qu'il communique tout ce qu'il a été capable de voir. »

Le rôle de la justice dans un État de droit ne constitue point un secret pour personne, de même que l'impact négatif de son dysfonctionnement. Il est admis que si la force de la justice se retourne sans cesse et de manière injuste contre les citoyens, le peuple, se sentant et se voyant lésé par sa justice, développe peu à peu un immense sentiment d'injustice, de frustration, d'indignation doublé d'un désir ardent de vengeance contre ses oppresseurs, les corrompus et les corrupteurs. Ce citoyen n'a d'autre possibilité que de se rendre justice à soi-même. La justice malienne offre réellement ce visage. Le dysfonctionnement de la justice malienne a atteint un seuil à telle enseigne qu'aucun Malien ne doûte qu'elle aménage tous les ingrédients d'une révolution populaire. Les maux de la justice sont connus, les solutions devraient l'être autant. Les problèmes qui minent la justice sont nombreux, les plus essentiels sont : l'insuffisance d'indépendance, le contrôle inefficace et les ressources éphémères.

En tant que fondement essentiel des institutions, la séparation des pouvoirs reste le premier critère de l'indépendance de la justice. Cette séparation des pouvoirs, bien qu'elle soit clairement déterminée par la constitution, a fait peu d'illustration certaine dans la pratique. La justice malienne souffre réellement de l'intrusion des membres de l'exécutif dans les affaires juridictionnelles. Il est donc regrettable qu'elle, dans des cas notoires, ait eu à subir des pressions diverses (injonctions, nominations en méconnaissant les règles de l'art en la matière) l'amenant à se fléchir de la volonté du pouvoir politique. Pourtant, l'espoir est né aujourd'hui, de voir à la commande de l'institution de la justice, celui qui avait démissionné de la magistrature pour protester contre l'instrumentalisation de la justice, selon les rumeurs. S'il est hâtive de faire un bilan positif, on peut, néanmoins, se réjouir des nominations effectuées au lendemain de sa prise de fonction, résultant de la décision du Conseil Supérieur de la Magistrature.

La réalisation de l'indépendance de la justice est inséparable de celle du CSM, organe indispensable de sa mise en œuvre. L'organisation et le fonctionnement de cet organe ne permet pas une garantie certaine de l'indépendance de la justice à cause de la présence en son sein des personnalités relevant du pouvoir politique. Dans ce contexte, sa restructuration est nécessaire. Une réelle indépendance de la justice entraîne un contrôle efficace et des sanctions adaptées consécutives à la violation des règles d'éthique et de déontologie. Le juge doit être suffisamment indépendant pour rendre le procès équitable. L'indépendance et l'impartialité ne pourront être réalisées sans assurer au juge des conditions matérielles adaptées aux exigences du cadre de vie. Le juge, les auxiliaires de justice et tous ceux qui par leur profession jouent un rôle dans le procès doivent être suffisamment formés. La justice doit également être dotée de moyens adéquats. L'insuffisance de moyens financiers et matériels empêche la justice de fonctionner correctement. Le déroulement du procès pénal l'en témoigne à suffisance. Les commissariats de police aussi bien que les cabinets d'instruction doivent être suffisamment dotés de moyens matériels et financiers. Le déficit de ressources entraîne nécessairement l'iniquité du procès pénal. Le budget alloué aux différentes juridictions et services affiliés doit être utilisé à bon escient. Un contrôle efficace doit être mis en place pour permettre de s'assurer l'utilisation opportune de ce budget.

Il est constant que le dysfonctionnement de l'appareil juridictionnel est en partie dû à l'absence ou à l'insuffisance de contrôle efficace. Le mécanisme de contrôle doit aboutir à une sanction efficace, car la qualité du service en dépend. La responsabilité du juge est déterminée par des textes généraux (code pénal, code des obligations civiles) et des textes spécifiques (loi portant statut de la magistrature, code déontologie). La mise en application des instruments juridiques se heurte souvent à des obstacles qui sont constitués en partie par le manque de volonté politique. Un magistrat n'affirme-t-il pas : « le moustique ne fabrique jamais l'anti-moustiquaire contre les autres moustiques. » C'est une amélioration de l'action en responsabilité de l'État pour dysfonctionnement du service public de la justice que l'on pourrait mieux améliorer à la fois la qualité de la justice et responsabiliser les magistrats. En plus, l'État doit exercer l'action récursoire qui lui est offerte. Le fait de donner une effectivité à une telle action, permettrait de réduire les fautes des magistrats et de ceux qui contribuent au service public de la justice. La réforme du CSM telle que nous avons proposée permet de mettre à l'écart les personnalités du pouvoir politique. L'exclusion de ces personnalités du conseil permet d'instaurer un contrôle efficace, aboutissant au respect scrupuleux des règles d'éthique et de déontologie de la profession. L'application des exigences d'éthique doit permettre la sélection dans la magistrature des personnes moralement aptes et techniquement capables.

Une bonne justice est celle dans laquelle les juges sont recrutés conformément aux règles de l'art. La moralité des recrutements des vingt dernières années est douteuse. Ces magistrats ainsi recrutés ne pourront que se servir plutôt que de servir la justice. Les dix dernières années, seulement deux recrutements, semble-t-il, ont été retenus comme crédibles. Ces recrutements ont coïncidé aux passages de deux ministres de la justice : Maître Abdoulaye Garba TAPO et Maître Fanta SYLLA, tous avocats. La justice malienne déplore l'insuffisance d'effectif dans certaines juridictions. Une bonne justice ne peut exercer que si elle est rendue par des juges ne croulant pas sous le nombre des dossiers, auxquels ils ne peuvent pas alors accorder toute l'attention nécessaire. En plus, la justice doit être protégée contre les effets néfastes de l'exercice du droit d'information des journalistes. Mais, la répression des délits de presse ne doit pas aussi porter atteinte aux droits des journalistes de rechercher et de divulguer des informations. La presse, faut-il le rappeler, figure parmi les institutions non officielles dans les sociétés démocratiques. Le meilleur moyen d'atteindre la population est la voie de presse : la radio, la télévision, les journaux et les magazines.

Les médias jouent un rôle fondamental dans l'enracinement de la démocratie. Dans une démocratie vivante, les médias doivent fonctionner en toute liberté d'autant qu'ils mettent en œuvre le droit des populations de recevoir l'information, mais aussi consacrent l'obligation des gouvernants de rendre compte de leur gestion des affaires publiques. Nonobstant le fait que l'exercice de la mission d'informer peut heurter des droits inhérents à la dignité humaine que sont le droit à l'honneur, ou à la considération, mais aussi à la vie privée. Les médias sont doncparmi les meilleurs moyens d'information des justiciables dans la mise en œuvre de leurs droits.

Du côté des justiciables, deux problèmes fondamentaux sont de nature à fausser les données équitables du procès en général et l'égalité de chance, en particulier. Ce sont : les difficultés économiques et financières de certains justiciables et l'incompréhension de la langue dans laquelle le droit et le procès sont portés. Au Mali, la pauvreté touche à l'écrasante majorité des justiciables, elle leur empêche de faire valoir efficacement leurs droits et libertés devant le juge. L'assistance judiciaire qui devrait permettre de réduire la fraction numérique entre les justiciables nantis et ceux de ressources insuffisantes est quasi – inexistante, en dépit de l'existence des textes en la matière. Elle doit être effective et être accessible aux protagonistes. La maîtrise des coûts de la justice constitue un avantage certain pour les justiciables. Les contraintes économiques et financières sont compliquées par l'incompréhension de la langue du procès et du droit. On comprend mal la non-tenue du procès dans une langue nationale (en bambara par exemple), si elle est maîtrisée par les protagonistes en présence (juge, greffier, parties et avocats). Pour une meilleure compréhension du droit, celui-ci doit être transcrit dans les différentes langues nationales, au moins les plus parlées.

Au-delà des problèmes ci-dessus, la justice malienne est lente à administrer des soins à ses patients (justiciables). Les juridictions sont souvent assez éloignées des justiciables. L'éloignement prend deux formes : psychologique et géographique. L'éloignement et l'incrédibilité de l'institution juridictionnelle ont nécessité la réforme de la justice, connue sous le nom du Programme décennal de développement de la justice (PRODEJ). Ce programme a enregistré des résultats positifs, lesquels ne résolvent pas les réels problèmes de la justice, voire les objectifs du programme lui-même qui sont constitués par l'éloignement et les pratiques peu orthodoxes notamment la corruption, le favoritisme. Aussi, le juge doit faire preuve d'une grande diligence dans le traitement des affaires qui lui sont soumises. La diligence ne doit en aucun cas empêcher la prudence. Il est inacceptable, en matière pénale, que les prisons soient encombrées de personnes attendant des années pour être jugées en violation des délais légaux de détention. Pis encore, quand ces personnes sont finalement reconnues innocentes, l'indemnisation est difficile, ou qu'elle n'est jamais à la hauteur du préjudice moral et social subi. En matière civile, l'exécution des décisions de justice est contraignante, très souvent soumise au bon vouloir du pouvoir politique.

Le défaut d'exécution de la décision du juge doit normalement aboutir à une indemnisation ou une responsabilité de l'État. Celle-ci est difficile à mettre en œuvre, sinon un cercle vicieux. En conséquence, la refondation de l'appareil juridictionnel s'impose, il se traduit par une lutte acharnée contre la corruption, le favoritisme et tous les autres maux dont il souffre. Les actions pour l'amélioration de l'appareil juridictionnel doivent permettre d'instaurer un professionnalisme exemplaire des différents acteurs et auxiliaires de justice, la construction de centres de détention adéquats, une réelle autonomie du CSM. Ces quelques recommandations sont une étape indispensable pour que la justice malienne recouvre sa crédibilité, la confiance du peuple et ainsi sa place dans l'État de droit. Néanmoins, cette refondation est surtout subordonnée à une volonté politique qui doit être réelle, ferme, effective, sincère, crédible et permanente pour arriver à cette fin.

D'aucuns ne doutent que le seuil du dysfonctionnement de la justice nécessite de mettre l'accent sur l'urgence de la prise immédiate de mesures et actions concrètes et réelles, pour que les discours se transforment en réalité, afin de combler les attentes immenses des justiciables. La volonté des autorités politiques est décisive dans la réconciliation de la justice et les justiciables, aussi le rétablissement de la confiance infaillible. La crédibilité de la justice est gage de la création d'un cadre juridique favorable aux investisseurs et d'un environnement juridictionnel stable où les droits fondamentaux de la personne humaine sont respectés. La justice doit jouer le rôle qui est le sien, mais semble-t-il, la justice du Mali est à l'image de sa démocratie. Un État malien de plus en plus incapable d'assumer ses responsabilités, d'affirmer son autorité, si malade au point de perdre ses propres repères. Selon le Garde des Sceaux, « le Mali est à genou et ne saurait se relever tant que sa justice est à terre. »

Cette recherche si elle a pu faire un récapitulatif des problèmes essentiels relatifs à l'application du procès équitable devant les justices judiciaires et administratives au Mali, elle présente des limites. L'une des causes de sa faiblesse est due en partie, souvent, soit à l'absence des statistiques officielles qui ne sont pas toujours accessibles au public dans certains cas, soit parce qu'il n'existe ni données de base, ni bonne coordination dans la collecte et le rapprochement des données, qui sont assez souvent dispersées au sein de différents ministères. Une bonne politique d'information est un élément essentiel de toute tentative de réforme du secteur de la justice. Aussi, elle est limitée par rapport à l'étude de certains détails, notamment à l'examen du procès équitable devant les juridictions d'exception (tribunal de commerce, tribunal de travail).

Néanmoins, la procédure devant ces juridictions a été examinée. Aussi certaines voies de recours n'ont pas été développées qui sont entre autres le pourvoi en cassation, le contredit, etc. Cette thèse présente des faiblesses quant à la prise en compte de certaines spécificités, c'est le cas de la justice des mineurs ou encore l'accès des femmes à la justice. Cet accès n'a été examiné que de façon générale. En plus, l'état actuel du Mali devrait permettre l'examen des garanties du procès équitable en période de crise interne qui nécessite l'application des conventions de Genève. Malheureusement ce qui ne fut pas le cas. Néanmoins, les obligations de l'État de garantir un procès équitable à toute personne citée devant ses juridictions et en toute période ont été examinées. Les conventions de Genève n'ont été à cet effet présentées que de manière descriptive, car les conditions ne sont pas réunies pour nous permettre d'être dans le septentrion du Mali pour d'éventuels constats. Cette crise, faut-il le rappeler, dont le Mali est plongé depuis plusieurs mois ne laisse pas indifférente la justice. L'État évincé de son autorité des deux tiers de son territoire qui est devenu un lieu de chienlit. La garantie du procès équitable est un facteur de concrétisation des droits fondamentaux en toute période, et mérite une attention particulière, compte tenu de son caractère primordial dans un État de droit.

ANNEXES

Annexe I

COÛT MINIMUM DE LA JUSTICE EN FCFA	
LES FRAIS D'HUISSIER	
Libellé	**Montant en FCFA**
Citation ou assignation	3 800
Signification	8 740
Commandement	8 600
PV de saisie	12 360
PV d'apposition des placards	8 740
Sommation d'assister à la vente	11 875
PV de vérification précédant la vente avec enlèvement	12 360
Constat	21 560
Consignation	10 000

Annexe II

Année	*Nombre de demandes enregistrées*	*Nombre de demandes acceptées*	*Nombres de demandes rejetées*
1985	28	28	0
1990	0	0	0
1991	6	3	3
1992	5	2	3
1993	3	2	1
1995	1	1	0

Le tableau ci-dessus étaye la faible sollicitation de l'assistance judiciaire. Il s'agit de l'exemple du TPI de la commune IV. Cette vielle statistique s'explique par le fait qu'actuellement les bureaux d'assistance judiciaire ne fonctionnent plus, en dépit de l'existence de la loi portant assistance judiciaire et son décret d'application respectivement : la loi N° 01 – 082 AN – RM du 24 août 2001 et le décret N° 06 – 426 : P – RM du 24 octobre 2006

Annexe III

Palier	*Niveau de formation des auditeurs de justice reconnus aptes aux fonctions judiciaires*	*Grade/Groupe*	*Échelon*
1	Diplôme de l'Institut National de Formation judiciaire ou Titres équivalents	2e grade 2e groupe	1er échelon
2	Diplôme d'Études approfondies à l'ISFRA ou Titres équivalents	2e grade 2e groupe	2e échelon
3	Doctorat en Droit Privé ou Public	2e grade 2e groupe	3e échelon

Annexe IV

Grade	Groupe	Échelon	Indice
Magistrat de grade exceptionnel		Échelon unique	1 100
Magistrat de 1er grade	1er groupe	2e échelon	950
		1er échelon	890
	2e groupe	3e échelon	830
		2e échelon	810
		1er échelon	760
Magistrat de 2e grade	1er groupe	3e échelon	690
		2e échelon	650
		1er échelon	610
	2e groupe	4e échelon	590
		3e échelon	555
		2e échelon	520
		1er échelon	485
Auditeur de justice		Échelon unique	350

Les annexes III et IV sont issues de la loi n° 02 – 054 AN/RM du 16 décembre 2002 portant statut de la magistrature, publiée dans le J.O n° 36 du 31 décembre 2002. L'annexe III classe les auditeurs de justice après la formation à l'institut de formation judiciaire conformément au niveau de leur diplôme (art. 29). Par contre l'annexe IV concerne la grille indiciaire des magistrats (art. 103).

Annexe V

TPI DE LA COMMUNE IV DU DISTRICT DE BAMAKO				
Nombre d'affaires jugées et d'appels de 2007 à 2010				
Année 2007				
Nom de la chambre	**Nbre d'Affaires**	**Pourcentage**	**Nbre d'Appels**	**Pourcentage**
Matrimoniale	216	12,54 %	65	20,31 %
Coutumière	247	14,33 %	15	4,68 %
Civile	144	8,36 %	67	20,93 %
Correctionnelle	514	29,83 %	83	25,93 %
Référés	602	34,94 %	90	28,12 %
Total	***1723***	***100*** %	***320***	***100*** %
Année 2008				
Nom de la chambre	**Nbre d'Affaires**	**Pourcentage**	**Nbre d'Appels**	**Pourcentage**
Matrimoniale	247	13, 80 %	60	19,82 %
Coutumière	358	20,01 %	29	8,33 %
Civile	153	8,55 %	77	22,12 %
Correctionnelle	396	22,13 %	82	23,56 %
Référés	635	35,49 %	100	20,73 %
Total	***1789***	***100*** %	***348***	***100*** %
Année 2009				
Nom de la chambre	**Nbre d'Affaires**	**Pourcentage**	**Nbre d'Appels**	**Pourcentage**
Matrimoniale	305	13,78 %	85	17,45 %
Coutumière	380	17,17 %	29	5,95 %
Civile	265	11,97 %	127	26,07 %
Correctionnelle	518	20,13 %	125	25,66 %
Référés	745	23,40 %	121	24,84 %
Total	***2213***	***100*** %	***487***	***100*** %
Année 2010				
Nom de la chambre	**Nbre d'Affaires**	**Pourcentage**	**Nbre d'Appels**	**Pourcentage**
Matrimoniale	306	13,32 %	107	19,77 %
Coutumière	387	16,84 %	54	9,98 %
Civile	233	10,14 %	111	20,51 %
Correctionnelle	429	18,67 %	117	21,62 %
Référés	942	41,01 %	152	28,09 %
Total	***2297***	***100*** %	***541***	***100*** %

L'annexe V résulte d'une enquête menée au niveau du Tribunal de première instance de la commune IV du district de Bamako. Elle a pour objectif d'élucider l'état d'accroissement des contentieux et voir si la question d'engorgement est réelle devant cette juridiction. Sans conclure à un engorgement, on peut au moins préciser que le Tribunal de la

Commune IV se caractérise par une forte demande de la population. Seulement en 2010, il a traité en toute matière 2297 affaires. Ce qui est un peu élevé, mais compensé par le nombre de magistrats qui y siègent. Ils sont au nombre de dix (10) environ, dont trois procureurs. En plus, cette enquête a fait ressortir le nombre d'affaires qui ont fait l'objet d'appels. On s'est rendu compte que la demande d'appel est faible.

Annexe VI

TPI DE KOULIKORO, DEUXIÈME RÉGION DU MALI		
Nombre d'affaires jugées		
Année 2006		
Nom de la chambre	**Nbre d'Affaires**	**Pourcentage**
Civile	105	53,84 %
Sociale	09	4,61 %
Correctionnelle	73	37,43 %
Référés	08	4,10 %
Total	***195***	***100 %***
Année 2007		
Civile	137	53,51 %
Sociale	10	3,91 %
Correctionnelle	91	35,55 %
Référés	18	7,03 %
Total	***256***	***100 %***
Année 2008		
Civile	132	48 %
Sociale	10	3,64 %
Correctionnelle	118	42,91 %
Référés	15	5,45 %
Total	***275***	***100 %***
Année 2009		
Civile	165	59,14 %
Sociale	16	5,73 %
Correctionnelle	82	29,39 %
Référés	16	5,73 %
Total	***279***	***100 %***
Année 2010		
Civile	130	54,17 %
Sociale	04	1,67 %
Correctionnelle	101	42,08 %
Référés	05	2,08 %
Total	***240***	***100 %***
Année 2011		
Civile	125	46,64 %
Sociale	10	3,73 %
Correctionnelle	116	43,28 %
Référés	17	6,34 %
Total	***268***	***100 %***

Cette statistique résulte d'une enquête que nous avons menée au niveau du Tribunal de première instance de Koulikoro. Elle a pour objet de faire ressortir le nombre d'affaires jugées par ce tribunal afin de vérifier si cette juridiction connaît le problème d'engorgement. En toute matière, le TPI de Koulikoro a traité en 2006, 195 affaires, en 2007, 256 litiges, en 2008, 275, en 2009, 279, en 2010, 240 et en 2011, 268. Il existe un faible taux de demande en justice au niveau de ce tribunal qui fonctionne avec au moins six (06) magistrats dont un Procureur et un substitut.

Annexe VII

JURIDICTION DU DISTRICT DE BAMAKO

JURIDICTIONS SUPRÊMES ET DU SECOND DEGRÉ

Nature de la juridiction	Localité	Nombre de juges				Greffiers	Population	Superficie
Cour Suprême	Bamako	27					14 517 176	1 241 238 km²
Cour d'appel	Bamako						9 189 585	249 123 km²

JURIDICTIONS DE PREMIÈRE INSTANCE

Nature de la juridiction	Localité	Nombre de juges				Greffiers	Population	Superficie
			Pr	J.I	J.S			
TPI de la Commune I	Bamako	10	4	2	4		1 809 106	25 020 km²
TPI de la Commune II	Bamako	10	4	2	4			
TPI de la Commune III	Bamako	23	7	9	7			
TPI de la Commune IV	Bamako	10	3	2	5			
TPI de la Commune V	Bamako	11	4	2	5			
TPI de la Commune VI	Bamako	13	5	3	5			

JURIDICTIONS D'EXCEPTION

Nature de la juridiction	Localité	Nombre de juges				Greffiers	Population	Superficie
			Pr	J.I	J.S			
Tribunal commercial	Bamako	5			5		1 809 106	25 020 km²
Tribunal de travail	Bamako	3			3			
Tribunal pour enfants	Bamako	5	1	1	3			

JURIDICTION ADMINISTRATIVE

Nature de la juridiction	Localité	Nombre de juges			Greffiers	Population	Superficie
			C.G	J.A			
Tribunal administratif	Bamako	9	2	7		9 189 585	249 123 km²

Cette statistique portée à l'annexe VII résulte également d'une enquête menée au niveau de la Cour suprême, de la Cour d'appel de Bamako et de la Direction nationale de la Géographie. Elle fait état du nombre, de la nature et de la superficie du ressort des juridictions du district de Bamako, aussi bien que le nombre des magistrats qui y siègent et la densité de la population (les chiffres sont donnés en fonction de la compétence territoriale des juridictions). Les statistiques portées aux annexes VIII, IX, X, XI, XII, XIII, XIV, XV, XVI ont été faites pour les mêmes raisons que celle de l'annexe VII. Elles nous ont permis de porter un jugement sur la question de l'éloignement de la justice des justiciables.

Annexe VIII

RÉGION DE KAYES (1re RÉGION DU Mali)									
JURIDICTION DU SECOND DEGRÉ									
Nature de la juridiction	**Localité**	**Nombre de juges**					**Greffiers**	**Population**	**Superficie**
			Pr	**Clers**	**J.I**	**J.S**			
Cour d'appel	Kayes	6	1	3	1	1		1 996 812	122 326 km²

JURIDICTIONS DE PREMIÈRE INSTANCE								
Nature de la juridiction	**Localité**	**Nombre de juges**				**Greffiers**	**Population**	**Superficie**
			Pr	**J.I**	**J.S**			
TPI	Kayes	10	4	3	3		513 362	22 695 km²
JPCE	Bafoulabé	1 seul juge					233 926	20 158 km²
JPCE	Diéma	1 seul juge					212 062	12 113 km²
JPCE	Kéniéba	1 seul juge					194 153	14 434 km²
TPI	Kita	8	4	2	2		434 379	36 284 km²
JPCE	Nioro du Sahel	1 seul juge					230 488	10 587 km²
JPCE	Toukoto	1 seul juge						
JPCE	Yélimané	1 seul juge					178 442	5 055 km²

JURIDICTION ADMINISTRATIVE							
Nature de la juridiction	**Localité**	**Nombre de juges**			**Greffiers**	**Population**	**Superficie**
			C.G	**J.A**			
Tribunal administratif	Kayes	8	2	6		1 996 812	122 326 km²

JURIDICTIONS D'EXCEPTION								
Nature de la juridiction	**Localité**	**Nombre de juges**				**Greffiers**	**Population**	**Superficie**
			Pr	**J.I**	**J.S**			
Tribunal commercial	Kayes	3			3		513 362	22 695 km²

Annexe IX

RÉGION DE KOULIKORO (2e RÉGION DU Mali)								
JURIDICTIONS DE PREMIÈRE INSTANCE								
Nature de la juridiction	**Localité**	**Nombre de juges**				**Greffiers**	**Population**	**Superficie**
			Pr	**J.I**	**J.S**			
TPI	Koulikoro	7	4	1	2		211 103	6 236 km²
JPCE	Banamba	1 seul juge					190 235	6 895 km²
JPCE	Dioïla	1 seul juge					491 210	13 179 km²
JPCE	Kangaba	1 seul juge					100 720	4 771 km²
TPI	Kati	11	4	2	5		948 128	16 565 km²
JPCE	Kolokani	1 seul juge					233 919	11 728 km²
JPCE	Nara	1 seul juge					242 990	31 527 km²
JPCE	Oulessébougou	1 seul juge						
JPCE	Fana	1 seul juge						

Annexe X

RÉGION DE SIKASSO (3e RÉGION DU MALI)								
COUR D'APPEL BAMAKO								
JURIDICTIONS DE PREMIÈRE INSTANCE								
Nature de la juridiction	**Localité**	**Nombre de juges**				**Greffiers**	**Population**	**Superficie**
			Pr	**J.I**	**J.S**			
TPI	Sikasso	9	4	2	3		725 494	15 539 km²
JPCE	Bougouni	1seul juge					459 509	19 585 km²
JPCE	Kadiolo	1seul juge					239 713	5 323 km²
JPCE	Kignan	1seul juge						
TPI	Koutiala	6	3	1	2		575 253	8 560 km²
JPCE	Kolondiéba	1seul juge					202 618	8 193 km²
JPCE	Yanfolila	1seul juge					211 824	9 477 km²
JPCE	Yorosso	1seul juge					211 508	5 217 km²

Annexe XI

RÉGION DE SÉGOU (4e RÉGION DU MALI)								
COUR D'APPEL BAMAKO								
JURIDICTIONS DE PREMIÈRE INSTANCE								
Nature de la juridiction	**Localité**	**Nombre de juges**				**Greffiers**	**Population**	**Superficie**
			Pr	**J.I**	**J.S**			
TPI	Ségou	11	4	2	5		691 358	16 160 km²
JPCE	Barouéli	1 seul juge					203 550	4 430 km²
JPCE	Bla	1 seul juge					283 663	5 584 km²
JPCE	Kimparana	1 seul juge						
JPCE	Macina	1 seul juge					237 477	6 310 km²
JPCE	Markala	1 seul juge						
JPCE	Niono	1 seul juge					365 443	15 563 km²
JPCE	San	1 seul juge					334 911	6 383 km²
JPCE	Tominian	1 seul juge					219 853	6 867 km²

Annexe XII

RÉGION DE MOPTI (5e RÉGION DU MALI)									
JURIDICTION DU SECOND DEGRÉ									
Nature de la juridiction	**Localité**	**Nombre de juges**					**Greffiers**	**Population**	**Superficie**
			Pr	**Clers**	**J.I**	**J.S**			
Cour d'appel	Mopti	6	1	3	1	1		3 330 779	899 790 km²

JURIDICTIONS DE PREMIÈRE INSTANCE								
Nature de la juridiction	**Localité**	**Nombre de juges**				**Greffiers**	**Population**	**Superficie**
			Pr	**J.I**	**J.S**			
TPI	Mopti	8	2	2	4		513 362	7436 km²
JPCE	Bandiagara	1 seul juge					317 965	7 373 km²
JPCE	Bankass	1 seul juge					263 446	6 767 km²
JPCE	Djenné	1 seul juge					207 260	4 031 km²
TPI	Douentza	1 seul juge					247 794	24 531 km²
JPCE	Koro	1 seul juge					361 944	11 288 km²
JPCE	Ténenkou	1 seul juge					163 641	12 630 km²
JPCE	Youwarou	1 seul juge					106 768	7 944 km²

JURIDICTION ADMINISTRATIVE							
Nature de la juridiction	**Localité**	**Nombre de juges**			**Greffiers**	**Population**	**Superficie**
			C.G	**J.A**			
Tribunal administratif	Mopti	9	1	8		3 330 779	899 790 km²

JURIDICTIONS D'EXCEPTION								
Nature de la juridiction	**Localité**	**Nombre de juges**				**Greffiers**	**Population**	**Superficie**
			Pr	**J.I**	**J.S**			
Tribunal commercial	Mopti	2			2		1 996 812	82 000 km²

Annexe XIII

RÉGION DE TOMBOUCTOU (6e RÉGION DU MALI)								
COUR D'APPEL MOPTI								
JURIDICTIONS DE PREMIÈRE INSTANCE								
Nature de la juridiction	**Localité**	**Nombre de juges**				**Greffiers**	**Population**	**Superficie**
			Pr	**J.I**	**J.S**			
TPI	Tombouctou	6	3	1	2		124 546	346 581 km²
JPCE	Diré	1 seul juge					111 324	2 276 km²
JPCE	Goundam	1 seul juge					150 150	96 901 Km²
JPCE	Gourma - Rhaouss	1 seul juge					111 386	45 420 km²
TPI	Nianfunke	1 seul juge					184 285	10 439 km²

Annexe XIV

RÉGION DE GAO (7e RÉGION DU MALI)								
COUR D'APPEL MOPTI								
JURIDICTIONS DE PREMIÈRE INSTANCE								
Nature de la juridiction	**Localité**	**Nombre de juges**				**Greffiers**	**Population**	**Superficie**
			Pr	**J.I**	**J.S**			
TPI	Gao	7	3	1	3		139 853	28 817 km²
JPCE	Ansongo	1 seul juge					132 205	23 444 km²
JPCE	Bourem	1 seul juge					115 958	38 792 km²
JPCE	Ménaka	1 seul juge					56 104	79 650 km²

Annexe XV

RÉGION DE KIDAL (8e RÉGION DU MALI)								
COUR D'APPEL MOPTI								
JURIDICTIONS DE PREMIÈRE INSTANCE								
Nature de la juridiction	**Localité**	**Nombre de juges**				**Greffiers**	**Population**	**Superficie**
			Pr	**J.I**	**J.S**			
JPCE	Kidal	1 Seul juge					33 087	145 470 km²

Annexe XVI

DÉCRET N° 96- 159/P-RM PORTANT INSTITUTION DE L'ESPACE D'INTERPELLATION DÉMOCRATIQUE

LE PRÉSIDENT DE LA RÉPUBLIQUE,

- Vu la constitution
- Vu le décret N° 94-065/P-RM du 04 février 1994 portant nomination du Premier ministre
- Vu le décret N° 94-333/P-RM du 25 octobre 2004 portant nomination des membres du gouvernement, modifié par le Décret N° 956097/P-RM du février 1995.

STATUANT EN CONSEIL DES MINISTRES

Article 1er : Il est institué en République du Mali un Forum annuel dénommé Espace d'Interpellation Démocratique (EID)

Article 2 : L'Espace d'Interpellation Démocratique a pour objet d'informer les opinions publiques nationales et internationales sur l'état des droits de l'homme en République du Mali, de contribuer de manière active et pédagogique à la réalisation d'une culture démocratique nationale et d'impulser de façon significative la politique de promotion et de protection des droits et libertés des citoyens.

Article 3 : Les sessions de l'Espace d'Interpellation Démocratique se tiennent à Bamako le 10 décembre journée commémorative de la Déclaration Universelle des droits de l'Homme.

Article 4 : Les modalités d'organisation et de fonctionnement de l'EID seront fixées dans un règlement.

Article 5 : Le ministre de la Justice, Garde des Sceaux et le ministre de la Culture et de la Communication, Porte-parole du Gouvernement sont chargés, chacun en ce qui le concerne, de l'exécution du présent décret qui sera enregistré et publié au Journal Officiel.

Bamako, le 31 mai 1996

Le Président de la République
Alpha Oumar KONARE

Le Premier ministre,
Ibrahim Boubacar KEITA

Le Ministre de la Justice, Garde des Sceaux,
Cheikna Detteba KAMISSOKO

Le Ministre de la Culture et de la
Communication Porte-parole du Gouvernement
Bakari Koniba TRAORE

BIBLIOGRAPHIE

I. MANUELS, OUVRAGES GÉNÉRAUX ET DICTIONNAIRES

ANDRIANTSIMBAZOVINA (J.), GAUDIN (H.), et autres, (Dr.)
Dictionnaire des droits de l'homme, Paris, PUF, 1re édit., 2008.

ARNAUD (A. – J.), (dir.),
Dictionnaire encyclopédique de théorie et de sociologie du droit, Paris, LGDJ, 2e édit. 1993.

BASDEVANT-GAUDEMET (B.), GOUTAL-ARNAL (V.),
Histoire du droit et des institutions, Paris, L.G.D.J, 1997.

BEZIZ-AYACHE (A.),
Dictionnaire de droit pénal et de procédure pénale, Paris, Ellipses, 2005.

BRACONNAY, (N.), DELAMARRE, (M.),
Institutions juridictionnelles, Paris, VUIBERT, 1ière édit., 2007.

BRAUNSTEIN (F.) et PEPIN (J-F),
Histoire des grandes idéologies, Vuibert, 1998.

CABRILLAC (R.), (Dir.),
Dictionnaire du vocabulaire juridique, Paris, LITEC, 2008.

CABRILLAC, (R.), FRISON-ROCHE, (A. - M.), et autres (Dir),
Libertés et Droits Fondamentaux : notions, l'être, le citoyen, le justiciable, l'auteur économique et social, Paris, Dalloz, 12e édit., 2006.

CADIET (L.),
Droit judiciaire privé, Paris, LITEC, 2e édit., 1998.

CORNU (G.) (Dir.),
Vocabulaire juridique, Paris, PUF, 1998.

CORNU (G.) et FOYER (J.),
Procédure civile, PUF, Paris, 3e édit., 1996.

CROZE (H.), MOREL (C.),
Procédure civile, Paris, PUF, 1988.

DELLIS (G.),
Droit pénal et droit administratif. L'influence des principes du droit pénal sur le droit administratif répressif, Paris, LGDJ, 1997.

DELMAS – MARTY (M.),
Les grands systèmes de politique criminelle, Paris, PUF, « Thémis », 1992.

DELMAS – MARTY (M.), TEITGEN – COLLY (C.),
Punir sans juger ? De la répression administrative au droit administratif pénal, Paris, Economica, 1992.
DIAWARA (D.),
Les grands textes de la pratique institutionnelle de la 3e République, Société malienne d'édition, collection repères, 1994.
FAVOREU (L.) et ALII,
Droit constitutionnel, Paris, Dalloz, 11e édit., 2008.
FAVOREU (L.), GAÏA (P.), GHEVONTIAN (R.), MELIN-SOUCRAMANIEN (F.), et autres,
Droits des libertés fondamentales, Paris, Dalloz, 5e édit., 2009.
GESLIN (A.),
Relations internationales, Paris, Hachette, 2006.
GRAWITZ (M.)
Lexique des sciences sociales, Paris, Dalloz, 2004.
GUILLIEN (R.) et VINCENT, (J.)
Lexique des termes juridiques, Paris, Dalloz, 2003.
GUINCHARD (S.), (dir.)
Droit et pratique de la procédure civile, Paris, Dalloz, 2001/2002.
GUINCHARD (S.) et BUISSON (J.),
Procédure pénale, Paris, LITEC, 6e édit., 2010.
HENRY (X.), VENANDET (G.) et autres,
Code civil, Paris, Dalloz, 109 édit., 2010.
HERMET (G.),
Culture et démocratie, Albin Michel, 1993.
JEULAND (E.),
Droit processuel : une science de la reconstruction des liens de droit, Paris : LGDJ, 2007.
JULIEN (P.), FRICERO (N.),
Droit judiciaire privé, Paris, L.G.D.J, 2e éd., 2003.
KONATE (M.),
Ils ont assassiné l'espoir, Paris, l'Harmattan, 1993.
LALANDE (S.) et TOUNKARA (M.) et autres
Le Mali de MADI, 50 ans d'histoire, 50 ans d'indépendance, édit., Princes du Sahel, 2010.
LALLOZ (J-P),
Ethique et vérité, pour une psychanalyse de droit, Paris, l'Harmattan, 1995.
LEBRETON (G.),
Libertés publiques et droits de l'homme, Paris, Sirey, 8e édit., 2008.
LEYNAUD (E.) et CISSE (Y.),
Paysans malinké du haut Niger (Tradition et développement rural en Afrique soudanaise), EDIM, édition imprimerie populaire du Mali, 1978.

LOPEZ (G.), et TZITZIS (S.) (Dir.),
Dictionnaire des sciences criminelles, Paris, Dalloz, 2004.
LOVISI (C.),
Introduction historique au droit, Paris, Dalloz, 2001.
MADIOT, (Y.),
Droits de l'homme, Paris, Economica, 1996.
MAIGA (H. B.),
Le manuel du juge au siège, Tome I- *Le siège civil,* Edit., JAMANA Bamako, 2009.
Le manuel du juge au siège, Tome II- *Le siège correctionnel,* Edit., JAMANA Bamako, 2009.
MARTINAGE (R.),
Histoire du droit pénal en Europe, coll. Que sais-je ? PUF, 1998.
MATHIAS (E.),
Termes de droit pénal et de procédure pénale, Paris, Gualino éditeur, 2006.
MEYER, (P.),
Droit de l'arbitrage, Bruxelles, BRUYLANT, 2002.
MOULAYE (Z.),
Gouvernance démocratique de la sécurité au Mali. Un défi de développement durable, Bamako, édit., Imprimcolor - Friedrich Ebert Stiftung, 2005.
N'DIAYE, (M.B),
Quand le pouvoir délire, Bamako, EDIM-SA, 1ière édit., 2010.
NICOLEAU (P.),
Lexique de droit privé, Paris, édit., ellipses, 1996
OPPETIT, (B.),
Philosophie du droit, Paris, Dalloz, 1999.
OUATTARA (T. A.),
Le destin socialisme malien, EDIM, éditions imprimeries du Mali, 1979.
PEISER (G.),
Contentieux administratif - la juridiction administrative et l'action de la juridiction administrative, Paris, Dalloz, 15e édit., 2009.
PERROT (R.),
Institutions judiciaires, Paris, Montchrestien, 13e édit., 2008.
PETIT LAROUSSE,
Dictionnaire de la langue française, édit., 2010.
PETIT ROBERT,
Dictionnaire de la langue française édit., 2010.
PIROTTE (G.),
La notion de société civile, Ed. La Découverte, Paris, 2007
PRADEL (J.),
Procédure pénale, Paris, CUJAS, 12e édit., 2004.

Les atteintes à la liberté avant jugement en Droit comparé, Paris, CUJAS, 1992.
RENOUX, (Th. S.) et VILLIERS, (M. de),
Code constitutionnel, Paris, LITEC, 1er édit. 1994.
ROBIN (C.),
Procédures civiles d'exécution, Paris, Vuibert, 2e édit., 2006.
SAYEGH (J. I.) et LOHOUES-OBLE (J.),
Harmonisation du droit des affaires, Bruxelles, édit. Bruylant, Coll. Droit uniforme africain, unida, juriscope, 2002.
SCIOTTI-LAM, (C.),
L'applicabilité des traités internationaux relatifs aux Droits de l'homme en droit interne, Bruxelles, Bruyant, 2004.
SIDIBE, (A. Y),
Droit et pratique du droit au Mali, Bamako, Jamana, 1re édit., 2007.
STARCK (B.),
Introduction au droit, troisième édition par Henri Roland et Laurent Boyer, Paris, LITEC, 1991.
SUDRE (F.),
Droit européen et international des droits de l'homme, Paris, PUF, 8e édit., 2006.
TRICOIT (J-P),
La médiation judiciaire, Paris, l'Harmattan, 2008.
VINCENT (J.), GUINCHARD, (S.), MONTAGNIER (G.) et VARINARD (A.),
Institutions judiciaires – Organisation – Juridictions – Gens de justice, Paris, Dalloz, 7e édit., 2003.
WACHSMANN (P),
Les droits de l'homme, Paris, DALLOZ, 5e édit., 2008.
ZOLLER (E.),
Droit constitutionnel, Paris, PUF, 2e édit., 1999.

II. OUVRAGES SPECIALISÉS ET MONOGRAPHIES

ASCENSI (L.),
Du principe de la contradiction, Paris, LGDJ, 2006.
ASSI-ESSO (A-M. H.), NDIAW (D.),
Recouvrement des créances, coll. Droit uniforme africain, Bruylant, 2002.
BA (A. H.) et DAGET (J.),
L'empire peul du Macina(1818 à 1853), Abidjan, Nouvelles éditions Africaines, 1984.
BADIANE (A.), VANDERSCHUEREN (F), DIAGNE (P.), BCACON (M), RODRIGUEZ-TORRES (D.), TOE (J. Y), DEGNI-SEGUI (R.), OSAGHAE (E. E.), HERAULT (G.),

Pauvreté et accès à la justice en Afrique. Impasses et Alternatives, Paris, l'Harmattan, 1995.
BEIGNIER (B.),
Droits fondamentaux et règles principales du procès civil, Préparation au CRFPA, Paris, Montchrestien, 3e édit., 2000.
CADIET (L.),
Découvrir la justice, Paris, Dalloz, 1997.
CHABANOL (D),
La pratique du contentieux administratif, Paris, LITEC, 8e édit., 2009.
CHAPUS (R.),
Droit du contentieux administratif, Paris, Montchrestien, 9e édit., 2001.
CHARVIN (R.),
Justice et politique (évolution de leurs rapports), l'Hermès, 2003.
CHOLET (D.)
La célérité de la procédure en droit processuel, préface de Geneviève Guidicelii-Delage, Paris, LGDJ, 2006.
CISSE (A.),
Mali : une démocratie à refonder, Paris, l'Harmattan, 2006.
CONAC (G.),
Les cours suprêmes en Afrique, Paris, 1988.
DEBBASCH (C.) et RICCI (J. C),
Contentieux administratif, Paris, Dalloz, 7e édit., 2001.
GAMANDA, (M. N),
Le droit à un procès équitable, Kinshasa, édit. Droit et Idées Nouvelles, 2002.
GARAPON (A.), PAPADOPOULOS (I.),
Juger en Amérique et en France, Paris, Odile Jacob, 2003.
CHAMBON (P.),
Le juge d'instruction – Théorie et pratique de la procédure, Paris, Dalloz, 4e édit., 1997.
DUMESTRE (G.),
Stratégies communicatives au Mali : Langues régionales, bambara français, coll. Langues et développement dirigée par Robert Chandenson, édit., Diffusion : Didier Erudition, 1994.
GUINCHARD, (S), CHAINAIS, (C), et autres,
Droit processuel - Droit commun et droit comparé du procès équitable, Paris, Dalloz, 5e édit., 2009.
JEAN DU BOIS DE GAUDUSSON et CONAC GERARD (Sous la dir.),
La justice en Afrique, Paris, la documentation française, 1990.
KORNIO (O.) et DIALLO (A. A),
La prévention et la gestion des conflits communautaires au Mali : étude et manuel de formation, Bamako, Fondation Friedrich Ebert, février 2004.

KUATE TAMEGHE (S. S.),
La protection du débiteur dans les procédures individuelles d'exécution, Paris, l'Harmattan, 2004.
KUTY, (F.),
L'impartialité du juge en procédure pénale, de la confiance décrétée à la confiance justifiée, collection de thèses, édit. LARCIER, 2004.
LOMBARD (F.),
Les jurés, Justice représentative et représentations de la justice, Paris, l'Harmattan, 1993.
LUCIEN (A.),
La justice mise en scène, Approche communicationnelle de l'institution judiciaire, Paris, l'Harmattan, 2008.
MAIGA (S.) et TOURE (A.) et Hubert LEBLANC,
État des lieux de la justice au Mali, Bamako, Service de la coopération canadienne, juillet 1996.
MBAYE (K.),
Propos d'un juge, les nouvelles éditions du Sénégal, 2008.
MINIATO (L.),
Le principe du contradictoire en droit processuel, préface de Bernard Beignier, Paris, LGDJ, 2008, 456 p.
MOULAYE (Z.), DIABATE (A.) et DOUMBIA (Y.),
Gouvernance de la justice au Mali, Bamako, édit, imprim. Color, Novembre 2007.
NABIL (El-H.),
La laïcité, ce précieux concept, Paris, l'Harmattan, 2008.
NAHAMIAS (J. F.),
Quand la justice perd la tête, Paris, collection BELLEMARE, édit., Albin Michel SA, 1999.
PAVIA (M-L),
L'équité dans le jugement, Paris, l'Harmattan, 2003.
POISSON (J-M.),
Les droits de l'homme et les libertés fondamentales à l'épreuve de la dualité de juridictions, Paris, l'Harmattan, 2003.
RAWLS (J.),
Théorie de la justice, Paris, édit., du Seuil, 1987.
RŒTS (D.),
Impartialité et justice pénale, « Travaux de l'institut de science criminelle de Poitiers », Paris, Cujas, 1997.
ROUSSEL (G.),
Suspicion et procédure pénale équitable, Paris, l'Harmattan, 2010.
SACCO (R.),
Le droit africain – Anthropologie et droit positif, Paris, Dalloz, 2009.
SAINT-PIERRE, (F.),
Le guide de la défense pénale, Paris, Dalloz, 5e édit., 2007.

SUDRE, (F.), PICHERAL (C), (Dir),
La diffusion du modèle européen du procès équitable, Paris, La documentation Française, édit., 2003.

III. ARTICLES, EXTRAITS DE REVUES SPECIALISÉES

ABARCHI (D.),
Problématique des réformes législatives en Afrique : le mimétisme juridique comme méthode de construction du droit, in RTDA, Janvier – Mars 2003, n° 842, p. 88

ANDRIANTSIMBAZOVINA (J.),
Délai raisonnable du procès, recours effectif ou déni de justice, RFDA, 2003 – 1, 85.

AQUEREBURU (C. A.),
« L'État justiciable de droit commun dans le traité de l'OHADA », in Revue de droit des pays d'Afrique, n° 832, 2000, p. 48

BA (D.)
Le droit à un procès équitable et impartial à l'épreuve de la justice de paix à compétence étendue au Mali, RTDA, N° 861, octobre – décembre 2007, édit., JurisAfrica, Paris, p. 516.

BANDAC (M.),
De l'acte juridictionnel, et de ceux des actes du juge qui ne le sont pas, in Mélanges offerts à Pierre DRAI – Le juge entre deux millénaires, Paris, Dalloz, 2000, p. 171.
L'action en justice, droit fondamental, in Mélanges Roger PERROT, Paris, Dalloz, 1995, p. 1.

BARON (C.),
Le droit au silence : une révolution silencieuse, Rec. Dalloz, 2000, n° 38, p. III.

BARTHELEMY (J.),
Le droit au pourvoi, in Mélanges offerts à Pierre DRAI – Le juge entre deux millénaires, Paris, Dalloz, 2000, p. 185.

BATIFFOL (H.),
« Circonstances et modalités de l'application du droit international par le juge national », in Mélanges HEBRAUD, Paris, Dalloz, 1981, p.41.

BELLET (P.)
« Le juge et l'équité », in Études offertes à René ROUDIERE, Paris, Dalloz, 1981, p. 9.

BENOIT (F.-P.)
Notions et concepts, instruments de la connaissance juridique – Les leçons de la philosophie du droit de Hegel, in Mélanges Gustave PEISER, Presses Universitaires de Grenoble, 1995, p. 23.

BLONDEL (P.),
Le fait, source de droit, in Mélanges offerts à Pierre DRAI – Le juge entre deux millénaires, Paris, Dalloz, 2000, p. 201.
BOLARD (G.),
Les juges et les droits de la défense, in Mélanges Pierre BELLET, Paris, Litec, 1990, p. 49.
L'arbitraire du juge, in Mélanges offerts à Pierre DRAI – Le juge entre deux millénaires, Paris, Dalloz, 2000, p. 225.
BOLZE (A.),
Quel contrôle du contradictoire pour le juge civil, note sous Cass. Civ. 3e, 21 février 2001, Rec. Dalloz, 2001, n° 40, p. 3231.
BORELLA (F.)
La justice de Salomon, Réflexions sur le juste, in Mélanges Gustave PEISER, Presses Universitaires de Grenoble, 1995, p. 51.
BOUMAKANI (B.),
Le juge interne et le droit OHADA, inRevue de droit des pays d'Afrique, Avril-Juin, 2002, n° 839, p. 133.
BREDIN (J.-D.)
Le juge et l'avocat, in Mélanges offerts à Pierre DRAI – Le juge entre deux millénaires, Paris, Dalloz, 2000, p. 15.
BURGELIN (J. – F.), COULON (J. – M.), FRISON – ROCHE (A.-M.),
L'office de la procédure, in Mélanges offerts à Pierre DRAI – Le juge entre deux millénaires, Paris, Dalloz, 2000, p. 253.
CANTO (M.),
Une justice entre tradition et modernité, in le mois en Afrique, N° 156, 1990.
CARCASSONNE (G.),
Le président de la république française et le juge pénal, in Mélanges Philippe ARDANT, Droit et politique de la croisée des cultures, LGDJ, 1999, p. 275.
CHABOT (G.),
Remarques sur la finalité probatoire de l'article 145 NCPC, Rec. Dalloz, 2000, n° 16, p. 256.
CHEVALLIER (J.),
La mondialisation de l'État de droit, in Mélanges Philippe ARDANT, Droit et politique de la croisée des cultures, LGDJ, 1999, p. 326.
COMPERNOLLE (J. V.),
Le droit d'être jugé dans un délai raisonnable : les effectivités d'un droit processuel autonome, in Mélanges NORMAND, Paris, LITEC, 2003, p. 471.
COULON (J. M.),
L'effectivité de l'accès à la justice et le contrôle de la durée des procédures, in Mélanges Jean Claude SOYER, Paris, LGDJ, 2001.

DAMIEN (A.),
« La déontologie de l'avocat hors du prétoire », in Mélanges HEBRAUD, Paris, Dalloz, 1981, p. 253.
DEBBASCH (Ch.),
« L'indépendance de la justice », in Mélanges Dubois, Paris, Dalloz, 2000.
DEMBELE (B.),
Problématique des bourgoutières devant les tribunaux de Mopti, in litiges fonciers au Mali.
DIABATE (B. C.),
Les mécanismes traditionnels de prévention et de règlement de conflits communautaires, communication au premier forum national de la société civile sur la gouvernance démocratique de la sécurité au Mali, Bamako, janvier 2007.
DIALLO (M.),
Etude diagnostique sur la corruption dans le milieu judiciaire, Bamako, Programme Décennal de développement de la justice (PRODEJ), juillet 2004.
DRAGO (R.),
Le problème de l'existence d'un ministère de la justice en France, in Mélanges offerts à Pierre DRAI – Le juge entre deux millénaires, Paris, Dalloz, 2000, p. 37.
DRAI (P.),
Libres propos sur la médiation judiciaire, in Mélanges Pierre BELLET, Paris, Litec, 1990, p. 123.
CISSE (D.)
Le contentieux en matière domaniale et foncière, in Litiges fonciers au Mali.
COMPERNOLLE (J. V.),
Propos sur la juridiction des référés en droit Belge, in Mélanges offerts à Pierre DRAI – Le juge entre deux millénaires, Paris, Dalloz, 2000, p. 473.
CONAC (G.)
Les politiques juridiques des États d'Afrique francophone aux lendemains des indépendances, in Mélanges Gustave PEISER, Presses Universitaires de Grenoble, 1995, p. 141.
CORNU (G.),
Les principes directeurs du procès civil par eux-mêmes (fragments d'un état de questions), in Mélanges Pierre BELLET, Paris, Litec, 1990, p. 83.
FLECHEUX (G.),
Le droit d'être entendu, in Mélanges Pierre BELLET, Paris, Litec, 1991, p. 149.

FONTBRESSIN (P. De),
Un pacificateur par le droit, in Mélanges offerts à Pierre DRAI – Le juge entre deux millénaires, Paris, Dalloz, 2000, p. 48.
FRICERO (N.),
Procès civil équitable et juge judiciaire, in Mélanges Julien, Edilaix, 2003, p. 182.
FRICHON – ROCHE (M.A),
L'impartialité du juge, Dalloz, 1999, Chron. 53, Spéc. N° 12.
GARAPON (A.),
La justice, point aveugle de la théorie politique française ?, in Mélanges offerts à Pierre DRAI – Le juge entre deux millénaires, Paris, Dalloz, 2000, p. 53.
GAVINET (G.),
Du principe d'efficience en droit judiciaire privé, in Mélanges offerts à Pierre DRAI – Le juge entre deux millénaires, Paris, Dalloz, 2000, p. 242.
GELINEAU LARRIVET (G.),
Quelques réflexions sur les conseils de prud'hommes et la procédure prud'homale, in Mélanges offerts à Pierre DRAI – Le juge entre deux millénaires, Paris, Dalloz, 2000, p. 343.
GICQUEL (J.),
Le conseil supérieur de la magistrature : une création continue de la république, in Mélanges Philippe ARDANT, Droit et politique de la croisée des cultures, LGDJ, 1999, p. 289.
GUINCHARD (S.),
Retour sur la constitutionnalisation de la procédure civile, in Mélanges offerts à Pierre DRAI – Le juge entre deux millénaires, Paris, Dalloz, 2000, p. 355.
« Le procès équitable : garantie formelle ou droit substantiel ? », Mélanges Farjat, 1999, p. 139.
« Le procès équitable, droit fondamental ? » AJDA, n° spécial, juillet – août 1998, p. 191.
La justice, bien de consommation courante, in Mélanges J. CALAIS – AULOY, Dalloz, 2003.
« Vers une démocratie procédurale », Justices, 1999, n° 1 p. 92.
HERON (J.),
Convention européenne des droits de l'homme et la théorie des voies de recours, in Mélanges offerts à Pierre DRAI – Le juge entre deux millénaires, Paris, Dalloz, 2000, p. 369.
JULIEN (P.),
« Remarques sur la contrariété des décisions de justice », in Mélanges HEBRAUD, Paris, Dalloz, 1981, p. 493.

KANTE (H.) et DIARRA (M. G.),
Rôle et mission des professions judiciaires dans la réforme juridique et judiciaire, Communication au colloque international sur l'analyse comparée de processus de réforme juridique et judiciaire, Bamako, 18-20 septembre 2006.
KAYSER (P.),
Le principe de la publicité de la justice dans la procédure civile, in Mélanges HEBRAUD, Paris, Dalloz, 1981, p. 515.
KEITA (A.) et DJIRE (M.),
La pratique institutionnelle de la 3e République du Mali – 1992 – 1997 : l'apprentissage de la démocratie, Bamako, Facultés des Sciences Juridiques et Economiques 2004.
KOERING – JOULIN (R.),
L'indemnisation d'erreurs judiciaires – La réforme nécessaire de l'article 626, alinéa 3 du code de procédure pénale, in Mélanges offerts à Pierre DRAI – Le juge entre deux millénaires, Paris, Dalloz, 2000, p. 65.
LAURENCE (N- V.),
Le délai raisonnable ou la mesure du temps, LPA, 3 juin 2003, p. 3.
LEBRETON (G.),
Le juge administratif face à l'ordre moral, in Mélanges Gustave PEISER, Presses Universitaires de Grenoble, 1995, p. 363.
LEYSSAS (C. L. De),
Les mesures conservatoires de l'article 12 de l'ordonnance du 1er décembre 1986 – Une voie de droit à redéfinir, in Mélanges offerts à Pierre DRAI – Le juge entre deux millénaires, Paris, Dalloz, 2000, p. 401.
LONG (M.),
Du palais de justice au palais royal – Suite à un dialogue inachevé, in Mélanges offerts à Pierre DRAI – Le juge entre deux millénaires, Paris, Dalloz, 2000, p. 75.
LYON – CAEN (A.),
A propos des observations orales des avocats dans les procédures écrites, in Mélanges offerts à Pierre DRAI – Le juge entre deux millénaires, Paris, Dalloz, 2000, p. 415.
MARGUENAUD (J-P),
La dérive de la procédure pénale française au regard des exigences européennes, in Rec. Dalloz, chron., 2000, n° 16, p. 249.
Médiatisation du procès pénal et impartialité du juge répressif, note sous ord. 1er Président, Cour d'appel, Paris, 26 oct. 2000, Rec. Dalloz, 2001, n° 21, p. 1646.
MCKEE (J. - Y.),
Le conseil supérieur de la magistrature siégeant comme conseil de discipline des magistrats du siège et l'article 6, conv EDH, in Mélanges

offerts à Pierre DRAI – Le juge entre deux millénaires, Paris, Dalloz, 2000, p. 89.
MICHAUD (J.),
Justice et grands débats de société, in Mélanges offerts à Pierre DRAI – Le juge entre deux millénaires, Paris, Dalloz, 2000, p. 633.
MIGUET (J.),
« Réflexion sur le pouvoir des parties de lier le juge par les qualifications et points de droit (article 12 al. 4 du NCPCCS) », in Mélanges HEBRAUD, Paris, Dalloz, 1981, p. 567.
MILACIC (S.),
« L'État de droit, pour quoi faire ? L'Etat de droit comme logistique d'une bonne gouvernance démocratique », in Mélanges Jean GICQUEL, Constitutions et pouvoirs, Montchrestien, 2008, p. 375.
MINIATIO (L.),
« Le principe du contradictoire : nouveau principe directeur du procès ? », in Rec. D. 2005, n° 37, p. 2537.
MOUTOUH (H.) et MONTAGNE MOUTOUH (I.),
Une réforme attendue : la responsabilité des magistrats, in Rec. Dalloz, 2000, n° 08, p. V.
NADAL (L.),
« La liberté de parole du Ministère public », Colloque du centre de droit de la concurrence de Perpignan, 20 Juin 2008, Gaz. Pal. 20 Décembre 2008.
NAMBO (J. J),
Quelques héritages de la justice coloniale en Afrique noire – in Droit et Société 51/52 -2002, p. 325 – 344.
NKOU MVONDO (P.),
« La crise de la justice de l'État en Afrique noire francophone – Études des causes du divorce entre la justice et les justiciables », in Revue des droits des pays d'Afrique, n° 824 mai – août 1997, p. 208.
NORMAND (J.),
Les facteurs d'accélération de la procédure civile, in Mélanges offerts à Pierre DRAI – Le juge entre deux millénaires, Paris, Dalloz, 2000, p. 427.
« Le juge et le fondement du litige », in Mélanges HEBRAUD, Paris, Dalloz, 1981, p. 595.
OPPETIT (B.),
Justice étatique et justice arbitrale, in Mélanges Pierre BELLET, Paris, Litec, 1990, p. 415.
PASCAL (J.),
« Les séparations du pouvoir », in Mélanges Jean GICQUEL, Constitutions et pouvoirs Montchrestien, 2008, p. 255.

PERROT (R.),
Du « provisoire » au « définitif », in Mélanges offerts à Pierre DRAI – Le juge entre deux millénaires, Paris, Dalloz, 2000, p. 447.
« L'évolution du référé », in Mélanges HEBRAUD, Paris, Dalloz, 1981, p. 299.
PLUYETTE (G.),
La médiation judiciaire, in Mélanges offerts à Pierre DRAI – Le juge entre deux millénaires, Paris, Dalloz, 2000, p. 463.
PONTIER (J-M),
« À quoi servent les lois ? », Rec. Dalloz, 2000, n° 04, p. 57.
PRADEL (J.),
La procédure pénale française à l'aube du 3e millénaire, in Rec. Dalloz, n° 1, 2000, p. 1.
RAYMOND (M.),
Justice et jugements (arrière-plan philosophique de la procédure civile, in Rec. Dalloz, n° 35, 2000, p. III.
RAYNAUD (P.),
« L'obligation pour le juge de respecter le principe de la contradiction : les vicissitudes de l'article 16 du NCPCCS), in Mélanges HEBRAUD, Paris, Dalloz, 1981, p. 715.
REDON (M.),
Le témoin devenu prévenu a-t-il droit à un procès équitable, note sous TGI, 13 janv. 2000, Rec. Dalloz, 2000, n° 37, p. 773.
RENOUX (Th. S.),
« Droit au juge naturel, droit fondamental », in RTDC, 1993, p. 33.
ROUHETTE (G.),
L'ordre juridique processuel. Réflexion sur le droit du procès, in Mélanges Pierre Raynaud, Paris, Dalloz-Sirey, 1985, p. 689.
SALVATORE (),
« La motivation des décisions de justice et le jugement de fait », in Mélanges François Rigoux, Nouveaux itinéraire en droit, édit., Bruylant, Bruxelles, 1933, p. 443.
TAMBETOU (M.),
De l'indépendance du pouvoir judiciaire au Sénégal, in Justice et droit en Afrique (Études doctrinales), Mélanges Africaines, E.D.J.A, 2007, p. 169.
TAVERNIER (P.),
Le droit à un procès équitable dans la jurisprudence du comité des droits de l'homme des Nations Unies – Les communications individuelles, RTDH, 1996 – 25, p. 3.
TCHANTCHOU (H.) et NDZUENKEU (A.),
L'exécution provisoire à l'ère de l'OHADA, in RTDA, Janvier – Mars 2005, n° 850, p. 46.

TERRE (F.),
Sur l'image de la justice, in Mélanges offerts à Pierre DRAI – Le juge entre deux millénaires, Paris, Dalloz, 2000, p. 121.
TOULON (J.),
La loi sur la présomption d'innocence et le droit des victimes, in Rec. Dalloz, n° 23, 2000, p. V.
VATIER (B.),
« La justice est-elle un service public ? », in Mélanges offerts à Pierre DRAI – Le juge entre deux millénaires, Paris, Dalloz, 2000, p. 141.
VITU (A.),
Les délais des voies de recours en matière pénale, in Mélanges offerts à Albert CHAVANNE – Droit pénal – Propriété industrielle, Paris, Litec, 1990, p. 179.
WANYOU (M.),
La chefferie traditionnelle en côte d'ivoire, in RTDA, Janvier – Mars 2006, n° 854, p. 53.
WIEDERKEHR (G.),
L'évolution de la justice gracieuse, in Mélanges offerts à Pierre DRAI – Le juge entre deux millénaires, Paris, Dalloz, 2000, p. 483.
WOOG (J. – C.),
Portrait d'un juge, in Mélanges offerts à Pierre DRAI – Le juge entre deux millénaires, Paris, Dalloz, 2000, p. 149.
ZOLLER (E.),
« Procèséquitable et due process of law », in Rec. Dalloz, 2007, p. 517.

IV. THÈSES ET MÉMOIRES NON PUBLIÉS

1°) Thèse de doctorat

COLSON, (R.),
La fonction de juger. Etude historique et positive, Thèse sous la direction de M. le Professeur Loïc CADIET, Paris I, 2003.
DELICOSTOPOULOS (I. S.),
Le procès civil à l'épreuve du droit processuel européen, Thèse, sous la direction de M. le Professeur Serge GUINCHARD, Paris II, 1999.
FEROT (P.),
La présomption d'innocence : Essai d'interprétation historique, Thèse, sous la direction de M. le Professeur Jean Pierre ROYER, Lille II, 2007.
KPENONHOUN (C. F. S.),
Contribution à l'étude du contentieux administratif au Bénin de 1990 à 2010, Thèse de doctorat, sous la direction de Professeur, Jean du Bois GAUDUSSON, UCAD, 2011.

LAURENT-BOUTOT (C.),
La cour de cassation face aux traités internationaux protecteurs des droits de l'homme, Thèse, sous la direction de M. le Professeur Jean-Pierre MARGUENAUD, Limoges, 2006.
MASCLANIS (F.),
Une approche de la culture policière à travers les écrits de policiers, Thèse, sous la direction de M. le Professeur Jean-Louis LOUBET DEL BAYLE, Toulouse I, 2004.
NASSOKO (I),
L'État et la religion au Mali de 1960 à nos jours, Thèse de doctorat en Sciences islamiques, option : Civilisation islamique, édit., Jamana-Bamako, 2009.
PARGUEL, (P-O.),
Le président du tribunal administratif, Thèse, sous la direction de M. le Professeur, Philippe BLACHER, Lyon II, 2005.
PIASECKI (J.),
L'office du juge administratif des référés, entre mutations et continuité jurisprudentielle, Thèse, sous la direction de M. le Professeur Michel PAILLET, Sud Toulon-Var, 2008.
TRILLES (O.),
Essai sur le devenir de l'instruction préparatoire, analyses et perspectives, Thèse, sous la direction de M. le professeur Gabriel ROUJOU DE BOUBEE, Toulouse I, 2005.
STRICKLER (Y.),
Le juge des référés, juge du provisoire, Thèse, sous la direction de M. le Professeur Georges WIEDERKEHR, Robert Schuman de Strasbourg, 1993.
SY (P.),
Le droit d'accès à la justice au Sénégal, Thèse Sous la direction de M. le Professeur Abdoullah CISSE, UGB, 2010.
VERGES (E.),
Les principes directeurs du procès judiciaire, étude d'une catégorie juridique, Thèse, sous la direction de Mme le Professeur Sylvie CIMAMONTI, D'AIX Marseille, 2000.

2°) Mémoire

ANNMBOULIE CHARLEMAGNE (D. R.),
Les droits de l'homme a travers la constitution ivoirienne du 1er aout 2000 et a l'épreuve de la crise politico-militaire, Mémoire de 3e cycle en « Droits fondamentaux », Université de Nantes, 2004-2005.
ASTAL (H.),
Le respect des droits de la défense : cas du Tchad, Mémoire de 3e cycle en « Droits fondamentaux », Université de Nantes, 2005-2006.

BALAN (A.),
Les droits procéduraux dans le système de la CEDH et leur protection dans l'Union européenne : le droit à un procès équitable et le recours effectif à la justice, Mémoire de 3e cycle en « Droits fondamentaux », Université de Nantes, 2003-2004.
BERTE (I.),
L'effectivité de l'application par les cours et tribunaux au Mali des traités et conventions ratifiés en matière des droits de l'homme, Mémoire de 3e cycle en « Droits fondamentaux », Université de Nantes, 2004-2005.
EVRARD (A.),
Approche critique de la loi n° 2000-597 du 30 juin 2000 relative au référé devant les juridictions administratives : une unification inachevée, Mémoire de DEA en Droit public général (mention droit administratif), Université de Lille 2 Droit et santé, Faculté des sciences juridiques, politiques et sociales, 2001-2002.
FICHEAU (A.),
Les erreurs judiciaires, Mémoire de DEA en Droit (mention droit et justice), Université de Lille 2 Droit et santé, Faculté des sciences juridiques, politiques et sociales, année 2001-2002.
GALINA (A.),
Le procès équitable en droit pénal russe selon les exigences CEDH : compatibilités et défis, Mémoire pour le Master de droit européen, Université Jean Moulin, Lyon 3, France, Faculté de droit, 2010.
KOFFI (R.),
Indépendance du pouvoir judiciaire en République du Bénin, Mémoire de 3e cycle en « Droits fondamentaux », Université de Nantes, 2005-2006.
KOKOROKO (K. D.),
La présence de l'avocat aux intérêts des prévenus au cours des enquêtes policières en Droit positif du Togo, Mémoire de 3e cycle en « Droits fondamentaux », Université de Nantes, 2004-2005.
LAMOURY (D.),
L'affaiblissement des pouvoirs du juge d'instruction en matière de détention provisoire, Mémoire de DEA en Droit, Université de Lille 2 Droit et santé, Faculté des sciences juridiques, politiques et sociales, année 2004-2005.
LECOINTE (V.),
La juridictionnalisation de l'exécution des peines, Mémoire de DEA en Droit privé, Université de Lille 2 Droit et santé, Faculté des sciences juridiques, politiques et sociales, année 2001-2002.
MOUKOURY (F. C. M.),
La protection des droits de l'inculpé en droit camerounais, Mémoire de 3e cycle en « Droits fondamentaux », Université de Nantes, 2005-2006.

MOUQUET (A.-G.),
La procédure de jugement à délai rapproché, Mémoire de DEA en Droit (mention droit pénal), Université de Lille 2 Droit et santé, Faculté des sciences juridiques, politiques et sociales, année 2005-2006.
NDUWAYO (G.),
Les dilemmes de la justice transitionnelle au Burundi 1993-2006, Mémoire de 3e cycle en « Droits fondamentaux », Université de Nantes, 2005-2006.
VITEAU (D.),
Le rôle des historiens dans le procès, Mémoire de DEA Droit et justice, Université de Lille 2 Droit et santé, Faculté des sciences juridiques, politiques et sociales, année 2000-2001.

V. RAPPORTS ET COLLOQUES

Colloque international sur l'analyse de processus de réforme juridique et judiciaire, Bamako, Ministère de la justice, PRODEJ, septembre 2006.
Le Médiateur de la République : Rapport annuel 2005, Bamako, août 2006.
PRODEJ, Pour une justice crédible et réhabilité : Rapport du colloque international sur l'analyse de processus de réforme de la justice, Bamako, PRODEJ, septembre 2006.
PRODEJ, Programme décennal de développement de la justice (PRODEJ), Ministère de la justice, Comité de pilotage du projet d'appui à la réforme de la justice (CP-PRODEJ), décembre 1999.
Rapport Général du Forum National sur la justice, Bamako, avril 1999.

VI. WEBOGRAPHIE

BABACAR (I. A.),
Les juges à l'épreuve de la démocratisation : l'exemple du Niger. www.afrilex.u-bordeaux4.fr consulté le 15 février 2011.
BRETON (J-M.),
Légalité et État de droit : statut et perception du juge de l'administration (contribution à une réflexion transversale), www.afrilex.u-bordeaux4.fr consulté le 25 mai 2010.
CIAUDO (A.),
La maîtrise du temps en droit processuel, Jurisdoctoria, n° 3, 2009, p. 1. http://www.jurisdoctoria.net/pdf/numero3/aut3_CIAUDO.pdf
Consulté le 22 janvier 2013.
COHEN-JONATHAN (G.),
Les droits de l'homme, une valeur internationalisée, in Droits fondamentaux, n° 1, juillet - décembre 2001,
www.droits-fondamentaux.org consulté le 17 février 2013.

DECAUX (E.),
Justice et droits de l'homme. www.droits-fondamentaux.orgconsulté le 05 – 01 -2010.
DINTILHAC (J-P),
L'égalité des armes dans les enceintes judiciaires.
www.courdecassation.fr consulté le 7 Janvier 2010.
FALL, (A. B),
Le juge, le justiciable, et les pouvoirs publics : pour une appréciation concrète de la place du juge dans les systèmes politiques en Afrique. www.afrilex.u-bordeaux4.fr Consulté le 25 mai 2010.
FOUDA, (G.),
L'accès au droit : richesse et fécondité d'un principe pour la socialisation juridique et l'état de droit en Afrique noire francophone. www.afrilex.u-bordeaux4.frConsulté, le 3 juin 2010
NUELA, (M.), et CATHARINA (H.),
Le droit à un procès équitable, un guide sur la mise en œuvre de l'article 6 de la Convention européenne des droits de l'homme.
http://www.coe.int/t/dghl/publications/hrhandbooks/index_hrhandbook_fr.asp
Site consulté le 09 janvier 2010 ;
SUDRE (F.), PICHERAL (C.),
L'extension des garanties du procès équitable - Hors les juridictions ordinaires : Les contraintes européennes, novembre 2002. Site : http://www.gip-recherche-justice.fr/catalogue/PDF/rapports/88-RF_Proces_equitable_Sudre.pdf
Consulté, le 16 février 2011.
SY (D.),
La condition de juge en Afrique : l'exemple du Sénégal www.afrilex.u-bordeaux4.fr Consulté le 25 mai 2010.
TALL (E. M),
La problématique de l'indépendance du pouvoir judiciaire en Afrique de l'Ouest, L'expérience du Sénégal.
http://democratie.francophonie.org/IMG/pdf/22-2.pdf Consulté le 25 mai 2010.
QUILLERE-MAJZOUB (F.),
Le droit a un procès équitable et le juge administratif.
http://www.cedroma.usj.edu.lb/pdf/conf1/Pdf/Majzoub.pdf Consulté le 1er janvier 2012.
RUIZ FABRI (H.) et SOREL (J.-M.), (Dir.),
La motivation des décisions des juridictions internationales, édit. A. PEDONE, Coll. Contentieux international.
http://cerdin.univ-paris1.fr/IMG/pdf/Conclusions_motivations.pdf
Consulté le 25 mars 2012.

BOURNOVILLE, (E.),
Les Tueurs en Série Français, nouveau genre de criminels face à une police d'un genre nouveau, Mémoire D.E.A en Droit et Justice, Université de Lille 2, 2003 – 2003. http://www.edoctorale74.univ-lille2.frconsulté le 20 – 03 – 2010 ;
FICHEAU, (A.),
Les erreurs judiciaires, Mémoire de D.E.A en Droit et Justice, Université de Lille 2, 2001- 2002. http://www.edoctorale74.univ-lille2.frconsulté le 25 – 03 – 2010 ;
KOFFI, (R.),
Indépendance du pouvoir judiciaire en République du Benin, Mémoire de 3e Cycle en « Droits Fondamentaux » de l'Université de Nantes, 2005 – 2006. http://www.droits-fondamentaux.prd.fr/dudf,
consulté le 17/03/2009
LAMOURY, (D.),
L'affaiblissement des pouvoirs du juge d'instruction en matière de détention provisoire. Mémoire de D.E.A en Droit et Justice, Université de Lille 2, 2004- 2005. http://www.edoctorale74.univ-lille2.frconsulté le 20 – 03 – 2010 ;
LECOINTE, (V.),
La juridictionnalisation de l'exécution des peines, Mémoire de D.E.A de Droit privé, Université de Lille 2, 2001 – 2002.
http://www.edoctorale74.univ-lille2.frconsulté le 20 – 03 – 2010.
BEN LADEN (M.),
La loi de procédure pénale saoudienne et la protection des libertés fondamentales, Mémoire de 3e Cycle en « Droits Fondamentaux » de l'Université de Nantes, 2004 – 2005,
http://www.droits-fondamentaux.prd.fr/dudf, consulté le 17/03/2009
MOUKOURY, (F. C. M.),
La protection des droits de l'inculpe en procédure pénale camerounaise, Mémoire de 3e Cycle en « Droits Fondamentaux » de l'Université de Nantes, 2005 – 2006. http://www.droits-fondamentaux.prd.fr/dudf, consulté le 13 – 10 - 2009
MOUQUET, (A.-G.),
La procédure de jugement à délai rapproché, Mémoire de Master II recherche, Droit privé, Université de Lille 2, 2005 – 2006.
http://www.edoctorale74.univ-lille2.frconsulté le 20 – 03 – 2010.
NDUWAYO, (G.),
Les dilemmes de la justice transitionnelle au Burundi (1993-2006), Mémoire de 3e Cycle en « Droits Fondamentaux » de l'Université de Nantes, 2005 – 2006. http://www.droits-fondamentaux.prd.fr/dudf, consulté le 17 – 03 – 2010

VII. INSTRUMENTS JURIDIQUES

1°) Textes d'origine malienne

Textes constitutionnels

- Constitution du 22 septembre 1960 (abrogée).
- Constitution du 2 juin 1974 (abrogée).
- Constitution du 25 février 1992, J.O du 29 février 1992, (en vigueur).

Textes legislatifs

- Loi n° 61-103 /AN/RM du 18 Août 1961 Portant l'assistance judiciaire (abrogée).
- Loi n° 82-40/AN/RM du 1ier avril 1982 portant répression de la corruption.
- Loi n° 88 – 39 /AN/RM du 5 avril 1988 portant réorganisation judiciaire, abrogeant la loi n° 61-55/AN/RM du 15 mai 1961.
- Loi n° 94-006 AN/RM du 18 mars 1994 modifiée par la loi n° 95-057 AN/RM du 2 Août 1995 portant organisation et fonctionnement des tribunaux administratifs.
- Loi n° 94 – 042 AN/RM DU 13 octobre 1994 portant création et organisation de la profession d'avocat.
- Loi n° 95- 069 AN/RM du 25 Août 1995 portant statut des huissiers.
- Loi n° 96-071 AN/RM du 16 décembre 1996, modifiée par la loi 09-025 AN/RM du 02 juillet 2009 fixant l'organisation, les règles de fonctionnement de la cour suprême et la procédure suivie devant elle.
- Loi n° 97 – 10 AN/RM du 11 février 1997 portant loi organique déterminant les règles d'organisation et de fonctionnement de la cour constitutionnelle ainsi que la procédure suivie devant elle.
- Loi n° 01 – 079 AN/RM du 20 août 2001 portant code pénal au Mali.
- Loi n° 01-080 AN/RM du 20 Aout 2001 portant code de procédure pénale. Cette loi abroge la loi N° 62-66/AN-RM du 6 août 1962, l'Ordonnance N° 35/CMLN du 31 juillet 1973 et l'Ordonnance N° 76-47/CMLN du 27 septembre 1976.
- Loi n° 01- 080 AN/RM du 24 août 2001 portant sur la minorité pénale et institutions pour mineurs. J.O du 1ier février 2002.
- Loi n° 01 – 082 AN/RM du 24 Aout 2001 portant assistance judiciaire au Mali (en vigueur).
- Loi n° 02 – 054 AN/RM du 16 décembre 2002 portant statut de la magistrature J.O N° 36 du 31 décembre 2002.
- Loi n° 03 – 29 AN/RM du 11 aout 2003 fixant l'organisation, la composition, les attributions du Conseil Supérieur de la Magistrature.
- Loi n° 11 – 037 AN/RM du 15 juillet 2011 portant organisation des juridictions.

- Loi n° 11 – 038 AN/RM du 15 juillet 2011 portant création des juridictions.

Textes règlementaires

- Décret n° 95-211 P/RM du 30 novembre 1995 portant frais de justice en matière pénale.
- Décret n° 95-255 P/RM du 30 juin 1995 portant frais de justice en matière civile et commerciale.
- Décret n° 96 – 159 /P-RM du 31 mai 1996 relatif à l'Espace d'Interpellation Démocratique (EID).
- Décret n° 99 - 254 du 15 septembre 1999 portant code de procédure civile commerciale et sociale, modifié par le Décret 220 P-RM du 11 mai 2009.
- Décret n° 04-1463 du 23 décembre 2004 relatif aux experts judiciaires.
- Décret n° 06-168/P-RM du 13 avril 2006 déterminant les mesures d'application de la médiation pénale au Mali.
- Décret n° 06 – 426 P/RM du 24 octobre 2006 fixant les modalités d'applications de la loi n° 01 – 082 AN/RM du 24 Aout 2001 portant assistance judiciaire au Mali.
- Décret n° 11 – 580 AN/RM du 13 septembre 2011 fixant le ressort des juridictions et déterminant le parquet général d'attache des parquets des tribunaux de grande instance et des parquets des tribunaux d'instance.

2°) Textes internationaux et régionaux

Textes internationaux

- Déclaration universelle des droits de l'homme du 10 décembre 1948.
- Convention de Genève pour l'amélioration du sort des blessés et des malades dans les forces armées en campagne, adoptée le 12 août 1949, ratifiée le 24 mai 1965.
- Convention de Genève pour l'amélioration du sort des blessés, des malades et des naufragés des forces armées sur mer, adoptée le 12 août 1949, ratifiée le 24 mai 1965.
- Convention de Genève relative au traitement des prisonniers de guerre, adoptée le 12 août 1949, ratifiée le 24 mai 1965.
- Convention de Genève relative à la protection des personnes civiles en temps de guerre, adoptée le 12 août 1949, ratifiée le 24 mai 1965.
- Protocole additionnel II aux conventions de Genève du 8 juin 1977 relatif à la protection des victimes des conflits armés non internationaux.
- Pacte international relatif aux droits civiques et politiques (1966) entré en vigueur en 1976, ratifié le 16 juillet 1974.
- Protocole facultatif n° 1 se rapportant au pacte international relatif aux droits civils et politiques, ratifié le 24 octobre 2001.

- Convention contre la torture et autres peines ou traitements cruels, inhumains ou dégradants (1984), entrée en vigueur en 1989, ratifiée le 26 février 1999.
- Convention pour l'élimination de toutes les formes de discrimination à l'égard des femmes (1979), entrée en vigueur en 1981, ratifiée le 10 septembre 1985.
- Convention (n° 100) concernant l'égalité de rémunération entre main d'œuvre masculine et féminine pour un travail de valeur égale (1951), entrée en vigueur en 1953, ratifiée par le Mali le 12 juillet 1968.
- Convention Internationale sur l'élimination de toutes les formes de discrimination raciale (1966) entrée en vigueur en 1966, ratifiée le 16 juillet 1974.
- Convention (n° 87) sur la liberté syndicale et la protection du droit syndical (1948) ratifiée le 22 septembre 1960.

Textes régionaux

- Charte africaine des droits de l'homme et des peuples adoptée par la conférence des chefs d'État de l'OUA (1981) entrée en vigueur en 1986, ratifié le 21 décembre 1981.
- Directives et principes sur le droit à un procès équitable et à l'assistance judiciaire en Afrique de la commission africaine des droits de l'homme et des peuples adoptés, en sa 26e session, tenue à Kigali en 1999.
- Convention européenne de savegarde des droits de l'homme et libertés fondamentales du 4 novembre 1950.

VIII. JURISPRUDENCES, NOTES ET OBSERVATIONS

A. Jurisprudences des juridictions maliennes

I. Décisions des juridictions du fond

1. Jugements des Tribunaux de Première Instance

- TPI-Kati, 26 septembre 2005, Jugmt. N°193, Souleymane NIARE et Daouda NIARE Contre Abdoul DIARRA, Kolado SACKO, Ibrahim SAMAKE et autres
- TPI-Kati, 7 décembre 2009, Jugmt. N° 322, WANAMA TEMBELLY contre KOLADO KANE et autres ;
- TPI-Kati, 30 juin 2008, Jugmt. N° 259, Alpha SOW contre Boua CISSE ;
- TPI-Kati, 30 juin 2008, Jugmt. N° 260, Alpha SOW contre Modibo SINAYOKO ;
- TPI-Kati, 30 juin 2008, Jugmt. N° 261, Alpha SOW contre Baba DOUMBIA ;

- TPI-Kati, 21 février 2007, Jugmt. N° 14 ; Demba SISSOKO contre la Mairie de Dédougou-Torodo ;

2. Arrêt de la cour d'appel

- C.A.B, 6 décembre 2006, Arrêt N° 256, Tiécoura DIABATE contre Minimba et Zoumana tous DIABATE, Nature Expulsion et démolition.

II. Arrêts de la Cour Suprême

1°) Chambre civile

- C. Sup. Sect. Adm., 4 février 2005, Arrêt N°21, Souleymane NIARE et Daouda NIARE contre Abdoul DIARRA, Kolado SACKO, Ibrahim SAMAKE et autres.
- C.S.M, Ch. réunies, 6 février 2007, Arrêt N° 20, Fantouffe DIARRA et autres contre SONAREM.
- C. Sup. Sect. Jud. 1ière Ch. Civile, Arrêt N° 29 du 12 février 2007, Mme Koné SOW contre Moussa TRAORE.
- C. Sup. Sect. Jud. 1ière Ch. Civile, Arrêt N° 34 du 12 février 2007, Procureur Général contre jugement N° 10 du 03 janvier 1995.
- C. Sup. Sect. Jud. 1ière Ch. Civile, Arrêt N° 36 du 12 février 2007, Cheik Oumar TRAORE contre Assetou COULIBALY.
- C.S.M, Civ. 2e, 13 janvier 1998, arrêt 17, (non-application de l'exécution forcée à celui qui bénéficie une immunité d'exécution).
- C.S.M, Civ. 1re, 6 juillet 1998, arrêt n° 110 (défaut de motifs, violation de l'article 430 du CPCCS).
- C.S.M, Civ. 1re, 23 février 1998, arrêt n° 20 (violation de l'article 531 du CPCCS).
- C.S.M, Civ. 1re, 6 juillet 1998, arrêt n° 106 (violation des droits de la défense).
- C.S.M, Civ. 1re, 12 janvier 1998, arrêt n° 06.
- C.S.M, Civ. 1re, 23 novembre 1998, arrêt n° 345.
- C.S.M, Civ. 1re, 18 mai 1998, arrêt n° 102.
- C.S.M, Civ. 1re, 06 avril 1998, arrêt n° 64 (mauvaise interprétation d'un texte).
- C.S.M, Civ. 1re, 24 février 1998, arrêt n° 34 (insuffisance de motifs).
- C.S.M, Civ. 1re, 24 novembre 1998, arrêt 404 (manque de base légale).
- C.S.M, Civ. 1re, 06 avril 1998 arrêt n° 06 (violation des règles d'ordre public de compétences rationae materiae des juridictions de l'ordre judiciaire et celle de l'ordre administratif).
- C.S.M, Civ. 1re, 06 avril 1998, arrêt n° 69 (violation des règles de partage successoral).

- C.S.M, Civ. 2e, 24 février 1998, arrêt n° 46 (mauvaise application de la loi).
- C.S.M, Civ. 1re, 24 février 1998, arrêt n° 31 (immutabilité du litige).
- C.S.M, Civ. 1re, 06 avril 1998, arrêt n° 06 (règle ultra petita).
- C.S.M, Civ. 1re, 18 mai 1998, arrêt n° 100 (violation du principe du contradictoire).
- C.S.M, Civ. 1re, 12 janvier 1998, arrêt n° 05 (application de la loi nouvelle de procédure à une instance en cours).
- C.S.M, ch. Reun., arrêt n° 26, (Rabat d'arrêt – absence du procureur dans une instance en vente par adjudication).
- C.S.M, Civ. 1re, 06 juillet 1998, arrêt 113 (Rabat d'arrêt).
- C.S.M, Civ. 2e, 24 mars 1998, arrêt n° 33 (instance en rectification – erreur matérielle).
- C.S.M, Civ. 1re, 20 septembre 1999, arrêt n° 286 (bonne application de la loi par la cour d'appel).
- C.S.M, Civ. 2e, 09 mai 1999, arrêt n° 148, (mauvaise interprétation de la loi – mauvaise application de la loi).
- C.S.M, Civ. 2e, 22 juillet 1999, arrêt n° 215 (défaut de base légale).
- C.S.M, Civ. 2e, 23 novembre 1999, arrêt n° 304 (violation de l'esprit et de la lettre de la loi.
- C.S.M, Civ. 2e, 24 novembre 1999, arrêt n° 399 (immutabilité du litige).
- C.S.M, Civ. 2e, 23 février 1999, arrêt n° 108 (inscription en faux).
- C.S.M, Civ. 2e, 23 novembre 1999, arrêt n° 313 (violation des dispositions du CDF).
- C.S.M, Civ. 1re, 22 novembre 1999, arrêt n° 298 (manque de base légale).
- C.S.M, Civ. 2e, 08 novembre 1999, arrêt n° 193 (incompétence de l'huissier).
- C.S.M, ch. Réun., 11 juillet 1999, arrêt n° 03 (réclamation de biens – solidarité civile et de l'action publique devant la juridiction pénale. Autonomie de l'action civile devant la juridiction – manque de base légale).
- C.S.M, Civ. 1re, 22 février 1999, arrêt n° 73 (décision d'incompétence – contredit).
- C.S.M, Civ. 1re, 06 avril 1999, arrêt n° 113 (vente par expropriation forcée sans titre exécutoire).
- C.S.M, Civ. 1re, 22 février 1999, arrêt n° 66 (Rabat d'arrêt – principe du contradictoire – publicité des audiences et des débats).
- C.S.M, Civ. 1re, 18 mai 1999, arrêt n° 142 (appréciation souveraine des preuves par le juge du fond).
- C.S.M, Civ. 1re, 17 mai 1999, arrêt n° 135 (Reddition des comptes – jugement ADD).
- C.S.M, Soc, 14 juillet 1999, arrêt n° 22 (conciliation).
- C.S.M, Soc, 14 juin 1999, arrêt n° 29 (violation de la loi).
- C.S.M, Civ. 1re, 18 décembre 2000, arrêt n° 191 (violation de la loi).

- C.S.M, Civ. 1re, 11 avril 2000, arrêt n° 58 (exéquatur).
- C.S.M, Civ. 1re, 21 février 2000, arrêt n° 25 (pouvoir du juge – excès de pouvoir).
- C.S.M, Civ. 1re, 18 avril 2000, arrêt n° 75 (CDF – appréciation des juges du fond).
- C.S.M, Civ. 1re, 22 mai 2000, arrêt n° 87 (donations entre vifs – conditions – révocation).
- C.S.M, Civ. 1re, 10 janvier 2000, arrêt n° 04 (mesures d'instruction – motivations).
- C.S.M, Civ. 1re, 26 juin 2000, arrêt n° 91 (Appel – recevabilité).
- C.S.M, Civ. 1re, 25 juillet 2000, arrêt n° 123 (astreinte provisoire – astreinte définitive – liquidation).
- C.S.M, Civ. 1re, 21 février 2000, arrêt n° 89 (exécution provisoire).
- C.S.M, Civ. 1re, 21 août 2000, arrêt n° 143 (délai de grâce).
- C.S.M, Civ. 1re, 25 juillet 2000, arrêt n° 135 (interprétation de jugement – cassation après 2e renvoi).
- C.S.M, Civ. 1re, 17 avril 2000, arrêt n° 57 (citations formalités – défaut réputé contradictoire – appel).
- C.S.M, Civ. 1re, 10 janvier 2000, arrêt n° 17 (témoignages contradictoires – appréciation par les juges du fond).
- C.S.M, Civ. 1re, 24 juillet 2000, arrêt n° 141 (transport judiciaire – commencement de preuve par écrit).
- C.S.M, Civ. 1re, 30 octobre 2000, arrêt n° 11 (renvoi devant la CCJA – application de l'acte uniforme).
- C.S.M, Soc, 10 juillet 2000, arrêt n° 34 (licenciement).
- C.S.M, Soc, 10 juillet 2000, arrêt n° 38 (immunité de juridiction).
- C.S.M, Civ. 1re, 29 juillet 2001, arrêt n° 08 (violation de l'article 3 du CMT).
- C.S.M, Civ. 1re, 23 avril 2003, arrêt n° 62 (appréciation des faits par les juges du fond).
- C.S.M, Civ. 1re, 25 juillet 2001, arrêt n° 92 (représentation en justice).
- C.S.M, Civ. 1re, 29 janvier 2001, arrêt n° 04 (violation des articles 242, 209, 273 et 210 du CDF).
- C.S.M, Civ. 1re, 29 janvier 2001, arrêt n° 09 (dénaturation des termes d'un écrit).
- C.S.M, Civ. 1re, 30 juillet 2001, arrêt n° 114 (jugement rendu par défaut et jugement réputé contradictoire – violation de l'article 485 du CPCCS).
- C.S.M, Civ. 1re, 30 juillet 2001, arrêt n° 107 (application de l'article 301 de l'acte uniforme portant organisation des procédures simplifiées de recouvrement et les voies d'exécution).
- C.S.M, Civ. 1re, 29 octobre 2001, arrêt n° 173 (violation de l'article 455 du CPCCS).
- C.S.M, Civ. 1re, 29 octobre 2001, arrêt n° 174 (violation de l'article 123 du CDF).

- C.S.M, Civ. 1re, 29 octobre 2001, arrêt n° 176 (choix des mesures d'instruction).
- C.S.M, Civ. 1re, 26 décembre 2001, arrêt n° 234 (sursis à statuer).
- C.S.M, Civ. 1re, 29 octobre 2009, arrêt n° 160 (sursis à statuer).
- C.S.M, Civ. 1re, 10 septembre 2002, arrêt n° 194 (bonne application de la loi par la cour d'appel).
- C.S.M, Civ. 1re, 28 juillet 2002, arrêt n° 127 (instance en rétraction de jugement).
- C.S.M, Civ. 1re, 25 février 2002, arrêt n° 30 (instance en contestation de créance, bonne application de la loi par la cour d'appel).
- C.S.M, Civ. 2e, 23 septembre 2002, arrêt n° 208 (demande de validation de saisie).
- C.S.M, Civ. 2e, 28 janvier 2002, arrêt n° 13 (appréciation des faits par les juges du fond – limites).
- C.S.M, Civ. 1re, 24 juin 2002, arrêt n° 102 (droit coutumier – appréciation souveraine des preuves par le juge du fond).
- C.S.M, Civ. 2e, 29 avril 2002, arrêt n° 58 (mesures d'instruction expertise).
- C.S.M, Civ. 1re, 18 mars 2002, arrêt n° 38 (homologation de partage successoral).
- C.S.M, Civ. 1re, 18 novembre 2002, arrêt n° 227 (violation de l'article 156 du R.G.O)
- C.S.M, Civ. 1re, 28 juillet 2002, arrêt n° 116 (partage successoral).
- C.S.M, Civ. 1re, 18 novembre 2002, arrêt n° 226 (réclamation de part successorale).
- C.S.M, Civ. 2e, 28 janvier 2002, arrêt n° 15 (Appel - formalités).
- C.S.M, Civ. 2e, 12 août 2002, arrêt n° 176 (main levée – saisie attribution).
- C.S.M, Civ. 1re, 18 novembre 2002, arrêt n° 222 (rectification au lieu de rabat d'arrêt).
- C.S.M, Civ. 2e, 25 février 2002, arrêt n° 36 (instance en obtention de titre exécutoire, défaut de base légale).
- C.S.M, Civ. 1re, 29 avril 2002, arrêt n° 69 (preuve acte sous seing privé – violation de la loi).
- C.S.M, Civ. 1re, 26 août 2002, arrêt n° 185 (réclamation de terre).
- C.S.M, Civ. 1re, 19 mai 2003, arrêt n° 139 (citation – délai – moyen de nullité avant tout débat au fond).
- C.S.M, Civ. 1re, 18 mars 2003, arrêt n° 49 (insuffisance de moyen égal à un défaut de motifs).
- C.S.M, Civ. 2e, 28 juillet 2003, arrêt n° 210 (violation manifeste de la loi par la cour d'appel).
- C.S.M, Civ. 2e, 09 juin 2003, arrêt n° 170 (fausse application de la loi).
- C.S.M, Civ. 2e, 29 septembre 2003, arrêt n° 259 (violation de la loi par la cour d'appel.

- C.S.M, Civ. 2e, 30 décembre 2003, arrêt n° 305 (manque de base légale).
- C.S.M, Civ. 2e, 30 décembre 2003, arrêt n° 298 (méconnaissance du sens et la portée des articles 60 et 61 du CDF).
- C.S.M, Civ. 2e, 24 mars 2003, arrêt n° 76 (violation de la loi).
- C.S.M, Civ. 1re, 18 mars 2003, arrêt n° 52 (violation de l'article 231 du CPCCS).
- C.S.M, Civ. 2e, 27 octobre 2003, arrêt n° 275 (suspension d'astreinte – violation des articles 494, 496, 706, 506, et 709 du CPCCS).
- C.S.M, Civ. 2e, 26 mai 2003, arrêt n° 152 (Avocat – perte de qualité – nullité des actes).
- C.S.M, Civ. 1re, 18 août 2003, arrêt n° 229 (vente par expropriation forcée – application de l'article 2 du traité de l'OHADA – incompétence de la cour suprême).
- C.S.M, Civ. 1re, 19 mai 2003, arrêt n° 132 (exéquatur).
- C.S.M, Civ. 1re, 15 septembre 2003, arrêt n° 245 (exéquatur).
- C.S.M, Civ. 1re, 18 mars 2003, arrêt n° 50 (formation collégiale – juge unique).
- C.S.M, Civ. 2e, 26 mai 2003, arrêt n° 157 (composition irrégulière – erreur matérielle – excès de pouvoir).
- C.S.M, Civ. 2e, 14 avril 2003, arrêt n° 08 (rétraction d'ordonnance).
- C.S.M, ch. Réun., 12 mai 2003, arrêt n° 126 (contrariété de motifs, violation du principe du contradictoire).
- C.S.M, Civ. 2e, 24 mars 2003, arrêt n° 77 (ADD – violation des articles 5, 62 et 63 du CPCCS).
- C.S.M, Civ. 1re, 18 août 2003, arrêt n° 230 (pourvoi du Ministre de la justice, garde des sceaux – excès de pouvoir).
- C.S.M, ch. Réuni., 10 février 2003, arrêt n° 20 (rabat d'arrêt).
- C.S.M, Civ. 2e, 27 janvier 2003, arrêt n° 16 (défaut de base légale).
- C.S.M, Civ. 2e, 24 mars 2003, arrêt n° 78 (violation de l'article 652 du CPCCS).
- C.S.M, Civ. 2e, 28 juillet 2003, arrêt n° 219 (main levée – saisie attribution – violation des articles 156, 169, et 170 de l'AUPSRVE).
- C.S.M, Civ. 2e, 27 janvier 2003, arrêt n° 10 (violation de la loi).
- C.S.M, Civ. 1re, 13 décembre 2004, arrêt n° 170 (sort d'un constat d'huissier).
- C.S.M, Civ. 2e, 15 novembre 2004, arrêt n° 167 (interprétation erronée des termes d'un écrit).
- C.S.M, Civ. 2e, 23 août 2004, arrêt n° 128 (confirmation de droit).
- C.S.M, Civ. 2e, 23 août 2004, arrêt n° 127 (refus d'applique la loi).
- C.S.M, Civ. 2e, 15 novembre 2004, arrêt n° 166 (violation de la loi par la cour d'appel).
- C.S.M, Civ. 2e, 19 avril 2004, arrêt n° 44 (compétence des juridictions administratives).
- C.S.M, Civ. 2e, 28 juin 2004, arrêt n° 94 (compétence du juge civil).

- C.S.M, Civ. 2e, 25 octobre 2004, arrêt n° 152 (impossibilité pour le juge d'accorder des dommages-intérêts).
- C.S.M, Civ. 1re, 17 mai 2004, arrêt n° 50 (compétence du juge judiciaire).
- C.S.M, Civ. 2e, 24 mai 2004, arrêt n° 65 (respect du principe du contradictoire).
- C.S.M, Civ. 2e, 24 mai 2004, arrêt n° 62 (compétence du juge civil).
- C.S.M, Civ. 1re, 13 avril 2004, arrêt n° 40 (exéquatur).
- C.S.M, Civ. 2e, 23 février 2004, arrêt n° 28 (nullité de la décision - articles 460 et 466 CPCCS – compétence du juge civil).
- C.S.M, Civ. 1re, 13 juin 2005, arrêt n° 125 (violation de la loi par la cour d'appel).
- C.S.M, ch. Réun., 29 mars 2005, arrêt n° 78 (violation des articles 59, 60 et 75 du CMT par la cour d'appel).
- C.S.M, Civ. 2e, 24 janvier 2005, arrêt n° 014 (fausse application de la loi par la cour d'appel).
- C.S.M, Civ. 2e, 25 janvier 2005, arrêt n° 148 (insuffisance de motivation et par défaut de base légale).
- C.S.M, Civ. 2e, 24 janvier 2005, arrêt n° 08 (violation de la loi par la cour d'appel).
- C.S.M, Civ. 1re, 17 mars 2005, arrêt n° 074 (confirmation de titre de propriété immobilière – violation de la loi par la cour d'appel).
- C.S.M, ch. Réuni., 31 janvier 2005, arrêt n° 22 (compétence de la cour de renvoi –exception de péremption – action réelle).
- C.S.M, Civ. 2e, 23 mai 2005, arrêt n° 102 (autorité de la chose jugée).
- C.S.M, Civ. 2e, 14 février 2005, arrêt n° 39 (exéquatur – compétence territoriale - application de l'article 516 du CPCCS).
- C.S.M, Civ. 2e, 22 août 2005, arrêt n° 162 (mesures d'instruction – décision sur le fond).
- C.S.M, ch. Réuni., 30 mai 2005, arrêt n° 117 (rabat d'arrêt).
- C.S.M, ch. Réuni., 27 juin 2005, arrêt n° 133 (rabat d'arrêt).
- C.S.M, ch. Réuni., 27 juin 2005, arrêt n° 137 (substitution de motifs).
- C.S.M, Civ. 2e, 23 mai 2005, arrêt n° 108 (rétractation – compétence).
- C.S.M, Civ. 2e, 26 septembre 2005, arrêt n° 193 (ultra petita).
- C.S.M, Civ. 1re, 13 février 2006, arrêt n° 15 (autorité de la chose jugée).
- C.S.M, Civ. 1re, 19 juin 2006, arrêt n° 100 (Témoignage des parents admis)
- C.S.M, Civ. 1re, 18 septembre 2006, arrêt n° 158 (violation de la loi par la cour d'appel).
- C.S.M, Civ. 2e, 26 décembre 2006, arrêt n° 200 (violation de la loi par la cour d'appel).
- C.S.M, Civ. 1re, 7 août 2006, arrêt n° 11 (violation de la loi par la cour d'appel).
- C.S.M, Civ. 2e, 22 août 2006, arrêt n° 149 (fausse application de la loi par la cour d'appel).

- C.S.M, Civ. 2e, 22 août 2006, arrêt n° 150 (responsabilité civile des collectivités territoriales).
- C.S.M, Civ. 2e, 25 septembre 2006, arrêt n° 161 (responsabilité de l'État).
- C.S.M, Civ. 2e, 26 avril 2006, arrêt n° 113 (responsabilité des services hospitaliers).
- C.S.M, Civ. 2e, 24 octobre 2006, arrêt n° 186 (compétence du tribunal administratif – compétence du tribunal civil).
- C.S.M, Civ. 2e, 20 février 2006, arrêt n° 29 (manque de base légale de la décision).
- C.S.M, ch. Réun., 18 avril 2006, arrêt n° 57 (exception de nullité).
- C.S.M, Civ. 2e, 22 octobre 2006, arrêt n° 151 (expulsion – incompétence litispendance).
- C.S.M, ch. Réun., 10 juillet 2006, arrêt n° 119 (rabat d'arrêt).
- C.S.M, ch. Réun., 18 avril 2006, arrêt n° 59 (rabat d'arrêt).
- C.S.M, sec. Réun., 18 décembre 2006, arrêt n° 195 (tribunal des conflits).
- C.S.M, Civ. 1re, 06 août 2007, arrêt n° 166 (discordance entre les motifs et le dispositif).
- C.S.M, Civ. 1re, 16 juillet 2007, arrêt n° 146 (violation de la loi par la cour d'appel).
- C.S.M, Civ. 1re, 1er octobre 2007, arrêt n° 210 (la motivation d'un jugement par des motifs généraux équivaut à une absence de motifs).
- C.S.M, Civ. 1re, 1er octobre 2007, arrêt n° 203 (motivation de la décision).
- C.S.M, Civ. 1re, 04 juillet 2007, arrêt n° 122 (tentative de conciliation obligatoire).
- C.S.M, Civ. 1re, 1er octobre 2007, arrêt n° 207 (violation de la loi par la cour d'appel).
- C.S.M, Civ. 1re, 06 août 2007, arrêt n° 168 (décision ultra petita).
- C.S.M, Civ. 2e, 19 novembre 2007, arrêt n° 268 (fausse interprétation d'une opération juridique).
- C.S.M, Civ. 2e, 03 mai 2007, arrêt n° 180 (motivation de la décision).
- C.S.M, Civ. 2e, 17 juillet 2007, arrêt n° 160 (dénaturation des faits – fausse interprétation de la loi).
- C.S.M, Civ. 2e, 19 novembre 2007, arrêt n° 277 (manque de base légale).
- C.S.M, Civ. 2e, 17 décembre 2007, arrêt n° 294 (motivation de la décision).
- C.S.M, Civ. 2e, 17 décembre 2007, arrêt n° 286 (annulation de testament).
- C.S.M, Civ. 2e, 19 novembre 2007, arrêt n° 19 (astreinte – liquidation).
- C.S.M, Civ. 2e, 19 novembre 2007, arrêt n° 270 (principe de l'autorité de la chose jugée).
- C.S.M, Civ. 2e, 19 novembre 2007, arrêt n° 263 (saisine des chambres réunies).
- C.S.M, Civ. 2e, 13 août 2007, arrêt n° 17 (décision sursis – décision ADD).

- C.S.M, Civ. 2e, 11 juin 2007, arrêt n° 137 (il y a défaut de base légale quand le juge omet d'ordonner une mesure d'instruction permettant de résoudre la question posée).
- C.S.M, Civ. 2e, 08 octobre 2007, arrêt n° 222 (exécution de jugement).
- C.S.M, ch. réun., 06 février 2007, arrêt n° 19 (rabat d'arrêt).
- C.S.M, ch. réun., 29 octobre 2007, arrêt n° 238 (rabat d'arrêt).
- C.S.M, ch. réun., 29 octobre 2007, arrêt n° 242 (rabat d'arrêt).
- C.S.M, Civ. 2e, 08 octobre 2007, arrêt n° 223 (exception d'incompétence d'attribution –renvoi devant la CCJA).

2°) Chambre criminelle

- C.S.M, crim., 09 avril 2001, arrêt n° 12.
- C.S.M, crim., 09 avril 2001, arrêt n° 13.
- C.S.M, crim., 09 avril 2001, arrêt n° 15.
- C.S.M, crim., 09 avril 2001, arrêt n° 16.
- C.S.M, crim., 05 février 2001, arrêt n° 01.
- C.S.M, crim., 09 juillet 2001, arrêt n° 16.
- C.S.M, crim., 03 décembre 2001, arrêt n° 65.
- C.S.M, crim., 08 octobre 2001, arrêt n° 70.
- C.S.M, crim., 08 octobre 2001, arrêt n° 71.
- C.S.M, crim., 19 avril 2001, arrêt n° 19.
- C.S.M, crim., 04 juin 2001, arrêt n° 24.
- C.S.M, crim., 04 juin 2001, arrêt n° 29.
- C.S.M, crim., 09 avril 2001, arrêt n° 19.
- C.S.M, crim., 13 août 2001, arrêt n° 36.
- C.S.M, crim., 13 août 2001, arrêt n° 38.
- C.S.M, crim., 13 août 2001, arrêt n° 49.
- C.S.M, crim., 23 juillet 2007, arrêt n° 37.
- C.S.M, crim., 17 septembre 2007, arrêt n° 40.
- C.S.M, crim., 23 juillet 2007, arrêt n° 40.
- C.S.M, crim., 17 septembre 2007, arrêt n° 41.
- C.S.M, crim., 17 septembre 2007, arrêt n° 42.
- C.S.M, crim., 17 septembre 2007, arrêt n° 51.
- C.S.M, crim., 03 décembre 2007, arrêt n° 65.
- C.S.M, crim., 03 décembre 2007, arrêt n° 68.
- C.S.M, crim., 27 mars 2007, arrêt n° 16.
- C.S.M, crim., 28 mai 2007, arrêt n° 24.

3°) Section administrative

- C.S.M. adm., 04 janvier 2007, arrêt n° 3.
- C.S.M. adm., 1er février 2007, arrêt n° 04.

- C.S.M. adm., 1er février 2007, arrêt n° 07.
- C.S.M. adm., 15 février 2007, arrêt n° 024.
- C.S.M. adm., 19 juillet 2007, arrêt n° 101.
- C.S.M. adm., 19 juillet 2007, arrêt n° 108.
- C.S.M. adm., 19 juillet 2007, arrêt n° 110.
- C.S.M. adm., 19 juillet 2007, arrêt n° 112.
- C.S.M. adm., 19 juillet 2007, arrêt n° 116.
- C.S.M. adm., 13 septembre 2007, arrêt n° 143.
- C.S.M. adm., 13 septembre 2007, arrêt n° 144.
- C.S.M. adm., 13 septembre 2007, arrêt n° 146.
- C.S.M. adm., 13 septembre 2007, arrêt n° 147.
- C.S.M. adm., 17 septembre 2007, arrêt n° 153.

B. Jurisprudences de la Cour Européenne des Droits de l'Homme

Les arrêts sont classés par ordre chronologique

- CEDH, 23 juillet 1968, *Affaire linguistique belge* (Sudre et autres, « Grands arrêts de la Cour EDH », 5e éd., n° 8) (Critère de discrimination)
- CEDH, 21 février 1975, *Golder c. Royaume-Uni* (Sudre et autres, « Grands arrêts de la Cour EDH » n° 26) (Droit d'accès à un tribunal)
- CEDH, 8 juin 1976, *Engel c. Pays-Bas* (Sudre et autres, « Grands arrêts de la Cour EDH » 5e éd. n° 4) (Notion de matière pénale).
- CEDH, 1er octobre 1982, *Piersack* (Requête n° 8692/79) (Notion impartialité)
- CEDH, 8 décembre 1983, *Pretto c. Italie* (Sudre et autres, « Grands arrêts de la Cour EDH » 5e éd. n° 31) (Procès public).
- CEDH, 26 octobre 1984, Cubber c./Belgique (Impartialité du juge).
- CEDH, 26 juin 1991, *Mme Letellier c. France* (DS 1992 SC 328 note Renucci) (Détention provisoire – durée).
- CEDH, 25 février 1992, *Pfeifer et Plankl c. Autriche* (D. 1992 SC 331 note Renucci) (Droits des détenus).
- CEDH, 16 décembre 1992, *Sainte-Marie c. France* (DS 1993 SC 384/385) (Détention provisoire – Impartialité).
- CEDH, 25 février 1993, *Funke c. France* (DS 1993 SC 387/388) (Droit de ne pas contribuer à sa propre incrimination).
- CEDH, 24 novembre 1994, *Cts Beaumartin c. France* (DS 1996 SC 199) (Notion de tribunal)
- CEDH, 9 décembre 1994, *HiroBalani c. Espagne* (DS 1996 SC 202 note Fricero) (Motivation des décisions)
- CEDH, 10 février 1995, *Allenet de Ribemont c. France* (Gaz.Pal. 1996 II 513) (Importance de la présomption d'innocence dans le procès pénal).

- CEDH, 10 février 1995, *GeaCalalan c. Espagne* (DS 1996 SC 199) (Notification des charges).
- CEDH, 26 avril 1995, *Prager et Oberschlick c. Autriche* (Gaz.Pal. 1996 II 518) (Notion de victime »).
- CEDH, 8 juin 1995, *Jamil c. France* (JCP 1996 II 22 677 note Bourdeaux) (Notion de peine).
- CEDH, 22 novembre 1995, *S.W. c. Royaume-Uni*, (Sudre et autres, « Grands arrêts de la Cour EDH » 5 éd. n° 37) (Légalité criminelle – Principe).
- CEDH, 26 septembre 1995, *Diennet c. France* (Gaz.Pal. 1996 II 529) (Procès non public).
- CEDH, 28 septembre 1995, *Procola c. Gd Duché du Luxembourg* (DS 1996 J 301) (Impartialité du juge).
- CEDH, 8 février 1996, *John Murray c. Royaume-Uni* (Sudre et autres, « Grands arrêts de la Cour EDH » 5e éd. n° 34) (Droit de ne pas contribuer à sa propre incrimination).
- CEDH, 7 août 1996, *Hamer c. France* (D. 1997 SC 205 note Renucci) (Droit des victimes – Droit à l'indemnisation).
- CEDH, 16 septembre 1999, *Buscemi c. Italie* (D. 2000 184/185 note Fricero) (Impartialité du juge).
- CEDH, 16 septembre 1996, *Gaygusuz c. Autriche* (D. 1998 J 438, note Marguénaud et Mouly) (Non-discrimination).
- CEDH, 18 mars 1997, *Mlle Mantovanelli c. France* (D. 1997 SC 1997 note Perez) (Principe du contradictoire).
- CEDH, 18 mars 1997, *X. c. France* (D. 1997 SC 360 note Renucci) (L'égalité des armes).
- CEDH, 19 mars 1997, *Hornsby c. Grèce* (JCP 1997 II 22 949) (Droit à l'exécution forcée du jugement).
- CEDH, 25 juin 1997, *Van Orshoven c. Belgique* (D. 1997 SC 359) (Principe du contradictoire).
- CEDH, 1er juillet 1997, *Torri c. Italie* (D.1997 SC 361 note Baudoux) (Délai raisonnable).
- CEDH, 24 septembre 1997, *Sté Garyfallou c. Grèce* (D. 1998 SC 207 note Perez) (Délai raisonnable).
- CEDH, 21 octobre 1997, *Pierre-Bloch c. France* (Gaz.Pal. 1997 II somm. 490) (Notion de la matière pénale).
- CEDH, 27 novembre 1997, *X. c. Allemagne* (D. 1998 SC 206 note Renucci) (Garde à vue – durée).
- CEDH, 19 février 1998, *Higgins et autre c. France* (D. 1998 SC 369 note Fricero) (Motivations des décisions).
- CEDH, 25 mars 1998, *Kopp c. Suisse* (Gaz.Pal. 1998 I somm. 186) (Ecoute téléphonique – Protection).
- CEDH, 27 mars 1998, *Petrovic c. Autriche* (D. 1999 J 141, Note Marguénaud et Mouly) (Critères de discrimination).

- CEDH, 27 mars 1998, *X. c. Pays-Bas* (D. 1998 SC 368 note Fricero) (Principe du contradictoire).
- CEDH, 31 mars 1998, *Reinhardt et autre* (Gaz.Pal. 1998 I somm. 188/189) (Délai raisonnable – Signification de « accusation »).
- CEDH, 29 juillet 1998, *X. c. France* (D. 1998 SC 364 note Renucci) (Droit au recours).
- CEDH, 23 septembre 1998, *Lehideux et autre c.France* (D. 1998 IR 248) (Notion de nécessaire).
- CEDH, 25 mars 1999, *X. c. France* (D. 2000 J 357 note Roets) (Notification des charges).
- CEDH, 29 avril 1999, *Chassagnou et autres c. France* (Sudre et autres, « Grands arrêts de la Cour EDH » 5e éd. n° 67) (Critère de discrimination).
- CEDH, 26 octobre 1999, *Maini c. France* (Gaz.Pal. 2 000 106) (Droit à l'indemnisation des victimes).
- CEDH, 9 novembre 1999, *Debboud c. France* (D. 2000 SC 180) (Durée de la détention provisoire).
- CEDH, 23 novembre 1999, *Ceriello c. Italie* (D. 2000 SC 183, note Fricero) (Délai raisonnable).
- CEDH, 29 septembre 1999, *Serre c. France* (D.2000 SC 182 note Fricero) (Procès public).
- CEDH, 26 octobre 1999, *Maini c. France* (Gaz.Pal. 2000 J 1060, note Puéchavy) (Droits de la partie civile).
- CEDH, 28 octobre 1999, *Zielinski et autres c. France* (Gaz.Pal. 2000 J 1063 note Chr. Pettiti) (Indépendance du tribunal).
- CEDH, 5 janvier 2000, *Beyeler c. Italie* (D.2000 187 note Fricero) (Interprétation du droit à un procès équitable).
- CEDH, 8 février 2000, *Voisine c. France* (D. 2000 186) (Communication des preuves).
- CEDH, 21 mars 2000, *Dulaurans c. France* (Gaz.Pal. 2001 J 1504) (Droit du prévenu).
- CEDH, 20 juin 2000, *Mme Nisse c. France* (Gaz.Pal. 2001 somm. p.201) (Motivation des décisions).
- CEDH, 11 juillet 2000, *Dikmec.Turquie* (Requête n° 20869/92) (Droits des détenus).
- CEDH, 29 août 2000, (JCP 2000 II 10 435, note Perdriaux) (Délai raisonnable)
- CEDH, 26 octobre 2000, *Kudla c. Pologne* (Sudre et autres, « Grands arrêts de la
- CEDH, 21 novembre 2001, *Fogarty c. Royaume-Uni* (Sudre et autres, « Grands arrêts de la CEDH » n° 27) (Limitation du droit d'accès à un tribunal).
- CEDH, 20 juillet 2001, *Dame Pellegrini c. Italie* (Gaz.Pal. Tables 2005 v° Droits de l'homme n° 22) (Exéquatur).

- CEDH, 5 février 2002, *Conka c. Belgique* (Gaz.Pal. 2002 J 1382) (Conditions de l'arrestation).
- CEDH, 26 février 2002, *Frette c. France* (Gaz.Pal. 2002 Somm. p.496) (L'égalité des armes).
- CEDH, 21 mai 2002, *Peltier c. France* (Gaz.Pal. 2002 J 1469) (Limitation du droit d'accès à un tribunal).
- CEDH, 25 juin 2002, *Colombani c. France* (Gaz.Pal. Tables 2003 v° Droits de l'homme n° 30) (Audition).
- CEDH, 26 juillet 2002, *Meftah c. France* (Gaz.Pal. Tables 2003 v° Droits de l'homme n° 16) (Procès oral).
- CEDH, 8 juillet 2003, *Fontaine c. France* (Gaz.Pal. Tables 2004 v° Droits de l'homme n° 23) (Procès oral)
- CEDH, 27 novembre 2003, *Slimane Saïd c. France* (Gaz.Pal. Tables 2004 v° Droits de l'homme n° 17) (L'égalité des armes).
- CEDH, 8 juillet 2004, *Ilascu et autre c. Moldavie et Russie* (Sudre et autres, « Grands arrêts de la Cour EDH », 5e éd., n° 68) (Notion de juridiction).
- CEDH, 1er février 2005, *SCP Huglo et autre c. France* (Gaz.Pal. 2005 J 1137 note J-G. Moore) (Communication des pièces de la procédure).
- CEDH, 17 janvier 2006, *Barbier c. France* (Requête n° 76093/01) (Le droit à un tribunal n'est pas un droit absolu).
- CEDH, 3 octobre 2006, *Ben Naceur c. France* (Gaz.Pal. Tables 2007 v° Droits de l'homme n° 17) (L'égalité des armes).
- CEDH, 17 mars 2009, *OulDah c. France* (Gaz.Pal. 2009 somm. p.1400/1401) (Droit du présumé).
- CEDH, 11 juin 2009, *Dubus c. France* (Gaz.Pal. 2009 J 3819) (L'impartialité personnelle du magistrat).

INDEX ALPHABETIQUE

(Les chiffres renvoient aux numéros des pages)

Abstention 106
• V° aussi impartialité 103
Accès à la justice 49
Accès au dossier 154
• V° Communication de pièce 154
Accusation en matière pénale 40, 139, 146, 321
• V° aussi matière pénale 139
Accusatoire 150
Acte de procédure 26
Action syndicale 252
Agent de police judiciaire 103
Amende civile 109, 172, 182
Amiable compositeur 141
Appel 165
• définition 165
• délai 166
• forme 166
• effet 167
Application des peines 323
Arbitrage 22, 170
Arrestation 34, 125
Assignation 71, 127
Assistance judiciaire 76
Association 252
• V° aussi société civile 263
Astreinte 176
Audition 156
• V° aussi interrogatoire 156
Auditeur 87
Autorités administratives indépendantes 23, 41
Autorité de la chose jugée 165, 183
Auxiliaires de justice 69
Avocat 258

Bâtonnier 258
Bonne administration de la justice....133, 161
Budget de la justice....256

Bureau d'assistance judiciaire 77

Caducité....66
• V° formalisme....65
Capacité....278
Carrière des juges....86
Carte judiciaire....206, 215
Célérité....28
• V° aussi délai raisonnable....122
Chambre des appels correctionnels....168
Chose jugée....183
Collégialité....102
Commissaire du gouvernement....214, 231
Commission rogatoire....158, 160
Communication de pièce....154
Compétence....206, 215
Complexité du droit processuel....65, 177
• V° aussi formalisme....65
Conciliation....142
Conseil supérieur de la magistrature....90
Consignation....72
Contumace....132
Corruption....298
Cour d'appel....170
Cour d'assises....112
Cour suprême....170
Créancier....71

Décision de justice....22
• V° aussi exécution....163
Défense à exécution....177
Délai de grâce....174
• condition....176
• définition....176
• effet....177
Déni de justice....28, 228, 286
Déontologie....171
• V° aussi éthique....171
Dépens....71
• V° aussi frais de justice.....71
Détention provisoire....159
Diffamation....222, 263
Dignité de la personne humaine....265, 288
• V° aussi détention et garde à vue....71, 156
Droit à l'accès à un tribunal....25
Droit à un procès équitable....25
Droit à un recours effectif....25, 148

Droit au silence....125, 154
Droit communautaire....328
Droit coutumier....52
Droit de l'homme....21, 336
Droit et obligation de caractère civil....139
• V° matière civile....139
Droits fondamentaux....21
• Définition....21
• V° aussi Droit de l'homme....21
Droit judiciaire....23
• V° droit processuel....23
Droit processuel....23
• Définition....23
Droits de la défense....26, 31
Dualité des ordres juridictionnels....225
Dysfonctionnement de la justice....358, 361

Egalité des armes....28, 129
Enquête de flagrance....153
Enquête préliminaire....153, 256
Equilibre....278
• V° procès équitable....25
Equité....129
• notion....129
• éléments (de)....129
Erreur judiciaire....29
• V° dysfonctionnement de la justice et responsabilité de l'État. 358, 361
Ethique du juge....271
• V° aussi déontologie....271
Evolution du litige....122
• V° délai raisonnable....122
Excès de pouvoir....147
Exécution forcée....163
• entrave juridique....164
• entrave pratique....183
Exécution provisoire....165
Exéquatur....314
Exercice de l'action publique....99
Expert judiciaire....128
Extradition....336

Faits sociaux....114
• V° aussi tares traditionnelles....102, 114
Faux témoignage....181
Frais de justice....70
Formalisme....65

Garantie....21
• Définition....21
Garde à vue....156
Garde des sceaux....87, 97, 98
Gratuité de la justice....70, 73
Greffier....77

Haute cour de justice 42
Huissier de justice....................262
• V° aussi auxiliaire de justice....................258
Huis clos....................136
Immutabilité du litige....................141
• V° principe dispositif....................31, 141
Impartialité du juge....................102
• définition....................27
• garantie....................103
• Faiblesse....................105
• V° aussi indépendance....................84
Inamovibilité des magistrats....................92
Indemnisation....................164
Indépendance....................84
• définition....................27
• garantie....................85
• faiblesse....................93
• consolidation....................238
Inquisitoire....................150
Instance (conduite de l')....................141
• V° Délai raisonnable et matière civile....................122
Instruction à charge ou à décharge....................156
• V° juge d'instruction....................
Interprète....................31
Interrogatoire....................160
• V° enquête préliminaire et juge d'instruction....................156

Journaliste....................89
• V° aussi médias....................27
Juge....................145
• Administratif....................145
• d'instruction....................149
• judiciaire....................149
• unique....................225
• de l'exécution....................163
• de paix à compétence étendue....................207
• droit au....................25
Jugement....................167
• contradictoire....................167
• par défaut....................166
• réputé contradictoire....................167
• sur le fond....................135
Juridiction de droit commun....................139
Juridiction d'instruction....................149
• V° juge d'instruction....................150
Justice....................25
• Réforme (de la)....................205
• Service public....................25
Kouroukanfouga (charte)....................36

Langage judiciaire....................61
Lenteurs de la justice....................126
• V° délai raisonnable....................122
Liberté de presse....................89

Libertés publiques 21
• V° aussi droit de l'homme 21

Mandat....................159
• d'amener 159
• d'arrêt....................159
• de dépôt....................159
Matière civile....................139
Matière pénale 149
Médias 27
Ministère public....................99
Mise en liberté 132
Motivations des décisions....................343

Neutralité du juge 103
• V° aussi impartialité....................103
Nullité....................65
• des actes 65
• de la procédure....................65

Obligation de réserve....................103
• V° impartialité....................103
Officier de police judiciaire 103
Organisation non gouvernementale 81, 263
• V° société civile 263
Opposition 165
Opportunité des poursuites 99
• V° ministère public 99
Oralité des débats 129
• V° publicité....................136
Ordre public....................29

Parquet....................99
• V° Ministère public....................99
Perquisitions 156
Police....................103
Pourvoi en cassation 170
Pouvoir exécutif....................85
Pouvoir législatif 85
Pouvoir judiciaire 85
Prescription de la peine....................168
Présomption d'innocence....................31
Preuve charge 140
Principe directeur....................150
Principe dispositif....................139
Principe d'égalité....................129
Prise à partie 108
• V° aussi impartialité....................102
Procédure (définition)....................22
Procès 22
• Administratif....................145
• Civile 139
• coût approximatif (d'un) 70

• définition, ... 22
Procès équitable 24
• définition 24
• éléments constitutifs 27
• origines 36
Publicité 136

Qualité du procès 27

Rabat d'arrêt 179
Recours administratif 145
Recours en révision 180
Récusation 106
Requête civile 170
• V° recours en révision 180
Réquisition 184

SAM 253
Sanction disciplinaire 110
Secrétaire général du gouvernement 97
Secret des délibérations 281
Secret professionnel 137, 293
Serment 87
• des auditeurs de justice 87
• des magistrats 87
Séparation des fonctions (de poursuite et d'instruction) 155
• V° aussi juge de paix à compétence étendue 207
Séparation des pouvoirs 84
SYLIMA 254
Sursis à exécution 174

Tares traditionnelles 102
Procédure de taxation 71
Témoin 31
Tierce opposition 170
Torture 393
Traité 313
• application 331
• effectivité 340
• difficulté 340
Titre exécutoire 163
• définition 163
• Exécution 163
Tribunal administratif 147
Tribunal de commerce 126
Tribunal correctionnel 159
Tribunal de grande instance 211
Tribunal d'instance 210

Unification de la justice 225
• V° aussi dualisme juridictionnel 225
Usagers de la justice 103

TABLE DES MATIÈRES

SOMMAIRE 7

LISTE DES SIGLES ET ABRÉVIATIONS 9
DÉDICACE 11
REMERCIEMENTS 13
MOTS CLÉS 15
RÉSUMÉ 15

PRÉFACE 17

INTRODUCTION 21

PARTIE I
LE DÉFICIT SUBSTANTIEL DE L'APPLICATION DES RÈGLES DU PROCÈS ÉQUITABLE 45

TITRE I
LES CONTRAINTES INSTITUTIONNELLES 47

CHAPITRE 1
LE DIFFICILE ACCÈS AU SERVICE PUBLIC DE LA JUSTICE 49

Section 1. Les obstacles socioculturels du droit d'accès à la justice 50
- Paragraphe 1. La pesanteur culturelle 51
  - I. Les principes conceptuels de la justice traditionnelle 51
  - II. L'adaptation difficile de la justice officielle 57
- Paragraphe 2. Les obstacles intellectuels 61
  - I. La langue et le langage dans les palais de justice 61
  - II. Le formalisme et la complexité du droit processuel 65

Section 2. Les contraintes économiques du droit d'accès à la justice 69
- Paragraphe 1. Le coût de la justice 70
  - I. Le coût approximatif d'un procès 70
  - II. La cherté de la justice 73
- Paragraphe 2. L'inexistence d'une politique appropriée d'assistance judiciaire. 76
  - I. L'inertie des bureaux d'assistance judiciaire 77

II. Les autres obstacles de la mise en œuvre de l'assistance judiciaire 79

CHAPITRE 2
LA FAIBLESSE DU DROIT A UN BON JUGE 83

Section 1. L'indépendance de la justice 84
Paragraphe 1. Une indépendance textuellement affirmée 84
I. Le cadre juridique de la garantie de l'indépendance de la justice 85
II. Le cadre institutionnel de la mise en œuvre de l'indépendance de la justice 90
Paragraphe 2. Une indépendance pratiquement édulcorée 93
I. Le problème général de l'indépendance de la justice 94
II. Le problème particulier du parquet 99

Section 2. L'impartialité du juge 102
Paragraphe 1. Le mécanisme de la garantie de l'impartialité du juge 103
I. L'affirmation légale de l'impartialité du juge 103
II. Les techniques processuelles contre les écarts de partialité du juge 105
Paragraphe 2. La remise en cause de l'impartialité du juge 110
I. L'impartialité soutenue par des règles insuffisamment respectées 110
II. L'impartialité déstabilisée par les tares traditionnelles 114

CONCLUSION DU TITRE I 117

TITRE II
LES CONSÉQUENCES DES CONTRAINTES INSTITUTIONNELLES 119

CHAPITRE 1
L'EFFECTIVITÉ LIMITÉE DES GARANTIES PROCÉDURALES 121

Section 1. En droit commun du procès 122
Paragraphe 1. Le délai raisonnable 122
I. Les principes conceptuels du délai raisonnable du procès 122
II. La célérité face à la pratique 126
Paragraphe 2. L'équité et la publicité de la procédure 129
I. L'équité de la procédure 129
II. Le principe de publicité de la procédure 136

Section 2. En droit spécial du procès 138
Paragraphe 1. Les règles relatives aux droits et obligations de caractère civil . 139
I. Les exigences spécifiques du procès civil 139
II. La spécificité du procès administratif 145
Paragraphe 2. Les garanties accordées à l'accusé 149
I. Les exigences d'une bonne répression 150
II. La réalité pratique de la procédure pénale malienne 155

CHAPITRE 2
L'EXÉCUTION SÉLECTIVE DES DÉCISIONS DE JUSTICE 163

Section 1. Les entraves juridiques à l'exécution forcée.. 164
Paragraphe 1. L'exécution forcée limitée par l'exercice des recours suspensifs 165
I. Les voies de recours ordinaires 165
II. Les voies de recours extraordinaires.. 170
Paragraphe 2. Les obstacles juridiques à l'exécution des titres exécutoires 174
I. La suspension des décisions exécutoires.. 174
II. La remise en cause des décisions exécutoires.. 179

Section 2. Les entraves pratiques de l'exécution forcée 183
Paragraphe 1. L'exécution forcée entravée par la réquisition 184
I. L'historique de la réquisition 184
II. Les enjeux de la pratique de la réquisition sur l'exécution des décisions.. 187
Paragraphe 2. L'application difficile de la solution palliative à l'inexécution.. 189
I. Une responsabilité étatique théoriquement affirmée............................... 189
II. Une responsabilité étatique de réalisation difficile 192

CONCLUSION DU TITRE II.. 197

CONCLUSION DE LA 1re PARTIE... 199

PARTIE II
L'EFFECTIVE DES RÈGLES DU PROCES EQUITABLE A CONSTRUIRE... 201

TITRE I
LES REFORMES INSTITUTIONNELLES 203

CHAPITRE 1
LA REFORME DE LA JUSTICE.. 205

Section 1. Analyse du programme de la réforme.. 206
Paragraphe 1. La nouvelle architecture de la justice judiciaire........................ 207
I. La substitution des JPCE par des tribunaux d'instance........................... 207
II. La substitution des TPI par les Tribunaux de Grande Instance 211
Paragraphe 2. La nouvelle configuration des juridictions administratives........ 213
I. L'élargissement des tribunaux administratifs 213
II. L'institution des cours administratives d'appel 214

Section 2. Les insuffisances de la réforme susceptibles de solutions 216
Paragraphe 1. Les objectifs de la réforme manqués... 216
I. Un éloignement non réglé 217
II. Une restauration incertaine de la confiance des justiciables à la justice. 222

Paragraphe 2. La relecture de la réforme ... 224
I. L'unification des justices judiciaire et administrative... 225
II. Les parades relatives aux difficultés liées à l'unification de la justice ... 232

CHAPITRE 2
LES MESURES D'ACCOMPAGNEMENT DE LA REFORME ... 237

Section 1. La consolidation de l'indépendance de la justice ... 238
Paragraphe 1. La réforme du Conseil Supérieur de la Magistrature ... 239
I. L'approche organisationnelle... 239
II. L'approche fonctionnelle... 243
Paragraphe 2. L'opportunité de la réforme du CSM... 247
I. Pour un équilibre des pouvoirs... 247
I. Pour une protection effective des droits... 250

Section 2. Les mesures autres que la réforme du CSM ... 252
Paragraphe 1. Les mesures internes ... 252
I. Le rôle des groupements professionnels des magistrats... 252
II. La consolidation des ressources... 256
Paragraphe 2. Les mesures externes ... 258
I. Le rôle des auxiliaires de justice ... 258
II. Le rôle de la société civile ... 263

CONCLUSION DU TITRE I... 267

TITRE II
LES ACTIONS VISANT LES MAGISTRATS... 269

CHAPITRE 1
LE RESPECT DES RÈGLES D'ÉTHIQUE ET DE DÉONTOLOGIE,
UNE VOIE D'EFFECTIVITÉ ... 271

Section 1. La garantie de bonne justice par la pratique de l'éthique
et de la déontologie... 272
Paragraphe 1. Une garantie facilitée par le bon usage de l'éthique
et de la déontologie ... 273
I. L'instauration des valeurs de justice... 274
II. L'assurance de l'équilibre du procès ... 278
Paragraphe 2. Une garantie assurée par l'exercice responsable
de la profession ... 282
I. La détermination de la responsabilité du juge... 282
II. Le perfectionnement de la profession... 288

Section 2. Les mesures contre les manquements aux règles d'éthique
et de déontologie ... 290
Paragraphe 1. Les mesures préventives ... 290
I. Au stade du recrutement et de la formation initiale ... 291
II. Au cours de la carrière professionnelle... 295

Paragraphe 2. Les mesures curatives 297
I. La politique réjouissante de lutte contre la corruption 298
II. Le résultat mitigé de la réjouissante politique de lutte contre la corruption 304
CHAPITRE 2
LE RECOURS AUX TRAITES, UNE VALEUR AJOUTÉE 313

Section 1. Inventaire des traités relatifs au procès équitable 314
Paragraphe 1. Les normes onusiennes 315
I. La Déclaration Universelle des Droits de l'Homme 315
II. Les textes conventionnels 318
Paragraphe 2. Les textes juridiques africains 323
I. Les normes régionales 324
II. Les normes communautaires 328

Section 2. Enjeux et perspectives de l'application des traités 331
Paragraphe 1. L'état de la jurisprudence relative à l'application des traités 331
I. Les cas d'application juridictionnelle des traités 331
II. Les cas de refus d'application des traités par la justice 337
Paragraphe 2. L'effectivité de l'application des traités 340
I. Les difficultés d'application des traités susceptibles de solutions 340
II. L'apport de l'application des traités 348

CONCLUSION DU TITRE II 353

CONCLUSION DE LA 2e PARTIE 355

CONCLUSION GÉNÉRALE 357

ANNEXES 363

BIBLIOGRAPHIE 373

INDEX ALPHABETIQUE 407

DROIT GÉNÉRAL
AUX ÉDITIONS L'HARMATTAN

Dernières parutions

ESCULAPE ET MARS
Certificat médical et détention d'armes
Tanguy Kerneïs
Comment rédiger un certificat médical pour "faire du tir" et que faut-il écrire ? Engage-t-on sa responsabilité pour établir un certificat lors d'une demande d'inscription à l'examen du permis de chasser ou pour rédiger un document pour ce patient qui vient d'hériter du fusil du grand-père et qui veut le conserver ? Cet ouvrage explique les arcanes de la législation des armes et détaille les diverses situations pour que ces certificats ne deviennent pas une source d'inquiétude supplémentaire à une époque où la détention et l'usage d'une arme provoquent une angoisse sociétale.
SPM (92 p., 13 euros)
ISBN : 978-2-917232-98-9, EAN EBOOK : 9782140119460

LES BANQUES ET LE DISPOSITIF PRÉVENTIF ANTI-BLANCHIMENT DES CAPITAUX
Analyse de sa mise en oeuvre au Cameroun et en France
Laure Nathalie Tsobgni Djoumetio
La préservation de la bonne santé du secteur bancaire a toujours été au coeur des préoccupations de cette profession. La lutte contre le blanchiment des capitaux constitue un moyen pour les banquiers de préserver cette santé. Les banques camerounaises et françaises bien qu'assujetties à la lutte contre le blanchiment des capitaux, ont plus d'un intérêt à mettre en oeuvre le dispositif préventif anti-blanchiment. Cet ouvrage est un travail de recherche de référence pour les praticiens de la finance, les institutions monétaires en France comme au Cameroun, voire au sein de la CEMAC.
(Coll. Études Eurafricaines, 354 p., 36 euros)
ISBN : 978-2-343-15649-1, EAN EBOOK : 9782140105630

LE PROCUREUR DE LA RÉPUBLIQUE
La pratique du parquet
Youssoupha Diallo
Préface de Cheikh Ahmed Tidiane Coulibaly
Le rôle et la place du procureur de la République et de son parquet dans le fonctionnement du tribunal, du ministère public et de la justice en général restent un enjeu de taille dans un État de droit. Cet ouvrage passe en revue les tâches essentielles du ministère public : l'enquête, la mise en oeuvre de l'action publique, l'audience et l'exécution des peines. Aussi, sont examinées ses missions importantes souvent méconnues dans le contentieux civil et commercial. Le parquet d'instance est ainsi mis en perspective pour un meilleur fonctionnement du service public de la Justice à travers une étude descriptive et critique, ponctuée de propositions avisées.
(Coll. Harmattan Sénégal, 552 p., 48 euros)
ISBN : 978-2-343-15560-9, EAN EBOOK : 9782140105739

L'EXPLOITANT DE BANQUE ET LE DROIT AU TCHAD
Thomas Dingamgoto
De toutes les activités entrepreneuriales, le secteur bancaire est de celles qui font l'objet d'un encadrement législatif scrupuleux et d'une veille règlementaire permanente. Si l'histoire du droit bancaire tchadien est étroitement liée à celle du droit bancaire français, les textes législatifs et

règlementaires des activités bancaires au Tchad ont connu des évolutions internes notables. Pour l'exploitant de banque comme pour l'ensemble des acteurs de la chaîne économique et financière, ces mutations rendent indispensables l'appropriation de ces normes nouvelles.

(Coll. Études Eurafricaines, 674 p., 49 euros)

ISBN : 978-2-343-16034-4, EAN EBOOK : 9782140104879

LA LANGUE ET LE DROIT

Joseph Fometeu, Philippe Briand, Léonie Metangmo-Tatou

Généralement appréhendés comme objets de sciences distincts, la langue et le droit sont pourtant deux phénomènes socioculturels qui ne s'indiffèrent pas mutuellement. Les rapports qu'ils entretiennent constituent un terrain fertile à la réflexion multidisciplinaire. Grâce à un certain ancrage historique et en s'appuyant sur l'expérience de différents pays, cet ouvrage appréhende ces rapports sous les prismes de la théorie du droit, de la linguistique juridique et de la traduction juridique.

(Coll. Harmattan Cameroun, 670 p., 49 euros)

ISBN : 978-2-343-15387-2, EAN EBOOK : 9782140100956

L'ÉVOLUTION DES DROITS DE LA FEMME CONGOLAISE

Odilon Obami

Aux termes de l'article 798 alinéa 2 du Code congolais de la famille, "(la femme) ne peut pas être considérée comme un bien faisant partie du patrimoine du de cujus". Cet énoncé conforte le droit au respect de la dignité de la femme au Congo. Cet essai s'appuie sur un bilan de l'évolution des droits acquis de la femme congolaise, et propose des pistes sur de nouveaux droits à conquérir accompagnés d'un changement des mentalités.

(Coll. Études africaines, 132 p., 14,5 euros)

ISBN : 978-2-343-15039-0, EAN EBOOK : 9782140097362

LA LÉGISLATION SOCIALE CAMEROUNAISE ET LES GARANTIES DE MISE À LA RETRAITE

Zakari Anazetpouo

Préface de Robert Nemedeu

L'émergence du Cameroun en 2035 passera nécessairement par la reconsidération de la dignité humaine. Cet ouvrage aborde l'épineuse question de l'âge de la retraite en démontrant que le législateur social camerounais a prévu des garanties juridiques de sécurisation de l'assuré non seulement en amont mais aussi en aval des relations du travail. En amont, il s'agit des obligations qui pèsent non seulement sur l'organisme en charge de la sécurité sociale mais aussi sur toute personne utilisant une main-d'oeuvre subordonnée. En aval, il est question d'évaluer les droits de l'assuré de façon à ne pas faire de la retraite une clause-guillotine ou une fatalité juridique.

(Coll. Études africaines, 354 p., 36 euros)

ISBN : 978-2-343-14698-0, EAN EBOOK : 9782140096389

RETOUR DU BRÉSIL

Impressions d'un juriste anthropologue français

Norbert Rouland

Cet ouvrage a été rédigé à partir d'une série de conférences prononcées dans diverses villes brésiliennes en août 2016. Il s'attache à montrer la permanence des liens entre le Brésil et la France puis compare les approches de juristes brésiliens et français de sujets d'actualité tels que les droits de l'homme et l'égalité entre les femmes et les hommes. Il se conclut par une approche comparative du même type sur les rapports entre le droit et la musique.

(Coll. Portes océanes, 172 p., 18,5 euros)

ISBN : 978-2-343-15068-0, EAN EBOOK : 9782140094910

INTRODUCTION GÉNÉRALE AU DROIT CAMEROUNAIS

Jean-Marie Tchakoua

Le droit camerounais est, à bien des égards, singulier: il est un mélange des systèmes juridiques romano-germanique et anglo-saxon, du droit écrit et du droit coutumier. Il est affecté par une mutation d'une ampleur toute particulière : s'y conjuguent les forces du vent de l'intégration économique et juridique sous-régionale et régionale et des changements juridiques et institutionnels au plan interne. Le témoin le plus éloquent de cette profonde mutation est l'organisation judiciaire.

(Coll. Études africaines, 448 p., 39 euros)

ISBN : 978-2-343-12522-0, EAN EBOOK : 9782140048128

DROIT DES RESSOURCES NATURELLES

Éléments d'élaboration, d'analyse et d'évaluation des lois

Mukendi Mukendi Ntantamika

Préface de Maître Emery Mukendi Wafwana

Cet ouvrage tente de répondre à la problématique induite par la quête scientifique et politique d'un meilleur système d'appropriation des ressources naturelles, d'un meilleur dispositif de contrôle d'accès à leurs gisements et de redistribution des revenus de leur exploitation. C'est par la construction d'archétypes de régimes juridiques déduits des critères institutionnels, écologiques, sociaux et économiques du principe de développement durable que ce livre procède.

(Coll. Harmattan RDC, 612 p., 49 euros)

ISBN : 978-2-343-15169-4, EAN EBOOK : 9782140122569

LES PROCÉDURES DE CONTRÔLE A POSTERIORI EN RD CONGO

Mise en oeuvre de contrôles douaniers et accisiens modernes et efficaces

Alain Tenday Lupumba

Préface d'Albert Yuma Mulimbi - Postface de Gabriel Mwepu Numbi

"Les objectifs de cet ouvrage sont de sensibiliser les professionnels et les autres acteurs du commerce international aux spécificités du contrôle douanier a posteriori et d'offrir une approche pratique et spécifique des rôles et responsabilités des uns et des autres. En l'intitulant Les procédures de contrôle a posteriori en RD Congo, mise en oeuvre de contrôles douaniers et accisiens modernes et efficaces, l'auteur a volontairement pris le parti de questionner l'ensemble des composantes susceptibles d'influencer la performance de l'administration douanière, y compris les aspects humains" (extrait de la préface de Albert Yuma Mulimbi)

(Coll. Comptes Rendus, 270 p., 28 euros)

ISBN : 978-2-343-17235-4, EAN EBOOK : 9782140122149

AN OUTILINE OF CUSTOMS POLICY OF THE DEMOCRATIC REPUBLIC OF CONGO

2003-2010

Jean-Paul Esamba Bokel'Ipoka

Foreword by Déo Rugwiza Magera

An Outline of Customs Policy of the Democratic Republic of Congo presents in the easiest way what is meant by customs policy in general, its basics namely: objects, elements, sources, instruments, functions (...), regional and international frameworks. The author stresses on the customs policy progress from 2003 to 2010, which is a decisive period in the DRC customs management, through the implementation of 2003 customs reform and modernization programme.

(Coll. Harmattan Cameroun, 156 p., 17 euros)

ISBN : 978-2-343-17710-6, EAN EBOOK : 9782140122040

LA GOUVERNANCE FORESTIÈRE EN RÉPUBLIQUE DU CONGO

1899-2017

André Ondele-Kanga

Ce livre a été rédigé pour documenter et archiver, au profit des générations futures, l'historique de la gouvernance forestière en République du Congo de 1899 à 2018. Il dénonce un paradoxe de la gouvernance forestière actuelle qui, renonçant à la croissance économique du secteur, fonde son satisfécit sur le succès diplomatique retentissant qui fait jouer au pays un rôle honorifique de leadership des forêts du bassin du Congo.

(Coll. Harmattan Congo-Brazzaville, 376 p., 37,5 euros)

ISBN : 978-2-343-15305-6, EAN EBOOK : 9782140121845

LES CHEFFERIES TRADITIONNELLES AFRICAINES FACE À LA DYNAMIQUE DES RÉFORMES TERRITORIALES

Contribution à l'étude des processus de décentralisation

Koko Adiki Tovenim

Cette étude, au-delà d'un bilan sur les processus de décentralisation en Afrique, se veut aussi prospective en offrant une mise à jour des institutions locales en Afrique subsaharienne dans le cadre des réformes territoriales entreprises ces dernières années.

(Coll. Études africaines, 228 p., 24,5 euros)

ISBN : 978-2-343-17045-9, EAN EBOOK : 9782140121371

LES MUTATIONS RÉCENTES DE LA JUSTICE ADMINISTRATIVE EN AFRIQUE FRANCOPHONE

Etude critique à partir du modèle camerounais

Olivier Fandjip

En Afrique francophone, on observe ces dernières années des réformes qui tendent, d'une part, à consolider les différents modèles de justice administrative en vigueur et, d'autre part, à améliorer la qualité de la justice. Ces évolutions renouvellent les interrogations sur la déconcentration et l'autonomie des juridictions administratives. À travers une analyse critique et prospective, cet ouvrage montre que, malgré l'importance de ces mutations, les problématiques de l'accès et de l'autonomie de la justice administrative se posent encore avec acuité.

(Coll. Études africaines, 254 p., 25 euros)

ISBN : 978-2-343-16510-3, EAN EBOOK : 9782140120657

DROITS DES TÉLÉCOMS ET DU NUMÉRIQUE

Profil africain et congolais, prospective comparée d'Europe et de France

Kodjo Ndukuma Adjayi

Les télécoms, l'Internet et le numérique sont des facteurs techniques de transformation du droit. À l'origine, les télécoms étaient sous le régime des services publics. À partir des États-Unis et de l'Europe, l'OMC (1994-1997) a promu le droit sectoriel de la régulation. Partout, de nouveaux défis sont nés, dans le démantèlement des monopoles vers une totale économie de marché. Pour la République démocratique du Congo, ses lois « dérégulatrices », figées depuis le 16 octobre 2002, contrastent avec les mutations numériques, économiques et sociétales des États postmodernes à l'épreuve d'Internet. L'« Europe des télécoms » réajuste constamment sa politique législative autour d'objectifs structurants : construction du marché, diffusion technologique, protection des données, etc. Si l'Afrique s'adapte à peine et avec peine, la République démocratique du Congo entend bien encadrer télécoms et TIC, renouveau de régulation étatique, échanges et commerce électroniques, à travers trois textes de loi en gestation...

(Coll. Enjeux et droits numériques, 434 p., 39 euros)

ISBN : 978-2-343-15722-1, EAN EBOOK : 9782140119033

Structures éditoriales du groupe L'Harmattan

L'Harmattan Italie
Via degli Artisti, 15
10124 Torino
harmattan.italia@gmail.com

L'Harmattan Hongrie
Kossuth l. u. 14-16.
1053 Budapest
harmattan@harmattan.hu

L'Harmattan Sénégal
10 VDN en face Mermoz
BP 45034 Dakar-Fann
senharmattan@gmail.com

L'Harmattan Cameroun
TSINGA/FECAFOOT
BP 11486 Yaoundé
inkoukam@gmail.com

L'Harmattan Burkina Faso
Achille Somé – tengnule@hotmail.fr

L'Harmattan Guinée
Almamya, rue KA 028 OKB Agency
BP 3470 Conakry
harmattanguinee@yahoo.fr

L'Harmattan RDC
185, avenue Nyangwe
Commune de Lingwala – Kinshasa
matangilamusadila@yahoo.fr

L'Harmattan Congo
67, boulevard Denis-Sassou-N'Guesso
BP 2874 Brazzaville
harmattan.congo@yahoo.fr

L'Harmattan Mali
Sirakoro-Meguetana V31
Bamako
syllaka@yahoo.fr

L'Harmattan Togo
Djidjole – Lomé
Maison Amela
face EPP BATOME
ddamela@aol.com

L'Harmattan Côte d'Ivoire
Résidence Karl – Cité des Arts
Abidjan-Cocody
03 BP 1588 Abidjan
espace_harmattan.ci@hotmail.fr

L'Harmattan Algérie
22, rue Moulay-Mohamed
31000 Oran
info2@harmattan-algerie.com

L'Harmattan Maroc
5, rue Ferrane-Kouicha, Talaâ-Elkbira
Chrableyine, Fès-Médine
30000 Fès
harmattan.maroc@gmail.com

Nos librairies en France

Librairie internationale
16, rue des Écoles – 75005 Paris
librairie.internationale@harmattan.fr
01 40 46 79 11
www.librairieharmattan.com

Librairie l'Espace Harmattan
21 bis, rue des Écoles – 75005 Paris
librairie.espace@harmattan.fr
01 43 29 49 42

Lib. sciences humaines & histoire
21, rue des Écoles – 75005 Paris
librairie.sh@harmattan.fr
01 46 34 13 71
www.librairieharmattansh.com

Lib. Méditerranée & Moyen-Orient
7, rue des Carmes – 75005 Paris
librairie.mediterranee@harmattan.fr
01 43 29 71 15

Librairie Le Lucernaire
53, rue Notre-Dame-des-Champs – 75006 Paris
librairie@lucernaire.fr
01 42 22 67 13

www.ingramcontent.com/pod-product-compliance
Lightning Source LLC
LaVergne TN
LVHW021154061026
849535LV00002B/460